Österreichische Bibliothek

In Verbindung mit
William M. Johnston und
Claudio Magris herausgegeben
von Roman Roček

11

Ludwig Speidel
Fanny Elßlers Fuß

Wiener Feuilletons

Herausgegeben von
Joachim Schreck

1989
Böhlau Verlag
Wien · Köln

Mit einem Nachwort, Anmerkungen und einer Zeittafel des Herausgebers

CIP-Titelaufnahme der Deutschen Bibliothek

Speidel, Ludwig:
Fanny Elßlers Fuß : Wiener Feuilletons / Ludwig Speidel.
Hrsg. von Joachim Schreck. – Wien ; Köln : Böhlau, 1989
(Österreichische Bibliothek ; 11)
ISBN 3-205-05221-8
NE: GT

ISBN 3-205-05221-8
Berechtigte Lizenzausgabe für Böhlau Verlag
Gesellschaft m. b. H. u. Co. KG. Wien

Printed in the German Democratic Republic
Einbandentwurf: Hans-Joachim Petzak
Satz, Druck und Einband: Karl-Marx-Werk Pößneck

Otto Stoessl
Ludwig Speidel

[1906]

Seine Bedeutung als schöpferischer Geist, als Künstler, als Bewahrer großer Heimatswerte in einer Zeit vielfach zerstörender Triebe wird ihm in der ganzen deutschen Welt, nicht bloß in Wien bestätigt und gedankt werden, sind einmal die vielen einzelnen Blätter zu einem Ganzen vereinigt, deren Sammlung er bei Lebzeiten sich spröd entzogen hatte.

Ludwig Speidel war und bleibt einer der Schriftsteller von erstem Range; auf ihn mag insbesondere die Geschichte unserer Sprache als Beispiel hinweisen, wie sie in der abhandelnden Prosa Körperlichkeit, blühendes Licht und Farbe, Wohlklang und Zartheit, männliche Führung und anmutigste Bewegung, kurz allen Reiz der Poesie selbst entwickeln könne. In eine unwürdige Tagespresse verirrt, war Speidel vielleicht der letzte, der sie zu ertragen, ja eben dadurch zu erheben wußte und ihr reichlich zurückgab, was er ihr verdankte; denn seine Stellung war von einer Macht begleitet, die, an seine Persönlichkeit gebunden, in Zukunft kaum wieder einem unabhängigen Geiste in solchem Umfang zugestanden werden wird.

Der Journalist übt ein Metier, der Schriftsteller hat einen Beruf. Im Wesen des Schriftstellers liegt es, aus seiner Natur und Bildung zu völlig in ihm beschlossenen, nicht wahllos von außen aufgenötigten Fragen ein besonderes Verhältnis zu gewinnen und darzustellen, wodurch er wieder andere in seine Lebensrichtung zu führen vermag. Dagegen bestimmt der Journalist gar nichts, sondern macht als willenloser Zeiger des wechselnden Geschehens nur die Gebärden der Aktion, während die Naturkraft der Ereignisse sich auf seine Worte überträgt und sie wie

Windmühlflügel in Bewegung setzt. Für die Zeitung als solche ist der Schriftsteller nichts als ein eitler Dekor ihres ökonomischen, mechanisch-präzisen Geschäftes; sie sucht ihn in seinen besten Kräften auszunützen, aber zugleich seiner Selbstbestimmung zu entziehen, indem sie ihm die Gegenstände seiner Arbeit aufnötigt und ihn zu einer Oberflächenbehandlung zwingt, die ihr gemäß ist, aber sein eigenstes Wesen geradezu auflöst. Aus dem Kampf, der Vereinigung, dem gegenseitigen Nachgeben, Bedingen und Beharren dieser zwei unversöhnlichen, intimsten Feinde: Zeitung und Schriftsteller ist denn auch – namentlich in Wien und durch Speidels besondere Begabung – eine Art von eigener Kunstgattung und -übung hervorgegangen: das Feuilleton. Der Geist, die Auffassung und Technik dieser kostbaren Geringfügigkeit – der Unsterblichkeit eines Tages, wie Speidel sie nannte – sind in Wien so allgemein geworden, daß man ruhig sagen kann, die Zeitung habe hier, wie so viele andere Güter, auch die Poesie, das Feuilleton habe die Literatur verschlungen. Abgesehen von Speidels Arbeiten ist aber an all der gepriesenen nichtigen Gefallsamkeit nur mehr ein Schein von Kunst und tieferer Betrachtung; in Wahrheit ist der Schriftsteller aus diesem Gebiet fast ganz hinausgeschoben worden von Journalisten. Das schlechte Geld verdrängt das bessere.

Daß aber diese Form – ausgereifte Improvisation, durchdachte Augenblicksreagenz – in ihrer paradoxen Verlockung für einen Schriftsteller, wie der Journalismus selbst, ebensoviel Anziehendes wie Abstoßendes haben mag, gerade genug, sie zu suchen und wieder zu verachten, begreift sich gern. Die Natur Speidels zumal hatte etwas Impulsives, ihr schöpferischer Trieb entfaltete sich und welkte bald nach dem wirkenden Augenblick. Seine Fruchtbarkeit bestand nur vermöge der Fülle der Eindrücke, die ihm der Tag brachte, und des journalistischen Zwanges, sich mit ihnen vor dem Publikum auseinanderzusetzen. Freilich hatte dieser formschöpferische Geist, dieser gefühlige Dialektiker eine solche Ehrfurcht vor dem Unwiderruflichen, das im niedergeschriebenen Worte liegt, daß er jedesmal den ganzen Widerstand der Sprache gegen die Leichtigkeit und Eile ihres täglichen Gebrauches empfand; aber indem er ihn besiegte durch eine vertiefte, zögernde, doch in der entschlossenen Wahl sichere Weise des Ausdrucks, gewann er eben eine bildnerische Dauerhaftigkeit über Anlaß und Moment hinaus und setzte seinen Beruf gegen das Metier durch.

Diese harmonische Plastik der Prosa Ludwig Speidels, diese Monumentalität im Kleinen, der weite Horizont, der hinter allen den gefaßten und knappen Gebilden sich öffnet, werden erst ganz erkannt werden, wenn seine Schriften aus der trüben Umgebung einer fragwürdigen Institution endlich dauernd herausgestellt, sich selbst zurückgegeben sein werden. Freilich wird man dann auch die geistigen Gefühls- und Urteilswidersprüche und die Grenzen seiner Eindrucksfähigkeit und Bewegung deutlicher erkennen, aber auch zu würdigen wissen, was man ihm bisher bloß anzuschulden liebte: nur der unheilvolle Mißbrauch, den die Zeitung in jedem Meinungsstreite dadurch mit ihrem Urteil treiben darf, daß sie, Richter in eigener Sache, ohne Widerspruch, mit Außerachtlassung der Gegner spricht und immer nur sich selber hören will, ließ die mächtige Subjektivität eines selbständigen Geistes als gefährliche Willkür erscheinen. Der Schriftsteller, der die Zeitung für sich hat, findet eine überlaute Resonanz, und er entbehrt jeder Gegenrede, durch die sein Für und Wider erst zum Ganzen in Harmonie gesetzt würde. So konnte etwa in dem tobenden Streit um Wagner das Speidelsche Wort von der »Affenschande« der Wagnerschen Popularität eine mißliche Unsterblichkeit erhalten oder der innere Widerspruch gegen die neu aufsteigende Welt von Kunstwerken und Lebensmeinungen den Anschein eines willkürlichen Preßpapsttumes annehmen. Eben indem Speidel seine Selbstbestimmung und seinen Widerspruch als Grundrecht wahrte, nahm er an Macht und Ansehen Schaden, weil er an die Stelle gefesselt war, die über alles zu entscheiden die Anmaßung und in nichts recht zu behalten das Schicksal hat.

Aber selbst dort, wo er der aufgewachsenen Übermacht

des Neuen mit der ganzen Gegengewichtigkeit seiner Natur sich zu einem von vornherein aussichtslosen Kampf stellt, bewahrt er die volle Schönheit eines reinen, unverdorbenen Empfindens und ist gleichsam unverwundbar durch eine entzückende Dialektik des Gefühls.

Und es war ein ergreifendes Schauspiel – wie immer, wenn ein Mann in der vollen Kraft seiner Entschlüsse durch die höhere Gewalt der Zeit und der Menschheit aus seinem Selbst und darüber hinaus zu einem Gesamtgefühl geführt wird –, als die Genialität der neuen Werke, ihre Natur selbst, was in Speidel Elementarempfinden war, zu sich zwang, bis er in der großen bleibenden Einheit der Kunst wie in einer vorzeitigen Ewigkeit beruhigt und befreit, ohne Zagen und innerlich versöhnt einging, lange, ehe er starb.

Speidel war ein Schwabe und wahrte die ganze prächtige Gesundheit dieses Volksschlages, dessen Gabe und Grenze in seinem Werke so gut und lauter beschlossen ist wie in den besten seiner Landesgenossen. Was den Dichter ausmacht: die ganze Hingabe an die Erscheinung, an die dingliche Kraft und Würze des Wortes, bestimmt auch ihn in seiner Wohlbeschaffenheit. In der geistig wertenden, dialektisch sich auseinandersetzenden Äußerung, in seinem kritischen Bedürfnis wird er ebenso durch die schwäbische Schule bestimmt, durch die »Schule« freilich in engerem Sinne, worunter eine germanistisch-philologische Grundlage der Bildung zu verstehen sein möchte, die das dichterische Sprachgefühl durch ein horchendes Sprachdenken und ein spürendes Sprachwissen vertiefte.

Für Schwaben ist eine besondere Methode geistiger Zucht typisch, die etwa ganz bewußt und deutlich ausgebildet erscheint im Erziehungsgange der alten »Stiftler«. Diese sollen eigentlich Theologen werden, einerlei aus welchem Wollen, Fühlen, aus welcher kindlichen und elterlichen Lebensstimmung sie herkommen. Sie lernen zu der angestammten Derbheit und Frische den Schliff der klassischen Tradition, das gesunde Holz wird sozusagen gehobelt und geglättet, wodurch erst seine schöne Maserung, sein Kern hervortritt. Ihre zugreifende Impulsivität, mit allen

Salben geistlicher und geistiger Dialektik gesalbt, darf sich nun statt zur Verteidigung der heiligen Güter gerade zum unheiligsten Angriff geschmeidig fühlen. So werden sie mündig, schalten mit ihren Notwendigkeiten als mit lauter Freiheiten, ihre Sprache, durch welche die Landschaft der heimatlichen Mundart, die Gefühls- und Denkweise einer wohlerhaltenen Rasse schimmert, gewinnt zur angeborenen Kraft eine gewisse vornehme Haltung, sie blitzt von morgendlicher Schärfe und schwingt gespannt und elastisch in lebendiger Latinität; die Rede der Alten wird in diesem Deutsch wiedergeboren.

Diese Saiten sind auch bei Speidel rein gestimmt und klingen mit allem Wohllaut einfacher Harmonisierung und volkstümlicher Melodik, mit einer anmutigen Macht und Fülle, die man nicht vermissen möchte, wenn wir auch oft tieferen, verschlungeneren, schwierigeren Stimmen lauschen wollen und wenn auch herbere, strengere, geistig mannigfachere, weniger bedingte und dringender bedingende, weniger abgeschlossene, aber feurig aufleuchtende, weniger in sich ruhende als ruhelos suchende und findende Naturen jeder Zeit, also auch der unsrigen, ihren eigensten Ausdruck geben. So war Speidel – wie fast alle seine prächtigen Landsleute in der Geschichte unserer Literatur – ein vornehm konservativer, naiv anschaulicher Geist, ein kontemplativer Idylliker, der sich in den unendlichen, erhabenen Bedingtheiten der vollendeten, nicht in den Revolutionen und Elementartrieben der werdenden Welt und Kunst wohl fühlte und das reinste seelische Behagen, den Genuß einer unerschütterten Gesundheit und Zuversicht des gegebenen Daseins mitteilte.

Im unverwirrten, unmittelbar einleuchtenden Walten der Natur und in dem klar ausgewirkten Bilde der klassischen Lebenssicherheit fand er immer neuen Anreiz bewundernder, verklärender, beseligter Gestaltung. Hier spiegelte ungetrübte Tiefe seiner eigenen durchschauenden Betrachtung entgegen, antwortete ihm eine lautere, purpurne Unendlichkeit. Das Mannigfaltigste drängte er zu einer unvergeßlichen Einfachheit zusammen und gab der Macht der Erscheinungen eine knappe, körperhafte, blut- und muskelstarke Widergeburt im Wort. So konnte er schauspielerische Erscheinungen in ihrer sinnlichen Spontaneität spüren wie den Liebreiz einer süßen physischen Berührung und festhalten. So hat er – wie kein Kritiker sonst – das alte Burgtheater, selbst ein Stück abgeschlossenen Lebens, gesehen und ganz nachgeschaffen. Mitterwurzer las einmal Märchen vor, und Speidel fing den Klang, den verwehenden, versunkenen Tonfall der Stimme auf, wir hören ihn: »Im Märchen vom unsichtbaren Königreiche wird ein Flußtal geschildert, in das der Mond scheint. Wellen und Wald rauschen und erzählen seltsame Sachen. Durch gedehnte Worte eröffnet uns der Vorleser die Aussicht in das lange Tal, er läßt im Worte die Musik der Landschaft widerklingen, man sieht hörend die Natur. Die Beschreibung schließt mit dem Satze: ›Es war ein wunderbares Tal‹. Da nimmt sich Mitterwurzer das Wort ›wunderbar‹ heraus. Er läßt das schöne Wort musikalisch wirken, er läßt es klingen, ohne daß er singt. Aus dem dunkleren ›u‹ bricht das helle ›a‹ wie ein Tag aus der Dämmerung. Wir haben nie eine herrlichere Wortmusik gehört.«

Als Kritiker trat er einem Theaterstücke wie einem leibhaftigen Wesen mit kindlich aufgetanen Augen entgegen und mochte es nur verstehen und verständlich machen, indem er es von Grund aus beschrieb. So erzählte er den Inhalt, wobei er unversehens aus der Empfindung die Meinung, aus dem Gefühl das Urteil, aus der Anschauung die Ansicht enthülste. Und dies Erzählen, diese dem Dichter wie dem Kinde angeborene ursprüngliche Freude am Berichten, am Aufbauen ist das Bleibende seiner produktiven Kritik und unser Entzücken, mögen wir seiner Meinung noch so sehr widerstreben. Von den vielen Stücken, die er im Laufe der Jahre sah und erzählte, bestehen heute freilich nur mehr wenige, aber gerade die vergessenen und verwelkten bekommen durch seine Erzählung einen Hauch von Existenz. Und dies ist der wahre, eigentliche Wert der rezeptiven Produktion – nicht die immer nur relative und augenblickliche Gültigkeit ihres kritischen Urteils –, daß sie die ganze Literatur zur lebendigen und wirkenden Geschichte der wachsenden Dichtung verklärt und in dieser ein unsterbliches atmendes Ganzes erblickt und gestaltet, woran nichts tot, stumm, sinn- oder wesenlos bleibt.

Die volle Höhe, das absolute Gleichmaß von Inhalt und Form, von subjektivem Anreiz und gegenständlicher Würde haben seine Aufsätze, wo sie ein abgeschlossenes Bild, eine in sich zurückgekehrte Bewegung, einen Menschen, eine Landschaft, ein Erlebnis durchdringen und allseitig umfassen. Er beschreibt einmal Uhlands ehrwürdige Gestalt: »Klein, aber kräftig gebaut, mit einem Rückgrat, das eher brach, als sich bog, sein von rötlich blonden Haaren umkränzter Kopf hatte einen starken und strengen Knochenbau, aus welchem die zwei hellblauen Augen wie zwei Kinder herausgrüßten.« Oder er huldigt den ewigen Lehrern unserer Sprache, den treuen Gebrüdern Grimm: »Selbst wenn sie sich zur höchsten Vaterlandsliebe aufgeschwungen, kehren sie gern in ihre Furche zurück und vollenden da, der Lerche gleich, den Lobgesang eines Liedes, das sie in der Höhe geschmettert haben ... In Leben und Wissenschaft ist Jakob die trotzigere und bahnbrechende Natur, wo er den Pflug ansetzt, drückt Jakob ihn tiefer ein, so daß der Brodem der Erde hervorbricht und sich die Schollen schwer und langsam, als wollten sie sich eine Weile besinnen, zu beiden Seiten niederlegen. Ein Bahnbrecher, schaltet Jakob mit Axt und Pflugschar, während Wilhelm mehr eine Gärtnernatur ist, die auf dem schon gerodeten Erdreiche ihre zierlichen Beete anlegt, sie sorgsam wartet und still begießt.«

Ein wanderhafter und trinkfester Mann – die mit ihm verkehrt, wissen von mancher Wirtsstube zu erzählen, wo er zechend und sprechend der Oberste war –, ging er etwa Schuberts sagenhaftem Aufenthalt in der Hinterbrühler Höldrichsmühle, wie dem Klange der Müllerlieder selbst, an die Quelle nach. Oder er las in Mattighofen aus einer oberösterreichischen altertümlichen Bauerngegend den Geist des Volksgesanges und der mittelalterlichen Dichtung aus Tracht und überkommender Sitte, aus der Gestalt der Bauernhäuser, aus der Inschrift eines verwitterten Wegkreuzes, aus dem urtümlichen Ansehen des Wald- und Akkerlandes wie aus einem aufgeschlagenen ewigen Bilderbuche ab.

Wie er in der schönsten Wiener Landschaft – seiner zweiten Heimat – das holdselige Walten der grünen, von Licht und Blüte, Duft und Gesang durchhauchten Stunden lauschend einatmet, hat er einmal unvergeßlich geschildert und in dieser kleinen lieblichsten Prosadichtung das eigene Bild – ein Idyll der höchsten geistigen Klarheit und sinnlichen Liebenswürdigkeit – dargestellt.

So saß er, ein ebenbürtiger Genosse aller deutschen Meister, schon bei Lebzeiten recht eigentlich beherzt und guten Mutes an den Tischen der Götter. Was er schrieb, schien einen Morgenglanz der Unsterblichkeit auszustrahlen und hatte den rosenschimmernden, unendlichen Grund hesperischer Tage, die Kraft, Leichtigkeit und Klarheit klassischer Sicherheit, die Wohlabgewogenheit in sich beruhenden, die Fülle genießenden, um seiner selbst willen lebenden und sinnenden Denkens, die Bestimmtheit einer Aussage, die, in jedem Augenblicke sich selbst gemäß, ihre innere Wahrheit wie das eigene Schicksal herausstellt, den Laut einer Prosa, in welcher der volle, stete Rhythmus eines gesund schlagenden Herzens gleichsam an sich selbst Freude hatte. Im Inhalt dieser knappen, in jedem Satze ausgerundeten, sparsam-reichen Gestaltungen liegt ein dauernder Schatz ursprünglicher und unsterblicher Stammesart, in ihrer Form ist der Geist, das Herz, alles Wollen, Wissen und Können unserer Sprache lebendig.

I

Fanny Elßlers Fuß

Im Prater ist gegenwärtig ein Schuh Fanny Elßlers zur Schau gestellt, ein leichtes Erzeugnis aus Leder und Atlas, in welchem die große Tänzerin einstmals eine der anmutigsten Rollen ihres Repertoires, die Marcelline in dem Ballett »Das übel gehütete Mädchen« getanzt hat. Eine weibliche Fußbekleidung ist und bedeutet viel; sie ist eine geschäftige Weckerin mannigfaltigster Gefühle, und man begreift die Sitte ritterlicher Polen, die aus dem Schuh, indem sie ihn, von dem schönen Fuße gestreift, als Becher an den Mund führen, auf die Gesundheit ihrer Dame trinken. Vollends der Schuh einer Tänzerin! Er ist ja die Hülle des vornehmsten Werkzeuges, womit sie arbeitet, die Maske und Verräterin des Fußes, der die Grundlage ihrer Persönlichkeit, ihres Talents und ihrer Kunst bildet. Es hat in Wien, wo schöne Frauenfüße gedeihen, wohl nie einen mehr bewunderten, höher gepriesenen und volkstümlicheren Fuß gegeben, als den Fuß Fanny Elßlers. Noch ist es so lange nicht her, da konnte man bei uns ältere Leute erzählen hören, daß Fanny, als sie noch ein Kind war, von ihrer Mutter in einer Butte rücklings in die Tanzstunde getragen wurde. Diese Mutter, gab man an, sei eine Verkäuferin auf dem Naschmarkte gewesen, eine Fratschlerin, wie das Wiener Wort lautet. Man denke sich das lebendige Bild, wie die derbe Frau die Butte schleppt, aus welcher, während die kleinen Hände den Rand des Holzgeschirres fassen, ein zartes Figürchen mit zierlicher Nase und hellen Augen halb ängstlich, halb munter hervorguckt. Von den Vorübergehenden würden die einen ob des lieblichen Schauspieles freundlich gelächelt, die anderen würden spöttisch den Kopf geschüttelt haben, denn an die glänzende Zukunft eines armen Kindes glauben nur die wenigsten Menschen. Nur sind beide Angaben, die von dem Stande der Mutter und die vom Tragen in der Butte, leider unrichtig. Erst nach Fanny Elßlers Erfolgen ist dieses Volkslied von ihrer Kindheit gedichtet worden. Fannys Eltern gehörten dem Kreise der Halbbildung an, wie denn der Vater des Mädchens der Abschreiber und eine Art Sekretär des alten Joseph Haydn gewesen ist. Auch ist es ja nicht unbekannt, daß Haydn, dieser Urgroßvater des Wiener Walzers, die kleine Fanny aus der Taufe gehoben und daß er ihr ein Goldstück in die Windel eingebunden hat. Das sind die schlichten Tatsachen, die jedoch in ihrem scheinbar zufälligen und dennoch so geistreichen Zusammenhange wunderbar genug sind. Jene Legendenbildung ließ sich wohl halb unbewußt von zwei Beweggründen leiten: einmal sollte die Künstlerin, deren Tanzruhm die ganze Welt erfüllte, ein echtes Wiener Kind, sie sollte aus dem tiefsten Schoße des Volkes aufgestiegen sein, und zum andern durfte der noch in der Entwicklung begriffene Fuß, der zu den wundersamsten Sprüngen erlesen war, das harte Pflaster dieser Erde nicht berühren.

Bei der Betrachtung des ausgestellten Tanzschuhes, der allerdings mehr Raum gewährt, als für das übliche Ideal eines Frauenfußes vonnöten wäre, entsann ich mich einer kleinen Forschungsreise, die ich schon vor mehreren Jahren unternommen hatte, um hinter die Spuren des Fußes der verewigten Tänzerin zu gelangen. Ihr Fuß mußte ja irgendwie und irgendwo, sei es als Zeichnung, sei es in Gips oder Marmor, festgehalten sein. Ich führte mich bei Fräulein Kathi Prinster ein, der Cousine Fanny Elßlers, deren treue Lebensgefährtin sie von Kind auf bis ans Ende gewesen ist. Fräulein Prinster wohnte in einer der stillen, kühlen Gassen, die sich von der Kärntnerstraße nach der Seilerstätte hinabziehen. Man ging eine steile Treppe hinauf; der Tritt hallte vor Einsamkeit. Das Stubenmädchen öffnete, meldete; die Dame des Hauses sei zu sprechen. Das Empfangszimmer war mit altmodischen, mageren, steifen Einrichtungsstücken ausgestattet, an den Wänden hingen Erinnerungen an Fanny Elßler. Die Stubenluft war von einer faden Reinheit, als ob hier kein warmblütiges Wesen atmete. Nicht lange, so trat Fräulein Prinster aus einer Seitentür herein, wie aus der Schachtel genommen; ein schneeweißes Häubchen auf dem Kopfe, graue Löckchen an den Schläfen, und aus dem schmalen Gesicht schauten kluge, alte Augen, die auf dieser Welt wohl mehr gesehen haben mochten, als der Mund zu sagen für gut fand. Sie kam mir mit altmodischer Grazie liebenswürdig entgegen und empfing mich gleichsam mit verbindlichen Grüßen von Fanny Elßler, die mich wohl gekannt habe. Sie zeigte mir mehrere Nachlaßstücke ihrer berühmten Base, unter anderen ein Taburett, auf welchem Frau La Roche, die Gattin des Burgschauspielers, Fanny Elßler in ihren beliebtesten Rollen in Stickerei verewigt hatte. Auch brachte sie eine in dunkelvioletten Samt gebundene Mappe herbei, umrahmt von elfenbeinernen Zierstäben, in der Mitte des Umschlages die zierlich verschlungenen Anfangsbuchstaben von Fanny Elßlers Namen. Fräulein Prinster machte mir diese Mappe samt Inhalt zum Geschenke. Sie enthielt eine lange Reihe von Zeitungsurteilen über Fanny Elßlers Tanzleistungen, die aber, voll überschäumender, nicht selten geradezu toller Bewunderung, zur Bezeichnung der ihr eigentümlichen Kunstweise nur herzlich wenig beibringen. Als Prachtstück lag eine auf Atlas gedruckte »Wiener Zeitung« bei, als biographisches Merkzeichen der wahrhaft jungfräulich erhaltene, mit Goldleisten umrahmte Zettel des Wiener Operntheaters vom 21. Juni 1851 – dem Tage, an dem Fanny Elßler von den Brettern geschieden ist. Fräulein Prinster ward immer wärmer, je mehr sie von ihrer Fanny sprach, obgleich sie sich mehr in begeisterten Allgemeinheiten bewegte, als in Einzelheiten einging. Als ich sie fragte, ob sie sich an Gentz erinnere – »Gentz?« fragte sie und schien sich zu besinnen. »Ach ja«, sagte sie dann, »der gute alte Herr!« Alt war er freilich, und gut konnte er leicht sein, der sechsundsechzigjährige Mann, dem Fanny Elßler ihre zwanzigjährige Schönheit hingab. Zuletzt führte mich Fräulein Prinster zu einer alten Kommode, auf der das beste Andenken an Fanny stand: ihr Fuß und ein Teil ihres Beines in Alabaster ausgeführt. Mit einer gewissen Andacht betrachtete Fräulein Prinster das Bein von der Sohle bis über das Knie, und als ob sie die unterbrochene Gestalt in Gedanken ausbauen wollte, rief sie, mich bedeutsam anblickend, aus: »Oh, sie ist schön gewesen!« (Ich erinnerte mich dabei an ein Wort, das einst Rahel von Varnhagen von ihr gesagt hat: »Da stieg die ganze Venus aus dem Meere.«) Leider steckt der Fuß in einem Schuh, und das übrige Bein macht nicht den Eindruck, daß es die Wirklichkeit treu wiedergebe. Fräulein Prinster teilte mir mit, daß dieses Werk nach einem Gipsabguß gefertigt sei, den eine Dame nach der Natur abgenommen habe. Dieser Abguß sei noch vorhanden, und zwar hier in Wien. Ich erfuhr, wo er zu erfragen sei, und so war der Zweck meines Besuches erreicht. Zum Abschied schenkte mir die gute Dame noch die Feder, mit der Fanny Elßler zuletzt geschrieben, eine sehr spitze Feder, in Messing gesteckt, daran ein Stiel aus Bein, am Ganzen noch starke Spuren von Tinte. Kathi Prinster ist so lange nach Hietzing auf das Grab Fanny Elßlers hinausgegangen, bis sie vor Müdigkeit nicht mehr konnte. Nun schläft sie neben ihr in der kühlen Erde.

Es war doch ein eigenes Gefühl, als der Diener, der mir die Bescherung ins Haus brachte, den umhüllten Gipsfuß Fanny Elßlers oder vielmehr ihr Gipsbein – denn der Abguß reicht bis über das Knie – aus dem Tuch wickelte. Die Wirklichkeit berührt stets fremdartig; in ihrer Gegenwart fällt man jählings aus seinen Gedanken, Träumen, Einbildungen. Gewöhnlich fühlt man sich enttäuscht, wie jenes Kind, das sich den Kuckuck als ein farbenprächtiges Geschöpf vorstellte und nun, als es ihn sah, einen Vogel mit grauem Gefieder an ihm fand. Allein auch ihre eigentümlichen Reize hat die Wirklichkeit, vor allem den unerschöpflichen Reiz, wahr zu sein und in ebendieser Wahrheit auf mögliche ideale Ziele, die doch wieder eine nur erhöhte Wirklichkeit sind, hinzuweisen. Diesen Reiz besitzt der Fuß, das Bein Fanny Elßlers in vollem Maße. Der Fuß ist nicht mehr aus der jugendlichen Blütezeit der Künstlerin, wie ihn Friedrich Gentz gesehen haben muß; er trägt vielmehr den Charakter reiferen Frauenalters an sich mit deutlichen Spuren mannigfaltigen Gebrauches und Verbrauches. Der Fuß legt sich mit seinen Zehen recht klar auseinander, nur die große Zehe, ziemlich lang, länger als die zweite – bei antiken Füßen findet sich das umgekehrte Verhältnis –, ist ein wenig einwärts verschoben, und die dritte und vierte Zehe sind etwas gegeneinander gedrückt, während aber die fünfte Zehe, gleichsam der naivste Finger an dieser unbeholfenen Hand und sonst das Stiefkind weiblicher Füße, völlig freiliegt. Über dem zweiten Gelenke der großen Zehe findet sich eine ansehnliche Verhärtung, eine kleinere über der kleinen Zehe, und die Adern des Fußes treten stark hervor. Um das Knie ist die Wulst voller und die Haut mürber, als es sich mit den Forderungen der Schönheit verträgt; die Knöchel machen sich kräftig geltend. Wie gesagt, es ist ein reiferer Fuß, ein frauenhaftes Bein, in Gips abgegossen von der Bildhauerin Fanveau zu Florenz 1847, als Fanny Elßler schon siebenunddreißig Jahre alt war. Wie anders aber, wenn man, von den kleinen Unbilden der Zeit absehend, das treffliche Tanzwerkzeug als Ganzes betrachtet! An diesem Fuße lernt man, daß Kraft die Wurzel der Anmut ist. Der nicht kleine, ziemlich fleischige Fuß ruht auf einem sicher gebauten Gewölbe, der Rist springt rasch, ja zuletzt eilend zu der Fessel hinauf, die sich schlank zusammenzieht; reizend ist die leise geschweifte Linie des Schienbeins, und jene entgegengesetzte Polsterung des Unterbeins, die von den Anatomen als Streckmuskulatur des Fußgelenkes bezeichnet wird, faßt sich anmutig streng zusammen, ohne einen der drei Muskeln, die doch beim Tanzen scharf hervorspringen müssen, ahnen zu lassen. An den beiden Stellen, wo sich vielfältige Möglichkeit der Bewegung sammelt, und wo sich gleichsam Sitze des Willens befinden: am Fußgelenke und am Kniegelenke, nimmt sich das Bein zur stärksten Energie und in dieser Energie zugleich zur höchsten Grazie zusammen. Linienzug, Fläche, plastische Form des Beines sind von einem unvergleichlichen Schwung. So nimmt sich

Fanny Elßlers Fuß und Bein, soweit das arme Wort den unerschöpflichen Reichtum unmittelbarer Anschauung zu ersetzen vermag, im ruhenden Zustand aus, wo inwohnende Anlage und zurückgelassene Spuren der Kunstübung, indem sie einander anzuregen scheinen, das Unbewegte doch wie in einer gewissen Bewegung begriffen zeigen. Nun beflügle man diesen Fuß, füge den anderen hinzu, baue diesen schwungvollen Leib aus und setze auf die schlanke Schulter das ovale Haupt mit dem vor Anmut strahlenden Gesicht – dann hat man das Wunder vollbracht, eine Fanny Elßler wenigstens in der Einbildungskraft zu schaffen.

Auf solchem Fuße, wie ihn Fanny Elßler besaß, stehen und wandeln dauerhafte Gestalten. Sie hat lange gelebt, ohne eigentlich alt zu werden. In jenen Jahren, wo es noch nicht Zeitgeist war, das Burgtheater durch Unverstand zugrunde zu richten, sah man Fanny Elßler immer in Gesellschaft der von ihr unzertrennlichen Kathi Prinster in jeder neuen Aufführung dieser Bühne. Man dachte an kein Alter, wenn man sie gehen, stehen, sitzen sah. Adolf Wilbrandt hat ihr zu ihrem siebzigsten Geburtstage ein warm empfundenes Gedicht gewidmet. Der Dichter fragt sich, was sie »so unbegreiflich jung« erhalte? Er findet den Grund davon in ihrer harmonischen Natur. Er mag recht haben. Wenn wir ihn aber, minder poetisch, in ihrem tüchtigen Knochengerüste suchen, wer will uns unrecht geben? Was hier von ihrem Körper, freilich nicht weiter als bis über das Knie, wo im Gipsabguß vollere Formen beginnen wollen, geschildert worden, erregt wohl die Begier nach weiterer Kenntnis, die durch Kathi Prinsters bedeutsamen Ausruf: »Oh, sie ist schön gewesen!« noch verschärft wird. So gibt der Philologe, wenn der Text seines Autors vielleicht bei der belangreichsten Stelle abbricht, den Stoßseufzer von sich:

Reliqua desiderantur.

(Am 5. Juni 1892)

Der Wiener Walzer

Als die spanische Tänzerin Lola Montez einem greisen deutschen Fürsten den Sinn berückte und ihn mit dämonischer Gewalt in ihre Kreise zog, erschien aus der Feder eines österreichischen Schriftstellers ein damals vielgelesenes Pamphlet, welches den Titel »Tanz und Weltgeschichte« führte. Die Meinung dieser Schrift war nicht zu verkennen, ja schon der Titel besagte deutlich genug, wohin sie ziele. Während die Beine eines schönen Weibes das fromme Land regierten und Staat und Kirche der Tanzboden waren, auf dem sie ihre Sprünge übten, lag der Gedanke wohl nahe, den Einfluß zu schildern, den der Tanz unter gegebenen Verhältnissen auf den Lauf der Geschichte zu nehmen vermag. Indem ich nur einige flüchtige Einfälle über den Walzer niederschreibe, möchte ich mir die bereits erwähnte Kategorie »Tanz und Weltgeschichte« zunutze machen. Ein Sproß der Tänzerfamilie Horschelt sagte mir einmal, nachdem ich eine Partie Billard an ihn verloren, man könne vom Tanz nie mit zu großer Würde reden; wobei er mit dem rechten Fuß eine überzeugende Bewegung machte. Wort und Gebärde habe ich mir wohl gemerkt, und ich denke, er soll keinen undankbaren Schüler an mir finden. Der Tanz wird gewöhnlich als ein ausweisloser Vagabund behandelt. Er kommt allerdings weit her, aber er weiß, woher er kommt, und braucht sich seiner Herkunft nicht zu schämen. Er ist überall dabeigewesen, wo es hoch herging, vor der Bundeslade und vor dem goldenen Kalb. Er hat seine erste Schule in der Kirche gemacht und ist dann, wie jeder, der seinen eigenen Wert fühlt, dem frommen Zwang entsprungen, um sich in das bunte Treiben der Welt zu stürzen. Der Schwärmer ward zum Ketzer; der Ketzer, der doch wieder ein Schwarmgeist, wenn auch nach links ist, zum vollkommenen Weltkinde. Seitdem verfolgen ihn die Geweihten des Herrn, sie verfolgen ihn wenigstens öffentlich, wenn sie auch heimlich seine Macht verspüren, und selbst in Wien die jungen Kapuziner in ihrem Gäßlein »schieberischen« Velleitäten unterliegen und zu Rom die alten Kardinäle des Unfehlbaren unter den lachenden Augen des Papstes ihre Sprünge machen, wenn der musikalische Cavaliere servente der Kirche, der Abbate Liszt, mit seinem hageren Finger das Klavier dazu schlägt. Ja, der Tanz ist eine universale Macht, die sich an ihren Verächtern doppelt rächt, er ist eines jener Gesetze, die man, wie der Apostel sagt, in den Gliedern fühlt. Ihn ein flüchtiges Kind des Augenblicks nennen, heißt ihn mißdeuten, heißt die gelegentliche Ursache seines Daseins mit seinem Wesen und Ursprung verwechseln. Genau und mit dürren Worten zu sagen, was er ist, wird nie gelingen; er birgt ein tiefes Geheimnis in sich, das nur der Tanzende fühlt. Man kann wohl sagen, wir tanzen Weltgesetze, wir ahmen mit unseren Beinen den ewigen Rhythmus alles Geschehens nach, wir spielen mit jenen im Kosmos allverbreiteten Gegensätzen, die sich im Menschengeschlechte als Mann und Weib so reizend und verführerisch begegnen. Jede Zeit drückt den idealen Sinn des Tanzes in den Formen aus, die ihrem Geist entsprechen, aber an diesem Sinne selbst wird nichts geändert, ob der Tanz sich im Menuett zierlich bewegt, ob er mit der Doppelbewegung der Erde in rascherem Wirbel sich dreht oder ob er, wie im Galopp, mit verhängtem Zügel dahinschießt. In dieser zeitlichen Form der Erscheinung liegt das Verhältnis des Tanzes zur Geschichte, hier ist der Ort, wo der Tanz von der Gefühlsweise einer gewissen Zeit beeinflußt wird und auf diese Gefühlsweise wieder zurückwirkt. So verstehen wir »Tanz und Weltgeschichte«, und der treffliche Horschelt, ob er nun noch auf der Münchener Hofbühne oder vielleicht schon in einem besseren Jenseits mit den Füßen seine Ideen ausdrückt, wird auf seinen zwar unwürdigen Schüler mit Befriedigung niederlächeln, weil er vom Tanzen mit einer fast philosophischen Würde gesprochen hat.

Eigentlich aber wollte ich vom Walzer reden und noch eigentlicher vom Wiener Walzer; da ich mich jedoch schon auf Seitenpfade begeben, so möge mich der freundliche Leser noch eine Weile herumirren lassen, bis ich wieder – und das soll bald geschehen – in den geraden Weg meines Themas einlenke. Ich meine nämlich, daß gerade dem Walzer gegenüber das Kapitel »Tanz und Weltgeschichte« seine Rechnung finde. Wer heute mit einer schönen Frau im Arm sich nach den zwingenden Rhythmen eines Straußschen Walzers dreht, wird kaum daran denken, daß der Walzer sich einmal seine Existenz erst erkämpfen mußte. Wie sollte auch der Tänzer auf solche tanzgeschichtliche Gedanken geraten, er, der glückliche Mann, mit dem Arm um die Hüfte der Schönen, mit dem Einblick in ihre Augen, auflebend im warmen Hauche ihres Atems und selig befangen in dem berauschenden Dufte holder Weiblichkeit? Er erschien den Zeitgenossen seiner Einführung als ein Frevel, als ein Eingriff in die Persönlichkeit des Weibes. Leider besitzen wir keine Geschichte des Walzers, wie überhaupt keine gründliche Geschichte des Tanzes; so ist man auf einzelne Daten angewiesen und auf Folgerungen aus diesen Daten. Glücklicherweise besitzen wir über das Auftreten des Walzers in Deutschland innerhalb der gebildeten Gesellschaft und über die Art und Weise, wie er auf empfindsame Seelen wirkte, ein klassisches Zeugnis. Dieses klassische Zeugnis, das wir meinen, gibt uns kein Geringerer als Goethe, und die betreffende Stelle findet sich in den »Leiden des jungen Werther«. Ältere Männer, deren jugendliche Blüte noch vor die Epoche der Gründungen fällt, erinnern sich wohl des ländlichen Balles in unserem Romane, wo jene unglückliche Leidenschaft Werthers zum Ausbruch gelangt, welche der halben Welt Seufzer und Tränen gekostet hat. Wir erfahren, was auf diesem schicksalsvollen Balle getanzt wurde, nämlich Menuett, Ekossaise, Kontertanz und als neueingeführt der »Deutsche«, der damalige Walzer. Werther schreibt an seinen Freund: »Nun ging's an, und wir (Lotte und er) ergetzten uns eine Weile an mannigfaltigen Schlingungen der Arme. Mit welchem Reize, mit welcher Flüchtigkeit bewegte sie sich! Und da wir nun gar ans Walzen kamen und wie die Sphären umeinander herumrollten, ging's freilich anfangs, weil's die wenigsten können, ein bißchen bunt durcheinander. Wir waren klug und ließen sie austoben, und als die Ungeschicktesten den Plan geräumt hatten, fielen wir ein und hielten mit noch einem Paare wacker aus. Nie ist mir's so leicht vom Flecke gegangen. Ich war kein Mensch mehr. Das liebenswürdigste Geschöpf in den Armen zu haben und mit ihr herumzufliegen wie Wetter, daß alles ringsumher verging, und – Wilhelm, um ehrlich zu sein, tat ich aber doch den Schwur, daß ein Mädchen, das ich liebte, auf das ich Ansprüche hätte, mir nie mit einem andern walzen sollte als mit mir, und wenn ich drüber zugrunde gehen müßte. Du verstehst mich.«

Von der blühenden Schönheit dieser Schilderung abgesehen, ist sie geschichtlich in hohem Grade lehrreich. Bedenke man, daß der »Deutsche«, der hier als ein Ausbund leidenschaftlicher Bewegung dargestellt wird, der bedächtigere Bruder unseres ungestümen Walzers ist, so kann man zurückschließen, wie langsam und sittig das Tanztempo war, gegen welches der Walzer als ein kühner Sprung erschien. Gewiß, die Einführung des Walzers in Deutschland bezeichnet eine soziale Umwälzung. Es ist die Revolution zum Dreivierteltakt. Diese Neuerung fällt zusammen mit der Zeit des Sturmes und Dranges in unserer Literatur, als die Zöpfe aufgelöst, die Krawatten gelockert wurden und überhaupt gesunde Empfindung und Leidenschaft die nachgerade unerträglich gewordenen Fesseln des Konventionellen zerbrach und abschüttelte. Man hatte das Volkslied wieder zu schätzen begonnen, und in seinem Gefolge kam der Volkstanz, der Walzer. Er brachte in den Verkehr der Geschlechter eine gesunde, aufrichtige Sinnlichkeit, gegen welche das die Zopfzeit charakterisierende Rauben von Busenschleifen und Strumpfbändern eine gelüstige Roheit war. Der Walzer setzte sich in Deutschland durch trotz

Moralisten und Predigern, und noch heute ist er die Form, in der sich die echte deutsche Tanzempfindung ausspricht. Von Deutschland, zumal von Wien aus machte der Walzer Propaganda bei den fremden Völkern, bei denen er übrigens gleichfalls auf hartnäckige Vorurteile stieß, welche übrigens die allmächtige Mode besiegen half. So schrieb Lord Byron unter der Maske eines Landedelmannes ein Schimpf- und Spottgedicht auf den deutschen Walzer, in welchem der Apollo mit dem Klumpfuß diesem schwindelnden, obszönen Tanze, von dem sich alle Welt ergreifen ließ, das Schlimmste nachsagte. In wilder, satirischer Laune preist er das heilbringende Deutschland:
Who sent us – so be pardon'd all her faults – A dozen dukes, some kings, a queen and Waltz. –

Als der ältere Johann Strauß auf seiner Walzer-Weltfahrt nach England kam, fand er keinen Widerstand mehr. Es war das Horn des Oberon, dessen Klang alles mit sich fortriß. Wer könnte auch dem Wiener Walzer widerstehen? Er ist die Blüte der deutschen Tanzmusik und aus den allgemeinen Regionen, in denen wir uns bisher bewegten, steigen wir mit Vergnügen hernieder an die Ufer der »schönen blauen Donau«, wo der Walzer seine saftigsten Wurzeln getrieben hat.

(Februar 1873)

Eine Wienerin

Das Beste, was die Wiener besitzen, sind ihre Frauen. Daß sie schön sind, die Wiener Frauen, und am schönsten in der Bewegung: im Gespräche, im Gehen und Tanzen, das weiß jeder, dem der Sinn für Auffassung des Schönen und Anmutigen nicht ganz versagt ist. In dem »Besten« möchten wir aber neben dem Guten auch das Schöne mit eingeschlossen wissen, und indem wir nach einem Ausdrucke suchen, der das Wesen der Wiener Frauen erschöpft, bietet sich uns ein glückliches griechisches Wort, das die beiden höchsten Begriffe der Welt zusammenbindet, und so sagen wir, daß die Wienerinnen des guten Schlages das »Schön-und-Gute« in einer Person darstellen. Wir fürchten uns nicht vor dem Naserümpfen nordischer Moralphilosophen, die nicht selten, in ihrer mageren Art zu denken, die Busenlosigkeit mit der Tugend verwechseln; die Natur an sich ist bekanntlich keine Sünde, und erst unser Denken macht sie dazu. Die Wiener Frauen tragen die Fülle ihres Geschlechtes mit einer Unbefangenheit, die sich vor dem öffentlichen Bekenntnis nicht scheut: Ich bin ein Weib! Sie sind keine verschämten Mannsbilder, die ihre natürliche Artung vor der Welt verbergen möchten; nein, sie sind wie die Blumen, die nicht anders können, als sich in ihren Reizen zu offenbaren. Diese Pflanzenhaftigkeit hat aber ihre bestimmten Grenzen, die, bei empfindlicher Strafe des Frevlers, geachtet sein wollen. Die Wienerin ist nicht bloß empfänglich und duldend, sie ist nicht an die Stelle gewachsen, sondern sie besitzt willenskräftige Organe, die sie bei rechter Gelegenheit energisch zu gebrauchen versteht. Mit der ganzen Lebhaftigkeit ihrer Natur weiß sie von sich abzuwehren, was ihr nicht gemäß ist, was sie in ihrem Wesen bedroht. Sie hat bei der anmutigsten, zugänglichsten Sitte ein starkes Selbstgefühl, ein Gefühl nicht nur ihrer bevorzugten Natur, sondern auch ihres sittlichen Wertes. Und wie sie begabt ist, das Leben durch alle Poren zu genießen, so ist ihr auch die Gabe der Aufopferung im höchsten Grade verliehen. Diese schwebende Grazie ist auch ein guter Genius. Laßt schlimme Zeiten hereinbrechen, und sie stellt sich schützend vor ihre Kinder, ja, im Bewußtsein ihrer Immunität, vor ihren Mann und läßt das anstürmende Ungemach nur gebrochen das Haus betreten. Man kennt die Wiener Frauen nicht, wenn man sie nur im Glücke gesehen; ihre innere Schönheit wächst mit dem Unglücke.

Schon längst tragen wir uns mit der Absicht, einer solchen Wiener Frau der guten Art, die, von ganz Wien gekannt, im vorigen Herbste »zu den Mehreren gegangen«, einige Worte des Andenkens zu widmen. Es drängt uns dazu ein Gefühl der Dankbarkeit, denn diese Frau hat uns jenen Typus der Wiener Weiblichkeit kennen gelehrt, der mit der durchwaltenden Anmut des Wesens die Festigkeit des Charakters verbindet. Diese Frau ist Celeste Bösendorfer. Wir wollen von ihr ein Bildchen entwerfen, nicht größer, als es die Frauen am Halse zu tragen pflegen, und das ihrer Bescheidenheit und unserer Kraft entspricht.

Celeste Bösendorfer war ein echtes Wiener Kind. Sie ist – als Frauenhistoriograph wissen wir weder den Tag noch das Jahr – in der Alservorstadt geboren, wo ihr Vater, ein Herr von Poßbach, wenn wir nicht irren, Polizeivorstand war. Celeste war erst ein Jahr alt, als ihr Vater starb. In schmalen Verhältnissen wuchs das zarte Kind auf. Manchen Tag über, da die Mutter gezwungen war, dem Brote nachzugehen, brachte sie, spielend und lernend, in einem Kindergarten am Alserbache zu. Nicht lange, so entschloß sich Baron Feuchtersleben, als ein entfernter Verwandter, Celeste an Kindesstatt anzunehmen. Der Versuch schlug fehl, denn da die Frau Feuchterslebens, die ganz in ihrem Gatten aufging und eine Zersplitterung der Liebe des angebeteten Mannes nicht dulden mochte, die kleine Celeste etwas hart anließ, beschloß der braune Trotzkopf, das Haus, das ihr ungastlich vorkam, zu verlassen. Eines Tages kletterte sie auf einen Stuhl, nahm ihr Mäntelchen herab und suchte, gegen die Unbilden der Witterung geschützt, das Weite. Die Polizei brachte sie zu der Mutter zurück, mit der sie fortan unzertrennlich zusammen lebte. Lust und Liebe zur Musik, die sich in ihr ankündigten, legten den Gedanken nahe, das heranwachsende Mädchen, welches durch eigenes Streben die Schulbildung überholt hatte, im Wiener Konservatorium ausbilden zu lassen. Wie oft hatte sie zur Winterszeit am Scheine des Ofenfeuers ihre geliebten Bücher gelesen, da die beschränkten Mittel den Luxus einer Kerze nicht gestatteten. Milde Hände, an die sie sich später für immer band, erleichterten ihr den Eintritt ins Konservatorium, wo der tüchtige Ramesch ihr Lehrer im Klavierspiel und Frau Marchesi ihre Gesangslehrerin wurde. Celeste wollte sich zur dramatischen Sängerin ausbilden, denn die bunte Welt der Bühne hatte sie schon längst mit unwiderstehlichem Zauber angezogen. Die Wienerin ist ja mit ihrer raschen Empfindung und mit der schönen Gabe, sich selbst darzustellen, eine geborene Schauspielerin. Der Weg aber war beschwerlich, der die liebenswürdige Heldin dieser Zeilen auf die Bühne führte. Die Not des Lebens zwang sie, was sie eben gelernt, wieder zu lehren. Eine Photographie aus jenen Jahren zeigt sie als ein schmächtiges Mädchen, aus deren Zügen uns Kummer und Ehrgeiz anblicken. Die Zeit, die ihr das Konservatorium und die eigenen Studien frei ließen, verwendete sie auf ihre Unterrichtsgänge, die sie in die entlegensten Gegenden Wiens führten. Oft genug ruhte sie in der Stephanskirche aus und aß, als ihr ganzes Mittagsmahl, einen Apfel und ein Stück Brot. Was sie nicht ermüden ließ, war die Begeisterung für ihr Ideal. Es war zwar ein starker Stoß für sie, als sie ihre Gesangsstimme verlor; allein geschmeidig und charakterfest, wie sie war, ging sie zum Schauspiele über, dem sie sich nun mit voller Begeisterung und Energie widmete. Joseph Lewinsky war ihr Meister, den sie bis an ihr Ende pries und verehrte.

Das Theater hat sich ihr endlich aufgetan. Sie tritt zuerst in dem mährischen Städtchen Proßnitz auf. Es ist eine echte Schmiere, halb in einem Stadel, halb im Freien. Vorsintflutliche Dekorationen, zusammengebettelte Kostüme! Schmaler Sold und Elend und Humor! Eine edle Natur, wie die unserer Debütantin, läßt sich durch solche Eindrücke nicht herabstimmen, und nicht umsonst ist man eine elastische Wienerin. Celeste ist selig in ihrer Dachkammer, durch welche der Wind streicht, sie ist doppelt selig in diesem Theaterstall, den ihre Phantasie zu einem Tempel des Geschmacks umbaut. Ihr Rollenfach kennen wir nicht, doch muß es sie, nach ihrer Natur zu schließen, zum feinen Gespräch, zur anmutigen, vornehmen Darstellung hingezogen haben. Freilich Feinheit, Anmut, Vornehmheit – und in Proßnitz! Wie dem sei, Celeste blieb und spielte, bis die Deichsel des Karrens sich nach einer andern Richtung lenkte, und stieß dann zu einer andern Truppe. Hier verlieren wir die Spuren ihrer Theaterlaufbahn, und erst geraume Zeit später taucht sie wieder in der Stadt Steyr auf, wo unser armer Matras Theaterdirektor war. Celeste tritt hier auf und verschwindet dann für immer von der Bühne. Was das Theater an ihr gewonnen, was es an ihr verloren, darüber sind keine Aufzeichnungen vorhanden; nur Meister Lewinsky wäre in der Lage, uns über diesen Punkt Aufschlüsse zu geben.

Aus Liebe ist Celeste dem Theater untreu geworden. Nach ihrem Abschiede von Stadt Steyr hat sie Herrn Ludwig Bösendorfer, dem Erben und Fortsetzer eines berühmten Geschäftes, die Hand gereicht. Frau Celeste fand an ihrem Gatten einen echten Wiener des alten feinen Schlages, einen Wiener an leichter Erregbarkeit und Milde des Gemüts, an Witz und an heiterer Lebenslaune, dabei einen Mann, der weit über seinen Beruf hinaus begabt ist. In dieser Ehe ging der guten Frau, die auf der Schattenseite des Lebens gewachsen war, eine neue Welt auf. Zunächst war es ihr vergönnt, freier Atem zu schöpfen und die aufgesammelten Schätze ihrer Liebe einem Manne zu schenken den sie schwärmerisch verehrte. Bald zog sie weitere Kreise, in denen sie alles Schöne und Gute hegte und pflegte. Sie, die so arm an Glück gewesen, ward nun eine Meisterin in der Kunst, andere zu beglücken. Ihr Kunstsinn beschränkte sich nicht egoistisch auf den Genuß der Kunst; vielmehr, wo sie ein durch widrige Zufälle gehemmtes ernstes Streben sah, war sie stets bereit, es durch Fürsprache und Fürsorge zu fördern. Jüngere Leute, die emporgekommen, ihre alten Kollegen vom Theater könnten von dem milden Sinne dieser Frau erzählen. Da sie selbst keine Kinder hatte – eine Wunde, die nie recht vernarbte –, nahm sie sich der großen Familie der Armen an. »Denn ihr seid selbst in Ägypten gewesen« – lautet ein schöner, zur Wohltätigkeit mahnender Spruch der Juden. Zumal die armen Kinder schloß sie in das Herz, denen Kleidung, Unterricht und frische Sommerluft zu verschaffen ihre nie ermüdende Mühewaltung galt. Sie trat persönlich in die Hütten der Armut, von keinem Elend, keiner Krankheit geschreckt. Sie konnte am Weihnachtsabend als beglückende Fee erscheinen, die einer trauernden Familie einen Tannenbaum aufschmückte. Und das geschah alles mit lächelnder Grazie, ohne Wichtigkeit und ohne Anspruch auf Dank. Ihr Tun nahm auch keine religiöse Maske vor, denn ihre religiösen Angelegenheiten schlichtete sie zwischen sich und ihrem Gotte. Sie kostete auch einen Teil von den Herrlichkeiten dieser Welt, denn auch vor den Menschen hervorzuragen und zu glänzen, schien ihr wünschenwert. Sie war in einer gewissen Zeit eine der kühnsten und gewandtesten Reiterinnen von Wien; doch kam es ihr nicht schwer an, für immer vom Pferde zu steigen. Als die wirtschaftliche Welt in einem unerhörten Krach zusammenstürzte, da griff sie einen Augenblick zu ihrer alten Theaterleidenschaft, nicht ohne die Absicht, neue Werte zu schaffen. Sie stand schon mit einem Fuße auf den Brettern, als ihr ein freundlicheres Geschick gestattete, den Schritt zurückzutun.

Es eröffnet einen Blick in ihre Seele, wenn man erfährt, daß Frau Bösendorfer denjenigen, welchen sie besonders wohlwollte, Marc Aurels Meditationen zu schenken pflegte. Da kann man lesen: »Denke nicht, wenn dir etwas schwer ankommt, es sei nicht menschenmöglich. Und was nur irgendeinem Menschen möglich und geziemend, davon sei überzeugt, daß es auch für dich erreichbar sein wird.« Solche harte Zumutungen, die der gekrönte Stoiker an die Menschen stellt, mögen sich im Munde einer Wienerin seltsam ausnehmen; allein sie drücken die Gesinnung der Frau Celeste aus. Unbeschadet ihrer Anmut ging etwas wie Stahl durch ihr Wesen. Auch in Feuchterslebens, ihres Verwandten, »Diätetik der Seele« klingt die stoische Lehre, allerdings von Goethescher Lebensweisheit geschmeidigt, stark und hart an. Vielleicht hat Marc Aurel jenen Spruch in Wien niedergeschrieben, und einiges von seinem rauhen Klange ist in der weichen Luft dieser Stadt hängengeblieben. Marc Aurel hat sein Selbstgespräch zumeist in seinen letzten Lebensjahren verfaßt, und in Wien ist er gestorben.

Zum letzten Male haben wir Frau Bösendorfer im Sommer des vorigen Jahres in Kaltenleutgeben gesehen, wo sie die Heilung eines Herzleidens vergeblich suchte. Wir trafen sie allein in einem kleinen Zimmer, das auf Wald und Wiese hinausging. Vor ihr lag ein aufgeschlagenes Novellenbuch, auf dem Flügel daneben der Klavierauszug von Wagners »Parsifal«. Ihre dunklen Haare hingen in feuchten Strähnen herab, und die braunen Augen in ihrem schmal gewordenen Gesichte sprachen von geheimem Kummer. Sie atmete wie ein kranker Vogel. Sie sah so mädchenhaft aus, wie eine Braut des Todes, und wenn man ihre hängenden Haare sah, konnte man an Ophelia denken. Wir sahen sie sinken und konnten nicht helfen. Uns bewegte ihre Anmut und ihr fester Sinn, die Freundlichkeit ihres Herzens und ihre Resignation. Den Sommer über schleppte sie sich noch fort, dann hörte man die schmerzliche Kunde von ihrem Tode. Daß ihr die Erde leicht sei, das wußten alle, die sie gekannt hatten.

(Am 24. Mai 1883)

Frauenschönheit

Frauenschönheit, sei sie nun gemalt oder lebendig, ist wohl das dankbarste Ding, das man auf Erden finden mag. Wird auch ein kühler, sachdenklicher Beurteiler des ästhetischen Formenwertes der Gestalt des Mannes vor derjenigen des Weibes den Preis höherer Schönheit unzweifelhaft zuerkennen müssen – denn frei, wie ein Gott, ist der Mann in die Welt hineingestellt, während der weibliche Körper durchaus von Absicht und Zweck beherrscht ist –, so hat die Natur doch tausend listige Mittel ersonnen, um uns das andere Geschlecht als den Inbegriff aller Vollkommenheit erscheinen zu lassen. Ein System von Zwecken könnte, in der ungemütlichen Sprache der Wissenschaft, das Weib genannt werden; aber es ist das wundervollste System von Zwecken, das in dieser sichtbaren Welt nur immer zu erspähen. Jede Absicht ist hier mit Anmut umkleidet, jeder Zweck spitzt sich zu einem Reize zu. Keine Frage, wenn man die schlauen Gänge und den Situationswitz der Natur überdenkt, so ist das Weib das Meisterstück der Schöpfung. Wenn aber, nach Kant, schön ist, was ohne (sinnliches) Interesse gefällt, so liegt auf der Hand, wie schwer es uns gemacht ist, dem Weibe gegenüber diesen Standpunkt der Unbefangenheit einzunehmen. Wir mögen es merken oder nicht, stets schiebt sich unserer Betrachtung der weiblichen Schönheit der Zweckbegriff unter, der geflügelte Gott schwebt ungesehen hinter uns und zielt über unsere Schulter hinweg mit dem Bogen. Und nicht allein der Mann allein steht auf solche Weise der Frau gegenüber, nein, auch die Frau selbst betrachtet ihr Geschlecht in ähnlichem Sinne; denn da es die Aufgabe ihres Lebens ist, dem Manne zu gefallen, so sieht sie auch ihresgleichen durch die Augen des Mannes an, indem sie ihr Urteil über weibliche Schönheit mit steter Rücksicht auf dasjenige bildet, was an dieser Gestalt, an diesem Wuchse, an diesen Zügen den Mann anziehen oder was daran seine Abneigung erregen könne. Zu trauen freilich ist dem laut ausgesprochenen Urteile des Weibes über eine ihres Geschlechtes nicht leicht, weil dieses Urteil meistens durch eigentümliche psychologische Vorgänge gefälscht ist; denn erstens hält sich jede Frau, sei sie auch zehnmal verheiratet oder auch steinalt, für die natürliche Nebenbuhlerin ihres ganzen übrigen Geschlechtes, und zum anderen ist das Ideal, an dem sie ihre Mitgeschöpfe abschätzt, immer sie selber. Wie dem aber auch sei: gewiß ist, daß, wo sich immer, sei es im Leben oder in der Kunst, weibliche Schönheit hervortut, Mann und Weib gleichmäßig in der Höhe sind, so daß man wohl glauben könnte, das Weib sei der Mittelpunkt der Welt.

So ist es denn auch kein Wunder, daß in der diesmonatlichen Ausstellung des Kunstvereins der von weiblichen Bildnissen wimmelnde Ehrensalon die Schaulust des Publikums am meisten beschäftigt. Der Blick fällt zunächst auf drei von Franz Schrotzberg gemalte Porträts. Das größte ist ein Bildnis der Herzogin Klementine von Sachsen-Koburg-Gotha, geborenen Prinzessin Orleans: ein edel geschnittener Kopf voll Wohlwollen, mit der gemilderten Adlernase der jüngeren Linie der Bourbons. Leider hat der Maler in der Haltung der Figur nur auf eine ganz allgemeine, konventionelle Vornehmheit hingearbeitet, so daß uns die Tochter des französischen Bürgerkönigs, der »besten Verfassung«, nicht mit individueller Wahrheit entgegentritt. Schrotzberg hat das mit manchen Bildnismalern gemein, daß ihm alles Menschliche, was von der Brust an abwärts liegt, fremd ist, daß er, kurz und bündig gesagt, eine ganze Figur nicht zeichnen kann. Wie hängen nur bei dem gegenwärtigen Bildnisse die Arme unorganisch, puppenhaft in den Achselgelenken, wie fehlt der ganzen Gestalt ein verstandener oder empfundener Zusammenhang! Aller Fleiß im Nebensächlichen, gleichsam in der Schneiderarbeit, ist nicht imstande, einen solchen Grundmangel zu decken. Die besten Bildnismaler alter und neuer Zeit waren vor allen Dingen Historienmaler, mit der menschlichen Gestalt aufs innigste vertraut, keine Leute, die den Rumpf als ein gleichgültiges Beiwerk an den Kopf stückelten. Selbst Winterhalter, der neben Schrotzberg in herausfordernder Weise genannt worden, ist im ganzen Bereich des menschlichen Körpers wohlbewandert und weiß Gestalten zu gruppieren und zu Bildern zusammenzufügen. Wir sind der Richtung Winterhalters zwar abhold, aber daß er in seiner Richtung ein Meister ist, wird kaum jemand bestreiten wollen. Was Schrotzberg sein will, ist Winterhalter wirklich: ein richtiger Salonmaler. In der Gesellschaft, die Schrotzberg malt, fühlt er sich beklommen, gedrückt, als einen Fremden; das Ängstliche, Peinliche seines Vortrages verrät dieses Gefühl durchaus. Winterhalter dagegen fühlt sich im Salon als ein Gleicher unter Gleichen, und sein vornehmer Abandon in der Zeichnung, die Leichtigkeit und Lässigkeit seines Vortrages verkünden die Verwandtschaft des Künstlers mit seinem Gegenstande in jeder Linie und jedem Pinselstrich. Ein Teil der Schuld an dieser Ungleichheit der beiden Männer mag auch an den verschiedenen sozialen Verhältnissen in Wien und Paris liegen, denn in Wien sind diese noch vielfach unfrei, während die gesellschaftliche Atmosphäre in Paris durch die Wetter und Stürme der Revolution gereinigt ist. Eine Behandlung wenigstens, wie sie dem genannten Wiener Maler in höheren Kreisen der Kaiserstadt schon zuteil geworden; eine Behandlung, die ein Künstler, wenn er ihr schon wehrlos preisgegeben war, lieber in seinem Innersten hätte bergen sollen, wäre in Paris einem Winterhalter gegenüber geradezu undenkbar. Winterhalter hat mit seiner freien sozialen Stellung, seiner höheren Begabung und größerem Können so viel voraus, daß man sich hüten sollte, seinen Namen mit dem Schrotzbergs in einem Atem zu nennen ... Außer dem Porträt der Herzogin von Koburg sind von Schrotzberg noch zwei Mädchenbildnisse ausgestellt, Brustbilder, deren eines Eigentum der Freifrau von Loudon ist. Das letztere ist ein frischer, auf fröhliches Erfassen der Welt deutender Kopf, in welchem Schalkhaftigkeit und Anmut in einem reizenden Wettstreit liegen. Der zweite Mädchenkopf (Eigentum der Frau Gräfin Marschall) ist ein Ausbund von Holdseligkeit. Man könnte an ihm zum Minnesänger werden, und alle Jugendsünden, die man in Vers und Reim begangen, können einem in Gegenwart dieses Bildes einfallen. Eine stille, sinnige Schönheit leuchtet mild aus diesen durchsichtigen Zügen, die durch eine leise Schwermut gedämpft sind; ausnehmend lieblich stimmt mit der zarten, von einem leichten Rot angehauchten Karnation das weiche blonde Haar, welches, ungebunden über den Rücken fließend, einen Lockenstrang über die Schulter vorfallen läßt. Selbst die kühle Seele des Malers ist von dem Zauber dieses Mädchenkopfes erfaßt worden, und er hat ein Bild gemalt, welches von seinem Gegenstand keine unrichtige Vorstellung gibt, wenn auch die Wirklichkeit gegen ihr Nachbild wie ein Ideal erscheinen mag ... Im selben Saale, der diese Bildnisse beherbergt, hängen aus Friedrich Bruckmanns »Schönheiten-Galerie« zwei gebietende Schönheiten, die Gräfin Emma Degenfeld und die Fürstin Anna Odescalchi. Uns gefällt die Aufrichtigkeit, mit der sich Frauen persönlich als Schönheiten melden und sich als solche verewigen lassen. Der vielgewandte Münchener Bruckmann hat die Sache allerdings schlau und lockend angefangen. Die betreffende Schönheit wird erst gezeichnet und dann nach dieser Zeichnung photographiert; bei jener Prozedur wird der Natur nachgeholfen, und bei dieser wird den verschönerten Zügen wieder der Schein der Natürlichkeit gegeben.

Von diesen weiblichen Schönheiten geblendet, werden die wenigsten ein Auge für einen ältlichen männlichen Kopf übrigbehalten, der uns in der Nähe des Fensters aus einem kleinen Rahmen entgegenlächelt. Karl Agricola hat ihn in Wasserfarben gemalt, mit jener fast weiblichen Weichheit, die einst das Entzücken des alten Wien war. Unter einer geräumigen Stirne, von welcher die dünner werdenden Haare zurückweichen, springt eine kräftig gebogene Nase hervor, die sich mit ihren lang geschlitzten Löchern wieder weit in das Gesicht zurückzieht. Der Mund ist mild, durchaus kein Kostverächter, und unter den starken Brauen, die nicht gleich dem Haupthaar grau geworden, liegen tief ein Paar freundliche Augen, die ungemein sinnig und wohlwollend in die Welt blicken. Das Gesicht ist glattgeschoren bis auf den Backenbart, der mit den Kopfhaaren zusammengewachsen; es liegt ein lebenslustiger, rosiger Hauch auf demselben, welcher seinen Zusammenhang mit Weingenuß nicht ganz verleugnen kann. Der Mann steckt in einem großlappigen, mit Kummetkragen versehenen Rocke; die Brust ziert ein sorgfältig gekräuselter Jabot. Dieser freundliche Herr ist Johann Peter Hebel, wie er im Jahre 1814 ausgesehen hat. In diesen Zügen voll Humanität und Schalkhaftigkeit, die überall an den Philister streifen und ihn fast durchaus überwunden haben, müssen wir den Verfasser der alemannischen Gedichte und den Herausgeber des »Rheinländischen Hausfreund« verehren, den größten Volksschriftsteller, den die deutsche Nation in diesem Jahrhundert besessen. Wir wissen nicht, ob sonst ein gutes Bildnis dieses Mannes existiert, aber jedenfalls könnte sich Herr Joseph Gesselbauer, welcher das in Rede stehende Porträt besitzt, die zahlreichen Freunde Hebels verbinden, wenn er sich entschließen könnte, dasselbe photographisch vervielfältigen zu lassen. Es ist von Agricola, wie gesagt, Anno 1814, und zwar in Karlsruhe, gemalt.

(Am 31. März 1867)

Hans Makart und die Frauen

Ein so geräuschvolles und die Geister aufregendes Wiener Ereignis, wie es die Ausstellung von Makarts neuestem Gemälde: »Der Einzug Karls V. in Antwerpen« bildet, ist in der letzten Zeit weder auf theatralischem noch auf musikalischem Gebiete erlebt worden. Ein Zug der Neugierde, der nach dem Künstlerhause strebt, geht durch alle Schichten der Bevölkerung, und wer das Bild von Makart nicht gesehen, ist vom Tagesgespräch ausgeschlossen. An der Kasse drängen sich die Menschen, um ihre Silberlinge loszuwerden, ja Polizei mußte aufgeboten werden, um den ausschweifenden Kunstsinn der Wiener in die ihm gebührenden Schranken zurückzuweisen. Über die Stadt der Musik, des Schauspiels, des geselligen Vergnügens ist plötzlich ein leidenschaftlicher Geschmack an einem Werke der bildenden Kunst gekommen. Wie hängt das zusammen? Das Bild selbst erklärt solche ungewöhnliche Teilnahme. Es ist in Wien und, was mehr sagen will, aus Wien heraus gemalt worden. Es ist, und das sagt noch mehr, wesentlich ein Frauenbild. Es stellt Frauen dar und gefällt den Frauen, und wer die Frau für sich hat, hat auch den Mann. Und nicht nur Frauen im allgemeinen stellt das Bild dar, die man in Gesellschaft gesprochen, mit der man auf dem letzten Opernballe den ersten Walzer getanzt. Man sucht also sich selbst, man sucht seine Frau und findet sie. Und wie findet man sie! Entweder in der kleidsamsten, prachtvollsten Tracht oder ganz zurückgeführt auf jene mächtigsten Reize, welche die Natur dem Weibe unmittelbar verliehen. In der gemischten Zuschauermasse vor dem Bilde Makarts befindet sich der geistig-sinnliche Mensch von feinerem Schlage in einer nicht unangenehmen elektrischen Spannung. Hier wird »Geheimes« aus schönem Munde zierlich erörtert, und gewiß sind die Frauen, auf das wichtige Geschäft des Gefallens durch ihre Bestimmung angewiesen, die scharfsinnigsten Beurteiler weiblicher Schönheit und Tüchtigkeit. Die der Schönheit Beflissenen können hier lernen, und um so mehr lernen, als die Wienerin unbefangen oder mutig genug ist, sich, der eigenen Vorzüge bewußt, vergleichend neben das herausfordernde Bild zu stellen. So standen einmal zwei schöne Wiener Bürgerstöchter, die jahrelang die anmutigste Zierde der hiesigen Gesellschaft waren, nachsinnend vor der Aphrodite von Melos im Louvre zu Paris, bis die eine der Schwestern die andere anstieß und naiv bemerkte: »Du, so schön sind wir auch!« Mit solch mutiger Unbefangenheit der Wienerin hängt das Bild von Makart zu einem großen Teile zusammen. Es ist Wiener Erzeugnis, hervorgegangen aus einem Kompromiß zwischen Kunst und Leben, nämlich aus der lebhaften Neigung des Künstlers, nackte Weiblichkeit zu malen, und aus der Bereitwilligkeit der zum Teile der guten Gesellschaft angehörigen Modelle, der Neigung des Künstlers bis zu einer gewissen Grenze entgegenzukommen. Kein Wunder, daß Wien sich lebhaft für ein Bild interessiert, an dem es so wesentlich mitgearbeitet.

Der Einzug Karls V. in Antwerpen war für Makart mehr Vorwand als Vorwurf. Der Gegenstand kam ihm nicht historisch gebietend entgegen, er ward ihm vielmehr ganz im Sinne seines Talentes eingeschmeichelt. Seltsamerweise ist es Albrecht Dürer, der dem Wiener Maler, von dem er sich in jedem Stücke streng unterscheidet, jenen Gegenstand vermittelt. Auf seiner Reise in den Niederlanden wohnte Dürer der großen Festlichkeit in Antwerpen bei und trug die folgenden Zeilen in sein Tagebuch ein: »Da waren die Pforten gar kostbar geziert mit Kammerspielen, großer Freudigkeit und schönen Jungfrauenbildern, dergleichen ich wenig gesehen habe.« Das Nähere berichtete Dürer seinem verehrten Freunde Philipp Melanchthon, der den Sachverhalt näher auseinandersetzt. Er erzählt, daß der in Antwerpen einreitende Kaiser die entblößten Ehrenjungfrauen kaum mit dem Blicke gestreift habe, und fährt dann fort: »Alles dies erzählte mir der trefflichste und ehrenwerteste Mann, der Maler Dürer, Bürger von Nürnberg, der zugleich mit dem Kaiser die Stadt betreten hat. Derselbe fügte hinzu, daß er gar gerne herangetreten sei, sowohl um zu sehen, was dargestellt werde, als auch um die Vollkommenheit der allerschönsten Jungfrauen genauer zu betrachten; denn, meinte er: ich, weil ich ein Maler bin, habe mich ein wenig unverschämter umgeschaut . . .« Aus diesen Meldungen, die »allerschönsten Jungfrauen« betreffend, ist dem Wiener Maler sein Bild entsprungen. Der Kaiser, die Staatsaktion waren Nebensache, die Jungfrauen wurden der Mittelpunkt der Komposition. Der Titel des Gemäldes sollte von Rechts wegen lauten: »Die nackten Jungfrauen beim Einzug Karls V. in Antwerpen«.

Nehmen wir aber einmal das Bild, wie es sich gibt, so kann man nicht umhin, zu sagen: es wirkt glänzend, blendend, verblüffend – ein Eindruck, der sich auch beim zweiten und dritten Anschauen des Werkes wiederholt. Und noch mehr: das Bild ist die reifste, bedeutendste, beste Arbeit, die uns Hans Makart bisher geboten. Er hat darin die Summe seines gegenwärtigen Könnens gezogen und von seiner Entwicklungsfähigkeit ein nicht verächtliches Zeugnis abgelegt. Man sieht daraus, daß er manches Versäumte nachgeholt, daß er sich gesammelt, daß er sich nach Kräften zusammengenommen. Man kann sagen: er wacht auf seinen Lorbeeren. Er hat es vor allen Dingen mit der Zeichnung gewissenhafter genommen als bisher. Er hat nach reineren, gewissenhafteren Umrissen gestrebt, und selbst wo ihm in dieser Hinsicht etwas mißglückt, merkt man doch die redliche Mühe. Sodann hat er auch in der Farbenbehandlung ein feineres Maß gefunden, eine Mäßigung, die mit der besseren Pflege der Zeichnung aufs engste zusammenhängt. Makart hat nach vielfachem Herumtasten endlich doch eingesehen, daß auch dem bedeutenden Talente die Zeit des Lernens nicht geschenkt ist. Gewiß, wer auf die Akropolis will, muß seinen Weg durch die Propyläen nehmen; nur ein Gott gelangt von oben herein.

Indes bei aller Anerkennung seines Strebens und seiner Fortschritte darf man die bedeutenden Mängel seines Bildes doch nicht verschweigen. Wir möchten sagen, das Bild sei, als Ganzes und im einzelnen betrachtet, voller Mängel, und doch bleibe zwischen diesen beiden Negativen noch ein Raum vorhanden, in welchem sich Makarts Begabung erfreulich und glänzend ausspreche. Was das Große und Ganze betrifft, die Komposition, so ist sie nicht sehr befriedigend. Es fehlt ihr die Einheitlichkeit, die Klarheit, die Übersichtlichkeit. Der Zug und die Zuschauer des Zuges sind auf einen engen Raum zusammengedrängt, einander im Wege stehend, einander hindernd, ein Gewühl und Gedränge, das die Aktion selbst und ihre Richtung und Folge nicht deutlich erkennen läßt. Kein friedlicher Bürger und Familienvater möchte sich in dieses Durcheinander hineindenken. Dieser Mißstand in der Komposition hängt mit einem Grundmangel Makarts zusammen: er denkt seine Gestalten nicht im Raum, sie kleben vielmehr auf einer Fläche. Die Luftperspektive ist für ihn kaum noch erfunden. Die Häuser biegen sich bei ihm um die Ecke, sie würden, im Raume wirklich ausgeführt, über das Volk zusammenstürzen, das nun allerdings an die Luft und an die Mauern geleimt ist. Einigermaßen hilft Makart sich aus der Klemme durch große Licht- und Schattenmassen, die das Auseinanderstrebende zusammenfassen und dem schweifenden Auge Halt und Ruhe gewähren. Ein anderes Mittel, das Auseinanderfallen der Komposition zu maskieren, ist Makarts Farbenbehandlung und Farbenverteilung, eine zweite Komposition auf der ersten, eine Farbenkomposition. Er zieht breite Farbenbänder durch das Bild, die sich kreuzen, hier verschwinden, um dort wieder hervorzubrechen, und einen koloristischen Zusammenhang herstellen, in welchem sich Makarts eigentümlichstes Talent ausspricht. Wie bereits gesagt, hat Makart in dem neuesten Werke seine Farben herabgedämpft. Die Armut an Tönen, die wir ihm früher manchmal vorwarfen, ist einer größeren Wohlhabenheit gewichen. Dem schwierigen Problem der Fleischbehandlung ist er nähergetreten und hat hier in Ton und Modellierung bemerkenswerte Fortschritte gemacht. Gerade an der Wiedergabe des Nackten wird sein emsiges Streben nach der Erzielung eines soliden Farbenkörpers ersichtlich. Aber auch seine alten, noch nicht verwundenen Schwächen offenbaren sich in seiner Darstellung des Nackten. Seine Kenntnis des menschlichen Körpers, zumal dessen, was unter der Oberfläche liegt und diese bewegt und belebt, ist noch immer nicht stark. Um die Funktionen der Gelenke hat er sich zwar ein wenig umgesehen, aber jede kompliziertere Bewegung des Körpers mißlingt ihm und mißlingt ihm oft bis zum Lächerlichen, so daß eine sich bückende Gestalt, wenn man die Konsequenz ihrer Bewegung zieht, notwendig auf die Nase fällt und eine stark ausschreitende Gestalt stehenbleiben müßte, weil sie den zurückgebliebenen Fuß nicht mehr an sich ziehen kann. Und so liegt durchweg in Makarts Bild das Mißlungene neben dem Gelungenen, das Gewollte neben dem Gekonnten. Man darf ihn nicht, im Widerspruch mit der Bedeutung der Worte, einen genialen Meister nennen, denn er ist weder genial noch ein Meister, sondern, namentlich nach Seite der Farbe, ein bedeutendes Talent, das aus einiger Ferne der Meisterschaft nachstrebt.

Noch einen Fortschritt, und gleichsam einen moralischen, möchten wir zuletzt an Makart kennzeichnen. Auf seinen früheren Bildern fand man häufig Frauengesichter, in deren Zügen sich die tiefste Verderbnis ausdrückte. Solche Frauengesichter findet man auf dem neuesten Bilde fast nur andeutungsweise, und eine gewisse Veredelung erstreckt sich bei seinen gemalten Schönen selbst noch tiefer herab. Liegt das an den besseren, anständigeren Modellen? Prosper Mérimée stand einmal in London bewundernd vor einer nackten antiken Venus. Sie regte ihn zu allerlei Betrachtungen an, die er *(Lettres à une autre inconnue)* einer Freundin brieflich mitteilte. »Wie schade«, schreibt er unter anderem, »daß die Zeit diese schönen Dinge zerstört! An allen diesen antiken Statuen findet man die natürlichste Bewegung; sie sind so wunderbar anmutig und zugleich so keusch. Läßt man diese Bewegungen von unseren Modellen wiederholen, so erscheinen sie gespreizt und unanständig. Woher mag das kommen? Ich habe mich oft gefragt, ob dies mit der gesellschaftlichen Stellung der Modelle zusammenhängt und ob Frauen aus der guten Gesellschaft sich der Antike nicht mehr nähern würden. Wie schade, daß sich diese Versuche, die so lehrreich wären, nicht leichter bewerkstelligen lassen!« ... In Mérimées Worten liegt der Schalk neben dem gescheit urteilenden Menschen. Wir glauben nicht, daß es im alten Griechenland die Sitte der ehrbaren Frauen war, den Bildhauern und Malern zu sitzen. Die Griechen waren überhaupt das unbekleidete Volk nicht, wie man es sich, kindlich genug, manchmal vorstellt. Sie stürmen nicht nackt in die Geschichte herein, sondern sie erscheinen verhüllt und zugeknöpft. Die Griechen ließen nur langsam die Gewänder fallen, und vollends die Frauen und Mädchen! Man mußte erst eine Phryne abwarten, bis sich dem griechischen Volke das Schauspiel bot, ein Weib in der vollen Pracht ihrer natürlichen Reize öffentlich zu sehen. Gewiß haben die Hetären mehr Einfluß auf die Entwicklung der hellenischen Kunst genommen als die Hausfrauen – namentlich die Hetären im großen Stil, wie die Aspasia, die den demokratischen Thron von Athen mit Perikles teilte. Und das ist auch in der Folge so geblieben, wenn auch einzelne große Männer und Meister, wie Leonardo, Raffael und Tizian, von den Frauen überschwenglich beglückt wurden und Rubens den ungeheuren Mut hatte, sein eigenes schönes Weib der Bewunderung der Welt preizugeben. Für Hans Makart hat sich die Welt nicht verkehrt, aber die Frauen lieben seine Kunst, und sie gehen für ihn ziemlich weit in ihrer Kunstbegeisterung. Zu den nackten weiblichen Gestalten auf seinem jüngsten Bilde nennt man ganz ruhig Namen. Allerdings handelt es sich bloß um Kopf und Schultern. Aber ist das nicht auch ein Heldentum und je nachdem ein Martyrium, wenn ich zu meinem Kopf und meinen Schultern den Maler das übrige hinzudichten lasse? ... Wir kommen wieder auf die Wiener Naivität zurück, mit der wir angefangen haben. Makarts Bild und dessen Erfolg war bloß durch sie möglich. Sollen wir sie preisen, sollen wir sie verdammen? Wir lassen sie einfach gelten. In gewissen Dingen ist es schwer, endgültige Grundsätze aufzustellen. Wir belauschten einst das Gespräch zweier Damen, die darüber stritten, ob eine anständige Frau einem Maler zu mehr als Kopf und Schultern sitzen dürfe. »Ich würde nur dem größten Maler sitzen«, meinte schließlich die eine. »Nur dem größten?« fragte die andere. »Dann würdest du keinem sitzen, wenn ich dich recht verstehe. Denn wer würde dir sagen, welcher der größte ist?« . . . Wir glauben, es liegt im Sinne der Frauen, mit der bedenklichen Frage so anmutig zu spielen.

(Am 24. März 1878)

Für die Wienerinnen

Schriftsteller, die für Zeitungen arbeiten, empfangen nur selten Zeugnis von den freundlichen Gesinnungen, die man hin und wieder im Kreise ihrer Leser für sie hegen mag, während Übelgesinnte häufig genug Anlaß nehmen, in Briefen ohne Namensunterschrift an den Männern von der Feder ihr Mütchen zu kühlen. Alte Erfahrungen stehen uns darin zu Gebot, und neue kommen fast täglich hinzu. Kürzlich noch, als ich bei Gelegenheit des Bildes »Kaiser Karls V. Einzug in Antwerpen« ein »Makart und die Frauen« betiteltes Feuilleton geschrieben hatte, stellte sich brieflich ein ungenannter Flegel, der sich für ein Frauenzimmer ausgab, bei mir ein, um auf meiner Tenne zu dreschen, versteht sich, auf meine Unkosten. Ich sollte ganz einfach die Wiener Frauen verletzt haben, und der ungehobelte Briefsteller suchte ihre Ehre bei mir zu retten, indem er mich zugleich aufforderte, einen Widerruf zu schreiben. Nun habe ich nichts zu widerrufen, weil ich mich in der beregten Frage rein weiß in meinem Gewissen, und ich würde es unter meiner Würde halten, an jenen Ungenannten auch nur ein Wort zu verlieren, gäbe mir seine Ungezogenheit nicht willkommenen Anlaß, mich über einige Dinge von allgemeinem Interesse auszusprechen. Handelt es sich doch um die Frauen: ein Thema, so vieler Variationen fähig, daß man mit ihm weder im Leben noch in der Literatur je fertig wird.

In dem genannten Feuilleton gab ich der Vermutung Raum, daß die Entwicklung der griechischen Kunst den Hetären mehr verdankt haben könnte, als den frommen Hausfrauen. Darauf fragt mich mein aufdringlicher Briefsteller: »Glauben Sie denn wirklich, daß die Hetären hübsch sind?« und fügt dann mit einer Vorliebe für weibliche Unerwachsenheit, die eines bejahrten Leutnants würdig wäre, das Machtwort hinzu: »Wenn man schöne Modelle braucht, sucht man sie unter den fünfzehnjährigen Mädchen.« (Die fünfzehnjährigen Mädchen sind unterstrichen.) Was würden wohl die Maler dazu sagen, wenn man ihnen die Darstellung schöner Weiblichkeit auf das Alter von fünfzehn Jahren beschränken wollte? Für den Künstler hat weibliche Schönheit kein Alter, oder, wenn man lieber will, jedes Alter hat für ihn die ihm eigentümliche Schönheit. Ein junges Mädchen kann auf und nieder schön sein, bei einer achtzigjährigen Frau sammelt sich die mögliche Schönheit ganz in den Gesichtszügen, und es hat Maler gegeben und gibt Maler, die dem schönen Kopfe einer alten Frau mehr künstlerisches Interesse abgewinnen als der naiven Schulter eines Backfisches. Es ist ein beschränkter Schönheitsbegriff, in welchem bloß das Gefällige, Anmutige und sogenannte Ideale sein Unterkommen findet. Doch lassen wir diese fünfzehnjährige Mädchentheorie auf sich beruhen und fragen wir lieber noch einmal: »Glauben Sie denn wirklich, daß die Hetären hübsch sind?« Wie in aller Welt kann man nur so verzweifelt ungeschickt fragen! Ob ich glaube, daß sie hübsch sind? Ich glaube es nicht nur, ich glaube es sogar zu wissen – zu wissen freilich, wie man etwas Historisches überhaupt wissen kann: durch Zeugnisse. Ein unverwerflicher Zeuge des Perikleischen Zeitalters erzählt von einer Hetäre, als einer »schönen Frau, die mit ihrer Gunst freigebig und deren Schönheit unbeschreiblich sei; die Maler, deren Auge sie ihren schönen Körper sehen ließ, drängten sich herbei, um sie aufzunehmen«. So spricht ein griechischer Schriftsteller, so denken griechische Künstler, die von der Schönheit doch wohl etwas verstehen, von den Hetären, deren mögliche Hübschheit mein kundiger Briefsteller sogar in Frage zieht. Sie konnten also schön sein, die griechischen Hetären, schön allerdings nicht in dem strengen Sinne Platos, der für die reine Schönheit in seiner Lehre überhaupt keinen Ort hat, weil nach seiner Denkart beim Schönen immer das Gute zu Gevatter steht. Ihm ist die individuelle Schönheit bloß eine ästhetisch-sittliche Anregung, indem er von den schönen Körpern aufsteigt zu den schönen Seelen, von den schönen Seelen aber zu der unbedingten Schönheit, zu der Idee des Schönen. Wir möchten aber, der »Göttlichkeit« Platos unbeschadet, dennoch annehmen, daß auch dieser Philosoph des »Schön-und-Guten« seine Anregungen, wenigstens in jüngeren Jahren, hin und wieder bei den athenischen Hetären gesucht und gefunden habe. Denn die Hetären mit ihrer feinen Bildung und freien Sitte spielten in der vornehmeren Gesellschaft Athens eine hervorragende Rolle, ja sie nahmen durch ihre leiblich und geistig begabtesten Vertreterinnen geradezu eine herrschende Stellung ein. Nicht nur in der Kunst der Sinnlichkeit waren sie vollendete Meisterinnen, sie waren auch berührt von dem philosophischen Zuge der Zeit und wußten selbst Philosophen von Fach Nüsse zu knacken zu geben. Manche scheinen auch Blaustrümpfe – natürlich ohne Strümpfe – gewesen zu sein. Durch ihre geistige Bildung waren sie eine Macht gegenüber den einfacheren Hausfrauen, die am Herde walteten und selten (fast nur bei feierlichen Gelegenheiten) öffentlich erschienen. Von der geistigen Bedeutung der Hetären erlangt man einen ungefähren Begriff, wenn man bedenkt, daß von Perikles, dem vornehmsten aller Redner, die Sage ging, er habe den besten Teil seiner Redekunst dem Einflusse der Aspasia zu danken gehabt. Durch Erscheinungen wie diese wurde der ganze wilde Stand geadelt. Auch hier bewährt sich der künstlerische Sinn des hellenischen Volkes, indem es eine nicht eben sittliche, aber einmal vorhandene und notwendige Erscheinung zu den denkbar schönsten Formen emporführte – ein künstlerischer Sinn, so beneidenswert als verhängnisvoll. Und man mußte diese Erscheinung gelten lassen, mit ihr rechnen. Jene oben angeführte Äußerung über die große Schönheit einer athenischen Hetäre, der die Maler nachliefen, rührt von keinem Geringeren her, als von Xenophon, dem Schüler des Sokrates, dem Heerführer der »Zehntausend«. Sokrates selbst hatte eines Tages jene

Hetäre, die Theodata hieß, mit einigen seiner Schüler besucht, und auch hier, an dieser sonderbaren Stelle, wurde er von seinem unbedingten Lehrtrieb erfaßt und fing an, das schöne Weib in der feineren, geistigeren Kunst, die Männer zu fangen, zu unterrichten. Weggehend, forderte er sie auf, ihn zu besuchen, wo er dann, falls keine wertere Freundin bei ihm sei, ihr wirksame Liebesmittel und Zauberlieder mitteilen werde. Die Ironie leuchtet aus jedem Worte; das »Menschenfischen«, wie später im Evangelium, bleibt die Hauptsache. Und doch war Sokrates Grieche und Künstler genug – er war Bildhauer in jüngeren Jahren gewesen –, um an der Schönheit des bedenklichen Weibes Wohlgefallen zu finden. Die Philosophen nahmen die Erscheinung der Hetären als ein Wirkliches, einmal Vorhandenes; auf die Künstler aber übte diese Erscheinung gewiß einen bestimmenden Einfluß. Der Künstler denkt mit den Augen, er nimmt die Schönheit, wo er sie findet, freier von einseitig sittlichen Bedenken als irgendein Mensch. Ich für mein Teil bin tief überzeugt, daß in der griechischen Kunst die sich immer mehr hervorwagende Richtung auf das Nackte in Darstellungen der Weiblichkeit zwar mit dem Schönheitssinn der Künstler zusammenhängt, aber, namentlich was das Wagnis betrifft, zumeist dem Einfluß der Hetären zuzuschreiben ist. Von der Aphrodite Urania des Phidias an bis herab auf die anmutige Soubrette, die nun die mediceische Venus heißt, und ihre frechere Schwester, die Aphrodite Kallipygos, die auf einen einzelnen Körperteil starkes Gewicht legt, hat das Hetärentum in seinen edleren und minderen Spielarten mit die Hand des Bildners gelenkt und ihn mutig und zuletzt üppig gemacht. Auch von einem großen griechischen Dichter, neben Äschylos dem erhabensten des Altertums, haben die Hetären eine Huldigung erfahren. Pindar besingt in einem seiner Skolien »die vielbesuchten Mädchen im reichen Korinth, die der Göttin Weihrauch spenden und im Geiste – wie oft! – zur himmlischen Mutter der Liebe, zu Aphrodite, den Flug lenken, die von oben Verzeihung gewährt, daß sie die Frucht der Jugend pflücken.« »Macht inn'rer Drang doch alles schön«, so übersetzt doch Tycho Mommsen die Worte Pindars (*σὺν δ'ἀνάγκᾳ πᾶν καλόν*) in der feinsinnigsten Weise. Freilich staunt Pindar selbst über sein Beginnen, daß er zur Feier dieser »alldienstfertigen Frauen« ein solches Lied angestimmt. Leider bricht das Lied im besten Zuge ab und läßt uns über die Rechtfertigung des Dichters im dunkeln.

Und nun genug der Abschweifung über die Hetären unserem unwissenden oder philisterhaften Briefsteller gegenüber. Zurück nach Wien und zu dem Bilde Makarts! Also wir haben die Wienerinnen verleumdet, indem wir ihnen nachsagten, daß sie sich von Makart malen ließen. Hier die einschlägige Stelle des Briefes: »Wohl drängen sich einige Jüdinnen mit ihren Gänseleberfiguren an den Maler heran; aber anzudeuten, daß dies die ›naiven‹ Wienerinnen selbst täten, ist eine Niederträchtigkeit, eine schmachvolle Denunziation beim Auslande, bei dem die Wienerinnen ohnehin durch die Mäuler geistreichelnder jüdischer Literaten in unverdienten Verruf gekommen. Ohne Zweifel gibt es unter den Wiener Frauen genug, die so schön und schöner sind als die vielbewunderten Venusstatuen Griechenlands; aber bei Makart finden Sie nicht die Spuren dieser Schönheitstypen. Die blutarmen Modellmädeln, welche auf diesem Bilde ausgestellt sind, werden Ihnen doch nicht für Wiener Schönheiten gelten. So ausgemergelte, blutleere Gestalten mit nichtssagenden ›Bitz‹-Gesichtern möge man nicht für Wiens Frauentypus halten ... Wiens Frauen tun allerdings nicht fad und affektiert, wie Ihre (das ›Ihre‹ unterstrichen) Landsmänninnen. Nur ein Ausländer (›Ausländer‹ unterstrichen) kann so über Wien schreiben ...« Der Brief enthält noch die angenehme Nachschrift: »Ebenso geschadet haben Sie sich durch Ihre erbärmliche Kritik über die junge Schauspielerin Wessely, eine Kritik, die Sie sich einer Jüdin gegenüber wohl nicht erlaubt hätten.«

Ein starker Zug des Nativisten und Knownothings geht durch diese unartigen und einfältigen Zeilen. Also Jude und Norddeutscher! Leider kann ich mit keiner dieser Eigenschaften dienen. Man hat mir zwar manchmal die unerbetene Ehre angetan, mich für einen Juden zu halten – die Döblinger Schuljugend begrüßte mich einmal mit einem Hepp! Hepp! –, denn meine Vorfahren sind weder durch das Rote Meer gegangen, noch haben sie mit alten Beinkleidern gehandelt. Auch der Hieb mit Norddeutschland sitzt nicht. Bisher ist es den Erdkundigen noch nicht eingefallen, das Land Schwaben zu Norddeutschland zu rechnen, und ein echter »Ausländer« ist man wohl auch nicht, wenn man 25 Jahre die Wiener Luft geatmet. »Die Luft macht eigen«, sagt ein altes Wort. Am Ende nennt der »echte Österreicher« (der übrigens meistens aus Pommern oder Mecklenburg ist) die Habsburger Ausländer, weil sie aus der Schweiz stammen und ihnen aus Lothringen eine neubelebende Blutwelle zugeflossen ist.

Und vollends mich darüber belehren wollen, was die Wienerinnen sind! Ein so öffentliches Geheimnis, ein Zauber, der sich von selbst einschmeichelt! Daß die unbekleideten Gestalten auf dem Bilde Makarts keine authentischen Wienerinnen sind, das habe ich ja selbst gesagt, indem ich von der Naivität der Wienerinnen sprach, welche dem Maler ihren Kopf auslieferten und zu dem Kopf sich einen fremden Leib erfinden ließen. Aber das weiß, außer meinem urwienerischen Briefsteller, jedermann in Wien, daß eine ganze Reihe von Köpfen auf Makarts Gemälde Bildnisse von Wiener Frauen und nicht bloß von Jüdinnen sind. Von der Fürstin an bis zur Küchenmagd herab findet man auf dieser großen Leinwand die verschiedensten Stände Wiens vertreten. Wer einmal aus den Urvorstädten Wiens, wie Thury und Hungelbrunn, herausgekommen, kann dies wissen; wer die Wiener Gesellschaft nur ein wenig kennt, weiß es gewiß. Wenn sich die Wienerinnen auf dem Bilde von Makart getroffen finden, tun sie sich allerdings selbst unrecht. Man könnte die Wienerinnen vom Fuß aus konstruieren, den sie in der zierlichsten Vollkommenheit besitzen. Wo ist ein Fuß auf Makarts Komposition, der sich an das Bein einer auch nur hübschen Wienerin fügen ließe? Sie ist die geborene Tänzerin; sie hat die

Strauß und Lanner hervorgerufen; aus Wien ist die Königin des Tanzes, ist Fanny Elßler hervorgegangen. Die leichte Bewegung, der schwebende Gang, die Anmut ist das Erbteil der Wienerinnen. Und sie plaudert so leicht und anmutig – immer mit Anklang an die weiche Mundart –, als sie geht und tanzt. Die Bildung ihres Gesichtes, wunderbar verschieden, und das Haar in allen Farben, vom Aschblonden bis ins blaue Schwarz spielend, hat doch einen gewissen Grundzug. Der Knochenbau ist gefällig, das Fleisch atmet Leben, der Ausdruck hat etwas Gewährendes, dem übrigens bei der resoluten Natur der Wienerin nicht zu trauen ist. Das doppelte weibliche Lächeln aus dem Alten Testament ist ihr nicht fremd: das verführerische Lächeln der Eva, als sie dem Adam den Apfel reichte, und das ungläubige Lächeln der Sara, als sie von den Boten des Herrn vernahm, daß ihr Nachkommenschaft beschert sei. Sie ist allerdings nicht »fad und affektiert«, sondern unbefangen zum Genießen aufgelegt und ohne den strengen Schein von Tugend doch voll innerer Trefflichkeit. Das Kapitel über die Tugend der Wienerin müßte erst noch geschrieben werden. Sie ist da, aber sie hat noch keinen Namen. An Gemüt und Sinnigkeit fehlt es dieser lebenslustigen Wienerin keineswegs. Franz Schubert hätte nicht so singen können, wie er sang, wäre die Wienerin nicht auch ein Sonntagskind im feinen und tieferen Empfinden. Man sollte nicht schelten, wenn man den Wienerinnen Naivität nachsagt. Es ist dies die sorglose Unbefangenheit des Kindes, die im entscheidenden Falle den festen Charakter nicht ausschließt.

Ich kenne ein altes Lied, das in der Morgendämmerung der deutschen Lyrik in Österreich von weiblichem Munde gesungen worden. Es hat bezeichnende Züge für die einheimischen Frauen und lautet (aus dem Mittel-Hochdeutschen von dem geistvollen Wiener Germanisten Wilhelm Scherer übersetzt) wie folgt:

Wenn ich in meinem Hemde
Nächtlich steh' allein

Und ich da gedenke,
Edler Ritter, dein:
So glühet meine Wange
Wie die Ros' am Dornstrauch blüht,
Und leise senkt sich oftmals
Mir die Sehnsucht ins Gemüt.

Könnte das Liedchen nicht von einer Wienerin gesungen sein? Manches spricht dafür: die Naivität des Anfanges, die Aufrichtigkeit, der bildliche Zug, die sich anschmiegende Weichheit der Empfindung. Von einem Tonkünstler wie Schubert gesetzt, von einer Wienerin gesungen, würde es noch heute nach sechshundert Jahren – die Schalkhaftigkeit ausgenommen – das innere Bild der Töchter Wiens in Wort und Weise zum Ausdruck bringen.

(Am 14. April 1878)

Franz Grillparzer und Kathi Fröhlich

(Ein Kind mit einem Blumenstrauß läuft auf den Kaiser zu.)
Rudolph
Wem ist das Kind? Wie heißt du?
Eine Frau
Katharina!
Kathrina Fröhlich, Bürgerskind aus Wien.
Rudolph
Fall' nicht, Kathrina! Ei, was ist sie hübsch!
Wie fromm sie aus den braunen Augen blickt,
Und schelmisch doch. Zierst du dich auch schon, Kröte?
»König Ottokar's Glück und Ende«

Aus der Zeit, da Franz Grillparzer Kathi Fröhlich kennenlernte, er etwa dreißig Jahre alt, sie zwanzig, ist uns ein wahrscheinlich von Daffinger gemaltes Bildnis Kathis erhalten, das in einer Photographie von Angerer Verbreitung gefunden hat. Es ist ein in Dosenmanier sorgfältig ausgeführtes Brustbild. Geschlossenes Kleid, welches den Formen keinen Zwang antut; hoch aufgestecktes Nest, gescheiteltes Haar mit einer Fülle kurz gehaltener Locken zu beiden Seiten; aus einer breiten, faltigen Linnenkrause wächst der Kopf mit dem lang gestengelten zarten Halse wie eine Blume hervor. Aus dem reizenden Oval des Gesichtes grüßen Augen und ein Mund, die sich dem Glück zu erschließen scheinen: fromm und schelmisch doch. Suchen wir Farben für die Photographie, so liefert sie uns Grillparzer in einigen seiner Gedichte, ja er führt uns in die Seele des schönen Mädchens hinein. Überall, wo der Dichter sich hinwendet, stehen die zwei Augen da: »Dunkelhell, blitzesschnell, schimmernd wie Felsenquell, schattenumgrenzt.« »Tag und Nacht, Ernst, der lacht, Wassers und Feuers Macht sind hier in eins gebracht.« Wenn er in der Abenddämmerung vier Treppen hoch steigt und an die Tür pocht: »Streckt sich ein Hälslein vor, Wangen rund, Purpurmund, mächtig Haar, Stirne klar – drunter mein Augenpaar!« Und diesen leiblichen Zügen entspricht das Gemüt der Geliebten. Der Dichter spricht ihr warmes Gefühl zu, einen Verstand, den nur die Güte übertreffe; ans Märchen grenze, was sie für andere sein könne, »an Heiligenschein«, was sie sich selbst zu versagen imstande sei. Einem solchen Mädchen, schön an Leib und Seele, tritt nun der jugendliche Grillparzer entgegen, nicht wie wir ihn gesehen haben, den gebeugten grämlichen Mann mit dem weit hervorstehenden Unterkiefer, nein, wie ihn Caroline Pichler gesehen, wenn sie über ihn schreibt: »Grillparzer war nicht hübsch zu nennen; aber eine schlanke Gestalt von mehr als Mittelgröße, schöne blaue Augen, die über die blassen Züge den Ausdruck von Geistestiefe und Güte verbreiteten, und eine Fülle von dunkelblonden Locken machten ihn zu einer Erscheinung, die man gewiß nicht so leicht vergaß, wenn man auch ihren Namen nicht kannte, wenn auch der Reichtum eines höchst gebildeten Geistes und eines edlen Gemüts sich nicht so deutlich in allem, was er tat und sprach, gezeigt hätte. Dieser Eindruck war allgemein in der kleinen Gesellschaft und die Einfachheit und Herzlichkeit des Wesens gewannen ihm unser aller Achtung und Zuneigung.«

Franz Grillparzer und Kathi Fröhlich ergriffen einander mit Leidenschaft, der Dichter schien endlich nach manchem fehlgeschlagenen Versuche sein Glück gefunden zu haben. Es müssen selige Stunden gewesen sein oben im vierten Stockwerke, oder wenn der Dichter von seiner Sommerfrische Hietzing täglich nach Dornbach hinübereilt, um die Familie Fröhlich zu besuchen. Jugend, Schönheit, Poesie – sind sie nicht drei Stufen zum Himmel? Leider ist es uns nicht vergönnt, diese so schön beginnende Liebe zu einem dauernden Glück ausschlagen zu sehen. Das Verhältnis zwischen den beiden trübte sich rasch, ohne sich zu lösen. Nach dem ersten Rausch der Liebe, der indes die Schranken der Sitte nicht übersprang, stellte sich ein gespannter, ein gereizter Zustand ein. Ein Versuch, entschieden miteinander zu brechen, mißlang; sie konnten einander nicht lieben und konnten voneinander nicht lassen. So wohnten, so lebten sie – nicht miteinander, sondern nebeneinander bis zu Grillparzers Tod. Noch fünfzig Jahre, nachdem sich das seltsame Verhältnis angesponnen, sah man die beiden alten Leute nebeneinander hergehen, und jeder ahnte in ihrem Verhalten gegeneinander ein Rätsel. Äußerungen hierüber in Grillparzers Gedichten und sonstigen Aufzeichnungen hat man nicht verstanden, vielleicht nicht verstehen wollen. Nun kommt Heinrich Laube mit seiner Schrift »Franz Grillparzers Lebensgeschichte« und zündete uns darin ein großes Licht an. Mit jener unbedenklichen Keckheit, die ihm seit seinem burschikosen Eintritte in die Literatur keinen Augenblick abhanden gekommen, reißt er einige Blätter aus Grillparzers Tagebuch heraus, in welchen der Dichter weder sich selbst noch seine Mitmenschen schont, und wirft sie dem deutschen Publikum hin. Man weiß nicht, soll man ihm für solche Rücksichtslosigkeit danken oder über sie erschrecken. Vielleicht hätten dem greisen Bauernfeld die grausamen Äußerungen Grillparzers erspart bleiben können, und Grillparzer selbst hat durch die neuen Veröffentlichungen weder als Mensch noch als Dichter gewonnen. Ist aber das Unglück einmal geschehen, so ist es das beste, daraus Nutzen zu ziehen für die Kenntnis Grillparzers. Ein Teil dessen, was uns Laube aus Grillparzers Tagebüchern mitteilt, sind nicht etwa Geständnisse, wie sie die Laune des Augenblicks hervorruft, sondern tief geschöpfte Bekenntnisse, die das innerste Wesen des Schreibenden berühren. Sie sind bei aller Schärfe der Analyse in ruhiger Form, in jenem Stil gehalten, welcher die besten Elemente der Goetheschen Sprache zu einer eigentümlichen Mischung bindet. Der Dichter und der Liebende werden darin nicht geschont, und auf das Verhältnis Grillparzers zu Kathi Fröhlich fällt ein Licht, welches die menschliche Schwäche und das menschliche Elend aufs grellste beleuchtet.

Er, der ruhmgekrönte Dichter und der Mann, den das schönste Mädchen liebt, schreibt 1826 in seinem Tagebuche die Zeilen nieder: »Mein Herz ist anteilnahmslos geworden. Mich interessiert kein Mensch, kein Genuß, kein Gedanke, kein Buch. Ich hätte vielleicht versucht, allem ein Ende zu machen, wenn ich es nicht unter diesen Umständen für feig hielte. So viel ist aber gewiß, daß, wenn alle meine Bemühungen, mich ruhig und tätig zu machen, fruchtlos bleiben, ein unglücklicheres Dasein kaum gedacht werden kann . . .« Dieser Gemütszustand, den die Kirche als Trägheitssünde, als Akedie bezeichnet, wird übrigens von den verschiedensten Stimmungen durchkreuzt. Grillparzer schwankt zwischen Weichheit und Selbstgefühl, zwischen Verzagtheit und Hochmut. Alle Dämonen seiner Familie melden sich in seinem Blute: die Mutter, die im Wahnsinn geendet hat, der störrische zweite Bruder, der jüngste mit seinem mädchenhaft verhätschelten Wesen; doch siegt zuletzt der nüchterne, tüchtige Vater. Auch aus seinen Liebschaften geht er nüchtern hervor, und er hat Worte für abgetane Gefühle, die kalt und scharf sind wie ein Messer. »So war es bei mir immer«, schreibt er an einen Freund, »mit dem, was andere Leute Liebe nennen. Von dem Augenblicke an, als der teilnehmende Gegenstand nicht mehr haarscharf in die Umrisse passen wollte, die ich bei der ersten Annäherung voraussetzend gezogen hatte, warf ihn auch mein Gefühl als ein Fremdartiges so unwiderruflich aus, daß meine eigenen Bemühungen, mich nur in einiger Stellung zu halten, verlorene Mühe waren. Ich habe auf diese Art bei Weibern den Betrüger gespielt, und ich hätte doch jederzeit mein Alles gegeben, wenn es mir möglich gewesen wäre, ihnen zu sein, was sie wünschten. Ich habe auf diese Art das Unglück von drei Frauenzimmern von starkem Charakter gemacht. Zwei von ihnen sind bereits tot. Aber ich habe nie eine Neigung betrogen, die ich hervorgerufen hätte. Vielmehr näherte ich mich nie einem Weibe, das nicht vorher sich mir genähert . . .« Grillparzer hat sich damit eine bequeme, nicht sehr ritterliche Theorie zurechtgemacht, die aber, wie er selbst fühlen mußte, für das Verhältnis zu Kathi Fröhlich nicht ausreichend war. Er spricht sich darüber an einen alten Studiengenossen mit erschreckender Klarheit aus. »Du verlangst von mir«, schreibt Grillparzer, »ich soll sie dir beschreiben, die ich liebe. Vor allem: die ich liebe, sagst du? Wollte Gott, ich könnte sagen ja! Wollte Gott, mein Wesen wäre fähig dieses rückhaltlosen Hingebens, dieses Selbstvergessens, dieses Anschließens, dieses Untergehens in einen geliebten Gegenstand! Aber ich weiß nicht, soll ich es höchste Selbstheit nennen, wenn nicht noch schlimmer, oder ist es bloß die Folge eines unbegrenzten Strebens nach Kunst und was zur Kunst gehört, was mir alle anderen Dinge aus dem Auge rückt, daß ich sie wohl einen Augenblick ergreifen, nie aber lang festhalten kann. Mit einem Worte: ich bin der Liebe nicht fähig. So sehr mich ein wertes Wesen anziehen mag, so steht doch immer noch etwas höher, und die Bewegungen dieses Etwas verschlingen alle anderen so ganz, daß nach einem Heute voll der glühendsten Zärtlichkeit leicht – ohne Zwischenraum, ohne besondere Ursache – ein Morgen denkbar ist der fremdesten Kälte, des Vergessens, der Feindseligkeit, möchte ich sagen. Ich glaube bemerkt zu haben, daß ich in der Geliebten nur das Bild liebe, das sich meine Phantasie von ihr gemacht hat, so daß mir das Wirkliche zu einem Kunstgebilde wird, das mich durch seine Übereinstimmung mit meinen Gedanken entzückt, bei der kleinsten Abweichung aber nur um so heftiger zurückstößt. Kann man das Liebe nennen? Bedaure mich und sie, die es wahrlich verdiente, wahrhaft und um ihrer selbst willen geliebt zu werden . . .« Aus diesen höheren Wolken steigt Grillparzer auf physiologisches Gebiet herab und vertraut dem Papier Stellen wie die folgende an, die an Aufrichtigkeit und schonungslosem Herausgehen nichts zu wünschen übrigläßt. »Am Ende«, schreibt Grillparzer, »war es doch mein grillenhaft beobachteter Vorsatz, das Mädchen nicht zu genießen, was mich in diesen kläglichen Zustand versetzt hat. Grillenhaft beobachtet, sage ich, denn es war kein eigentlich tugendhafter Entschluß, er war erzeugt durch ein vielleicht bloß ästhetisches, künstlerisches Wohlgefallen an des Mädchens Reinheit, was mich zurückhielt, das zu tun, wozu alle Gefühle und Gedanken mich beinahe unwiderstehlich hintrieben. So kämpfte ich mich ab gegen die fast immerwährende Aufregung, und der schwüle Odem, der aus meinem Wesen auf die Unschuldsvolle hinüberging, setzte auch sie, unbewußt, in Bewegung und brachte endlich bei ihr alle Wirkungen der unbefriedigten Liebe (Grillparzer setzt hier ein derberes Wort) hervor. Sie ward argwöhnisch, heftig, zänkisch sogar, und so ward dieses Verhältnis nun auch in seinen geistigen Bestandteilen gestört, die es so fabelhaft schön gemacht hatten...« Und Grillparzer steigt vollends zum beschämendsten Alltagsjammer herab, wenn er sagt: »Das Mädchen ist durch Liebe und Achtung lenksam bis zur Willenlosigkeit, aber gleich darauf wieder die größte Rechthaberin von der Welt, und so lange die Aufregung dauert, nicht imstande, zu schweigen oder den Streit liegen zu lassen, wenn es auch alles gälte, was zu erhalten sie sonst das Übermenschliche tut und duldet. Warum mußte dieses Wesen in meine Hände geraten oder je darauf verfallen, sich gleich auf gleich mir gegenüberzustellen!...« Hin und wieder zeigt sich bei Grillparzer wohl das Aufflackern der ersten Empfindung. So meldet eine Notiz im Nachlasse: »Mittags bei Fröhlich. Es erwachte, wie jedesmal nach jeder Versöhnung, eine Art Verlangen in mir. Ich nahm sie auf den Schoß und liebkoste ihr, das erstemal nach Zeit. Aber die Empfindung ist erloschen. Ich möchte sie gar zu gerne wieder anfachen, aber es geht nicht.«

Es ist ein peinliches, ja beschämendes Schauspiel, diese beiden begabten Naturen in einen unlösbaren Widerstreit der Gefühle verwickelt zu sehen. Wenn wir an dem Dichter, als einem Auserwählten unter Tausenden, alle guten menschlichen Eigenschaften gerne doppelt gut sehen möchten, so ist es niederschlagend, bei Grillparzer auf Mängel zu treffen, die ihn, der geistig so hoch stand, in Liebessachen als einen Mann mit weitem Gewissen erscheinen lassen. Wer die Akten des besprochenen Liebesprozesses gelesen, wird nicht anstehen, über Grillparzer ein Schuldig auszusprechen. Was man die Schuld Kathi Fröhlichs nennen könnte, ist kaum persönlich, sondern beruht auf einer der Schwachheiten ihres liebenswürdigen Geschlechtes. Es liegt in der Frauenart ein Eigensinn, der ebensowenig zu schlichten ist, als die wilden Löckchen im weiblichen Nacken. In einem tiefen Winkel ihrer Seele sitzt ein störrischer kleiner Kobold, der durch Vernunftgründe nur zu beleuchten, nicht zu verscheuchen ist. Tiefere Menschenkenner behaupten, daß solcher weiblicher Eigensinn, der durchaus unbelehrbar sei, die Männer rasend machen könne. Grillparzer hat unter diesem Eigensinn offenbar stark gelitten; allein, was mußte vorhergegangen sein, bevor ein Wesen, das er uns selbst als den Ausbund edler Eigenschaften schildert, dem er fast einen Heiligenschein verleiht, seine abweichende Meinung bis zum Trotz steigerte? Was sie durchsetzen wollte, war ihr heiliges Recht als Weib, dem er seinen ausweichenden Widerstand entgegensetzte. Sie war ein Opfer. Sie mußte jahrzehntelang die Bitterkeit kosten, daß ein Mann, den sie liebte und verehrte und der ihr ein Anrecht auf ihre Liebe gegeben, sie in unritterlicher Weise neben sich stehen ließ. Als Jungfrau und gleichsam als Witwe mußte sie neben dem geliebten Manne leben, rein in ihrem Gewissen, aber verurteilt von der Sitte. Das war das Schicksal Katharina Fröhlichs, des Bürgerkindes aus Wien, das nach den poetischen Verherrlichungen noch die scharfe Prosa des Dichters über sich muß ergehen lassen. Grillparzer selbst hat dieser armen Kathi gegenüber keine andere Entschuldigung als seine Natur. Er war so und konnte nicht anders sein! Freilich hört auf diesem Standpunkte jedes Urteil auf, und Grillparzer war der letzte, der in seinen schneidenden Urteilen die anderen als unveränderliche Naturwesen hinnahm. Bei seinem poetischen Egoismus fehlte ihm die Kraft männlicher Entscheidung, es war ihm ein Schmerz, einen Entschluß zu fassen. Glücklich hätte er wohl sein mögen, auch glücklich in der Ehe, allein die Vorstellung möglicher Mißstände lähmte seine Wahl. Zum Glück gehört Mut. Grillparzer hatte nicht den Mut, glücklich zu sein.

(Am 22. Juni 1884)

Helene Freiin von Feuchtersleben und ihr Stammbuch

Neben anderen alten Bräuchen kommt das Halten von Stammbüchern stark in Abnahme. Der geistige Verlust ist dabei nicht beträchtlich. Die Stammbücher hinken meistens den großen nationalen Bewegungen nach und schwimmen in Gedanken und Gefühlen, in denen sich schon die Väter und Mütter, ja die Großväter und Großmütter abgebadet haben. Zeiten, die schon längst in der Sonne Goethes blühen, rascheln noch vergnügt und seelisch mit den Papierblumen unserer Zopfpoeten. Tugend, ein so rares Kraut und unter dieser ausgeblasenen Wort-hülse für ein jüngeres Geschlecht als solche gar nicht mehr erkennbar, gedeiht hier in Hülle und Fülle, und Freundschaften wachsen so gedankenlos wie Gänseblümchen. Nur ausnahmsweise kommt ein wirklicher Mensch zum Vorschein. Selten sind Worte, Gedanken und Sprüche, die aus persönlichem Empfinden hervorbrechen und die Gewähr ihrer Wahrhaftigkeit in sich selbst tragen, selten wie alles Ursprüngliche und Echte.

Von vielen Stammbüchern, die durch unsere Hände gelaufen, ist uns ein Wiener Stammbuch, das jene gerügten Mängel zwar nicht ausschließt, aber sich doch an bedeutende und große Namen knüpft, besonders wert geworden. Schon der Ursprung des Buches flößt uns Respekt ein. Es ist gegründet und fortgeführt (leider nicht lange genug) von Helene Freiin von Feuchtersleben, der Gattin des Freiherrn Ernst von Feuchtersleben, des Verfassers der »Diätetik der Seele«. Nach ihrem Ableben gelangte es in die Hände der Frau Celeste Bösendorfer, geborenen von Poßbach, einer Nichte Feuchterslebens, die es als einen kostbaren Schatz hütete, und nach ihrem Tode stellte es ihr

Gatte, Ludwig Bösendorfer, zu unserer Verfügung. Das Stammbuch ist im Empirestil gehalten: Einband rot mit Goldleisten, Innenseite und Schutzblatt blau, mit dem zierlichen Titel: Erinnerungen für Helene Fr. v. F. Im Jahre 1833 weiht es Feuchtersleben selbst durch einige zartgefühlte Verse für Helene ein. Gewiß war das Haus Feuchterslebens die rechte Stätte für ein Stammbuch. Es war ein Mittelpunkt des damals so regen geistigen Lebens Wiens, ein unvermeidlicher Durchgangspunkt für alles Heimische und Fremde, was auf höhere Bedeutung Anspruch machte. Ihn, den Arzt, den Gelehrten, den Kritiker, den Dichter, suchten die erlesensten Vertreter aller geistigen Berufsarten heim, wobei es der Hausfrau an interessanter Ansprache nicht fehlen konnte. Leider hat sie, an Bescheidenheit förmlich leidend, die Gelegenheit nicht eifrig genug ausgebeutet.

Billig machen wir den Anfang unserer Mitteilungen aus dem Tagebuch mit einem Gedicht von Grillparzer, das uns in die Familie Feuchterslebens einführt. Es sind nur einige Zeilen, aber voll Originalität und Feinheit. Sie lauten, an die Frau gerichtet:

Nur halb zu wissen, ist, man weiß, bedenklich.
Doch wer die eine Hälfte kennt von einem Ganzen,
Das einig ist und eins, kennt auch die zweite.
Nun hab' ich den in meiner Brust erkannt,
Von dem du bist die eine sel'ge Hälfte.
Und darum – schein' ich gleich nur halb berechtigt –
Erkühn' ich mich, dich zu verehren ganz.

Heiligenstadt, am 15. Juli 1837 Grillparzer

In seltsamerer Laune, mit dem Umweg über den Gatten, scheint nie eine Liebeserklärung gemacht worden zu sein. Der Mann wird gelobt, und die Frau ist gemeint. Das Sinnreiche, das sich in der Form an die Dialektik spanischer Dramatiker anlehnt, springt sofort in die Augen. Aber aus welcher Stimmung mögen die Verse hervorgegangen sein! Es lauert darin eine Reihe schmerzlicher Gedanken, eine erstickte Selbstanklage birgt sich in diesen kargen Worten des Dichters. Man weiß ja, wie tief ihn sein Leben lang das Problem der Ehe beschäftigt, wie unselig es seine Jugend gemacht und wie es seine Schatten noch in sein Alter hineingeworfen hat. Feuchtersleben, in diesem Betracht ein ganz anderer als er, trat ihm als ein lebendiger Vorwurf entgegen. Ein solcher solltest du sein und kannst es nicht sein, mochte er sich denken, du kommst aus den Fesseln deines Charakters nicht heraus. Darum, wie vor einem Ideal, wird er jedesmal, wenn er von Feuchtersleben spricht, so warm und beredsam. Von allen Menschen, die er gekannt, hat Grillparzer diesen Mann am höchsten geschätzt, und wenn das Gespräch auf ihn kam, wichen von seinen Lippen alle jene spöttischen Dämonen, die seine Rede oft so bitter machten. Grillparzer hat einmal von Feuchtersleben und seiner Frau geschrieben: »Von seinen Lebensumständen ist mir nichts bekannt als seine beispiellos glückliche Ehe. Mit einer Frau verbunden, die bei freilich streblosen Eigenschaften doch an Lebhaftigkeit, an Gewohnheiten, von vornherein sogar an Bildung das Gegenteil seiner selbst war, hatte er sich doch durch Nachgeben und Beharren, durch geistigen Einfluß und harmloses Sichgehenlassen ein Musterbild von Ehe geschaffen, wie es ein zweites Mal nicht leicht vorkommen wird, und indem es allein schon seinen Charakter verbürgt, ihn als das bezeichnet, was er war: Als Weisen in der Tat. – Die Grundlagen seines Charakters waren: Rechtschaffenheit, Wahrhaftigkeit, Wohlwollen und Bescheidenheit.«

Um uns zu Helenens Stammbuch zurückzuwenden, so tritt darin neben dem österreichischen Tragiker auch Österreichs Lustspieldichter auf: Bauernfeld. Nicht mit lachendem Munde oder mit einem satirischen Peitschenschlag. Er ist ernst, wie selten. Zieh die Schuhe aus, scheint er sich zuzurufen, denn das Land, da du auftrittst, ist ein heiliges Land, und er behandelt in anmutiger Weise ein philosophisches Thema: die Unveränderlichkeit des Charakters und mit ihm des Talents.

Was ich geglaubt in Knabenzeiten,
Bin ich beglückt als Mann zu glauben,
Es ist nicht wahr, daß uns die Zeiten
Die besseren Gefühle rauben.
Es hat Natur gesät die Keime,
Die Zeit will sie nur eben reifen;
Erfüllt sind deine Jugendträume:
Du mußt nur, was du bist, begreifen.
Aus Feigenblüten werden Feigen,
Die Traubenknospe wird zur Traube;
So jedem wird, was ihm zu eigen:
Das ist mein allertiefster Glaube.

Juli 1835 Bauernfeld

Zwischen Grillparzer und Bauernfeld, diesen beiden geistigen Enden Wiens, die sich ewig befehdend und anziehend aneinander gegenüberstanden, war die literarische Ausbeute von Stammbuchsprüchen nicht eben groß. Gut gemeint, werfen sie meistens ein schönes Licht auf die Gründerin des Stammbuchs. Von Romeo Seligmann, einem der besten Köpfe Wiens, der wissenschaftlich und gesellschaftlich in erster Reihe glänzte, wäre nur ein kleines lehrhaftes Gedicht über praktische Weisheit zu erwähnen. Von erlauchten dichterischen Namen, gegen welche die anderen nur schattenhaft vorüberfliegen, stehen im Stammbuch Uhland und Goethe. Ottilie von Goethe hat aus einem Manuskript ihres Schwiegervaters zwei Verse herausgeschnitten und in Helenes Stammbuch hineingestiftet. Es sind die Verse:

Klugheit selbst wird schwankend irre,
Zeigt die Liebe nicht den Pfad –

die einzige Perle unter lauter Muscheln, aus dem fast unbekannten Finale zu »Johann von Paris«, bei Rückkehr Ihro Königlichen Hoheit des Großherzogs aus Wien. Uhland hat mit einer Schrift, die so schlicht und klar wie sein Denken ist, die Verse eingetragen:

Man rettet gern aus trüber Gegenwart
Sich in das heitere Gebiet der Kunst,
Und für die Kränkungen der Wirklichkeit
Sucht man die Heilung in des Dichters Träumen.

An Bildern ist kein Mangel in dem Stammbuch, es wimmelt darin von Rosen, Veilchen, Vergißmeinnicht und sonstigen Kindern »Florens«, wie man damals noch sagte. Sie sind wohl meistens aus huldigenden Damenhänden hervorgegangen. Doch findet man auch Bilderbeiträge von Meistern. Von Karl Rahl, dem offenbar noch sehr jungen, ein Aquarell, darstellend ein junges Paar, Arm in Arm unter einem Baume sitzend, während Herkules, mit einer Keule bewaffnet, wahrscheinlich von einem Scheideweg der Tugend träumend, auf sie herblickt. Von Ranftl, dem »Hunderaffael«, eine Zeichnung: Zwei junge Möpse, aus einer Schüssel fressend. Das Beste aber bringt, wie zu erwarten, Moritz von Schwind. Zuerst eine Bleistiftzeichnung: ein Schlößchen mit Freitreppe, Ecktürmchen und zerfallenem Mauerwerk, jeder Stein, jeder Grashalm beseelt, weder im romanischen noch im gotischen, sagen wir kurzweg im Schwindschen Stil. Es ruft allerdings nach Menschen, dieses nackte Schloß, denn es ist erst der Schauplatz für Schwindschen Humor und Märchenzauber. Dann folgt eine Federzeichnung, ein Engel, der mit graziöser Wendung eine Rose pflückt, dann, auf ein Stückchen Papier gezeichnet, ein kleiner Amor, ein echtes Wiener Kind, das seine in Unordnung geratenen Kleider nur mühsam zusammenhält. Das Reizendste war, reizend und anheimelnd in jedem Strich, eine blasse, wie hingeträumte Bleistiftskizze: ein Mann und eine Frau sitzen einander an einem Kamin gegenüber, auf dem eine Kaffeemaschine und eine Lampe steht, der Mann im Schlafrock mit der türkischen Pfeife, im Lehnstuhl bequem in einem Buche lesend; die Frau in leichter Haltung an einem Rocken spinnend, mit dem Blicke den Mann suchend. Wir sehen in diesen beiden Figuren Feuchtersleben und seine Frau. So müssen sie gelebt haben, so müssen sie glücklich gewesen sein.

Und nun stehen wir schließlich wieder vor der Hauptperson des Tagebuches, vor Helene von Feuchtersleben, auf die das Ganze sich hin- und zurückbezieht. Wir haben sie darin gesucht, und sie ist nicht leicht zu finden. Wie jede tüchtige Frau hatte sie eine tiefe Scheu vor der Öffentlichkeit. Ihrem Gatten gegenüber klagt sie über Indiskretion, weil er in einem Aufsatze, der ein Gespräch über Walter Scott mitteilte, etwas über sie ausgeplaudert hatte. Die lebendigste Charakteristik dieser merkwürdigen Frau verdanken wir abermals einer Indiskretion ihres Gatten, der zu diesem Behufe in dem Zyklus »Die Freude« eine Briefstelle einer ihrer Freundinnen mitgeteilt hat. Den Adam, meinte diese Freundin, stellen wir uns vor, daß er gleich als erwachsener Mann zur Welt gekommen, mit Kindersinn, ohne Kultur, doch als Mensch fertig, ja vollkommener als alle anderen: »Wenn du dir, liebe Lucie«, fährt die Briefstellerin fort, »die Eva ebenso dächtest, so hättest du so ziemlich Helene von Feuchtersleben. Harmonisch und reich von der Natur bedacht, ohne durch schlechte oder gute Erziehung gelitten zu haben, ungeübt, aber auch ungetrübt durch die Chancen des Weltlebens, ist sie in häuslicher Stille zu einer inneren Kultur gediehen, die in ihrer Art vielleicht einzig ist. Ein bis zur Höhe des Kunstsinnes herangebildetes enfant gâté de la nature, wie ich mir eine Tochter des antiken Griechenland dächte, die man plötzlich in unsere Sozietät verpflanzt. Für all die Rücksichten und Selbstverleugnungen, Zartheiten und Malicen, welche aus unseren künstlichen Zuständen entspringen, hat sie keinen Sinn; man muß durchaus wahr sein, um ihr klar zu werden . . . Dazu ihre gesunde Lebhaftigkeit, die ihr das Empfinden als letzte Instanz und das Betrachten als krank erscheinen läßt . . . Liebe Lucie, behandle sie nach diesem Maßstabe, wenn ich ihn verständlich genug gegeben habe, und erfreue dich der schönsten Perle menschlichen, weiblichen Wertes . . .«

(Am 25. Dezember 1903)

Das Wiener Haydn-Denkmal

Es hat einen scharfen, hartnäckigen Kampf gegen Unverstand und üblen Willen gekostet, den kleinen Platz vor der Mariahilfer Kirche für das Haydndenkmal zu erobern. Gumpendorfer standen gegen Gumpendorfer, und die sonderbaren Leute, die das Haydndenkmal im Eszterhazypark verstecken wollten, mußten schrittweise zurückgedrängt werden. Unter der Führung des Gumpendorfer Fabrikanten Johann Garber, der sich so gern einen »Weber« nennt und in dessen Familie die Haydnverehrung erblich ist, wurde die Streitsache, nicht ohne den nachdrücklichen Beistand der Wiener Presse, zugunsten des Mariahilfer Kirchenplatzes entschieden. Das Gänsemädchen, das den Brunnen vor der Kirche schmückte, mußte dem Tonkünstler weichen und steht jetzt sehr zu seinem Vorteile auf der Plattform der Rahlstiege bei Casa piccola. Erst jetzt ist es möglich, die anmutige Gestalt nach Gebühr zu beurteilen. Schlank und blank steht sie auf dem niedrigen Brunnen, die Haare von einem Zipfeltuche zusammengehalten; mit der linken Hand nimmt sie zierlich den Rock auf, in dessen Schoß sich Maiskolben bergen; in der rechten hält sie eine Gerte, um eine zu ihr aufblickende Gans vorwärts zu treiben, an den Sockel drücken sich zwei Gänse mit gespreizten Flügeln und speien aus ihren weit geöffneten Schnäbeln Wasserstrahlen aus. Nachdenklich schweift der Blick hinab gegen das Schwarzspanierhaus, wo Beethoven, der große Nachfolger Haydns, seine letzten Tage zugebracht. Haydn selbst hat nun sein Denkmal vor der Mariahilfer Kirche, mitten im Volke, dessen verklärter Ausdruck seine Kunst gewesen, und hart an dem Wege nach dem Lustschlosse Schönbrunn, dessen erlauchten Herrn er sein schönstes Lied gesungen. Vornehm in jedem Sinne, als begeisterter Künstler und mit dem Staatskleide seiner Zeit angetan, steht er oben auf dem Sockel, ein Mann, den sein eigener Wert und der Beifall der Welt auf diese Höhe gehoben.

Minder vornehm waren Haydns Anfänge. Er ist an der ungarischen Grenze, in der niederösterreichischen Dorfschaft Rohrau, geboren, als der Sohn eines ehrbaren Wagners, der aus Liebhaberei die Harfe schlug und dazu mit seinem Weibe sowohl daheim als bei vorkommenden Lustbarkeiten volkstümliche Lieder sang. Haydns Tonsinn ist durch seine Eltern geweckt worden. Als ein musikalischer Knabe kam er an die Schule nach Hainburg, später nach Wien als Schüler in das Kapellhaus von St. Stephan. Als im sechzehnten Jahre seine Stimme brach und er nur mit knapper Not dem damals üblichen »Sopranisieren« entgangen war, sah er sich plötzlich auf sich selbst angewiesen. Mit redlichem Fleiß und ohne peinliche Wahl der auszuführenden Arbeit brachte er sich unter manchen Entbehrungen durch. Er gab Stunden, er begleitete zum Gesang, er wirkte bei Nachtmusiken, bei öffentlichen Gartenunterhaltungen mit; er spielte in der Kirche und in der Kammer. Italienische Musik war ihm ins Blut übergegangen; er befestigte sich in seiner Kunst durch die Lehre des großen Theoretikers Fur; Philipp Emanuel Bach, der zweite Sohn Sebastians, wies ihn durch seine Klavierkompositionen auf neue Bahnen. »Er ist der Vater, wir sind die Buben«, pflegte Mozart von diesem Bach zu sagen. Neben dem ausübenden Künstler wuchs in Haydn der Komponist, dessen Ruf in immer weitere Kreise drang. Keine Richtung war ihm fremd. So komponierte er unter anderem eine Operette für den großen Wiener Hanswurst der damaligen Zeit, Bernardon-Kurz; sie hieß »Der krumme Teufel«. Vom Musikanten her steigt Haydn zum Tonkünstler auf. Nach einigen Zwischenstufen, als Haydn gegen dreißig Jahre alt war, beruft ihn Fürst Nikolaus Eszterhazy als Kapellmeister nach Eisenstadt. Der Fürst, der selbst ausübender Musiker ist, hat einen unbegrenzten Geschmack; er hält ein Schauspiel, eine Oper, ein Marionettentheater, dabei pflegt er eifrig die Kirchen- und Kammermusik. Haydn, dem an Fruchtbarkeit niemand gleichkam, hatte nun alle Hände voll zu tun. Er ist und wirkt überall. Er schreibt Opern und Messen, Musik für das Marionettentheater und Symphonien, Lieder, Sonaten und Quartette. Die grundlegende Bedeutung seines Stils für die neuere deutsche Musik tritt immer klarer zutage. In einem Winkel Europas eingeklemmt, weiß er kaum, wie er im Ansehen der Welt zunimmt; von seinem wachsenden Ruhm im Auslande hört er nur zuweilen von durchreisenden Fremden. Und in dieser Stellung verbleibt er dreißig Jahre, bis zum Tode des Fürsten. Dann, im Jahre 1790, kehrt er nach Wien zurück, ein Künstler, der in sehr bescheidenen Verhältnissen lebt. Zwei Reisen nach London verschaffen ihm neben der höchsten künstlerischen und persönlichen Anerkennung nun auch ansehnliche zeitliche Güter. Er verläßt England als Doktor der Tonkunst und als wohlhabender Mann, gehoben an Leib und Seele. Nach Wien wieder zurückgekehrt, kaufte er sich in der Vorstadt Gumpendorf ein kleines Haus mit Gärtchen. Man kann sich den freundlichen Mann so leicht denken, wie er zum engen Fenster herausschaut, um zu sehen, wie die Leute in die Kirche gehen oder die Mägde am Brunnen schäkern; dann sitzt er wieder an einem hellen Herbsttage in seinem Gärtchen, um seinen alternden Leib an der Sonne zu wärmen. Dieses bescheidene Gumpendorfer Haus hat, als Haydn schon fünfundsechzig Jahre alt war, die »Schöpfung« und nicht lange danach die »Jahreszeiten« entstehen sehen: zwei Alterswerke, die an Fülle, Großartigkeit und volkstümlicher Wirkung alles übertrafen, was Haydn bis dahin geschaffen hatte. Haydn hat schwer gearbeitet an diesen beiden Werken und nicht selten im Augenblicke des stockenden Schaffens zum Gebet seine Zuflucht genommen. Er war fromm, doch nicht frömmer als ein anderer Künstler. Ob Homer die Muse anruft oder Haydn die heilige Dreifaltigkeit – es ist nur ein Mittel, sich geistig zu sammeln, sich zu besinnen, und zugleich der Ausdruck dafür, daß man es nicht von sich selbst hat, was den Busen des Schaffenden beseelt. Haydns »Schöpfung« trägt den Stempel solcher künstlerischen Sammlung auf der Stirne.

Haydn hat begonnen, was Beethoven vollendet hat, ohne deshalb seine selbständige Bedeutung zu verlieren. Als Weimar daran war, unsere klassische Dichtung zu schaffen, schuf Wien unsere klassische Tonkunst. Größeres hat Weimar nicht hervorgebracht als Wien, und Wien hat gegen Weimar die größere Vollendung der künstlerischen Form voraus. Allerdings ist die Musik nicht so durchsichtig wie die Dichtkunst und unklarer in ihrer Wirkung. Die Musik wirkt zunächst sinnlich und teilt nur Stimmungen mit, die aber bei der innigen Verkettung von Sinnlichkeit, Gemüt und Geist das Gefühl für die Welt erweitern, die Gesinnung veredeln und Gedanken, Gedichte und Taten hervorrufen können. An Haydn erfährt man, was Naivität und Genialität sei; Schönheit, Anmut und tragische Gewalt kann man an Mozart begreifen lernen; Beethovens großer Stil erschließt uns den Sinn für die Tiefen des Gemütes und für das Große überhaupt. Melodie, Rhythmus, Harmonie bewegen uns als Weltmächte, die in der Musik erklingen, im Innersten. Musik ist ein mithelfendes Element in der Völkergeschichte, das aber in seiner Wirkung nicht genau bezeichnet werden kann. Die Musik ist daher keine faule Kunst, die im Tone spurlos verhallt, und die Tonkünstler nehmen in der Kulturgeschichte eine hervorragende Stellung ein. Joseph Haydn aber spielt in der Geschichte der Tonkunst eine hervorragende Rolle, er ist der Vater und Reigenführer der modernen Musik. Die herzliche Lust der süddeutschen Volksstämme an Gesang und Tanz brach sich in der Kunstmusik durch seinen Genius Bahn; er zerschlug die alten, steif werdenden Formen und ließ frische, Leben atmende Gebilde aus ihnen erstehen. Er hat für Österreich die Welt musikalisch erobert. Bis in die fernste Schulmeisterhütte drangen seine Weisen, in Paris lauschte der Konsul Bonaparte voll Bewunderung den Klängen der »Schöpfung«, vor dem schlichten österreichischen Tonmeister beugte der englische Hochadel seinen stolzen Nacken. Mit ihm begann jene musikalische Weltherrschaft Österreichs, die mit Franz Schubert erlosch und nur noch in der Wiener Tanzmusik ein fröhliches Nachleben feiert.

Nun also besitzt Wien endlich ein Haydn-Monument, mit dem es seine Denkmaltätigkeit eigentlich hätte eröffnen sollen. Auf dem von drei Seiten eingefriedeten Platze vor der Mariahilfer Kirche, an welcher der Weltverkehr vorüberrauscht, steht das von Heinrich Natter ausgeführte Werk. Von einem abgeschrägten dunklen Granitwürfel – der Stein ist bei Mauthausen an der Donau gebrochen – strebt ein lebendig gegliederter, mit vier stützenden Eckvoluten versehener Sockel empor, der sich durch seine lichtere, warme Farbe von dem ernsten Unterbau heiter abhebt. Es ist Salzburger Marmor von der Art, die, weil sie wie die Forellen rot gesprengelt ist, Forellenstein genannt wird. Die Gestalt selbst ist aus karrarischem Marmor gehauen. Haydn trägt einen reich gestickten Staatsfrack im Zuschnitte der Zopfzeit, dazu Kniehose, Strümpfe und Schnallenschuhe. Reich gefältelte Krausen zieren die Brust und die Enden der Ärmel. Ein langer weiter Mantel fällt auf den rechten Arm und gleitet nach hinten von der linken Schulter herab. Die Perücke, die an den Schläfen zwei steife Locken bildet, endigt in einem Haarbeutel. Der Kopf ist halb erhoben, ganz nach dem Worte Haydns: »Es kommt von oben«; die Rechte hält einen Stift, die Linke eine Notenrolle. Ausdruck des Kopfes und Bewegung des Körpers sind schlicht, vornehm und überzeugend ins Werk gesetzt: so spricht die Begeisterung aus einem gottbegnadeten, bescheidenen und doch selbstbewußten Künstler. Dabei kann nicht verschwiegen werden, daß sich in der Ausführung des Bildwerkes gewisse Spuren einer jugendlich ringenden Kraft geltend machen. Die Stellung der Beine hat keine ganz reine Lösung gefunden, und in der Bewegung der Arme, nicht minder in dem Faltenwurfe der Kleider fehlt es an der letzten künstlerischen Klarheit. Diese Mängel der Jugend werden aber durch die Frische der Jugend aufgewogen, und der Kopf, der mit treuer Bildnisähnlichkeit die überzeugende Gebärde der Inspiration verbindet, ist ein Meisterstück plastischer Arbeit. Haydn ist der Zeit nach das erste monumentale Werk Natters. Nun steht es in einem Rahmen, der für diesen Zweck wie geschaffen ist. Die heitere Fassade der Mariahilfer Kirche mit ihren lebhaft bewegten Heiligen, ihren huldigend niederfallenden Erzengeln, ihrer Himmelfahrt mit übereinandertaumelnden Engelputten und mit diesen geflügelte Bübchen, die über der Sonne und dem Mond wie Turteltauben schnäbeln – das bildet den entsprechenden Hintergrund für einen Meister der Zopfzeit, in dessen Messen, die hin und wieder einer geistlichen Tanzmusik gleichen, ebenfalls im Gedränge einer seligen Heiterkeit die Engel übereinanderpurzeln. Aber auch daß eine der stärksten Verkehrsadern Wiens hier schlägt, daß das Volk hier vorüberströmt, paßt trefflich zu einem Manne, der aus dem Schoße des Volkes hervorgegangen und der volkstümlichste Tonkünstler unter unseren Klassikern ist. Männer der Arbeit lassen einen Blick über ihn gleiten, blühende Wienerinnen, die wohl wissen, was Musik ist, grüßen vorüberwandelnd den alten Vater Haydn. Hier ist der Verkehrszug nach den Urgründen der Stadt, nach Gumpendorf, nach dem Neubau, nach dem »Brillantengrund«, wo das Wienertum wild wächst und ein noch unangegriffenes Kapital der Volkskraft wuchert. Hier ist auch der Weg nach Schönbrunn. In einer Audienz, die dem Bildner des Haydn-Denkmals gewährt wurde sprach der Kaiser die Worte: »Sooft ich nach Schönbrunn fahre, werde ich das Haydn-Monument stets mit Vergnügen sehen . . .« Dieses kaiserliche Wort ehrt zugleich das Denkmal und den Künstler, dem es gilt. Haydn hat die österreichische Volkshymne geschrieben – ein Lied, das so stark ist wie unsere bewaffnete Macht.

(Am 5. Juni 1887)

Das Wiener Mozart-Denkmal

Die drei Preise, die das Preisgericht des Mozart-Denkmalkomitees für die besten monumentalen Entwürfe zu vergeben hatte, hat es an Hellmer, Tilgner und Weyr in der Reihenfolge, wie wir diese Namen nennen, verteilt. Alle drei Männer sind Meister in ihrer Art: Hellmer ein Stilist unter den Realisten mit einem Stich ins Akademische, Tilgner hervorragend als lebensvoller Charakteristiker, Weyr ein Künstler mit einem weichen, weiblichen Zuge, im Schicklichen und Anmutigen zu Hause wie kein Zweiter. Nur darf man sie nicht so scharf gegeneinander abgrenzen, daß nicht der eine gelegentlich auch in den Bereich des anderen mit mehr oder minder glücklichem Erfolge übergriffe. Das Preisausschreiben hatte den werbenden Künstlern volle Freiheit der Bewegung gewährt, nichts sollte sie binden, als die Natur der ihnen gestellten Aufgabe; nur an eine Bedingung waren sie gefesselt: an den gegebenen Platz. Allerdings an eine harte Bedingung. Der gegebene Platz war der Albrechtsplatz, der in seiner Unruhe für das Auge, in seiner durch zahlreiche einmündende Straßen hervorgebrachten Zerrissenheit, in dem sich drängenden und lärmenden Verkehrstreiben für ein Monument sich noch weniger eignete als der im ersten Preisausschreiben in Aussicht genommene Platz vor dem Opernhause, für den freilich, nach der unbegreiflichen Entscheidung des Preisgerichtes, ein ganz unmögliches Denkmal bestimmt war. Wie hat sich nun der Entwurf, der diesmal den ersten Preis davongetragen, mit der Platzfrage auseinandergesetzt? Wir denken nicht zum besten, ja man darf sagen: gar nicht. Hellmer hat auf einem runden Unterbau ein Säulentempelchen aufgeführt, in welchem Mozart sitzt. Er sitzt mit ausgespreizten Beinen, den Mantel über den Schoß gezogen, halb abgewendet vor einem Spinett, die rechte Hand mit einer Schreibfeder auf dem Instrument, das Haupt seitwärts in der Luft, wie im Momente einer Inspiration. Das ist die hergebrachte Pose des inspirierten Genies, eine festgewordene Phrase, die mit keinem lebendigen Künstler, am wenigsten mit Mozart, etwas zu schaffen hat, wie auch der Hellmersche Kopf Mozarts kein Mozartkopf ist, sondern der bis zur persönlichen Leerheit ausgearbeitete Kopf eines Schauspielers. Wie kann ein Künstler im höchsten Augenblicke der Begeisterung, wenn gleichsam der Gott über ihm ist, an die Schreibfeder denken? Die Feder ist kein Werkzeug für den Tonkünstler, womit er sein Werk hervorbringt. Die Musik war da und ist da ohne Feder, und die geschriebene Partitur ist, als etwas Geschriebenes, kein Kunstwerk. Es lebt einzig im Ohr, ob es nun innen oder außen klinge, und die Notenschrift ist nur ein bequemes äußeres Mittel, welches dem Gedächtnis dient. Einen anderen Sinn haben Feder, Stift, Pinsel, Meißel für den bildenden Künstler; sie sind ihm wirkliche Werkzeuge, mit denen er seine Werke hervorbringt, er schafft mit ihnen und er lernt an ihnen. Der Raffael ohne Hände ist nur ein Witz, ein schlechter Witz, wenn ihn auch Lessing gemacht hat, aber ein Musiker ohne Hände ist kein Widerspruch in sich selbst. Von der Art und Weise, wie Mozart zu schaffen pflegte, haben wir einige Andeutungen in einem (von Rochlitz allerdings überarbeiteten) Schreiben Mozarts an einen Baron v. P. Alles Finden und Machen gehe in ihm nur wie in einem schönen Traume vor sich, aber das Überhören, so alles zusammen, das sei doch das beste. »Was nun geworden ist, das vergesse ich nicht leicht wieder. Wenn ich nun hernach einmal zum Schreiben komme, so nehme ich aus dem Sacke meines Gehirns, was vorhin hineingesammelt ist. Daher kommt es hernach auch ziemlich schnell aufs Papier; denn es ist eigentlich schon fertig und wird auch selten viel anders, als es vorher im Kopfe gewesen ist. Darum kann ich mich auch beim Schreiben stören lassen, und mag um mich herum mancherlei vorgehen, ich schreibe doch; kann auch dabei plaudern, nämlich von Hühnern und Gänsen oder von Gretel und Bärbel...« Mozarts Frau sagt von ihm: »Er komponierte nie am Klavier, sondern schrieb Noten wie Briefe, und probierte seinen Satz erst, wenn er vollendet war.« Schreiben war also für Mozart eine rein mechanische Arbeit. Wenn man einen Tonkünstler in dem Augenblicke höchster schöpferischer Erregung zeigen will, so muß man diesen Zustand seinem eigenen Wesen gemäß darstellen, und Mozart darf nicht erscheinen wie ein Schauspieler, der fremde Gedanken mit der Miene, als ob sie ihm gehörten, aus der Luft herabholt, und ein so nebensächliches Ding wie das Schreiben darf nicht zu einer Hauptsache hinaufgeschraubt werden. Wäre Mozart wirklich so erregt, wie er tut, er müßte vom Stuhl aufspringen und die Feder wegwerfen. Oder muß er sitzen bleiben, weil überhaupt die Tonkünstler auf ihren Wiener Monumenten zu sitzen pflegen, weil auch Beethoven und Schubert sitzen? Nein, das ist nicht der Mozart, den wir kennen, weder dem Leib noch der Seele nach. Er, der einfache Mensch, ist ein Mann der Pose geworden, einer, der uns etwas vormacht. Hellmers Denkmal hat einen akademischen, leer idealistischen Zug, der nur durch ein sorgfältigeres Eingehen auf das Zeitkostüm gemildert oder vielmehr mit sich selbst in Widerspruch gebracht wird. Auf den Albrechtsplatz paßt sein Aufbau nicht, weil er keinen geeigneten Hintergrund findet und kein Motiv enthält, welches in der architektonischen Umgebung ein Echo weckt. Jedermann sagte bei der Ausstellung des Entwurfes: Das gehört, wenn es überhaupt wohin gehört, ins Freie, wo grünes Laub und blauer Himmel sind.

Ganz anders tritt uns Tilgner mit seinem Entwurf entgegen. Zunächst interessiert uns die Gestalt Mozarts, in welcher ein ernstlicher und (die Freunde abstrakter Schönheit mögen lächeln) ein glücklicher Versuch gemacht ist, den wirklichen Mozart, wie wir ihn aus Bildnissen und Schilderungen kennen, im Bilde wiederherzustellen. Mozart lehnt an einem Spinett, in der linken Hand (der Arm hängt herab) hält er ein Notenheft, die etwas erhobene rechte Hand scheint, halb geöffnet, eine auftauchende Empfindung, einen ihn beherrschenden Gedanken mitteilen zu wollen. Es ist etwas Redendes, Beredsames in dieser Gebärde. Die Figur ist klein, schlank und zierlich gedacht, voll Empfindung in ihrem organischen Bau, das Kostüm ist mit genialer Leichtigkeit behandelt. Konventionell ist keine Linie an dieser Figur, wohl aber ist sie reich an feinen, oft sich bescheiden versteckenden Naturzügen. Für den Kopf hat er sich ein Porträt Mozarts von Guérin gewählt, ein sprechendes Bildnis von Mozart, aber gewiß nicht das schönste. Das ist eben ein Zug des nach Wahrheit trachtenden Charakteristikers, daß er sich als Vorbild nicht ein sogenanntes schönes, sondern ein bezeichnendes Porträt seines Helden auswählt. Mozart soll auf seinem Postamente stehen, wie er nach künstlerischer Wahrscheinlichkeit unter unseren Vorfahren gewandelt ist, keine stilisierte Allgemeinheit, sondern ein lebendig erfaßter, lebensvoller Mensch. Vielleicht ist Tilgner bei dem Kopfe Mozarts in seinem Wahrheitsmut etwas zu weit gegangen – vielleicht! Wie leicht aber mildert sich ein solcher Wahrheitsfehler bei der Ausführung im großen, wo die stark hervortretenden Züge gerne in die Karikatur hinüberspielen. Ein Gegengewicht zu dieser ehrlichen Wahrheit bildet das Postament, an welchem sich ein Leben entwickelt, welches von der Anmut Mozartschen Geistes getränkt scheint. Geflügelte Knaben reichen einander Girlanden empor und tummeln sich umher oder musizieren; man meint fast, es sind unsere eigenen Gedanken und Gefühle, die sich zu dem großen Genius in so schlichter Menschengestalt emporschwingen. Motiv, Bewegung und wohllautiger Zusammenklang haben den Reiz eines Mozartschen Ensembles. Tilgners Arbeit ist nach unserer Meinung unter den drei preisgekrönten Entwürfen die einzige, die aus dem Geiste Mozarts hervorgegangen und durch einen kongenialen Zug mit dem Meister verknüpft ist.

Was könnten wir nach diesem offenen Geständnis über Weyrs Entwurf noch sagen? Ein voller Hauch von Anmut kommt uns aus ihm entgegen, und kaum hat er schönere Gestalten gebildet als jene allegorischen Weiber, die mit nachlässiger Vornehmheit an dem Sockel lehnen. Wir möchten fast sagen, Weyr hat ausgeplaudert, was die Frauen über Mozart denken. Weyrs Entwurf würde dem Albrechtsplatze nicht widersprechen, am besten aber stimmt mit ihm Tilgners Arbeit, weil sie (von dem Gegenstande hierzu genötigt) einen Stil der Dekadenz angeschlagen, der mit aller architektonischen Dekadenz harmoniert.

Morgen (Mittwoch) wird sich das große Komitee versammeln, um über die Ausführung des Mozartdenkmals nach einem der preisgekrönten Entwürfe zu entscheiden. Dem Verfasser der obigen Zeilen, einem Mitgliede des Mozartdenkmalkomitees, ist die Gabe der freien Rede versagt, und so hat er sich entschlossen, seiner Ansicht über den in Frage stehenden Gegenstand auf diesem Wege Ausdruck zu leihen.

(Am 18. März 1891)

Beethoven und sein Denkmal in Wien

Am 1. Mai dieses Jahres ist das von Zumbusch ausgeführte Wiener Beethovendenkmal enthüllt worden, welches, ganz im Sinne des Gegenstandes, die Tonkunst hat aufbauen helfen. Das grüne Eiland, in dessen Mitte es steht, ist einer der schönsten Plätze Wiens geworden, und der Platz mit seiner Laub- und Blütenfülle ist doppelt schön und bedeutungsvoll eben durch diesen Mittelpunkt, auf den sich alles zurückbezieht. Täglich pilgern die Menschen scharenhaft zu diesem heiligen Orte, um dem Genius ihre Verehrung darzubringen, und jeder teilt es dem andern mit, ob er in dem Erzbilde den wahren und wirklichen Beethoven gefunden. Man will ihn sehen, wie Wien ihn gekannt, wie ihn die Wiener Volksphantasie gestaltet, und zugleich will man den Geist, der Beethovens Werke beseelt, in seinem Antlitze, in seinen Gebärden ausgedrückt finden. Das war auch die schwierige Aufgabe des Bildhauers, Beethovens Wiener Existenz mit Beethovens allgemeiner künstlerischer Bedeutung in Einklang zu bringen, ihm die Bildnisgerechtigkeit widerfahren zu lassen und das Hörbare nach Tunlichkeit in das Sichtbare zu übersetzen. Steht man sinnend vor dem Denkmale, so treten die im Kunstwerke gebundenen zwei Seiten der Aufgabe als Gegensätze auseinander, und zwei Beethoven schweben über der Erzgestalt, die erst wieder ineinanderfließen, wenn das Auge, von dem Schleier der Einbildungskraft befreit, zu dem Denkmale zurückkehrt.

Wien scheint fast ein größeres Anrecht auf Beethoven zu besitzen als Bonn. Bonn hat ihn zwar geboren und erzogen; Wien aber hat den Genius bewirtet, er ist länger als ein Menschenalter unter uns gewandelt, und auf unserer Heimaterde sind seine größten und reifsten Werke gediehen. In jungen Jahren ist er von seinem Rhein nach der großen Donaustadt gezogen und hat hier eine zweite Heimat gefunden. Nicht Zufall oder Laune führte den von Idealen erfüllten jugendlichen Tonkünstler hierher. Damals war ein wunderbares Singen und Klingen zu Wien; ein neuer musikalischer Frühling war hereingebrochen, ein Gegenstück zu dem Liederfrühling, der unter dem glorreichen Geschlechte der Babenberger an derselben Stelle ins Land gekommen war. An Haydns und Mozarts Lehre und Beispiel entzündete sich Beethovens Genius, der nachmals in so stolzer Eigenherrlichkeit emporloderte. Zu Wien – um ein Wort Walthers von der Vogelweide ins Musikalische zu wenden –, zu Wien lernte Beethoven singen und spielen, und obwohl es scheinen könnte, als ob er auf dem Wiener Boden, etwa gleich dem St. Stephan, nur ein erhabener Fremdling gewesen, so rechtfertigt schon seine Anhänglichkeit an die Stadt die Vermutung, daß sie ihm auch nach seinen Lehrjahren mehr galt als ein zufälliger Aufenthaltsort. Die warme Sinnlichkeit der Kaiserstadt gab seinem maßlosen Streben einen starken Widerhalt; der grüne Hügelkranz des Wienerwaldes gewährte seinem unersättlichen Natursinne immer frische Nahrung. Bei dem rätselhaften Wesen der Musik können wir zwar nicht wissen, aber wir können ahnen, wie viel von Wien und seinen Sommerfrischen in Beethovens Werke herüberklingt; denn wie die Musik vorzugsweise die tönende Gebärde von Gemütsvorgängen ist, so lebt sie auch von dem mittelbaren und unmittelbaren Reflex der Außenwelt auf das Gehör. Wollen wir uns Beethoven in voller schöpferischer Gärung begriffen denken, so müssen wir uns vorstellen, wie der kleine, elegant unordentliche Mann durch die Straßen der Stadt stürmt, oder wie er im Freien – nach seinem eigenen Ausdrucke – »spazieren arbeitet«. In Heiligenstadt hat er seine Pastoralsymphonie gefunden; hinter Mödling, in der Brühl, hat er die Gedanken zu seiner Hohen Messe zusammengetragen. Wien und der Wienerwald haben stets mitgearbeitet an seinen Werken. Und wenn er eine große Arbeit vollendet hatte, da konnte man ihn wohl sehen, wie er, die Lorgnette vor den Augen, mit lächelndem Gesichte und sonderbare Laute des Behagens ausstoßend, vor dem Schaufenster eines Kaufladens stand oder einem mit landesüblicher Anmut vorüberwandelnden Wiener Kinde wohlgefällig nachblickte. Gewiß, auch die Wienerin mit ihrer runden, graziösen Bewegung lebt in Beethovens Werken. Ja, die Straßen kannten ihren Beethoven, und noch werden in Wien die Schenken und Kaffeehäuser gezeigt, in denen er einkehrte, und dabei wird erzählt, ein wie wunderlicher Gast er gewesen. Es war niemand, auf den er nicht den Eindruck eines bedeutenden Menschen gemacht hätte, und diejenigen, die sein Streben und Leisten zu beurteilen nicht imstande waren, zeigten doch eine heilige Scheu vor dem in ihm waltenden Dämon. Nie ist den Wienern der schöpferische Genius in einer glaubwürdigeren Verkörperung erschienen.

Das war Beethoven persönlich in Wien und für Wien. Was aber war er seiner Kunst und durch seine Kunst dem ganzen deutschen Volke, der Welt? Unserem Volke ist die Musik kein bloßer Zeitvertreib, sondern ein Kultus, und Beethoven war der Hohepriester dieses Gottesdienstes. Daß man den Menschen vom Künstler nicht trennen dürfe, lehrt Beethovens leuchtendes Beispiel; er war ein guter Mensch und ein großer Künstler und – die Naturbegabung vorausgesetzt – gerade durch seine sittliche Größe der bedeutende Künstler, der er geworden. Er empfand es stets als eine ihm von höheren Mächten auf die Seele gebundene Aufgabe, das, was in ihm klang, den Menschen zu offenbaren, und das lebendige Bewußtsein dieser Sendung hielt ihn aufrecht in den unerquicklichsten äußeren Verhältnissen. Er war arm geboren, und er wußte sich eine Stellung zu verschaffen, wie sie unabhängiger noch kein deutscher Tonkünstler vor ihm eingenommen; die Natur schlug ihn, den auf das Ohr angewiesenen Künstler, mit Taubheit, und der taube Meister – eine wahrhaft göttliche Ironie – erfüllte das Ohr der Welt mit Wohllaut. Energie lag in seinem Wesen, und in seinen Werken steckt eine ungeheure Arbeit. Ihm sprang der Quell musikalischer Gedanken nicht mehr so ungerufen und sprudelnd, wie seinen Vorgängern Haydn und Mozart. In ihm lag alles tief verborgen und mußte mit harter Mühe zutage gefördert werden. Seine Skizzenbücher gewähren einen lehrreichen Einblick in die Werkstätte seines Geistes. Sie zeigen ihn erfüllt von unklaren musikalischen Vorstellungen, von unfertigen Motiven, die erst durch eine oft jahrelang währende Umbildung ihre echte Gestalt gewinnen: unsicheren Erinnerungen aus einer anderen Welt vergleichbar, die allmählich aus dem Gedächtnisse hervorgelockt werden. Nach einem solchen Läuterungsprozeß, der sich auf das Melodische und Rhythmische erstreckt und der auch den harmonischen Sinn nicht unberührt läßt – nach solchem Prozeß ist aber ein derartiges Motiv eine kleine Welt, die unter des Meisters Hand eine Fülle thematischen Lebens entwickelt, und der Gedanke hat dabei eine solche Unmittelbarkeit und Plötzlichkeit, als habe ihn der Augenblick geboren. Eine kritische Tätigkeit gesellt sich der schöpferischen, begleitet sie auf Schritt und Tritt. Es ist aus und vorbei mit der naiven Fruchtbarkeit der Alten, jedes neue Werk will etwas für sich bedeuten, will sein eigenes künstlerisches Gesicht haben. Haydn schreibt Symphonien dutzendweise, Beethoven bringt es nicht hinaus über die Zahl der Musen. Nun rüttelt aber auch Beethoven an der Form und vervielfältigt und steigert den musikalischen Ausdruck in unerhörter Weise. Alles wird breiter und weiter, tiefer und mächtiger. Keine Stimmung ist ihm zu zart und innig, daß er sie nicht einfinge, keine zu leidenschaftlich, daß er sie künstlerisch nicht bewältigte. Er weiß uns in überirdische Regionen zu entrücken, wohin das Geräusch der Welt nur noch harmonisch dringt; und wenn er seine Begeisterung, seinen Jubel in vollen Rhythmen hinströmen läßt, sehen wir uns ins Unendliche fortgerissen, bis er den Fluten Halt gebietet. Die Wendungsfähigkeit des Geistes, seine mit Gegensätzen spielende und sie wieder ausgleichende Dialektik, der gewaltige logische Gang und Zug in seinen Werken, sein starkes Gefühl für Totalität, seine sich oft versteckende, dann aber doppelt mächtig hervorbrechende

Schlußkraft – man wird diese Eigenschaften nie genug bewundern können. Für seine Musik schuf er sich denn auch sein eigenes Orchester, und einzelne Instrumente, wie beispielsweise die Pauke, hat er emanzipiert. Mit dem Worte »Beethovensches Orchester« verbinden wir die Vorstellung einer männlich schönen Klangeigentümlichkeit und einer jedem normalen Stimmungsinhalt gewachsenen Ausdrucksfähigkeit.

Bei keinem zweiten Künstler finden wir die Stimmungen und Strebungen des Jahrhunderts so überzeugend ausgedrückt wie bei Beethoven. Man darf ihn wohl den größten Künstler der modernen Welt nennen. Während unsere großen Dichter im beständigen Kampfe mit ihren Stoffen lagen, während unsere bildenden Künstler, da ihnen der feste Boden einer Volkstradition fehlte, ihre Kräfte in eitlen Stilbestrebungen zersplitterten, sah sich Beethoven durch die geschichtliche Stellung und die Natur seiner Kunst solcher aufreibenden Arbeiten überhoben. Die Musik ist sozusagen die künstlerischste Kunst; bei ihr fällt die Frage nach dem Stoffe hinweg. Der Tonkünstler kann sich ganz dem Zuge des Gestaltens hingeben. Und wie er aus der Zeit heraus schafft, so wirkt er auf die Zeit wieder zurück. Was unsere großen Musiker hervorgebracht, ist nicht spurlos in der Luft verflogen. Auch sie sind Erzieher der Menschheit geworden, indem sie den mütterlichen Boden alles Denkens und Tuns, das Erfindungsleben, mitbestimmen halfen. Die deutsche Nation ist durch Haydn, Mozart, Beethoven edler geworden, als sie zuvor gewesen, sie hat durch diese Geister eine hohe Schule des zartesten und männlichsten Empfindens durchgemacht. Beethoven aber, an dessen gebietende Gestalt wir das jämmerliche Schauspiel eines künstlerischen Rangstreites nicht herantreten lassen, steht unserem Herzen am nächsten: er ist Fleisch von unserem Fleische und Geist von unserem Geiste. Als erbauender und tröstender Genius schwebt er um unseren häuslichen Herd, und sein Name war so oft das Schibboleth, an welchem sich auf den großen Musiktagen die durch äußere Schranken getrennten deutschen Stämme als

Brüder erkannten. Beethoven lebt und wird leben weit in die Zukunft hinaus. Das deutsche Volk kann keine Großtat vollbringen, die er nicht schon großartig besungen, es kann in keinen Schacht der Empfindung hinabsteigen, wo er nicht schon edles Metall gewonnen hätte. In reichster Fülle trug Beethoven den Geist seines Volkes im Busen: einen nationaleren Künstler im deutschen Sinne hat die neuere Zeit nicht gesehen ...

Beethoven – er will unsere Gedanken nicht freigeben, und indem wir über den Unerschöpflichen phantasieren, stehen wir noch immer auf dem Wiener Beethovenplatze. Ein Strich über die Augen, und das blanke Erzbild ist wieder vor uns. Wie hat sich nun der Bildhauer dieser reichen Persönlichkeit künstlerisch bemächtigt? Mitten zwischen Bildnis und Idealbild ist er hindurchgegangen, und was er durch den Gesichtsausdruck und die Gebärde nicht sagen konnte, das hat er durch zwei größere Figuren und vier Kinderpaare, die er auf der obersten Stufe des Postamentes ringsum angebracht, mitzuteilen gesucht. Beethoven sitzt auf einem Felsblock in bürgerlichem Kleide; der Mantel ist ihm auf die Hüften herabgeglitten. Der linke Fuß, den ein Schnallenschuh bekleidet, ist vorgesetzt, das rechte Bein an der Seite des Sitzes zurückgestemmt. Mit der linken Hand faßt er – beide Arme sind ausgestreckt – nach dem Gelenke der rechten Hand, die geballt auf dem linken Schenkel ruht. Der Oberkörper ist, dieser Bewegung gemäß, etwas seitwärts gewendet und der Kopf leise gesenkt. Die Gesichtszüge allein schienen dem Künstler nicht deutlich genug zu sprechen, er mußte eine Bewegung des Leibes, eine Art Handlung hervorrufen. Der Kopf ist sinnend, nach Beethovens Gesichtsmaske vom Jahre 1812 frei gebildet. Diese Gesichtsmaske aus der Zeit von Beethovens männlicher Reife zeigt einige streng ausgeprägte Eigenheiten. Wo Stirn und Nase einander treffen, sitzt ein tief eingenistetes, starkes Gedankenleben; der Mund mit der schmalen Oberlippe und der sinnlich geschwellten Unterlippe drückt zusammen mit dem knochigen, aber etwas verkümmerten Kinn eine energische Willenskraft aus; die

Wangen aber, voll und fest, zeigen die feinsten Züge, Übergänge und Schwellungen. In diesem Fleisch webt die Seele. In dem Erzbilde ist der Sitz der Energie allerdings betont, aber die Härte des Denkens ist erweicht, und die Wangen weisen das individuelle Leben der Gesichtsmaske nicht auf. Durch die Falten auf der Stirne ist das Gedankenleben wieder etwas verschärft, und die reichen Haare – die Mähne des Löwen – markieren die Naturfülle der Persönlichkeit. In der Bewegung aber drückt sich ein Willensakt aus, ein Zwang, den der schaffende Tonkünstler auf sich selber übt. Man kann fragen, ob damit der Akt des Schaffens entsprechend bezeichnet sei? Ob der Künstler nicht mehr dulden als handeln, ob der Ausdruck einer hingebenden Empfängnis der Situation nicht angemessener wäre? ... Der Bildhauer kann freilich antworten, daß er die Energie von Beethovens Natur, seine ethische Kraft habe wollen anschaulich machen und daß seine Kunst zu arm sei, um in dem Schöpfungsakte zugleich den Ausdruck der Empfängnis festzuhalten. Man muß diesen Einwand wohl gelten lassen. Immerhin nähert sich der Kopf Beethovens dem Bilde, das sich die Volksphantasie von ihm geschaffen, und auch Haltung und Gebärde widersprechen nicht dem Charakter Beethovens, wie er nun einmal in der allgemeinen Meinung feststeht. Daher auch der allgemeine Beifall, den dieser Beethoven findet.

Umwandelt man das Beethovendenkmal und kehrt auf die Vorderseite wieder zurück, so wird man einen Widerspruch bemerken, der an diesem Kunstwerke haftet. Es ist nämlich bloß für die Vorderansicht berechnet und gibt sich doch, indem es freisteht und ringsumher Figuren laufen, für ein Rundbild. Hinten ist Beethoven leer, von der Seite gesehen, zeigt er schroffe Linien, verschobene Verhältnisse. Ja, selbst in der Vorderansicht verbirgt sich uns der von einem Zipfel des Mantels bedeckte rechte Fuß, und an der greifenden Hand versteckt sich der Daumen – digitus pollex, der starke Finger, der die Hand erst zur Hand macht. Nun für diese Mängel, kann wieder der Bildhauer sagen, wollte ich euch eben durch die übrigen Figuren entschädigen. Gewiß ein angenehmes Schauspiel, diese Figuren, wenn man auch ein wenig das Gefühl hat, daß der Kommentar über das eigentliche Werk hinausgewachsen sei. Hier Prometheus, an den Felsen geschmiedet, vom Adler mißhandelt; ihm gegenüber eine Viktoria, den Kranz emporhaltend. Also Kampf und Sieg. Auf den beiden anderen entsprechenden Seiten kniet hier ein Amor, der auf der Lyra spielt: das Liebeslied, schwimmt dort ein Schwan, dieser musikalische Vogel, der auch ohne Schwanengesang durch die bloße Schönheit seiner Bewegungen, durch den Rhythmus ein musisches Tier ist. Um diesen Mittelpunkt bewegen sich je zwei Kinderpaare, welche die musikalischen Gattungen, in welchen Beethoven geschaffen, versinnbildlichen – liebenswürdige Kinder, an denen nur zu verwundern ist, wie sie bei dem üppigen Milchfleische, das um ihre Gelenke quillt, so behend in ihren Bewegungen sind. Boëthos hat bei seinem Knaben mit der Gans, Donatello bei seinen tanzenden Kindern schlankere Verhältnisse gewählt. Die Viktoria ist wohl die schönste Gestalt an dem Monumente; anmutig, zierlich, vielleicht mit dem schwellenden Venushalse nur allzu zierlich; eine Viktoria indessen, die mit den Flügeln an den Sockel stößt, ist eine allzu unfreie Gestalt, und mit der Hand, die den Kranz hält, fährt sie zwischen Kopf und Schwinge, und bringt in die Silhouette ein unruhiges, störendes Element. Der Prometheus des Denkmals kann seine nächste Verwandtschaft mit Laokoon nicht verleugnen. Er ist eine schöne Studie nach dem alten Laokoon und bringt kein neues plastisches Motiv des Leidens und unwilligen Duldens. Ob Prometheus hier wohl richtig angebracht ist? Man kann darüber streiten. Beethoven war schwerhörig, wurde taub – eine Geißel für einen Tonkünstler; aber wer ermißt die innere Seligkeit, die ihm aus seinem Schaffen quoll?

Wie das Gute und minder Gute in Zumbuschs Beethovendenkmal aneinandergrenzt, so steht auch in dem Urteil über das Werk Anerkennung und Tadel nebeneinander. Der Tadel entspringt am Ende zumeist dem Gefühle, daß Zumbuschs Arbeit nicht so bedeutend ist als etwa eine

Symphonie von Beethoven. Das aber ist keine Frage, daß dieses Denkmal unter den neueren Monumenten einen höchst bedeutenden Rang einnimmt. Es zeugt von Geist und großem technischen Können, von Sinn für das Charakteristische und einem ungewöhnlichen Schönheitsgefühl. Unmittelbar spricht es jeden als eine tüchtige Leistung an, und niemand kann leugnen, daß es eine der vornehmsten künstlerischen Zierden Wiens bildet. Für einen schönen Platz hat es erst den idealen Mittelpunkt geschaffen, und nun erst wissen die Häuser der Umgebung, warum sie in üppigen Renaissanceformen prangen. Nur ein Gebäude stört die Harmonie: das ist der engbrüstige Ziegelbau des Akademischen Gymnasiums mit seinen dürren Pfeilerrippen, seinem steilen Dach, seinen angeräucherten Wimpergen und Fialen. Sonst atmet alles Heiterkeit, und wenn Beethoven noch einmal durch die Gassen Wiens stürmen könnte, er würde hier stehenbleiben und lächeln – lächeln über sein eigenes Bild und sich laben an dem frischen Grün, in das sie ihn hineingestellt haben.

(Am 16. Mai 1880)

Beethoven in Heiligenstadt

Wo sich die Ausläufer des Wienerwaldes in breiten Wellenbewegungen gegen die Donau hinausschwingen, liegt in langer Flucht hingestreckt, von einem Talriß durchschnitten, die uralte, jetzt zu Wien geschlagene Dorfschaft Heiligenstadt, welche die grüne und blühende Villenstraße der Hohen Warte in ihren hinteren Gärten grün und blühend fortsetzt. Das Gedächtnis des kleinen Ortes reicht tief in die Geschichte zurück. Es hat die Legionen Roms gesehen, unter den Ersten in Österreich die frohe Botschaft des Heils vernommen und vor allen anderen Sprößlinge der trostbringenden Reben in seinen Grund und Boden gesenkt; die Fluten der Völkerwanderung sind über seine Fluren und Hütten hingebraust, Madjaren, Türken und Franzosen haben es nacheinander plündern, sengend und brennend heimgesucht. Der Ortsgenius war indes nicht umzubringen, immer aufs neue flog er wieder fröhlich aus seiner Asche empor, gestärkt und gehoben von den Gaben des sorgenlösenden Weingottes. So reich aber an Ereignissen der Lebenslauf dieser Ortschaft auch sein mag, für uns Kinder der Gegenwart tritt alles vor der einzigen Tatsache zurück, daß Heiligenstadt einen der größten Künstler der neueren Zeit wiederholt unter seinen Dächern beherbergt und daß er hier einige seiner bedeutsamsten Werke vorbereitet und geschaffen hat. Beethoven hat in Heiligenstadt mehr als einmal seine Sommerfrischen verlebt und sie mit den Sommerfrischen, die er in dem benachbarten Döbling zugebracht, genießend und schaffend verbunden, so daß er sich seine Gedanken »spazierenarbeitend«, wie er sagte, oft aus Heiligenstadt geholt. Wenn Beethoven am Grenzgebiet der Hohen Warte und Heiligenstadt auf der Höhe des

Hungerberges stand – und wie oft mag er da gestanden haben! –, sah er vor sich ausgebreitet die anmutigen Formen, zu denen sich der Wienerwald noch zusammennimmt, bevor er sich in die Donau stürzt; die lang und sanft gezogenen Linien der Berge mögen ihm melodisch entgegengeklungen haben, denn dem Musiker klingt ja alles auf der Welt, und da mag er sich an sein heimatliches Bonn erinnert haben, von dessen Strand aus man das gleichfalls melodisch gestaltete Siebengebirge überblickt, das wohl geheimnisvoll in Beethovens Schöpfungen lebt. Nach Heiligenstadt, von dessen Landschaft sich Beethoven nur schwer trennen konnte, ist er im Jahre 1802 zum ersten Male hinausgezogen. Krank an Leib und Seele, erhoffte er sich von der frischen Luft und den Quellen des Ortes Heilung von seinem Doppelgebreste. In diesen schweren Tagen schrieb er unter anderm die »Mondscheinsonate« – für jene Zeit ein unerhörtes Wunder an dämmernd verklärter Seelenstimmung, an freiem Humor, an kühnem Wurf der Leidenschaft; damals entstand auch die große Sonate in As-Dur, deren *Marcia funebre sulla morte d'un eroe* dem Trauermarsch in der »Eroica«, diese ergreifendste Totenklage, die je geschrieben worden, ahnungsvoll präludiert.

Einen erschütternden Einblick in die Leiden einer großen Seele gewährt jenes merkwürdige Testament, das sogenannte »Heiligenstädter Testament«, das Beethoven im Herbst 1802 in Heiligenstadt verfaßt hat. Es ist an seine beiden Brüder gerichtet, denen er seine bescheidene Habschaft für den Fall seines Todes vermacht. Mit ergreifenden Worten klagt er in diesem Schriftstück über seine täglich zunehmende Schwerhörigkeit, über die Schwäche eines Sinnes, der, wie er sagt, »bei mir in einem vollkommeneren Grade sein sollte als bei anderen, einen Sinn, den ich einst in der größten Vollkommenheit besaß, in einer Vollkommenheit, wie ihn wenige von meinem Fach gewiß noch gehabt haben«. Er sei schon einem Selbstmord nahe gewesen, allein die Verpflichtung, die er der Kunst gegenüber fühle, habe ihn von dem äußersten Schritte zurückgehalten. Allein diese Resignation hielt nicht lange an; schon in einer vier Tage später verfaßten Nachschrift brechen die alten bitteren Klagen wieder hervor, tut sich eine der Verzweiflung ähnliche Gemütsstimmung kund. Aber auch welche tragische Fügung des Schicksals! Der Mann, der das Ohr der Welt mit unsterblichem Wohllaut füllt, ist mit Taubheit geschlagen. Diese schmerzhafte Wunde, die so tief in sein Inneres schnitt, schien vernarbt zu sein oder doch nur vorübergehend zu brennen, als er sich zu Heiligenstadt im Jahre 1808 zum zweiten Male sommerlich niederließ. Wie dort der »graupete Musikant« hemdärmlich spazieren rannte, wie der zerzauste Löwe, des Gottes voll, auf freiem Felde ein so entsetzliches Gebrüll ausstieß, daß die Ochsen vor ihm davonliefen (o der ahnungsvollen Seelen!), das lebte noch vor einigen Jahrzehnten im Gedächtnis älterer Landleute. Eine gewisse Stelle der Heiligenstädter Umgebung soll dem Meister vor allem lieb gewesen sein. Der Schreiber dieser Zeilen hat sie schon vor vierzig Jahren kennengelernt, als das Beethovendenkmal eingeweiht wurde, freilich mit einer Nüchternheit, die heute – nicht ohne wirksamste Beihilfe der vielgeschmähten Tageskritik – unmöglich wäre. Wir schildern diese Beethovenstelle zunächst nach den damaligen Eindrücken, die jetzt einem schöneren Anblick weichen. Kaum weiter von Heiligenstadt entfernt, als eine Büchse trägt, rinnt nämlich ein kleines, vom Gebirge kommendes Wasser, früher der Nußbach, jetzt der Schreiberbach genannt, in der Richtung der Wildgrube nach der Donau, das ein von Pflanzenwuchs und Strauchwerk durchwuchertes, hin und wieder von Bäumen beschattetes tiefes und enges Tälchen ins Erdreich gerissen. Die Talsohle ist so schmal, daß der Schreiberbach keinen Wanderer neben sich duldet; neben dem lieblichen Abgrund ist man gezwungen, hinzugehen. Der Weg nun am Bache von Heiligenstadt einerseits nach Nußdorf, andererseits nach der Wildgrube, wird, weil ihn der Meister mit Vorliebe wandelte, der Beethovengang genannt. Wo aber Heiligenstadt gegenüber das Tälchen sich zu einem kleinen Kessel ausweitet, da soll Beethoven oft sinnend ausgeruht und geschaffen haben. Die Gelegenheit des Ortes ist zauberhaft idyllisch: es ruht und träumt sich da gut in der Schattenkühle, die etliche Walnußbäume spenden; die Stille dieser reizenden Einöde, die das eintönige Geplauder des unten rinnenden Baches noch fühlbarer macht, wird nur durch Finkenschlag, Grillengezirp oder durch Jauchzen eines in der Nähe arbeitenden Winzers zeitweise unterbrochen. Steigt man aber das rechte Ufer hinan (und mit zwanzig Schritten höchstens ist man oben), so eröffnet sich dem Blick eine durch ihre Großheit bewältigende Aussicht. Man sieht weg über die »blonde« Donau und ihre grünen Auen bis an die Berge, hinter denen Ungarn liegt. Man darf bei diesen hart aneinandergerückten Gegensätzen daran denken, daß Beethoven in dieser Gegend seine Pastoralsymphonie und seine Eroica geschaffen. Ist die eine mit ihrer eng befriedeten Beseeligung nicht jenem beschaulichen Ruheplätzchen am Schreiberbach vergleichbar, und die andere mit ihrem großen Wurf, erschließt sie nicht die ganze weite Welt, wie die Aussicht auf jene von der Donau durchströmten Tummelplätze der Geschichte?

Wie teuer dem Meister Heiligenstadt und seine Umgebung zeitlebens gewesen, geht aus einem Berichte hervor, den wir seinem Famulus Anton Schindler verdanken. Dieser erzählt, daß Beethoven im April 1823, zur Zeit vieler Mühsale und Widerwärtigkeiten, eines Tages einen Ausflug nach jener Gegend vorgeschlagen, die er zehn Jahre lang nicht mehr betreten hatte. Zunächst sollte Heiligenstadt und seine Umgebung besucht werden, wo er so viele Werke zu Papier gebracht, aber auch seine Naturstudien (!) betrieben hatte. Die Sonne schien sommerlich, und die Landschaft prangte bereits im schönsten Frühlingskleide. »Nachdem das Badehaus zu Heiligenstadt mit dem anstoßenden Garten besehen und manch angenehme, auch auf seine Schöpfungen bezugnehmende Erinnerung zum Ausdruck gekommen war, setzten wir die Wanderung nach dem Kahlenberg über Grinzing fort. Das anmutige Wiesental zwischen Heiligenstadt und letzterem Dorfe durchschreitend, blieb Beethoven wiederholt stehen und ließ seinen Blick voll von seligem Wonnegefühl in der Landschaft umherschweifen. Sich dann auf den Wiesenboden setzend und an eine Ulme lehnend, fragte er mich, ob in den Wipfeln dieser Bäume keine Goldammer zu hören sei. Es war aber alles stille. Darauf sagte er: ›Hier habe ich die Szene am Bach geschrieben, und die Goldammern da oben, die Wachteln, die Nachtigallen und Kuckucke ringsumher haben mitkomponiert.‹ Auf meine Frage, warum er die Goldammer nicht auch in die Szene eingeführt, griff er nach dem Skizzenbuche und schrieb (nämlich das hüpfende G-dur-Motiv im zweiten Satze der Pastoralsymphonie). ›Das ist die Komponistin da oben‹, äußerte er, ›hat sie nicht eine bedeutendere Rolle auszuführen als die anderen? Mit denen soll es nur Scherz sein.‹ Als Grund, warum er diese Mitkomponistin nicht ebenfalls genannt, gab er an: ›Diese Nennung hätte die große Anzahl böswilliger Auslegungen dieses Satzes nur vermehrt.‹«

Heute bieten die Beethovenanlagen doch einen anderen Anblick als vor vierzig Jahren. Man darf sagen, sie sind gewachsen mit seiner Verbreitung und seinem Ruhm. Zwar die Büste, auf einem hohen Sockel von einem eisernen Gitter eingefaßt, von Fernkorn modelliert und gegossen, ist dieselbe geblieben. Beethovens Kopf in seiner Häßlichkeit und seiner Größe ist immer mehr ein Hauptproblem für unsere Maler und Bildhauer geworden, ein Problem, das stets noch viel absteht von der großartigen Gesichtsmaske von 1812 und dem wohl etwas mürrischen Ausdruck von Franz Klein. Fernkorns Arbeit ist wohl einigermaßen ähnlich, aber geistlos. Allein die Beethovenanlagen selbst, wie herrlich sind sie geworden! Vierzig Jahre sind ein ungewöhnlicher Zeitraum für die zweckmäßige Tätigkeit des Menschen und für die bewußtlose Tätigkeit der Natur. Beide haben an den Anlagen gearbeitet. Der Beethovengang ist wegsam gemacht, das Denkmal selbst ist umgeben von Gruppen mächtiger Nußbäume, die von zierlichen Fichten durchbrochen sind, aus denen Birken mit ihren blanken Stämmen blinken. Dichte Sträucher füllen das Ganze. Gut und häufig angebrachte Bänke lassen die

Schattenkühle bequem genießen. Durchblicke auf die benachbarten Wiesen, Felder und Weinberge lichten teilweise die Dämmerung des kleinen Haines. Man ist bei Beethoven, bei ihm und seinen Werken, in denen gleichfalls künstlerische Absicht und vollströmende Naturkraft waltet. Man kann wohl sagen, das, was zum Gedächtnis großer Menschen hervorgebracht wird, ist auch das Werk dieser Menschen. In diesem Sinne ist auch die Beethovenanlage ein Werk Beethovens. Es ist seine zweite Pastoralsymphonie.

(Am 31. Mai 1903)

Das Schubert-Denkmal

Gerade vor zehn Jahren verfiel der Wiener Männergesangverein auf den glücklichen Gedanken, seinem Schutzpatrone, Franz Schubert, der ihm schon so viele Siege bereitet, ein Denkmal zu setzen. Ohne viel zu fakkeln, faßte der Verein die Sache sofort praktisch an, indem er – hierin löblich unterstützt von etlichen deutschen Vereinen – mit unermüdlicher Kehle das für den Zweck nötige Kapital zusammensang. Mittlerweile wurde von Sachverständigen die künstlerische Seite des Unternehmens besorgt, man fand auf geringen Umwegen die richtigen Kräfte, und heute schon steht das Denkmal vollendet vor unseren Augen. In eine grüne Bucht des Wiener Stadtparkes ist es hineingestellt, mit dem Rücken an Strauch und Baum gelehnt, vor und unter sich lebendigen Rasen und lachende Blumenbeete. Der Unterbau, aus rötlichem Granit gefertigt, steigt auf drei Staffeln kräftig empor; er trägt einen viereckigen, gestreckten Sockel aus gleichem Stoffe, in welchem Reliefs aus Karraramarmor eingelassen sind; noch durch eine runde Platte zugleich getrennt und vermittelt, ruht auf dem Sockel, gleichfalls in karrarischem Marmor ausgeführt, die sitzende Gestalt des Tondichters. Diese Gestalt bildnerisch zu behandeln, sie unter dem Stilgesetze der Plastik zu bringen, war keine der leichtesten Aufgaben. An der Bildnisähnlichkeit mußte festgehalten werden; Wien würde einen ideal ausgehöhlten, antik drapierten Schubert nicht als den seinen anerkennen. Es sind noch Augen offen, die ihn im Leben gekannt, und wir anderen, die ihn nicht im Fleische geschaut, tragen nach Bildnissen und Schilderungen eine ganz bestimmte Anschauung von Schubert in uns, die wir uns nicht wollen nehmen lassen. Was aber anfangen mit dem kurzen, korpulenten Mann, wenn man ihn nicht zur Büste abschneiden, sondern in ganzer Figur geben will? Der Künstler, ein verständiger und höflicher Mann, lud ihn zum Sitzen ein, und siehe da, durch diesen Kunstgriff der guten Lebensart sind gleich die bedenklichsten Schwierigkeiten beseitigt. Nun sitzt Schubert, eine aufgeschlagene Rolle auf dem Schoß, das Haupt in begeistertem Sinnen etwas nach oben gerichtet, in der Rechten den Griffel, der seines Dienstes harrt. Ein im Herabgleiten übergeschlagener Mantel deckt die kurzen Beine des großen Tonkünstlers, täuscht das Auge durch den Faltenwurf über die bescheidenen Dimensionen, die auf solchen Umwegen dergestalt zu wachsen scheinen, daß die hervortretenden Füße nicht entfernt jenen ans Heitere streifenden Eindruck machen, der sonst mit dem Anblicke des hilflosen Pedals eines sitzenden Kurzbeinigen verbunden zu sein pflegt. Um das Trauliche, Anheimelnde zu erhöhen, hat der Bildhauer seinen Helden im Zeitkostüm dargestellt, den Rock mit hohem Kragen und breiten Aufschlägen; hier hätte das Charakteristische vielleicht etwas stärker betont werden können, der Künstler hat es nach unserem Gefühle ein wenig zu sanft ins Schöne hinüberzuspielen gesucht. Der naturvolle Kopf Schuberts ist von großer Ähnlichkeit, etwas vereinfacht in den Zügen, wie es die Plastik verlangt, etwas gesteigert im Ausdruck, wie es der Moment heischt. Das Relief auf der Stirnseite des Sockels stellt die musikalische Phantasie, auf einer Sphinx sitzend, dar, es ist die Musik als Rätsellöserin. Die Reliefs zur Rechten und zur Linken versinnbilden in Gruppen die Vokalmusik und die Instrumentalmusik. Als Komposition, gleichsam zeichnerisch sind diese Reliefs allesamt glücklich gedacht, nur wollen die etwas mageren, dürftigen Gestalten nicht ganz zu ihrem plastischen Rechte kommen. Doch von gewissen Einzelheiten abgesehen, ist Kundmanns Schubert eine höchst anerkennenswerte Arbeit, welche nicht unbeträchtliche Schwierigkeiten in befriedigender Weise gelöst hat. Im architektonischen Aufbau des Ganzen spürt man das Walten Theophil Hansens; es ist von einem Schönheitssinn eingegeben, der sich in den reinsten Verhältnissen ausspricht und auch das minder Gelungene, welches am Monumente haftet, mit emporhebt und adelt. Die aus dem gewählten Materiale entspringende malerische Wirkung ist vortrefflich; das Werk lebt in und mit seiner Umgebung.

Mit gerechtem Selbstgefühl mag der Wiener Männergesangverein auf das Denkmal hinblicken, das er seinem Lieblingskomponisten gesetzt. Keine fremde Hand ist hier mit im Spiel, kein gnädig gespendetes Almosen durchädert den reinen Stein, aus dem das Monument gemeißelt ist. Das Volk, aus dessen Schoße Franz Schubert hervorgegangen, hat dieses Denkmal aus eigenen Mitteln gebaut, und der Bau wurzelt in dem Grund und Boden der Stadt, welche Schubert ihren größten Künstler nennt. Mit sinnigem Takt ist die Baustelle gewählt worden. Weder im Geräusch des Marktes noch entfernt von Menschen, sondern in diesem blühenden Garten am Ufer der Wien, wo in den Bäumen sich die Amseln locken, wo der Schwan im Teiche seine schönen Ringe zieht und geputzte Frauen durch das Grüne rauschen und fröhliche Kinder spielen und jubeln – hier ist von Rechts wegen die Erinnerungsstätte des Tonkünstlers, der gesungen hat trotz allen Singvögeln der Welt, der durch Schönheit des Rhythmus mit dem Schwan gewetteifert, der alle Geheimnisse der Frauenseele geoffenbart und der durch das Leben ein reines Kindergemüt getragen. So mitten im schönsten Fleck von Wien mußte sein Denkmal stehen; denn er war ein Wiener durch und durch, mit Leib und Seele verwachsen mit dem Boden dieser wunderbaren Donaustadt. In seiner Musik klingt Wien wider. Er ist das Echo, das den Ruf verschönert zurückgibt. Er hat das Empfinden seiner Vaterstadt in Tönen idealisiert, er hat es durch seine Idealisierung zum Gemeingut des deutschen Volkes gemacht. Alles Tiefe und Ahnungsvolle, was ein Wiener Gemüt bewegt, aber auch sein Leichtsinn und zuweilen seine Flachheit spricht sich in seinen Liedern aus; seine Tänze sind voll frauenhafter Anmut und wieder voll übermütigen Aufschwungs; in seinen Märschen lebt viel von der Verwogenheit und Schlagkraft der Deutschmeister, und manchmal reitet mitten durch den Takt ein flotter Husar. Etwas vom Wienerwald scheint manchmal in seinen Instrumentalstücken herumzurauschen, und durch die Hereinnahme ungarischer Motive in seine Musik entstehen Anklänge an das polyglotte Wesen Wiens, wird man erinnert an eine gewisse Rassenkreuzung der Empfindungen. Schubert ist mit seiner Wiener Welt ein so reicher, in sich abgerundeter Geist, daß er, für sich betrachtet, als vollendeter Künstler erscheint. Nur ein einziger kann ihm, neben ihn gestellt, weh tun – dieser einzige ist Beethoven. Neben Beethoven kehrt Schubert seine lokale Natur hervor, sein begrenztes Wienertum; er ist der Jüngling neben dem Manne. Die mächtige Logik Beethovens ist seinen Werken nicht eigen, an Wucht der thematischen Arbeit kann sich Schubert mit Beethoven nicht vergleichen. Aber mit diesen Mängeln hängen bei Schubert unendliche Reize zusammen, und seinen Hauptreiz entfaltet er in seiner Harmonik. Zauberhaft klingen seine überraschenden harmonischen Rückungen und Fortschreitungen: Helldunkel in der Musik, das in seinen Wirkungen unvergleichlich ist. Hierin ist Schubert einzig und originell auch gegen Beethoven. Es gehört zu seinem weiblichen, einschmeichelnden Wesen, zu seiner Wiener Natur . . .

Nach solchem Ausflug ins Weite begrüßten wir noch einmal Schuberts Monument im Wiener Stadtparke. Wenn Schubert heute herniederblicken könnte auf sein steinernes Ebenbild und auf die erhebende Feier, die seiner Erinnerung gilt, er würde sein Wien nicht wiedererkennen. Der Platz würde ihm fremd vorkommen und nicht minder fremd die Wandlung im Gemüte seiner Landsleute. Hier auf dem Glacis, dem dürftigen Grasboden, ist er einst als ein armer Mann gewandelt, der von öffentlicher Dankbarkeit wenig zu erzählen wußte. Nun steht hier ein schmucker Garten, und festlich geputzte Menschen enthüllen unter Sang und Klang ein Denkmal Schuberts. Und schaut er nicht selbst herab auf die jubelnde Menge, nur etwas blasser und feierlicher, als er im

Leben gewesen? Ja, er ist's. Um seinen Mund schwebt ein Lächeln, und aus der Milde seiner Züge lesen wir Verzeihung für alle die Unbilden, die er, als er noch unter den Menschen wandelte, erlitten.

(Am 15. Mai 1872)

Franz Schubert in der Höldrichsmühle

Jeder Wiener kennt die Hinterbrühl, jenes lange und breite Sommerfrischtal, dessen Landhäuser in üppige Obstgärten eingebettet liegen, auf die ein lebendiges Stück Wienerwald lachend und rauschend herniedergrüßt. Jeder Wiener kennt auch jenes Gebäude, das sich an der Wegscheide zwischen Weißenbach und Gaden etwas unterhalb von der Landstraße in die Länge dehnt, ein ziemlich weitläufiges Anwesen, das sich dem Auge als ein alter Baukern mit unregelmäßig starrenden Rauchfängen und einem neuen Anbau von ziemlich flachem Charakter zu erkennen gibt. Auf der linken Seite des Hauses, die durch ein Blumen- und Gemüsegärtchen verlegt ist, fließt ein künstlich geschwellter Bach dahin, der wohl Jahrhunderte hindurch eine unterschächtige Mühle mit zwei Gängen getrieben hat, dessen Wasserkraft aber nur noch zu dem Zwecke benützt wird, eine benachbarte Villa mit elektrischer Beleuchtung zu versehen. Von der Stirnseite des Hauses leuchtet dem wegmüden Wanderer die tröstliche Inschrift entgegen: »Gasthof zur Höldrichsmühle des Karl Lichtenauer«. Seit Menschengedenken ist die Mühle mit einem Wirtshause verbunden gewesen, und das gemütliche Klapperwerk ist erst vor wenig Jahren eingestellt worden. Auf dem Hause ist stets einer von dem Geschlechte der Höldrich gesessen, das so weit zurückzureichen scheint, als Menschen die Hinterbrühl bewohnen. Man spricht von einer Urkunde, die sie schon vor achthundert Jahren als hier seßhaft nachweist, und vielleicht könnte der Müller-Adel der Höldriche mit den Babenbergern und Liechtensteinen, die in der Nähe ihre Burgen und Begräbnisse haben, an hohem Alter wetteifern. Gegenwärtig haust nur noch ein weiblicher Sprößling des Stammes auf der Höldrichsmühle, die schmucke Frau des jetzigen umsichtigen Gastgebers. Der Ruhm der Höldrichsmühle ist, wie bekannt, ein schöner Garten voll von Linden und Ahorn und geräumigen Rasenplätzen. Wie in der Grotte der Kalypso klingt aus dem Gartensalon Tag und Nacht Musik.

Das größte Ereignis, von dem in der Hinterbrühl gesprochen wird, ist der Aufenthalt Franz Schuberts in der Höldrichsmühle. Er soll hier gewohnt und seine Müllerlieder geschrieben haben. Das Jahr seines Aufenthaltes wird nicht genau angegeben, ja die Tatsache selbst wird von keiner biographischen Nachricht bestätigt. Der Liederkreis »Die schöne Müllerin« von Wilhelm Müller, dem Vater des berühmten Sanskritgelehrten und dem Liebling Heinrich Heines, ist im Jahre 1821 erschienen: ein hübsch gedrucktes Büchlein mit gelbbraunem Umschlag, der von einem Gewinde von Eichenblättern eingefaßt ist und in dessen Mitte ein Strauß von Feldblumen mit einer Gartenrose blüht. Gewiß echt deutsch – deutsch auch ein eingeschalteter Zyklus von Liedern, worin ein schönes jüdisches Mädchen mit der steten Erwartung ihres Übertrittes zum Christentum aufs zarteste besungen wird. Wenn also Schubert die Müllerlieder in der Hinterbrühl geschrieben hat, so konnte er es vor 1821 nicht getan haben. Nun erzählt einer von Schuberts Freunden, Benedikt Randhartinger, damals Sekretär eines Grafen Szechenyi, später Hofkapellmeister, wie ihn der Franzel einmal besucht habe. Kaum hatte er das Zimmer betreten, als der Sekretär zum Grafen beschieden wurde. Er entfernte sich sofort, dem Tondichter bedeutend, daß er binnen kurzem zurück sein werde. Franz trat an den Schreibtisch, fand da einen Band Gedichte liegen, steckte das Buch zu sich und ging fort, ohne Ranthartingers Rückkehr zu erwarten. Als Ranthartinger die Gedichte vermißte und sie zurückforderte, zeigte ihm Schubert die Komposition der ersten Müllerlieder. Als verbürgte Tatsache wird von einem Biographen mitgeteilt, daß Schubert mehrere Müllerlieder niedergeschrieben habe, als er krank im Spitale gelegen sei. Beide

Angaben sind ohne Datum. Nottebohm in seinem thematischen Verzeichnisse von Schuberts Werken gibt an, daß sämtliche Müllerlieder im Jahre 1823 entstanden sind. Das fünfzehnte Lied trägt das Datum Oktober 1823, und erschienen ist das Ganze im März 1824. Schubert müßte also mitten in der Arbeit, wohl im Sommer 1823, sechsundzwanzig Jahre alt, fünf Jahre vor seinem Tode, in der Höldrichsmühle gewohnt haben, wenn er dort überhaupt gewohnt oder dort wohnend an den Müllerliedern geschrieben hätte. Es wäre hübsch, sich Schubert seine Müllerlieder in der Höldrichsmühle komponierend denken zu dürfen, aber der Gedanke ist fast zu hübsch, um wahr zu sein.

Und doch weisen wieder merkwürdige Spuren auf die Anwesenheit Schuberts in der Hinterbrühl. Ein Zimmer in der Höldrichsmühle, das mit seinem Gitterfenster auf den Garten schaut, wird im Hause nicht anders als das Schubertzimmer genannt: ein schmales Gelaß, vom durchgeführten Rauchfang noch eingeengter, mit Kreuzgewölbe in jenem Stile ländlicher Gotik, der sich mit deutschem Eigensinn gegen wohlabgewogene Linien- und Flächenverhältnisse sträubt. In einem Salon im Garten, wo jetzt sein Bildnis hängt, soll Schubert komponiert haben. Vor dem Hause, gegen die Straße hin, zeigt man wohl auch eine Schubertlinde, einen von den Unbilden der Witterung jammervoll zugerichteten hohlen Baum, der indessen an seinen übriggebliebenen Ästen noch immer jugendlich grünt und blüht. Früher mag wohl Schubert unter dieser Linde beim Abendtrunke gesessen sein und hinübergeträumt haben über die Straße nach jenem bewaldeten Hügel, der in der feuchten Luft wie zu atmen beginnt, wenn der volle Mond auf ihm ruht. Oder er ist in der Morgenzeit von hier aus durch das Kiental auf den Anninger gegangen, hat nach hartem Aufstieg am schattigen Escherbrunnen ausgeruht, um dann vor dem Wald die steilen Gehänge voll Stein und Dornen nach Gumpoldskirchen hinabzusteigen, wo ihm nach aller Mühsal ein köstlicher Labetrunk wie Nektar mundete. Wie gerne wandert, träumt und trinkt man mit Franz Schubert, der in allen drei Dingen ein Meister gewesen.

Und dann kehrt Schubert, vielleicht über den Husarentempel, nach der Höldrichsmühle in sein gotisches Stüblein zurück – wenn er, müssen wir wieder hinzufügen, je in der Höldrichsmühle gewesen ist. Man kann sehr bedenklich werden, wenn man erfährt, daß im Jahre 1872 im Carl-Theater ein Singspiel »Franz Schubert« aufgeführt worden, in das viele Hinterbrühler hineingegangen sind. In dem Singspiel wohnt Schubert in der Höldrichsmühle, komponiert da an seinen Müllerliedern, sucht einmal – da es in der Mühle »Radeln und Madeln gibt« – ein hübsches Kind zu küssen und wird von seinen Freunden nach Wien abgeholt. Sollten die Hinterbrühler die Handlung eines Theaterstückes in ihre Gegend als wirklichen Vorgang verpflanzt haben? Nicht aus Absicht, aber man spricht die Sache so herum, und endlich glaubt sie ein jeder. Aus Erdichtung werden Tatsachen, das gehört zur Psychologie der Legendenbildung. Um nun einen letzten Schritt zu tun, um hinter die Wahrheit zu kommen, beschloß ich, bei den ältesten Mitgliedern der Familie Höldrich Umfrage zu halten. Vor der Höldrichsmühle steht ein hölzernes Häuschen, worin Frau Rosel als Tabaktrafikantin waltet. Sie ist eine geborene Höldrich und etwa siebzig Jahre alt. Sie ist freundlich und redebegabt, hat kluge Augen und einen scharfen Verstand. Sie wollte von Schubert nichts wissen; sie habe in ihrer Jugend nichts gehört, später aber allerhand von ihm schwätzen hören. Sie könne weder ja noch nein sagen. Sie schickte mich zu ihrer jüngeren Schwester, Frau Gaumannmüller, die vielleicht mehr wüßte als sie. Frau Gaumannmüller wollte erst nicht recht mit der Sprache herausrücken; die ganze Sache schien ihr nicht angenehm zu sein. Als ich sie aber einmal abends, da gerade die Amseln ihr letztes Lied sangen, in ihrem Wäldchen bei Weißenbach antraf, wurde sie allgemach redseliger. Nicht daß sie ausdrücklich gesagt hätte, daß Schubert in der Höldrichsmühle gewohnt habe, sie setzte es vielmehr voraus. Damals sei ihr Oheim auf der Höldrichsmühle gesessen, und seine drei Schwestern – darunter die Mutter der Erzählerin – hätten die Wirtschaft besorgt. Die Schwestern seien gewesen: die schmale Rose, die Lisi, die bis in das sechzigste Jahr »ein so schönes Fell« gehabt hätte, und die schönste, die Thekla, die an ihrem dreißigsten Geburtstage gestorben sei. Bei so vielen Madeln könne es, meinte sie, mit dem Schubert nicht ohne Liebeleien abgegangen sein. Da die Mutter der Erzählerin später Müllerin geworden, rief Frau Gaumannmüller aus: »Dös gift mi, daß 's immer haßt ›die schöne Müllerin‹, do war's ja d'Mueter g'west; na, 's wird die Rosi g'west sein.« Und damit war die Frau mit ihren Mitteilungen fertig. Sie sprach dann noch viel von dem »Altertum« ihrer Familie und lud mich in ihr Haus, um mir ein Ahnenbildnis zu zeigen. Neben der hochaufragenden Villa Nathe liegt Frau Gaumannmüllers Haus, das sich gemütlich ins Grüne duckt. Als ich hinaufkam, duftete das ganze Haus von frisch gepflückten Äpfeln, die in ganzen Schwaden auf den Fußboden hingeschüttet waren. Die liebenswürdige Hausfrau wies mir das Bildnis, das an der Wand hing. Es war aus der Zeit der Maria Theresia, im Stile des Velasquez gemalt. An Atlas und Spitzen war nicht gespart; die Schürze und die Goldhaube zeigten auf den bürgerlichen Stand hin. Ein Glanz ging von dem Bilde in das Zimmer aus.

Nach allem aber, was ich gehört und gesehen, war ich nicht klüger über die Hauptfrage, ob Franz Schubert in der Höldrichsmühle gewohnt und komponiert habe. Hat er aber dort gewohnt, so hat er dort auch sicher komponiert, wenn nicht die Müllerlieder, doch anderes, denn Leben und Dichten war bei ihm einerlei. Über Tatsachen zu entscheiden ist oft ein schwieriges, ja unmögliches Ding, und was nicht bewiesen werden kann, ist häufig die sicherste Sache. Von Schubert sind in der Höldrichsmühle vielleicht ganze Ketten von Liedern aufgeflogen, und ein Sonntagskind kann ihre Flügel jetzt noch rauschen hören. Den größten Tonkünstler dieser Zeit, Johannes Brahms, der feinsten historischen Spürsinn besitzt, möchten wir zum Schiedsrichter anrufen. Die Höldrichsmühle ist einer seiner

Lieblingsorte, wo er im Frühling und Winter mit ein paar Genossen gern verweilt, um mit ihnen Brot und Wein zu teilen. Sagt er ja oder nein, so ist Franz Schubert hier gewesen oder nicht hier gewesen.

(Am 25. Dezember 1894)

Anselm Feuerbach als Humorist

In der nachgelassenen Schrift: »Ein Vermächtnis« von Anselm Feuerbach, in welcher der Künstler sein Leben erzählt und den Versuch macht, das Publikum für seine Kunst zu gewinnen – denn der Deutsche begreift die Kunst am liebsten vom Wort und vom Gedanken her –, ist in dem Kapitel »Wien« die folgende, einem Briefe an Feuerbachs Mutter entnommene Stelle zu lesen: »Einige Abende in der Woche treffe ich einen Kreis, der so ziemlich alles einschließt, was sich auf dem geistigen Tummelplatze der großen Stadt umtreibt: Gelehrte, Literaten und Journalisten, Musiker, Dichter, Schauspieler. Was andern Tages die Wiener Blätter füllt, wird hier besprochen und oft auch niedergeschrieben. Das ist etwas Neues für mich und interessiert mich. Die Herren von der ›Neuen Freien Presse‹ sind mit dabei.«

Die Versammlungsorte dieses Kreises waren das Café Schwarzenberg in der Heugasse und die Restauration von Gause. Hier war Feuerbach ein anderer als für die meisten anderen Menschen. Sonst erschien er als eine durchaus ernste, ablehnende, ja melancholische Natur, und Feuerbach war wirklich ernst, ablehnend und ein Melancholiker, weil er es mit seiner Kunst ernst nahm, ein starkes Selbstgefühl besaß und weil er sich nicht in dem Maße anerkannt sah, als es sein Streben und seine Werke verdienten. Allein hinter dieser starren Außenseite lag eine heitere, fröhliche, genußfähige Natur, die den Scherz liebte und sich allen lustigen Wechselfällen einer edleren Geselligkeit rückhaltlos hingab. Oft kam er mißgelaunt an. Eine amtliche Sitzung, der er als Professor der Historienmalerei beiwohnen mußte, oder ein scharfes Vorgehen der Steuerbehörde, die ihn eine

Zeitlang bis auf das Blut quälte, hatte ihn auf das tiefste verstimmt. Der sonst so sorgsam Gepflegte erschien dann äußerlich etwas vernachlässigt, er hatte einen Zahn weniger und einige graue Haare mehr als gewöhnlich. Wir kannten ein unfehlbares Heilmittel: Musik, die er über alles liebte, hob jeden Bann, der sein Gemüt beklemmte. Wir fingen einen von Wilhelm Singer gedichteten, von Hugo Wittmann komponierten Sängergruß zu intonieren an; sofort schlug Feuerbach den Takt dazu, fiel mit seinem feinen Tenor ein, und der ausgelassene Text, so sittsam in vierstimmige Fesseln geschlagen, gab ihm für den ganzen Abend seine gute Stimmung zurück. Nun sprang der Schalk in ihm auf, ohne je – Männergesellschaft vorausgesetzt – die Grenze der guten Sitte zu verletzen. Er sprach wacker dem fleißig herbeigetragenen Getränke zu, denn er kannte die nervenberuhigende Kraft des Gerstensaftes und, als Pfälzer und Hellene, die erlösende Macht des Weines. Ernste Gedanken, die ihn bedrängten, scherzte er dann anmutig hinweg oder er hob sie empor in die Lebensluft eines Humors, worin die sprödesten Stoffe unter prächtiger Lichtentwicklung verbrannten. Wer den Mann näher kannte – denn ganz gab er sich nur unter wenigen –, der wird sich mit Entzücken jener humoristischen Feuerwerke erinnern, die er, wenn ein großer Schmerz sich in ihm löste, hin und wieder abzubrennen pflegte. Gewöhnlich war es dann eine künstlerische Zeitfrage, die ihn länger beschäftigt hatte und deren Beantwortung er plötzlich und übermütig aus sich herauswarf. Er bediente sich dabei einer eigentümlichen Sprache, die manchmal in den Singsang seiner pfälzischen Heimatsmundart herabsank und von italienischen und französischen Wörtern wimmelte; das brodelte, blitzte, brannte, prasselte, und als Schlußwirkung – gleichsam den Mordschlag des Feuerwerks – warf er einen gediegenen lateinischen Spruch hin, indem er dabei bemerkte, man müsse den Leuten auch zeigen, daß man etwas gelernt habe und kein bildungsloses Malervieh sei. Einen der herrlichsten Ausbrüche Feuerbachschen Humors hat der Schreiber dieser Zeilen in Venedig erlebt, als der Künstler gerade an seinem für den großen Antikensaal der Wiener Akademie berechneten Titanensturz arbeitete; er humorisierte damals seine eigene Richtung im Verhältnisse zu den breiten, beliebten Richtungen der Zeit, und er stieß Worte aus, die bei aller Wahrheit so verwegen waren, daß sie, ohne das größte Ärgernis zu erregen, heute noch nicht mitteilbar sind.

Bei unseren vielen Zusammenkünften konnte es nicht fehlen, daß auch häufig zwischen uns die Rede auf Hans Makart kam. Damals, in der Mitte der siebziger Jahre, war der »Farbenrausch«, den Makart in Wien hervorgerufen, auf seine Höhe gestiegen. Mich selbst hatte Makart immer nüchtern gelassen, und Feuerbach war durch seine ganze Natur und Kunstübung Makarts grundsätzlicher Widersacher. Eines Tages unterhielten wir uns über einen Aufsatz von Friedrich Pecht, in welchem Makart mit Rubens und Paolo Veronese zusammengestellt war. »Warten Sie«, sagte mir Feuerbach, »ich habe eine dieser Nächte nicht gut geschlafen und einige Bemerkungen über diese Sache auf das Papier geworfen. Ich schicke Ihnen diese Aufzeichnungen, Sie können Sie behalten.« Und einige Tage nachher erhielt ich das Versprochene. Im nachstehenden teile ich den Lesern diese Aufzeichnungen Feuerbachs über Makart mit, da es doch interessant ist, zu erfahren, wie ein großer Maler über einen großen Virtuosen gedacht hat. Man wird sehen, daß in diesem Schriftstück der Humorist in Feuerbach jedesmal an den Stellen durchschlägt, wo er auf veranschaulichende Gleichnisse fahndet. Leider habe ich eine dieser humoristischen Auslassungen streichen müssen, weil sie ebenso derb als schlagend ist. Feuerbachs Aufzeichnungen lauten wie folgt:

»Der Makartismus
Pathologische Erscheinung der Neuzeit

Pechts Arbeit ist keine künstlerisch kritische Belehrung, sondern die oberflächliche Anschauung eines Dilettanten.

Das Hetärenhafte makartischer Gestalten liegt nicht in obszönen Bewegungen oder in geschminkten Augenbrauen, sondern es liegt in der totalen Unkenntnis des menschlichen Organismus.

Sowie der Künstler in liebevoller, bewußter Weise die Natur bis in das feinste Detail durchzuarbeiten versteht, geht das Maskenhafte, Seelenlose einer Masse sofort verloren, und die logische Strenge der Schöpfung kann selbst den frivolsten Gesichtsausdruck adeln.

Ein Zeichen unseres niederen Bildungsbestandes ist es ferner, daß noch heutzutage niemand den Unterschied zu kennen scheint, welcher zwischen Illumination und Kolorit zu machen ist. Letzteres (man sehe Velasquez, Rubens, Rembrandt, Tizian usw.) basiert stets auf dem innersten Naturgefühl; es ist gleichsam das potenzierte konzentrierte Spiegelbild der Dinge, die in der Schöpfung zerstreut liegen. – Nur Blumen, die der liebe Gott geschaffen, lassen sich zu einem genußreichen Kranze winden.

Kolorit ist der Abglanz der Schöpfung in einer poetischen Seele. – Illuminist ist derjenige, der alles etwa Brauchbare zusammenstellt, um eine erträgliche Verblüffung hervorzubringen.

Wer in Haasesche Prunkteppiche eingewickelte Menschen ohne Seele, Muskeln und Knochen für große Kunst erklärt, der möge nach Italien gehen, dort findet er die Originale, die allerdings vom tiefsten Respekt vor der Natur beseelt sind.

Große Leinwanden mosaikartig zu bemalen ist ungefähr von guter Kunst so weit entfernt wie eine Hetäre von einer anständigen Frau. Erscheinungen wie Makart hat es zu allen Zeiten gegeben, sie sind das Zeichen einer rapiden Dekadenze, zu welcher auch die meisten unserer modernen Künstler das Ihrige beitragen, indem sie Gottes Natur durch die Photographiemaschine betrachten.

Jemand, der sich nie fragt, ›Was bewegt mir die Seele?‹, sondern stets: ›Was mag wirken?‹, verurteilt sich selbst.

Nur durch tiefes Eingehen in die menschliche Erscheinung ist ewiges Neuerschaffen und Fortschritt zu erzielen.

Wer die Elementarschule nicht kennt, ist auf stete Überbietung seiner selbst angewiesen und endigt, wenn ihm nichts einfallen kann, in stetem Wiederholen dessen, was er zuerst gesprochen.

Woher soll denn die Liebe einer seelenvollen Durchbildung kommen, wenn man beim ersten Schritt weiter durch eigene grenzenlose Unwissenheit gehemmt ist?

Mit welcher Sicherheit und Ruhe kann derjenige sich fortwährend verschönern und steigern, dessen Fundament inalterabel feststeht?

Wie kann ein Maler nach lebendem Modelle erfreuen, wenn man nicht richtig zu sehen versteht?

Der unsinnige dekorative Akzessoir-Kultus von heutzutage ist bloß als notwendiges Gegengewicht einer gänzlichen Unkenntnis der menschlichen Form und Seele zu betrachten.

Das Virtuosentum in der bildenden Kunst (ein Kennzeichen des Verfalles, in der Geschichte tausendfach dagewesen) ist deshalb so gefährlich, weil es jungen Talenten, in welchen vielleicht die Ahnung und Erfüllung des Höchsten und Besten schlummert, eine treibhausartige, rasche Entfaltung aufzwingt. Sie erschrecken vor der langen vorgezeichneten Straße und sehen, mit wie armen und raschen Mitteln ein sogenannter Erfolg zu erzielen ist.

Sehen wir Tiepolo, dessen Schatten Makart gepachtet zu haben scheint, so finden wir nie, daß er die Prätension gehabt, riesige Wand- und Staffeleibilder zu produzieren, sondern er ist dekorativ, wenn er dazu beauftragt ist, eine vorhandene Architektur poetisch zu verklären, und wir finden ihn dann mit der vollendeten Routine und Tradition einer der größten Epochen die fabelhaftesten Ansprüche an Leichtigkeit, Eleganz der Bewegung und Sicherheit der Zeichnung nicht nur in Gewandung, sondern auch Händen und Füßen überwältigen. Und dennoch ist er bloß einer der Erben des reichen Veronesers.

Makart liebt nicht die Kunst, sondern nur sich selbst.

Er erschöpft nie eine Situation, wie es die Alten verstanden, sondern seine konventionellen Figuren stehen einmal da, dann dort, und immer sind es solche, die man schon häufig gesehen und bald hierher, bald daher entlehnt sind.

Die Körperlosigkeit seines Fleisches ist empörend, nachdem selbst die modernen Franzosen auch hierin Treffliches geleistet.

Es erkundigte sich einmal jemand nach der Größe eines Bildes. ›Wenn Leute in den Kleidern steckten, würden sie lebensgroß sein‹, war die Antwort.

Solch ein Ausspruch kennzeichnet eine ganze Gattung.

Der bildende Künstler muß in erster Linie gelernt haben, einen Menschen zu bilden, der auch noch nebenbei einige Seele hat, dann kann bei vorhandenem Schneidertalent später an die Bekleidung gedacht werden.

Wer mit dem Schneider begonnen hat, bleibt gewöhnlich beim Metier, besonders wenn es rentabel ist, darf dann aber nicht als bloßer Techniker auf dem Kothurn des großen Künstlertums einherstelzen. Wenn ein gewisser Herr von den Makartschen Prachtleibern seiner Weiber schwärmt, so wünschte ich, daß besagter Herr nur eine derselben heiraten müßte, er würde gewiß für seine Lebenszeit von allem Enthusiasmus kuriert werden.«

In diesem scharfen, wegwerfenden Urteil Feuerbachs über Makart spricht sich der Gegensatz grundverschiedener Naturen und künstlerischer Charaktere aus. Daß Makart oberflächlich gewesen, daß es ihm an eindringendem Naturstudium gefehlt, darf man heute schon sagen, ohne allzu großen Anstoß zu erregen. In der Tat hat Makart nie ein richtiges Gelenk gezeichnet. Es gibt auch eine Tiefe der Oberfläche, und in dieser Tiefe, wo die bildende Kunst wohnt, wär Feuerbach heimisch. Das letzte Ziel der Kunst: durch Naturanschauung zu einem großen Stil zu gelangen, hat Feuerbach sein ganzes Leben hindurch verfolgt. Anders Makart. Er hat nach der glänzenden Oberfläche gegriffen, wie ein Kind nach dem Monde. Er war auch ein Kind und hat es naiv getan. Er hat die Welt dargestellt, wie er sie mit seinem Auge gesehen, und mehr kann ein Künstler nicht. Und dieses große, dunkle Makart-Auge, welches im Ausdrucke nur empfangend, nicht gebend war, ist doch ein wundersames Organ gewesen. Es hat in Farben gelebt, geschwelgt, es hat Farbennuancen entdeckt. Wenn es einen brillanten Maler gegeben, so ist es Makart gewesen. Daß Makart seinen Ruhm mit Behagen genossen, durfte ihm Feuerbach nicht vorwerfen; davor hätte ihn schon sein Humor bewahren sollen.

Feuerbachs Humor! Noch kurz bevor er von Wien abging, hat er auch als Künstler ein Denkmal seines Humors gestiftet, ein großes Blatt, auf welchem er einige Mitglieder seiner Lieblingsgesellschaft komisch verewigte. Das vielleicht einzige Blatt hat mir Feuerbach als Geschenk zurückgelassen. »Die Plejaden« hat er es überschrieben, und eine weitere Inschrift gibt uns folgende Auskunft: »Neue Ausgrabungen in Pompeji. 1876. Mosaikboden in der Casa des Lätitius Asinius. Gefunden von Professor Zucurtinus, Berlin.« Die Karikaturen, die mit großer Liebe ausgeführt sind, zeichnete Feuerbach, während wir arglos beim Glase Bier saßen, an einem entfernten Tische auf kleine Papierfetzen und klebte sie dann auf einem großen blauen Bogen auf. So ist dieses Mosaik entstanden. Eine der besten Karikaturen auf dem Blatte ist ein kleiner Mann mit großem Kopfe, vor dessen mächtiger Denkerstirne die Haare entsetzt zurückweichen; er hat den Zwicker auf der Nase, die beiden Hände in die Hüften gestemmt und tanzt, das alte Liedchen: »J'ai du bon tabac« trällernd, so heftig Cancan, daß die Rockschöße fliegen. Doch halt! Vielleicht bin ich in der Schilderung von Persönlichkeiten, die in solcher Auffassung keineswegs der Öffentlichkeit angehören, schon zu weit gegangen.

Ich schließe gerne mit einem Worte, welches Feuerbach, der Maler des »Symposion«, wohl gekannt haben muß. Gegen den Schluß des platonischen Gastmahles spricht Sokrates die Ansicht aus, daß ein und derselbe Mann die Kunst der tragischen und der komischen Dichtung verstehen, der tragische Dichter zugleich der komische sein müsse. Auch an Feuerbach, dem Farbendichter, bewährt sich das alte Wort. Er hat tragische Heldinnen gemalt und Karikaturen gezeichnet. Es ist erlaubt, von ihm als einem Humoristen in Kunst und Leben zu sprechen.

(Am 3. Mai 1891)

Wien im Freien

Wer an Sonn- und Feiertagen gewohnt ist, sich in ziemlicher Morgenfrühe auf dem Südbahnhofe einzufinden, der könnte leicht versucht sein, uns für einen wohlbestallten Eisenbahnbeamten zu halten, denn die Sonne geht kaum regelmäßiger auf als wir an besagten Tagen, Schlag sieben Uhr des Morgens, auf dem betreffenden Bahnhofe gegenwärtig zu sein die Gepflogenheit haben. Ein vorheriger Gang durch die Vorstadt Wieden, etwa durchs Kärntnertor, über die Elisabethbrücke und die Favoritenstraße hinauf, läuft bei dieser Gelegenheit nie ohne einiges Vergnügen ab. Für uns wenigstens hat die Sonntagsstimmung der Straßen, zumal früh am Tage, nie ihren Zauber verloren. Kaum sind uns Wachtelschlag und das jauchzende Lied der frühen Lerche angenehmer und willkommener als das Gezwitscher der häuslichen Schwalbe und das tolle Geschrei der Sperlinge, die unterm Dache nisten. Erst an Sonn- und Feiertagen, wie klingt das so süß und lieblich und schickt sich so gut in die heitere und behagliche Stimmung des Ganzen! Dort am Fenster, über welchem ein Spatz pfeift, lehnt hemdärmelig, die Pfeife im Mund, ein friedlicher Bürger und bläst – wie köstlich schmeckt die erste Morgenpfeife! – gar vergnüglich den Rauch in die reine Luft hinaus. Drüben am andern Fenster bewegt sich der Vorhang, und nicht lange, so erblickt man ein allerliebstes Mädchengesicht hinter den Scheiben. Die Kleine reibt sich die Augen und schaut nach dem Wetter, denn der Schatz hat ihr versprochen, sie heute in die Brühl und auf den Husarentempel zu führen. Vor dem frechen Sonnenlicht und dem unberufenen Gaffer fährt sie erschrocken hinter den Vorhang zurück, der sich nachzitternd hin und her bewegt. Allein nicht alle sind solche verschlafenen Kinder. Schon ist die Straße hin und wieder belebt von einer wandelnden Flora im Sonntagsschmuck, und manches fromme Geschöpf mit dem Gebetbuch in der Hand kehrt schon von der Morgenandacht zurück oder ist auf dem Gang nach der Kirche begriffen. Weniger fromm und fauler erscheint das männliche Geschlecht; es stellt zur Straßenbevölkerung des Morgens ein bei weitem geringeres Kontingent. Fast nur Schneider und Schuster durchsegeln mit ihrer historischen Eilfertigkeit die Gassen, um ihren Kunden die längst versprochenen, eben noch fertig gewordenen Kleider und Schuhe in die Häuser zu tragen. Auch von weiblicher Seite werden wir an den Ernst des Lebens und die saure Arbeit der Wochentage erinnert. Es sind die Köchinnen und selbstkochenden Hausfrauen, welche Milch und Obers holen, Brot, Fleisch, Gemüse und sonstigen Hausbedarf in Armkörben heimschleppen. Die menschliche Gesellschaft hat die Köchinnen mit der mühseligen, aber herrlichen und alles Preises würdigen Aufgabe betraut, dafür Sorge zu tragen, daß Leib und Seele zusammenhalten. Die Bedeutsamkeit und hohe Verantwortlichkeit dieser Aufgabe bringen es mit sich, daß diese spekulativen Mächte der Küche nicht einmal an Sonn- und Feiertagen sich der Muße in die Arme werfen dürfen.

Etliche Schritte über die Favoritenlinie hinaus und wir befinden uns wieder auf dem Punkte, von welchem wir ausgegangen – auf dem Südbahnhofe. Wir stellen uns unter den Eingang zum Bahnhof, welcher gegen die Belvederelinie hinschaut. Von dort tut sich ein reges Leben auf; der Hauptmenschenstrom gegen die Eisenbahn bewegt sich in dieser Richtung. Da kommen sie nun alle daher, welche die schöne Sommerszeit ins Freie lockt, sie kommen zu Fuß, vereinzelt, paarweise und in Gruppen, sie kommen in Komfortabels, Zweispännern und Stellwagen. Das strömt nun herein und nach der Kasse.

Wenn man sich auf jene grüne Bank setzt, welche rechter Hand gerade auf mittlerem Wege zwischen Eingang und Kasse angebracht ist, so hat man einen behaglichen

Blick auf das vielgestaltige Hin- und Herwogen und kann den bunten Reichtum der Erscheinungen für die Anschauung gleichsam durchsieben und ins einzelne sondern. Kein geringer Augentrost sind die schmucken, geschmeidigen, sonntäglich herausgeputzten Ladenmädchen, welche am Arm ihren endimanchierten Liebhaber, die ihres Zeichens meistens mehr oder minder schlankgewachsene Ladenjünglinge sind, einhergetänzelt kommen. Hagestolze Gemüter erkennt man an ihren langmächtigen, menschenfeindlichen Vatermördern, an dem hölzernen, rücksichtslosen Gang und an den mürrischen, in gewisse Falten versteinerten Zügen, auf welche kein Strahl der Anmut und Freudigkeit fällt. Andere meidend und von andern gemieden, geht ein solcher wunderlicher Kauz auf dem nächsten Wege zur Kasse, verlangt wortkarg »erste Klasse«, kauft sich am dortigen Tabakverschleiß etliche Zigarren und steigt wie eine aufgezogene Maschine die Treppen hinan, welche zur Bahn führen. Eigentümlich gegen solche Einsame sticht eine Gruppe von nicht weniger als zehn Personen ab, welche sich ein wenig schwerfällig und nicht ohne die Gefahr, zeitweilig aus dem Leim zu gehen, durch das Gedränge des Stiegenhauses bewegt. Es ist eine kleinbürgerliche Familie: Vater, Mutter, die Frau Base, welche aus Wiener-Neustadt auf Besuch sich befindet, eine Magd und sechs Kinder. Diese sind anzuschauen wie eine Reihe von Orgelpfeifen, nach Maßgabe des Alters immer eines etwas größer als das andere. Während der zärtliche Vater die jüngste Frucht einer achtzehnjährigen ehelichen Liebe auf den Armen trägt, ist das älteste dem Alten schon über den Kopf gewachsen, ein braunes, keckes Bürschchen, das schon zu wissen scheint, wo Barthel den Most holt, und nach hübschen Dirnen nicht ohne ein gewisses ästhetisches Wohlgefallen hinschielt. Die Frau Mutter und Frau Base können unmöglich das kleine Mädchen tragen, denn sie würden sich dadurch ihren schönen Sonntagsputz verkrümpeln, nur an der linken Hand führt jede einen kleinen Rangen. Der Vater, für dessen Gutmütigkeit schon sein beträchtlicher Leibesumfang spricht – jeder Zoll Gemüt –, unterwirft sich dem Geschäft des Kindertragens offenbar mit viel Bereitwilligkeit und vielleicht sogar mit einer gewissen Vorliebe. Er stopft dem Kinde, welches zu schreien beginnt, den Mund mit süßem Backwerk. Endlich sind die Fahrkarten erobert, und der Zug bewegt sich langsam die Stiege hinauf. Da merken wir auch die Bestimmung der mitgenommenen Magd: sie seufzt unter der Last von zwei mächtigen Armkörben, aus welchen neugierige Weinflaschen ihre Hälse strecken, und wir wetten, im geheimnisvollen Grunde dieser Flechtwerke ruhen wohlgebratene und gebackene Hühner, ein leckeres Stück »Kälbernes«, Zunge und Schinken, zierlich und reizend aufgeschnitten. Die Familie fährt ja nach der Brühl, um dort ein kühlschattiges Waldplätzchen aufzusuchen und der Natur und des Sonntags froh zu werden. Eine schöne Erfindung die Eisenbahn! denkt der Alte, indem er heiter seinem Proviant in den Wagen folgt. Scheu und unsicher, wie wenn er des Alten Gedanken gehört hätte, steigt ein Postknecht durch das Stiegenhaus, kauft sich eine kurze Kreuzerzigarre und fährt rauchend ab. Wie eine Nachteule am hellen Tag.

Mittlerweile ist es halb neun Uhr geworden, und unser würdiger Freund, auf den wir gewartet, kommt mit dem ersten Glockenzeichen angefahren. Wir versorgen uns noch mit Tagesliteratur, werfen uns in den Wagen, es läutet, es bläst, und schrill pfeifend gerät der Zug in Bewegung. Wohin? Mögen die anderen ihrem Vergnügen folgen, wir fahren nach der quellengesegneten Stadt Baden. Nicht zwar, um dort zu bleiben, denn wir können den üblen Dunstkreis und die Langeweile dieses Ortes nicht leiden, sondern um, kaum angekommen, einzubiegen in das reizende Helenental und zur Seite des lustig plätschernden Aubaches durch die bald offenen, bald geschlossenen Talkammern zu wandeln bis nach Alland oder Heiligenkreuz. Unser würdiger Freund kennt alle Gangsteige des Wienerwaldes und ist ein solcher geschworener Feind der geraden Linie, daß er zum Verdruß seines wegemüden Genossen allezeit den krümmsten und langwierigsten Weg von einem Ort zum andern einschlägt. Er will auch nicht einkehren bei der holden

Jammerpepi oder in der Krainer Hütte, sondern in einem Zuge geht es über Sattelbach nach Alland und von hier auf den verschlungensten Waldpfaden, durch Dickichte, durch welche kaum ein Hirsch bricht, dann wieder abwechselnd in der Talsohle und am Waldessaum nach dem ersehnten Heiligenkreuz. Man begreift, daß Hunger und Durst solcherweise auf das höchste gespannt werden, und in der Tat haben wir uns nirgends als im Wirtshausgarten zu Heiligenkreuz den rinderverschlingenden Helden des Homer so nahe verwandt gefühlt. Daß Essen und Trinken erst in der freien Natur zu seiner wahren Bedeutung gelangt, hat der Wiener längst begriffen. Was er im Freien sucht, ist mehr ein Genuß in der Natur als ein Genuß der Natur. Jene norddeutsche Empfindsamkeit, welche im Freien jeden zweiten Augenblick außer sich gerät und sich durch überschwengliche Ausrufungen, die kein Ende nehmen wollen, betätigt, ist dem Wiener gänzlich fremd. Er hat zu viel Natur an und in sich, als daß ihn die Natur da draußen so fremdartig und überirdisch berühren sollte. Gewisse Altertumskundige wollen behaupten, daß die Eleusinischen Mysterien nichts anderes als die Geheimnisse des Essens und Trinkens gelehrt hätten. Auch dem Wiener ist es klar, daß dieses Geschäft der Selbsterhaltung kein gleichgültiges, daß ihm vielmehr eine gewisse Weihe zuzusprechen sei. Er gleicht nicht jenem neuplatonischen Philosophen, der seinen Spiritualismus zuletzt so weit trieb, daß er sich seines eigenen Leibes schämte. Der Wiener freut sich seines Leibes, wenn dieser »nur gesund ist«.

»Aber nachdem die Begierde des Tranks und der Speise gestillt war«, wanderten wir durch das schmarrenberühmte Gaden nach der hinteren Brühl. Wir grüßten nicht ohne Pietät alle die Örtlichkeiten und Plätzchen, die uns hier seit langem, zur Sommers- und zur Winterszeit lieb geworden: die Hölderichsmühle, den Weg nach dem Wassergespreng, den »Ochsen«, die Einmündung des Kientales und weiter vorne den Gißhübel. Durch die freundlichen Landhäuser zieht sich die Straße gar angenehm hin bis zum Liechtenstein, und leicht findet man durch die blühenden

Nebengelände den Weg zum Bierkeller in Brunn. Auf dem Bierkeller zu Brunn geht es heute hoch her. Es wird »Bock« geschenkt. Alle Gartenräumlichkeiten und sogar die Stuben sind dicht erfüllt von durstigen Seelen, und wohl dem lechzenden Wanderer, dem noch eine leere Tischecke und ein unbesetzter Stuhl winkt. Sonst mag er sich, wenn er den schon beginnenden Taufall nicht scheut, ins grüne Gras strecken und geduldig harren, bis eine Stelle vakant wird. Wie die Sonne tiefer sinkt, mindert sich die Zahl der Gäste; man zieht nach dem Brunner Bahnhof hinunter. Noch einmal wirbelt die Lerche empor und singt im letzten Sonnenstrahl ihr jüngstes Lied, trübsinnig aus der Ferne klingt der abgemessene Ruf der Unken, und in nahen Pfützen und Lachen beginnt der breitmäulige Frosch mit der Aufdringlichkeit eines Liebhabers der Tonkunst sein unbeholfenes Gequäke. Einen kühlen, erquikkenden Hauch atmet die Erde aus, und von Hecken und Stauden, von Wiesen und Wäldern weht uns ein berauschender Duft entgegen. Plaudernd und scherzend, unter Gelächter und kurz abgebrochenem Gesange bewegen sich zahlreiche Gruppen dem Bahnhofe von Brunn zu.

Auf dem Bahnhofe zu Brunn treten die Wirkungen des Bocks in den mannigfaltigsten Variationen zutage. Wir haben die Eigentümlichkeiten dieses Getränkes im Bockkeller zu München studiert und können sonach über die Wirkungen desselben auch ein Wörtlein mitsprechen. Der Bock – wie man in Neuathen erzählt – soll eigentlich in früheren Zeiten Nektar geheißen haben, wie man schon aus der nahen Verwandtschaft beider Worte merken könne. Damals, wie man aus alten Sagen wisse, sollen diesen Trank nur die olympischen Götter und etliche gottbegnadete Sterbliche getrunken haben. Als nun die Olympier gestürzt worden seien, habe sich Bacchus nach Altbayern geflüchtet, sei als gemeiner Knecht in eine Brauerei an der Isar getreten und habe seinem Herrn die Bereitungsweise des Göttertranks verraten. Dies sei im Monat Mai geschehen, und deshalb werde Nektarbock auch nur in diesem Monate verzapft. Eine andere Ansicht, die viel für sich hat, meint: man schenke Bock nur während einer kurzen Zeit des Jahres, weil sonst die Sterblichen vom Genuß dieses Getränkes zu übermütig und götterhaft hochfahrend würden. Die Wirkung des Bocks beginnt mit einer lächelnden Gemütlichkeit und steigert sich bis zu einem »Seid umschlungen, Millionen, diesen Kuß der ganzen Welt!« Das vorletzte Stadium gleicht dem Zustande, in welchem der indische Weise beharrlich auf die Nasenspitze schaut und sein »Om! Om!« spricht und zuletzt auch nur noch denkt. Alle Schranken der Besonderheit, Raum und Zeit schwinden endlich vor dem trunkenen Auge, man fühlt sich immer größer und allgemeiner, bis man zuletzt in die träumende Substanz des Spinoza übergeht . . . Der Bock, welcher zu Brunn gebraut wird, ist freilich, gegen den Münchener gehalten, nur eine schwache Kopie, allein in seinen Wirkungen zeigt er doch eine große Ähnlichkeit mit jenem. Das beweisen die abendlichen Gruppen auf dem Bahnhof zu Brunn. Selig liegt der Freund dem Freund im Arme, und nur ein gegenseitiges Lächeln verkündigt ihnen, wie lieb sie sich haben. Sie verstehen sich ohne das plumpe Mittel der Sprache. Ein anderer sucht auf und ab wandelnd seinen Schwerpunkt; schief und ungeheuer lustig sitzt ihm der Hut auf dem Kopfe. Über die sonst so geschwätzigen Mädchen, die im Garten sitzen, ist ein geheimnisvolles Stillschweigen gekommen; schlummernd sitzt der Liebhaber neben ihnen. Etwas im Schatten, an einem Baumstamm, lehnt eine männliche Gestalt, welche, gegen einen Strauch geneigt, diesem etwas zu erzählen scheint. An den Planken gegen die Bahn zu lehnen liebende Paare, die sich angenehme Dinge sagen.

Plötzlich schreckt der Schall der Glocke und der heranbrausende Train die Anwesenden aus ihren mehr oder minder gemütlichen Betrachtungen auf. Scharenweise drängt man sich hinaus, jeder mit der Absicht, einen guten Platz zu erhaschen. Das geht aber bald genug kunterbunt durcheinander. Die, die dritte Klasse bezahlt haben, kommen auf die erste und dehnen sich in den Fauteuils; die von der ersten Klasse geraten in die dritte und müssen stehen. Verwünschungen, Scheltworte und dazwischen das Geschrei des Kondukteurs. Dieser war noch am Morgen desselben Tages ein feiner höflicher Mensch, und jetzt – kaum mehr zu erkennen – ist er grob wie Bohnenstroh. Seine Grobheit wächst in geometrischer Progression mit der Zahl der Passagiere. Endlich ist alles aufgepackt, und der Zug setzt sich langsam in Bewegung. Wir sagen nichts von den komischen Verwechslungen in den dunkeln Räumen der Wagen, nichts von dem gespannten Zusammentreffen unebenbürtiger Leute, nichts von den Tücken des Zufalls, welcher einen Schuldner in die offenen Arme des Gläubigers führt – um endlich nach Wien zurückzukommen und schließlich den Blick nach einer andern Seite der Kaiserstadt zu richten.

Für jene Gegend des Wienerwaldes, welche sich gegen die Donau hinzieht, ist die Eisenbahn noch nicht erfunden; hier sind noch Stellwagen und Fiaker im unbestrittenen Besitz der Lokomotion. In die Art und Weise des Vergnügens bringt das zwar keine Veränderung, wie es denn in Dornbach, in Grinzing, auf dem »Himmel«, im »Krapfenwaldl«, auf dem Kahlenberg und Leopoldsberg und wie die Orte alle heißen, ebenso lustig hergeht wie auf jenem grünen Landstrich, welchen die Eisenbahn der Stadt nähert. Allein das Hin- und Zurückgehen hat einen wesentlich anderen Charakter, es ist idyllischer und friedlicher, dem deutschen Gemüt zusagender. Zumal die gruppenweise Heimkehr von jener Seite bietet ein gemütliches Interesse dar. Das ganze Häuflein marschiert in gleichem Schritt und Tritt, voraus gehen etliche musikkundige Freunde, und unter Flötenklang und Saitenspiel, das nur von fröhlichen Gesängen unterbrochen wird, nähert sich der Zug dem Weichbilde der Stadt.

(Juni 1855)

Wiener Landschaften

Während ringsumher auf den Hügeln die Rebe blüht und ihren feinen, ahnungsvollen Duft über Wiesen und Felder streut, ja selbst in die Wohnstuben als frohe Botschaft hineinträgt, sind unten im Tal die Hauer emsig hinter den Fässern her, um den Ertrag des vorigen Herbstes, ein kostbares Naß, in ihren Höfen und Gärten zu verzapfen. Gitarre und Geigen spielen wienerische Tanzweisen, unter den jungen Leuten flattern muntere Lieder auf, aber der ernste Trinker, der Weinbeißer, schlürft voll Andacht seinen Wein vor sich hin und denkt alles Gute und Schöne durch, das der Traubensaft in der Tiefe des Gemütes aufwachen und heimlich sprechen läßt. Und dieses Bild voll Frische, Frohsinn und Nachdenklichkeit tut sich mitten in der Stadt Wien auf. Wenn sonst der Wald in das gartenreiche Wien hineinwuchs, so ist jetzt Wien ins Freie hinausgewachsen. Seit das alte Wien über die Schranke der Linie hinweggesetzt, seit es sich zu einem Groß-Wien erweitert hat, hegt es den Wald in sich, besitzt es neben dem Ganserlberg und der hochaufgetürmten Vorstadt St. Ulrich Berge und Bergzüge, welche die Höhe des Stephansturmes übersteigen, hat es seine eigenen Landbewohner und seine eigenen Landschaften. Innerhalb Wiens wird der Pflug geführt und Getreide gesät, wird Wein gebaut, wird Vieh auf die Weide getrieben, werden Fische geangelt, wird Hase, Reh, ja selbst Hochwild gejagt. Die Urbetriebe der Menschheit finden sich hier nebeneinander und steigern sich hinauf bis zum großen Gewerbebetrieb, dessen Sinnbild als mächtiger Schornstein ins Blaue ragt. Es ist eine ganze Welt, es ist mit den vielen vom Wienerwald zu Tal rinnenden Quellen und Bächen und mit der starken Wasserader der Donau die große und schöne Wiener Welt.

Auf dem Lande sein und doch in der Stadt, gibt ein eigenes Gefühl, dem nichts so bald gleicht. Städtischer und ländlicher Luftkreis stoßen aneinander und erwecken durch ihr wechselseitiges Berühren eine gemischte Empfindung, die man im besten Sinne sentimental nennen könnte. Wir genießen durch Gegensätze und in Gegensätzen daher doppelt. Die Zeitung auf dem Lande ist ein solcher Genuß, dem man stets mit einiger Ungeduld entgegensieht, um sich dann, fern vom Parteilärm, als friedlicher Zuschauer der Weltbegebenheiten zu fühlen. Wem genugsam Muße gegönnt ist (*Deus nobis haec otia fecit*), den zieht doch immer wieder die nächste Umgebung an. Diese grüne Gegenwart ist unerschöpflich an Anregung. Der ganze Frühling reiht Wunder an Wunder, eines immer lieblicher als das andere. Von der ersten Apfelblüte bis zum aufbrechenden Hollunder und dem hochzeitlichen Fest des Flieders, das durch den gleichzeitig in üppiger Fülle hervorquellenden Goldregen verherrlicht wird – welcher Wechsel von Gestalt, Farbe und Duft! Eines hat Eile, das andere einzuholen, bis diese blühende Ungeduld sich in Heckenrosen, Gartenrosen und Lilien erschöpft und der Gesang der Vögel: der kurzgefaßte Schlag des Finken, das gefühlsame Abendgespräch der Amsel, der Glockenton der Goldammer und das mitteilsame, melodische Geschwätz des Schwarzblattels – unseres Schwarzblattels vom Wienerwald –, nach und nach verstummt. Um die Zeit der Sonnenwende stellt sich dieser Stillstand ein; der Sommer zeitigt die Frucht auf dem Baume, die Weintraube, das Getreide. Diese stille Arbeit belebt nur noch die Lerche, diese muntere Schwester der Nachtigall, die über den Feldern unverdrossen ihr Lied schmettert.

Und wie die Lerche in gewissen Gegenden der Landschaft ihr erquickliches Wesen treibt! . . . Hinter Sievering, am neuen Friedhof vorüber, führt zwischen Wiesen und Weingärten ein von Rosenhecken, wildem Hopfen und Schlehdorn eingehegter Fußpfad zu einer traulichen Stelle, auf der ein Muttergottesbild und nicht weit davon eine bequeme Bank steht. Hier ist für Ohr und Auge reichlich gesorgt. In der Nähe breiten sich Roggen- und Gerstenfelder aus, und hier befinden sich die Lerchen, die wie andere Dichter und Sänger nach Brot gehen, auf ihrem natürlichen Nährboden. Es macht immer Vergnügen, dieses melodische Tier in seinem Gebaren zu betrachten. Wie von einer Hand geworfen, taucht die Lerche in den Luftraum ein. Singend flattert sie auf, höher, immer höher, ein schwärmender Mathematiker könnte sie einen singenden Punkt nennen. Es ist erstaunlich, welche Kraft in einem so unscheinbaren Geschöpf wohnt. Immer flatternd und immer singend, erhält es sich in der Höhe, die kleine Brust voll strömender Musik. Alles ist Klang in ihr. Ob sie den Atem einzieht oder aushaucht, alles singt und klingt. Ihr Reichtum an Mitteln ist bewundernswürdig: sie hat offene und gedeckte Töne, Kropftöne und helle Jubeltöne. Der rein melodische Reiz ihres Gesanges ist freilich nicht bedeutend, aber im Rhythmus höchst mannigfaltig. In anspringenden Anapästen, in schweren Längen, in hüpfenden Kürzen erinnert der Strophenbau des Lerchengesanges an antikes Versmaß. In dem Eigensinn, mit dem sie, immer energischer werdend, musikalische Figuren wiederholt, erinnert die Lerche an Beethovensche Art und Weise. Was aber den Hauptreiz des Lerchengesanges ausmacht, das ist sein unbedingter Optimismus, seine ungetrübte, jauchzende Freude am Dasein. Er verkündet eine vollkommene Welt. Wenn die Lerche aus der Höhe zurückkehrt, läßt sie sich auf die Erde fallen und singt am Rande der Felder, bevor sie sich in ihre Ackerfurche zurückzieht, den Abgesang ihres Liedes, der so heiter klingt wie das Lied selbst. Der Gesang der Lerche kann derart gefangennehmen, daß man die Umgegend eine Zeitlang nur wie durch einen Schleier sieht. Allmählich, wenn das Ohr gesättigt ist, treten die äußeren Umrisse deutlicher hervor, und man schaut in eine anmutige Wiener Landschaft hinein. Von der Höhe eines Bergrückens, der seitwärts in das Sieveringer Tal abfällt, zieht sich in Form einer mächtigen Futterschwinge ein

Weingelände herab bis nahe an die kleinen, reinlichen Häuser von Neustift am Walde, das zwischen Obstgärten in einer Talfurche behaglich eingebettet liegt. Bei heiterem Wetter liegt die Sonne fast den ganzen Tag auf der grünen Rebenmulde, die sich an keinen Wald mehr erinnert. Auch von der Anhöhe gegenüber den Weingärten hat sich der Wald zurückgezogen und tritt erst gegen Pötzleinsdorf und Neuwaldegg, den jenseitigen Sommerfrischen, wieder hervor. Durch das Weingelände führen zwei Fahrstraßen nach Salmannsdorf, das, den bewaldeten Gipfel nach verschiedenen Seiten erkletternd, hinter Buschwerk und Baumgruppen halb versteckt liegt. Im Hintergrunde schließt der baumreiche Wienerwald bis hinauf zu dem Hameau das Bild in fein gezogenen Linien ab. Neustift am Walde und Salmannsdorf – die beiden blühenden Namen durch Großwien leider zu einer bureaukratischen Nummer verdorrt – erzeugen gehaltvolle Weine, die auch von den Feinschmeckern der inneren Stadt nach Gebühr geschätzt werden. Wasserburger und Hackermann sind in kundigen Kreisen Namen vom besten Klang. Wenn endlich der nahe Krotenbach – wohl zum Leidwesen der Wiener Landschafter, welche seine schönen Weidenschläge nur ungern missen werden – überwölbt ist und die elektrische Bahn auch diesen, vom Verkehr bisher so stiefmütterlich bedachten Erdwinkel berührt, wird dem inneren Wien ein edler, schmackhafter Tropfen um eine Stunde näher gerückt sein.

Auf der entgegengesetzten Seite, gegen Grinzing hin, wo die Sieveringer Weinrieden liegen, die unter andern mit den Schmeichelnamen »Die Rose und die goldenen Füße« benannt werden, nimmt die Landschaft einen größeren Charakter an. Steigt man beim Schulhause den Reitweg hinauf, so geht man dem Wienerwald zu, der sich vom Hermannskogel in kuppelartigen Bergen hinzieht, bis er in zwei großen Wellen, die eine vom Kahlenberg nach dem Leopoldsberg, die andere vom Leopoldsberg, vollends hinunter in die Donau abstürzt. Die nächsten Wege führen in eine Buchenwaldung hinein, an deren Saum sich Sommerfrischler angesiedelt haben, während in ihrem Schatten die

Restauration »Am Himmel« liegt, die an Sonn- und Feiertagen die jungen Leute der ganzen Umgegend zu ihren Tanzunterhaltungen heranzieht. Unterwegs zurück über Sievering hinwegblickend, sieht man am Horizont den breitrückigen Anninger, der in langem, sanftem Linienschwung, nur noch einmal sich aufbäumend, bei Gumpoldskirchen in die Ebene abfällt. Dreht man sich aber völlig um, mit dem Rücken gegen den Wienerwald, so sieht man das große, schöne Bild vor sich, wie es von dieser Gegend aus Grillparzer und Anastasius Grün gesehen und besungen haben. Über Rebenhügel hinweg liegt das alte Wien mit seinen die Häusermasse überragenden Türmen und Kuppeln, mit blitzenden Fenstern und häuslich rauchenden Kaminen. Es grüßt uns vor allem der Stephansdom, dessen Turm mit eiliger Verjüngung und voll Temperament als ein echter Sohn Wiens aus dem Wiener Boden schießt. Neben St. Stephan macht sich namentlich Ferstels Votivkirche geltend, deren heiter aufsteigende Zwillingstürme und das am Chor angebrachte spielende Strebepfeilersystem gute Wiener Gotik sind. Gleich da drüben im Grinzing hat Ferstel am Wege zum »Himmel« mit derselben leichten Hand ein Sommerhaus gebaut, von dem aus er seinen Kirchenbau sehen konnte. Stieg er einige Schritte aufwärts, so konnte der Meister mit seinem Auge die ganze große Lage Wiens umfassen: die glänzend aufleuchtende, mächtig strömende Donau, jenseits und diesseits des Wassers das von goldenem Korn schwellende Marchfeld, den grünen Kranz des Wienerwaldes und über die Stadt hinweg die ungarischen Berge, welche die weite, blauende Ebene wie mit einer Mauer abschließen.

(Ende Juni 1905)

Ein Wiener Stammtisch

In einer engen, kühlen Gasse, die den Verkehr zwischen den Tuchlauben und dem Wildpretmarkte vermittelt, steht ein Gasthaus, durch dessen gastliche Pforte schon mancher brave Mann seinen Durst getragen hat. Tritt man durch die Glastür in die Schwemme, einen ziemlich großen, länglichen Raum, wo namentlich Kutscher, indem sie nebenher ihr Leibliches besorgen, auf Fuhrgelegenheiten warten, so begrüßt einen der mit allerlei nützlichem Geschirr belastete Schanktisch, hinter dem zwei Hausknechte in Hemdärmeln und mit weißer Schürze ihres schweren Amtes mit unermüdlicher Kraft walten. Früher sah man hier die Fässer lagern und das braune Naß vom Hahn rinnen, seit aber die Ansprüche an Kellerkühle des Bieres gewachsen sind, ist die Faßwirtschaft in die Tiefe verlegt und wird jedes einzelne Glas, sei es Märzen, Lager oder Unterzeug, aus dem geheimnisvollen Dunkel heraufbefördert. Aus der Schwemme gelangt man links in das ziemlich geräumige, quadratisch angeordnete Herrenstübel, dessen Gewölbe sich auf den beiden in die Mitte gestellten Säulen behaglich ausruht. Eine weitere Räumlichkeit war früher nicht vorhanden, aber als es hier den Herren zu eng wurde, beschloß der Gastwirt, in das Nachbarhaus durchzubrechen, um einen neuen Raum zu erschließen, und an der Mächtigkeit der durchbrochenen Mauer kann man den gediegenen Geist der alten Wiener Bauordnung bewundern. So war in dem neuen Zimmer, das mehr in die Länge als in die Breite geht, eine zwar nur geringe Erweiterung geschaffen, aber für die Tag und Nacht rasch zu- und abströmende Menge, die hier ihr Frühstück, ihr Mittagsmahl, ihre Jause und ihren Abend- und Nachttrunk sucht, war doch den seßhaften Gästen gegenüber eine Art Abzugsraum hergestellt. Diese Erweiterung der Räumlichkeit ward ungefähr zur Zeit des Bürgerministeriums ins Werk gesetzt, als noch Johann Nepomuk Berger und sein Freund, der Finanzminister, der uns die Herstellung der Valuta schuldig geblieben, treue Stammgäste des Winterbierhauses waren. Denn daß hier von dem berühmten Bierhause »Zum Winter« die Rede ist, werden jene geschmackvollen Leute, die ein gutes Glas Schwechater zu schätzen wissen, längst gemerkt haben.

In dem neu gewonnenen Bierstübchen hatte sich vor Jahren, wie ein Inselchen in dem hin und wieder strömenden Verkehre, ein Stammtisch gebildet, der sich wie eine eigene Institution des Winterbierhauses durch geraume Zeit erhalten hat. Man kann nicht sagen, daß dieser Tisch von irgend jemandem gegründet oder gestiftet worden sei, er ist vielmehr wie alles Gute auf der Welt, von der epischen Dichtung an bis auf die Walderdbeere, von selbst gewachsen. Der elementare Trieb des Durstes und nebenher der Wunsch, sich bei einem Glase Bier behaglich zu unterhalten, hat vielerlei Leute hierher geführt, die sich nach Bedürfnis gesucht und nach einem Annäherungs- und Scheidungsprozesse, der manches gebunden und manches ausgeschieden, eine schließliche Auswahl getroffen. Durch gediegene Trinkleistungen und sonstiges gute Betragen wußte sich diese Tischgesellschaft bald in Achtung zu setzen, und Herr Franz Obermayer, der jüngst an Jahren und an Ehren reich in eine bessere Welt hinübergefahren, hat vor ihr sein schwarzsamtenes Käppchen stets mit besonderer Rücksicht gelüpft. Während in der ganzen Wirtschaft die blank gebohnten Tische aus hartem Holze nicht gedeckt wurden, spreitete man am Stammtische wenigstens schneeweiße Servietten aus, um die höhere Sitte des Tischdeckens wenigstens sinnbildlich auszudrücken. Daß das Bier für diesen Tisch »langsam herabgelassen« und ohne jede tückische Zugabe, die gewöhnlich »Hansel« genannt wird, aufgetragen wurde, versteht sich bei intelligenten und auf die Reinheit des Getränkes bedachten Biertrinkern wohl von selbst. Man braucht das Bier nicht zu überschätzen, um ihm gut zu sein. Wasser ist unvergleichlich, und Wein, der Wärmer Leibes und Geistes, steht unendlich höher, Bier aber (von *bibere*, trinken) ist das geistige Getränke schlechthin. Es ist bürgerlicher, geselliger Natur und kann, wie unsere nächsten Brüder, die Altbayern, beweisen, ohne bestimmte Grenzen getrunken werden. Es ist weich, einschleichsam, süffig und besitzt die Eigenschaft, den Durst zu stillen und ihn wieder zu wecken, so daß seine dialektische Begabung, Widersprüche abwechselnd hervorzurufen und zu schlichten, die natürliche Widersacherin einer frühen Polizeistunde ist. Indessen, ist der Stammtisch im Winterbierhause je unter dem Banne der Polizeistunde gestanden? Eine Frage, die ziemlich unnötig zu sein scheint, da ja Polizei-Verordnungen, die sich auf eine überschrittene Zeit beziehen, unseres Wissens keine allzulange rückwirkende Kraft besitzen. Was will die Polizei heute machen, wenn es sich herausstellt, daß die Stammtischgesellschaft am 18. November 1889, als sie kritische Fahnenträger der Berliner Naturalisten (meistens jüngere Männer mit großen Glatzen) zu Gaste hatte, ihre Unterhaltungen bis 3 Uhr morgens ausgedehnt habe?

An dem Stammtische beim »Winter« nahmen die heterogensten Menschen Platz. Unterhaltung beruht ja auf der Verschiedenheit und, bei sonst gleicher humaner Gesinnung, auf der Reibung der Geister, wobei Funken springen, die nur leuchten, vielleicht auch prickeln, aber nicht brennen. An diesen Bedingungen eines anregenden Gespräches hat es nie gefehlt. Ein liebenswürdiges Mitglied der Gesellschaft, das zu jeder Zeit kam, ging und wiederkam, war ein hoher Beamter, der unlängst in Preßburg ein tragisches Ende gefunden. Er hatte eine rasche Beamtenlaufbahn gemacht, so daß man, wenn man ihn eine Zeitlang nicht gesehen, nie wußte, mit welchem Titel man ihn anreden sollte. Er machte dieser Verlegenheit seiner Mitmenschen ein Ende, indem er sich mit halb Wien auf den Duzfuß stellte. Am frühesten kam und am frühesten ging ein Professor der Geschichte, ein großer Urkundenleser, der in der Zeit Karls des Großen und der Karolinger zu Hause war wie kein zweiter und zu den lebenslustigen Töchtern des großen Karl in einem intimen geschichtlichen Verhältnisse stand, kraft dessen er von ihnen Geschichten zu erzählen wußte, die dem christlich-germanischen Ideal des Mittelalters nur zum geringsten Teile entsprachen. Ein herber Wahrheitssinn der Geschichte und dem Leben gegenüber, der sich nicht selten in schneidendem Sarkasmus äußerte, stand diesem strengen Charakterkopf so gut zu Gesicht. Ihm auf dem Fuße pflegte ein Architekt zu folgen, den man seiner Gestalt wegen den kleinen Oberbaurat nannte. Er setzte sich auf einen für ihn eigens bereiten Polster und ließ seine klugen Augen um den Tisch herumgehen. Manchmal wagte er plötzlich – ein Blitz aus heiterem Himmel – eine eigentümliche Meinung, die er etwa mit einem »jawohl, wie wir Wiener sagen« bekräftigte. Einmal verglich er die Schauspielkunst mit der Glasmalerei, worauf ihn ein neben ihm sitzender Burgschauspieler, dessen Kopf schwarz und scharf ist wie der eines Raben, mit verdutzter Miene ansah. Er suchte seine Meinung zu begründen, verwickelte sich aber in Widersprüche, die der einzige, der ihn verstand, nicht lösen wollte, und seitdem wird der Mann unruhig, wenn ein Wort von Glasmalerei fällt. Ein andermal, als er zur Wölbung des Zimmers aufsah, entwikkelte er seine Ansichten über den Einfluß gewölbter Räume auf die Gemütsentwicklung des Menschen. Meistens wendete er sich bei solchen Auseinandersetzungen an einen Professor der Ästhetik, der gleichfalls zu den Frühkommenden gehörte. Dieser aber lenkte immer bald nach dem Süden ab, berauschte sich an italienischen Künstler- und Städtenamen oder setzte der Gesellschaft, da er früher häufig über die Prager Brücke gegangen war, die Geschichte vom König Wenzel und dem heiligen Nepomuk auseinander. Um neue Beiträge zu der Affäre Meißner-Hederich, über die er allein sachgemäß und in der geistvollsten Weise geschrieben hatte, war er nie verlegen. Wie oft schaute dann Alois Schönn mit seinen offenen Maleraugen zu ihm hinüber oder zeigte Heinrich Natter, der stundenlang beobachten und horchen konnte, lachend seine blendenden Zähne. Soldaten waren ein wichtiger Bestandteil der Gesellschaft. Mit ihrem frischen Tone, ihren gemessenen und doch bequemen Umgangsformen, ihrem vielseitigen Interesse brachten sie eine angenehme Abwechslung mit sich – Infanterie, Kavallerie, Artillerie, alles war vertreten, auch die Marine fehlte nicht. Wer erinnert sich nicht der angenehmen Nachrichten, die ein geistreicher Schiffsleutnant, in dessen Erzählungen etwas vom Ozean rauschte, über die Damenmoden auf den Fidschi-Inseln mitteilte, oder an die Vermutungen, die ihm über den Durchzug der Israeliten durch das Rote Meer an Ort und Stelle gekommen waren? Allein unter allen den Tischgenossen, die zweierlei Tuch trugen oder getragen hatten, war ein Mann, der einst Hauptmann bei den Deutschmeistern gewesen, wohl die frischeste Gestalt. Mit seinem Regiment war er aus dem Urboden Wiens heraufgekommen; bei aller Bildung, die er sich angeeignet, schlugen die ungebändigten Naturlaute der Vorstadt durch, brach sich die Mundart und der Mutterwitz Bahn. Während andere nur in ihrer armen Sprache redeten, konnte er, weil ihn die Volksgunst inspirierte, in Zungen sprechen. Mit Treuherzigkeit trug er eine ihm ganz eigene Lehre von den Birnen und den Äpfeln vor, die eine ganze Weltanschauung umspannte, die aber leider nicht mitteilbar, weil sie ebenso urwüchsig als unschuldig ist. Noch geht von ihm das Märchen, daß er auf seine jährlichen Sommerreisen stets ein mit Geschmeide gefülltes Kästchen mitnehme, daß er dann wieder leer mit heimbringe, nicht ohne ein gewisses Gefühl überlegener Weltkenntnis zur Schau zu tragen. Diesem mitteilsamen Zecher hört fein hinhorchend ein Kinderarzt zu, aus dessen ironischem Lächeln die Ansicht zu sprechen scheint, daß die Erwachsenen unheilbare Kinder seien. Teilt der Seelenarzt gegenüber, der treffliche Pater Peter, gleichfalls diese Meinung? Der schwarze Herr spricht sich hier über den moralischen Wert der Welt nicht viel aus; er hat den Geistlichen, sein korrektes Wesen ausgenommen, vor der Tür gelassen und spricht dem Getränk als ein profunder Kenner zu. Punkt 12 Uhr ist sein letztes Glas – das wievielte, wissen wir nicht – geleert, und als ihm einer einmal den scherzhaften Rat gab, nunmehr nach der Prager Zeit zu trinken, wies er ihn durch ein zwar schmerzliches, aber entschiedenes Lächeln zurück. Von dieser Seite kam nie ein streitlustiger Zug in die Gesellschaft hinein, selbst die sonst so giftigen musikalischen Gegensätze platzten nie aufeinander, sondern verpufften in mehr oder minder heiteren Neckereien. Wir hätten auch gleich Staatsanwälte bei der Hand gehabt. Am Stammtische saßen ihrer zwei, ein Baß und ein Tenor, der eine der älteren Juristenschule angehörig, der andere mit allen bunten Federn der neuesten Forschung aufgeschmückt, so daß, wenn der eine ein vormärzliches Gesetz gründlich besprach, der andere etwa über das Strafverfahren der alten Ägypter geistreich plauderte. Manchmal ging wie ein musikalischer Friedensengel einer der feinsten Wiener Tonkünstler durch die Gesellschaft, den wir nicht näher zu zeichnen brauchen, weil ihn einer vom Stammtisch in den folgenden Versen besungen hat:

Auf Anmut, Geist und Seele stets bedacht,
Von Leidenschaft nur maßvoll angefacht,
Bist du der milde Meister einer Zeit,
Die ungebärdig nach dem Grellen schreit.

Im innersten Winkel des Tisches aber saß der eigentliche Lokalgenius der Gesellschaft, ein kleiner schwarzer Mann mit scharfem Profil, der aus seinen Augen bald grimmige Blicke schoß, bald wohlwollende, gemütvolle Strahlen versendete. Er hatte eine Meerschaumpfeife im Munde, die er mit Anstrengung rauchte, weil er sie mit Absicht aufs härteste zu stopfen pflegte, denn wie er selbst die glänzendsten Seiten des Lebens mit einer Art Verdruß aufnahm, so mußte auch seinem Lieblingsgenuß einige Mühseligkeit anhaften. Er war ein Mann der Feder, voll Talent, doch ohne Ehrgeiz. Er besaß die Gaben, die Menschen anzuziehen und festzuhalten, ohne sich viel darum zu bemühen. Seit Ludwig Porges tot ist, hat der Stammtisch beim »Winter« seinen eigentlichen Mittelpunkt verloren. Ob sich ein anderer wiederfindet? ... Wenn ein verspäteter Zecher allein und träumend in der Geisterstunde am Stammtisch weilt, so kommen die verstorbenen Kameraden alle herbei, setzen sich aus alter Gewohnheit an ihre Plätze und greifen zum Glas, als ob sie vergessen hätten, daß sie tot sind. »Die Blume!« ruft der eine, »deinen Rest!« der andere. Schlag eins ist alles vorüber. Sinnend kehrt man heim, gedenkt wehmütig der alten Freunde und wünscht einem jüngeren Geschlechte, daß es so fröhlich und behaglich, wie wir einst gesessen, am Stammtisch auch sitzen möge.

(Am 7. Mai 1893)

Zum Allerseelentage

Von sämtlichen Wiener Friedhöfen liegt keiner höher und freier als der Friedhof auf der Türkenschanze. Er ist von keiner Seite beengt und sieht weit hinaus auf die Berge des Wienerwaldes, auf seine sanften Täler und traulichen Ortschaften, die zwischen Weinbergen hingestreut liegen, und bis an den Horizont dämmern bedeutsame geschichtliche Erinnerungen auf, die sich auch ungerufen an die Betrachtung dieser Gegenden knüpfen. Ich hatte den Friedhof auf der Türkenschanze noch nie betreten, aber da ich den Sommer über in der Nähe wohnte, fühlte ich doch endlich die Verpflichtung, hinaufzupilgern, um einem teuren Freunde, der da oben liegt und den ich nicht hatte begraben helfen, meinen Besuch abzustatten. Ich trat meine kleine Wanderung an einem Vortage des Allerseelenfestes an. Kommt man von Sievering her, so tritt uns die Türkenschanze als ein ziemlich steiler, langgestreckter Hügelrükken entgegen, von dessen Höhe Wiesen und Felder in mehr oder minder schmalen Bändern zu Tale laufen, die nur hin und wieder von Steinbrüchen und Sandgruben unterbrochen werden. Die Pfade, die emporführen, sind, wie fast überall in diesen Gegenden, in einem mißlichen Zustande. Doppelt fühlt man diesen Mangel bei unlustiger Witterung, weil der Sonnenschein fehlt, der ja doch selbst das Häßliche verklärt. Heute ist ein wüster Spätherbsttag. Ein schmutziges Grau bedeckt den Himmel, scharf und giftig zwinkert die Sonne aus den Wolken hervor. Sonst, wenn man aufsteigt und sich umdreht, entfaltet die Landschaft bei jedem Schritte höher entgegenkommendere Reize; nun ist sie verdrießlich, mißmutig und antwortet kaum dem fragenden Auge. Wie schön ist an einem heiteren Tage der Blick auf die Weinberge, wenn sie sich bis in ihr Inneres enthüllen und die auserwählten Plätzchen zeigen, wo Pfirsiche angepflanzt sind und Paradiesäpfel gezogen werden, denen es vergönnt ist, sich mit den Reben aus gemeinschaftlichem Erdreich zu nähren. Und wie blitzen die Fensterscheiben aus den Dörfern herauf, und wie klingen in der reinen Luft von Nah und Fern die Kirchenglokken! Und in den Nächten, wo der Vollmond am Himmel hängt! Welche Ruhe fließt von den Bergen in das Tal, und das Winzerhäuschen im Weinberg, vom Mondschein zugedeckt, schlummert friedlich fort bis in den Morgen. Wenn das Licht verlischt, schwinden alle diese Herrlichkeiten, und der Herbst, der wohl noch über selige Tage verfügt und die letzten Feuerwerke des Jahres abbrennt, ist mit seiner trüben, feuchtkalten Witterung kein Freund der Menschen ... Noch ein Schritt, und die Höhe der Türkenschanze, die sich in einer langen und breiten Fläche ausdehnt, ist erreicht. Der Willkomm da oben ist nicht allzu freundlich. Fliegender Altweibersommer heftet sich an die Kleider an, vor mir tanzt im Winde das raschelnde welke Laub seinen Ringelreihen, und manchmal hüpft ein Blatt aus dem Tanzring und läuft hastig auf mich zu. Was soll das bedeuten? Meldet sich so das Alter an, grüßt so der Tod?

Der Weg nach dem Friedhofe führt am Rande des Hügels entlang, in der Richtung gegen Wien und mündet in eine breite Straße ein, die mit jungen Bäumen wie mit Besen bepflanzt ist. In der Ferne sieht man das massige, derbe Gebäude der Bodenkulturanstalt, dort erhebt sich ein venezianischer Glockenturm, der von einer besuchten Gastwirtschaft als Belvedere erbaut ist, weiter gegen den Horizont erscheinen die Kuppeln der Sternwarte, und aus der verdeckten Tiefe sticht der Kirchturm von Gersthof herauf. Die Türkenschanze sieht auf ihrer Hochfläche meistens noch sehr unwirtlich aus, daher wendet der Wanderer gerne seinen Blick gegen Sievering, Heiligenstadt und das Kahlengebirge. Da laufen die Täler aus dem Wienerwald heraus, jedes führt seinen Bach mit sich, den es in das Wiener Becken sendet, jedes hegt sein eigenes Dorf in seinem Schoße. Um diese Örtlichkeiten schweben die Geister einer großen Vergangenheit, ja sie legen noch lebendiges Zeugnis ab von Zeiten, in die keine schriftliche Urkunde reicht. Auf der Jägerwiese hinter Sievering, die so herrlich mitten im Walde liegt und an den Hermannskogel grenzt, treiben unter fremden Namen noch deutsche Götter ihr Wesen, und zu einem Waldbrunnen, der unter Baumwurzeln zutage quillt und keine kirchliche Weihe empfangen hat, drängen sich die Wiener jährlich zu Tausenden und suchen in ihm ihr Glück zu erraten. Eine große christliche Gestalt, der heilige Severinus, ist von der Sage gleichfalls in diesen Gegenden festgehalten, und mit Vorliebe verlegt man seine Zusammenkunft mit dem germanischen Heerkönige Odoaker, dem er seine Zukunft weissagte, nach Heiligenstadt. Und von drüben grüßt uns der Kahlenberg, wo einst einer aus dem herrlichen Geschlechte der Babenberger eine deutsche Burg gegen die Barbaren erbaute. Drüben über den Hügeln dehnt sich das Marchfeld aus, wo einst Rudolph von Habsburg den Böhmenkönig Ottokar auf das Haupt geschlagen, nachdem er in der Nacht vorher geträumt hatte – ein Traum, den noch viele träumen –, daß der Adler den Löwen überwunden habe. Noch einmal erinnert uns der Kahlenberg an ein großes historisches Ereignis, an den Entsatz von Wien bei der zweiten Türkenbelagerung. Selbst der Name der Türkenschanze bringt uns jene Begebenheiten näher.

Endlich sind wir am Ziele unserer Wanderung. Der Friedhof nimmt uns wie ein Garten auf, sauber und wohlgepflegt, voll Baumwuchs, Sträuchern und Blumen. Man sieht Neugierige, die Grabmäler betrachten, Namen und Inschriften lesen, dann wieder Kniende, Betende, Weinende. Wie mannigfaltig und bitter ist der Schmerz an Gräbern. Ein Kind, eine Mutter, eine Geliebte, wer denkt nach und ist nicht erschüttert? Verloren! Das Wort ist nicht auszudenken. Ich konnte hier nichts tun, als das allgemeine Leid empfinden, und suchte nach dem Grab meines Freundes, das sich auf der israelitischen Abteilung befindet. Der jüdische Friedhof ist vom christlichen nur durch einen Weg und eine niedrige Hecke getrennt, sonst sind sie unter demselben Torschluß und innerhalb derselben Umfassungsmauer, wie Altes und Neues Testament bei den Christen, nur durch ein Blatt und einen Titel geschieden, zusammengebunden sind. Bald fand ich die Stelle, wo der Freund begraben liegt. Ich setzte mich zu ihm auf sein Grab und begann mit ihm zu sprechen, wie man mit Lebenden tut, nur daß es in aller Stille geschah. Sich mit einem alten Freunde wieder einmal auszusprechen ist immer eine Herzenserleichterung. Es ist doch über sechs Jahre her, daß er tot ist, und wir hatten einander viel zu sagen. Nichts Neues, aber das Alte wiederholt. Wir waren einander immer gut gewesen und wußten es voneinander; wie es aber geht und ein Dämon uns reizt, so hatte ich ihm doch für manches unbesonnene und harte Wort, womit ich sein sinniges Gemüt verletzt, Abbitte zu leisten. Ich sah ihn lächeln und mir zuwinken mit seinen guten dunklen Augen. In ihm ist gewiß kein Arg zurückgeblieben. Ich könnte dafür andere anrufen, denn viele haben ihn gekannt, und alle, die ihn gekannt, haben ihn geliebt. Er war, wie die Schrift sagt, ein gerechter Israeliter. Er besaß alles Gute vom Judentum, zumal eine rührende, allen Opfern gewachsene Anhänglichkeit an die Familie, aber von einem beschränkten Judentum besaß er keine Ader; in sein Wien hatte er sich mit allen Fasern eingelebt, er hing schwärmerisch an dieser Stadt und betrachtete etwaige Anzeichen ihres Niederganges mit tiefer Bekümmernis. Ich könnte ihn nennen, aber wozu? Er war ein bescheidener Journalist, hielt sich streng an die Sphäre, die ihm angemessen schien, und hat trotz seines Talents für Form und Ausdruck seine Hand nie nach höher hängenden literarischen Kränzen ausgestreckt. Von vielen Lippen wird nach diesen Zeilen sein Name auffliegen, denn in Wien ist er durch alle Stände hindurch geliebt und geehrt worden. Ich ehre seine Bescheidenheit, indem ich ihn nicht nenne.

Bevor ich den Friedhof verließ, legte ich auf dem Grabe des Freundes drei verspätete Mohnblüten nieder, die ich unterwegs in einem verwilderten Weingarten gepflückt hatte. »Schlafen, vielleicht auch träumen.«

Und dann ging ich noch eine Strecke gegen die Stadt hin, die wie ein brodelnder Kessel vor mir lag. Was da gekocht wird, wissen wir ja alle, und wenn man gerade von der israelitischen Abteilung des Friedhofes herkommt, liegt der Gedanke daran nahe genug. Es ist, als ob Österreich stets das Reich bleiben sollte, in welchem die Sonne nicht aufgeht. Jedem Versuche einer Reformation folgt eine Gegenreformation. Viel fröhlich aufsprossender Same des Guten ist schon wie oft gewaltsam niedergeschlagen worden. Aller massenhaft angehäufte Haß und Neid scheint sich gegenwärtig wider das Judentum entladen zu sollen. Und doch – die Hand aufs Herz! –, viele von uns müßten das beste Stück ihrer selbst hinwegwerfen, wenn sie vergessen wollten, was sie, sei es in der Religion, sei es in der Wissenschaft oder im Leben, den Juden verdanken. Die Juden haben uns einen Gott geschenkt, sie haben uns eine religiöse Entwicklungsgeschichte der Welt überliefert, sie haben uns eine Moral gegeben. Sie haben uns ein Buch in die Hand gedrückt, »Das Buch« schlechtweg, aus dem wir durch eine merkwürdige Verkettung der Umstände Deutsch lernen. Ihnen verdanken wir auch einen philosophischen Gott, den Gott Spinozas. Den Winkelreformen der bürgerlichen Gesellschaft gegenüber haben die Juden große Systeme geliefert und zugleich die aufopferungsvollen Männer gestellt, welche die neuen Lehren in die Wirklichkeit einzuführen trachten und durch die Tat und den Widerstand, den ihre Tat hervorruft, die künftigen Geschicke der Völker bestimmen helfen ...

Und wie ich mit einem letzten Blick von der Türkenschanze nach Wien hinabschaue, brodelt es weiter. Graues Gewölk über dem einsam gewordenen Friedhof. Ich grüße noch einmal hinüber. Im Westen säumen sich die Wolken mit dunklem Rot, das seinen Widerschein ahnungsvoll über das Weingelände hinwirft. Und so bringe ich doch ein Stück Sonnenschein mit mir nach Hause.

(Am 31. Oktober 1897)

II

Heinrich Anschütz

Als Laube sein Amt antrat, verfügte das Burgtheater über eine Reihe bedeutender Kräfte, die nun sämtliche der Geschichte angehören. Einer von den Flügelmännern war Heinrich Anschütz. Das Burgtheater verehrte in ihm seinen besten Sprecher und seinen größten tragischen Darsteller. Als Student hatte Anschütz noch das Weimar Schillers und Goethes kennengelernt, und ihm ward das Glück zuteil, den Schauspieler Iffland noch in der Vollkraft seines Könnens spielen zu sehen. An die Traditionen unserer nationalen Dichtung und Schauspielkunst knüpfte Anschütz an, ohne sich gegen die Richtungen einer späteren Zeit engherzig zu verschließen. Seine Kunst ruhte auf dem festen Boden einer gewissenhaft ausgebildeten Technik. Seine Stimme, ein wohlklingendes, volles, jedes Grades von Stärke fähiges Organ, war ausgebildet wie die Stimme eines Sängers; er traf jeden Ton, den er wollte, beispielsweise jenen in die Kopfstimme hinaufschlagenden Ton der Rührung, der nie seine Wirkung versagte, mit unfehlbarer Sicherheit. Was großer Stil der Deklamation sei, konnte man durch ihn erfahren, wenn er etwa den alten Chorführer in der »Braut von Messina« oder den Meister in Schillers »Glocke« sprach; die Sprache war dann wie ein losgelassenes Element, aber doch gebändigt von der geistigen Kraft des Sprechers. Dann wieder war er als Nathan ein Redner, der über die Neben- und Zwischensätze hinweg mit so ruhiger Hand wie kein zweiter den zusammenhängenden Faden des Sinnes schlug; es wohnte eine geordnete Klarheit in seinen Worten wie in seinem Geiste. Nicht minder war er ein Meister in der charakteristischen wie der leidenschaftlichen Rede, und eines seiner höchsten Meisterstücke in dieser Gattung waren jene Invektiven, die er als Musikus Miller dem Präsidenten an den Kopf wirft. Überhaupt sein Musikus Miller – wie schlicht und stark, wie spröd, innig und ergreifend! »Ich laufe zum Herzog«, ruft der arme Musikus aus. »Der Leibschneider – das hat mir Gott eingeblasen –, der Leibschneider lernte die Flöte bei mir. Es kann mir nicht fehlen beim Herzog.« Die heilige Einfalt dieser Äußerung, dieser letzten Zufluchtsgedanken eines gehetzten Wildes brachte Anschütz so kindlich gläubig, mit einer so unschuldigen Zuversicht, daß man zugleich lächeln und gerührt sein mußte. Neben den starken, oft derben und groben Ausbrüchen einer bürgerlichen Seele kamen bei Anschütz die zartesten und verschämtesten Gemütsströme zum Vorschein; er war rührend in seiner hilflosen Liebe zu der Tochter, er war erschütternd in seiner Einsamkeit, in der grauenhaften Zerstörung des häuslichen Lebens. Über das Elend und selbst über den Plunder einer von dem Gesetze ungeschützten, der Willkür der Großen preisgegebenen bürgerlichen Existenz warf Anschütz den Schimmer seiner genialen Begabung. Es war immer ein Festtag für das bürgerliche Gefühl, wenn Anschütz seinen Musikus Miller gab. Auf gleicher Höhe mit dem Miller standen sein Erbförster und sein Tischler Anton – Rollen, in denen er eine reiche künstlerische Erfindung entfaltete. Sein Lear gab einen vollständigen Inbegriff seiner Kräfte; zum übrigen trat hier noch die Größe des Stils. Der Lear von Anschütz ist in Wien sprichwörtlich geworden: mit ihm bezeichnete man das Höchste einer schauspielerischen Leistung.

(1888)

Bogumil Dawison

Sei es nun Zufall oder Absicht, uns will es fast bedünken, als suche Dawison die Kaiserstadt von Zeit zu Zeit nur deshalb heim, um die Größe des Verlustes, den das Burgtheater durch den Abgang dieses bedeutenden Künstlers erlitten, uns recht lebhaft ins Gedächtnis zurückzurufen. Und gewiß, mit gerechtem Selbstgefühl mag er hintreten und sagen: Seht, welchen Mann ihr an mir verloren habt! Nur verschweigt er die andere Seite der Sache, denn mit Fug kann man ihm zurücksagen: Und ach, was du am Burgtheater verloren hast! Daß uns diese Einbuße an sich selbst in dem Augenblicke, wo Dawison vor uns steht, noch näher berührt als unser eigener Verlust, ist nicht mehr als menschlich. Ohne Zweifel hat Dawison Rollen, die noch heute das Burgtheater zieren würden; dann aber hat er auch andere, die von Burgtheater-Schauspielern, welche kaum würdig sind, ihm die Schuhriemen zu lösen, ungleich sachgemäßer dargestellt werden als von ihm. Wie erklärt sich diese seltsame Erscheinung?

Ich möchte so gern unbefangen urteilen und kann es nicht mit dem besten Willen. Wenn ich den Namen Dawison höre, so schlagen aus der Ferne traute Stimmen an mein Ohr, und alte Erinnerungen treten mit unabweisbarem Zauber zwischen mich und meinen Gegenstand. Es ist nun gut zwölf Jahre her, daß ich Dawison zum ersten Male auftreten sah, ich kann nicht vergessen, wie mich sein Richard III. erschütterte, wie innerlichst mich sein Hamlet bewegte und wie mir sein Mephistopheles, der ganz in Lauge getaucht schien, zu denken gab. Die starren Überlieferungen der Mittelmäßigkeit schienen von einer bedeutenden Kraft kühn durchbrochen, es war, als ob Dawison die verschütteten Quellen der dramatischen Dichtung wieder aufgeschlagen habe, die nun auf einmal ihren lange zurückgehaltenen Sprudel mit verdoppelter Kraft und Frische ergossen. Selbst seine scharf ausgesprochene persönliche Erscheinung, welche die Linie des Ebenmaßes fast in jedem Punkte schnitt, selbst die vom reinen Wohllaut weit abliegende Färbung seiner Stimme übten eine wohltuende Wirkung, weil sie den Erfolg der künstlerischen Darstellung nicht von sogenannten schönen Mitteln, sondern durchaus von einem großen geistigen Vermögen abhängig machten. Höchst erquicklich war die Freiheit, mit welcher Dawison die Sprache behandelte; in seinem Munde ward das in der Deklamation erstarrte Wort wieder flüssig und erhielt die Fähigkeit zurück, sich jeder Regung des Gemütes, jeder Wendung des Verstandes lebendig anzuschmiegen. Wem es nun vollends vergönnt war, mit dem Künstler in persönlichen Verkehr zu treten und in seine geistige Werkstätte hineinzublicken, dem stellte sich Dawison doppelt achtungswert dar. Nie hatte ein Schauspieler seine Kunst ernster gefaßt, keiner hat mehr gearbeitet als er. Er wußte von jeder seiner Rollen so genauen Bescheid zu geben wie ein Mechaniker von der Maschine, die er gebaut; kein Stift, nicht die kleinste Schraube entging seinem Späherblick. Dabei faßte er eine Rolle nicht als etwas für sich selbst Bestehendes auf, sondern ging mit feinstem Spürsinn den Fäden nach, welche dieselbe an das Ganze des Kunstwerkes knüpften. Sprach er über eine künstlerische Aufgabe, so wog er zehn Ästhetiker auf, und wie viele tadelnde Kritiker – der deutschen Theaterzeitungen zu geschweigen – haben aus seitenlangen Zuschriften erfahren, wie gewandt er auch mit dem geschriebenen Wort umzuspringen wisse. Und alle diese Bildung verdankte er sich selbst; er war sein eigener Schüler und sein eigener Meister.

Er war . . .? Klingt diese »halbvergangene Zeit« nicht wie das emsig bediente Zügenglöcklein unseres Ludwig August Frankl? Und in der Tat, wenn man heute über Dawison schreibt, so schreibt man einen halben Nekrolog. Mag das Publikum dem berühmten Schauspieler noch wie sonst zujauchzen, mag es auf dessen glorreichem Haupte die Lorbeerkränze dutzendweise aufbauschen – Dawison ist in manchem Betrachte nicht mehr, was er war, und manche Erwartungen, die man von ihm gehegt, sind nicht in Erfüllung gegangen. Man muß das sagen, und wer die Gänge Dawisons mit persönlicher Teilnahme verfolgt hat, dem stünde ein Vertuschen der Wahrheit wohl am wenigsten an. Fast wäre ein solcher versucht, noch schärfer als andere zu urteilen, weil er sich in seinen Lieblingswünschen getäuscht sieht. Aber siehe, da richtet sich Dawisons immer noch gebietende Gestalt auf und fordert Achtung. »Einen Halbverstorbenen nennt ihr mich?« ruft er uns mit seinem schmetternden Brustton entgegen. »Es sei! Aber« – und hier steigt ihm die Ironie in die Nase –, »aber seid so freundlich, zu bedenken, daß meine überlebende Hälfte immer noch hinreicht, um ein halbes Dutzend eurer gefeierten Bühnengenies für die Dauer ihres Lebens künstlerisch auszustatten. Es war mein Fehler, euch den Maßstab in die Hand zu geben, mit dem ihr mich nun züchtigt!« ... Wir finden, daß Dawison sehr vernünftig spricht, und uns wird es gewiß nie einfallen, ihn zum größeren Ruhm kleiner Bühnengötter kritisch abzuschlachten.

Dawison ist seit Jahren einem Zigeunerleben verfallen, das ihm nicht gestattet, zweimal an derselben Stelle über Nacht zu bleiben. Sein ganzer künstlerischer Mensch zeigt sich von dieser Unruhe ergriffen. Das ruhige Ausgestalten einer Rolle ist ihm fremd geworden, er arbeitet auf den Effekt und hat sich ein durchaus witziges Spiel, welches nach Pointen hascht, angewöhnt. Ihm fehlt die Zucht einer großen Bühne, welche die Kraft des einzelnen heilsam beschränkt, indem sie ein Talent am andern seine natürliche Grenze finden läßt. Beständig von Kräften untergeordneten Ranges umgeben, hat sich Dawison daran gewöhnt, stets im Mittelpunkte zu stehen und was um ihn vorgeht, nur als Nebensache zu betrachten. Selbst die Dichtung ist oft genug nur zu dem Behufe vorhanden, ihm eine Folie für seine Persönlichkeit zu leihen. Demgemäß kann er eine Rolle in lauter kleine Stückchen zerreißen, demgemäß zerhackt er den Bau der Rede in einzelne Worte und zerschlägt einen Charakter in winzige Splitter. In dieser Weise ist er durchaus mit dem Wallenstein umgesprungen, und Hamlet ist es, trotz einzelner wunderbar gesprochenen Stellen, kaum besser ergangen. In Rollen, wo das Aneinanderreihen pikanter Züge am Platze ist, wie im »Narziß«, im »Königsleutnant«, im »Bonjour«, steht Dawison immer noch unübertroffen da. Leider hat sich die eben geschilderte falsche Manier stellenweise auch in ein paar Rollen eingeschlichen, die nach Auffassung und Anlage unantastbar sind. Man kennt und bewundert seinen Mephistopheles. Das ist der Gottseibeiuns in Lebensgröße, gegen welchen zum Beispiel Herrn Lewinskys Mephisto nur ein Cartesianisches Flaschenteufelchen vorstellt. Diese Schärfe und Feinheit, dieser tiefe Ingrimm, der manchmal in dämonischen Flammen aufbrennt, bei allem Zynismus jener höllenjunkerliche Anstand – es ist eine Gestalt, die vom genialsten Leben überschäumt. Und durch welche kindischen Männchen, wie er sie beispielsweise in Auerbachs Keller anbringt, zerstört sie Dawison wieder, wenn auch nur für Augenblicke! Ähnliche Leberflecke weist seine sonst herrliche Darstellung des Carlos in »Clavigo« auf.

Wir können nicht ohne schmerzliches Gefühl daran denken, daß es wahrscheinlich unmöglich ist, Dawison je wieder für das Burgtheater zu gewinnen. Alles Bedeutende macht dort sein Testament, und weit und breit will sich kein Ersatz zeigen. Welche Lücke würde Dawison ausfüllen! Gewiß ließe er manchen Mangel fallen, der ihm auf seinem Wanderleben angeflogen. Er brauchte ein und dieselbe Rolle nicht mehr so oft zu spielen, und mit dem Wegfall dieser Notwendigkeit träte er seinen Aufgaben wieder mit jener gleichsam bräutlichen Frische entgegen, deren ein Künstler, soll er mit poetischer Kraft wirken, nicht entraten kann.

(Am 8. Januar 1865)

Julie Rettich

Ach die Töne, die so weich,
Die so warm, so voll, so reich
Damals dir vom Munde wehten,
Die jetzt zürnten, die jetzt flehten,
Die jetzt Wehmut trüb umflorte,
Ach noch immer hör' ich sie . . .
Friedrich Halm

Als eine Lebende halten wir Julie Rettich fest, und nie ist uns ihre Gestalt schöner und herrlicher im Geiste aufgestiegen als in dem Augenblicke, wo liebevolle Hände ihr Zeitliches der mütterlichen Erde heimgaben. Weint ihr nur nach, ehrt sie nur mit eurem Schmerze, die ihr der hohen Frau im Leben nahegestanden, und laßt euch von unberufenen Tröstern, die euch euren Verlust abmarkten wollen, nicht um eine einzige Träne betrügen. Sie ist des Leides wert, und die Klage hat nie ein legitimeres Recht besessen. Uns aber fällt die freudige Aufgabe zu, ein bedeutendes, inhaltreiches Menschendasein, welches sich nach seinen eigenen Gesetzen aus bescheidenen Anfängen glanzvoll entwickelt, in der Betrachtung zu erneuern, den Kreis eines im tiefsten Grunde glücklichen Lebens geistig zu umschreiben. Denn glücklich kann man das Leben einer Frau wohl nennen, die, im sichern Gefühl ihrer Kräfte, nie etwas Unschickliches unternahm, die alle Keime, welche die Natur in sie gelegt, zur Blüte und Frucht gedeihen sah und welcher ein in seiner scheinbaren Härte noch freundliches Geschick ein wünschenswertes Gut nur versagte, damit sie es reiner und unverlierbarer besitze. Ihr schlugen die Sorgen, welche Familienverhältnisse über sie brachten, noch zum Gewinn aus, indem sie liebenswürdige Seiten der menschlichen Natur, die bisher in ihr geschlummert, wachriefen; und auf ihrem langwierigen und schmerzlichen Krankenlager, dessen Qualen ihre Seele läuterten, hatte sie den Trost, zu erfahren, wieviel Verehrung und Liebe diese Welt für sie hegte. Müssen wir nicht selten, um einen Künstler rein zu genießen, uns der Erinnerung an den Menschen gewaltsam entschlagen, so waren in Julie Rettich beide Seiten gleichbedeutend, und eine steigerte die andere. Wir haben in ihr eine große Künstlerin und eine verehrungswürdige Frau verloren.

Julie Rettichs Lebenslauf ist nicht reich an äußeren Wechselfällen, und jenes abenteuerliche Element, welches das Leben eines Bühnenkünstlers für die Menge oft so anziehend macht, fehlt ihm gänzlich. Er gewährt vielmehr, freilich von Zeit zu Zeit durch das Eingreifen bedeutender Persönlichkeiten angeregt, das Bild einer wie planmäßig angelegten inneren Entwicklung. Julie Rettich ist 1805 (manche behaupten 1804) in Hamburg geboren. Ihre Eltern gehörten der Bühne an. Die Mutter war, wie uns Holtei versichert, eine gute Sängerin für die Spieloper, der Vater ein ausgebildeter, gewiegter Schauspieler im Helden- und Charakterfache, der auch in Liederspielen hübsch zu singen verstand. Der ersten Spur der künstlerischen Tätigkeit Julie Rettichs begegnen wir in Tiecks »Dramaturgischen Blättern«, und zwar in jenem Teil derselben, der überschrieben ist: »Das Dresdener Hoftheater im Januar 1827«. Demoiselle Gley (wie Frau Rettich von Hause aus hieß) taucht da in verschiedenen Besprechungen, mit Wohlwollen, aber doch strenge behandelt, auf. Tieck hatte an dem talentvollen Mädchen Interesse gefaßt und vertrat ihre Leidenschaft für das Theater gegen ihre Eltern. Denn die letzteren (und diese Tatsache wirft auf sie ein schönes Licht) konnten sich nur schwer entschließen, dem Wunsche der Tochter, ihr Leben der Bühne zu widmen, nachzugeben. Sie verlangten von ihr geradezu eine Probe ihres Talents, und Julie machte es vom Erfolg ihres ersten Auftretens abhängig, ob sie ihrem Rufe folgen sollte oder nicht. Sie spielte die Kathinka im »Mädchen von Marienburg«, und der gute Erfolg dieser Darstellung entschied ihre Zukunft und schenkte der deutschen Bühne wie durch einen glücklichen Zufall eine ihrer ersten Künstlerinnen. Mit naiven Rollen, als jugendliche Liebhaberin, beginnt sie ihre Laufbahn. Tieck durchschaut sofort ihre Begabung und merkt, wo sie hinauswill. Er sagt, was sie kann, was ihr fehlt und was sie verspricht; ja schon in den ersten Zeilen über sie weissagt er der Anfängerin ihre Zukunft. Er verspricht der deutschen Bühne »eine wahre Schauspielerin«. »Die naiven Charaktere gibt sie mit einer Herzlichkeit und Wahrheit, die hinreißen. Ihr Ton ist der Ton der Natur, rein und voll, ganz Gefühl. So die Margarete in den ›Hagestolzen‹. Auch im ernsten Schauspiel und in der Tragödie hat sie glückliche Versuche gemacht. Was ihr noch fehlt, ist Haltung. Ihr Wesen hat eine große Verwandtschaft zu dem der unvergleichlichen Sophie Müller in Wien. Vielleicht, daß sie dieser trefflichen Künstlerin in Zukunft nahekommt.« Als Luise in »Kabale und Liebe« »erschreckt sie durch einige wahrhaft tragische Momente« und beweist, »daß sie gewiß den Kranz, nach dem sie so enthusiastisch strebt, erreichen wird«; als Wilhelmine in dem längst verschollenen Bretznerschen Lustspiel »Das Räuschchen« hat sie in der Darstellung des »muntern, übermütigen Mädchens gezeigt, wie sehr sie in ihrer Kunst vorschreitet«; und von ihrer Leonore Sanvitale sagt Tieck: »Diese frische Natur und das Adlige, welches die Darstellerin in dieser Rolle zeigte und aussprach, war vortrefflich.« Leider verläßt uns hier der sichere geistreiche Führer; in seinen gesammelten Schriften wenigstens findet man kaum mehr eine Andeutung über die fernere Entwicklung der Künstlerin. Lehrreich sind aber auch schon diese wenigen Worte, denn sie zeigen uns, wie unter allen den Keimen, die in Julie Gley beisammenliegen, sich der tragische Trieb mit einer Art Gewaltsamkeit Luft macht.

Im Jahre 1828 spielte Julie Gley zum ersten Male im Wiener Burgtheater. Sie trat im »Mädchen von Marienburg« (ihre Schicksalsrolle), im »Räuschchen« und als Irene in Schenks »Belisar« auf. Sie fand Beifall beim Publikum und bei der Kritik, kehrte aber nach ihrem Gastspiel wieder nach Dresden heim. Das zweite Gastspiel, welches sie 1830 im Burgtheater unternahm, führte zu einem Engagement. Schon die Antrittsrollen legen Zeugnis ab von ihrem höheren Streben und weisen unter anderm Shakespeares Julia auf. Die jugendliche Liebhaberin des ersten Gastspieles hatte sich zum Fache der jugendlichen tragischen

Liebhaberinnen und Heldinnen fortgebildet. Hero in »Des Meeres und der Liebe Wellen« war in jener Zeit eine ihrer Glanzrollen. Im Todesjahre Goethes wurde bei einer Goethefeier zum ersten Male der »Faust« aufgeführt, und Julie Gley, die schon zum achtzigsten Geburtstag des Dichters in Dresden das Gretchen gespielt hatte, war das erste Wiener Gretchen. »Faust in Wien«, schreibt die Künstlerin an Tieck, »ist gewiß merkwürdig und hat mir viel Freude gemacht.« August Lewald, in der »Allgemeinen Theater-Revue«, nennt das Gretchen neben der Griseldis die »herrlichste Schöpfung« Julie Gleys, und ein scharfer und strenger Kritiker in der »Wiener Zeitschrift für Kunst, Literatur, Theater und Mode« findet in derselben Darstellung eine »unermeßliche poetische Fülle«. Bewunderungswürdig ist die geistige Schnellkraft der Künstlerin, die ihr erlaubte, neben dem tief tragischen Gretchen die Franziska in »Minna von Barnhelm« zu spielen, und zwar in einer Weise zu spielen, daß ein geschmackvoller Kenner sagen konnte: »Es ist eine so runde und doch an allen Gliedern so gelenke Darstellung.« So entschieden aber Julie Gley im Publikum durchgriff, so feindselig war man ihr, namentlich nach Schreyvogels schmählich bewirktem Rücktritte, in den leitenden Theaterkreisen gesinnt. Wollte man doch den Leuten, wie Anschütz meldet, weismachen, der ganze Beifall, deren Gegenstand Julie Gley war, rühre nur »von einigen Sachsen« her! Nachdem ihr Kontrakt mit dem Burgtheater abgelaufen war, kehrte sie abermals nach Dresden zurück, doch nicht allein; sie hatte mittlerweile durch ihre Vermählung mit Karl Rettich, einem Manne, dessen Bildung weit über seine schauspielerische Befähigung hinausging, den Grund zu einem dauernden häuslichen Glücke gelegt. Sie lernte ihn zuerst an dem Sterbebette ihres Vaters, welcher der Cholera erlag, näher kennen, und auf einem Gastspiele in Graz, im Hause der kunstsinnigen Familie Pachler, wurde der Bund geschlossen. Einige Zeit früher war Julie Gley die Verlobte von Willibald Alexis (Häring) gewesen; das Verhältnis wurde aber rückgängig, weil sich die Künstlerin wegen der indiskreten Benutzung einer ihm anvertrauten Mitteilung von Alexis verletzt fühlte.* Die zarte Empfindung, die Reinlichkeit der Seele, die sich in diesem Zuge ausspricht, hat sie sich zeitlebens gewahrt.

Im Jahre 1835 kam Frau Rettich, diesmal mit ihrem Gatten, zum drittenmal nach Wien. Die beiden Ehegatten wurden durch einen lebenslänglichen Kontrakt dauernd an das Burgtheater gefesselt. Nun stand Frau Rettich im Vollbesitze ihrer Kraft und arbeitete in ungestümem Schöpfungsdrang Rolle um Rolle aus und ergriff, wie ihr die Jahre zuwuchsen, Fach um Fach mit ihrer beseelenden Hand. An Leib und Seele hatte sie die Natur für ihre Kunst freigebig ausgestattet. Ihre Gestalt war freilich nur mittelgroß, doch schien sie im Augenblicke des Affektes über sich selbst hinauszuwachsen; ihre Bewegungen waren energisch und voll Adel. Das schöne Oval ihres Gesichtes, die bedeutende Nase, das große, feurige Auge und der wohlgebaute Mund, der den Atem voll ausströmen ließ, gewiß waren das unschätzbare Mittel für eine dramatische Künstlerin. Zu ihnen gesellte sich eine volle, wohllautende Stimme, in deren seltenem Umfange sich für jede Empfindung die richtige Klangfarbe fand. Das war aber nur das treffliche Instrument, auf welchem nun der Genius spielte. Mit heftiger Empfindung erfaßte sie ihre Aufgaben; sie drang mit einem Ruck in das Innere einer Rolle und arbeitete sie von da in ihre Details heraus, sehr verschieden von der Methode der sogenannten »verständigen« Schauspieler, die ihre Rollen von außen beseelen wollen. Mit einer untadelhaft reinen Aussprache und einer wunderbar gelösten Zunge war sie eine vollendete Meisterin der Rede. Ihrer Auffassungsweise nach huldigte sie jenem wahrhaften Idealismus, der die Wirklichkeit nur in dem Sinne verneint, daß er sie geistig verzehrt und läutert. Allerdings lagen ursprünglich harte, realistische Elemente in ihrem Wesen, die auch später gelegentlich durchbrachen und sich mit

* Diese, sowie einige andere schätzbare Angaben verdanken wir der liebenswürdigen Mitteilsamkeit des Herrn Ferdinand Raab, Skriptor an der Wiener Hofbibliothek.

den Jahren häufiger geltend machten. Ein geistreicher Kollege – der uns in einem vorläufigen Nekrolog überhaupt schon eine dicke Lage Rahm von der Milch geschöpft – wies bereits auf den üblen Einfluß hin, welchen die Gastspiele der Rachel und Ristori auf Frau Rettich geübt. Dem Zaubertrank, der alle Welt berauschte, konnte sich die empfängliche Künstlerin gleichfalls nicht verschließen, und er wirkte um so heftiger, als er auf verwandte, allerdings durch Bildung und Geschmack zurückgedrängte Kräfte in ihrem Innern traf. Man konnte einen Augenblick befürchten, daß sich Frau Rettich ganz in Manier verlieren werde; es schien sich eine Verhärtung von Eigenschaften einzustellen, die, wenn sie im Zusammenhang des Ganzen vorübergehend auftreten, ihre Berechtigung und Notwendigkeit haben. Das stete Zwinkern mit den Augenlidern, das häufige Starren wie ins Leere, dieses rasche, eckige Vorwerfen der Arme, die in der Luft sich plötzlich zu versteinern schienen, das grelle Pointieren der Rede und jenes schrille Aufschreien, das aus dem tiefsten Register unvermittelt in die höchsten Chorden bricht – dies konnte man alles für Anzeichen eines nicht mehr aufzuhaltenden Verfalls betrachten. Aber die gute Natur der Künstlerin stellte sich rasch wieder her, und wenn sie durch glänzende Talente, in welchen sich Echtes und Falsches seltsam mischten, einen Augenblick von ihrem Pfade abgelenkt werden konnte, so brach sich in ihr die Erkenntnis wieder Bahn, daß in aller Kunst die Wahrheit zwar das Erste, aber nur die Schönheit das Letzte sei. Nach der Rachel schuf Frau Rettich noch die Thusnelda, nach der Ristori noch die Marfa; zwei Rollen, vor deren Gewalt und hoher Schönheit jene beiden sich hätten beugen müssen.

Man hat an Frau Rettich oft ihre ewige Jugend bewundert, die am Ende nur auf dem Geheimnis beruhte, die ganze Persönlichkeit vom Geiste aus zu verjüngen. Ein geistreiches Wort der Rahel scheint für sie geschrieben zu sein. Es lautet: »Nichts macht alt als das Einwilligen darein, Vernachlässigung der Jugend und Mangel an ewiger Eleganz; man kann nicht nur abends um sechs Uhr ein

Künstler sein – man muß es den ganzen Tag sein.« Frau Rettich war die Künstlerin nach dem Sinne Rahels. Ihr diese unverwüstliche Jugend zu bewahren, trug viel jener treue Freundeskreis bei, der sich, seit der Dichter der »Griseldis« ihr nähergetreten, um sie, als seinen Mittelpunkt, bewegte. Frau Rettich, mit ihrer reichen, von der mannigfaltigsten Bildung befruchteten Natur, hatte viel zu geben. Alles Schöne und Holde, was ein Weib ziert, hatte sie in sich ausgebildet; es ging eine erziehende Kraft von ihr aus, die unbewußt veredelte. Zwei Talente, die man nur bei Frauen findet, besaß sie in vorzüglicher Weise: sie war eine Meisterin im Pflegen und im Dulden. Das fühlte man auch ihrer Kunst an. Sie strömte ihr Herzblut aus, wenn sie uns als Griseldis in Abgründe weiblichen Leidens blicken ließ und die grellen Dissonanzen dieses Lebens in einer erhabenen Resignation auflöste; sie war Parthenia, bevor sie die Parthenia spielte, denn gerade das Erziehen durch Liebe war recht ihr Element. Durch die Würde ihrer Persönlichkeit hat sie, gleichwie Anschütz, für die Stellung des Schauspielers in der bürgerlichen Gesellschaft Großes geleistet; dem jungen Volke fiel diese Frucht in den Schoß, und es zeigt, natürlich mit rühmlichen Ausnahmen, nicht übel Lust, sie leichtsinnig wieder wegzuwerfen.

Julie Rettich ruht nun in der kühlen Erde; aber eine doppelte Unsterblichkeit ist ihr sicher: sie wird fortleben in den Überlieferungen ihrer Kunst, und jeder redliche Mensch, der einen Hauch ihres reinen Waltens verspürt, wird es Kindern und Enkeln weitererzählen, daß sie nicht nur eine berühmte, sondern eine tugendhafte und gütige Frau gewesen, deren Größe gerade auf dieser inneren Tüchtigkeit beruhte.

(Am 15. April 1866)

Clara Ziegler in Wien

Jedermann erinnert sich des siegreichen Gastspiels, welches Clara Ziegler vor einigen Jahren im Wiener Burgtheater unternommen. Von nichts getragen als von ihrem hierzulande nicht eben schwer wiegenden Münchener Rufe, traf sie eines Tages in Wien ein, und als sie die heißen Bretter auf dem Michaelerplatz betrat, nahm sie im Sturm die Sympathien des von ihrer Erscheinung geblendeten Publikums. Kaum ein Wort des Tadels erscholl damals unter den Jubelrufen der Bewunderung; die Kritik streckte die Waffen und zog wie ein frommes Tier an dem Triumphwagen der altbayerischen Tragödin. In ihr schien die tragische Muse Deutschlands Fleisch geworden, das längst gesuchte Ideal gefunden zu sein. Der Enthusiasmus des Publikums wirkte auf die Schauspieler des Burgtheaters in verhängnisvoller Weise zurück. Da war kein Weiblein so klein und so stimmarm, daß es nicht auch eine Clara Ziegler sein wollte; man spielte auf den Zehen, um sich der Höhe ihrer Gestalt zu nähern, man nahm die Lungen und den Mund voll, um mit dem gewaltigen Atem ihres Organs zu wetteifern. Das war damals. Heute ist es anders. Soeben hat Clara Ziegler ihr Frühlingsgastspiel im Carl-Theater beendigt. Diesem Gastspiele fehlten zwar nicht die günstigen Erfolge; allein jene erste Liebesglut, mit der das Wiener Publikum die Münchnerin einst umarmt hatte, war einer kühleren Anschauung gewichen. In der Kritik bildete sich, wenn nicht eine Opposition, so doch eine Partei, die »mit Bewunderung zweifelte und mit Zweifel bewunderte«. Manchmal mußte die Künstlerin sogar ein spitzes Wort hören, und allgemein war das Urteil, daß sie nicht alles zu spielen verstehe, was sie zu spielen sich unterfange. Die

Veränderung war groß. Man war eben mittlerweile älter geworden und, ich glaube fast, auch ein wenig verständiger.

Fräulein Ziegler mochte das wohl auch fühlen, aber es sich einzugestehen, dagegen sträubte sich ihre Eitelkeit. In ihrem blinden Selbstgefühl trieb sie ihre Geschmacklosigkeit so weit, daß sie von der Bühne aus gegen die Kritik polemisierte. Fräulein Ziegler kennt nicht die Regel, daß ein Schauspieler auf der Bühne nie etwas sprechen soll, was nicht in seiner Rolle steht. Wenn der Schauspieler seine Rolle spricht, gleicht er einem künstlichen Springbrunnen, den der Dichter mit Wasser speist; wenn er aber auf eigene Faust spricht, so fehlen ihm neunmal unter zehn die geeigneten Mittel, und die Röhre, die sonst so lustig gesprudelt, läßt ein trauriges Quieken und Röcheln vernehmen. Es ist unklug und leichtsinnig, auf solche Weise seinen Geist und seine Gesinnung zu verraten und noch im Ballkleid seiner Rolle das Negligé seines Innern bloßzulegen. Das hat Fräulein Ziegler bei ihrem Abschiedsspiele getan. Noch im Gewande der Medea, nachdem sie eben mit dem Feuer gespielt und zwei Kinder umgebracht hatte, trat sie vor die Rampe und hielt in eigener Sache eine Ansprache an die Zuschauer. Sie bedankte sich erst für die »Huld und Gnade«, die ihr von seiten des Publikums geworden, um dann gegen die Wiener Kritik einige Hiebe zu führen. Sie meinte: obwohl von verschiedenen Seiten Angriffe auf sie gemacht worden seien, um ihr Gastspiel zu stören, so sei dies, Dank der Güte eines verehrlichen Publikums, doch nicht gelungen. Sie habe sich daraus gar nichts gemacht; sie lache darüber und schließe in der humoristischen Stimmung, wie sie jene Angriffe aufgenommen, indem sie sich mit dem Spruch tröste: »Es sind nicht die schlechtesten ›Birnen‹, an denen die Wespen nagen . . .« Eine liebenswürdige Birne, die so mit Wespen um sich wirft, eine Birne, die von dem Safte altbayerischer Urbanität strotzt. Und welche Dreistigkeit in Fräulein Zieglers Behauptungen und welch ein Galgenhumor in ihrer Heiterkeit! Dreister kann man nicht sein, es mit offener Stirn zu behaupten, man habe ihr Gastspiel stören wollen. Ihr Gastspiel stören; wer hat daran gedacht? Wenn urteilen stören heißt, dann hat Fräulein Ziegler recht. Man hat von einigen ihrer Rollen gesagt, daß sie nicht viel taugen, man hat selbst an ihren glänzendsten Darstellungen Flecken gefunden. Das ist einfach das Recht und die Pflicht der Kritik, das heißt der Unterscheidung des Echten vom Unechten. Darin liegt ebensowenig böswillige Absicht, als wenn der Bergmann das Gold vom tauben Gestein sondert. Wer sich öffentlich hinstellt, muß der Kritik gewärtig sein; er fordert sie heraus und muß sie annehmen. Wer über der Kritik stehen will, sinkt leicht unter die Kritik herab, weil er gutem Rate sein Ohr verschließt und in seinen Manieren verhärtet und erstarrt. Will Fräulein Ziegler unfehlbar sein, nun so spiele sie vor ihrem Spiegel ... Aber wem raten wir? Einer Schauspielerin, die im Gefühle ihrer Größe gegen jeden Tadel gepanzert ist, von deren Schilde der abgeschnellte Pfeil auf den Schützen zurückfliegt. Die süße Birne lacht ja über ihre kritischen Störenfriede! Wirklich, sie lacht? Wer es glauben mag! Wir kennen dieses Lachen, solches Lachen auf Ehrenwort. Es ist von Holz, und dahinter lauern Krampfanfälle, halb zornige, halb verzagte Tränen, abgesagte Aufführungen und abgekürzte Gastspiele. Nein, dieses Riesenmädchen von der Isar, diese wandelnde Nebenbuhlerin der starren Bavaria schlägt nicht aus der Schauspielerart. Auch sie hat Nerven, ist empfindlich und wehleidig; auch ihr schlägt Lob und Tadel ins Gemüt. Und gut für sie, daß dem so ist; denn wäre es anders, so hätte sie wenig von einer Künstlerin. Mag sie immerhin vorgeben, daß sie lache – uns gewinnt solches Lachen nur ein Lächeln ab.

So leicht nun wie Fräulein Ziegler mit der Kritik, wird die Kritik mit ihr nicht fertig. Es muß seinen guten Grund haben, daß sie bei ihrem letzten Gastspiel minder gefallen hat als bei ihrem ersten. Der Grund liegt auf der flachen Hand. Fräulein Ziegler gehört nicht zu den Künstlerinnen, die bei näherer Bekanntschaft gewinnen, an denen bei genauerem Zuschauen neue Seiten, die man früher übersehen, zutage treten. Clara Ziegler vermag mächtige Wirkung auszuüben. Sie überrumpelt, sie verblüfft den arglosen Zuschauer; er glaubt sich gefangen. Er täuscht sich länger oder kürzer; denn ihn auf die Dauer festzuhalten, ihn zu fesseln, dazu gebricht es ihr an der nötigen Kraft. Solche Art von heftiger und rasch nachlassender Wirkung deutet bei der Schauspielerin auf Mängel der geistigen Organisation. Clara Zieglers Kraft liegt in ihren natürlichen Mitteln, die allerdings ungewöhnlich reich sind. An ihrer Gestalt hat die Natur nicht geknickert, sie hat diesen Wuchs vielmehr in glücklicher Geberlaune gebildet. Es ist ein Segen für eine tragische Schauspielerin, solche hohe Gestalt, die den Göttern gleichsam bis an die Schultern reicht; sie ist ein Abbild oder eine Ahnung geistiger Größe, die ohne persönliches Verdienst die Menschen unmittelbar für sich einnimmt. Das Gesicht ist von beredsamen Augen belebt, die Stimme hat Umfang, Fülle, Kraft in seltenem Maße. Sie versteht ihre Stimme wie eine Sängerin und weiß ihr Pomp und Wohllaut zu entlocken. Wenn nun diese schönen sinnlichen Mittel ihr Zusammenspiel beginnen, so steht man wie unter dem Zauber einer Naturerscheinung. Man ist zugleich erquickt und betäubt von den rollenden Donnern dieser Stimme, man folgt mit Erstaunen den großen Bewegungen dieser mächtigen Leiblichkeit. Es gibt freilich ein nüchternes Erwachen aus solchem Rausch, und wenn man sich die Augen reibt, merkt man bald, daß es zwar gedonnert hat, aber nicht eingeschlagen. Wir reagieren mit der Zeit immer schwächer auf diese heftigen Anläufe gegen unsere Sinnlichkeit, und zuletzt beschleicht uns ein Gefühl der Unbefriedigung, um nicht zu sagen der Langeweile, weil wir hinter dem schönen, wohltönenden Instrument die entsprechende Seele nicht finden können. Clara Ziegler ist leicht auswendig gelernt, weil ihre Innerlichkeit nicht reich ist. Sie ist immer und ewig Fräulein Clara Ziegler, geboren in München, künstlerisch erzogen von Herrn Christen, ob sie nun die Medea darstelle oder die Elisabeth, die Deborah, die Orsina oder irgendeine Rolle in einem französischen Schauspiel. Proteus, der Gestaltenwechsler, ist keiner ihrer Vettern. Zugleich mit der Wahrnehmung ihres geringen geistigen Fonds stoßen uns auch Mängel an ihrer Technik auf. Sie besitzt eine harte, umständliche Aussprache, die sie von Frau Straßmann-Damböck, ihrer Vorgängerin in München, geerbt zu haben scheint. Ihre Rede scheint uns zu sagen: Ich bin eine fremde Sprache in dem Munde, der mich spricht, ich bin ein künstlicher Gegensatz zu dem bequemen Dialekte, den diese Zunge von der Windel auf gelallt. Ihre übrige sprachliche Technik, die grellen Kontraste in Ton und Tempo, dieses Sichfestbohren in einem Worte und wieder das flüchtige Hineilen über ganze Sätze, ist gleichfalls nicht ihr Eigentum. Man kann ihr hieraus allerdings keinen Vorwurf machen, denn das moderne deutsche Schauspielwesen stammt überhaupt aus der Fremde. Unter allen Völkern unseres Erdteils hat vielleicht das deutsche am wenigsten Beruf zur Schauspielkunst wie zur Schauspieldichtung. Es ist kein Zufall, daß sich bei uns eine dramatische Literatur erst entwickelte, nachdem sie bei den Engländern, Spaniern und Franzosen schon abgeblüht hatte. Als das dramatische Dreigestirn unserer Klassiker aufging, da schien auch der deutschen Schauspielkunst das Glück zu lächeln. Aber die Tradition, die von unseren großen Bühnenkünstlern ausgegangen, hat sich rasch abgenutzt. Die Dramatiker gingen zu den Franzosen in die Schule; was sollten die Darsteller tun? Vor allem *eine* dämonische Erscheinung hat auf die moderne Schauspielkunst Deutschlands einen verhängnisvollen Einfluß genommen: Rachel Felix. Unter ihrem Banne erstarrte die alte Schauspielschule der Deutschen, und die Bühne versuchte neue Gänge, ganz zu derselben Zeit, wo auch die deutsche Malerei durch französische Anregung in neue Bahnen gelenkt wurde. Die Rachel war eine Französin, auf eine Jüdin geimpft. Beide Elemente durchdrangen sich in ihr auf das innigste. Dem schärfsten Verstande und der beweglichsten Dialektik vermählte sich das leidenschaftlichste Feuer. Sie war eine gewaltige Rednerin, was nicht ausschloß, daß sie auch ganz liebenswürdig zu plaudern verstand. Sie hatte Töne für Corneille und für Lafontaine. Ihr Stil war ganz aus ihrer Persönlichkeit und aus der französischen Sprache hervorgewachsen. Nun denke man sich, wie solcher ganz persönliche und nationale Stil in einer altbayerischen Mädchenseele sich ausnehmen, wie er, in deutsche Sprache übertragen, sich gestalten muß. In Clara Ziegler, welche die Rachel auf Umwegen in sich aufgenommen, sehen wir das Ergebnis einer solchen Übertragung. Sie arbeitet mit denselben Mitteln wie die Rachel, ohne die persönlichen und nationalen Vorbedingungen dieser Mittel zu besitzen. Es ist seelenlose Nachahmung, nur erträglich gemacht durch die reiche sinnliche Ausstattung, welche der Münchener Schauspielerin von der Mutter Natur zuteil geworden.

Aber – wird man schließlich fragen – was hast du uns Besseres zu bieten als diese hochgewachsene, stimmgewaltige Altbayerin? An Gestalt und Organ gewiß nichts Besseres – aber siehe da, verdeckt nicht Clara Ziegler, leiblich genommen, eine andere tragische Schauspielerin wie eine Löwin eine zierliche Katze? Man kennt sie: es ist Charlotte Wolter. Man stoße sich nicht an dem Worte »Katze«; ist doch eine lebendige Katze in diesem Zusammenhang mehr wert als eine ausgestopfte Löwin! Fräulein Wolter gehört allerdings derselben Schule an wie Clara Ziegler, nur mit dem einen Unterschied, daß ihr diese Schule nicht so äußerlich sitzt wie ein Kleid. Zwischen ihr und ihrer Schule ist eine innere Verwandtschaft vorhanden. Ich möchte indessen Fräulein Wolters Vorzüge nicht übertreiben. Ich weiß nicht einmal, ob sie Geist besitzt; aber sie besitzt einen geistigen Instinkt, der sie oft das Rechte finden läßt; sie hat Temperament und ist in Auffassung und Spiel ganz modern-interessant. »Nicht das Höchste«, wird man einwenden; »aber doch etwas«, muß ich erwidern. Und dieses Etwas, dieses Positive, Rasseartige, Persönliche läßt sie mir bedeutender erscheinen als ihre äußerlich imposantere Münchener Nebenbuhlerin.

(Am 22. Juni 1873)

Karl Fichtner

Die Leichenreden sind gesprochen, der Trauergesang ist verhallt, und der Künstler selbst, der einst zur heiteren Erbauung der Menschen soviel Atem vergeudet, ruht nun, ein stummer Mann, wohlgeborgen im kühlen Schoße der Erde. Nicht von der Bühne hinweg hat ihn der Tod geholt; schon vor bald neun Jahren ist er, als ein angehender Sechziger, aus seinem Wirkungskreise geschieden, um sich, umgeben und getragen von der Liebe der Seinigen, in ein bescheidenes Privatleben zurückzuziehen. So war es weniger ein öffentliches Unglück, denn ein Schlag für seine Familie, als fast unangemeldet der Tod ihn heimsuchte; die Männer von der Bedeutung Fichtners merkt man sich, auch wenn sie uns jahrelang aus den Augen sind, und es ist ein berechtigter Wunsch, das Gedächtnis des hervorragenden Künstlers an seinem frischen Grabe erneuert zu sehen. So sei denn seine verehrte Gestalt noch einmal heraufbeschworen, und wenn er mit Worten angeredet wird, die schon zum Teile dem noch Lebenden an das Ohr gedrungen, so möge man bedenken, daß eine längst in sich fertige Erscheinung vor unserem geistigen Blicke steht, zu deren Charakteristik kein wesentlich neuer Zug nachzutragen ist.

Nichts auf der Welt hat so wenig den Anschein eines Problems wie die Aufgabe, von Fichtners Wesen und Wirken ein bezeichnendes Gedankenbild zu entwerfen. Man greife den Nächstbesten von der Straße auf und frage ihn aus, und seine Ansicht über Fichtner wird mit der Anschauung des Kritikers, der sich hinter dem Tintenfaß müht, im wesentlichen übereinstimmen. Man ist nur der Berichterstatter der öffentlichen Meinung, wenn man über

Fichtner schreibt; ihm gegenüber gibt es keine Privaturteile. Und gleichwohl ist die Arbeit so leicht nicht, wie sie zu sein scheint; ja man möchte gleich von vornherein die Palette wegwerfen, weil einem zugemutet wird, ein Bildnis ohne Schatten zu malen. Sonst ist der Tadel die Handhabe, an der man auch das im Grunde Vortreffliche zu ergreifen pflegt; Fichtner aber, als eine durchaus abgerundete Erscheinung, ist so schwer zu fassen wie eine Kugel. Das einfachste wäre, ihn in Bausch und Bogen zu bewundern, sich in Superlativen zu ergehen und die Ausrufezeichen nicht zu sparen; aber wie wenig entsprechend wäre dies einem Künstler gegenüber, der seine größten Wirkungen allzeit mit den unscheinbarsten Mitteln erzielte. Am besten ist es vielleicht, die Rolle eines Fremden anzunehmen, der noch in der guten Zeit des Burgtheaters Fichtner zum ersten Male spielen sah, und die Empfindungen, die er in ihm erregt, zu schildern versucht.

Wenn man damals »aus Deutschland« hereinkam und im Burgtheater der Aufführung eines Konversationsstükkes zum ersten Male beiwohnte, so ging einem – man hat es ja selbst erlebt – eine ganz neue Welt auf. Brachte man sonst das lästige Gefühl nicht von sich los, daß man es mit bloßen Komödianten, mit mehr oder minder gewandten Aufsagern ihrer Rollen zu tun habe, so kam einem im Burgtheater der Eindruck des vollsten Lebens entgegen. Die Schaubude war verschwunden, man befand sich mitten in der besten Gesellschaft, deren gefällig entgegenkommende Manieren eine gewisse ablehnende Vornehmheit nicht ausschlossen. Ein sachter, abgedämpfter Ton war vorherrschend, so daß in diesem gleichverteilten Elemente jedes treffende Wort, jede geistreiche Wendung doppelt wirkte. Dazu kam ein vollendetes, von frostiger Korrektheit weit entferntes Ensemble und ein Tempo, dessen bequeme Raschheit ein den Gesamteindruck zerreißendes Verweilen auf Einzelheiten nicht gestattete. Es war eine Lust, zu sehen, wie Schauspieler und Publikum sich auf den Wink verstanden, und was gutes Sprechen und gutes Hören sei, konnte einem da herrlich aufgehen. Unter den weiblichen

Künstlern ragte Fräulein Neumann mit ihrem unvergeßlichen Nasenstimmchen unvergleichlich hervor, unter den Männern neben La Roche Karl Fichtner. Die Schlichtheit seines ganzen Behabens mochte einen zwar anfänglich an seiner vielgepriesenen Künstlerschaft zweifeln lassen; bald aber ward man gewahr, daß der Mangel nicht im Künstler, sondern im Zuschauer steckte, welchem der Sinn für die ruhige Wirkung, die von Fichtner ausging, noch nicht erschlossen war. In dem Augenblicke, da wir Fichtner mit herzlichem Leidwesen von der Bühne scheiden sahen, wirkte der Gedanke, daß wir uns einst an ihn hatten gewöhnen müssen, mit schmerzlichem Humor. Und wie rasch fand man Vergnügen an der Begabung des Mannes, der nichts Unpassendes unternahm, dagegen jede Rolle, die im Bereiche seiner Kräfte lag, mit dem Zauber seiner Persönlichkeit tränkte. Die Rollen, die wir ihn darstellen sahen, liegen ihrem Charakter nach weit genug auseinander. Fichtner trug den Hermelin und den schwarzen Frack mit gleicher Würde, das gewichtige Herrscherwort floß ihm so natürlich von den Lippen wie die leichte, scherzende Sprache des modernen Lebemannes. Für große tragische Aufgaben war er nicht gemacht, da lag die Grenze seines Talentes; aber wo das Tragische als Episode auftrat, war er dafür wie geschaffen. Valentin, Gretchens Bruder, war in seiner schlichten Darstellung eine erschütternde Gestalt, und nie hat man den übermütigen Mercutio wirksamer darstellen sehen als von ihm. Sein Rudolph von Habsburg in Grillparzers »Ottokars Glück und Ende« nimmt unter seinen Leistungen eine hervorragende Stelle ein; wie er da die Taubenunschuld mit der Schlangenklugheit zu vermählen wußte, war ein Meisterstück ersten Ranges. Seine vornehme, bezaubernde Dreistigkeit als Prinz in »Emilia Galotti« machte das halb bewußte, halb unbewußte Schwanken Emiliens erst begreiflich; sein hinreißendes Wesen rechtfertigte den Dolchstoß des alten Galotti. Wir geben nur Proben, denn wer vermöchte die Rollen alle aufzuzählen, denen Fichtner seine Seele eingehaucht, ja die oft nur lebten, weil er sie in die Hand nahm? Im leichten Schauspiele war er souveräner Meister, beides: als Spieler und als Sprecher. Das Geheimnis der Wirkung lag hier wie dort in derselben Eigentümlichkeit des Mannes, nach der wir, als der Seele seiner Kunst, endlich fragen möchten.

Künstler, deren hervorragende Eigenschaften kräftige Schlagschatten werfen und die uns in ihren Mängeln Maßstäbe für ihre sonstige Größe an die Hand geben, sind in ihrer Bedeutung leicht erklärt; aber eine so harmonische Natur wie Fichtner, deren Wirkung ganz auf dem glücklichen Gleichgewicht geistiger und gemütlicher Kräfte beruht, entzieht sich eigensinnig der Zergliederung. Er läßt sich immer nur als Ganzes fassen, und jeder, der wahr ist gegen sich selbst, muß bekennen, daß durch Aufzählung einzelner Eigenschaften dem Wesen Fichtners nicht nahezukommen sei. Es gibt indessen ein Wort, das allen auf der Zunge schwebt, sooft von Fichtner die Rede ist, und dieses Wort heißt: liebenswürdig. Liebenswürdigkeit war in der Tat die Seele Fichtners, sie war jene lebendige Mitte, in welcher sich seine sonstigen Eigenschaften trafen, von welcher sie Farbe und Duft empfingen. Liebenswürdigkeit war über seine Gestalt gegossen, sie blickte aus seinen vollen Augen, sie saß auf seinen Lippen und sprach aus jeder Bewegung seiner Hand. Sein bloßes Auftreten pflegte einen Sonnenschein mit sich zu bringen. Fragt man nun, ob diese Liebenswürdigkeit Natur oder Kunst gewesen, so muß man antworten, daß sich Liebenswürdigkeit – als Herzensgüte, die sich mit Anmut ausspricht – allerdings nicht anbilden lasse, daß sie aber bei Fichtner zur Virtuosität ausgebildet war. Fichtner ist keineswegs als Künstler vom Himmel gefallen, er hat vielmehr eine sehr gründliche Schule durchgemacht. Er begann seine Bühnenlaufbahn damit, daß er ausgelacht wurde, und zwar so empfindlich, daß der verletzte Jüngling auf dem Sprung stand, unter die Soldaten zu gehen. Das Unbeholfene, ja Linkische, das man an dem Anfänger belacht, hat er als Kunst in sein späteres Leben herübergerettet und mit der Darstellung desselben die heitersten Wirkungen erzielt. Einem mehrjährigen theatralischen Wanderleben, in welches er durch die Unsicherheit der deutschen Bühnen hineingezogen wurde, setzte seine Berufung an das Theater an der Wien (1822) ein endliches Ziel. Zwei Jahre darauf, als ein Neunzehnjähriger, trat er in den Verband des Burgtheaters ein. Wir kennen keine Besprechung seiner Leistungen aus jener Periode; aber eine Äußerung der »Österreichischen National-Enzyklopädie«, welche noch im Jahre 1835 an Fichtner hervorhebt, daß er in der jüngsten Zeit im Konversationstone bedeutende Fortschritte gemacht, läßt durchscheinen, wie emsig und nachhaltig er an sich müsse gearbeitet haben. Ältere Besucher des Burgtheaters wissen recht wohl, daß Maximilian Korn das Vorbild Fichtners war. Sie betrachten ihn gewissermaßen als Schüler Korns und führen viele von Fichtners stereotypen Ausfüllbewegungen, wie das Händereiben, das Spielen mit dem Schnupftuche, das Langen nach dem Halstuche, auf Korn zurück. Durch die reinere Aussprache und den helleren Klang des Organs war übrigens Fichtner dem stets heiseren und mit wunderlichem Anhauche redenden Korn von jeher überlegen, und von allem, was Nachahmung heißen konnte, hatte er sich später gründlich befreit. Fichtner ist somit durch das Burgtheater geschult worden, und glücklicherweise hat er wieder Schule gemacht und läßt seine heilsamen Einflüsse, denen sich kein jüngerer Schauspieler von einigem Talent entziehen konnte, auf dem Burgtheater zurück. Sonnenthal ist dem Fach nach, und zu einem guten Teil auch künstlerisch, Fichtners Erbe; auch Hartmann ist ein wenig von Fichtners Manier gestreift worden. Überhaupt hat Fichtner durch sein persönliches Beispiel wie ein guter Genius gewirkt. Ihm, dem großen Talente, das man allerorten mit offenen Armen empfangen hätte, genügte der verhältnismäßig beschränkte Wirkungskreis des Burgtheaters, und nachdem sein Ruf einmal festgestellt war, schlug er die glänzendsten Einladungen zu Gastspielen grundsätzlich aus. Fichtner, bei dem der bedeutende Künstler auf den besten und gütigsten Menschen gepfropft war, erwies sich stets als der trefflichste Kamerad, und wie er keinen Neid kannte, so hat er auch keinen erfahren. Ihm ward ein Glück zuteil, welches in den Bereich der Fabel zu gehören scheint, das Glück, bedeutend zu sein, ohne Feinde zu haben.

An seinem edlen Künstlerbilde hätte noch ein Zug gefehlt, wäre Fichtner nicht zur rechten Zeit von der Bühne abgetreten. Wer würde dem zu jener Zeit noch leiblich und geistig rüstigen Mann zugemutet haben, die Bretter zu verlassen, wenn er nicht selbst darauf bestanden hätte? Es war, so schmerzlich es für die Betroffenen auch sein mochte, ein Schritt der höchsten künstlerischen Weisheit. Fichtner, der damals im besten Zuge zu sein schien und wie neu auflebte, besaß hinreichende Klugheit, um den letzten Blütentrieb des reiferen Mannesalters nicht für den Vorboten einer zweiten Jugend zu nehmen. Man kennt solche Scherze der Natur, und ein verständiger Mann läßt sich nicht äffen. So aber, indem Fichtner in voller Kraft von der Bühne zurücktrat, genießt er den Vorteil jener von den Dichtern gefeierten, in jungen Jahren entrückten Götterlieblinge: im Gedächtnis der Menschen als ein ewig Jugendlicher fortzuleben.

(Am 31. August 1873)

Die Meininger in Wien

Ein Theater, welches mit Mann und Maus, mit Kind und Kegel auf Reisen geht, um sich in fremden Städten sehen und hören zu lassen, ist in unserer Zeit, die sich so häufig des Fortschrittes rühmt, eine seltsame Erscheinung. Eine seltsame und, man möchte fast sagen, eine verspätete. Man mag Büchermenschen oder Fachmänner befragen, alle werden sie, als ob es sich um eine ausgemachte Sache handelte, einhellig behaupten, daß der Aufschwung deutschen Schauspielwesens mit der Errichtung stehender Bühnen aufs innigste verknüpft sei. Hamburg und Mannheim, Wien und Berlin werden als ebenso viele Argumente zur Erhärtung dieses Satzes ins Feld geführt. Wandernde Schauspielertruppen, sogenannte »Schmieren«, wie sie der Galgenhumor leichtlebiger »Seelenmaler« selbst getauft hat, treiben sich in deutschen Landen nur noch abseits der Heerstraße herum, um Bauern und Kleinstädter mit ihren Späßen zu bewirten oder ihnen das aus Furcht und Mitleid entstehende tragische Vergnügen zu verschaffen; größere Bühnen begnügen sich mit einzelnen Gästen, welche durch die fixen Sternbilder des heimischen Theaterhimmels wie glänzende Meteore oder Kometen fegen. Das Meininger Hoftheater, ein Geschöpf und Lieblingsspielzeug des regierenden Landesherzogs, hat diese Ordnung der Dinge mit Geräusch umgestoßen. Und gewiß nicht zum Heile höherer Theateraufgaben. Wir meinten immer, daß ein Theater, wie andere Gemeinwesen, mit dem Boden, auf dem es entstanden, verwachsen sei, daß seine Eigentümlichkeit nur an Ort und Stelle, wo selbst relative Schwächen in Vorzüge umschlagen, genossen werden könne. Man gewöhnt sich an Schauspieler, ja man muß sich an die Schauspieler erst gewöhnen, um sie, durch entstellende Flecken und kleine Unarten hindurch, in ihrem wahren Werte schätzenzulernen; mancher Schauspieler ist, und mit Recht, in Berlin ein Held, der es in Wien, und wieder mit Recht, nicht ist. Es geht mit Schauspielern nicht anders als wie mit geistigen Getränken, deren Beliebtheit, je spezifischer sie sind, desto fester an den Himmelsstrich gebunden ist. Die Meininger in Meiningen, die Wiener in Wien – das scheint uns das Richtige zu sein; da nun die Meininger einmal in Wien sind, so müssen wir uns wohl oder übel mit ihnen befassen, und sie werden sich hoffentlich nicht beklagen, wenn wir sie an Maßstäben messen, die uns die Wiener Bühne in die Hand gedrückt hat. Es ist gewiß nur billig, daß sie die Kritik hier genießen wie Essen und Trinken: nach einheimischem Maß und Gewicht.

Die Meininger sind in Wien aufs beste untergebracht; sie haben das schöne und geräumige Haus an der Wien bezogen, das einst Schikaneder – die Sage von der Liedergewalt des Orpheus verwirklichend – zumeist aus dem Erträgnisse der »Zauberflöte« aufgebaut hat. Und sie bedürfen eines großen Bühnenraumes, um sich rühren zu können; eine so beschränkte Szene wie die des Burgtheaters würde sie krumm- und lahmlegen. Ihre Spezialität beruht nämlich, wie die Aufführung von »Julius Cäsar« dargetan hat, lediglich im Äußerlichen, im dramatischen Beiwerk, wenn man will. Die Dichtung spielt nur die Gelegenheitsmacherin für Entfaltung von Dekorationen, Kostümen und reich bewegten Gruppen und Volksmassen. Wenn die Romantiker, an ihrer Spitze Ludwig Tieck, für die Shakespeareschen Stücke auch die Shakespearesche Bühne mit ihren dürftigen Andeutungen des Schauplatzes und ihren zum Teil anachronistischen Kostümen gefordert haben, so treiben die Meininger, dem realistischen Zuge des Zeitalters folgend, ihren dramatischen Wahrheitssinn, ihr Streben nach augenfälliger szenischer Richtigkeit so weit, daß sie in einem historischen Drama die äußere Gestalt des Zeitraumes, in welchem das Stück spielt, bis auf den letzten Knopf zur Anschauung bringen wollen. Sie szenieren ungefähr, wie Piloty malt. Die Dekorationen der Meininger tragen durchaus den Stempel solchen Bestrebens, und damit man ihre Absicht ja nicht verkenne, entwickelt der Theaterzettel ein förmliches architektonisches Programm. Die Meininger wollen nicht bloß schlechtweg korrekt sein in ihren Dekorationen, sie wollen vielmehr, daß man auch wisse, sie seien korrekt; das bringt einen doktrinären Beigeschmack mit sich, der bitter genug auf den Gaumen fällt. So liest man beispielsweise auf dem Theaterzettel, welcher Shakespeares »Julius Cäsar« gewidmet ist: »Die Szene spielt im dritten Akte in der Kurie des Pompejus und dann auf dem römischen Forum, Aussicht gegen den Palatin und die während der Bürgerkriege zerstörte Kurie des Senats . . .« Nun wollen wir nicht einmal fragen, welches archäologische Genie, und heiße es Ottfried Müller oder Theodor Mommsen, davon unterrichtet sei, wie das Rom Cäsars bis in das Detail hinein ausgesehen habe – wir fragen nur, was in aller Welt hat »die während der Bürgerkriege zerstörte Kurie des Senats« mit Shakespeares »Julius Cäsar« zu schaffen? Er weiß nichts davon, und wir, seine Zuschauer, brauchen auch nichts davon zu wissen. Diese umgestürzten Säulen und Pilaster sind ebensogut Phantasiebilder wie das Rom, welches sich der nächste beste Dorfmaler aus der Tiefe seines Gemüts und seines Farbenkastens geholt hat. Übrigens verdrießt uns weniger die »Korrektheit« der Dekorationen als ihre Prätension, korrekt zu sein. So etwas malt man auf die Leinwand und verliert weiter kein Wort darüber. Dann kann man auch dankbar sein und sagen: Seht, was für hübsche Dekorationen ihr habt; sie sind so hübsch, daß sie nicht einmal den poetischen Eindruck stören! Ein solches Lob ist wohl das beste, das man erteilen mag, denn es ist nicht von außen her gesagt, sondern mitten aus dem Kern der in Betracht stehenden Dichtung heraus, die doch wohl auf der Bühne das erste und das letzte Wort hat, wobei für den äußeren Aufputz immer noch ein paar höfliche Redensarten übrigbleiben. Ungefähr das gleiche gilt von den Kostümen, auf welche die Meininger kein minderes Gewicht legen. Das Kleid ist dem Leibe näher als die Dekoration, in ihm spricht sich unmittelbar etwas Moralisches aus, und so mag der Regisseur schon einige Mühe darauf verwenden. In den Volksszenen, wie sie die Meininger geben, spiegelt sich etwas von dem Rom Cäsars, in welchem die Welt zusammenströmte; nicht nur der Römer kommt darin zur Erscheinung, sondern auch der Grieche und der Barbar. Mögen die antiken Zeugnisse für die verwendeten Trachten auch verschiedenen Zeiten entnommen sein – das hat wenig auf sich, denn die alte Welt, die noch nicht so tyrannisch wie wir von der wechselnden Mode beherrscht war, hat lange an einem Rock getragen. Doch es gilt nicht allein, das richtige Gewand anzuhaben, sondern auch, es je nach der Situation bald bequem, bald stolz tragen zu können – und man muß es neidlos gestehen, daß es unsere Gäste in dieser Kunst weit gebracht haben. Der Meininger Zeremonienmeister ist nicht weniger lobenswert als der Meininger Schneider.

Und nun zu einem Hauptstolze der herzoglich Meiningenschen Theaterregie, zu ihrer Kunst, Gruppen zu stellen, zu bewegen, ineinander überzuführen, bedeutende Menschenmassen reich zu beleben und wie einen Akteur mit fünfzig Köpfen und hundert Armen spielen und reden zu lassen. In diesem Punkte steckt eine Arbeit, deren Geduldsamkeit man eigentlich nur ahnen, kaum begreifen kann. Die Griechen haben ein Sprichwort für das Unmögliche: Aus Sand Stricke drehen. Man kann daran denken, wenn man die Komparserie des Meininger Theaters in voller Tätigkeit, wenn man diese vielen dummen Kerle – denn dumm ist jeder Deutsche in Sachen körperlicher Geschicklichkeit – so anstellig sich gebärden, bewegen und in die Handlung eingreifen sieht. Das ist ein Wunder, das man gesehen haben muß, und wäre es nur, um es nachträglich unnütz und vielleicht ein wenig lächerlich zu finden. Die Kunst des Regisseurs – Herrn Chronegk, hinter welchem der regierende Herzog steht – beginnt schon bei den einfacheren Gruppen, die sich aus drei bis sechs Personen zusammensetzen. Gewöhnlich werden dergleichen Gruppen, sobald nur das Allernötigste festgestellt ist, sich selbst und ihrem plastischen Trieb überlassen, mag daraus werden, was will. Ganz anders bei den Meiningern. Hier ist alles mit vorschauendem Auge berechnet, mit leitender Hand geordnet, das heißt alles, was sich vorschauend berechnen und ordnen läßt. Wie ein plastisches Bildwerk, das lebendig wird und sich zu bewegen beginnt, ist es anzuschauen, wenn kleinere Gruppen erst jede selbständig für das Auge arbeiten, wie sie dann, wenn die Handlung sie kreuzt, zusammenrückend eine größere Gesamtgruppe bilden und im gleichen Linienfluß sich wieder scheiden und wieder vereinigen. Freilich, vollständig läßt sich dieser plastische Instanzenzug nicht beherrschen, und der Zufall, der witzige Junge, tut manchen kräftigen Einspruch gegen die künstlerische Rundung des Ganzen. Auch ist Shakespeare zu unruhig für solche Gruppenbildung, zu springend in seiner Leidenschaft, zu wählend und dialektisch. Es gibt Tragödien von Sophokles, voran die »Antigone«, wo sich die Leidenschaft in so einfachen und schönen Linien ausspricht, daß es den Darstellern möglich, ja leicht gemacht ist, sich wie freigelassene Statuen zu bewegen. Dasselbe gilt vom antiken Chore, welcher, gering an Zahl, durch poetisch-musikalischen Rhythmus gebändigt wird. Das fällt weg bei Shakespeare für die kleineren Gruppen wie für die Masse des Volkes. Das Meininger Shakespeare-Volk ist ein Ungeheuer, an dem kein Nerv schlaff, kein Glied unbewegt ist; es stürzt auf seinen Mann los, es weicht zurück, es knirscht und brüllt. Aber es ist ein halbstummes, unartikuliertes Element, für dessen Bewegung das künstlerische Prinzip fehlt. In der Oper ist es für den Chor die Musik; der Chor ist im Zauber der Töne gefangen, von ihm getragen und gehoben; der musikalische Rhythmus ist dieselbe Macht, die in seinen Gliedern lebt; sie befeuert und beherrscht ihn zugleich. Der Chor des Schauspiels, von keiner inneren Fessel gebunden, strebt ins Maßlose; er ist, wenn man die Schleusen zieht, ein wildes Wasser, welches die Dämme des Kunstwerkes einreißt und die bedeutungsvollen dramatischen Einzelgestalten in seinen Wogen begräbt.

Damit hat es allerdings bei den Meiningern keine Gefahr, denn die bedeutenden Einzelgestalten fehlen in ihrer Gesellschaft. Und so berühren wir den wundesten Fleck des Meiningenschen Hoftheaters und wohl seine eigentliche *raison d'être*. Man stelle sich einmal die Frage, ob hervorragende schauspielerische Kräfte, ob echte Künstler gewillt wären, das Joch eines so üppig ausgebildeten Schauspielchores zu tragen? Nimmermehr! Sie würden darin eine maßlose Überhebung des Dilettantismus erkennen, sie würden in ihm eine unberechtigt übergreifende Macht erblicken, die alles selbständige Künstlertum knickt. Aus Mangel an bedeutenden Schauspielern hat sich das Meiningensche Hoftheater auf jenen dramatischen Sport geworfen, den es nun schwunghaft betreibt. Bei seinem Erscheinen in Wien hat es sich den einzigen Schauspieler, der des Erwähnens wert ist, vom Dresdener Hoftheater ausgeliehen; es ist Herr Dettmer, der Darsteller des Antonius. Er ist ein guter Spieler und Sprecher und unter den Meiningern geradezu ein Riese.

Nun möchten wir aber heute nicht ohne ein freundliches Wort von unseren Gästen scheiden. Wenn sie auch mit dem Betonen des Äußerlichen gegen Dichter und Dichtung arbeiten, wenn sie auch in einer Richtung treiben, die stets einen Niedergang der dramatischen Kunst bedeutet hat, so sind sie in ihrer Weise doch so exemplarisch, daß man ihnen eine Art Anerkennung nicht versagen kann. Die einseitige Ausbildung einer Richtung hat stets ihr Lehrreiches. Regisseure und Schauspieler können von den Meiningern lernen, wenigstens in Einzelheiten lernen; ihre Methode aber in Bausch und Bogen nachzuahmen wird keinem Theaterdirektor einfallen, der den Künstler über den Statisten stellt und gegen Dekorateur und Schneider noch halbwegs auf der Seite des Dichters steht.

(Am 29. September 1875)

Epilog

Der Vorhang ist gefallen über dem Meininger Gastspiel, die Beifallsrufe sind verhallt, und eine große Stille folgt dem geräuschvollen Drang, mit und unter welchem unsere Gäste über die Bretter des Theaters an der Wien geschritten. Sie haben ihr ganzes Können vor uns ausgebreitet, ihre Methode, ihren Stil in einer langen Reihe von Beispielen uns anschaulich gemacht; von ihren Vorzügen und Mängeln ist uns nichts verborgen geblieben. Sie haben Shakespeare und Schiller gespielt, Molière und Kleist, Björnson und Lindner und alle dramatischen Gattungen durchlaufen, von der Tragödie zur Posse, vom Schauspiel zum Lustspiel. Nun ist es gestattet, die Summe ihrer Leistungen zu ziehen, ein letztes, abschließendes Wort zu sagen. Bevor wir aber an diese Aufgabe gehen, möchten wir noch einige Punkte berühren, die unser zuerst abgegebenes Urteil auf der einen Seite erweitern, auf der andern bestätigen. Wie man sehen wird, haben wir von unserer ursprünglichen Ansicht nichts zurückzunehmen, sondern ihr bloß einiges hinzuzufügen.

Als wir uns über die Meininger zum erstenmal aussprachen, lag uns nur die Aufführung von Shakespeares »Julius Cäsar« vor. Der Shakespeareschen Tragödie ist ein Shakespearesches Lustspiel gefolgt: »Was ihr wollt«. Daß Deinhardsteins landläufiger Bühnenbearbeitung gegenüber der Text der Schlegelschen Übersetzung wiederhergestellt war, stimmte uns von vornherein günstig; doch glaubten wir, mit dieser literarischen Genugtuung abgespeist zu werden. Wir hegten die Befürchtung, daß mit dem gegebenen Personal und dem Geist, der es beseelt, weder die feineren Teile des Stückes noch seine komischen Partien einigermaßen entsprechend würden zur Erscheinung kommen. Wo nehmt ihr eine rechtschaffene, heitere und zartsinnige Viola her, wo eine vornehme, lebenslustige und verliebte Olivia? Und diese Narren, Lumpen und Gecken, womit wollt ihr sie bestreiten? Sollte beispielsweise der dürftige Cassius von gestern heute ein unterhaltender Narr sein? O nein, er war ein hohlstimmiger, nüchterner, steifer, in jedem Betracht unerquicklicher Narr, und seine Kumpane machten keine viel bessere Figur. Auf dem Burgtheater haben wir ja den Haushofmeister Malvolio durch La Roche persönlich kennengelernt, und der Malvolio der Meininger, dieser fade Tropf ohne shakespearesche Seele, dem man nur dann einen Gefallen tut, wenn man über ihn lacht, sollte an jene authentische Bekanntschaft auch nur entfernt erinnern? Ebensowenig selbständiger Humor sprach aus den beiden Junkern, dem Tobias von Rülp und dem Christoph von Bleichenwang; jener rohe, versoffene Lumpenkerl und diese blöde, verlassene Seele voll Feigheit und prätentiösen Gelüsten drückten ihren Charakter nur in der äußeren Erscheinung aus. Nun aber kommt das Wunder: in der Hand der Meininger Regie bilden diese an sich niederen Karten ein vortreffliches Spiel. Wir haben die einzelnen Figuren nie mittelmäßiger darstellen sehen, und doch brachten sie zusammen die Komik des Stückes zu einer Wirkung, wie wir sie zuvor noch nicht erlebt hatten.

Wir wissen wohl, daß die komischen Teile der Shakespeareschen Lustspiele oder, bestimmter ausgedrückt, die possenhaften Partien derselben in Verruf sind, daß man ihnen vorwirft, sie seien roh, leer, ihr Witz und Spaß veraltet. Nun hängt allerdings nichts so sehr mit der Zeit und ihren Bedingungen zusammen als der Witz, der Spaß, der Humor; und eine Komik, welche die Zeitgenossen unmittelbar und wie selbstverständlich angesprochen, versteift sich mit den Jahren und kann schließlich nur durch gelehrte Prozeduren aufgeweicht und wieder genießbar gemacht werden. Ist nun das Niedrigkomische bei Shakespeare von solcher Beschaffenheit, daß es ohne künstliche Hilfsmittel nicht mehr genossen werden kann? Ja und nein – ja im einzelnen, nein im ganzen. Die Wortspiele, die in aller Komik überhaupt am raschesten welken, sind auch bei Shakespeare nicht mehr grün; die Verrenkungen und Umstülpungen der Sprache, die seinen Zeitgenossen lustig vorkommen mochten, sind es für uns nicht mehr.

Aber zurückgeblieben ist ein saftiger Stamm, ein gesunder komischer Körper, wenn sie auch im Boden ihrer Zeit wurzeln und die Luft ihres Jahrhunderts atmen. Das Wirtshaus, die Kneipe ist für jene von gewaltigem Hunger und noch gewaltigerem Durst geplagten pantagruelischen Zeitläufte, wo selbst die jungfräuliche Königin Elisabeth sich fast wie ein Kutscher unserer Tage nährte, die natürliche Atmosphäre, und so wird denn auch der komischen Muse Shakespeares, wo sie »den tiefsten Ton der Leutseligkeit angibt«, der Weinbecher nimmer leer. Shakespeare mag noch so stark gegen den Übergenuß gegorener Getränke eifern und das Laster der Trunkenheit (zunächst an den Deutschen) geißeln – er selbst, eine in hochfliegender Begeisterung wie in ausgelassenem Scherz ganz dionysische Natur, liebte den beseligenden Saft der Traube, und man wird wohl von ihm sagen dürfen, was der römische Dichter von dem älteren Cato gesagt hat: daß auch seine Tugend ihr Feuer zuweilen aus ungemischtem Wein geschöpft hatte. Shakespeare freilich ist ein Gott des Weines, stärker als der Wein selbst; aber noch wo er die zerstörenden Wirkungen des Weingenusses darstellt, träufelt er Witz und Humor – und manchmal recht gemütlichen – in den verhängnisvollen Becher. Er ehrt im Mißbrauch noch die göttliche Kraft der Rebe. Nur den ganz gemeinen Trinkbestien, wie es die Lumpenhunde im »Sturm« sind, entzieht er seine Teilnahme; dagegen hat er die faule Weingärung, die dem Sektfaß Sir John Falstaff schließlich die Dauben sprengt, unter Entwicklung unsterblicher Witze vor sich gehen lassen. In »Was ihr wollt« läßt Shakespeare der Trinkleidenschaft seiner Zeit frei die Zügel schießen; es wird Tag und Nacht gezecht, gelacht, gejohlt, und die noch übrige Besinnung wird in Vollführung von Schalkstreichen verbraucht. Aber dieses wüste Treiben, von dem sich die Herzensangelegenheiten der beiden frischen Mädchenseelen doppelt lieblich abheben, findet ein mildes Urteil; Leute, deren »Augen schon um acht Uhr früh untergegangen sind«, werden am Hof einer feingebildeten, reichen Gräfin geduldet, und den in einem Raufhandel zerschlagenen Junker trifft aus Oliviens Mund keine härtere Sentenz als: »Bringt ihn zu Bett und sorgt für seine Wunde.«

Diese niedrigkomischen Elemente in »Was ihr wollt« bringen also die Meininger zu vorzüglicher Geltung. Als die Schauspieler einer kleinen Stadt, wo, aus Mangel an anderweitiger Anregung, das Kneipenleben noch meerschweinchenhaft floriert, sind sie ihrer Aufgabe wunderbar gewachsen. Sie haben noch den frischen, frechen Mut, den Shakespeare, als der Sohn einer derberen Zeit, für seine possenhaften Szenen verlangt. Sie entfesseln jede Figur voll und ganz, aber sie binden sie wieder in einem planvoll ins Werk gesetzten Ensemble. Innerhalb dieses Ensembles wirkt jeder einzelne als Künstler, sowenig er es sonst auch sein mag. Die wüsten Orgien dieser Gesellen werden amüsant, ihre grobkörnigen Witze lustig, ihre plumpen Intrigen und weinseligen Streiche ergötzlich. In solcher Harmonie geht die Derbheit unter, weil die Virtuosität der Darstellung mehr den künstlerischen Geist als den nackten Inhalt hervortreten läßt. Die beiden Junker, der fette und der magere, der Narr und der Diener, bilden so ein treffliches komisches Quartett, und ihnen gesellt sich noch als frei schwebende Stimme das Kammermädchen Maria, diese heiterste und anschlägigste aller Soubretten, die von Fräulein Bömly (hier können wir endlich einen Namen nennen) höchst unterhaltend dargestellt wird. Sie ist ganz der ausgelassene Schalk, der mit den Verhältnissen spielt, ganz der muntere Kopf, welcher den stumpfen Trunkenbolden die Gedanken, welche sie brauchen, bereitwillig liefert. Diese anmutige Schauspielerin besitzt eine Meisterschaft im Lachen, in jenem breiten, herzlichen Lachen aus vollem Munde, welche zum Lachen zwingt. Mit der Erwähnung dieses Namens ist aber das Kapitel des Löblichen erschöpft. Die Posse hätten wir wohl; wo aber bleibt das Lustspiel Shakespeares, wo Olivia und namentlich Viola? Eine Viola haben die Meininger nicht, wohl aber haben wir sie wieder auf dem Burgtheater gesehen, wie man sie anderwärts kaum sehen wird. Frau Gabillon hat uns diese reizende Hosenrolle gespielt, und nie hat man ein Beinkleid anmutiger ausgefüllt und mit der höchsten Sittigkeit des Spieles zugleich jene höchste Freiheit verbunden gesehen, die aus der bewußten Reinheit der Intentionen entspringt ... Es ist nicht unsere Schuld, wenn unsere Gedanken, sooft von den Meiningern die Rede ist, immer burgwärts schweifen.

So mag man den Meiningern hinfolgen, wo man will, es tritt uns stets wieder dasselbe Ergebnis entgegen. Man kann sagen: Sie haben aus der Not eine Tugend gemacht. Da ihnen hervorragende Schauspieler nicht zu Gebote stehen, haben sie sich mit dem Aufwand aller ihrer Kraft auf ein untergeordnetes Feld geworfen und es mit saurem Schweiß angebaut. Das bedeutende Individuum fehlt, also stellen wir die Masse in den Vordergrund; der einzelne wirkt nicht, also versuchen wir's mit dem Ensemble; unser Wort zieht nicht, es füllt nicht die Phantasie, also her mit bunten Kostümen und blendenden Dekorationen, und laßt sie ja recht historisch treu sein, damit man für den mangelnden poetischen Eindruck wenigstens durch eine Augentäuschung entschädigt werde. Das sind gewiß lauter berechtigte Seiten der dramatischen Darstellung, aber indem man sie zur Hauptsache macht, bringt man sie selbst um ihre Berechtigung. Ich will eine Dichtung genießen, und ihr kommt mir mit reichen Kleiderstoffen und angepinselter Leinwand; ich will mich am warmen Atem eines Künstlers ergötzen, und ihr werft mir ganze Rotten gestikulierender, summender und schreiender Statisten entgegen; ich will gerührt, erbaut, erschüttert sein, und statt dessen macht man mich zum geblendeten, verblüfften und bestürzten Maulaffen. Es ist das Hineintragen der Oper und des Balletts in das Schauspiel; aber was ist eine Oper ohne Musik, ein Ballett ohne Tanz? Das Schauspiel hätte allen Grund, vor der täglich mehr um sich greifenden Macht der Oper auf der Hut zu sein und sich hauptsächlich da zu befestigen, so sein Wesen und seine Stärke liegt, nämlich im gesprochenen Worte; es sei lieber nüchtern als überschwenglich, es versage sich eher jeden Reiz der Ausstattung, als daß es auf eine einzige Silbe verzichte, in welcher ein Funken poetischen Geistes schläft. In der Kunst gilt vor allem das Individuum; mit diesem und seiner Ausbildung fange man an und nicht mit einer lächerlichen Emanzipation der Massen. Die Meininger, als einzelne genommen, haben noch viel, ja fast alles an sich auszubilden; ihre Technik der Rede befindet sich auf einer so niedrigen Stufe, daß sie, als dramatische Straf-Meininger, wohl einen Vortragsmeister verdienen. Sie können nicht einmal den landläufigen Theatervers sprechen, der dem Sprecher doch von selbst den Mund öffnet, noch weniger natürlich den vielgestaltigen, eminent dramatischen Vers Shakespeares, am wenigsten aber jene rasend gewordenen Jamben der Kleistschen »Hermannsschlacht«. Und mit solchen beschränkten künstlerischen Fähigkeiten und Fertigkeiten will man das deutsche Schauspiel verjüngen und ihm neue Bahnen vorschreiben! Nein, ihr seid groß im Untergeordneten und unbedeutend im Wesentlichen. Man kann von euch lernen, aber man darf euch nicht nachahmen.

(Am 4. November 1875)

Zweites Gastspiel der Meininger in Wien

Bei ihrem zweiten Wiener Gastspiele ist vielleicht die Zeit gekommen, über die vielgefeierten und vielbestrittenen Meininger ein unbefangenes Wort zu sagen, ihnen endlich, wie die Redensart lautet, gerecht zu werden. Seit dem letzten Male ist das Meininger »Kaninchen« zu einer wahren Riesengröße gediehen und hat auch da und dort kleine Junge geworfen. Allerwärts auf unseren Theatern verspürt man den Einfluß der Meininger, ja man hat sich nachgerade daran gewöhnt, ihre schauspielerische Methode als eine große deutsche Bühnenangelegenheit zu betrachten. Bei Gelegenheit ihres ersten Aufenthalts in Wien sind sie hart von uns angelassen worden, und nach dem Urteile mancher Leute ist damals das Kind mit dem Bade ausgeschüttet worden. Versuchen wir einmal, das schreiende Kindlein festzuhalten, indessen das Badewasser ablaufen mag.

Das Prinzip der Meininger, die Dichtung ins Anschauliche hervorzutreiben, hat sich im Verlauf ihres gegenwärtigen Gastspieles wiederholt glücklich bewährt. Wir nennen zuerst Shakespeares »Wintermärchen«, an dem sie ihre Geschicklichkeit erfolgreich bekundet haben. Wer wollte auch nicht ein Schauspiel, das sich selbst als Märchen gibt, in den buntesten Farben erblühen sehen, ihm nicht alles, was Ohr und Auge labt, zur Verfügung gestellt wissen? Es wird glaublicher und wunderbarer zugleich, wenn es zu den Sinnen spricht und wenn das Auge unmittelbar anschaut, was der grübelnde Verstand nur mühselig zusammenreimen könnte. Der Sprung über sechzehn Jahre hinweg, der uns im Buche nicht ohne Anstrengung gelingt, wie wird er leicht und sicher auf der Bühne getan, wenn uns die Anschauung von dem schweren Schuhwerk der Reflexion befreit! Und so ist es mit allem und jedem, was uns die Sache gibt und die Überlegung erspart. Dem Zuge der Anschaulichkeit haben sich nun die Meininger bei der Szenierung des »Wintermärchens« mit voller Lust hingegeben. Gewänder, Landschaften, innere Räume, alles hat einen märchenhaften Glanz; Gruppen, Bilder, Massenbewegungen, alles ist übersichtlich, lebendig, unmittelbar überzeugend. Das Königsgericht auf offenem Markt wird jedermann als bewegtes historisches Gemälde im Gedächtnis bewahren, da es besser ist als irgend etwas, das gegenwärtig aus den Werkstätten unserer Maler hervorgeht. Der großen ländlichen Szene haben sich die Meininger mit besonderer Liebe angenommen, indem sie jeden ihrer Bestandteile, der sich durch Gestalt, durch Farbe oder Reiz der Bewegung dem Auge empfiehlt, malerisch ausbeuteten. Man sieht die verliebten Paare zärtlich oder einander neckend; das Plumpe steht dem Lieblichen gegenüber, das Komische dem Ernsten; der Reigen, der Tanz führt anmutige Gruppen herbei; der Marktschreier lockt die Neugierigen und entfesselt ihre Gesangslust, und zuletzt gewährt das Auftreten der Rüpel ein himmlisches Gaudium. Man gibt sich ganz, man möchte sagen gedankenlos, der glücklichen Folge dieser sich auseinanderentwickelnden Bilder hin, ohne sich ein einziges Mal zu fragen, ob vielleicht die Handlung stillstehe. Mag sie doch immer stillstehen, wenn der Stillstand so ergötzlich ist! Und obendrein befinden wir uns ja in einem Märchen, das von Haus aus einen sachten Gang nimmt und dem es wohl gestattet sein mag, die Blumen am Wege zu pflücken.

Ja, Märchen über Märchen, und die Zeit, in der sie spielen – wie Hebbel bei einem seiner Stücke sagt –, »die poetische«. Die Freizügigkeit der Märchenwelt hat sich Shakespeare und haben sich die Meininger zunutze gemacht. Die Kritik muß über sich selbst lächeln, wenn sie hier mit überlegener Gescheitheit ihres Amtes walten will. Shakespeare mag immerhin Böhmen ans Meer verlegen, er mag zu ein und derselben Zeit das Delphische Orakel weissagen und den Giulio Romano malen lassen, er braucht deshalb nicht einmal ein geographisch-historischer Ignorant zu sein, denn die dichterische Selbstherrlichkeit, das absolute Märchenrecht gibt ihm die Befugnis, die Zeiten und Räume dergestalt durcheinanderzuwirren. In ihrer Szenierung des »Wintermärchen« haben die Meininger dem Dichter seine Anachronismen nachgemacht, sei es nun aus Absicht oder aus kongenialer Ungeniertheit. Da ist zum Beispiel unter ihren Dekorationen ein vornehmes Interieur, welches in Geräten und Gemälden aus verschiedenen Zeiten borgt. Den Mantel des Kamins zieren da Figuren, die dem Giottino angehören könnten, während an einem Betpult ein Bild angebracht ist, dessen aufgeregtes Farbenwesen an die Schule von Bologna erinnert; da trägt ein Sessel das reiche Stilgepräge der Frührenaissance, während ein Kasten in der Ecke durch seine massiven Bänder und sein starkes Schloß an die unsicheren Zeitläufte des Dreißigjährigen Krieges gemahnt. Sprünge über Zeitalter und Länder hinweg, wie bei Shakespeare, eine historische Rumpelkammer, wie bei ihm. Gewiß ein Greuel für den Pedanten, aber über alle diese Ungeschichtlichkeiten und Widersprüche hilft ein wenig Naivität glücklich hinweg. Den Meiningern bleibt jedenfalls das Verdienst, Shakespeares »Wintermärchen« für das Auge lebendig gemacht zu haben. Das Stück erlaubt nicht bloß diese Hilfeleistung, sondern es ist derselben sogar sehr bedürftig. Es ist ein halb künstliches, halb loses Gewebe, das keinen tieferen Anteil in uns erweckt. Als wir es nach langer Zeit wieder sahen, klang uns ein halbvergessenes Urteil wieder im Ohr, das vor einigen Jahren der Literarhistoriker Gödeke über Shakespeares Lustspiel gefällt. In seinem »Grundriß zur Geschichte der deutschen Dichtung«, worin er auch der dramatischen Dichtung Österreichs ein warmes Interesse entgegenbringt, sagt er von Ferdinand Raimund, »daß er allenfalls neben Shakespeare gestellt worden wäre, mit dem er den Vergleich nicht zu scheuen braucht, wenn er nicht das Unglück gehabt hätte, bloß ein deutscher Dichter gewesen zu sein«. »Der Brite«, fährt Gödeke fort, »mag geistreich-manierierter sein in seinen Lustspielen, er mag vom englischen Nationalstandpunkte der erste und einzige Dichter der Welt sein, für uns bleibt er eine relative Größe, wie Raimund für die Engländer; was englischer Humor ist, haben wir sattsam und bis zum Überdrusse aus und an ihm lernen müssen; was deutscher Humor ist, könnten unsere Ästhetiker aus der Hüttenkaufszene in Raimunds ›Alpenkönig‹ lernen, wenn Tatsachen für sie belehrend wären und nicht alles, was auf unserem Boden wächst, nach dem Maßstabe und Gewichte des Auslandes gewogen und gemessen würde . . .« Den gereizten und bitteren Ton abgerechnet, können wir, im Hinblick auf das »Wintermärchen« und Raimunds »Alpenkönig und Menschenfeind«, mit Gödeke wohl einverstanden sein. Auch uns steht das Raimundsche Stück an menschlichem und humoristischem Interesse näher und höher als das »Wintermärchen«. Und weil dem so ist, gehört, meinen wir, das »Wintermärchen« von Rechts wegen den Meiningern und ihren sinnlichen Belebungskünsten.

Auch Schillers »Wilhelm Tell« gehört ein wenig den Meiningern, wenn auch aus ganz anderen Gründen. Man sucht nämlich in diesem Schauspiele vergebens nach einem einzelnen Helden. Tell selbst steht nicht höher als alle die anderen Schweizer neben ihm; ein gewisses Mittelmaß geistiger und sittlicher Begabung ist ihm und ihnen eigen. Nun summieren und potenzieren sich die einzelnen Kräfte zu einem mächtigen, unwiderstehlichen Ganzen, das wie eine gesteigerte Persönlichkeit wirkt. So ist der eigentliche Held des Stückes das Volk selbst. Diesem Helden ist die Rütliszene gewidmet, die Krone der ganzen Dichtung. Hier, unter freiem Himmel, inmitten ihrer Berge, tagt und beschließt die Gemeinde. Hier steift und stützt sie sich auf den breiten Grund des historischen, des gewachsenen Rechtes, fest entschlossen, sich durch Willkür und Gewalt nicht von der Stelle rücken zu lassen. Den Drängern gegenüber schlägt aber dieser historische Sinn unmittelbar in revolutionäre Gesinnung um, die in den herrlichen Versen verewigt ist:

Nein, eine Grenze hat Tyrannenmacht!
Wenn der Gedrückte nirgends Recht kann finden,
Wenn unerträglich wird die Last – greift er
Hinauf getrosten Mutes in den Himmel
Und holt herunter seine ew'gen Rechte,
Die droben hangen unveräußerlich
Und unzerbrechlich wie die Sterne selbst.

Wie nun das Volk selbst der Held des Stückes ist, so ist die Landschaft, in welcher es spielt, keine bloße Dekoration, sie ist vielmehr das Element, das diese Jäger, Hirten, Bauern trägt, das sie schützt und mit verteidigen hilft, das durch seine Großartigkeit ihre Seele zu sich emporhebt. Die Natur und das Volk, diese beiden elementarischen Mächte, teilen sich in die demokratische Szene der Verschwörung auf dem Rütli. Das hat Schiller wohl empfunden, und deshalb hat er es nicht dem Regisseur überlassen, die Dekoration zu erfinden, sondern er hat die eingehendste dekorative Angabe mit eigener Hand geschrieben. Schiller bestimmt den Schauplatz der Rütliszene folgendermaßen: »Eine Wiese, von hohen Felsen und Wald umgeben. Auf dem Felsen sind Steige mit Geländern, auch Leitern, von denen man nachher die Landleute herabsteigen sieht. Im Hintergrunde zeigt sich der See, über welchem anfangs ein Mondregenbogen zu sehen ist. Den Prospekt schließen hohe Berge, hinter welchen noch höhere Eisgebirge ragen. Es ist völlig Nacht auf der Szene, nur der See und die weißen Gletscher leuchten im Mondenlicht . . .« Wer sieht nicht, daß dies keine Dekorationsangabe im gewöhnlichen Stile ist, die nur auf Farbe und Glanz hinarbeitet, daß vielmehr alles auf eine bedeutsame Handlung vorbereiten soll? Ganz in diesem Geiste sind die übrigen szenischen Winke gehalten, und am Schlusse der Szene wird der Regisseur Schiller fast warm, wenn er schreibt und vorschreibt: »Indem sie zu drei verschiedenen Seiten in größter Ruhe abgehen, fällt das Orchester mit einem prachtvollen Schwung ein, die leere Szene bleibt noch eine Zeitlang offen und zeigt das Schauspiel der aufgehenden Sonne über dem Eisgebirge . . .« Zugleich als mitverbündete Macht der Schweizer und als symbolischen Spiegel behandelt Schiller in »Wilhelm Tell« die Natur.

Welch ein Treffer für die Meininger, dieses Schauspiel von Schiller! Sie sind ja gerade die Meister in der Behandlung von Volksszenen, in der Herstellung glänzender und blendender Dekorationen. Das Volk der Held, die Landschaft sein Mitverbündeter! Kein Wunder, daß gerade »Wilhelm Tell« zu den vollendetsten Regieleistungen der Meininger gehörte. Kein Geringerer als Schiller selbst hat uns die Schilderung der Meininger »Tell«-Darstellung vorweggenommen, indem er seine eingehenden szenischen Angaben niederschrieb. Freilich, so glücklich wie hier ist es ihm mit den Meiningern nicht immer gelungen! Wie fallen bei ihnen die »Räuber« gegen den »Wilhelm Tell« ab! In den »Räubern« stellen sich persönliche Geschicke dar, der Chor tritt zurück, das Individuum vor; man muß einen tüchtigen Karl Moor, einen wirksamen Franz, eine gute Amalie auf die Beine stellen können. Mit einer noch so vorzüglichen Darstellung der Räuberbande selbst, dieses Schwarmes verrückter Schwaben, ist es noch lange nicht getan.

Und hier berühren wir die wunde Stelle der Meininger. Sie nehmen die Bezeichnung Schauspiel zu sehr beim Wort. Sie beuten die Dichtung zu einseitig für das Auge aus und scheinen das Hauptbestreben zu haben, den Schauspieler überflüssig zu machen. Von ihren Schauspielern überragt höchstens Herr Kainz das Mittelmaß, und auch sein Talent ist noch so herb wie ein frisch gepflückter Holzapfel. Bei den übrigen muß man nicht selten daran denken, daß das Hauptfabrikat der Stadt Meiningen jene Puppen sind, die zum Entzücken unserer Kinder »Ma-ma« und »Pa-pa« sagen können. Ein Schauspieler, der ein Stück auf seinen Schultern tragen könnte, ist unter der Meininger Truppe nicht vorhanden. Hat solche Zusammensetzung des Personals die Bestrebungen der Meininger hervorgerufen, oder haben diese Bestrebungen die guten Schauspielkräfte ausgestoßen? Das Ergebnis ist dasselbe, sei nun die Not zur Tugend oder die Tugend zur Not gemacht worden. Bewegte Gruppe, Bild, Dekoration – das ist den Meiningern alles, und darin sind sie Virtuosen. Die Meininger – oder reißen wir diesem Kollektivbegriff endlich die Maske ab und sagen wir einfach: Direktor Chronegk, denn dieser ist die Seele des ganzen Unternehmens –, also Direktor Chronegk ist ein in seiner Art bewundernswerter Mann, und wir staunen, daß er immer noch frei in der Welt umhergeht und nicht vielmehr zum Beispiel im Wiener Hofoperntheater als Oberregisseur wirkt. Herr Chronegk hat für alles Szenische ein eminentes Auge und die glücklichste Hand. Er baut und bewegt Gruppen aus drei, zehn, hundert Personen, in welchen jeder einzelne sich zum Ganzen bewegt und ein schönes Verhältnis sich ins andere verschiebt. Er weiß ein Zimmer, einen Saal geschmackvoll einzurichten, er kennt die malerischen Reize der Architektur und der Landschaft. Aber so erstaunlich er in solchen und ähnlichen Dingen arbeitet, so scheint er doch nur für diese Dinge sich zu interessieren. In dem Sinne seiner Neigung und seiner Technik springt er mit den Dichtungen um. Am Anfange und am Ende jeder Szene braucht er eine Überraschung, einen Effekt, und deshalb pflegt er fast jede Szene von der andern abzuscheiden, sie durch den Zwischenvorhang zu isolieren. Durch solches Vorgehen verliert der Zuschauer das Gefühl des Zusammenhanges, geht der künstlerische Aufbau eines Theaterstückes buchstäblich in die Brüche. Die Dichtung wird vor unseren Augen zerstückelt, was wir sehen, sind *disjecti membra poetae.* Was die Neugier, die Schaulust, die Zerstreuung gewinnt, geht an gesammeltem poetischen Genuß verloren. Mit jener Trennung der Szenen fällt auch die Zwischenaktmusik weg und mit ihr ein bedeutendes Stimmungsmittel. Man hat es zwar oft eine Entwürdigung der Musik geheißen, sie zur Ausfüllung der Zwischenakte zu benutzen. Nur was recht und billig ist! Wenn die Musik in der Oper die Dichtung knechtet, kann sie wohl im Schauspiel als Magd dienen. Die Zwischenaktmusik ist unserem Gefühl nicht entbehrlich; durch ideale Fäden knüpft sie

Akt an Akt, und selbst wenn man nicht auf sie achtet, klingt sie dunkel und wohltuend in unserem Innern fort. Wo sie fehlt, macht sich ein nüchternes Element im Theater geltend.

Es wäre unverzeihlich, wollten wir schließlich den Meiningern nicht für manchen Augenschmaus dankbar sein. Sie sind einseitig, aber in ihrer Einseitigkeit bedeutend. Sie sind nicht nachahmenswert, aber jeder Regisseur kann von ihnen lernen. Zwar bereichert durch sinnliche Anschauung, aber innerlich nicht erbaut, kehren wir zurück zu der echten Kunst. Man hat oft das Gefühl, daß die Meininger eigentlich für die tauben Menschen spielen. Nach der Sättigung des Auges verlangt auch das Ohr sein Recht. Der gute Schauspieler ist und bleibt doch das A und O der Schauspielkunst.

(Am 15. November 1879)

Das Ammergauer Krippenspiel

Nie kann ich eine Tanne, die zu Weihnachten unsere Wohnungen ziert, betrachten, ohne zurückzudenken, von wannen sie kommt, ohne ihr gleichsam eine Wurzel zu leihen. Hinter dem Baume höre ich den Wald rauschen, und der Harzgeruch, den die grünen Nadeln sehnsüchtig ausströmen, zieht den Sinn, der doch gerade an diesem Tage an Haus und Herd haften möchte, träumerisch in die Ferne. Zuerst muß ich heuer dein gedenken, du traulicher Wienerwald, der du mir zur heißen Sommerszeit gastlichen Schatten geboten hast, und dann denke ich weit und weiter, von der Donau hinauf an die Isar, an deren Ufer bis in die Hundstage hinein so heftige Schlachten geschlagen wurden. Kunstschlachten, Dunstschlachten, auf den Brettern geliefert, nicht auf den Feldern, Schlachten aber, die, bei dem Theatersinne der Deutschen, die Gemüter lebhaft erregten und schließlich eine Erbitterung hervorriefen, die noch heute in verschiedenen Blättern und Blättchen nachzittert. Glücklicherweise liegt auch hinter München Wald und Gebirge, und damals wurde viel Wunders erzählt von dem großen Krippenspiel, genannt Passionsspiel, welches die ländliche Gemeinde von Oberammergau den Sommer hindurch allwöchentlich ins Werk zu setzen pflegte. Da der Schauplatz einladend nahe lag und ein Heraustreten aus dem schwülen Münchener Dunstkreise, der sich durch wahrhaft rasende Abendgewitter vergebens abzukühlen suchte, wünschenswert war, so stellte sich der Gedanke von selbst ein, mit ein paar Freunden, dem allgemeinen Weltzug folgend, nach Oberammergau zu wallfahrten. Kaum je habe ich die ragenden Zwillingstürme der Münchener Frauenkirche fröhlicheren Sinnes hinter mir gelassen, als da ich, das saure Vergnügen des Gesamtgastspiels unterbrechend, an einem dumpfen Julitage dem Hochgebirge zustrebte, um nach so viel Kunst und Künstelei an dem dramatischen Naturspiel der Ammergauer die müde Seele zu laben. Nach einer unerquicklichen Eisenbahnfahrt kamen wir endlich in Murnau an, wo schon das Umsteigen aus einem überfüllten Waggon in ein offenes Gefährt eine Wohltat war. Aus dem Knäuel der verschiedenartigsten Fahrgelegenheiten hatten wir uns rasch losgewunden, ein freundliches Gasthaus bot im Vorüberflug Speise und Trank. Wir waren in unserem Wagen lauter gute Bekannte: ein sanfter Wiener Kollege semitisch-madjarischer Abkunft mit seiner lebhaften geistreichen Schwester; ein liebenswürdiger königlich bayerischer Hauptmann, der seine pfälzische Mundart so eilfertig sprach, daß die eigene Zunge kaum nachkommen konnte, und neben dem Kutscher saß ein junger Bruder Franziskaner, gleichsam ein Feldwebel im Reich der Gnade, der sich durch Heiligenbildchen bei der Dame eingeschmeichelt hatte und von seinem eigensinnigen Vorsatz, unsere Fahrgelegenheit mitzubenutzen, nicht abzubringen gewesen. Trotz geistlichen Beistandes ging die Fahrt ohne besonderen Unfall vonstatten. Das Fahrzeug trug uns sachte hinein in das Hochgebirge, das immer gewaltiger aufstieg, bis wir uns selbst in die Berge verloren. Scherzworte, die zwischen Bock und Wagen, wie zwischen Himmel und Erde hin- und widerflogen, würzten und kürzten die Zeit. Der steile Ettaler Berg, der zu Fuß erstiegen sein will, war bald genommen, und gegen Abend rollten wir, die freundlichen Ufer der Amper entlang, hinunter nach dem berühmten Bildschnitzer- und Schauspielerdorfe, das wir von einem kosmopolitischen Völkergewimmel erfüllt fanden. Es war der Abend vor dem Sonntagsspiele. An ein Unterkommen, an Sitze für die nächste Vorstellung war nicht zu denken. Wir hatten einen redseligen Berliner in einer Hühnersteige einquartiert gefunden, ein Engländer nächtigte in einem Großvaterstuhle, ein geschmeidiger Junge aus New York schlief auf einer schmalen Küchenbank. Zunächst suchten wir ein Obdach in der Nachbarschaft und sicherten uns Einlaßkarten für die Montagsvorstellung. Uns ward ein köstlicher freier Sonntag, an dem wir zu Wagen und zu Fuß durch das Ammergauer Tal streiften, entzückt von der Schönheit der Landschaft, von der erquickenden sonnigen Luft und von der erstaunlichen Frische des Pflanzenwuchses. Als wir den Holunderbusch und die Linde blühen sahen, die in der Ebene unten längst Frucht angesetzt hatten, war es uns so wunderlich zumute, als ob wir in die frühere Jahreszeit zurückgingen, und sofort dämmerte die täuschende Hoffnung auf, daß es Möglichkeit und Mittel geben könnte, die verschollenen Jugendtage noch einmal zu erleben. Doch ließ das kräftige Gefühl der Gegenwart solche empfindsame Gedanken nicht um sich greifen; wir schöpften den Tag gründlich aus, und erst um Mitternacht suchten wir das Lager auf, um der heiligen Frühe, die uns das ungeduldig erwartete Krippenspiel bringen sollte, entgegenzuschlummern.

Endlich saßen wir dem Theater gegenüber, das nach den Bergen hingestellt ist: ein Holzbau, die Bauglieder farbig hervorgehoben, mit einem Bild im Giebelfeld. Die Bühne selbst ist in drei Schauplätze geteilt: der mittlere größere Raum mit der Aussicht auf Jerusalem, links und rechts eine schmälere Gasse mit den Häusern des römischen Landpflegers und des Hohenpriesters turmähnlich flankiert. Schon füllt sich die Gasse rechts mit allerlei Volk, das jauchzend quer durch den mittleren Raum zieht und durch die Gasse links und, während der Heiland, von Hosianna umtönt, auf dem Esel reitet, auf die geräumige Vorbühne ausmündet. Der Aufzug gewährt das überzeugendste Bild einer großen Volksbewegung, die sich, durch die sinnreiche Bühneneinrichtung, bald drängt, bald erweitert, bis sie sich in voller Breite ergießt. Durch häufige und nur allzu häufige lebende Bilder nach dem Alten Testamente, die für das Christentum vorbildlich sein sollen, unterbrochen, rückt die Handlung nur träge vorwärts. Man gewinnt damit Zeit und Antrieb, das zweite Schauspiel, welches die Naturszenerie und das Publikum gewährt, näher zu betrachten. Tausende von Zuschauern, über deren Köpfe man hinblickt, sitzen hier mehr oder weniger unter freiem Himmel, alle schaulustig und gespannt, aber doch auch leiblichen Bedürfnissen unterworfen. Selbst nicht vor dem Bilde des Höchsten und Heiligen schweigt, mit Homer zu reden, »die Wut des leidigen Magens«. Mächtige Brottrümmer kommen zum Vorschein, schmächtige Butterbemmchen verschwinden neben ungezählten Knackwürsten und blühenden Speckseiten. Man hört Stöpsel springen und das Glucksen sich entleerender Flaschen. Dazwischen Stöhnen und Schluchzen und das prosaische Nachspiel des Weinens – das Schneuzen. Man irrt aber, wenn man meint, irgendeines dieser Dinge störe die Stimmung des Zuschauers. Die Größe, die Massenhaftigkeit besitzt eine reinigende Kraft, wie ja auch das Meer nie schmutzig erscheint. Dann ist es die Gegenwart der freien Natur, die jeden kleinlichen Gedanken aus der Seele drängt. Ich sehe den Himmel über mir mit seiner ewigen Leuchte, eine vorüberziehende Wolke entlädt sich unter Blitz und Donner; dann blinken uns von den Halden die Wiesen entgegen, und weiter hinauf winkt der grüne Wald. Hier lustwandeln fröhliche Dirnen, dort recht ein Bauer das Heu zusammen; man hört die Hähne krähen und das Girren der Tauben. Und hier zwischen Zuschauerraum und Bühne fliegen die Schwalben und schreien die Sperlinge. Die Natur läßt sich nicht stören durch die Meinungen und Veranstaltungen der Menschen; während dem Heiland die Nägel durch die Hand getrieben werden, suchen zwei Schmetterlinge einander zu haschen. Da mag man wohl lächelnd an das Wort des Apostels Paulus denken: »Wir wissen, daß alle Kreatur sehnet sich mit uns und ängstet sich noch immerdar« – was von manchen so ausgelegt wird, daß auch die übrige Natur außer dem Menschen in das Erlösungswerk mit einbezogen sei. Die Natur aber ist eine uralte Heidin und wird eine Heidin bleiben; erst mit dem Menschen beginnt das Heilsbedürfnis. Da ist es nun eine wunderbare Erscheinung, und gerade Ammergau legt diesen Gedanken nahe, wie das Christentum, aus den höchsten Geistesquellen des

Altertums entspringend, bis zu dem gemeinen Mann herabfließen und noch den Weihkessel der Armen und Elenden mit seinem Segen füllen konnte. Heraklits Oben und Unten, die Trennung von Leib und Seele, die Platonische Lehre vom Vater und Sohne, von der Allgegenwart der Idee, die jüdisch-griechische Philosophie mit ihrer vermittelnden Tätigkeit, die universalistische Tendenz des römischen Geistes – alle diese dialektischen Verstandes- und Gemütsprozesse mußten vorhergehen, bevor die Kirche ihr Brot backen und ihren Wein schenken, bevor die Heilslehre Eingang finden konnte in die Seele und in den Mund eines deutschen Bauern. Der Logos, das Wort ist Fleisch geworden – ein Gedanke, mit dem nur wenige von den Zeitgenossen des Perikles einen Sinn hätten verbinden können, er ist ein Gemeingut unserer Landleute und wird von den Ammergauer Bildschnitzern vor aller Welt dramatisch dargestellt.

Das dramatische Evangelium der Oberammergauer, ihr Buch zum Krippenspiel, trägt den Charakter der Aufklärungszeit, in der es entstanden. Man hat in der jüngsten Zeit nach der ältesten Gestalt des Ammergauer Bühnenspieles geforscht und glaubt es in einem geistlichen Spiele des Klosters St. Ulrich und Afra in Augsburg gefunden zu haben. Die Sprache dieses Spieles weist in das fünfzehnte Jahrhundert zurück. Das Gedicht springt auch nicht mehr aus der Quelle, sondern führt in seinem Rinnsal das getrübte Wasser und Gerölle der Jahrhunderte mit sich. Selten gewinnt es plastische Gestalt, nur wenn Maria auftritt, wird es lebendiger und wärmer. »Nun helfet mir mein Kind beklagen«, ruft Maria an dem Grabe des Heilands aus; »ihr wisset ja, wie lieb sie sind!« (nämlich die Kinder). Dieses einzige Wort wiegt das ganze Passionsspiel des Augsburger Meistersingers Sebastian Wild auf, aus welchem die ältere Fassung des Ammergauer Buches hervorgegangen. Hier weicht die Mutter Gottes, wahrscheinlich unter dem Einflusse der Reformation, auffallend zurück, und das Ganze ist eine handwerksmäßige Arbeit, die sich blind an den Endreimen fortgreift. Das gegenwärtige Buch der

Ammergauer ist, wie gesagt, rationalistisch gefärbt und ohne volkstümliche Ader. Es fehlt der trauliche Ton, und die logischen Gelenke der Sprache treten stark hervor. »Was übrigens die Vollziehung des Urteils anbelangt«, sagt beispielsweise Kaiphas, »so wird es wohl das sicherste sein, wenn wir es beim Landpfleger durchsetzen könnten, daß *er* ihn zum Tode brächte – dann wären wir ohne alle Verantwortung.« Oder Petrus, der aus dem Grabe des Heilands kommt, sagt zu Johannes: »Sieh selbst, wie ordentlich die Leintücher zusammengelegt sind. Alles ist im Grabe so geordnet, wie wenn jemand, der vom Schlafe aufsteht, seine Nachtkleider an den bestimmten Ort legt.« Doch bringt es selbst diese nüchterne Bezeichnung der Dinge manchmal zu ergreifender Wirkung, wie zum Beispiel, wenn Jesus, von seiner Mutter Abschied nehmend, ausruft: »Mutter! Mutter! Für die zärtliche Liebe und mütterliche Sorgfalt, die du mir in den dreiunddreißig Jahren meines Lebens erwiesen hast, empfange den heißen Dank deines Sohnes.« Freilich greift hier die unwiderstehlich packende Situation über das Wort hinüber. Im ganzen bekundet das Buch einen guten Sinn für wirksame Situation.

Das anregendste am Ammergauer Krippenspiel ist wohl der Schauplatz selbst, das geräumige, sinnreich gegliederte Theater, welches den Schauspieler nicht unvermittelt aus der Kulisse fallen läßt und jene Volksaufzüge ermöglicht, die an Wirkung weit hinausreichen über das Spiel der einzelnen. Ein ähnliches Theater scheint dem maßlosen Grabbe vorgeschwebt zu haben, wenn er in den »Hundert Tagen« etwa vorschreibt: »Zwei Schwadronen rücken vor.« Das Volk, die »Turba«, wie es in den Passionsmusiken heißt, ist der große Schauspieler von Ammergau, den freilich die Meininger nicht zu fürchten haben. Über die einzelnen und hervorragenden unter den Schauspielern hat sich kein klares Urteil festgestellt. Die Kritiker setzten sich gewöhnlich in ein gemütliches Verhältnis zu den Spielern, und so verloren sie ihre Unbefangenheit. Sie haben mit Judas in dieselbe Schüssel getaucht, mit dem Heiland einen Schoppen getrunken und mit der Mutter Gottes unter einem Dache geschlafen. Dieser schlichte Mensch, heißt es dann, welch ein Schauspieler! Nun ist es keine Frage, daß, von den Frauen abgesehen, die durchaus abscheulich spielten, manche der Mitspielenden Treffliches leisteten. Allen voran steht der Darsteller des Christus. Er ist eine schöne männliche Erscheinung, »unnachahmlich« gewachsen, wie eine Engländerin meinte, in allem Sichtbaren, was Gang, Stellung und Gebärde betrifft, geradezu bewunderungswürdig. Man merkt wohl den Bildschnitzer durch, und er hat sich, nach seiner eigenen Äußerung, an Führichs Kreuzgang geschult. Wie er vor Pilatus erscheint, wie er am Kreuze hängt, das ist eine wahre Augenweide. Leider liegen seine Augen zu versteckt, und in seiner hohen Tenorlage spricht er mitten hindurch zwischen dem Schulmeister und dem Geistlichen. Außerdem ist er grimmig ernst; er hat nichts von der Ironie des Heilands, der doch, ganz Mensch und ganz Gott, die höchste Ironie darstellt. In seiner allzu passiven Haltung trägt er wesentlich bei zu der Verstimmung, die sich dem brutal mißhandelten Christus gegenüber des Zuschauers bemächtigt. Für den Gläubigen ist das Wasser auf die Mühle; wer aber dramatisch genießen will, dem ist mit einem so absolut duldenden Helden nicht gedient. Alles rein Menschliche in den Situationen, wie etwa die Szene auf dem Ölberge, wird dann zum Genusse. Im ganzen leidet das Ammergauer Krippenspiel an einem Hauptfehler: es ist nicht mehr Naivität und noch nicht Kunst. In dieser schwankenden Mitte wird der Zuschauer hin und her geschaukelt.

Andere, darunter selbst Schauspieler, urteilen milder. Vielleicht wird es dem Leser angenehm sein, in diesem Zusammenhange das Urteil eines großen Schauspielers zu hören. In einem Briefwechsel, in welchem es sich um die Schauspielkunst handelte, schrieb mir Adolph Sonnenthal:

»Also meine Ammergauer Eindrücke wünschen Sie zu wissen? Nun, ich hatte deren, und zwar mächtige Eindrücke, die aber leider durch die oftmals in die Länge gezogene Handlung, durch das störende Spiel einzelner, wie des Judas und der Magdalena, wieder paralysiert wurden;

und dennoch brachte mich der Darsteller des Christus immer wieder in die richtige Stimmung, so daß ich in der Hauptaktion, in der Kreuzigung, aufs tiefste ergriffen war und beim Verlassen des Spieles nur den einen Gedanken hatte: ob irgendein Schauspieler die Rolle so perfekt darstellen könnte. Sprechen würde er sie unbedingt besser, aber agieren? Ich glaube nicht. Die Aktion des Abendmahles und der Tod könnten jedem großen Künstler von Beruf zur Ehre gereichen. Die Hoheit und Milde, und ich möchte sagen die Grazie, mit welcher dieser Mensch den Jüngern die Füße wusch, hat mich geradezu in Erstaunen gesetzt. Die Inkarnation des Leidens im Ausdrucke und dabei die übermenschliche Duldermiene am Kreuze, die letzten Momente, wenn ihm das Auge bricht und der Kopf schwer auf die Brust sinkt und noch mit gebrochenem Auge seine Mutter sucht – ich wüßte keinen Schauspieler, der es besser machen könnte, und daß dieser Mann eben kein Schauspieler, sondern ein einfacher Mensch und Holzschnitzer ist, das hat mir mehr als einen künstlerischen, das hat mir einen weihevollen Eindruck gemacht. Diesen Eindruck empfing ich auch bei dem Einzuge Christus in Jerusalem, bei der Kreuztragung, und wenn nur die anderen Mitspielenden annähernd die natürliche Begabung Mayers hätten, dann wäre der Eindruck ein allgemeiner. Man sprach zu viel davon, und Sie erwarteten ein künstlerisches Ensemble. Das ist es nicht und soll es meiner Ansicht nach auch nicht sein, wenn es wirklich eine religiöse Wirkung hervorbringen soll. Es darf nur nicht geradezu störend sein, wie Judas und Magdalena. Ich habe mir manches sogar noch naiver, noch natürlicher gewünscht. Die künstlerischen Eingriffe der Münchener Künstler in den letzten Jahren haben dem Wesen der Sache offenbar geschadet; man wird dadurch hin und wieder doch an das Theater erinnert, und zwar an ein schlechtes Theater, und das ist vom Nachteil. Ihr Eindruck ist übrigens nicht vereinzelt; ich habe viele gesprochen, die Ihre Empfindung ganz und gar teilen. Vor einigen Tagen war ich in Königswart bei der Fürstin Metternich; während des Diners wird über Oberammergau gesprochen, und die Fürstin erwartete einen Brief ihrer Tochter, der Fürstin Oettingen, die auch dem Passionsspiele beigewohnt und die ihr versprach, darüber zu schreiben, denn sie selbst war nicht dort. Nach Tisch traf dieser Brief richtig ein, und die Fürstin las ihn uns vor. Im allgemeinen sprach sie nun Ihre Ansicht aus; aber eine geistreiche Bemerkung machte sie über Christus, die sehr bezeichnend ist. Sie sagte: Er spielte zu demütig, comme s'il n'était pas digne d'être Jésus! Ich mußte ihr widersprechen, denn gerade die Auffassung, wenn hier von Auffassung die Rede sein kann, das rein Menschliche, hat mich diesem Gottmenschen nähergebracht, und – lächeln Sie nicht – ich habe an ihn geglaubt, allerdings nur bis zu dem Moment, wo er aus dem Grabe auferstand. Hier wurde ich wieder zu sehr an die Komödie gemahnt. Ich habe noch nichts über die Einrichtung des Theaters gesagt, dies fand ich geradezu sublim. Sie doch auch? Die Szene des Gerichts. Pontius auf dem Balkon, unter demselben der gefesselte Christus, zur Rechten das Volk, zur Linken die Priester, das war doch ein großartiger Eindruck. Was ließe sich auf solch einem Theater mit großen klassischen Stücken machen – etwa mit den Königsdramen oder ›Götz‹? Diese beiden Seitenbühnen sind eine geniale Erfindung. Denken Sie sich die Volksszene im ›Julius Cäsar‹, in der Mitte das Forum, das Volk zu beiden Seiten, die ganze Tiefe der Bühne – es müßte hinreißend wirken. Der Chor und die Musik, die mir anfangs gefielen, wirkten auf die Länge durch ihre Monotonie etwas einschläfernd; doch hat mir wieder der Chorführer, wenn Sie ihn noch im Gedächtnisse haben (und zwar der vom Zuschauer rechts), außerordentlich gefallen. Wie edel sich der Mensch bewegte, wie geschickt er immer auftrat und abging. Das ist nämlich sehr schwer, so eine breite Bühne entlang ruhig und schön zu gehen. Wenn Sie nun alle diese Einzelheiten summieren, so werden Sie es begreiflich finden, daß das Schauspiel nicht ohne Eindruck an mir vorübergehen konnte, und ich bereue es nicht einen Augenblick, dort gewesen zu sein.«

Nach einer solchen Autorität in schauspielerischen Dingen kann man schon schweigen. Ohnedies wird es allzu lebendig um mich her, und auf das große Krippenspiel folgt das kleine. Ein einziges Kind ist mächtiger als ein ganzes Publikum. Eine kleine Hand führt mich zu dem flimmernden Baume hin, in welchem ein ganzer Wald von Seligkeit rauscht.

(Am 25. Dezember 1880)

Ernesto Rossi

Es wäre ungastlich, einen Künstler von dem Range Rossis von Wien scheiden zu lassen ohne Sang und Klang und durch Stillschweigen dem Mimen, dem die Nachwelt, wie nur allzu bekannt, keine Kränze flicht, auch das enge Stück Gegenwart zu verkümmern. Er hat uns jüngsthin im Ringtheater, wie vor fünf Jahren an der Wien und vor mehr als zwei Jahrzehnten im Josephstädter Theater, wo der jungendliche Schauspieler seine ersten Wiener Lorbeern pflückte, große Genüsse bereitet, und wie könnte man sich ihm anders dankbar erzeigen als durch einige Worte der öffentlichen Anerkennung? Für mich hat Rossi wesentlich ein technisches Interesse, nicht etwa, weil er in allen anderen Stücken, die Verstand und Geist voraussetzen, nicht gleichfalls hervorragend wäre, sondern weil bei ihm die Ausbildung der schauspielerischen Mittel, zumal wenn man sie mit der Durchschnittstechnik unserer deutschen Seelendarsteller vergleicht, eine seltene Vollendung erreicht hat. Als junger Mann arbeitete Rossi mit den überlieferten schauspielerischen Anlagen seines Volkes, allerdings nicht, ohne die selbständige Kraft zu verraten, die er sich mit der Zeit zur höchsten Bewußtheit heraufgebildet. Ernesto Rossi ist romanischer Abkunft, ist Italiener, und dieses einzige Wort sagt viel für einen Schauspieler. Der Franzose, der Italiener kommt schon als Schauspieler auf die Bühne; er ist der geborene Repräsentant, dem das Wort von der Lippe und die Bewegung von der Hand geht. Er spielt schon im Leben, weil er eine natürliche Freude daran hat, sich selbst darzustellen, seine Seele in den Leib hervorzuarbeiten. Ganz anders beim Deutschen. Der Deutsche besitzt ein eigenes Ungeschick, eine Art der Schamhaftigkeit, die ihn hindert, auch mit dem Körper das zu scheinen, was er geistig ist. Eigentlich gegen den Willen der Götter ist er auf die Bühne gegangen, und wenn einmal ein großer deutscher Komödiant erscheint, wie beispielsweise Schröder, der sich, bei allem Festhalten der künstlerischen Würde, sinnlich dermaßen befreit hatte, daß er nach- und durcheinander als Schauspieler und Sänger, als Pantomimiker und Tänzer glänzen konnte, so kommt uns das als wunderbare Bewältigung eines ursprünglich unendlich spröden nationalen Stoffes vor. Wer sieht hier nicht in der deutschen Unbeholfenheit die offene Tür, durch welche der jüdische Genius in die Welt der Bretter eintrat? Die mimische Begabung, die sozusagen leibliche Phantasie des Volkes Israel ist weit reicher als die des deutschen Volkes. Wo der Deutsche seine Seele mühsam, wie aus einem Futteral, hervorholt, ist sie bei unseren Brüdern aus dem Osten schon in lebhafter körperlicher Bewegung. Indem der Jude »mauschelt«, d. h., an Leib und Seele zappelt, ist er für uns ruhigere Naturen ein Schauspieler, und wenn man einen jüdischen Roßkamm mit einem deutschen Bauern um ein Pferd handeln sieht, springt der Blutunterschied beider Leute deutlich genug ins Auge. Unter Franzosen und Italienern verliert sich dieser Rassenzwiespalt leichter, weil die mimische Begabung, der rasche Geschäftsverkehr zwischen Hirn und Fingerspitze ein ähnlicher ist. Die Italiener – und diese gehen uns im Hinblick auf Ernesto Rossi doch zunächst an – haben eine alte mimische Erbschaft zu verwalten. Würde und Lebhaftigkeit, das aristokratische und demokratische Element der Repräsentation, haben ihnen die Römer vermacht. Wie in den Familien die Art des Gähnens und Lachens, der Wortbetonung und der eigentümlichen Bewegung von Händen und Füßen forterbt, so auch bei Völkern die Art und Weise, sich persönlich zu geben, der mimische Charakter. Manchmal wird auch im Sinne der Vorfahren ein Ruck nach vorwärts gemacht. Man kann die Herausbildung der italienischen Sprache aus der römischen vielleicht als einen mimischen Prozeß bezeichnen, als eine Befreiung aus den Fesseln einer gemessenen, beschränkten Bewegung. Eine bewegtere, vielseitigere Welt sprengte die kompakte Sprachform der Römer, und die geballte Faust löste sich gleichsam in die einzelnen Finger auf. Dante spricht anders als sein Führer Vergil; er spricht bei aller Gedrängtheit lebhafter, mimisch bewegter. Eine solche Sprache, der auch der künstlerische Reiz des Wohlklanges nicht fehlt, trägt den Schauspieler. Die italienische Sprache, vom Sinn der gesprochenen Worte abgesehen, nur klingen zu hören ist ein ästhetisches Vergnügen.

Auf diesem schönen Instrumente spielt nun Rossi mit vollendeter Virtuosität. Seine Muttersprache ist ihm der bildsame Stoff, der ihm Starkes und Zartes auszudrücken nie versagt, der da hinfährt mit der Geschwindigkeit des Blitzes und auch trifft und einschlägt und nachdonnert wie der Blitz. Nicht bloß in ihrer sinnlichen Fülle, in ihrem musikalischen Wohllaut läßt er diese Sprache ertönen – darin war die Ristori mit ihrer tragischen Altstimme eine unerreichte Meisterin –, nein, er übt auch, wo es der künstlerische Zusammenhang fordert, die herbe Entsagung, den Wohlklang dem Sinne zu opfern, das Wort geistig arbeiten zu lassen. Er ist kein Deklamator, er ist ein Charaktersprecher. Mit dem bloßen Worte kann er Wunder wirken. In einem Konzertsaal sprach er zuletzt in Wien ein Gedicht, »Cristoforo Colombo«, welches die vielbesungene und leider auch vielvermalte Fahrt des Kolumbus nach der Neuen Welt behandelt. Es war merkwürdig, wie Rossi für jedes Ding eine Stimme hatte, mit welcher anschaulichen Kraft er die Rede handhabte. Man war auf das Schiff verzaubert, man stieg mit Kolumbus die Leiter der Empfindungen auf und nieder. Wir bangen, ängstigen uns mit ihm, wir geben seine Sache, so fest wir ihm und mit ihm vertrauen, der Meuterei gegenüber schon fast verloren – da erschallt das Zauberwort: »Land – *terra*!« Es tönt wie von oben, vom Mastkorb herab, wir wissen nicht wie, wir sehen keinen taschenspielerischen Aufwand. Alles blickt unwillkürlich nach oben, wohin sich das Auge des Sprechers erst nach dem Ausruf richtet, als hätte er ihn selbst erst von oben vernommen. Kurz, es war ein rednerischer Triumph. Solche Fähigkeit im Reden erprobte Rossi vielfach an den schwierigsten schauspielerischen Aufgaben, an Shakespeareschen Rollen. Das scharfe, knappe Wort Macbeths lag ihm nicht minder gut als die greisenhafte Redseligkeit Lears; bei Othello fand er den geraden, raschen Gang der Leidenschaft so sicher, als er mit grüblerischer Gewandtheit den Winkelzügen der Hamletschen Dialektik nachging. Daß er in modernen Schauspielen, die leider oft nur der Virtuosität das Seil spannten, sich als Sprecher und Redner glänzend hervortat, braucht kaum ausdrücklich gesagt zu werden. Für seine Redekunst und seine Redekünste besitzt Rossi an seiner Stimme ein schönes und williges Werkzeug. Es ist ein Bariton, das echte männliche Organ, welches, mit einer neutralen Mittellage begabt, nach unten und oben an die Kraft- und Empfindungsquellen des Basses und Tenors grenzt. Diese richtige Mitte der Stimme, die vom Kraftmeier und Hämling gleich weit entfernt liegt, ist ein Glück für einen Schauspieler.

Was den Schauspieler im Grunde macht, ist, daß er sinngemäß spricht und daß er auch für das Auge das ist, was er für das Ohr sein will. So wird erst das Hörspiel zum Schauspiel. Auch nach dieser sichtbaren Seite der Schauspielkunst ist Ernesto Rossi ungewöhnlich reich ausgestattet. An körperlicher Beredsamkeit hat er kaum einen Nebenbuhler. Alles spricht an ihm und überredet uns. Sein Mienenspiel ist minder mannigfaltig, aber stilvoll und in seiner Einfachheit stets verständlich; doch der Kopf selbst als selbständiges Glied des Körpers und alles, was vom Kopf abwärts liegt, ist voll schöner, anmutiger und überzeugender Bewegung. Rossis Beholfenheit in Bewegung und Gebärde ist erstaunlich, und man muß ihn gleich als Sohn eines Volkes denken, dem der malerische und plastische Genius angeboren, dem die Seele bis in die Fingerspitzen gegenwärtig ist. Noch einmal muß ich auf sein Auftreten im Konzertsaal zurückweisen. Als er sein Kolumbusgedicht beendet hatte, brach stürmischer Beifall los, und Rossi, immer und immer wieder gerufen – man kennt ja die Begeisterungstemperatur der Italiener –, konnte nicht oft genug erscheinen. Da nun Rossi nicht das läppische Mittel unserer Philharmoniker an der Hand hatte, ein ganzes Orchester (Blech, Holz und Darm) aufstehen zu lassen, und da er als ernster Künstler des ewigen Herauslaufens müde war, erhob er seine Hand gegen das Publikum und brachte es durch eine in ihrer Anmut gebieterische Bewegung endlich zur Ruhe. Diese rechte Hand Rossis und auch ihre linke Schwester steckt voll dramatischer Tugend. Als Ganzes und in die einzelnen Finger aufgelöst, redet sie eine verständliche und überzeugende Sprache. Die zehn Finger sind bei ihm wie ein Alphabet, das zur Bildung von Wörtern vieler Zusammensetzungen fähig ist. Die Bewegung der Arme, einzeln, parallel oder in abweichender Richtung, ist bei Rossi ein reichhaltiges Ausdrucksmittel; er ist beredt bis in die Schultern und Beine. Vom bloßen Gesichtspunkte der Gebärden aus sind sein Macbeth und Lear merkwürdige Leistungen. Macbeth, der auf der Schwelle in das Gemach des Königs strauchelt – zwischen Straucheln und Wiederdastehen ist nur das Zwinkern des Auges; Macbeth, der mit Macduff auf Tod und Leben ficht, ein durch leibliche Mittel ausgeführtes psychologisches Gemälde; König Lear, der am Anblick Edgars seinen Wahnsinn ausbrütet; König Lear, seine Tochter Cordelia wieder in den Armen haltend und sie den Rücken herauf mit beiden Händen liebkosend – das und wie vieles andere sind Meisterstücke, an denen der bildende Künstler und der Schauspieler lernen können. Und auch für das Spiel besitzt Rossi an seinem Körper ein glückliches Werkzeug. Er ist mittelgroß, mit breiter Brust und Schulter, gut gegliedert, und obgleich er schon bequemere Formen anzunehmen beginnt, fehlt es ihm nicht an Energie und rascher Beweglichkeit.

Wenn ich nun Ernesto Rossi als solchen exakten Techniker arbeiten sah, fiel mir wiederholt die alte Streitfrage ein, ob der Schauspieler bei seiner Darstellung empfinden oder kalt sein müsse. Diderot hat über diese Frage ein von Geist und Leben sprühendes Gespräch geschrieben: »Paradoxe sur le comédien«. Diderots Meinung geht dahin, daß der

Schauspieler bei seiner Darstellung durchaus kalt sein müsse. Der Schauspieler gebe nur die äußeren Zeichen der Empfindung, nicht diese selbst. »Sein Schmerzensschrei«, meint Diderot, »ist in seinem Ohr notiert. Die Gebärden seiner Verzweiflung hat er auswendig gelernt, vor dem Spiegel einstudiert. Er weiß genau den Augenblick, wo er sein Schnupftuch ziehen und die Träne fließen wird; ihr mögt sie bei diesem Worte, bei dieser Silbe erwarten, weder früher noch später. Dieses Zittern der Stimme, diese zurückgehaltenen Worte, diese erstickten oder gezogenen Töne, dieser Schauer, dieses Zittern der Knie, diese Ohnmacht, dieses Toben – alles ist bloße Nachahmung, auswendig gelernte Lektion, pathetische Grimasse, sublime Nachäfferei, die der Schauspieler eingeübt und behalten hat, die vor ihm stand, da er spielte, die ihm, zum Glück für den Dichter, für den Zuschauer und für ihn selbst, seine vollständige Geistesfreiheit läßt und die, gleich wie andere Leibesübungen, nur seine physische Kraft angreift. Hat er den Soccus oder den Kothurn abgeschnallt, so ist seine Stimme stumpf; er spürt eine große Ermüdung, er wechselt die Wäsche oder legt sich schlafen; aber keine Bewegung bleibt in ihm zurück, weder Schmerz noch Melancholie, noch Abspannung der Seele. Ihr, die Zuschauer, tragt alle diese Eindrücke mit euch fort. Der Schauspieler ist müde, ihr seid traurig; das kommt daher, weil sich der Schauspieler abgemüht hat, ohne etwas zu empfinden, und ihr empfunden habt, ohne euch abzumühen. Stünde die Sache nicht so, dann wäre die Lage des Schauspielers die unglückseligste aller Lagen; er ist ja nicht die Person, die er darstellt, er spielt sie nur, und er spielt sie so gut, daß ihr ihn dafür haltet. Die Täuschung ist nur für euch; er selbst weiß recht gut, daß er jene Person nicht ist ...« Nicht wahr, das klingt paradox, ketzerisch? Aber sollte es deshalb nicht wahr sein können? Noch weiter als dieser Franzose ist in diesem Stück ein Deutscher, ein großer deutscher Dichter, gegangen. Heinrich von Kleist führt in dem merkwürdigen Gespräch »Über das Marionetten-Theater« einen Tänzer vor, der sich als choreographisches Ideal eine vollständige Mechanisierung des Tanzes denkt. Nicht der Mensch, der fehlbar ist, sondern die unfehlbare Maschine soll tanzen. »Er getraue sich zu behaupten«, äußert der Kleistsche Tänzer im Gespräch, »daß, wenn ihm ein Mechanikus nach den Forderungen, die er an ihn zu machen dächte, eine Marionette bauen wolle, er vermittelst derselben einen Tanz darstellen werde, den weder er noch irgendein anderer geschickter Tänzer seiner Zeit, Vestris selbst nicht ausgenommen, zu erreichen imstande sei ...« Diese Anschauung ist bei Kleist äußerst geistvoll durchgeführt, nur verläuft sie sich schließlich nach deutscher Weise in die Mathematik und Metaphysik.

Solcher Seitensprung in den Mechanismus und die Mechanik der Kunst lag diesen Zeilen nahe, die ja Ernesto Rossi nur als schauspielerischen Techniker betrachten wollten. Diese einseitige Betrachtung möchte dem italienischen Künstler nicht die geistigen Gaben absprechen, im Gegenteile, ich weiß wohl, daß Rossi im kleinen Finger mehr Geist besitzt als mancher deutsche Schauspieler, der sich mit seiner »Innerlichkeit« etwas weiß, in seiner ganzen Person. Rossi arbeitet mit dem ganzen mimischen Kapital seines Volkes, aber er hat damit gewuchert. Ob er empfindet beim Spiele? Ich weiß es nicht und glaube es kaum. Ob es gelernte Künste sind, die er produziert? Gewiß. Aber ich meine doch, wer solche Künste lernen und so lernen könne, der müsse doch vorher empfunden und aus einem Geiste geschöpft haben, welcher der Vater der Technik und nicht ihr Sohn ist.

(1878)

Tommaso Salvini

Adelaide Ristori, Ernesto Rossi und Tommaso Salvini – so folgen ihre Namen dem Alphabet, nicht der künstlerischen Würde nach, aufeinander – sind alle drei aus der Schule des Advokaten, Patrioten, Revolutionärs und Schauspielers Gustavo Modena hervorgegangen und beherrschen seit ein paar Jahrzehnten die Bühne Italiens, ja durch ihre Gastfahrten diesseits und jenseits des Atlantischen Meeres ein wenig die Bühnen der Welt. Der Einfluß ihres Beispiels ist auch bei uns überall zu verspüren, sei es nun ein schädlicher gewesen, wie weiland bei Julie Rettich, oder ein fördernder, wie bei Sonnenthal und Hartmann. Mögen nun jene drei hervorragenden Künstler im einzelnen noch soweit auseinandergehen, in dem einen Punkte treffen sie zusammen, daß ihr Bestreben vorzüglich darauf gerichtet ist, durch eine gewissenhaft ausgebildete, buchstäblich bis in die Spitze des kleinen Fingers laufende Technik den Eindruck der Wirklichkeit hervorzurufen. Sie sind Schüler der Natur, Realisten, wie alle bedeutenden Künstler. Je nach dem Naturell des einzelnen, seinem geistigen Vermögen, seiner Bildung stuft sich dieser Realismus ab, und in verschiedenen Mischungsverhältnissen sucht sich die Wahrheit mit der Schönheit zu verbinden. So sind die Ristori, Rossi und Salvini trotz des gemeinsamen Ausgangspunktes verschieden geartete Schauspieler. An der Vergleichung solcher Verschiedenheiten hat das Publikum ein natürliches Vergnügen, nur daß die Erörterung sich meistens falsch zuspitzt, indem nicht nach der Eigentümlichkeit eines jeden Künstlers geforscht, sondern mit kindlicher Neugierde gefragt wird, welcher von ihnen der größere sei. Die Ristori liegt uns in Wien zu fern, aber Rossi und Salvini gegenüber wird jenes Fragespiel schon seit einigen Jahren getrieben. Seit beide hier gewesen, denkt man sich den einen nicht mehr ohne den andern, scheint man nur den einen durch den andern hindurch zu erblicken. Rossi tritt auf, und man spricht sofort von Salvini: Salvini erscheint auf den Brettern, und gleich ist Rossis Name in aller Munde. Das beste wird wohl sein, den eben anwesenden Salvini einzeln und für sich zu betrachten, als ob es nie einen Rossi gegeben hätte, und dann um der allgemeinen Schwachheit willen einige vergleichende Worte über beide zu sagen. Vielleicht wird sich nicht einmal feststellen lassen, welcher von ihnen der Größere sei; aber muß denn notwendig einer der Größere sein?

Salvini tritt auf, die Bühne belebt sich. Er bemächtigt sich des Ohres, er fesselt das Auge. Er hat sich bewegt, hat gesprochen – Beifall von allen Seiten. Richtig sprechen, sich richtig bewegen, das ist ja der ganze Inhalt der Schauspielkunst, zugleich so wenig und so viel. Dazu gehören gute sinnliche Mittel und die Fertigkcit, sie zu gebrauchen. An seinem Organe besitzt Salvini ein herrliches, jeder mächtigen Wirkung und jeder feinsten Nuance gewachsenes Instrument. Seine Stimme ist ein voller, weicher Baß, dem aber jede Höhe des männlichen Sprechtones erreichbar ist. An sorgfältiger Ausbildung kann Salvinis Stimme mit dem Organ eines gut geschulten Sängers verglichen werden, ja es ist keine Vergleichung, es ist die Sache selbst. Wie ein Sänger besitzt Salvini verschieden ausgebildete Register, die, ganz wie er es will und braucht, bei ihrem Übergange ineinander einen Bruch zeigen oder sich unmerklich verbinden. Den natürlichen Umfang der Stimme hat er durch ein Falsett erweitert, so weich und biegsam, daß es dem leisesten Ansatz Folge leistet. Salvini verfügt somit über einen Stimmumfang, der keine Grenzen kennt als die Natur selbst, und seine Skala hat Töne für alle Gefühle und Affekte, für alle Schattierungen von Gefühlen und Affekten. Salvini kann donnern und säuseln, und was zwischen diesen Extremen liegt, anmutiger Sprechton, Plaudern, Flüstern, dann wieder gehaltener männlicher

Ausdruck und wie diese unaufzählbaren Dinge sonst heißen mögen – alles bringt er mit Leichtigkeit hervor. Man möchte behaupten: Es gibt für einen Mann nicht mehr Dinge zu sagen, als er zu sagen weiß. Glückliche Öffnung des Mundes und leicht bewegliche Lippen unterstützen ihn in dieser Meisterhaftigkeit des Sprechens.

Das Sprechendste in Salvinis Gesicht sind seine lebhaften Augen. Sonst besitzt er jenen allgemeinen Schauspielerkopf, der, an sich selbst nicht bedeutend, die Möglichkeit vieler Köpfe in sich schließt. Auf die Maske (wie auf das Kostüm) verwendet Salvini große Sorgfalt. Er ist heute nie, was er gestern gewesen und was er morgen sein wird. Das ist der echte Schauspieler, der dadurch gelten will, daß er sich selbst auslöscht; sein Reich ist der Schein und wirklich zu scheinen sein größter Triumph. Die Muskelbeweglichkeit des Gesichtes, jenes offene Arbeiten der Gedanken und Empfindungen, ist bei Salvini ein nationales Erbgut. Sein Gesicht wird nie nach einer andern Richtung stehen als gerade nach der Seite, nach welcher ihm die Rolle zu denken vorschreibt. Salvinis Wuchs zeigt gute Mittelgröße, die für das Gefühl gleichsam übersichtlicher zu beherrschen ist als aufgeschossene Gestalt mit langen Beinen und langen Armen. Trotz eines behaglichen Embonpoints hat Salvini seine ursprüngliche Beweglichkeit nicht verlernt, ist er immer noch ein behender, elastischer Mann mit langem Atem. Was er nun mit Hand und Fuß alles kann, ist erstaunlich. Die Hand, dieses »Werkzeug der Werkzeuge«, hat bei ihm soviel Ausdrucksmittel als Finger, ja in der Kombination der Hände oder je nachdem sie offen oder geschlossen sind, steigern sich diese Mittel ins Wunderbare. Arme und Beine haben ihre eigene Technik, der man, wenn Bewegungen rasch aufeinanderfolgen, nicht immer auf die Spur kommt. Wir sahen ihn beispielsweise als Othello Bewegungen, Evolutionen ausführen, die uns nur noch in ihrer Wirkung gegenwärtig sind. So war er in einem leidenschaftlichen Moment vom mittleren Theaterraume plötzlich an der Rampe angelangt, daß man glauben mußte, seine Arme seien ihm zu Flügeln geworden; so kniete er nach einer Reihe blitzartig aufeinanderfolgender Bewegungen plötzlich nieder, und der Zuschauer hatte nur die unvergleichliche Wirkung, die er vergeblich auf ihre Ursachen zurückzuführen suchte. Bei solcher Virtuosität des Schauspielers darf man übrigens nie vergessen, daß sie nicht ganz sein persönliches Werk, man muß vielmehr bedenken, daß sie wenigstens der Anlage und Möglichkeit nach eine nationale Erbschaft ist. Der mächtigste Schauspieler wäre nicht imstande, aus sich heraus die Fülle von Gebärden zu erfinden, über welche Salvini verfügt. Es steht hinter ihm ein nationales Gebärdenepos, das mit seinen Formeln durch das ganze Volk geht, von jedem gebraucht und von jedem verstanden.

So macht Salvini die alte Überlieferung wieder wahr, daß der Schauspieler imstande sei, durch bloße Beredsamkeit des Körpers einen dramatischen Zusammenhang anschaulich zu machen – eine Kunst, die in unserm Ballett verkümmert ist. Man denkt an den alten griechischen Philosophen, der, erst ungläubig, dann aber von der Kunst eines Pantomimen tatsächlich überzeugt, mit Entzücken ausrief: »Ich sehe dich nicht bloß, ich höre dich: du sprichst mit den Händen!« . . . Ein solcher Redner mit den Händen ist Salvini. Er wendet seine Gebärdensprache manchmal an, um über die schwache Stelle einer Dichtung hinwegzutäuschen, dann und wann aber auch, um sich mit seiner Kunst selbst zu regalieren. Worin man stark ist, darin liebt man sich. Ebenso arbeitet er zuweilen mit seiner Kunst des Sprechens. Sie kann gleichfalls der schwachen Stelle einer Dichtung zugute kommen, aber sie kann auch zum Selbstzweck werden. Er hat Momente, wo er in der bloßen Sprache schwelgt, sich in ihrer Klangschönheit berauscht, von ihren gelenken Gliedern, ihrem rhythmischen Fall sich fortziehen läßt. Ein solches Klangkonzert ist ein wahrer Ohrenschmaus; die Sprache, von ihrem eigenen Wohllaut trunken, wirft den lästigen Sinn der Worte ab und schaukelt sich hinüber in den Bereich der Musik. Der Schauspieler steht dann neben dem Sänger.

In Shakespeares Stücken, den Dichtungen eines Schauspielers, wo schon von Haus aus jedes Wort seine Gebärde hat, findet Salvinis Kunst reichlich Nahrung. Er schöpft jede Situation im vollen schauspielerischen Sinne aus. In Wien kennt man Salvinis Othello und Hamlet seit geraumer Zeit, auch sind beide Rollen viel besprochen worden. Wer wollte die Rollen nicht interessant und namentlich schauspielerisch lehrreich finden? Aber nach unserem Gefühl ist Salvinis Othello vielfach zu weich, sein Hamlet zu sehr ins einzelne gearbeitet. Dort jammert und weint er zuviel (zu freigebige Anwendung des Falsetts), hier zerpflückt er häufig die Sätze in Worte, die Worte in Buchstaben. Ein solcher Othello würde seine Desdemona nicht anders aus der Welt schaffen, als sie in Tränen zu ertränken, und ein Hamlet, der den Monolog »Sein oder Nichtsein« so doktrinär zerlegt, wäre in Wittenberg geblieben und Privatdozent geworden. Salvini betont nicht kräftig genug den Mann der Tat in Othello, den Soldaten, der so leicht den Weg zum Schwertgriff findet, und bei Hamlet wird die geistige Behendigkeit nicht genugsam anschaulich gemacht, die mit seiner Schwerflüssigkeit im Handeln in so grellem und für ihn so verderblichem Kontrast steht. Das Schöne in diesen Leistungen kennt man ja ohnehin.

Zwei italienische Schauspiele: »Francesca da Rimini« von Silvio Pellico und »Sophokles« von Giacometti, gaben dem berühmten Gaste Gelegenheit, sich mit ganzer Lust seiner nationalen Technik hinzugeben. Tiefere poetische Genüsse waren da nicht zu holen, und wir müssen gestehen, daß wir in beiden Stücken jedesmal mit drei Akten uns begnügten. In »Sophokles« hebt sich nur die Gerichtsszene hervor, wo der greise Dichter, der Geistesschwäche beschuldigt, seine geistige Gesundheit durch den Vortrag eines Chorgesanges aus dem eben gedichteten »Ödipus auf Kolonos« darzutun sucht. Dieser Vortrag war eine rednerische Meisterleistung Salvinis. Vergebens hatten wir gehofft, die Schönheit der antiken Tracht von Salvini schauspielerisch ausgenützt zu sehen – er ging jeder Versuchung dazu eigensinnig aus dem Wege und behandelte den an plastischen Motiven so reichen Überwurf der Griechen wie ein lästiges Gewand. »Francesca da Rimini« ist ein lyrisches Drama, fast möchten wir sagen eine gesprochene Oper, reich an Sprache und Empfindungsschönheiten. Wieder ist es der Umschlag der Handlung im dritten Akte, die berühmte Liebeserklärung, die am meisten Wirkung hat. Hier nun war Salvini unerschöpflich an gesprochenen und unartikulierten Lauten der Zärtlichkeit. Solche Balzlaute wären freilich auf der deutschen Bühne unmöglich; sie würden durch Gelächter oder durch Zischen unterdrückt werden. So strenge scheiden sich die nationalen Bühnen. Interessant ist die Tatsache, daß auf Salvinis ausdrücklichen Wunsch vor dem dritten Akte des Trauerspiels eine Walzerpartie (man sagt uns »La Furia« von Grenado) abgespielt wurde. Die Wahl der Stimmungsmittel gehört zu den Geheimnissen des menschlichen Gemütes. Es gibt Menschen, die weich werden und weinen, wenn sie Schweinefleisch genossen; warum sollten nicht Walzer durch die Kraft des Gegensatzes tragisch stimmen können?

Auf beide Seiten von Salvinis Talent haben wir flüchtige Lichter geworfen, und nun läßt sich der zurückgeschobenen Frage über das künstlerische Verhältnis zwischen Rossi und Salvini nicht länger ausweichen. Die Antwort ist kurz und bündig. Beide, Salvini und Rossi, haben eine gleich große Technik; auch die künstlerische Ruhe im Ausgestalten ihrer Rollen ist beiden gleich. Aber im gelegenen Moment entscheidet sich die Natur, der Charakter eines jeden: die Form des Temperaments kommt zum Vorschein. Salvini kennzeichnet sich durch ein behagliches Auseinanderlegen der Dinge, durch ein schrittweises Eingehen auf das einzelne; Rossi dagegen hat eine raschere Bewegung, geht entschlossen auf die Hauptsache los. Schon in dem höhergestimmten Organ Rossis kündigt sich dieser Unterschied an, denn was man physisch ist, drückt sich auch künstlerisch aus. Beide sind ohne Zweifel große Schauspieler; aber was wissen wir, wer der größere sei! Wie sie verschieden sind an Temperament, so ist es auch Temperamentssache, den einen dem andern vorzuziehen. Beschaulichere Naturen mit dem Bedürfnis der Eleganz werden auf Salvinis Seite stehen; die Leidenschaftlichen werden zu Rossi halten. Nach unserem Gefühle gibt es keine andere Entscheidung. Übrigens ist der Streit um die beiden schon längst sinnreich gelöst worden. Als Salvini und Rossi einst auf einem italienischen Theater in ein und demselben Stücke auftraten, konnte der Impresario keinen der beiden Namen vor dem andern auf den Theaterzettel setzen. Was tat er? Er ließ die Namen in der Diagonale des Zettels drucken, so daß sie einander schnitten, wodurch das Oben und Unten aufgehoben war. Wir könnten von jenem bühnenkundigen Manne lernen, in der Diagonale zu denken.

(Am 21. Dezember 1879)

König Lear im Burgtheater

Anschütz – Wagner – Förster – Hallenstein

Seit Heinrich Laube hat noch jede Leitung des Burgtheaters eingesehen oder dunkel empfunden, daß ein Repertoire dieser Bühne ohne Shakespeares »König Lear« nicht recht denkbar sei, daß ihm mit diesem Trauerspiel etwas vom Besten fehle. Maßgebend für diese Ansicht war nicht ausschließlich der Wert der Dichtung selbst, sondern ebensosehr die unaustilgbare Erinnerung an die großartige Darstellung, die das Shakespearesche Stück, und zumal die Rolle des Lear, im Burgtheater weiland gefunden. »König Lear« ist ein alter Ruhm der Burg, der sich bekanntlich an den Namen Anschütz heftet. So mächtig und alle anderen Rollen des großen Schauspielers überwuchernd war der Eindruck dieser Leistung, daß man, von Anschütz und seiner Kunst sprechend, nur noch von seinem Lear zu sprechen schien. In dieser Rolle, nahm man stillschweigend an, habe dieser Schauspieler die reichen Quellen seiner Natur erschöpft; sie sei sein Bestes, ja überhaupt das Beste der deutschen Schauspielkunst großen Stils. Wer nun das glückliche Alter besitzt, um Anschütz als Lear gesehen zu haben (und das Alter ist nur insofern glücklich, als man Gutes und Schönes erlebt hat), der wird bestätigen, daß die volkstümliche Meinung über Anschütz nicht fehlgriff. Er hat auch sonst bedeutende Rollen gehabt – sein Musikus Miller, sein Erbförster sind unvergeßlich –, aber im Lear waren auch diese Rollen mit enthalten, und so gab Lear einen vollständigen Inbegriff seiner Kräfte. Anschütz lebt in der Bühnengeschichte fort als Lear.

Schon frühzeitig ist Lear an Anschütz herangetreten. Er hat die Rolle nicht gewählt, sie ist ihm entgegengebracht, ja aufgezwungen worden. Im Jahre 1821, als er noch kaum dem Burgtheater angehörte, trat Schreyvogel mit der entschiedenen Forderung an ihn heran, er möchte den Lear studieren. Anschütz sträubte sich dagegen. Er war damals sechsunddreißig Jahre alt, hatte erst Liebhaber und jugendliche Helden gespielt, und mit ebenen Füßen ins Fach der Heldenväter hinüberzuspringen schien ihm bedenklich, ja gefährlich. Indessen wurde das Kraftstück von ihm verlangt, und da er nicht ausweichen konnte, machte er sich mit einem »Es muß sein« an die schwierige Aufgabe. Er nahm es damit gründlich, die Schauspieler von Gottesgnaden würden vielleicht sagen: pedantisch. Es war in diesem Manne bei aller Begeisterung eine große nüchterne Kraft, bei allem Sinn für das Hohe eine schlichte bürgerliche Natur, bei aller Macht des Gemütes eine verständige Art, die sich alles klar zurechtlegt. Er war ein wohl und wohnlich eingerichteter Geist. Hatte ihn die poetisch-dramatische Wucht des Lear erst geschreckt, weil seine eigene Kraft ihr zu erliegen drohte, so suchte er nun seiner Rolle auf dem Wege der Analyse beizukommen. Er flog nicht begeistert über die Sache hin, sondern gleichsam auf Fußsteigen ging er den Absichten des Dichters nach. Anschütz schrieb seine Gedanken nieder, und diese Niederschrift ist uns in seinen »Erinnerungen« erhalten. »Ich denke mir den Lear«, so beginnt Anschütz, »als einen munteren, rüstigen und jovialen Greis, der seine letzten Jahre noch sorglos und heiter verleben will und deshalb alle Regierungslasten von sich entfernt und auf kräftigere Schultern überträgt . . .« So schlicht und klar, ohne Doktrin und Spekulation, wie dieser Anfang, spinnt sich das ganze Schriftstück fort; man gewahrt Lears Charakter und sieht aus diesem Charakter, aus seiner übereilten Tat und den sie begleitenden Umständen das ungeheure Schicksal des Mannes sich gleichsam logisch entwickeln. Ein solches Bedürfnis, klarzusehen, besaß Anschütz durchaus, und er ging nicht auf die Bühne hinaus, bevor ihm nicht jedes Wort, jeder Ton, jede Stellung feststand. Es war seine Überzeugung, »daß der Schauspieler nur bei innerer Ruhe imstande sei, seine Aufgabe zu überblicken, die Ausführung anzuordnen und durch zweckmäßige Verteilung seiner Mittel zu beherrschen«. Das mag trocken gesprochen sein und gar nicht im Sinne jener Enthusiasten, die in der Kunst alles Gelingen der Begeisterung des Augenblickes zuschreiben wollen. Aber gerade im Gegenteil: wie kann ich mich der Erregung des Moments hingeben, wenn ich nicht vorbereitet und meiner Sache sicher bin? Alle echte Begeisterung in der Kunst ist eine geschulte, aber allerdings hat sie auch die Schule hinter sich.

Der darstellende Künstler in Anschütz war ein anderer Mensch als der schriftliche Analytiker. Denkend und schreibend suchte er sich seine Sache klarzumachen, auftretend und darstellend war sie ihm klar. Was Anschütz über den Lear geschrieben, gibt keine Vorstellung von der Art und Weise, wie er ihn spielte. Die Bretter der Bühne sind ein Element, das den Schauspieler ganz anders trägt als das Papier. Nun kommt es nicht mehr darauf an, daß er über die Rolle denke, sondern daß die Rolle aus ihm denke. Und so war es bei Anschütz, wenn er den Lear spielte; er schien ihn nicht zu spielen, er schien Lear selbst zu sein. Nicht gleich Iffland legte er den Lear als einen gebrechlichen Greis an, sondern er gab das Bild des grünen Uralters, das sich noch manches zumuten kann und sich noch etwas mehr zumutet. Mit einem hitzigen Entschlusse, wie er alten Leuten von Temperament eigen zu sein pflegt, schenkt er seine Krone weg, ohne zu bedenken, daß er mit ihr auch seine Würde verschenken könnte. Man sieht ihn von einem rosigen Optimismus beherrscht. Da kommt Cordelia, seine Lieblingstochter, und verweigert ihm die schmeichlerische Huldigung der übrigen Töchter. Hier nun ließ Anschütz nach kurzem, staunendem Befremden sogleich merken, welche Heftigkeit der Empfindung in dem alten Manne wohnte. Man hat den Donner grollen gehört und ist vorbereitet auf ein großes Gewitter. In den Gesprächen mit den schnöden Töchtern Goneril und Regan entrollte Anschütz ein reiches Bild von dem Innern Lears: wie entgegengesetzte Empfindungen sich in seinem Gemüte hin und her werfen, wie er wechselt zwischen Liebe und Haß, wie er nicht glauben kann, was er sieht, und wie er der Notwendigkeit, es glauben zu müssen, fast erliegt. Anschütz' Lear war stark und herrlich im Fluchen und Verwünschen; wenn er aber, wie er es pflegte, aus der hohen Tenorlage Töne der Liebe und der Rührung herabholte und sie an die unmenschlichen Töchter verschwendete, dann war er unwiderstehlich, die Gemüter bezwingend. Das Kind im Greise, das hilflose Kind, das Liebe gibt und fordert und die zitternden Hände nach einem mitfühlenden Herzen vergebens ausstreckt, wurde von Anschütz im Charakter Lears unvergleichlich betont. Erschütternd, daß Mark und Bein zitterte, mit einem Aufschrei, der uns heute noch im Ohre bebt, gab Anschütz den Moment, da sich das Einbrechen des Wahnsinns in Lears Seele meldet; es war wie der Angstruf und Weheschrei einer untergehenden schönen Welt. Und nun das Eintreten des Wahnsinns selbst, wie er sich an dem verstellten Wahnsinne Edgars ausbrütet, dies Hinhorchen, Geheimtun, Wispern, dieses wollüstige Hineingleiten in das geistige Chaos – man mußte es sehen und hören, denn Worte können es nur andeutend beschreiben. Höchst feinfühlig ging dann Anschütz in den eigentlichen Wahnsinn ein. Shakespeare ist in seinen Darstellungen des Wahnsinns darum so lebensvoll und überzeugend, weil er die tollsten Äußerungen stets, wenn auch mit noch so dünnen Fäden, an die Wirklichkeit knüpft. Seine Wahnsinnsdarstellungen sind nicht sinnlos, sondern sie geben eine verzerrte, eine verrückte Wirklichkeit wieder. Sein Wahnsinn ist ein Schwärmen von den wirklichen Dingen, ein verworrenes Suchen nach der Vernunft. Wie sachgemäß daher in Anschütz' Darstellung jenes aufmerksame, nun mißtrauische, dann wieder ahnungsvolle Beschauen der Dinge und Menschen, jenes nur zeitweilig durch wilde Rufe unterbrochene Hineinhorchen in sich selbst. Und dann wieder mit ungebrochenen, mächtigen Lauten verkündigte Anschütz jenen, die ganze Welt verfluchenden tragischen Pessimismus, der aus herben Lebenserfahrungen hervorgegangen. Keine Steigung schien von hier an möglich zu sein, und doch brachte sie Anschütz zustande. In der Szene, da Lear aus dem heilsamen Schlafe erwacht und Cordelia erblickt – wer beschreibt diese rührenden Töne der Selbstanklage, dieses allmähliche Auftauen des Herzens, dieses kindliche und kindische Jauchzen über das Wiederfinden des hart geschmähten, treuen, liebenden Kindes! Es waren Momente der Rührung, da man sich der Tränen nicht schämte.

Nach solchem Lear wieder einen Lear zu finden, welche Schwierigkeit für das Burgtheater! Indessen, man wollte das Stück und mußte so auch den Lear wollen, den man gerade hatte. Nach Anschütz hat Joseph Wagner den Lear gespielt. Er hat ihn gespielt, als seine Kraft schon gesunken und das einst so tönende Metall seiner Stimme stumpf geworden war. Übrigens lag die Rolle nicht in der Richtung seines Talents; denn Wagner, der mehr auf das Glänzende, unmittelbar Wirksame angelegt war, besaß nicht die Fähigkeit, so verschiedene Elemente, wie sie im Lear liegen, lebendig in sich zu verbinden. Was Wagner auszeichnete, war eine gleichsam animalische Wärme, jene Seele (*anima*), die im Blut liegt und die ohne weitausblickenden Geist wohl denkbar und trotzdem, wo sie ausreicht, ihrer großen Wirkung sicher ist. Dann wurde Lear von August Förster gespielt, einem gebildeten, denkenden Schauspieler, der über Lear so gut schreiben könnte wie Anschütz, ohne ihm deshalb als Darsteller an die Schulter zu reichen. Förster hat noch den Lear von Anschütz gesehen, und das sah man seiner Darstellung an. Er täuschte den großen Schauspieler nach, ohne dessen innere Motive zu besitzen. So verhält sich der Napoleon im Wachsfigurenkabinett zum wirklichen – eine schreckliche Ähnlichkeit! Zuletzt nun ist Lear an Herrn Hallenstein gekommen (»herabgelangt«, sagt man im amtlichen Stil). Natürlich schließen wir jede Vergleichung mit Anschütz aus, die für Herrn Hallenstein beleidigend wäre; aber gewiß steht er höher als seine beiden Vorgänger. Er leidet nicht an der Tradition, höchstens hat er einiges von Rossi gelernt. Herr Hallenstein verfügt über die ungewöhnliche physische Kraft, welche die Rolle des Lear erfordert, ja die Mutter Natur hat ihm noch einen

Überschuß gewährt, und er wäre der Mann, nach dem Lear noch einmal den Lear zu spielen. Er hat Nerven von Stahl und eine Stimme dauerhaft wie Blech. Nun muß man aber sagen, daß sein Lear eine höchst achtungswerte, selbst eine tüchtige Leistung ist. Zur näheren Zergliederung ladet sie nicht ein, wohl aber zu einem Lobe in Bausch und Bogen. In diesem Lear zeigt sich ein mit leiblichen Mitteln wohlversehener Schauspieler, der sein Handwerk versteht und ein ungemeines Talent des Fleißes besitzt. Leicht läßt sich freilich ein höher gestimmter Lear denken, allein er ist aus einem Stücke, und so ist Stil in ihm. Uns ist in Herrn Hallensteins Darstellung nur ein einziger Verstoß gegen den guten Geschmack aufgefallen, nämlich, wo er bei den Worten: »Jeder Zoll ein König!« die Hände über den Kopf hinaus bewegt. Lear mag sich bei dieser Stelle in die Brust werfen, aber es ist kein Zuwachs an Würde, wenn man durch die emporgehaltenen Hände die Arbeit für den Zollstab erweitert.

Zuletzt muß man Herrn Hallenstein noch dankbar sein, daß er die Wiederaufnahme des »König Lear« möglich gemacht. Wien kann den Lear nicht missen: er gehört zur Mythologie des Burgtheaters.

(Am 9. November 1879)

Adolph Sonnenthal

Adolph Sonnenthal hat heute fünfundzwanzig Jahre Burgtheater zurückgelegt. Eine lange Strecke Weges, voll Arbeit und voll sorgfältig vorbereiteter Erfolge und willig zugestandener Triumphe, mit angenehmen Ruhepunkten und weiten Aussichten, mit stets erneuerten Zielen. Aber man kann sagen: Sonnenthal ist angekommen. Ist unter den vielen Jubiläen, die wir in den letzten Jahren gefeiert haben, irgendeines, das keiner künstlichen Veranstaltung bedurfte, so ist es ohne Zweifel das seinige. Teilnahme, festliche Stimmung, sie kommen ungerufen von allen Seiten; Männer, Frauen und die empfängliche Jugend, ohne Unterschied des Standes, sie eilen herbei, um ihrem Lieblinge zu seinem Ehrentage Glück zu wünschen. Denn der Liebling der Stadt, des Landes, des Reiches ist nun einmal Sonnenthal, und als ob freundliche Mächte planvoll daran gearbeitet hätten, ihn zu seinem Jubiläum auf eine unbestrittene künstlerische Höhe zu stellen, hat auch Deutschland, haben Berlin, München und Hamburg sich in jüngster Zeit beeilt, ihm den Lorbeer auf das Haupt zu drükken. Man braucht es nicht zu sagen, es sagt sich selbst: Adolph Sonnenthal ist der erste deutsche Schauspieler.

Aus unscheinbaren Anfängen hat sich Sonnenthal zu seiner gegenwärtigen Höhe emporgearbeitet. Das Schicksal hatte den Knaben nicht weich gebettet. Den Kinderjahren, die eine bescheidene Wohlhabenheit umgab, kaum entwachsen, mußte er, der Bruder vieler Geschwister, daran glauben, sein Brot mit der Arbeit seiner Hände zu erwerben. Er ergriff ein Handwerk, ward Lehrling, Geselle, verließ als Handwerksbursche seine Vaterstadt Pest, um in Wien Arbeit zu suchen und zu finden. Ein guter Arbeiter und doch ein sonderbarer Arbeiter, denn während er mit dem Ernste und der Gründlichkeit, die ihm eigen, bis zu den feinsten Verrichtungen, gleichsam zur Kunst seines Handwerks vordrang, schien er doch von einem fremden Dämon besessen, indem er, seine Handgriffe machend und die Geduld seiner Mitgesellen ermüdend, mit lauter Stimme Verse hersagte, die er bei der Nachtlampe auswendig gelernt. Schon als Lehrling hatte er das ganze klassische Repertoire der jugendlichen Helden für sich durchgearbeitet, die sich nun ungebärdig zum Worte meldeten. Früh schon war der schauspielerische Geist in ihm aufgewacht. Als einmal im väterlichen Hause Komödie gespielt wurde, übernahm der kleine Adolph »wegen Not an Mann«, wie er sich selbst ausdrückt, eine Mädchenrolle, die er zum Entzücken aller Anwesenden durchführte. Seitdem stand der Entschluß in ihm fest, auf die Bühne zu gehen. Daß er den Weg durch das Handwerk nahm, schadete dem Schauspieler keineswegs, im Gegenteile: wessen Hand in den Sinn und Eigensinn eines gegebenen festen Stoffes einzudringen gewohnt ist, der wird auch geistiges Material mit Klugheit, Ehrlichkeit und Treue zu bemeistern gewillt sein. Der goldene Boden des Handwerks – golden in dieser ethisch-technischen Bedeutung – ist dem Schauspieler Sonnenthal nie untreu geworden.

An demselben Tage, da Sonnenthal sich zu Wien in die Innung seines Gewerbes eintragen ließ, besuchte er zum ersten Male das Burgtheater. Man gab den »Erbförster«. Die aufregende Dichtung selbst, dazu Darsteller wie Anschütz, La Roche, Dawison – man denke sich in die Gemütslage des empfänglichen, von schauspielerischen Zukunftsträumen bewegten jungen Gesellen hinein. Zum ersten Male in seinem Leben berührte ihn der Genius des Burgtheaters. Der Moment war entscheidend für ihn. In der Nacht konnte er kein Auge schließen, und des anderen Tages lief er schnurstracks zu Dawison, um diesem sein Herz auszuschütten, ihm seine Wünsche nahezulegen. Dawison ließ ihn Karl Moors Monolog »O Menschen, Menschen« sprechen, und als sich Sonnenthal zum Schlusse des Monologes auf einen

Sessel warf, der unter ihm in Trümmer ging, da schrie Dawison auf: »Ja, Sie haben Talent, junger Mann – aber ruinieren Sie mir meine Möbel nicht!« Dawison entließ den Glücklichen mit einem Empfehlungsschreiben an die pensionierte Schauspielerin Frau Bender, bei welcher Sonnenthal ein halbes Dutzend Rollen einstudierte; um das Honorar für die Lehrerin zu erschwingen, mußte er ganze Nächte hindurch arbeiten. Mittlerweile hatte ihn Dawison an Heinrich Laube empfohlen, von dem sich Sonnenthal die Gunst erwirkte, als Freiwilliger bei den Statisten des Burgtheaters einzutreten. Sonnenthal statierte in der Tat in verschiedenen Stücken, in den »Räubern«, »Coriolan«, »Hans Sachs«, »Wilhelm Tell«. Aus dieser dramatischen Elementarschule, in die ihn Laube gebracht, zog ihn derselbe Mann wieder heraus. Als Sonnenthal ihm eines Tages etwas vordeklamierte, rief ihm Laube in seiner barschen Weise zu: »Sie müssen spielen, junger Mensch! Nur fort, hinaus!« Laube und La Roche gaben ihm eine Empfehlung an den Theateragenten Prix, und dieser verschaffte ihm ein Engagement unter dem Theaterdirektor Kreibig, der den Bühnen von Temesvar und Hermannstadt vorstand, wo Sonnenthal im Herbste 1851 mit dem Phöbus im »Glöckner von Notredame« eintrat und woraus er im Frühling 1854 mit der Rolle des »Hamlet« schied. Kreibig zog dem jungen Schauspieler bald ein Drittel seines Gehaltes ab; nur so könne er ihn behalten. »Ach, du guter Kreibig«, sagte sich Sonnenthal, »ich wäre für die Hälfte auch geblieben; denn zurückkehren – eher ins Wasser!« Auf Hermannstadt folgte Graz. Hier gestaltete sich das künstlerische Leben bewegter, anregender. Sonnenthal lernte Holtei kennen, der sich für ihn interessierte; eine stattliche Reihe von Gastspielen wickelte sich ab, die den aufstrebenden jungen Schauspieler im verschiedensten Sinne beschäftigten. Neben Nestroy spielte Sonnenthal in »Lumpazi« den Tischler. »Sie sind ein Kunsttischler, mein junger Freund«, sagte Nestroy nach der Vorstellung, indem er dem Mitspieler lächelnd auf die Schulter klopfte. Später kam Ludwig Löwe, der ihm bis ans Ende ein väterlicher Freund geblieben. Karl Devrient, vielleicht der genialste Devrient nach dem großen Ludwig, bot ihm das unerquickliche Beispiel, wie eine bedeutende Begabung, die untreu verwaltet wird und welcher die starke künstlerische Gesinnung fehlt, an ihrem eigenen Widerspruche erlahmt und zugrunde geht. Aldrige, der schwarze Mime, neben dessen Othello Sonnenthal den Cassio spielte, imponierte ihm durch elementare Leidenschaft. In Graz füllte Sonnenthal das Fach der jugendlichen Helden und Liebhaber vollständig aus, und hier war es auch, wo er den Clavigo zum ersten Male spielte – dieselbe Rolle, mit der er fünfundzwanzig Jahre später das Publikum des Münchener Gesamt-Gastspiels zu begeistertem Beifalle hinriß. Von Graz aus wendete sich Sonnenthal nach Königsberg, wo er, der bisher immer im Süden verkehrt, in der scharfen nordischen Luft die letzten Anklänge seines ungarischen Dialektes abstreifte. In Königsberg lernte er zwei große Künstler der alten Schule kennen: Theodor Döring, bedeutend im Lustspiele, im Genrefache, und Heinrich Marr, als Charakterspieler und namentlich als *père noble* außerordentlich. Man erkannte sofort Sonnenthals Wert und schrieb hinter dessen Rücken an Laube nach Wien. Darauf die rasche, lakonische Antwort: »Lieber Freund! Ich verfolge den jungen Sonnenthal schon eine ganze Zeit lang; wenn er soweit ist, schicken Sie ihn mir. Ihr Laube.« ... Und Sonnenthal wurde geschickt. Er betrat am 18. Mai 1856 als Mortimer die – wie er sie nennt – »geheiligten« Bretter des Burgtheaters. Bald darauf teilte ihm Laube mit, daß er sein Engagement erzwungen habe. Am 1. Juni 1856 trat Sonnenthal als Mitglied des k. k. Hofburgtheaters in der Rolle des Romeo auf.

Was das Burgtheater diese fünfundzwanzig Jahre an Sonnenthal besessen, was es heute noch an ihm besitzt, ja heute erst recht an ihm besitzt – wer weiß es nicht? Sonnenthal ist die lebendige Verkörperung der Traditionen des Burgtheaters. Einfach und wahr in Wort, Wink und Bewegung, das ist seine Kunst und das ist sein Zauber. Wenn sein Talent auch vielfach unter fremden Einflüssen gereift ist, wie denn Franzosen und Italiener nachhaltig auf ihn eingewirkt haben, so hat er doch seine beste Kraft aus dem Boden des Burgtheaters gesogen. Er wurzelt und gipfelt im Burgtheater. Wie ihm seine Begabung immer nur die Aufforderung zur Arbeit war, so hat er sich in seiner Gründlichkeit nur langsam entwickelt. Erst vor einigen Jahren hat er sich vollständig gefunden. Nun steht er auf der Höhe seiner Kunst, im Vollbesitze seiner Mittel; seine reife Männlichkeit, der Adel und die Energie seines Wesens gestatten ihm, nach den mannigfaltigsten künstlerischen Aufgaben zu greifen und die Blüten und die Früchte zu pflükken. Sonnenthals Kunst – und das ist das letzte und schönste Wort, das man sagen kann – ruht auf dem festen Grunde edler Menschlichkeit. Er hat sich in dem gefährlichen Spiele schauspielerischer Selbstentäußerung einen einfachen Sinn und ein warmes Herz zu wahren gewußt. In ihm sprudelt der lebendige Quell menschlicher Güte; er ist auch im Leben ein Künstler, ein nicht nur kluger, sondern ein weiser Mensch. Das Gefühl dieses Doppelwertes, der so erfreulich als selten ist, verleiht denn auch dem Sonnenthal-Jubiläum seinen warmen herzlichen Ton, denn man mag sagen, was man will, das letzte Wort des Künstlers ist und bleibt doch immer der Mensch.

(Am 1. Juni 1881)

Sonnenthal als Wallenstein

Bevor Sonnenthal ihn gespielt, hat wohl niemand an seinen Wallenstein geglaubt, und er selbst, der doch hundert dramatische Schlachten siegreich durchgefochten, ist mit schweren Zweifeln an den Friedländer herangetreten, der das Waffenglück vieler bedeutender Schauspieler schon gebeugt hat. Es gehen wohl alte Sagen von vorzüglichen Darstellern dieser Rolle – denn alles ist sagenhaft, was von toten Schauspielern berichtet wird –, allein seit mehr als einem Menschenalter ist kein Schauspieler unter unsere Augen getreten, der uns den vollen Eindruck der Schillerschen Dichtung entgegengebracht hätte. Die Überlieferung ist bloß literarisch, d. h., sie ist ausgestorben und knüpft an keinen lebendigen Faden mehr an. Anschütz ist kein guter, Dawison – wenigstens in seiner letzten Zeit – ein schlechter Wallenstein gewesen, und was uns sonst als Wallenstein auf deutschen Bühnen begegnet ist, hat es über ein blindes Herumtasten oder ein geistreiches, in letzter Instanz unmächtiges Wollen nicht hinausgebracht. Erst Sonnenthal hat uns an die Darstellbarkeit Wallensteins wieder erinnert. Wir sagen nicht: Da ist er wieder, der verlorengegangene Wallenstein, aber wir sagen mit Zuversicht: Hier ist der Weg gezeigt, auf dem wir wieder zu ihm gelangen können. Also nicht von einem Wallenstein ist die Rede, der vollendet vor unserem erstaunten Blick stünde, sondern von einem Wallenstein, der die Möglichkeit seiner Ausgestaltung in sich trägt. Das Geheimnis dieses Erfolges ist ganz einfach. Ohne vorgefaßte Gedanken, ohne doktrinäres Wollen hat sich Sonnenthal mit dem warmen künstlerischen Sinn, der ihm eigen, in seine Aufgabe hineingelegt; sie ist ihm zuerst entgegengekommen im Sinne seines Talentes; und seiner heißen Bewerbung, seinem zarten Eindringen hat die Rolle auch solche Seiten erschlossen, die dem ursprünglichen Talente des Künstlers fernerstehen. Die Dichtung selbst ist das Nest, in welchem diese Rolle ausgebrütet ist; das Stroh der Kommentatoren, die ausgefallenen Haare der Scholiasten sind zu diesem Bau nicht herbeigetragen worden. Daher der lebendige Eindruck dieses Wallenstein – lebendig selbst in dem, was an ihm verfehlt ist.

Als Sonnenthal am zweiten Abend den ganzen Wallenstein abgespielt hatte, da merkte man erst, wie fest und klar schon im Anbeginne die Charakterlinien seines Helden gezogen waren. Wir haben Stimmen hören müssen, die in Sonnenthals Wallenstein den Mann, den Helden vermißten. Im Gegenteile, schon in den »Piccolomini« ist der Soldat von ihm stark betont, der hellste Akzent auf die Tat gelegt worden. Sonnenthal ließ es deutlich durchfühlen, wie Wallensteins Ehrgeiz nur an seine Macht, an sein Können geknüpft ist, wie seine Zuversicht auf die Sterne nur Wallensteins Glaube an sich selbst ist, der sich in diesem Aberglauben spiegelt. Er drückt das freilich nicht mit wilden Gebärden aus oder indem er mit dem Absatz auftritt, aber die gelassene Art und Weise, in der er es tut, ist doppelt wirksam und überzeugend. Nach Sonnenthals Darstellung ist es gänzlich ausgeschlossen, daß Wallenstein einen Eingriff in seine militärische Stellung je dulden würde. Mit ruhiger Entschlossenheit sagt er zu den ihn vorwärts drängenden Freunden: »Ich kann jetzt noch nicht sagen, was ich tun will. Nachgeben aber werd' ich nicht. Ich nicht! Absetzen sollen sie mich auch nicht – darauf verlaßt euch ...« In keinem dieser Worte ein starker Laut, eine grelle Farbe: Alles gesagt wie selbstverständlich. Auch Questenberg gegenüber behält Sonnenthals Wallenstein diese ruhige Entschiedenheit, über die nur dann und wann ironische Lichter hingleiten. In diesem Wallenstein ist der Soldat unantastbar, und wo er rein Soldat sein kann, nichts als Soldat, da fühlt er sich in seinem eigentlichen Elemente. Diesen Zug hält Sonnenthal unverbrüchlich fest, und einmal weiß er ihn zur höchsten Wirkung zu steigern. Es ist in dem Momente, da Wallenstein von dem massenhaften Abfalle in seiner Armee unterrichtet wird. Nun darf er den Staatsmann zurückdrängen, nun kann der Soldat hervortreten. »Es ist entschieden, nun ist's gut – und schnell bin ich geheilt von allen Zweifelsqualen . . . Notwendigkeit ist da, der Zweifel flieht, jetzt fecht' ich für mein Haupt und für mein Leben . . .« Es hängt mit Sonnenthals Auffassung eng zusammen, daß er hier in einen wahren Jubel ausbricht und den Vers: »Nacht muß es sein, wo Friedlands Sterne strahlen« mit dröhnender Stimme in die Welt hinausruft.

Dieser Befreiungsjubel wirkt um so mächtiger, als Sonnenthal sich mit größter Hingebung in die Gemütsqualen vertieft, unter denen der von seinem Kaiser abtrünnige Soldat zu leiden hat. Es ist ergreifend, wie der Darsteller in dem Monolog vor der Zusammenkunft mit Wrangel in sich hineinhorcht und sein Geheimnis mit zögernden Worten und mit Worten, die ihren Stachel wieder zurück in sein Gemüt eindrücken, preisgibt. Es liegt eine tiefe Melancholie in seiner Stimme; die Gedanken steigen wie Gespenster auf und wenden sich gegen den zurück, der sie geboren. Gerade hier tritt die von Sonnenthal so stark betonte Soldatennatur Wallensteins hervor, die, in einen ihr neuen Kampf verwickelt, Angst hat vor dem eigenen Gewissen und vor dem Gewissen der Welt – zwei Potenzen, die den Arm lahm und das Schwert schartig machen. Wie Sonnenthal diesen Monolog spricht, wie er ihn langsam wachsen läßt, das ist ein schauspielerisches Meisterstück; nur schade, daß sein Glanz durch einen trüben Fleck entstellt wird. In den Versen:

> Denn aus Gemeinem ist der Mensch gemacht,
> Und die Gewohnheit nennt er seine Amme –

legt Sonnenthal den Hauptnachdruck auf das Wort *gemacht*, so daß man ganz ratlos steht und vergebens darüber nachgrübelt, auf welcher möglichen Erwägung denn dieser unmögliche Akzent beruhen könne. Doch läßt die Darstellung keine Zeit zum Nachsinnen, denn in dem Gespräche mit Wrangel überrascht uns Sonnenthal durch seine auf heißem Untergrunde spielende kühle Ruhe, durch seinen großen Geschäftston, durch die objektive Unbefangenheit, mit welcher er die von Schiller herrlich entworfene Schilderung der schwedischen und österreichischen Armee dem Dichter nachschildert.

Szenen, in welchen das Gemüt vorwaltet, die einen warmen Ausbruch des Gefühls gestatten, sind von Haus aus Sonnenthals Eigentum. Den Ausdruck solcher Situationen braucht er sich nicht erst abzuringen, er liegt in seiner Natur, in seiner Begabung. Rührend im besten Sinne war die Klage um den treulosen Piccolomini; unmittelbar ans Herz schlug die Schilderung des früheren Zusammenlebens der beiden Kriegskameraden. Noch wärmere Töne fand er beim Abschiede Wallensteins von Max Piccolomini. »Max, bleibe bei mir! . . . Max, du kannst mich nicht verlassen! Es kann nicht sein, ich mag's und will's nicht glauben, daß mich der Max verlassen kann . . .« Diese Stellen sprach Sonnenthal aus der tiefsten Seele, und wie er nach den letzten Worten den abgewendeten Max mit beiden Händen bei der Schulter faßte, diese durch und durch gefühlte Bewegung vollendete das Ergreifende der Situation. Indessen diese und ähnliche Wirkungen werden bei Sonnenthal selbstverständlich vorausgesetzt. Fragt man nun, in welches Verhältnis er sich zu dem Wunderbaren in Wallensteins Charakter gesetzt, so kann man sagen, daß er es mit Vorteil in das Ganze seiner Darstellung aufgenommen. Mit Wärme, mit Eifersucht sprach er von seinen himmlischen Beziehungen, er wies stets mit Nachdruck auf sie hin und ließ sie nicht bloß äußerlich an sich haften. Nur einmal, bei der Erzählung des Traumes, schien der Darsteller aus dieser Rolle zu fallen. Gewiß, die Erzählung rollte sich schön ab, ihr fehlte nicht das Anschauliche, das Eindringliche; aber was ihr fehlte, war eben der Zauber, den sie aus Wallensteins Wunderglaube schöpft. Der Darsteller war zu wach, er sprach zu den Anwesenden, wendete sich ihnen zu, während er doch die Wirklichkeit vergessen, im Banne einer Vision sich befinden sollte. Am Schlusse der Erzählung wurde der Vers: »Mein Vetter ritt den Schecken an dem Tag« fast hervorgeschmettert, während bei dem Schlußvers: »Und Roß und Reiter sah man niemals wieder« die Stimme herabsank. So wurde das minder Bedeutende betont und das Geheimnisvolle fallengelassen.

Man sieht, der Tadel kann in Sonnenthals Leistung nicht sehr tief einschneiden. Was Sonnenthal verfehlt, das kann er verbessern, denn es handelt sich dabei nur um ein momentanes Fehlgreifen des Urteils, nicht um einen Mangel an Begabung. Sonnenthal hat das Zeug in sich, die Kritik zu entwaffnen.

(Am 23. März 1884)

Sonnenthal als Nathan

Mag er auch als Nathan nicht der Höchste sein – und wer ist es auch? –, so ist er doch im Nathan aufs höchste bewunderungswürdig. Er hat zum Nathan, wie es ja jeder tun wird, den Weg seiner Begabung eingeschlagen, und Sonnenthal und Nathan sind einander auf halbem Wege entgegengekommen; was Nathan bei dieser Begegnung an Weisheit etwa abgelegt, hat ihm Sonnenthal überschwenglich durch Gefühl ersetzt. Offenbar, Herr Sonnenthal faßte die Rolle des Nathan als Herzenssache, und er ist ganz der Mann dazu, eine Herzenssache auch herzlich durchzuführen ...

Herr Sonnenthal legt seinen Nathan sehr schlicht an, so schlicht beinahe, daß man versucht wäre, ihn unbedeutend zu nennen. Sein Nathan wächst mit der Situation. Schon in dem ersten Gespräche mit dem Tempelritter läßt er uns fühlen, was er ist und was er werden wird. In seiner Dankbarkeit des geretteten Kindes wegen umgibt er den derben Tempelritter mit einer Atmosphäre weicher Empfindung, sucht er mit allen Fühlfäden seines Gemütes nach dem Herzen des abwehrenden jungen Mannes. Voll Rührung hält er den verbrannten Zipfel des Templermantels in den Händen, und indem er mit redender Gebärde gleichsam anfragt, ob er den Templer küssen dürfe, ob er ihm entgegenkommen wolle, drückt er, da dieser ruhig bleibt, einen innigen Kuß auf das Brandmal. Die Szene ist schauspielerisch vollendet. Zum Bedeutendsten von Sonnenthals Nathan-Darstellung gehört der Monolog vor der Ringparabel, wo die Bedrängnis die Klugheit unter die Waffen ruft und der Gedanke der nachfolgenden Erzählung allmählich emportaucht. Und dann die Ringparabel selbst. Es gibt wohl keinen, der sich von dieser liebenswürdigen Weisheit des Schauspielers nicht gerne belehren, der sich von seinem warmen Ton nicht rühren, von seinem starken Menschengefühl nicht ergreifen ließe. Wenn man von einer Genialität des Herzens reden darf, nun, hier ist sie!

(Am 15. Januar 1896)

Sarah Bernhardt

Sarah Bernhardt hat ungefähr eine Stunde gebraucht, um das Publikum Wiens für sich einzunehmen, es mit der sanften Gewalt einer Künstlerin, die zu warten versteht, zu sich herüberzuziehen. Viele hatten geglaubt, sie würde auf ihren bloßen Ruf hin mit Begeisterung empfangen werden oder sie selbst würde durch einen kühnen Bühnenstreich sich der Gemüter sofort zu bemächtigen suchen; allein das eine liegt nicht im Charakter des Wiener Publikums, das andere nicht in der Natur dieser Künstlerin. Das Wiener Publikum, so sehr es der Begeisterung fähig ist, gibt nur wenig auf Autorität: es will die Sache selbst erleben, und so wenig Sarah Bernhardt einem dramatischen Wagnisse aus dem Wege geht, so ist sie doch zu sehr Künstlerin, um eine starke Wirkung im Gegensatz zu der dargestellten Rolle herbeizuführen. Wie übermäßig gespannte Erwartungen in dem Augenblicke, da die Person oder die Sache eintrifft, meistens getäuscht werden oder getäuscht zu werden scheinen, so ist es auch hier geschehen; aber, wie so oft, führte die Enttäuschung auch diesmal das Glück mit sich, daß nicht nur etwas anderes, sondern auch etwas Besseres, als man erwartet hatte, zum Vorschein kam. Man erwartete eine Virtuosin und fand – unbeschadet der Virtuosität – eine Künstlerin.

Die erste Enttäuschung, die man an Sarah Bernhardt erlebte, ist ihre äußere Erscheinung. Zwar jene an die Unsichtbarkeit streifende Schlankheit ihrer Gestalt erwies sich gleich als ein witziges Märchen, das man, als eine heitere Übertreibung der Wirklichkeit, allerdings begreifen konnte, aber die unschönen Verhältnisse ihres Wuchses und ihr schwankender Gang schienen die vielgerühmte vollendete Anmut ihres Spiels nicht begünstigen zu wollen. Freilich, diese etwas verschobene und verschrobene Gestalt krönt ein Kopf, der vieles wieder gutmacht: ein schönes Eirund, deutlich umrissen und doch von weichen Linien begrenzt; Kinn und Nase bedeutend und einen starken Willen verratend; doch das Wunder in diesem Gesichte sind die von feinen Brauen überwölbten großen dunkelblauen Augen, in welchen eine bewegliche Seele lebt. Dichtes rötliches Haar fällt auf die Stirne herein, und das Gesicht zeigt jene zarte, durchsichtige, seelenvolle Haut, welche überblonden Frauen eigen zu sein pflegt. Der Mund mit der etwas kurzen Oberlippe zeigt gern die Zähne in reizender Herzform, ohne daß man den Eindruck der Schweratmigkeit bekommt, die mit solcher physischen Beschaffenheit nicht selten verbunden ist. Diese Züge, diese Augen werfen ihren Glanz und ihren Geist auch auf die dürftige Gestalt zurück, die übrigens in ihrer bieg- und schmiegsamen Beweglichkeit, in ihrer Federkraft und Energie ein wunderbares dramatisches Werkzeug ist. Und nun die Stimme, die eigentliche Seele des Schauspielers! Eine schöne Altlage mit dem Sopran verbindend, ist sie süß und einschmeichelnd, höchst modulationsfähig und tonreich im Ausdrucke des Gefühles, ein Instrument, das jetzt von der wärmsten Innerlichkeit erzittert und über dessen Saiten dann wieder der eilfertigste Plaudergeist huscht. Man könnte fast sagen, daß diese Stimme musikalisch geschult sei, denn so fest und sicher hält sie ihre Tonlagen ein, ihre Modulationen bewegen sich in so deutlichen Intervallen, daß man die Tonart und das Fallen und Steigen ihrer Rede durch Noten anschaulich machen könnte. Außerdem verfügt sie über eine erstaunliche Fülle von Naturlauten, die sich immer einstellen, wo das Wort allein nicht fähig ist, eine dunklere Empfindung aus einem entlegenen Winkel der Seele hervorzuholen oder wo ein heftiges Gefühl das Gefäß des Wortes sprengt. Nur eines ist der Künstlerin versagt: in hoher Lage der Stimme mit kräftiger, voller Klangwirkung zu arbeiten. Dieser physische Mangel bezeichnet die Grenze ihrer Kunst. Sarah Bernhardt ist vorzugsweise ein lyrisches Talent; die höchsten tragischen Wirkungen liegen ihr im eigentlichsten Sinne zu hoch.

Man kann sich vorstellen, was ein solches Talent mit solchen Mitteln aus einer Rolle wie Marguerite Gautier in der »Kameliendame« zu machen imstande ist. Man kann erwarten, daß sie uns diese Gestalt, die in Wien ins Vorstadt-Theater verbannt ist, ans Herz legen werde. Und das hat Sarah Bernhardt getan gerade mit jener lyrischen Begabung, die wir an ihr hervorgehoben. Die *Liebe* ist doch die Seele und das Salz von Dumas viel getadelter, viel nachgeahmter, aber nie erreichter »Kameliendame«. Ein Lust- und Trauerspiel der Liebe, welches bezaubert und erschüttert, hat uns die Künstlerin vorgeführt. Sie tritt auf als Kurtisane mit jener heiteren Gleichgültigkeit, mit jener beweglichen, ja leidenschaftlichen Apathie, die entsteht, wenn man alles tut, was die Liebe tut, aber ohne das Motiv der Liebe, ohne Gesinnung. Marguerite hat nie geliebt und ist nie geliebt worden. Mit Armand Duval tritt die Liebe in ihre Kreise – die Liebe, ihr etwas Neues, etwas Unglaubliches. Wie es Sarah Bernhardt darstellt, steht Marguerite der neuen Erscheinung erst verdutzt, nicht ohne einen gewissen Galgenhumor gegenüber. *Liebe!* Sie lächelt ungläubig wie die Sarah der Bibel. Und doch, sie läßt uns merken, wie süß es wäre, wenn es für sie so etwas gäbe wie die Liebe. Mit fast unfühlbarer und um so größerer Kunst führt uns Sarah Bernhardt nach und nach hinüber in den Bereich der Liebe; sie reiht leise Züge aneinander, wandelt allmählich den Ton der Stimme, die Miene, die Gebärde, doch spielt Marguerites Verderbtheit naiv genug herein; sie will die Kosten der neuen Liebe aus der Kasse des Lasters bestreiten. Ein Herzog – der ewige Herzog der Kurtisanen – soll bluten, damit sie ihres Geliebten in ländlicher Zurückgezogenheit froh werden könne. Sie liebt noch nicht. Fräulein Bernhardt spielt diese Szene mit einer trockenen Brutalität, mit einer naiven Unkenntnis der Gesinnung, die Duval der Kurtisane entgegenbringt. Halb kann sie ihn nicht verstehen, halb will sie es nicht. Seine starre Weigerung, unter solchen Bedingungen mit ihr zu gehen, macht sie doch nachdenklich. Als er sich von ihr trennen will, ruft sie ihn zurück. In dem Tone dieses Zurückrufens, in dieser Umarmung gibt Fräulein Bernhardt eine ganze Geschichte; man hört es, man fühlt es, sie hat die Liebe entdeckt. Ihre Darstellung des ländlichen Glückes atmet eine Innigkeit, die uns mit jedem Worte wärmt. Hier erklingt am süßesten ihre Stimme, die in musikalischen Wohllaut eingetaucht ist, ohne in den Gesang hinüberzuschweben. Und nun folgt ihr Meisterstück, die Szene mit Duvals Vater, eine grausame, niederträchtig moralisierende Szene, in welcher, damit zweifelhafte konventionelle Güter gerettet werden, ein armes Menschenherz zertreten wird. In dieser Szene bekundet Fräulein Bernhardt eine wunderbare Beherrschung der verschiedensten Kunstmittel. Man weiß nicht, was man höher stellen soll: ihre unbedingte Herrschaft über die Rede oder ihre Beredsamkeit in unartikulierten Lauten, ihre Gebärden- oder ihre Mienensprache. Sie wühlt das ganze Gemüt und die ganze Kunst auf. Von der Feinheit und Kraft ihres Nervenlebens, von ihrer Leidenschaftlichkeit und ihrem – man nenne es Instinkt oder Geist – gibt die Durchführung dieser Szene den höchsten Begriff. Wie sie den ungezogenen Alten in einer Wallung weiblichen Stolzes zurechtweist; wie sie in rührenden Worten die Liebe zu Armand verlautbart; wie sie sich gegen die Zumutungen des Unbarmherzigen erst sträubt und sich schließlich doch gefangen gibt; wie sie mit zerschlagenem Gemüte und während ihre Krankheit in ihr reift, den gewünschten Brief schreibt – man sitze dieser reichen dramatischen Entwicklung gegenüber, und wir möchten den unfühlsamen Mann sehen, der jener dramatischen Zauberin ungerührt die Stirne bieten könnte. Diese Szene holt im Verlaufe des Stückes Sarah Bernhardt selbst nicht mehr ein. Sie mag später noch so vorzüglich sterben – das Sterben ist eine ihrer Spezialitäten –, die Höhe jenes dritten Aufzuges erreicht sie nicht wieder.

Nach einer solchen Darstellung, die unsere ganze Empfänglichkeit aufzehrt, sollte man billigerweise ausruhen. Wer es dennoch nicht tat, sondern gleich den folgenden Tag wieder in das Theater ging, um Sarah Bernhardt als Doña Sol in Viktor Hugos »Hernani« zu sehen, dem wird eine kleine Ernüchterung nicht geschenkt worden sein. Fräulein Bernhardt trat uns den Tag vorher mit einer Fülle entgegen, die unerschöpflich schien, und nun wurde man doch an die Grenze ihres Vermögens erinnert. Sie wiederholt sich, und ein oft wiederholter Reiz, sei er auch noch so lieblich, stumpft die Empfindung ab. Wir haben an ihrer Doña Sol nichts Neues gesehen oder auch höchstens nur Ermäßigungen oder Steigerungen ihrer Marguerite Gautier. Daß ihr höhere tragische Wirkungen versagt sind, zeigte sich hier sehr deutlich. Es fehlt ihr die Stimme dafür und somit alles. In diesem Zusammenhange erst konnten wir an Frau Wolter denken, deren Name, ängstlich oder freudig, auf den Lippen der meisten Zuschauer schwebte. Welche von beiden die bessere Schauspielerin sei? Besser – welch beleidigende Frage! Wir möchten sagen: Jede ist anders. Sie haben beide die Vorteile und Nachteile ihrer Sprache. Jede wird der anderen wehe tun, wenn sie in einem Originalwerke, das in ihrer nationalen Sprache geschrieben ist, auftritt; eine Übersetzung wird jede gegen die andere in Schatten stellen. In der Tragödie scheint uns Frau Wolter etwas voraus zu haben; daß sie besser blitzt als Sarah Bernhardt, glauben wir nicht, daß sie aber besser donnert als die Französin, das wissen wir. Frau Wolter hat, um nur dieses eine hervorzuheben, die größere Stimme voraus, und das ist auch ein Bestandteil des Talentes.

Wir wissen wohl, daß unser französischer Gast die Vergleichungen nicht ausstehen kann. Als jemand eine Parallele zwischen ihr und der Rachel ziehen wollte, rief sie unwillig aus: »Je suis Sarah Bernhardt!« Nun, wir in Wien haben die französische Schauspielerin in diesen Tagen kennengelernt, und wir wissen somit, was es heißt, wenn jemand von sich sagt: »Ich bin Sarah Bernhardt!«

(Am 6. November 1881)

Sarah Bernhardt
Josephine Gallmeyer
Charlotte Wolter

Das Auftauchen zahlreicher Sarah-Köpfe, nicht etwa im Bilde, sondern im Leben, nämlich jener weiblichen Köpfe, die, von rötlichem Haare und einer gediegenen Nase unterstützt, sich eine gewisse Ähnlichkeit mit Sarah Bernhardt anfrisieren, bekundet untrüglich den mehr als flüchtigen Eindruck, den die berühmte französische Schauspielerin auf die Frauen und folglich auf die Männer gemacht hat. Das Wohlgefallen am rötlichen Frauentypus, welches vom zweiten Empire, da Rot auf dem Throne saß, zu uns herübergedrungen, bereits im Erlöschen begriffen war, ist von der geistreichen Französin wieder angefacht worden. Die natürliche Goldhaube – rotes Gold, sagt das »Nibelungenlied« – ist im Werte wieder gestiegen. Zu dem Sarah-Kopfe gehört aber auch der Sarah-Geist und der Sarah-Leib; wer jedoch vermöchte so leicht diesen Geist aufzubringen, und wer wollte diesem Leibe gerne ähnlich sein? Ähnlich – ja vielleicht um den Preis dieses Geistes. Denn eine Magerkeit besitzen, die jeder Schlankheit spottet; Arme zu haben, die an der Achsel zu weit rückwärts eingehängt zu sein scheinen; einen Gang anzunehmen, der das Gegenteil des Schwebens ist – der Entschluß wäre für ein weibliches Gemüt geradezu heldenhaft. Gewiß, die Erscheinung Sarah Bernhardts wirkt im ersten Augenblicke nichts weniger als angenehm. Es steckt ein Gamin in ihren Bewegungen, ihre Manieren scheinen einer Welt anzugehören, die nicht die feinste ist. Auch darin spiegelt sie das zweite Kaiserreich wieder, wo die Damen, indem sie das Gehaben von Volkssängerinnen nachahmten, sich encanaillierten, wie wir an Nachbildern gesehen haben, die sehr vornehme Frauen zu uns verpflanzt haben. Aber deshalb

Sarah Bernhardt eine bloße Kokotte zu nennen, ist kein Grund vorhanden. Jene niedrigen Manieren verschwinden sofort, wenn sie tiefer in ihre Rollen eindringt. Ihre Gestalt, ihre Bewegung, ihre Gebärden – alles hebt sich, wird edler, und nichts erinnert mehr an eine tiefere Sphäre der Gesellschaft. Man kann sodann, um das viel mißbrauchte Wort anzuwenden, in einem gewissen Sinne von Stil reden. Es stellen sich dann, wenn noch ihre souveräne Behandlung der Sprache sich hinzugesellt, künstlerische Genüsse ein, die uns niemand ausreden oder hinwegspielen wird. Frau Wolter mag die französische Schauspielerin durch ihre Phädra öffentlich bekämpfen, Frau Gallmeyer sie aufs schärfste parodieren, anonyme Schufte mögen Schmähbriefe schreiben – es wäre ein schwacher Kopf, der sich durch solche Dinge die bedeutenden Eindrücke, die ihm Sarah Bernhardt gewährt, vergällen ließe.

Das Wiener Publikum, das über den Unfug der Reklame verdrießlich war, kam dem Gaste sehr kühl und mißtrauisch entgegen und ließ sich von Sarah Bernhardt jeden Abend aufs neue erobern. Es wollte widerstehen, allein es konnte nicht. Und wie sollte man können! Gleich am ersten Abende, als Marguerite Gautier, schüttete sie zu aller Verwunderung das Füllhorn ihres Könnens aus. Aber alle diese erstaunliche Technik, die Auge und Ohr gefangennahm, verschwand vor der Poesie, die sie über ihre Rolle auszugießen wußte. Man glaubte herrliche Blumen aus einem Sumpfe wachsen zu sehen. *Refaire une virginité*, lautet der französische Ausdruck für ein sittliches Wunder, auf welches Dumas »Kameliendame« abzielt. Sarah Bernhardt ließ uns dieses Wunder künstlerisch erleben; die Sünderin verwandelte sich vor unseren Augen in ein liebendes Mädchen. Sie fand die überzeugendsten Übergänge, die süßesten, rührendsten Laute und aus jenen unedleren Manieren heraus die schönsten, beredsamsten Gebärden:

Und des Mädchens frühe Künste
Wurden nach und nach Natur –

wie es bei Goethe von der Bajadere heißt, die in den Armen des erlösenden Gottes ruht. Erst durch Sarah Bernhardt lernten wir, was sich aus dem übelberufenen, aber vielgespielten Drama von Dumas machen läßt. Indessen nach diesem Schauspiele stieg Sarah Bernhardt als Doña Sol in Viktor Hugos »Hernani« um einige Stufen tiefer herab. Zwar die Behandlung des Verses war bewundernswert. Sie ließ den Rhythmus durchfühlen, ohne ihn uns fußweise vorzuwerfen, und über die Zäsur des Alexandriners, der mitten im Verse wie ein Graben liegt, über den die meisten nach deutlichem Anhalten mühsam springen, schwebte sie mit Anmut hinweg. Sonst aber ist des Guten nicht eben viel zu sagen. Freilich ist die Rolle dürftig, da Doña Sol nicht viel mehr zu tun hat, als den einen Mann energisch zurückzuweisen und sich dem andern zärtlich hinzugeben. Die einzige große Szene für sie ist die durch Silvas Hornstoß tragikomisch unterbrochene Brautnacht. Hier entfaltet die Schauspielerin, höchst unjungfräulich, mehr Geschick als Empfindung, und wenn auch edle Frauen mit der richtigen Empfindung das richtige Geschick verbinden und in der Liebe einen genialen Raumsinn bekunden, so ist Sarah Bernhardts Doña Sol in Umarmungen und Küssen und wie sie die Situationen herbeiführt, zu buhlerisch erfahren und berechnet. Als Frou-Frou, die einst von Fräulein Kronau bei uns liebenswürdig gegeben wurde, trat Sarah Bernhardt wieder in den Vollbesitz ihres Könnens. Neue Töne schlug sie an, Töne eines übermütigen Leichtsinnes – eines Leichtsinnes indessen, der in seinem plötzlichen Abbrechen, in seinen schroffen Übergängen das tragische Ende Frou-Frous vorbereitet und vermittelt. Wahre Wunder an Feinheit, an schlagfertiger Raschheit verrichtete sie im Gespräche, in der Konversation; das macht ihr keine deutsche Schauspielerin nach, schon aus dem einfachen Grunde, weil das Deutsche keine Konversationssprache ist. Ein wahres Hagelwetter ging nieder, als Frou-Frou ihrer Schwester, die sie im falschen Verdachte hat, ihr den Gatten entfremdet zu haben, eine Strafpredigt hält: dem Publikum, nicht der Schauspielerin schien der Atem auszugehen. Höchst liebenswürdig erschien sie in der Theaterprobe, die nur eine bedeutende Künstlerin so sinnreich ungeschickt zu spielen imstande ist. Auch in der Kunst des Sterbens – wir haben sie viermal sterben sehen, und man kann sagen, daß sie vom Sterben lebt –, auch in dieser Kunst erschien sie wieder eigen. Wie es starke Frauen gibt, die ihre Ohnmachten stehend abmachen, so pflegt Sarah Bernhardt stehend zu sterben, wie es für eine energische Person paßt, die sich nur mit dem letzten Atemzuge aufgibt. Als Frou-Frou fällt sie nach kurzem Todeskampfe plötzlich um; als Marguerite Gautier scheint sie sich erst um sich selbst zu drehen, bevor sie tot niederfällt: wir haben edle Tiere so sterben sehen. Ein Arzt könnte über ihre verschiedenen Methoden zu sterben eine lehrreiche Abhandlung schreiben, lehrreich vielleicht schon durch den Nachweis, daß man in der Kunst, bei allem Scheine der Wahrheit, doch meistens anders stirbt als in der Wirklichkeit. Auch zu einer Abhandlung über die Psychologie des Kostüms, mit eingehender Deutung von Farbe und Schnitt der Bekleidung, gäbe Sarah Bernhardts Sorgfalt in der Gewandung Anlaß. Zu diesem Behufe müßte sich ein Ästhetiker mit einem Schneider zusammentun, nur dürfte der Ästhetiker – wie das zuweilen kommen mag – nicht selbst ein Schneider sein.

Es ist kein Wunder, wenn sich auch der Spott, der Witz einer solchen hervorragenden Erscheinung bemächtigt, sich in ihre Schwäche einbohrt und durch Übertreibung ihrer Vorzüge mit ihr ein parodistisches Spiel treibt. Das Carl-Theater hat es so mit dem Ringtheater gemacht, Josephine Gallmeyer mit Sarah Bernhardt. Die Pariserin braucht sich der Wienerin, die sie verspottet, nicht zu schämen. Frau Gallmeyer ist eine schauspielerische Kraft ersten Ranges. Wie beispielsweise Herr Baumeister und Frau Hartmann ist sie künstlerisch nicht gemacht, sondern gewachsen. Sie hat Sarah Bernhardt aufs Korn genommen und zum Lachen getroffen. Man wundert sich, daß sie ihren Gegenstand so vollständig besitzt. Das ist Schauspielerart. Wenn ein guter Schauspieler einen andern sieht und hört, so ist die Wirkung eine unmittelbar praktische; durch Reflextätigkeit wirkt die fremde Stimme auf die eigenen Stimmwerkzeuge, die fremden Bewegungen wirken auf die eigenen Bewegungsnerven, und der Schauspieler gewinnt dadurch nicht bloß ein Bild, sondern in ihm wird alles Ton und Gebärde. Er ahmt mehr durch eine lebhafte Erinnerung der Sinne nach als durch die Phantasie. Doch erscheint es immer als ein Wunder, wenn die Nachahmung so täuschend ist wie bei Frau Gallmeyer. Sie hat Töne in ihrer Kehle wie Sarah Bernhardt, und die Parodie ist manchmal bloß in ihren Zügen zu lesen, wenn gleichsam die Katze aus ihrem Gesichte springt. Mit scharfem Instinkt heftet sie sich an das, was bei der französischen Künstlerin mit der Zeit – und bei der Hast ihrer Gastspiele wahrscheinlich recht bald – zur Manier werden wird. Einmal ist es Sarah Bernhardts süßes Sprechen in hoher Sopranlage (man kann es mit absteigendem *g*, *e*, *d* notieren) und dann das oft unglücklich rasche Tempo ihres Sprechens. Mit diesen beiden Dingen spielt Frau Gallmeyer in souveräner Weise. Man lacht über sie von Herzen, ohne daß man deshalb aufhört, Sarah Bernhardt zu bewundern. Durch die Parodie fühlt man den Wert der Parodierten hindurch.

Auch Frau Wolters Phädra, die sie zum Besten der »Concordia« im Carl-Theater gespielt, konnte uns von Sarah Bernhardt nicht abwendig machen. Die Phädra – mag man übrigens über Racine denken, wie man will – ist gewiß eine gute Rolle, aber sie gehört nicht zu den besten der Frau Wolter. Es fehlt ihrem Spiele durchaus der intime Charakter, das feinere Eingehen in die Situationen, der überzeugende Ton. Die Monotonie einer schönen tragischen Stimme ist über die Rolle ausgebreitet, einer Stimme, die sich bei dieser Aufgabe ebensowenig als die Empfindung auf Nuancierungen einläßt. Wir bewundern das Instrument, nicht die Spielerin. Gewiß würde Sarah Bernhardt die Phädra mit weniger Organ, aber gewiß auch mit mehr Feinheit spielen. Nicht aus Angst ist die Französin der Wolterschen Phädra ausgewichen, sondern aus Anstand. Leider hat sich Frau Wolter von übelberatenen Leuten, die auf die lärmenden Elemente im Publikum ihr Absehen hatten, zu einem demonstrativen Hervortreten gegen Sarah Bernhardt verlocken lassen und eine Enthusiasmus-Hetze mitgemacht, die sie von der Höhe ihres Talents aus hätte verschmähen sollen. Wozu überhaupt die ewige Gegenüberstellung der Namen Wolter und Bernhardt? Uns bleibt Frau Wolter schätzbar neben und nach Sarah Bernhardt, nicht weil sie dieselbe oder in demselben Genre eine bessere, sondern weil sie eine andere und in diesem andern Genre eine ebensogute Schauspielerin ist.

Sarah Bernhardt – um zu ihr, von der wir ausgegangen, zurückzukehren – bleibt ohne Vergleich und ohne Vergleichung eine interessante künstlerische Gestalt. Sie hat einen mächtigen Verbündeten: hinter ihr steht ihr großes Paris, das seine Kinder so reich ausstattet und unterstützt, in welchem der geistig Arbeitende nicht in trostloser Vereinsamung einer Gesellschaft gegenübersteht, die bloß Anregungen empfangen und nicht auch Anregungen gewähren will. Paris fördert und hebt den Künstler, ja es arbeitet für ihn. In anderen Städten mag sich der Künstler auf der stillen Stube alles aus den Fingern saugen. Und, fragt man uns, hat das große Leben, in dem sie wurzelt, ihr einen eigentlichen Stil mitgeteilt? Antwort: Sie hat den Stil, den sie haben kann; sie hat den Stil der Stücke, in deren Darstellung sie sich auszeichnet. Diese Stücke aber, auf einem unfertigen, vielfach bewegten sozialen Untergrund beruhend, lassen uns in der Dissonanz stecken. Das macht sich auch im Spiele des Künstlers geltend, der genug getan hat, wenn seine Darstellung eine gewisse Gleichartigkeit der Bestandteile aufweist. In diesem Sinne ist Sarah Bernhardt durchaus stilvoll. Ihr sprecht aber von etwas, das ihr den großen Stil nennt. Den großen Stil! Wo ist er, wer hat ihn, ja wer kann ihn haben? Wir laden euch ein, nach etwa hundert Jahren mit uns über den »großen Stil« zu reden.

(Am 27. November 1881)

Joseph Lewinsky

Allen Gewalten
Zum Trutz sich erhalten,
Nimmer sich beugen,
Kräftig sich zeigen,
Rufet die Arme
Der Götter herbei.
Goethe

Gerade vor fünfundzwanzig Jahren ist Joseph Lewinsky, damals noch kaum ein Mann, im Burgtheater als Franz Moor in Schillers »Räubern« aufgetreten; gestern hat er als gereifter und gefeierter Mann an diesen glänzenden Anfang seiner Burgtheaterlaufbahn wieder angeknüpft und hat durch seinen Franz Moor zu Vergleichen zwischen jetzt und damals angeregt. Schillers erster Löwenwurf, das revolutionäre dramatische Pamphlet mit dem aufsteigenden Löwen, hat dem jugendlich aufstrebenden Schauspieler zuerst Gelegenheit geboten, seine Klaue zu zeigen, und nun, in den Meisterjahren seiner Kunst, hat er sich dieses Anlasses dankbar erinnert. Beide Male saßen wir dem Künstler gegenüber und beide Male mit denselben Empfindungen, mit der gleichen Anerkennung und den gleichen Vorbehalten. Auch er selbst ist sich gleichgeblieben, und man fragt sich zweifelnd: Ist er nicht älter geworden, oder ist er nie jung gewesen? Dem Gehalte nach waren seine Darstellungen von gestern und damals einander ähnlich wie ein Ei dem anderen: kein bedeutender Zug ist hinzugewachsen, kein bezeichnender ausgefallen; aber freilich, sicherer ist er geworden, technisch reifer und reicher. Es gibt Schauspieler, die ihr Talent erst mit den wachsenden Jahren entdekken; so ist es Sonnenthal ergangen, so Baumeister; anders bei Lewinsky, dem das Talent fertig in den Schoß gefallen. Das war sein Glück und sein Verhängnis. Sein Glück, indem er sich sofort Anerkennung verschaffte; sein Verhängnis, indem er nicht neue Seiten seiner Natur zeigen konnte, sondern sein Talent, das man ein für allemal kannte, immer aufs neue behaupten mußte und ihm nur durch technische Ausbildung einen gewissen Reiz der Mannigfaltigkeit zu verleihen vermochte. Lewinsky hat das Publikum nur ein einziges Mal überrascht, nämlich als er zum ersten Male auftrat; dann hat er nur durch stete Arbeit sich halten können. Man hat das schlagendste Beispiel hiervon an seinem Franz Moor, seiner Schicksalsrolle, die, gleichwie sie sein Talent fast erschöpfend aussprach, so zuletzt auch der Gipfelpunkt seines technischen Könnens geworden ist.

Die Tatsache ist nicht frei von Seltsamkeit, daß ein junger Schauspieler gerade eine Rolle, die sich gegen eine bestimmte menschliche Gestaltung eigensinnig zu sträuben scheint, mit Vorliebe behandelt und mit ihr einen Sieg plastischer Gestaltungskraft davonträgt. Das hat der junge Lewinsky mit dem Franz Moor getan und zuwege gebracht, und der ältere Meister hat das plötzlich dastehende Jugendbild immer sorgfältiger ins Runde gearbeitet. Sein Franz Moor, mit dem der Dichter selbst »die Menschheit überhüpft« zu haben gesteht, sieht fast aus wie ein Mensch. Vornehm verschmäht Lewinsky jeden äußerlichen Aufputz, jede Etikette des Bösewichts: er ist weder rothaarig noch mißgestaltet, sondern, dem Anschein nach, ein Gentleman wie ein anderer; er stützt sich nur auf innere Kräfte. Er trifft dem alten, schwachsinnigen Vater gegenüber überzeugend den Ton, womit man Menschen belügt und betört und sie nach dem eigenen Sinne lenkt. Man denkt an den leisen Flug der Eule. Auch dem Spießgesellen Hermann gegenüber, in den er hineinsieht wie in ein offenes Kartenspiel, hat er einschmeichelnde Töne zur Verfügung, die um so verführerischer sind, als sie den Egoismus mit satanischer Liebenswürdigkeit kitzeln und aufstacheln. Lewinsky weiß hier die Bosheit mit dem Schein einer kameradschaftlichen Gemütlichkeit zu bekleiden. Um so grimmiger und schneidender tritt seine böse Natur zutage, wenn er mit sich allein ist. Vor sich selbst trägt er keine Maske, da wird er häßlich, wie er im Grunde ist, und schaut in den Spiegel, ohne vor sich zu erschrecken. Habsucht, Herrschsucht, Wollust, alle bösen Geister der Welt leben auf diesen verworfenen Zügen, gestatten sich in diesem unreinen Munde das Wort. Meisterlich ist Lewinskys Spiel in der Szene, da

Franz die Wirkung beobachtet, welche die falsche Nachricht von Karls Tod auf den Alten hervorbringt. Mit aufgerissenen Augen und geöffnetem Munde wendet er sich von Zeit zu Zeit mit dämonischer Neugierde nach dem Vater; er würde ihn töten, wenn der Wille töten könnte, und dazwischen hat er für jeden ein beschwichtigendes, ein aufregendes oder ein niederschmetterndes Wort, und jedes dieser Worte trägt, je nach der augenblicklichen Situation oder nach der Person, an die es sich richtet, eine andere Stimmungsfarbe. Es ist, als ob man verschiedene Melodien auf verschiedenen Instrumenten hörte, wobei die Persönlichkeit des vielstimmigen Bösewichts doch gewahrt bleibt. Ein anderer Meisterzug Lewinskys ist es, wie er die Wut, die Amaliens Weigerung in ihm erregt, in den gegen den Alten sofort angeschlagenen schnöden Ton herüberzieht, wie eine schlechte Regung die andere nährt und stärkt. In dieser nicht zu berechnenden, nur nachfühlbaren Verschmelzung psychischer Vorgänge und in ihrer überzeugenden sinnlichen Verlautbarung tritt uns doch eine geniale Intuition entgegen. Von solcher punktuellen Genialität ist Lewinskys ganze Darstellung des Franz Moor übersät. Könnte man, nach einem griechischen Worte, den Sand flechten, so wäre Lewinskys Leistung aus einem Stücke. In dem Monologe nach dem Gespräche mit Hermann, da dieser den Dienst kündigt, hat Lewinskys Franz ein paar große Momente. Franz, der an den Geist nicht glaubt, verfällt der Gespensterfurcht. Diese Angst vor etwas, das er nicht kennen will, das er aber nur zu gut kennt, denn es ist sein eigenes nagendes Gewissen, der »Gewissenswurm«, wie Schiller sagt – diese Angst weiß Lewinsky so mächtig an die Wand zu malen, daß es den Zuschauer kalt überläuft. Wie er vor der unheimlichen Übermacht flieht, sich geduckt sitzend mit dem Lehnstuhle deckt und mit der ausgespreizten rechten Hand sich krampfhaft an den Rand des Tisches hält, das ist eine jener Leistungen, in welcher eine hochentwickelte Technik ganz zur ausdrucksvollen Sprache seelischer Vorgänge wird. So seltsam es klingen mag, noch einen Höhepunkt hat Lewinsky in der

Szene, wo er seinen Traum vom Jüngsten Gerichte erzählt – nein, nicht erzählt, sondern uns miterleben läßt. Wer fühlt nicht, daß es dem Schauspieler hier an dem Organe fehlt, gleichsam an dem brausenden Orgelwerk, das unser Ohr mit allen Schrecknissen des letzten Gerichtstages erfüllt? Und hier geschieht ein Wunder, und der Geist triumphiert über die widerspenstige Materie. Lewinsky faßt seinen Text so energisch, er arbeitet den Sinn so gewaltig hervor, daß die Hörerschaft unwillkürlich ersetzt, was ihm fehlt, daß die mitklingenden Töne im Gemüt den Zuschauers die Stimme des Schauspielers unendlich verstärken. So ruft es nach einem geistigen Gesetze lauter aus dem Walde zurück, als hineingerufen wurde. Freilich ist dieser Vorgang eine Ausnahme, und Lewinsky ist nicht immer so stark, eine solche Wirkung herauszufordern. Es gibt Stellen in den »Räubern«, wo ihn die Natur im Stiche läßt.

Wir hegen gewiß nicht die Absicht, dem Künstler, dem diese Zeilen gewidmet sind, durch die Erinnerung an die Grenzen seiner Natur seinen Ehrentag zu verbittern. Wir können ihm in dieser Beziehung nichts sagen, was ihm neu wäre, denn er ist nicht der Mann, der sich in bezug auf sich selbst einer Täuschung hingibt. Er selbst behandelt sich als ein Stiefkind der Natur. Noch gestern, als er dem Entdekker seines Talentes, Heinrich Laube, seinen wärmsten Dank darbrachte, hat er dem Publikum des Burgtheaters gesagt: »Alle jene, auf deren Schultern das Burgtheater heute ruht, haben ihm [Laube] zu danken; ich aber bin unter diesen allen der Dankschuldigste, denn ihnen allen hatte die Natur den persönlichen Empfehlungsbrief mitgegeben. Mir aber hat sie ihn ganz und gar verweigert. Niemand in der Welt, weder vor ihm noch nach ihm, hätte den Mut gehabt, mich in Aufgaben ersten Ranges einem Publikum vorzuführen, das sein Sinnenbedürfnis vor allem befriedigt sehen will, das Gestalt und Stimme fordert, und mit Recht fordert, denn auf Sinnlichkeit beruht alle Kunst in erster Linie. Er selber hatte dieses Bedürfnis, und dennoch traute er der Begabung allein die Macht und das Recht zu, einen so zweifelhaften Kampf zu unternehmen ...« In solchen Worten liegt ebensoviel Bescheidenheit als gerechter Stolz. Lewinsky wäre nicht wert, daß man ihn ehrte, wenn er diesen Stolz, der eine Frucht der Arbeit ist, nicht besäße. Ihm ist auch der Ehrgeiz nicht immer fremd gewesen. Es sind Aufzeichnungen von ihm vorhanden, die aus der Zeit stammen, in welcher ein jugendliches Selbstgefühl seine Brust schwellte, und von denen eine dunkle Kunde zu uns gelangt ist. Lewinsky setzt sich darin als den Mittelpunkt des deutschen Schauspieles und schreibt sich den Beruf zu, das nach seiner Ansicht verfahrene Schauspielwesen Deutschlands von seiner Person aus durch Beispiel und Lehre in edlere Geleise zu lenken. Er denkt darin groß vom Schauspieler und von der Rolle, die ihm der geistigen und sittlichen Bildung der Zeit gegenüber zugeteilt ist. Da aber Lewinsky nichts nach außen zu bewegen vermochte, hat er sein Reformbestreben ganz in sein Inneres verlegt. Er ist eine Willensnatur, und er hat in unablässiger Bemühung aus sich gemacht, was aus ihm zu machen war, und da ein lehrhafter Trieb in ihm waltete, hat er auch Schüler an seinen Erfahrungen teilnehmen lassen. Was er an sich und anderen vorzugsweise ausbildete, war die Kultur des Wortes, die Kunst des Sprechens. Er selbst ist ein Meister der Rede, in Schärfe und Gelenkheit des Sprechens von keinem seiner Kollegen erreicht.

Was an dem bürgerlichen Menschen Lewinsky zu rühmen ist, das müssen wir, da wir ihn kaum persönlich kennen, anderen überlassen. Das aber wissen wir, daß er als Künstler ein Charakter ist. Er nimmt die Kunst so ernst wie andere das Leben, und kein Ungemach, das ihm auf der Bühne bereitet worden, hat den edlen Eigensinn seiner Natur zu beugen vermocht. Er hat sich durchgesetzt trotz alledem. Wenn Genie und Charakter so oft auseinandergehen, so ist Joseph Lewinsky als Charakter ein Genie.

(Am 3. Mai 1883)

Karl La Roche

Der Mensch erfährt, er sei auch wer er mag,
Ein letztes Glück und einen letzten Tag.
Goethe

Man muß an Goethe anknüpfen, wenn man von La Roche spricht, der nun auch sein letztes Glück und seinen letzten Tag, ja durch seinen letzten Tag, der ihn aus einem beginnenden Schlummerdasein hinweggehoben, sein letztes Glück erfahren hat. Seit Goethes großes Auge auf ihm geruht, ist von der Stirne des Künstlers eine gewisse ideale Lichtspur nicht mehr verschwunden. La Roche hat das Doppelglück gehabt, selbst bedeutend zu sein und durch die Teilnahme eines Bedeutenderen seinen Wert noch erhöht zu sehen. Als die beiden Männer in Weimar zusammentrafen – Goethe hätte dem Alter nach La Roches Großvater sein können –, muß ihnen das Gefühl, daß ihre Naturen einander verwandt seien, nicht fremd geblieben sein. Worin sie einander ähnlich waren, ist zunächst jener konservative Zug, der vor allem darauf ausgeht, die eigene Persönlichkeit der Welt gegenüber zu erhalten, jene Lebenskunst, die den Genuß verlängert, indem sie ihn beschränkt, jene Weisheit, die sich an der Leidenschaft wärmt, ohne sich von ihr verzehren zu lassen – kurz, der Egoismus des begabten Individuums, das, indem es nur sich selbst zu genießen scheint, auch den Genuß seiner Mitwelt, sei es darstellend, sei es dichtend, erhöht. Solche Menschen sind Meister in der Kunst, den Faden des Lebens in unabsehbare Länge zu spinnen. La Roche hat darin sein Vorbild noch übertroffen, und vielleicht ist es ihm gelungen, weil der Schauspieler von seinem Innern weniger hergibt als der Dichter. Einen Mephisto dichten, greift das geistige Kapital doch etwas stärker an als ihn darstellen. Bei der inneren Verwandtschaft zwischen La Roche und Goethe ist es nun ein seltsames Spiel der Natur, daß auch das Äußere des Schauspielers, und zwar je älter er wurde, desto mehr, dem Äußeren des Dichters nachzuarten schien. Nicht zwar der Gestalt nach, denn La Roche war nur mittelgroß, aber die oft bemerkte Ähnlichkeit mit Goethes Kopf ist mit den Jahren gewachsen, und die leise Schlaffheit von Wange und Doppelkinn vollendeten das Löwenähnliche, das man dem Antlitze des alternden deutschen Olympiers zuschrieb. Wenn La Roche den Alten in »Hermann und Dorothea« gab, war man betroffen von seiner Ähnlichkeit mit Goethe, und man konnte auf Augenblicke glauben, Goethe selbst sei herbeigekommen, um eine bürgerliche Rolle zu spielen. Die Rolle indessen, die La Roche unmittelbar mit Goethe verknüpfte, war Mephisto. Goethe hat sie mit ihm durchgegangen, sich mit ihm über die Bedeutung dieser Gestalt ausgesprochen. »In der Rolle des Mephistopheles, wie ich sie gebe«, hat La Roche sich geäußert, »ist jede Gebärde, jeder Schritt, jede Grimasse, jedes Wort von Goethe; an der ganzen Rolle ist nicht soviel mein Eigentum, als Platz hat unter dem Nagel.« Wenn wir die in unserem Gedächtnisse etwas verblaßte Figur von La Roches Mephisto uns zurückzurufen bemühen, so spricht nichts dagegen, daß man sie auf Goethe und seine Autorität zurückführen könnte. Sie hatte wenig von der giftigen Schärfe, von der Überklugheit und dem Zynismus, womit andere Darsteller den Mephisto auszustatten pflegen; La Roche war ein Teufel, der sich in guter Gesellschaft konnte sehen lassen; er war kein sarkastischer Unfläter, sondern ein Ironiker, dem es sogar schwer wurde, grimmig zu werden. Er war ein Mephisto, wie sich ihn der alte Goethe denken konnte, ein Mephisto aber, der für uns nicht maßgebend ist, weil wir in der Lage sind, ihn an der »Faust«-Dichtung selbst, die doch über Goethe steht, messen und berichtigen zu können. Wenn indessen der Mephisto eine jener Rollen ist, die schauspielerisch ganz neu geschaffen werden müssen, so mahnt uns La Roches Beispiel, zurückzukehren zu einer maßvolleren Auffassung, die allerdings eine größere Schärfe, eine stärkere Betonung des Teuflischen nicht ausschließt. La Roches

Mephisto bleibt immerhin höchst wertvoll, weil er nicht aus Kommentarstudien zusammengeflickt, sondern von Goethe angeregt ist, wenn auch nicht von dem ganzen Goethe. La Roches Mephisto ist wenigstens kein literarischer Mephisto gewesen.

Und literarisch angekränkelt war keine seiner Rollen. La Roche kam mit der Literatur fast nur insofern in Berührung, als sie ihm persönlich (Goethe, Holtei, Bauernfeld) oder auf der Bühne entgegenkam. Er bildete sich an den Stücken, in denen er spielte, und hatte so die echte Schauspielerbildung. Als ihn einst Karl Bauernschmid auf der Straße traf, trug La Roche ein Buch unter dem Arme. Er mache Studien über den Cromwell, sagte er, den er nächstes Jahr spielen werde. Als Bauernschmid das Buch ansah, war es ein Band des Brockhausschen Konversationslexikons, Buchstabe C. Bauernschmid pflegte bedeutsam zu lächeln, wenn er diese kleine Geschichte erzählte, und wer könnte sich des Lächelns erwehren, wenn er in solchem Zusammenhange das große Wort »Studien« hört? Und doch – wenn dieser Sachverhalt die literarische Unschuld La Roches bloßstellt, könnte er nicht auch für den Schauspieler, für den Bühnenkünstler sprechen? Er wird den Cromwell spielen. Er erkundigt sich in einem Nachschlagebuch nach der Zeit, in der Cromwell gelebt, nach den allgemeinen Verhältnissen, unter welchen Cromwell gehandelt. Das kann dem darstellenden Künstler genügen, denn sein Cromwell, der Cromwell, den er spielen soll, steht in seinem Buche; aus diesem Buche hat er ihn zu schöpfen und ihn nicht in der Geschichte zu suchen. Der Dichter kann ihn unhistorisch aufgefaßt haben – und Raupach hat das mit Cromwell wirklich getan –, es ist aber nicht die Aufgabe des Schauspielers, den Dichter zu berichtigen, sondern mit ihm zu gehen durch dick und dünn. Was der Schauspieler neben seinem Buche noch literarisch arbeitet, das tut er weniger für seine Kunst als für seine allgemeine Bildung. Die Hauptsache für den Schauspieler ist und bleibt, daß er sich in seinen Dichter hinein- und seine Rolle aus ihm herausliest. Es wäre mehr Gesundheit in der deutschen Darstellungskunst, wenn sich die Schauspieler mehr an diese Grundregel hielten und sich weniger einer dilettantischen Vielleserei hingäben. Wer Talent hat, weiß immer mehr, als er gelernt hat. La Roche ist zeitlebens der lebendige Protest gegen dieses Professorentum in der Schauspielerei gewesen, welches den künstlerischen Instinkt untergräbt und es höchstens zu jenem falschen Geist bringt, der wesentlich darin besteht, es anders machen zu wollen, als andere es machen. Vor solcher Eitelkeit ist La Roche durch seine gesunde Natur behütet worden.

Nur in einem Punkte hat La Roche seiner Natur Gewalt angetan: er wollte ihr auch tragische Wirkungen abgewinnen. Nun war La Roche auf einen tragischen Künstler ursprünglich nicht angelegt; er konnte zwar im Vorübergehen tragische Lorbeern pflücken, aber er war nicht ansässig auf dem Boden, in welchem solche Lorbeern gedeihen. Auch die äußeren Mittel, das Organ und die persönliche Erscheinung, schlossen ihn von dem eigentlich tragischen Fache aus. Wir haben immer gefunden, daß seine größte Kraft stets da lag, wo es ihm gestattet war, eine Gestalt mit komischem oder derbem Beigeschmacke in das behaglichste Detail auszumalen. Der Kreis, in welchem ein also geartetes Talent Befriedigung findet, ist weit gezogen und schließt die Möglichkeit eines reichen und mannigfaltigen künstlerischen Gestaltens in sich. Und in der Tat, welche Fülle von Gestaltungskraft hat La Roche innerhalb dieser Grenzen entfaltet! Von seinem Kent im »König Lear« bis zu dem älteren Klingsberg, vom Just in »Minna von Barnhelm« bis zu dem Klosterbruder in »Nathan«, von seinem Shylock bis zum Malvolio – welche unabsehbare Reihe von meister- und musterhaften Gestalten hat er nicht vor das Auge des Publikums gezaubert! Er war unerschöpflich an charakteristischen und feinen Zügen, und jeder Zug bekam wieder Junge. Solche einzelne Züge sind ihm oft von anderen abgestohlen worden; aber was man nicht stehlen kann, ist die Seele, und La Roche hat seine Gestalten stets von Innen heraus gebildet, und ein starkes Grundgefühl hielt ihre Glieder zusammen. Bei aller Beweglichkeit lag in seinem Schaffen ein breites künstlerisches Behagen, das alle Unruhe ausschloß, und dieser behagliche Zug, der auch sein Leben beherrschte, konnte dieses geborene Berliner Kind mit gänzlich norddeutscher Bildung zu einem nie genug gesehenen Liebling der Wiener machen. La Roches Kunst beruht ganz auf den Grundsätzen, welche die großen Erneuerer der deutschen Schauspielkunst zur Geltung gebracht haben. Es ist die Natürlichkeit, die Wahrheit in Rede und Gebärde, welche Ekhof und Schröder als Künstler geübt und welche Lessing theoretisch vertreten hat. Diese Richtung, auf treue Wiedergabe des Lebens gestellt, konnte gegen die konventionelle Manier, der sie das Genick brach, als Realismus erscheinen; allein sie schloß einen gesunden Idealismus so wenig aus, daß sie ihn vielmehr forderte, ja erst möglich machte. Jener Schule gehörte La Roche von Haus aus an, und die persönliche Berührung mit Goethe, welcher dem Schauspieler gegenüber bekanntlich auf »Stil« drang, hat ihn seiner ursprünglichen Richtung im Grunde nicht untreu gemacht. Goethes Lehre machte sich bei ihm wohl fühlbar, aber, bezeichnend genug, nur in Aufgaben, die nicht in der Richtung seines Talentes lagen. Da war ihm der Stil eine Krücke, wie beispielsweise in der Darstellung des Königs Philipp oder des alten Piccolomini. Wenn er aber in seinem eigentlichen Elemente war, dann warf er die Krücke von Weimar sofort beiseite, und nun mußte man sehen, wie gut und wie weit er auf den eigenen Füßen lief. Neben vielen unvergleichlichen Figuren, die bis auf das letzte Haar und den letzten Knopf fertig dastanden, hat er bis in das höchste Alter hinauf neue Gestalten geschaffen, die von Geist und Leben sprühten. Er hatte vierzig Jahre in Wien gespielt und war fast achtzig Jahre alt, als er in Schauferts »Erbfolgekrieg« jenen Bankier Lenz schuf, der zu seinen frischesten und geschlossensten Rollen gehörte. In dieser Tatsache spricht sich eine fast unerhörte Lebenskraft aus. La Roche war eine starke Natur, und diese Stärke wurde durch seinen weisen Sinn, der kein Übermaß duldete, wesentlich gesteigert. Stark und weise sein, darin liegt das Geheimnis eines dauernden Erfolges. Auch in diesen Stücken ist La Roche ein natürlicher Verwandter Goethes gewesen, der nun nicht mehr von ihm zu trennen ist. Einige Strahlen von der Sonne, deren herrlichen Niedergang er in Weimar zu schauen begnadet war, verklärten das Antlitz des Lebenden und spielen mit ihrem Golde nun auch auf dem Hügel, unter welchem der große Künstler zur Ruhe gebettet ist.

(Am 16. März 1884)

Amalie Haizinger

Nun ist auch Amalie Haizinger »zu den Mehreren gegangen«, wie die Hellenen in ihrer, das Notwendige mildernden Ausdrucksweise zu sagen pflegten – auch insofern zu den Mehreren, als sie den gestaltenreichen Totenreigen der alten Schule des Burgtheaters mit ihrem Hingang abschließt. Das Theater freilich verliert zunächst nichts mehr an ihr, denn sie ist ihm seit zehn Jahren ferngestanden; aber auf der Bühne des Lebens, auf der sie ebenso meisterhaft gespielt wie auf den Brettern, wird man die alte Dame schmerzlich vermissen, denn sie war mit ihrem geselligen Bedürfnis und Talent bis in ihre letzte Zeit hinein ein belebendes Element der Wiener Gesellschaft gewesen, das sich so bald nicht ersetzen dürfte. Auch sie gehörte zu jenen hervorragenden Schauspielern, die durch den Zauber ihrer Persönlichkeit, durch geistige Bedeutung und feine Sitte ihren Stand adelten und ihm in der bürgerlichen Gesellschaft zu Ansehen und Einfluß verhalfen. Wenn man die Schauspieler früher in ungeweihte Erde begrub, wenn man noch in der Mitte des vorigen Jahrhunderts, sooft Komödianten im Weimarschen erschienen, mit Entsetzen ausrief: »Die Wäsche von den Zäunen, die Bande kommt!«, so hält heutigentages die Geistlichkeit höchst erbauliche Reden am Grabe von Theaterleuten, und in guten Familien rechnet man sich's zur Ehre, eine Bühnengröße zu bewirten. Frau Haizinger war eine vornehme Frau, die empfing und empfangen wurde. Sie konnte mit ihrem sprudelnden Wesen, ihrer ansteckenden Heiterkeit, ihrer durch feinen Takt gebändigten Dreistigkeit einen geselligen Kreis beleben und beherrschen, die Rolle der Hausfrau ebenso glücklich spielen wie die Rolle des Gastes. Freilich auch, welche natürlichen Mittel, sich persönlich geltend zu machen, standen ihr zu Gebote! Man kennt ihre Jugendschönheit aus guten Bildnissen: die schlanke und doch volle Gestalt, das frische, lieblich schwellende Gesicht, den blühenden Mund, die sprechenden blauen Augen. Und nun besaß sie das Geheimnis, sich ewig zu verjüngen, indem sie sich in die Zeit schickte und von jedem Lebensalter die ihm eigene Jugendblüte brach. So ist sie nie alt geworden, sondern jung gewesen als Mädchen, als Frau, als Matrone, als Greisin, und die üppige Spitzenhaube ist der Achtzigerin so jugendlich gestanden wie der Achtzehnjährigen die Rose im Haare. Die Natur hatte sie wie einen Liebling ausgesteuert. Sie war im Mai geboren und hatte die gute, starke, dauerhafte Art einer Maikatze. Ihre Heimat war Karlsruhe, wo schwäbisches und pfälzisches Wesen einander begegnen und umbilden; bei Frau Haizinger ist der trübe Bodensatz des schwäbischen Charakters durch die leichte pfälzische Blutwelle hinweggespült worden. Heiterkeit war ein Grundzug ihres Gemütes; sie hatte ein Talent, das Widerwärtige, das sie betraf, rasch zu verwinden. Ihre Rede, von einer weichen, warmen, doch auch der Schärfe fähigen Stimme getragen, gewann an Reiz durch den herzhaften Anklang an die schwäbische Mundart, die Frau Haizinger zu gemütlicher und schalkhafter Wirkung zu benutzen verstand. In guter Stunde war sie die Freundlichkeit selbst, und sie fühlte dann das Bedürfnis, jedem, der ihr in den Wurf kam, etwas Angenehmes und Verbindliches zu sagen. »Aber lieber Herr Joseph, wie schön habet Se heut' d'Kulisse g'schobe«, konnte sie nach einer Vorstellung zum Kulissenschieber sagen. Aber diese Freundlichkeit war – uns fehlt das deutsche Wort – *sans conséquence.* Schalkhaft durfte sie, andere treffend und auch sich selbst nicht verschonend, in ihrer heimatlichen Mundart scherzen: »Und a bissele Lieb' und an bissele Treu' und a bissele Falschheit ischt alleweil dabei.«

Eine solche weibliche Vollnatur auf der Bühne zu sehen war ein Genuß, den die Wiederholung nicht abstumpfte. Diese Fülle des angeschlagenen Tones und dieses reiche

Nachquellen der Kraft erregte stets neue Verwunderung. Da stand es und da bewegte es sich vor uns, dieses Eigenwillige, dieses Souveräne und Siegreiche einer wahren Natur. Sie hatte früher naive und sentimentale Rollen gegeben, auch ins Tragische hatte sie herübergespielt und kleine Opernpartien gesungen. Ein musikalisches Element, auch wo sie nur sprach, ist ihr immer geblieben, und die Naive und Sentimentale hatte sie mit herübergenommen in das Fach der komischen Alten, das sie im Burgtheater von Anfang an vertrat. Ihrer Naivität glaubte man aufs Wort, und ihre Empfindung trug den Stempel der Wahrheit an sich. Sie konnte lachen und weinen, ihr Schluchzen in komischen Situationen machte ihr niemand nach; aber hinreißend war sie, wenn sie Lachen und Weinen in einem Sack hatte. Sie besaß, was sowenig Frauen besitzen: Laune, die sich bis zum Humor steigerte; sie konnte mitten in der Komik ergreifend wirken und bis zu Tränen, und selbst über die Tränen hinweg, rühren. Wenn sie einmal sich selbst einen Feiertag machte und auf Kosten der Rolle nur ihre eigene Natur walten und glänzen lassen wollte, da war sie, und wenn man sich nachträglich auch ärgerte, ihres Erfolges stets sicher; glücklicherweise wandelte sie eine solche Virtuosenlaune, die uns zu Narren ihres Talentes machte, nur selten an. Ihr Fach füllte sie voll und glänzend aus. Sie war, immer innerhalb des Rahmens der Komik, die vornehme Dame, die bürgerliche Frau, die Haushälterin, die Bäuerin, die Kupplerin – alles, was man wollte. Bei der niedrigsten Rolle, etwa der Marthe im »Faust«, schlug der Adel ihrer Begabung kräftig durch und hob das Gemeine in den Äther der Kunst empor. Amalie Haizinger war ganz sie selbst auf der Bühne, aber eben das war ihre große Kunst, daß sie es wagen konnte, sich selbst auf der Bühne zu geben.

Es wäre ein untröstlicher Gedanke, wenn man annehmen müßte, daß ein so reiches Können, wie es in Frau Haizinger wohnte, spurlos von der Erde verschwunden sei. Talent kann man freilich nicht vererben, aber glücklicherweise ist es möglich, verwandte Talente zu wecken und anzuregen. Vermöge dieses Vorganges findet am Burgtheater eine fortwährende Übertragung der Kräfte, wenn man will, eine Seelenwanderung von Generation zu Generation statt. Das künstlerische Erbe von Fichtner haben Sonnenthal und Hartmann angetreten; Lewinsky hat von Anschütz die Gabe der schönen Rede überkommen, Baumeister an demselben Künstler seine tragische Kraft entfacht; Gabillon hat etwas von der Mähne Ludwig Löwes, Schöne etwas von der erquicklichen Heiterkeit Beckmanns; Krastel und Robert haben sich in Joseph Wagners Nachlaß geteilt. Jeder und jede hängt mit der Vergangenheit des Burgtheaters zusammen, nur eine nicht – Frau Wolter: sie ist niemandes Schülerin und jedermanns Meisterin. Amalie Haizinger ist nicht über die Bretter des Burgtheaters gegangen, ohne ihnen dauernde Spuren einzudrücken. Was im Burgtheater nur immer Namen hat, ist von ihrem Naturell erquickt, von ihrer schlichten Kunst berührt worden. Wir wollen indessen nicht von dieser allgemeinen Wirkung reden, die sich bei einer bedeutenden Künstlernatur von selbst versteht. Ganz besonders ist Frau Haizinger geistig übergegangen auf Frau Hartmann und Frau Schönfeld, die zugleich ihre Landsmänninnen sind und durch Organ und schwäbisch-pfälzische Anklänge ihrer Sprache an die Heimgegangene erinnern. Darin liegt ein Trost und eine Hoffnung des Burgtheaters. Indessen sei es ferne von uns, an dem frischen Grabe der Geschiedenen Vergleiche anstellen zu wollen, die etwa gar zu dem Ergebnisse führen sollten, daß Frau Haizinger längst ersetzt sei. Nein! Etwas ersetzen läßt sich nur in der mechanischen Welt, das Lebendige ist zu vornehm dazu. Das Lebendigste aber ist ein Talent und als solches immer einzig. Diese Einzigkeit wird man auch der Dahingeschiedenen lassen müssen. Amalie Haizinger wird als Künstlerin ebensowenig wiederkehren, als sie ihr Grab verlassen wird.

(Am 15. August 1884)

Fritz Krastel als Faust

Nun haben wir auch im neuen Hause den ganzen »Faust«, der Tragödie ersten und zweiten Teil. Freilich macht uns dieser Besitz nicht ganz froh. Nach einem schon eingewurzelten Verfahren ist »Faust« erst lange hinausgeschoben und dann überstürzt worden. Um in der Darstellung reif zu werden, hätte der zweite Teil – ganz abgesehen von dem Mißstande, daß er im Schatten der gegenwärtigen Direktion aufwachsen mußte – noch eine gute Reihe von Proben verlangt. Übrigens sind wir ja an unfertige und halbfertige Aufführungen längst gewöhnt. Das Hauptärgernis an der Sache aber ist, daß wir einen »Faust« ohne Faust, einen »Faust« ohne Gretchen haben. Keinen Faust! Haben wir nicht Herrn Krastel? Kein Gretchen! Haben wir nicht gleich ihrer zwei, Fräulein Hruby und Fräulein Reinhold? Gewiß, das haben wir, aber das begründet ja gerade unsere Klage. Wir haben für Herrn Sonnenthals Faust gewiß nie geschwärmt; er hat kein innerliches Verhältnis zu dieser Rolle, er hat kein Verständnis für die innere Tragik geistiger Kämpfe. Mit unsicherem Fuße, als ob der Boden gebrannt hätte, ist er über die großen Monologe im ersten Teile des »Faust« hingegangen. Im ganzen aber war sein Faust doch eine schauspielerisch ausgeglichene Leistung, die gegen das Ende des zweiten Teiles, wo Fausts Streben eine praktische Wendung nimmt, zu bedeutender Höhe wuchs. Dafür hatte Herr Sonnenthal Verständnis, weil er selbst vom Handwerke ausgegangen war. Ohne Zweifel liegt Herrn Krastel der geistige Gehalt der Rolle näher, er hat mehr Sinn und Verständnis für das Faustproblem. Herr Krastel ist – es liegt einiger Humor darin – Kandidat der Theologie gewesen, bevor er Tänzer und Schauspieler geworden; außerdem fehlt es ihm nicht an poetischer Begabung. Trotz dieser günstigen Vorbedingungen ist es Herrn Krastel nicht geglückt, die Rolle des Faust künstlerisch zu bezwingen.

Unsere beiden Faust-Darsteller straucheln gleich an der Schwelle des Schauspiels. In den ersten Sätzen, die er spricht, verzweifelt Faust an aller Erkenntnis und faßt seinen Seelenschmerz in den ergreifenden Worten zusammen:

> Und sehe, daß wir nichts wissen können,
> Das will mir schier das Herz verbrennen.

Nun handelt es sich um die richtige Betonung der ersten Zeile. Herr Sonnenthal betont folgendermaßen:

> Und sehe, daß wir nichts wissen *können* . . .

Herr Krastel betont in der folgenden üppigen Weise:

> Und sehe, daß wir *nichts wissen können*,

wobei auf das Wort »wissen« der verhältnismäßig schwächste Ton fällt. Es ist allerdings wahr, daß diese kurze Zeile voller Sinn und Akzent steckt; aber ein Sinn und Akzent muß am Ende doch der richtige sein. Ich kann nacheinander, jedesmal mit einem Anschein von Recht, betonen: Und sehe, daß *wir* nichts wissen können; daß wir *nichts* wissen können; daß wir nichts *wissen* können; daß wir nichts wissen *können*. Man mag indessen die Sache wenden und drehen, wie man will – der Hauptbegriff des Satzes und daher das hauptsächliche Wort ist doch das Verbum »wissen«, und auf »wissen« fällt daher die Hauptbetonung. Man kann ja vermuten, meinen, glauben, aber der Gegensatz ist das Wissen, und dieser Gegensatz ist hier gemeint. Die Sprache selbst scheint mit diesem Worte zu philosophieren. Es gehört zu jenen Zeitwörtern, die in der Form der Vergangenheit etwas Gegenwärtiges aussagen (*Praeteritopraesentia*). »Ich weiß« heißt eigentlich: Ich habe gesehen. Im Griechischen hat dasselbe Wort denselben Sinn. Wie schön paßt dieses Wort zu Fausts vergeblichem Streben, den Dingen gleichsam ins Gesicht zu sehen, sie persönlich kennenzulernen! Also um das Wissen handelt es sich hier, und das Wort »wissen« allein muß betont werden. Die Nebenbeziehungen sind ja um dieses Schlagwort herum klar ausgesprochen, man hört und faßt sie ja, und das Wort »können« ist sogar in den Reim gestellt und dadurch genugsam ausgezeichnet. Wir können uns für unsere Auffassung noch auf die jüngste und beste französische »Faust«-Übersetzung berufen. François Sabatier übersetzt die beiden in Rede stehenden Zeilen:

> Et vois que l'on ne peut rien connaître,
> C'est comme un feu qui là pénètre ...

Wie man sieht, hat der französische Übersetzer das volle Gewicht des Satzes auf das Wort *connaître* (wissen) gelegt, indem er es an das Ende der Verszeile rückte und noch durch den Reim verstärkte. Wenn daher Herr Sonnenthal das Wort »können« betont, so ist es unrichtig, und wenn Herr Krastel auf drei Worte hintereinander den Akzent legt, so ist das unklar und aus einer Unklarheit hervorgegangen. Wir haben als Beispiel falscher Betonung aus den Monologen Fausts nur eine Stelle gewählt, weil sie mit dem Grundproblem der Dichtung aufs innigste zusammenhängt und Fausts Wendung zum Leben, erst im Genuß, dann in der Tat, geradezu begründet.

Sonst ist es eigentümlich mit Herrn Krastels Faust: Manchmal, in einem Wort, einer Wendung, einer Bewegung, scheint ein besseres Verständnis der Dichtung aufzublitzen, gleich darauf ist es wieder weg, und der Schauspieler schädigt durch einen plötzlichen Mißgriff die Wirkung, die ihm so sicher zu sein schien. Sein Faust ist ganz ohne Haltung, ohne Stil, aus Einzelheiten zusammengestückelt, die einander widersprechen. Wie oft fällt er aus dem Erhabenen ins Gemütliche, Alltägliche, Spießbürgerliche, wo dann die Melodie der pfälzischen Mundart eine ungewollte heitere Wirkung hervorbringt. Unglücklich genug ist bei Herrn Krastel der Übergang Fausts vom Gelehrten zum Liebhaber. Er hüpft wie ein Springinsfeld aus dem Talar hervor, mit einer tanzenden Jugendlichkeit, die doch peinlich ist, weil sie von einem behaglichen älteren Mann herrührt. Bei allen guten Anläufen ist Herrn Krastels Leistung doch unerquicklich. Man kann von seinem Faust sagen: Er ist halb gesungen und halb gesprungen.

Das letzte interessante Gretchen des Burgtheaters, Fräulein Barsescu, hat man ziehen lassen. Die beiden gegenwärtigen Gretchen, so unzulänglich sie sind, sollte man eigentlich nicht tadeln, denn was können sie dafür, daß sie ein Mann, der dem Theater fremd ist, in einer Aufgabe, der sie nicht gewachsen sind, hinaus- und bloßgestellt hat? Und doch ist wieder ein Unterschied zwischen Fräulein Reinhold, die doch manches Technische los hat, und Fräulein Hruby, die in einer rührenden Unschuld des Nichtkönnens das Gretchen spielt. Man muß die Kräfte des Burgtheaters entweder nicht kennen, oder man muß diese Kräfte nicht benutzen wollen, wenn man Goethes »Faust« in zwei Hauptrollen so besetzt, wie er gegenwärtig besetzt ist. Es ist oft von dem Einfluß gesprochen worden, den Shakespeares Ophelia auf die Gestaltung Gretchens genommen hat. Ähnlichkeiten sind vorhanden. Hätte sich nun nicht ein Direktor bei der Besetzung der Gretchen-Rolle fragen müssen, wer die Ophelia spiele? Die Antwort: Frau Hohenfels wäre für einen Mann, der seine Sache versteht, entscheidend gewesen. Ist eine Künstlerin, die als Ophelia so viel innige Poesie entfaltet wie Frau Hohenfels, nicht das Gretchen, das man erfinden müßte, wenn man es nicht hätte? Nein, man läßt sie heute von einer Soubrette spielen und morgen von einer Anfängerin, die auf der Bühne noch nicht das erste Paar Schuhe ausgetreten hat. Und was den Faust betrifft, wer sollte, wenn die Rolle einmal frei ist, nicht sofort an Herrn Robert denken? Er mit seinem eindringenden Verständnisse wäre der Mann der Monologe, er wäre auch mit seinen liebhaberischen Erinnerungen der Künstler für die Liebesszene und als erfahrener Vertreter des heroischen Faches der die Welt bewältigende Held des zweiten Teiles. Wir hörten einmal von Herrn Robert sagen: »Ich würde die Liebesszene im ›Faust‹ mit grauen Haaren spielen!« In diesen Worten, worin sich eine tapfere Gesinnung ausspricht, ist nur der gesteigerte Ausdruck einer richtigen Empfindung. Es ist widerwärtig genug, den Faust bei Gretchen als würdigen Privatdozenten auftreten zu sehen. Herrn Robert den Faust spielen zu lassen wäre kein Experiment, sondern ein sicherer Treffer.

Der zweite Teil des »Faust«, wie wir ihn nun gesehen haben, ist eine Kopie der Wilbrandtschen Einrichtung. Nichts Wesentliches ist geändert, und was geändert ist in Nebensachen, ist nicht besonders glücklich ausgefallen. Was im zweiten Teile des »Faust« stets am meisten anzieht, sind die Helena-Szenen und die letzten Szenen des Faust. Die Helena-Szenen sind allerdings stark in Symbolik eingetaucht; aber sie bedeuten nicht nur, sie sind auch, weil sie ganz in Poesie aufgehen. Frau Wolter als Helena hat ihre Trimeter – dieses großfaltige sprachliche Gewand der antiken Tragödie – früher breiter und wuchtiger behandelt; als künstlerischer Beirat fehlt ihr jetzt ihr Gatte und ein sachkundiger Theaterdirektor. Immerhin ist sie eine klassisch bewegte Gestalt mit einer Stimme, deren Zauber unwiderstehlich ist. Euphorion, der in den Augen des Publikums zu vielerlei ist, um etwas zu sein, ist eine reizende Rolle der Frau Hohenfels. Der unbändige, anmutige Junge, wie sie ihn darstellt, läßt uns nicht zur Besinnung kommen, reißt uns mit sich fort in die Breite, in die Höhe, in die Tiefe. Unter anderm ist Euphorion auch Lord Byron, und als solcher wird er nach seinem tödlichen Fall gefeiert: ein dämonischer Mensch, ein Dichter mit »eigenstem Gesange« – in Versen, so schön und hinreißend, daß man sie auf der Bühne nur schwer vermißt. Dingelstedt in seinem Entwurfe einer »Faust«-Trilogie hat diese Figur einfach gestrichen. Sehr mit Unrecht, dünkt uns, da dieses Gebilde, das ganz Rhythmus, Musik und Tanz ist, sich nur auf der Bühne ausleben kann. Freilich sollte die Regie mehr Witz an diese Figur rücken, als es gewöhnlich geschieht. Wenn man überhaupt in Betracht zieht, was die Technik gegenwärtig zu leisten imstande ist, so stehen die

Aufführungen des zweiten »Faust«, der doch als Zauberstück höchsten Ranges sämtliche technische Hilfsmittel in seinen Dienst zu rufen berechtigt ist, noch auf einer niederen Stufe des Dilettantismus.

Faust als Kolonisator, der dem Meer Land abgewinnt, macht stets den tiefsten Eindruck. Da sind wir auf dem eigensten, ganz auf modernem Gebiete, Gestalten aus neuester Zeit steigen in unserer Phantasie auf, Hersteller gemeinnütziger Unternehmungen. Ich sehe beispielsweise den Ingenieur Gabrieli, den Meister der Wiener Hochquellenleitung, wie er einmal auf einem Gange der Redaktion der »Neuen Freien Presse« vor einem Wasserauslauf stand und gedankenvoll den Hahn hin und wieder drehte, daß manchmal das Wasser hervorschoß, bei dessen Melodie er gewiß auf neue weitaussehende Werke sann. Dann, wenn Fausts reinste Unternehmungen durch Mephistopheles in den Schmutz herabgezogen worden, erscheint mir die tragische Figur des großen Lesseps. Unter den wichtigen Dingen, die Goethe hätte erleben mögen, nannte er auch den Durchstich der Meerenge von Panama. Lesseps hat dieses Werk unternommen, allein Mephistopheles – nein, die Geldgier, der Schwindel, der moralische Schmutz haben sich daran gehängt und es mitten im besten Gelingen vereitelt. Faust ist während seines Unternehmens von der Sorge angehaucht, erblindet; Lesseps ist von Alter und Krankheit niedergeworfen, seiner Besinnung beraubt worden. Hier wie dort Flüche der Betrogenen, der Beraubten. Ob die Himmelfahrt auch für Lesseps kommen wird, wie sie für Faust gekommen ist? Wenigstens hat in Lesseps' Leben wie das ewig Männliche so auch das ewig Weibliche eine große Rolle gespielt.

Nach solchen Betrachtungen, die den Geist ins Weite ziehen, kehrt man zu der Bühnendarstellung des »Faust« nur ungern zurück. Das Beste, was man von Herrn Krastel sagen kann, ist nicht mehr, als daß er sich im zweiten Teile des »Faust« bis an die letzte Szene hin eine wohltuende Mäßigung auferlegte. Zuletzt aber ließ sich der Deklamator sein Recht nicht nehmen. Die herrlichen Weisheitssprüche, in denen uns Goethe sein Testament gibt, wetterte er uns unbarmherzig in die Ohren. Herr Krastel versteht vielleicht den Faust, aber spielen kann er ihn nicht.

(Am 1. Juni 1893)

Adele Sandrock

Adele Sandrock verdankt die Entdeckung ihres Talentes einem glücklichen Zufall. Nach langer, unwirtsamer Wanderung durch die Provinz führte sie die Sehnsucht nach einer würdigeren künstlerischen und materiellen Stellung nach Wien. Vergebens pochte sie hier an die Pforten mehrerer Bühnen, bis sie endlich im Theater an der Wien Gelegenheit fand, an der Stelle einer plötzlich entlassenen Schauspielerin ihr Anrecht auf einen besseren Wirkungskreis geltend zu machen. Sie spielte die Rolle der Iza im »Fall Clemenceau« und trug einen glänzenden Sieg davon. Der Reiz ihres eigenartigen, vom Herkömmlichen abweichenden Naturells erwarb ihr im Fluge die Gunst des Publikums; im Handumdrehen war sie jemand, war das bisher gleichgültige Wort »Sandrock« ein Name geworden, und schon nach wenigen Wochen war es der Glücklichen vergönnt, als anerkannte Kunstgröße ins Deutsche Volkstheater überzusiedeln. Hier nun begann für sie eine Epoche fortgesetzter Erfolge, die alsbald ihre Berufung ans Burgtheater herbeiführte.

Indem Adele Sandrock ins Burgtheater eintrat, kehrte sie eigentlich zu ihrem künstlerischen Ursprung zurück. Sie hat ihr Licht an der Fackel der Wolter angezündet. Aber nicht von mechanischer Nachahmung, nur von lebendigem Einfluß kann hier die Rede sein. Wenn man beide Künstlerinnen gegeneinander beleuchtet, so springt schon der physische Unterschied rasch hervor. Fräulein Sandrock verfügt keineswegs über den Orgelklang des Wolterschen Organs, ihr Gesichtsschnitt hat nichts von den edlen Zügen der Wolter, die ein antiker Meister in einem seiner glücklichsten Augenblicke gebildet zu haben scheint. Dagegen hat Fräulein Sandrock eine große, nicht zu große, schlanke, geschmeidige Gestalt für sich, die jeder Aufgabe körperlicher Beredsamkeit willig entgegenkommt. Dann sind ihre großen Augen jedes Ausdrucks fähig, und in der Erregung zucken über ihre unregelmäßigen Züge Blitze von Schönheit. Das Wort »interessant« scheint für sie eigens erfunden zu sein. Elementare Kraft und plastischen Sinn – bei der Wolter so siegreich Verbündete – hat Fräulein Sandrock nur in ungleichem Mischungsverhältnisse in sich verarbeitet. Der jahrelang empfundene Zwiespalt zwischen den Forderungen ihres Ehrgeizes und der Beschränktheit ihres Wirkungskreises, die unwürdige Selbstvergeudung einer geborenen Künstlernatur hat in ihr eine Reizbarkeit der Nerven erzeugt, welche die Quelle ihrer Vorzüge und Schwächen wurde. Ihr verdankt sie den Reichtum scharf individualisierter Ausdrucksmittel, die Fähigkeit interessanter und fesselnder Gestaltung, die Virtuosität, auf unseren Nerven zu spielen; sie aber ist auch Ursache, daß sich bei ihr Geschmack und Temperament nicht zur Einheit zusammenschließen, daß ihre Darstellung meistens den Eindruck des Unharmonischen hervorruft. Unfertige Genialität – wenn man ein eigenwilliges, eigenständiges Talent genial nennen darf – ist der Stempel ihrer Künstlerschaft.

Das erste Repertoire des Deutschen Volkstheaters hat diese bedenkliche Richtung der Künstlerin vielfach begünstigt. Rollen wie Sanda, Alexandra und Eva waren ganz geeignet, die einseitige Ausbildung ihres Talentes nach der Nervenseite zu fördern und die edleren Kräfte des Herzens und des Verstandes zurückzudrängen. Dazu kommt, daß diese Gestalten flach und unwahr sind in ihrem Wesen und darstellbar nur in ihren einzelnen Zügen.

So lernte Fräulein Sandrock, daß das Detail alles, die Zacken wesentlich seien, die charakteristische Wölbung der Figuren aber nur Nebensache. Also an Stelle der Naturbescheidenheit und Naturwahrheit Pomp und Pose der Leidenschaft und Vorliebe für den Effekt, die nach Richard Wagners glücklicher Paradoxie Wirkung ohne Ursache ist.

Die ersten lärmenden Erfolge waren bald verrauscht. Ihnen folgte eine Epoche künstlerischen Niederganges, herbeigeführt durch die souveränen Divalaunen der Künstlerin und ihre eigensinnige Rollenwahl, Namentlich ihre Vorliebe für jugendlich-lyrische Rollen, die ihrem heroischen Wesen widersprechen, wie Louise, Emilia Galotti, Vasantasena, büßte sie rasch mit dem Verlust der überschwenglichen Meinung, die das Publikum von ihrer künstlerischen Omnipotenz hegte. Erst mit der Darstellung der Rebekka in Ibsens »Rosmersholm« vollzog sich ein Umschwung. Zwar stimmte die verhaltene Gefühlsinnerlichkeit dieser Rolle nicht zu ihrer losfahrenden Art, aber sie widerstrebte wenigstens nicht ihrer äußeren Erscheinung und dem letzten, verborgensten Grunde ihres Wesens. Und so ereignete sich denn das Unverhoffte, daß ihre schaffende Phantasie das Schlummernde und Träumende ihrer Seele an die Oberfläche lockte und einen Charakter schuf, den sie zwar nicht in seinen Details ergründete, aber in seinen Hauptumrissen erriet. Was sonst an ihr störte, alles Lärmende und Ungezügelte, war plötzlich beseitigt. sie fand zum ersten Male Freude daran, sich liebevoll in den Sinn eines Stückes zu versenken, den Charakter, den sie zu verkörpern hatte, einfach und besonnen auseinanderzusetzen, die Sätze ihrer Rolle nicht sprunghaft wie die Katze ihre Beute zu fassen, sondern behutsam in den Schlangenlinien der Ibsenschen Dialektik fortzugleiten und den langen Weg zum Ziele mit Maß und Takt zurückzulegen. Und noch eine andere Überraschung hat Fräulein Sandrock gebracht. Kurz vor ihrem Abgange vom Deutschen Volkstheater hat sie sich auch als bedeutende komische Kraft erwiesen. Fuldas »Kameraden«, die sich an zwei großen Bühnen (Berlin und Frankfurt) nicht behaupten konnten, errangen durch sie einen Erfolg. Sie wirkte durch den Widerspruch mit sich selbst, indem sie ihre eigenen nervösen Heldinnen parodierte und durch kecke Übergänge und dazwischengeworfene unartikulierte Laute dem Sinn der

Rede Nebengedanken lieh, die in den Bereich des Komischen und Grotesken hinüberleiteten. So mit sich selbst Ball spielen zu können, verrät eine große Kraft und Freiheit des Geistes.

In das Burgtheater ist Adele Sandrock bekanntlich als Maria Stuart eingetreten. Sie fand großen Beifall, obgleich ihre Leistung noch nicht ausgeglichen war. Das Publikum sah offenbar mehr auf das, was sie dem Burgtheater werden kann, als auf das, was sie ihm schon ist. In der Szene mit Burleigh entwickelte sie mehr physische als geistige Energie. In der großen Gartenszene geriet ihr alles Rührende und Flehende außerordentlich. Der verschleierte, aus der Tiefe der Seele quellende Ausdruck, womit sie die Worte spricht: »Ihr habt das Äußerste an mir getan, habt mich zerstört in meiner Blüte«, rief eine allgemeine Bewegung hervor. Diese Worte sind im Burgtheater wohl nie schöner gesprochen worden. In »Klein Eyolf« hat Fräulein Sandrock als Rita redlich mitgeholfen zum Gelingen des glänzenden Theaterabends. Sic bestand neben Herrn Mitterwurzer, neben Frau Mitterwurzer und neben Frau Hohenfels, welche die Asta in unvergleichlicher Weise – so hoch und rein! – spielte. Als Feodora fehlte es ihr nicht an wirksamen Momenten.

Im ganzen hat Adele Sandrock gezeigt, daß sie viel kann, aber noch viel zu lernen und mehr noch zu verlernen hat. Wenn jemand, so bedarf sie eines tüchtigen Regisseurs, der sie, ähnlich wie Förster die junge Wolter, als Bildner und Leiter verständnisvoll unterweist, der sie daran gewöhnt, langsamer und harmonischer zu wirken, der ihr das Gefühl einflößt, einem Institut anzugehören, in dem man nach Jahren, nicht einigen Abenden beurteilt wird. Fräulein Sandrock ist berufen, im modernen und klassischen Repertoire einen großen Rollenkreis anzutreten. Alle jugendlichen Rollen der Wolter, von Clara in Hebbels »Maria Magdalena« angefangen bis zur Adelheid im »Götz«, alle jugendlichen Salondamen der Gabillon, alle modernen Mädchen und Frauen, die der harmonischen Natur der Hohenfels widerstreben – alle diese Rollen harren ihrer

Darstellung. Ein wenig von ihrer nervös-modernen Art kann auch das Burgtheater vertragen, selbst in seinem klassischen Repertoire. Adele Sandrock ist ein verjüngendes Element für unser Burgtheater, das der Verjüngung in jedem Sinne so sehr bedarf.

(Am 24. März 1895)

Friedrich Mitterwurzer

Die letzte große Rolle, die Friedrich Mitterwurzer im Burgtheater spielte und die er oft genug wiederholte, um sie dem Publikum unvergeßlich einzuprägen, war Hjalmar Ekdal in Ibsens »Wildente«. Er stand hier auf der Höhe einer Künstlerschaft, die keinen Wunsch unbefriedigt ließ. Indem der Darsteller jeder einzelnen Wirkung aus dem Wege ging, war das Ganze wirksam, das auf jede Einzelheit sein Leben ausströmte. Kunst und Wirklichkeit schienen einen untrennbaren Bund geschlossen zu haben, das Problem, nach dessen Lösung die Gegenwart fieberhaft strebt, in der Tat gelöst zu sein. Die außerordentliche Leistung schreckte vor einem Versuche der Zergliederung zurück, man schien sie nur genießen, nicht analysieren zu können. Von der Höhe, auf die uns Mitterwurzer hob, warf man den Blick unwillkürlich auf die Anfänge zurück, von denen der Künstler ausgegangen. Sein Ausgangspunkt war das Burgtheater, zu dem er, wenn auch auf den abenteuerlichsten Wegen, stets wieder zurückkehrte. Das Burgtheater hat ihn dreimal besessen und dreimal verloren, zuletzt in einem Augenblicke für immer verloren, da es seine Kraft am wenigsten entbehren konnte. Sein früheres Verhältnis zum Burgtheater ist für ihn kein sehr erfreuliches gewesen. Im Gefühle einer unbändigen Kraft, die ihn zum Höchsten zu befähigen schien, fühlte er sich erst unterdrückt, und als man ihm die Zügel schießen ließ und weitere Ziele setzte, wähnte er sich verkannt und verworfen. Seine Lehr- und Gesellenjahre waren schmerzlich für ihn selbst und nicht ohne Widerwärtigkeiten und Enttäuschungen für Publikum und Kritik. Wir selbst können uns von einer gewissen Härte und Schärfe seinen Leistungen gegenüber nicht freisprechen, und wohl können wir uns erinnern, daß wir einst über seinen Mephistopheles das zweischneidige Urteil »gräßlicher Hanswurst« fällten, und als er diesen Ausspruch, den er nicht vergessen konnte, noch in seiner letzten Zeit gegen uns erwähnte, antwortete er auf die Frage, ob das Urteil nicht richtig gewesen, mit einem resignierten: »Gewiß, ja!« Und doch gestand ihm damals wohl jedermann zu, daß in ihm etwas Geniales lebe, daß er ein geborener Schauspieler sei, wobei freilich auch fast niemand den Ausruf unterdrückte: »Der verrückte Mitterwurzer!« Freilich, als Schauspieler ließ er nichts beim alten, er hatte eine Manie, seine Rolle zu verrücken. Von Gedanken und Einfällen geplagt und gejagt, wohl auch von der Eitelkeit besessen, es anders als andere zu machen, zerriß er eine Rolle in lauter Einzelheiten und fing nicht selten jeden Akt mit einem neuen Charakter an. Von wenig Rollen abgesehen, die er doch sorgfältiger zusammenhielt, ließ er im Zuschauer das Bedauern zurück, daß so viel Talent, so viel Genialität umsonst verpufft wurde. Noch einmal kam Mitterwurzer in das Burgtheater zurück, als ob es seine Heimstätte wäre; allein, von der Theaterleitung nicht als voll anerkannt, vom Publikum verlassen, von der Kritik gegeißelt, ging er durch wie ein scheues Pferd, das sich dem blinden Zug seiner Nerven überläßt.

Er ging, zu seinem Heile und zum künftigen Heile des Burgtheaters. Mitterwurzer fand auf seinen Wanderungen, was er in Wien nicht gefunden hätte: eine neue Schauspielkunst und endlich sich selbst. In Deutschland waren mittlerweile große Dinge vorgegangen, und wie bedeutende politische und soziale Veränderungen nichts im Volksleben unberührt lassen, so zeigte sich auch Literatur und Bühnenleben von einem neuen Geist ergriffen. Alte Träume waren – freilich nicht traumweise oder durch die Macht des Wortes – in Erfüllung gegangen, und die Wirklichkeit trat gewaltig in den Vordergrund. Neben der Realpolitik ist kein Raum für einen dämmernden Idealismus. Realismus, Naturalismus wurden auch die literarischen Schlagworte. Anschluß an die Wirklichkeit, an die

Natur – die ewige Wurzel aller Kunst – war die Parole. Man schloß sich an die zunächstliegende Natur an, an die – man lächele nicht – preußische Natur. Sein Genie und die Verhältnisse, die er zu sich heranzwang, hatten den märkischen Junker Otto von Bismarck auf eine weltgeschichtliche Höhe gehoben. Nach seinen Erfolgen sah und hörte man nur ihn, vom verhaßtesten Manne, der er gewesen, wurde er zum volkstümlichsten, den es je gegeben. Notwendigerweise muß ein solcher Mann auch Einfluß nehmen auf Kunst und Literatur. In Bismarck war der märkische Edelmann zum Helden emporgewachsen. In ihm fand man wieder die realistische Nüchternheit jenes Junkers, seinen Mangel an Sentiment und Pathos, die Ironie und den derben Humor, nur alles ins Geniale gehoben. Der märkische Edelmann, oder was man jetzt mit einem in der Sozialpolitik technisch gewordenen Ausdruck den »ostelbischen Junker« nennt, ist eines der Ideale der norddeutschen Literatur geworden, und seine geistige Mundart, zum Teil auch sein Jargon, macht sich breit auf der norddeutschen Bühne. Dieses Ideal im Guten wie im Schlimmen auszugestalten, daran hat Sudermann in seinem letzten Roman und in seinem vorletzten Theaterstück sein ganzes Talent gesetzt.

In diese Bewegung, die den Roman- und den Bühnenstil zum Teil umgestaltete, ist Mitterwurzer als Wanderschauspieler mitten hineingeraten. Mit neuen Eindrücken befruchtet, künstlerisch in sich gereift und gesammelt, Neues mit Altem genial verknüpfend, ist Mitterwurzer zum letztenmal in das Burgtheater zurückgekehrt. Nicht als ein Fremder ist er zurückgekehrt, sondern als einer, den alte Verwandtschaft an diesen Ort bindet. Er ist trotz aller Seitensprünge stets ein Schüler des Burgtheaters geblieben und ist als einer seiner Meister gestorben. Er hat noch die Nachwirkungen der alten Schule erfahren, hat Anregungen eines damals jugendlich aufstrebenden Schauspielergeschlechtes, das nun selbst zur alten Schule geworden ist, vielfach in sich verarbeitet. Das Prinzip der Natürlichkeit, das im Burgtheater neben Deklamation und Pathos stets gewaltet – Anschütz war nach beiden Seiten hin ein gewaltiger Künstler, Fichtner und La Roche waren in der Natürlichkeit unübertroffene Meister –, das Prinzip der Natürlichkeit übertrug Mitterwurzer auch auf klassische Rollen und brachte es in modernen Stücken ohne Übertreibung zu erweiterter Anwendung. Sein Junker Röcknitz, sein Handlungsreisender Keßler, sein Hjalmar waren Meisterstücke des Natürlichen im Modernen, sein König Philipp im Klassischen. Nie verfiel Mitterwurzer dem gemeinen Naturalismus, eine vornehm gezogene Linie trennte ihn stets von der gewöhnlichen Wirklichkeit. Sein König Philipp, welch königliche Natur war er schon in der Erscheinung! Wie er den Thron bestieg, wie er sich setzte, saß, sprach, sich bewegte, wie er den Thron verließ, sich vornehm wendete und mit lautlosem Schritte aus dem Gemache ging – Könige konnten daran lernen. Und seine inneren Bewegungen, sein tiefes Interesse an Posa, sein unendlicher Gram über Sohn und Gattin! Manche haben ihm Innerlichkeit und die Fähigkeit zu rühren abgesprochen; bevor man einem Schauspieler Mangel an Innerlichkeit vorwirft, sollte man sich dreimal bedenken, denn meistens gibt man, anstatt den Künstler zu beurteilen, nur ein Urteil über sich selbst ab. Eine merkwürdige Leistung neben dem großen Wurf seines Franz Moor war sein alter Moor. Er ist eine der dürftigsten Rollen, die Schiller geschrieben, und der Dichter selbst spricht wegwerfend genug über sie. Was machte nun Mitterwurzer aus ihr? Andere Darsteller spielen einen weinerlichen alten Mann, Mitterwurzer stellte eine Figur hin, die unser Interesse erregte. Seinen Mangel an Urteil, an Kombinationsgabe konnte er ihm nicht nehmen, allein Mitterwurzer gab ihm ein gewisses Maß von Kraft und mannhafter Phantasie. Man mußte sehen, wie lebhaft, wie mitagierend er sich an der Erzählung von dem Kampfe und Tod seines Sohnes beteiligte. Das ist der echte, alte Moor, der Vater zweier gewaltsamer Söhne, ein kräftiger Greis, der, wie Franz klagt, nicht leicht zu beseitigen ist und der sich bei Wasser und Brot geraume Zeit fortfristet. Hier sah man den genialen Künstler, dem, wenn ihm sonst das Größte nicht zu groß, auch das Kleinste nicht zu gering war.

Für das Burgtheater bedeutet der Verlust Mitterwurzers eine große Verarmung. Auf ihn gestützt, wollte Direktor Burckhard dem modernen Schauspiel eine Stätte bereiten und das klassische Repertoire verjüngen; von da an, als an die Stelle dilettantischer Versuche ein ernster, anscheinend zukunftsvoller Plan trat, ließ sich mit der Leitung des Burgtheaters auch wieder gehen. Das ist nun alles gewaltsam abgebrochen. Mitterwurzer ist nicht zu ersetzen. Große Schauspieler sind so selten wie große Dichter.

(Am 21. Februar 1897)

Charlotte Wolter

1834–1897

Es ist Charlotte Wolters Wunsch und Wille gewesen, im Kleide der Iphigenie begraben zu werden, und nun ist sie, das weiße Gewand um die Glieder, den goldenen Eichenkranz auf der Stirne, zu den Schatten hinabgegangen. Es liegt ein guter Sinn in dieser Anordnung, denn die Künstlerin hat sich selbst in ihrem harten Todeskampfe von der Bühne nicht trennen können, und die Gestalt der Goetheschen Iphigenie hat in ihrem Leben eine bedeutsame Rolle gespielt. Sie gab die Ihigenie, als sie ins Burgtheater eintrat, sie gab sie wieder nach etwa zwanzig Jahren an dem Abende, da das alte Burgtheater für immer geschlossen wurde. Zwei denkwürdige Tage für die Wiener Bühne, der eine schenkte ihr eine große Begabung, der andere führte ihr eine vollendete Künstlerin vor. Wer an die Iphigenie zurückdenkt, wie sie die Wolter in ihren Anfängen am Burgtheater spielte, dem kommt nicht das anmutigste Bild entgegen. Die Wolter kam von einer ganz anderen Seite her als Goethes Iphigenie; von vollendeter Menschheit und Menschlichkeit zeigte sich bei dieser Schauspielerin noch keine Spur. Sie war als Künstlerin fast wild aufgewachsen, sie hatte wenig gelernt, aber sie konnte, was man nicht lernen kann. Sie konnte nicht sprechen, aber donnern; sie konnte nicht deuten, aber drohen; sie konnte nicht gehen, aber schreiten. Alles, was den anderen leicht wurde, ward ihr schwer, und woran die anderen verzweifelten, ging ihr wie von selbst von der Hand. Geist war ihre Sache nicht, aber sie besaß Instinkt und Blut und Nerven. Sie war selbst eine Natur und stand mit der Natur auf gutem Fuße. Nun denke man sich aber die Rolle der Iphigenie in der Hand einer Schauspielerin, der alle Vorbedingungen, diese Aufgabe zu fassen, fehlten, ja die von ihrer eigenen stürmischen Natur nach einer ganz entgegengesetzten Himmelsrichtung hingepeitscht wurde! Es war ein Jammer, diese Darstellung. Freilich, die schöne Erscheinung zog immer wieder an und sprach und bat für die verfehlte Leistung, aber die Heftigkeit der Bewegungen, die mißverstandene Rede warfen diese Bemühungen stets wieder zurück. Und nun zwanzig Jahre später wieder die Iphigenie, welcher Sprung oder vielmehr welche Entwicklung. Die Wolter schied sich lange vom Burgtheater durch die ungleiche Ausbildung der Rede, durch eine teilweise Vernachlässigung des Wortes. Als Iphigenie legte sie noch den letzten Schritt zurück, der sie vom Burgtheater trennte: auch als Redewerk war sie eine bedeutende Leistung. Man berauschte sein Ohr in dem süßen Gesange der Rede, in dem leicht hingetragenen Sinne der Worte, und für das Auge war das wie unabsichtlich herbeigeführte rhythmische Spiel des griechischen Gewandes ein wahrhafter Schmaus. Man hat selten so genossen im alten Burgtheater. Bei der herrlichen Stelle, wo Iphigenie erfährt, daß ihre Geschwister leben:

Goldne Sonne, leihe mir
Die schönsten Strahlen, lege sie zum Dank
Vor Jovis Thron! Denn ich bin arm und stumm –

bei dieser Stelle, bei diesem: »Denn ich bin arm und stumm«, worin der ganze Wohllaut der Wolterschen Seelenmusik zitterte, hielt das Publikum den Atem an – man mußte ja diesem Klange nachhorchen –, und dann erst brach es in einen Sturm von Beifall aus. An diesem Abend war viel zusammengetroffen, um die Künstlerin in eine höhere Stimmung zu versetzen; es wurde bewegt Abschied genommen von dem alten Burgtheater, in welchem Charlotte Wolter gereift war, und wie mochte ihr nicht ihr kürzlich verstorbener Gatte vorschweben, der sie in die Empfindungsweise Goethes eingeführt hatte? Daß sie ihm nun als Iphigenie entgegengegangen, wird uns nicht mehr wundernehmen.

Als Gegensatz zu dieser Beurteilung erinnern wir an ein Urteil über Charlotte Wolter, das wir im ersten Monate des Erscheinens der »Neuen Freien Presse« (September 1864) in diesem Blatte veröffentlicht haben. Es war Mosenthals »Deborah« mit der Wolter in der Titelrolle gegeben worden. Unser Urteil lautete: »Fräulein Wolter zeigt sich als Deborah in der vollen Blüte ihres groben Naturalismus. Kurze, eckige Bewegungen, die einander in der unschönsten Weise schneiden, gewaltsame Ausrenkungen des Satzbaues, grelle Naturschreie, wie sie den Gipfel der Lust und die Spitze des Schmerzes bezeichnen, vor denen aber die Muse, welche auch die Leidenschaft schön will, die Ohren verstopft. Dazu diese breite niederdeutsche Mundart, welche bei allen Vokalen den Mund auseinanderzieht, wo der Hochdeutsche ihn spitzt. Der Fluch – diese effektvolle Bravourarie – war gut angelegt und in mancher Einzelheit gelungen; aber bald überschrie sich Fräulein Wolter dermaßen, daß die Stimme beständig umschlug und eine Steigerung nicht mehr möglich war . . .« Ein solches Urteil über die noch jugendliche Wolter ist unschwer zu begreifen, wenn man auch noch viel später eine Neigung zu Gewaltsamkeiten an ihr wahrnahm und einen Überschuß an elementaren Kräften nach Äußerung ringen sah.

Heinrich Laube stand vor Charlotte Wolter stets wie vor einem halb unbegriffenen Wundertier, und wenn er bei ihr einseitig auf sprachliche Kultur drang, so verkannte er ihre Begabung und wo sie hinauswollte. Daß sie der höchsten Sprechaufgabe gewachsen und die höchste Höhe des Burgtheaters zu erfliegen imstande sei, hat sie mit ihrer Iphigenie bewiesen. Aber ihre Natur war ursprünglich nach einer anderen Seite hingewendet, sie wollte nicht bloß sprechen, sie wollte spielen im vollsten Sinne des Wortes. Echte Spielnationen, Franzosen und Italiener, weckten, was in ihr träumte und schlummerte. Sie wollte malen, nicht nur zeichnen, nicht bloß die sprachlichen Umrisse, sondern die volle dramatische Erscheinung bis auf ihren letzten bunten Faden wiedergeben. Ohne viel zu grübeln über eine neue Kunst, wie sie ja zumeist vom Instinkt lebte und eine Aufgabe mit einem Schlage entweder verfehlte oder traf, hörte sie mit feinem Gehör ein unterirdisches Rauschen der Zeit, das Kunde brachte von einer lebendigeren Kunst als die auf der Bühne bisher geübte. Es erging ein Ruf nach Farbe, auf der Bühne wie in der Malerei. Die Dekorationsperiode des Burgtheaters unter Dingelstedt hatte sie mitgemacht und mitbestimmt. Hans Makart ist erst durch sie und an ihr ganz lebendig geworden, weil sie zum Kleiderschmuck und zu der Farbe erst den atmenden bewegten Leib und die Seele hinzufügte. Ihre Messaline, in den leidenschaftlichsten Farben aufbrennend, war ein Makart, den es nicht mehr zwischen den Rahmen duldete. Und als Makart längst tot war, setzte sie seine Malerei genialer, als er es selbst gekonnt hatte, fort. Man kennt ja die von ihr gemalte Galerie dramatischer Gestalten, gemalt mit Leib und Seele, schimmernd und leuchtend.

Eine Gestalt, in welcher diese Bestrebungen besonders mächtig lebten und die in ihrer Art einen so hohen Gipfel bezeichnet wie ihre Iphigenie, ist Lea, die Mutter der Makkabäer. Man entsinnt sich, wie am Ende des dritten Aktes Lea ihrer Kinder beraubt wird. Von hier an haben wir nur noch Sinn und Teilnahme für das Schicksal Leas; an ihren Reden sammeln wir uns, während wir das übrige Geschehen, so bunt es auch sein mag, nur mit zerstreutem Auge betrachten. Was ist uns Jerusalem, was die ganze Welt, wenn wir eine große, starke Seele nicht ohne ihre Schuld, aber weit über ihr Verschulden hinaus leiden und dulden sehen! ... Und hier setzte in großartiger Weise das Spiel der Wolter ein, an tiefer Leidenschaft mit dem Dichter wetteifernd, durch schauspielerische Erfindung ihn überbietend. Lea, die ihren Kindern nachfolgen will, wird von ihren Feinden an einen Baum gebunden. Das schöne Bild, wie sich die Darstellerin binden ließ und wie sie mit ausgestreckten Armen gebunden an dem Baume stand! Sie ist bei ihren Kindern, sie träumt, sie schwärmt von ihnen: »Auf meinen Händen fühle ich Tränen, weiche Locken fallen darauf. Oh, das sind Haare, so wie Joarims, ein Veilchenatem, so wie Benjamins.« So weiche, warme Laute, so zärtlich, so unglücklich, so sehnsuchtsvoll! Welche Mutter hat das der Künstlerin gesagt? Nun erscheint Naemi, die Ährenleserin, die arme Magd, die von Lea sonst so feindselig behandelte Schwiegertochter, und bindet sie vom Baume los. Da war es nun ein feiner Zug der Darstellerin, daß Lea, obgleich schon losgebunden, in ihrer vorigen Stellung verharrte und wie abwesend weitersprach. Dann erst trat sie hervor, um ihr Oberkleid zu zerreißen und ihren Schmuck wegzuwerfen. Es ist ein Bild, das sich bewegt, diese Szene, in der sie sich selbst verflucht: »Sieben Söhne, wie sie nie ein Mutterauge schöner sah, hat sie, sie selbst verderbt!« Naemi fängt die Zusammensinkende in ihren Armen auf und schleppt sie zu einer Quelle. »Sie trinkt«, heißt es ganz trocken in der Theateranweisung; aber wie trank die Darstellerin? Das zusammengebrochene Weib hebt sich gegen die Trinkschale hin, mit unartikulierten Lauten nähert sich der Mund dem Rande des Gefäßes, und nun schlürft die Durstige gierig wie ein Kind, daß man das Geräusch des Wassers zu hören meint... Hier nun stutzte der Zuschauer doch einen Augenblick und fragte sich, ob solche Naturwahrheit nicht doch die Grenzen der Kunst übersteige. Die Frage ist erlaubt bei einem Dichter, der, wie Otto Ludwig, sich selbst, im Gegensatze zum Idealismus und Naturalismus, zu dem bekannte, was er als den »poetischen Realismus« bezeichnete. Möglich, daß die Darstellerin zu weit gegangen, wenn man auch die interessante Erfahrung nicht missen möchte, die Natur auch einmal auf der Bühne getroffen zu haben. Dafür hat sie die große Szene im letzten Akte, wo Lea der Hinrichtung ihrer Kinder beizuwohnen gezwungen ist – eine der grausamsten Szenen, die je ein Dichter gewagt –, im größten Stil und mit einem bewundernswerten Reichtum an Tönen und Tonarten dargestellt. Durch die Rolle der Lea ist ein großer moderner Zug gegangen, der über die Grenzen der bloßen Sprechkunst, wo es das Gefühl der Darstellerin gebot, kühn hinwegsetzte.

Wir haben Frau Wolter nur vom Theater aus gekannt und sind daher nicht in der Lage, ihr Bild auch nach der menschlichen Seite hin zu schildern. Wir wissen nur, daß sie eine starke Natur war, die sich aus dunkeln bürgerlichen und künstlerischen Verhältnissen durch eigene Energie emporgearbeitet. Sie gehörte nicht zu den Frauen, von denen man sich geistreiche Aussprüche mitteilte, doch ist das Wort, das sie auf ihrem Krankenlager gesprochen: »Nehmt mir die Blumen weg, ich werde bald Blumen genug haben«, von einer so schmerzlich-ironischen Sinnigkeit, daß man es oft wiederholen wird. Nun ist sie tot, und es ist ruhig geworden um sie her. Wie es aber erloschene Sterne gibt, die ihr Licht noch immer senden, so wird der Name Charlotte Wolter fortleuchten an der Stirne des Wiener Burgtheaters.

(Am 17. Juni 1897)

Joseph Kainz

Als Fremder und in seiner ganzen Art befremdend berührte Joseph Kainz das Publikum, als er bei Gelegenheit seines Gastspiels zum ersten Male im Burgtheater auftrat. Nach dem ersten Eindruck konnte man bezweifeln, ob sich zwischen diesem Schauspieler und diesen Zuhörern je sympathische Beziehungen herstellen würden. Und doch ist Kainz ein Österreicher, ja fast ein Wiener, da er seine jüngeren Jahre in unserer Stadt verlebt hat. Freilich hat er Wien fast noch als Knabe verlassen und, wenig berührt von der heimischen Schauspielkunst, seine Ausbildung in Norddeutschland gefunden. Was die Wiener auf den ersten Blick an ihm vermißten, war eine sinnlich einleuchtende Erscheinung. In der Tat sah er als Ernesto in »Galeotto«, der ersten Rolle, die er spielte, verzweifelt dürftig aus. Die bürgerliche Kleidung, die er trug, schien ziemlich leer zu sein; die Seele saß dem Körper zu nahe, sie schlug gleich an die Rippen, und doch liegt in dem Umweg der Seele zum Leib, und wie sie im Sinnlichen allmählich aufblüht, ein großer Zauber der Kunst. Um diesen Mangel unschädlich zu machen, besitzt Kainz ein einfaches, aber kühnes Mittel: die Aufrichtigkeit. Ich gebe mich, wie ich bin, scheint seine Auftreten zu sagen, ich bin nun einmal nicht schöner. Als Meister Heinrich in der »Versunkenen Glocke«, da er auf den Tod verwundet auf das Lager gelegt wird, entblößt er seinen mageren Hals und seine fleischlose Schulter. Dieses Vertrauen erweckt wieder Vertrauen, und man sagt sich: Was so offen gezeigt wird, kann nicht häßlich sein. Nun freilich, wie er es zeigt! Da wirkt seine geistvolle Technik Wunder. Überhaupt ist es der Geist und die Phantasie, was diese ganze künstlerische Erscheinung möglich macht. Die Natur hat den Künstler, was äußere Mittel betrifft, fast stiefmütterlich behandelt. Die Gestalt ist mittelgroß, schmächtig, schmalschulterig; die Gesichtszüge sind nicht bedeutend, ausdrucksvoll nur Auge und Mund; die Stimme ist ein Bariton-Tenor, in der Sprechlage etwas trocken, erst in der höheren Lage Klang und Kraft gewinnend. Mit so bescheidenen Mitteln, die sich doch stets wieder geltend machen wollen, Großes zu erreichen, ist an sich, wir möchten sagen, ein Geniestreich. Ein Geniestreich, der doch wieder gründliche, anhaltende Arbeit voraussetzt. Kainz hat seinen Körper ganz dem Willen unterworfen, er gehorcht ihm, ohne daß ein Zwang sichtbar wird. Die mannigfaltigsten Gebärden stellen sich, je nach der Situation, wie von selbst ein; die Augen sind wahre Lichter und Leuchten der Seele; der Mund hat nicht bloß zu sprechen, der Künstler hat aus ihm in der Art, sich zu öffnen oder geöffnet zu sein, ein bedeutendes Werkzeug des Ausdruckes geschaffen; die Hände leben, jeder Finger lebt. Der ganze Körper, gelöst in seinen Gelenken, bewegt sich mit lebendiger Freiheit. Nun kommt zu dieser sinnvollen Beweglichkeit des Körpers eine ungewöhnliche Gabe und Kunst der Rede. Kainz ist ein unvergleichlicher Sprecher und Redner, der die ganze Tonleiter von der Plauderei bis zum erhöhten Worte als Meister beherrscht, der die schwere deutsche Sprache leicht dahinträgt, manchmal in einem Tempo, das schwindeln macht. Er ist ein Redner, ohne ein Deklamator zu sein, ein Redner, der nötigenfalls auch die Schönheit des gebundenen Wortes hervorzuheben versteht und noch im zerbrochenen Verse die Bruchstücke metrisch erklingen läßt. Ein durchaus jugendlicher Zug geht durch diesen Künstler, »das Kind in ihm« ist sehr stark ausgeprägt, Unschuld und Naivität treten aus seiner Darstellung oft rührend hervor. Wenn er als Ernesto sagt: »Alle Welt lügt, und *ich* sage die Wahrheit« – wer glaubt ihm nicht aufs Wort? Wer nun mit so ausgebildeter Technik, die selbst ein Werk des Geistes ist, ein so starkes und im tiefsten Sinne liebenswürdiges Temperament verbindet, wie sollte der, wenn man ihn nur erst näher kennt, nicht imstande sein, die Mängel seiner äußeren Erscheinung auszulöschen? Wien hat diese Macht an sich erfahren. Als Fremder ist er hier empfangen worden, und nach acht Tagen ist er als der Liebling des Publikums von hier geschieden.

Als Ernesto in »Galeotto«, mit dem er sein Gastspiel eröffnete, hat Herr Kainz, wie gesagt, keinen reinen Eindruck gemacht. Der Gestalt fehlte der sinnliche Reiz, auf den man in Wien so schwer verzichtet. Dazu kam die moderne Spielweise des Künstlers, die man im Burgtheater nur durch Mitterwurzer kennengelernt hatte, der sie als ursprünglicher Zögling der Wiener Schule doch nur in gemilderter Form in sich aufgenommen. Fremde Erscheinung, fremde Rede, fremde Gebärde! Ein Natürlichkeitsbestreben, das aus dem Ring der Kunst hinauszuspringen schien. Erst das Aufflammen der Leidenschaft im letzten Aufzug brachte den Gast dem Publikum näher. Da spürte man seinen raschen Puls, da schlug sein Herz verwandtschaftlich wärmer an das Herz der Wiener. Am zweiten Abend, als Herr Kainz das Fritzchen in den »Morituri« spielte, nahm er das Publikum im Sturm. Man war gepackt, gefesselt, erschüttert. Es war verwunderlich, daß das kleine Stück, das man doch mit ziemlich ruhigem Blute lesen kann, von der Bühne aus so stark wirkte. Man möchte sagen, der Künstler gab in der Rolle mehr, als der Dichter gegeben. Entschiedener Realismus, moderne Spielweise waren hier ganz am Platze, wo ein preußischer Leutnant unserer Zeit im Mittelpunkt der Handlung steht. Herr Kainz war keineswegs bestrebt, diese Figur zu heben, im Gegenteil, er stellte einen Alltagsmenschen hin, der leicht ins Komische gefallen wäre, hätte es sich nicht um die Soldatenehre des armen Kerls gehandelt. Mit bewundernswerter Energie hielt der Darsteller diesen militärischen Typus fest, diese nur in kleinen Zügen bewegliche starre Maske, hinter welcher sich so Erschütterndes abspielt. Es war ein Meisterstück im engen Rahmen.

In der Rolle des Hamlet, die von Shakespeare wie nicht leicht eine andere so recht für den Schauspieler gedacht ist, entfaltete Herr Kainz den vollen Reichtum seiner Kunst.

Sein Spiel glich einer Polemik gegen die unzähligen Hamlet-Kommentare, die sich vor den Hamlet stellen wie eine immer undurchdringlicher werdende Mauer. Er stellt ihn nicht vorzugsweise als einen Mann dar, der unfähig ist zu handeln, sondern mehr als einen, der klarsehen will, um handeln zu können. Seine Melancholie entspringt nicht aus seiner Schwäche, sondern aus seiner ihm durch seine Lage aufgedrungenen Betrachtung des gemeinen Ganges dieser Welt. Man sehe ihn im Gespräche mit Ophelia. Es gibt Schauspieler, die Ophelia gegenüber einen blutigen Sarkasmus aufbieten. Kainz nicht. Er ist voll Mitleid mit Ophelia, daß er sie in diese Welt geworfen und ihren Wechselfällen ausgesetzt sieht. »Geh in ein Kloster!« Das ist ein Rat, der aus einem mitleidsvollen Herzen kommt. Kainz müßte nicht der Redner sein, der er ist, wenn er nicht an den Hamlet-Monologen sein besonders Wohlgefallen hätte. Aber auch in diesem Stück ist er anders als die meisten anderen. Der Monolog: »Sein oder Nichtsein«, der so oft als rhetorisches Prunkstück behandelt wird, verliert bei Kainz diesen Charakter ganz und gar. Er beginnt ganz ruhig: »Sein oder Nichtsein« und läßt sich auf einem Ruhebett nieder, den Monolog fortsetzend und endigend, wie er ihn begonnen, in ruhiger Reflexionsweise. Das befremdet zuerst, trifft aber doch wohl das Richtige, da der Monolog gar nicht darauf angelegt ist, in die Welt geschrien zu werden. Schwach ist – um doch auch einmal zu tadeln – die Szene mit der Mutter, die doch am meisten geeignet wäre, den vollen, aufrichtigen Hamlet an das Licht zu stellen. Alles in »Hamlet«, was den konversationellen Ton gestattet, wurde von Herrn Kainz in vornehmster Weise gesprochen. Er ließ nie vergessen, daß er königlicher Prinz ist.

In Grillparzers Trauerspiel »Die Jüdin von Toledo«, die er mit jugendlichem Glanze erfüllte, ist er dem Dichter hilfreich an die Hand gegangen. Die Tragödie ist nicht rein gelöst. Was die Leidenschaft angestiftet und verschuldet, soll durch Reflexion und moralisierende Redseligkeit zu einem guten Ende geführt werden. Das heißt, glühendes Eisen, das noch nicht geschmiedet ist, in Wasser löschen.

Man erinnert sich des Moments, wo der König von der toten Jüdin kommt und um ihren Mund einen schnöden Zug, in ihren Augen etwas Lauerndes entdeckt hat. Er sagt sich deshalb von ihr los. Da ist es nun das Verdienst unseres Berliner Gastes, daß er diese brutale Wendung (brutaler fast als der Mord selbst) so einleuchtend macht, als sie sich überhaupt machen läßt. Sein stummes Spiel, als sich der König von der Berührung der Jüdin reinigt, ist von überzeugender Gewalt. Das Sinnliche macht er sinnlich verständlich und führt es leise ins Sittliche hinüber. Der physische Ekel verwandelt sich in einen psychischen. An der Häßlichkeit der Leiche geht dem König die Häßlichkeit der Lebenden auf, an ihr die Häßlichkeit seines eigenen Tuns. So hat Kainz durch sein geniales Spiel die Lösung des Trauerspiels annehmbarer gemacht, aber gerettet hat er sie nicht.

Wenn wir uns nun schließlich fragen, welche Wirkung Joseph Kainz im Burgtheater hervorbringen wird, so kann man sagen: eine zerstörende und eine aufbauende. Eine so lebensvolle Persönlichkeit, die mit Entschiedenheit auf den Grundsätzen der modernen Darstellungsweise fußt, kann es im Burgtheater nicht beim alten lassen. Seine bloße Gegenwart ist ein Protest gegen das Alte. Er wird das Veraltete – nicht etwa gewaltsam, aber durch sein Beispiel in seinem Bestande erschüttern. Und dann wird er das Lebensfähige zu sich bekehren und verwandte Kräfte an das Burgtheater ziehen. Das ist die aufbauende Wirkung. Und daran hängt vielleicht die Zukunft des Burgtheaters.

(Am 17. Oktober 1897)

»Der Misanthrop« – »Tartuffe«

Neue Aufführungen guter alter Stücke rufen unwillkürlich alte Gedankenreihen in die Erinnerung zurück, weil in ihnen die ersten Eindrücke von Dichtung und Darstellung in unmittelbarer Frische niedergelegt sind. Im Burgtheater sind nach einer Pause von Jahren zwei Meisterwerke Molières wieder aufgenommen worden: »Der Misanthrop« und »Tartuffe«. So weit wir zurückdenken, hat keines von beiden im Burgtheater je einen ehrlichen Erfolg erlebt. An den Werken selbst konnte das nicht liegen, denn sie standen damals wie heute, von keinem Zeitenwechsel berührt, in ihrer objektiven Größe da. Von mancher Seite ist dies wohl bestritten worden. Paul Lindau eröffnet seine anmutige Schrift über Molière mit den Worten: »Unter den dramatischen Dichtern von Bedeutung ist Molière der subjektivste und Shakespeare der objektivste ...« Aus welchem Grunde? fragen wir. Antwort: Weil er vielfach seine eigenen inneren und äußeren Erlebnisse für die Bühne verwertet. Das heißt aber mehr nach der Veranlassung einer Dichtung urteilen als nach der Beschaffenheit der Dichtung selbst. Gerade die Art und Weise, wie Molière persönliche Erlebnisse und Stimmungen in dramatische Poesie umsetzte, gibt uns das Recht, ihn den objektivsten Dichtern der Welt an die Seite zu stellen. Molière ein subjektiver Dichter? Dann wäre es auch Goethe. Wie Goethe besaß Molière das ungeheure Vermögen, persönlich Erlebtes mit ruhiger Objektivität wie ein Fremdes zu gestalten. Wir können es nicht subjektiv finden, wenn der heiße Erguß des Gemüts sofort in künstlerische Form einmündet und nach der Erkaltung als blanke Schönheit zutage tritt. Ja, Molière übertraf als Schauspieler seine dichterische Objektivität, indem er das

Erlebte auf der Bühne auch persönlich darstellte – eine Entäußerung seiner selbst, eine Sachdenklichkeit, eine Objektivität, die für eine feinere Empfindung fast an das Frevelhafte grenzt. Freilich, der Künstler, in dessen Hand alles zum Gegenstand, alles gegenständlich, alles objektiv wird, denkt in dieser Sache anders. Aber subjektiv kann man Molière in keinem Falle heißen. Er hat so völlig runde, von der eigenen Persönlichkeit rein abgelöste, wir möchten sagen: so selbstlebige Gestalten geschaffen, daß ihnen der Wechsel der Meinungen nichts anhaben wird. Er hat das Gebiet dessen, was man im Unterschied zur religiösen Mythologie die dichterische Mythologie nennen könnte, um ein Wesentliches erweitert. Er hat poetische Figuren hingestellt, an denen sich die Menschen und ihre Richtungen sofort erkennen. Neben Othello, Hamlet, Falstaff, neben Don Quixote und Sancho Pansa, neben Faust und Mephisto steht Molières Tartuffe als die inkarnierte religiöse Heuchelei, steht sein Don Juan, der geniale Frauenjäger, dem der Begriff des Weiblichen unerschöpflich ist, steht sein Monsieur Jourdain als das Musterbild des reich gewordenen bürgerlichen Hohlkopfes, der in die Kreise des Adels hineinstrebt. Seine Lustspielfiguren sind plastisch zusammengeballte Definitionen, abgekürzte Formeln, anschaulich gewordene Richtungen: für das Wort gibt er uns die Gestalt. Das ist etwas von der neuen Mythologie, welche die deutschen Romantiker suchten und aus eigener poetischer Kraft nicht finden konnten. Molière war überhaupt, wie jeder wahre Dichter, die Stimme seiner Zeit und der Vordeuter der Zukunft. Er hat Worte ausgesprochen, die den Menschen, ohne daß sie heraus wollten, auf der Zunge lagen; er hat gesagt, was einige nicht hören wollten und die anderen alle mit Freude begrüßten. Er ist im Hofdienste eine bürgerliche Natur geblieben, unter künstlichen Verhältnissen ein schlichter Mensch. Er tritt – merkwürdig in seiner Zeit – für das Volkslied in die Schranken, seine Lustspiele und Possen wimmeln von volkstümlichen Ausdrücken und Redensarten. Ganz Franzose, und zwar dem rednerischen Franzosen gegenüber der naive und witzige, strebt er doch, als ein großer, dichterischer, »objektiver« Mensch, die Fesseln seiner Nationalität abzustreifen. Sein »Misanthrop« ist ein großartiges, für einen Franzosen kaum begreifliches Werk in seiner Bekämpfung und Verschmähung des gesellig und gesellschaftlich Konventionellen. Er erinnert in diesem Schauspiel an Shakespeare, aber er erinnert nur an ihn. Der »Misanthrop« und »Timon von Athen« stellen den Unterschied ungleicher dramatischer Gattungen und ebenso die nationale Verschiedenheit beider Dichter dar. Molière, so hoch er strebt, bleibt noch mit einem Fuß im Lustspiel stehen. Shakespeare, der Germane gegen den Gallier, rennt gegen die Schranken der Tragödie an. Molière hat starke Worte gegen die Schlechtigkeit der menschlichen Natur und schwört ihr einen ewigen Haß; aber sein letztes Wort ist doch noch ein halb geselliges, ein echt französisches. Er wolle, sagt er, einen Abgrund verlassen, wo die Laster triumphieren, und auf der Welt einen fernen Ort aufsuchen, *où d'être homme d'honneur on ait la liberté.* Das klingt schon ein wenig an die Moral von Voltaires »Candide« an, dem grimmig-heiteren Brevier des Pessimismus: Bauen wir unseren Kohl! Timon aber bei Shakespeare, der die pathetische Wortübersetzung gibt: »Misanthropos bin ich und hasse die Menschen«, wird durch seinen Menschenhaß folgerichtig zum Selbstmörder. Er hat eine Menschenverachtung, von der sich Molière nichts träumen läßt. Ihm wäre das furchtbare Wort nicht möglich, welches Timon dem zynischen Philosophen Apemantus an den Kopf wirft: »Wärst du doch rein genug, dich anzuspeien!« Dazu ist Molière – man verzeihe das Wort – nicht »subjektiv« genug.

Was nun den »Tartuffe« betrifft, das zweite Werk Molières, das in diesen Tagen wieder auf die Bühne gebracht worden, so hat er in Wien lange Zeit gegen allerlei Hindernisse gekämpft, gegen Abneigung von gewisser Seite, gegen ungenügende Übersetzungen, gegen feige Striche der Zensur, gegen unzureichende Besetzungen. Man kennt die Mächte, die sich gegen »Tartuffe« stemmen, die nicht dulden wollen, daß man ihn verlache und ihn lachend verwünsche. Und doch scheint unter vielen seltsamen Dingen diese Abneigung der Kirche gegen Molières »Tartuffe« eine der seltsamsten zu sein. Man sollte meinen, es liege im Interesse der Kirche, wenn ein durchtriebener Halunke, der im Dienste der niedrigsten Zwecke ihre äußeren Formen borgt, mustergültig gezüchtigt und gleich einer Fledermaus öffentlich angenagelt wird. Daß es solche Menschen wirklich gibt, braucht man ihr nicht erst zu beweisen, die ja den Weheruf des Heilands über die Heuchler und Pharisäer, sein Wort von den übertünchten Gräbern aus erster Quelle kennt. Woher dann der Zorn, der Verfolgungseifer? Der Widerwille gegen den Versuch, die Grenzlinien zwischen dem Heuchler und dem wahrhaft Frommen festzustellen, nistet so tief, daß selbst ein Mann von so hoher Begabung wie Bossuet sich vom kirchlichen Geschäftsgeiste so weit hinreißen ließ, um gegen »Tartuffe« aufzutreten, ja den Dichter samt der Dichtung mit seinen Verwünschungen zu verfolgen. Solche Gesinnung sich begreiflich zu machen ist für einen Menschen, der wahrhaft fromm ist oder wahre Frömmigkeit schätzt, eine harte Zumutung. Von allen Heucheleien die entsetzlichste ist unzweifelhaft die religiöse Heuchelei, weil sie Mittel mißbraucht, die den meisten für heilig gelten. Man denkt dabei an den Teufel, der die Maske Gottes vor das Gesicht hält. Nun hat Molière seinen Tartuffe so scharf umrissen, daß es selbst dem blödesten Auge nicht begegnen kann, sich in der Bedeutung dieser Figur zu täuschen. Orgon allerdings, der fromme, beschränkte Pariser Bürger, läßt sich von Tartuffe, den er in sein Haus aufnimmt, ihm seine Tochter zur Ehe verspricht, ihm sein Vermögen vermacht, hinter das Licht führen, weil er hinter Tartuffes frommen Gebärden eine fromme Seele sucht; allein beim ersten Einblick in den Widerspruch zwischen Worten und Werken gibt Orgon den Tartuffe auf, ist ihm dieser Mensch ein Greuel. Mit Entsetzen sieht er ihn Religion und Moral beugen und brechen, wenn es gilt, die eigene Lust zu befriedigen; er muß von ihm den heillosen Grundsatz hören, daß der Zweck die Mittel heilige, da man doch eher sagen könnte, daß in Religion und Ethik die Mittel der Zweck selber sind. Nein, niemand kann sich darüber täuschen, was Molière mit seinem Tartuffe gewollt; wer gegen die theatralische Vorführung »Tartuffes« eifert, fühlt sich getroffen und verdächtigt sich selbst.

Die großen und einfachen Verhältnisse des Molièreschen Kunstwerkes, groß und einfach zumal in den ersten drei Aufzügen, sind stets ein Gegenstand der Bewunderung gewesen. Die musterhafte Exposition ist sprichwörtlich geworden. Mit einer Plötzlichkeit sondergleichen werden sämtliche Personen des Stückes beleuchtet, indem die Mutter des Hausherrn, die scharfe Frau Pernelle, sämtliche Anwesenden herunterkanzelt und auch die Abwesenden ihrem Urteil unterzieht. Tartuffe, zwei Akte hindurch unsichtbar, wächst aus den Gesprächen derer, die ihn lieben oder hassen, in Lebensgröße hervor, und als er endlich im dritten Aufzuge erscheint, kennen wir ihn schon ganz genau. Ganz genau? Ja; aber doch überrascht er uns. Das macht: wir kennen ihn zwar seinem Wesen nach, doch wer errät die Nuancen, die Spielarten dieses Menschen? Das gleißnerische Wort von seinen Gebetswerkzeugen, das er seinem Bedienten zuruft, sobald er sich beobachtet sieht, wird bei uns allerdings unterdrückt; aber die Szene mit der munteren Dorine, die der Gottseligkeit wegen sein Schnupftuch auf den Busen legen soll, ist doch gleichfalls ein bezeichnender Anfang. Gleich darauf sein Gespräch mit Elmire, der Frau Orgons, die er, der für den Bräutigam ihrer Stieftochter gilt, zu verführen trachtet. So bedeutend diese Szene – die nächstfolgende überstrahlt sie doch, denn sie ist eine der wunderbarsten Bühnengestaltungen, die es überhaupt gibt. Tiefe Menschenkenntnis und ein Kunstverstand, der das Schwierigste spielend vollbringt, reichen hier einander die Hand. Man denke sich: Tartuffe ist behorcht worden; der Zeuge steht da und spricht wider ihn; die Frau, die er zum Fall bringen wollte, steht gleichfalls da und widerspricht nicht. Da erscheint Orgon, der Vater des Zeugen, der Gatte der bedrohten Frau – und was glaubt man, was dieser Mann zu dem Verführer sagt? Tartuffe mag immerhin beschuldigt werden, er selbst mag in der ersten Überraschung seine Schuld eingestehen – Orgon glaubt nicht, und wie Tartuffe ihn ungläubig sieht, erhebt er sich wieder in seiner ganzen salbungsvollen Schamlosigkeit und bittet um Gnade für den, der ihn verleumdet habe. Man staunt und glaubt, denn die Charaktere Orgons und Tartuffes greifen psychologisch ganz so ineinander, der eine mit seiner unerschütterlichen Verblendung, der andere mit seiner vollendeten Niedertracht, daß das Ergebnis kein anderes sein kann. Der Gegenschlag hierzu ist das zweite Gespräch Tartuffes mit Elmire, ein Gespräch, welches die bodenlose Schlechtigkeit des Menschen so unwidersprechlich zutage bringt, daß Orgon, der diesmal der verborgene Zeuge ist, sich nicht mehr zu täuschen vermag. Von hier ab verliert sich das Interesse mehr und mehr. Es war ein weiser Kunstgriff Molières, den Tartuffe so spät auf der Bühne erscheinen zu lassen, denn der Zuschauer erträgt einen solchen Bösewicht nicht lange; nachdem wir ihn nun lange genug gesehen, wirft er alle Verstellung, die ihn doch noch komisch gemacht, von sich, und wir sehen mit Schrecken das nackte Tier, die reißende Bestie vor uns. Er richtet seine Wohltäter zugrunde – ein unerträglicher Vorgang, der auch aus dem Rahmen der Komödie herausfällt. Daß der König die Sache wieder in Ordnung bringt, den Guten belohnt, den Bösen bestraft, läßt uns ganz gleichgültig. Es ist ein Gewaltakt, der mit der Entwicklung eines Kunstwerkes nichts zu schaffen hat.

Mit »Tartuffe« und dem »Misanthrop«, die an *einem* Abend gegeben wurden, hat das Burgtheater einen großen Erfolg gehabt. Herr Kainz hat den Misanthrop und den Tartuffe, den einen ganz von innen heraus mit vollendeter Meisterschaft, den andern, etwas mephistophelisch zugestutzt, in der amüsantesten Weise gespielt. Für das Tempo der Aufführung war Herr Kainz maßgebend, die beiden Stücke gingen mit ungewohnter Munterkeit über die Bühne. Das Burgtheater hat an diesem denkwürdigen Abend gleichsam eine Ehe mit dem modernen Bühnenstil eingegangen, die hoffentlich nicht unfruchtbar sein wird.

(Am 13. Mai 1900)

Stella Hohenfels als Iphigenie

Clara Ziegler darf wohl als die Vertreterin der typischen Heroine betrachtet werden, die bis in die achtziger Jahre die deutsche Bühne beherrscht hat. Ungefähr wie die Ziegler mußte man aussehen, den Erscheinungen einer höheren Körperwelt mußte man angehören, um nach der Meinung der damaligen Theaterdirektoren und Theaterbesucher die tragische Titelheldin eines Jambendramas spielen zu können, namentlich eines Jambendramas, dessen Stoff der griechischen Heldensage entnommen war und dessen Form sich mehr oder minder dem Stil und der Sprache des antiken Trauerspiels annähert. Gesicht und Stimme mußten der mächtigen Figur entsprechen. Diese Vorstellung entsprang der klassizistischen Vorstellung hellenischen Wesens, die seit Winckelmann bis tief ins neunzehnte Jahrhundert herab unser künstlerisches Empfinden durchdrang. Mußte man schon darauf verzichten, die Statur der Schauspielerin durch den Kothurn ins Übermenschliche zu erhöhen, das individuelle Gesicht durch ein Maskenantlitz zu ersetzen oder tragische Heldinnen durch Männer spielen zu lassen, so wählte man wenigstens solche Frauen, deren Langleibigkeit der Kothurn angeboren war, deren individuelles Gesicht die gewaltigen Züge einer tragischen Maske hatte, deren Stimme Mannesstärke besaß, ja in denen überhaupt ein heimlicher Mann zu stecken schien. Auch Künstlerinnen, denen, wie der Wolter, die große Statur fehlte (sie trug daher Schuhe mit kothurndicken Sohlen), waren in ihrem Streben von diesen klassizistischen Erinnerungen beherrscht. Die Stimme der Wolter war gleichsam über Lebensgröße, und ihr berühmtes klassisches Profil hatte mehr die erhabene Schönheit einer Marmorstatue als die eines sterblichen Weibes von Fleisch und Blut. Daß ihr der Riesenwuchs der Ziegler fehlte, war, sosehr sie es zuzeiten bedauern mochte und so raffiniert sie sich bemühte, ihren Wuchs zu dehnen, ein wahres Glück für sie. Denn die Wiener wollten auch in den tragischen Heroinen auf das Weib nicht ganz verzichten. Der deutsche tragische Grenadiertypus hat sich in Wien niemals eingebürgert.

Eine ganze Reihe von dramatischen Frauengestalten ist fast ein Jahrhundert hindurch auf den deutschen Bühnen von tragischen Mannweibern verkörpert worden und hat so für die Phantasie des Publikums eine Umwandlung erlitten, die Wesen und Charakter dieser Frauen- und Mädchengestalten fast unkenntlich zu machen und auszulöschen droht. Wir nennen nur die Antigone, die Phädra, die Sappho, die Julia, die Hero, die Iphigenie. Also eine Reihe eigentümlicher, höchst individueller weiblicher Charaktere, die auf der Bühne eigentlich als solche gar nicht zum Vorschein kamen, weil der Charaktertypus des heroinenhaften pathetischen Mannweibes, den die Persönlichkeit der Schauspielerin in starken Zügen ausdrückte, sich an die Stelle des vom Dichter mit zarten Linien gezeichneten weiblichen Seelenporträts schob und es gewissermaßen übertäubte. Dem Zuschauer wurde es oft schwer genug, der pathosschnaubenden, an Lungen- und Körperkraft unverwüstlichen tragischen Dampfmaschine, die da oben arbeitete, zartere Weiblichkeiten zuzutrauen.

Es war das Bühnenereignis dieser Tage, daß Stella Hohenfels, diese lebende Tanagrafigur, die Rolle der Iphigenie gab. Damit übernahm sie die schöne Pflicht, die von Goethe mit sicherer und zarter Hand ausgeführte Gestalt eines höchst eigenartigen Mädchens, das bisher meistens hinter der Heroine verschwunden war, auf der Bühne zu leiblicher und geistiger Erscheinung zu bringen. Mit einem Worte: Goethes Iphigenie zu spielen. Leicht ist diese Aufgabe nicht, denn gegen die durch starke Persönlichkeiten der Phantasie des Publikums eingeprägten Eindrücke kommt die bescheidene Wahrheit, auch wenn erlesene Kunst ihre Sache führt, nur schwer zu Ehren. Ja die Künstlerin selbst wird nicht ohne Schwierigkeit durch all die Theater-Iphigenien hindurch, die vor ihrem Gedächtnis schweben, die Iphigenie, wie sie im Buche Goethes steht, erblickt und erfaßt haben. Einer tieferen Betrachtung müssen die entscheidenden Züge doch nahe- und nähertreten. Als einer echten Tochter Goethes fehlt ihr vor allem alles Nonnenhafte, Priesterliche und Mystische, das verschiedene Ausleger in sie hineinschieben wollen. Sie ist nicht etwa Schwester an sich, nur Schwester, sondern gleich der Antigone ist ihr Sinn darauf gerichtet, ihr Frauenleben voll und unverkümmert zu erleben. Statt zu opfern, der Göttin zu dienen, möchte sie zurück in ihren Familienkreis, um dann den Gatten zu wählen, Kinder zu gebären und zu erziehen. Sie ist ein ganzes Weib, Priesterin ist sie ja nur, weil sie muß, nicht aus innerem, dem Weltlichen abgewendeten Drange. Das spricht sie selbst klar aus. Als ein tüchtiges Weib übt sie freilich ihren priesterlichen Beruf mit voller Hingebung aus, solange sie es als ihre Pflicht empfindet. Ihre Tugend und Reinheit ist keine mystisch-übernatürliche, keine hysterische, sondern die Tugend eines leiblich und seelisch völlig gesunden und wohlgebildeten Weibes, für das die Gebote der Sittlichkeit eins sind mit den innersten Instinkten ihrer Natur. »Ich untersuche nicht, ich fühle nur.« Lebhaftes Mitgefühl mit allen Leidenden, hilfreiche Liebe, stolze Wahrhaftigkeit, das sind die Eigenschaften ihrer Natur, die sie betätigt in dem überzeugten Gefühl, daß das Walten der Götter und das Treiben der Welt mit ihrem Charakter übereinstimmen muß. In die Zwangslage versetzt, gegen ihren Charakter handeln, lügen und hintergehen zu müssen, wandelt sie die furchtbare Empfindung an, daß sie gleich ihren frevelnden Ahnen an den Göttern und an dem Leben irre zu werden in Gefahr steht. Das Auftauchen des Parzenliedes, des Leitmotivs ihres Stammes, bezeichnet diese Anwandlung. Doch dieses starke energische Wesen erweist sich als unfähig, selbst unter dem Drucke der ärgsten Zwangslage, ihre Natur zu verleugnen. Daher gesteht sie dem König auf jede Gefahr hin die Wahrheit, nicht aus moralischem Gewissensskrupel, sondern um sich selbst treu zu bleiben. Überhaupt, statt das Süße, Holde, Liebevolle ihres Wesens zu übertreiben, tut die Darstellerin gut, die herben und kräftigen Züge dieses frischen Mädchencharakters hinreichend zu betonen. Iphigenie könnte sich und ihren Bruder augenblicklich retten, wenn sie sich entschlösse, des Königs Werbung zu erhören. Aber dieses Auskunftsmittel verwirft sie so entschieden, daß sie es nicht einmal ernstlich erwägt. Bei aller Sanftmut und Liebe hat sie doch den Mut und die Kraft, dem König ihre Meinung nicht vorzuenthalten. Zum Gehorchen geboren (»Folgsam fühlt' ich immer meine Seele am schönsten frei«), liegt es ihr doch fern, sich von einem Manne befehlen zu lassen. Sie ist stolz, ja, bei allem Schauder vor den Greueltaten ihrer Ahnen, ahnenstolz, und vor der ungeheuren Kraft ihrer Väter, obwohl sie sich in ungeheuren Verbrechen äußerte, hat dieses Tantalidenfräulein ein Gefühl, das der Ehrfurcht nicht fernesteht. Daß sie will, was sie will, das hat sie doch von ihnen geerbt, wenn sie's auch anders übt. Sie besteht auf der Wahrhaftigkeit, wie einst Atreus auf seinen Haß. So rein sie ist, sie hat doch Familienzüge mit ihrem wilden Stamm gemein. »Nur ja nicht zu heilig, zu katholisch« soll man Iphigenie spielen, nicht als »heilige Jungfrau«. Wohl ist sie fromm, jede Steigerung ihres Gefühles schwillt ihr zum Gebet an, ihr Gebet wird auch erhört, wie es scheint, gleich dem einer Heiligen, aber darum trägt sie doch keinen Heiligenschein um das Haupt. Die Heilung ihres Bruders scheint doch unmittelbar von der Gesundheit und Reinheit ihrer Persönlichkeit auszugehen, nicht von oben. Wer kennt nicht Frauen, welche die Gabe haben, Erinnyen zu verscheuchen? . . .

Mit diesen Auseinandersetzungen geben wir der neuesten Darstellerin von Goethes Iphigenie wieder zurück, was wir aus ihren Händen empfangen haben. In dem angedeuteten Sinne hat Frau Hohenfels die Iphigenie gespielt, nicht als eine falsche Antike, nicht als ein Kompositum von Pose und Deklamation, sondern als ein einfaches Griechenmädchen, dessen schlichtem Sinn die Aufgabe geworden, ein großes tragisches Geschick zu lösen. Sie ging nirgends auf Effekt los und war dann noch, wenn sie die herben Seiten ihrer Natur hervorkehrte, nur eine bewaffnete Grazie. Sie ließ sogar viel ausgebeutete Wirkungen fallen, so machte sie es beispielsweise mit dem Parzenlied, nach welchem die meisten Darstellerinnen der Iphigenie ihre Rolle zu stimmen pflegen. Sie behandeln es als tönendes Deklamationsstück, als Bravour-Arie. Ganz anders Frau Hohenfels. Sie läßt das Parzenlied scheinbar fallen, um es psychologisch an seine rechte Stelle zu rücken. In einem schicksalsvollen Augenblicke erinnert sich Iphigenie des Parzenliedes, wie sie es in ihrer Kindheit von ihrer Amme hatte singen hören. Es schildert die Verbrechen ihres Ahnengeschlechtes. Wie paßt es nun zu der Situation, daß Iphigenie gleichsam als Chorsängerin aus sich heraustritt und das Lied mit der Stärke rezitiert, wie es nach Theaterbegriffen die Parzen mochten gesungen haben? Wenn nun Iphigenie, ganz in Erinnerung, auf die Stufen des Altars niedergleitet und das Parzenlied, nur die starken Stellen mit erhöhter Stimme hervorhebend, mehr vor sich hin sagt als deklamiert – sollte sie damit nicht die feierliche Stimmung der Situation getroffen haben? Man könnte noch eine reiche Auslese von ungewöhnlichen Stellen treffen, allein unsere Anerkennung möchte lieber die ganze Vorstellung in sich schließen. Herr Kainz, ein unübertrefflicher Orest mit unvergleichlichen Einzelheiten, und Frau Hohenfels holten ihr Bestes auseinander heraus und standen in der Blüte ihres reichen Könnens. Überall ging die Darstellung von der Deklamation auf einfache Rede zurück und lockte durch sie und mannigfaltiges Tempo neue Schönheiten und neues Leben aus der Dichtung hervor.

Für unser klassisches Repertoire hat uns dieser Iphigenien-Abend die schönsten Aussichten eröffnet. Die Reform, die uns hier vonnöten ist, kann in der einfachsten Weise bewerkstelligt werden: – Steigen wir von den Stelzen herab und gehen wir zu Fuß!

(Am 17. Juni 1900)

»Gespenster«

Darin kommen wohl die meisten Zuschauer, die der Aufführung von Ibsens »Gespenstern« angewohnt haben, überein, daß die Wirkung dieses Schauspiels eine unangenehme, ja eine entsetzliche und grauenhafte sei. Und man kann dies in einem gewissen Sinne auch zugeben. Aber man sagt verzweifelt wenig von einem Kunstwerke, wenn man nichts von ihm sagt, als daß es unangenehm wirke. Es liegt dieser Aussage das eingewurzelte Vorurteil zugrunde, daß die Schönheit das Wesen der Kunst sei. Allein Schönheit in der Kunst, zumal in unseren nördlichen Himmelsstrichen, ist nur ein glücklicher Zufall. Wie wären sonst Albrecht Dürer und Adolph Menzel, die so viel mehr wahr als schön sind, große Künstler, und wie wäre Shakespeare, an dessen Stil, verglichen mit dem Stile der Griechen und des späteren Goethe, so viel Barbarisches haftet, gleichwohl der große dramatische Dichter? Allerdings, nach Schönheit, aber Schönheit in ihrem eigenen Sinne, nicht nach der glatten, gefälligen Oberfläche, streben sämtliche Künstler. Selbst der Harte, herbe Ibsen, herb selbst in seinem Lächeln, kennt das Streben nach Schönheit. In dem »Ballonbrief«, den er zur Zeit des Deutsch-Französischen Krieges an eine schwedische Dame schrieb – Ballonbrief wohl deshalb genannt, weil Ibsen den deutsch-patriotischen Äußerungen gegenüber vor Zorn in die Luft fuhr –, setzte er die Siege der deutschen Waffen zu rein mechanischen Erfolgen herab, die nichts Großes zu bedeuten hätten, denn, rief der Dichter aus:

> Denn nach *Schönheit* lechzte die Zeit,
> *Bismarck* kennet nicht ihr Leid –

ein Ausruf, in welchem er Bismarck, seinen großen Bruder im Geiste, verkennt, der gleichfalls mit realistischen Mitteln ideale Ziele verfolgte. Der Ruf nach Schönheit ist bei Ibsen nichts anderes als die Sehnsucht nach harmonisch geordneten Verhältnissen in Leben und Dichtung. In wie weiter Ferne er aber diese neue Welt noch sucht und welche gründliche Arbeit es kosten wird, sie herbeizuführen, das möge man einer brieflichen Äußerung Ibsens entnehmen, die aus der Zeit des Ballonschreibens stammt. »Die kommende Zeit«, schreibt Ibsen, »wie da unsere Ideen rings in den Staub niederstürzen werden! Und wahrlich, es ist auch höchste Zeit. Alles das, wovon wir bis jetzt leben, das sind ja doch nur Reste von dem Revolutionstische des vorigen Jahrhunderts, und diese Kost haben wir lange genug immer wieder und wieder gekaut. Die Begriffe verlangen nach einem neuen Inhalt und einer neuen Erklärung. Freiheit, Gleichheit und Brüderlichkeit sind nicht länger dieselben Dinge wie in der Zeit der seligen Guillotine. Aber das ist eben das, was die Politiker nicht verstehen wollen, und darum hasse ich sie. Diese Leute wollen bloß Spezialrevolutionen, Revolutionen im Äußeren, im Politischen. Aber das alles sind bloß Lappalien. Worauf es allein ankommt, das ist die Revolutionierung des Menschengeistes . . .« Man sieht, Ibsen ist ein Radikaler, ein Revolutionär, ein wurzelhafter Umstürzler, und in seinen Dramen sieht man ihn am Werke, bei der Arbeit. Er revolutioniert die Geister, kämpft gegen das, seiner Ansicht nach, Veraltete und Morsche. Über seinen Schauspielen wölbt sich kein Regenbogen, sie erglänzen nicht in lichter Schönheit, aber sie schlagen uns ins Blut und lassen einen Stachel in uns zurück; es sind Streit- und Kampfdramen. Ibsen ist übrigens ferne davon, ein Pessimist zu sein, denn er findet die Welt zwar schlecht, aber nicht unheilbar, und gerade in dieser Anschauung liegt das große Pathos seiner Bühnenarbeiten, die scheinbar so nüchtern sind und im Grunde vor Leidenschaft zittern. Nein, Pessimist ist Ibsen nicht, wie hätte er sonst in seinem welthistorischen Drama »Kaiser und Galiläer« das Kommen des »dritten Reiches« verkünden können? Es klingt so märchenhaft optimistisch, das dritte Reich! Erst das Hellenentum, dann das Christentum, dann das große Unbekannte, in dem beide Vorhergehenden sich versöhnen. Wird es kommen? Ibsen arbeitet darauf hin. Er ist ein Gläubiger in beiderlei Sinn, indem er glaubt und fordert, was er glaubt.

Ibsens »Gespenster« verletzen zunächst den Schönheitssinn durch die Vorführung eines gehirnweichen jungen Menschen, der vor den Augen der Zuschauer an seiner Krankheit stirbt. Es ist Oswald, der Sohn der Frau Alving. Oswald ist aber nicht die Hauptperson des Stückes, sondern nur ein (allerdings notwendiges) Nebenprodukt des sittlichen Naturprozesses, den der Dichter uns vorführt. An sich ist Oswald eine häßliche Erscheinung, aber als Mittel, um Größeres zu erreichen, ist er bloß zweckmäßig. Die Hauptperson des Schauspiels ist Frau Alving, die Mutter Oswalds, das Schauspiel selbst ist die Geschichte ihrer Ehe – analytisch aufgebaut, so daß die früheren Vorgänge erzählungsweise beigebracht und die Folgen dieser Vorgänge als gegenwärtig dargestellt werden. Frau Alving hat als junges Mädchen einen durch Genußsucht erschöpften Mann geheiratet, der ihr von ihren Verwandten als gute Partie empfohlen wurde. Im ersten Jahr ihrer Ehe läuft sie, von Ekel angewidert, ihrem Manne davon und sucht Rettung bei dem Pfarrer Manders, den sie und der sie einst geliebt. Manders hat nicht den Mut seiner Liebe; er führt das arme Weib, wie er sagt, auf den »Weg der Pflicht« zurück, und sie kehrt heim, indem sie ihr Elend schweigend erträgt und das Tun ihres Mannes vor der Welt nach Möglichkeit verbirgt. Sie wacht mit ihm ganze Nächte, trinkt mit ihm, spielt mit ihm, ist sein Kumpan. Da schlägt sich des Mannes Liederlichkeit auf das Haus. Es ist eine stramme Magd da. Frau Alving hört eines Tages ihren Mann mit dieser Magd wispern und scherzen – er findet Erhörung, und bald zeigen sich die Folgen des Schrittes. Die Person wird an den Tischler Engstrand verheiratet, der durch eine Handvoll Geld willfährig gemacht wird. Oswald, den eigenen Sohn, läßt Frau Alving in der

Fremde erziehen, damit ihm der Lebenswandel seines Vaters verborgen bleibe. Oswald geht nach Paris, wird Maler, und Frau Alving erzieht ihn wenigstens brieflich in der Verehrung seines Vaters. Regine Engstrand, die Tochter jener Magd, nimmt Frau Alving in halb dienende Stellung zu sich ins Haus. Nach dem Tode ihres Gatten baut Frau Alving aus seinem in die Ehe gebrachten Vermögen, das ihr auf der Seele brennt, ein Asyl für Kinder und Kranke, um den Seligen auch noch bei der Nachwelt in gutem Geruche zu erhalten. Pfarrer Manders soll das Asyl durch eine Predigt einweihen.

So stehen die Dinge, als Oswald aus Paris zu der Mutter heimkehrt. Er kommt tief krank zurück, und als im Asyl aus Unvorsichtigkeit ein Brand entsteht, rüttelt er durch angestrengte Löschversuche die Krankheit in seinem Körper auf. Er weiß durch seinen Pariser Arzt, wie es mit ihm steht; noch ein Anfall, und er wird wahnsinnig werden. Für diesen Fall hat er sich zwölf Morphiumpulver aufgespart. Wer soll sie ihm reichen? Er hat zu diesem Zwecke sein Auge auf die Magd Regine geworfen, die ihm schon als Gegensatz seiner selbst, als ein naturfrisches Kind, ungewöhnlich zusagt. An ihre Stelle tritt später Frau Alving, nachdem Mutter und Sohn sich gegenseitig ausgesprochen, er über seine Krankheit, sie über ihren verstorbenen Gatten. Der befürchtete Anfall meldet sich. Die Mutter steht dem Sohne verzweiflungsvoll gegenüber. Soll sie ihm die Pulver reichen? Sie kann sich nicht entscheiden. In solcher Schwebe entläßt uns das Stück.

Die »Gespenster« sind ihrem Hauptkern nach eine Beichte, welche Frau Alving dem Pastor Manders und ihrem Sohne Oswald gegenüber ablegt. Sie allein ist die Wissende, sie nur kann den geheimnisvollen Schleier heben, den sie selbst über ihre Ehe gebreitet. Welch ein inneres Elend kommt hier zutage, welches tiefe Leiden einer um ihr Glück betrogenen guten Frauenseele! Und das haben die »Gespenster« getan, die »Wiedergänger«, wie es im Norwegischen heißt, die Revenants. Wer und was sind diese Gespenster? Frau Alving sagt es uns. Als sie Oswald mit der Magd Regine wispern und scherzen hört, wie einst ihr Gatte mit Reginens Mutter gescherzt und gewispert hatte, da findet sie das Wort »Gespenster«. Aber sie bleibt da nicht stehen, sie fährt vielmehr fort: »Aber ich glaube beinahe, Pastor Manders, wir alle sind Gespenster. Es ist nicht allein das, was wir von Vater und Mutter geerbt haben, das in uns umgeht. Es sind allerhand alte, tote Ansichten und aller mögliche alte Glauben und dergleichen. Es lebt nicht in uns, aber es steckt in uns, und wir können es nicht loswerden. Im ganzen Lande müssen Gespenster leben. Mir ist's, als müßten sie so dicht sein wie der Sand am Meere. Und dann sind wir alle miteinander so gottsjämmerlich lichtscheu ...« Frau Alving ist gewiß berechtigt, in solcher Weise zu reden. Sie kennt die Gespenster. Man hat sie in eine sogenannte gute Partie hineingeschwätzt – Gespenst! Pastor Manders hat des guten Leumundes wegen die arme Frau, die er doch liebte, nicht an seinem Herzen aufgenommen – Gespenst! Ihr Sohn ist krank von einem ausschweifenden Leben des Vaters – Gespenst! Gespenster überall. Aber auch Frau Alving hat im Gespensterglauben gehandelt, als sie ihren Mann äußerlich im Zaume hielt, als sie seinen guten Ruf bei seinen Lebzeiten und noch über seinen Tod hinaus zu hüten trachtete – die monumentale Lüge des Asyls wird mit Recht vom Feuer verzehrt – und als sie schweigsam und unaufrichtig war gegen den Pastor und gegen den Sohn. Sie hat aber dies Gespensterwesen am eigenen Leib und an der eigenen Seele gründlich kennengelernt. Als ihr der Pastor von Pflicht und Schuldigkeit gegen ihren Mann spricht, da ergrimmt sie innerlichst, und sie hat dem ganzen Gespenstersystem der Welt gegenüber das vernichtende Wort: »Da war es, daß ich Ihre Lehren an meinem eigenen Kleide prüfen wollte. Nur eine einzige kleine Naht gedachte ich aufzuziehen, aber als ich *die* gelöst hatte, sprang das Ganze auf. Und da sah ich, daß alles nur Maschinenarbeit sei.« ... Und schließlich hat Frau Alving noch den offenen Sinn, ihren verstorbenen Mann zu begreifen, wenigstens zu begreifen, wie er geworden, was er war, und zufolge dieser Erkenntnis klagt sie sich an, daß sie ihn doch nicht richtig behandelt habe. Ihr Sohn läßt nämlich das Wort »Lebensfreudigkeit« fallen. Da sieht sie im Geiste plötzlich, wie ihr lebensfreudiger Mann in einer engen, philisterhaften Welt, wo es keine erhebende Freude, sondern nur Vergnügungen gibt, ohne eigentlichen Lebenszweck verkommen *mußte*. Dieser Gedanke leitet hinüber zu Ibsens eigener Ansicht von der Sittlichkeit. Der ist ihm der sittliche Mensch, der sich sein Geschick, ohne Rücksicht auf irgendwelche Autorität, aus seiner eigenen Natur heraus und mit seinen eigenen Kräften zimmert. Das ist freilich in jedem einzelnen Falle eine geniale Aufgabe, welcher wenigstens vorderhand nicht jedermann gewachsen ist. Doch das hängt nur folgeweise mit den »Gespenstern« zusammen und streift schon die Grenzen des kommenden »dritten Reiches«.

Das Deutsche Volkstheater hat den Mut gehabt, die »Gespenster« aufzuführen, und die mutige Tat ist ihm gut gelungen. Herr Kutschera hat den Oswald mit entschiedenem Talent gegeben. Freilich ist der Blödsinn Oswalds ein Theaterblödsinn, wie es einen Theaterwahnsinn gibt. Wenigstens sagt der Psychiater August Forel in einem Gutachten über Hypnose und Suggestion: »Der Oswald in den ›Gespenstern‹ von Ibsen soll einen paralytischen Irren vorstellen. Aber er ist so falsch geschildert, daß jeder Wärter einer Irrenanstalt und jede Frau eines Irrenhausbeamten – von den Irrenärzten selber nicht zu sprechen – sofort sagt: ›Was, das soll ein Paralytiker sein? Einen solchen Geisteskranken habe ich überhaupt nie gesehen.‹« ... Eine Reihe guter Züge hatte auch der Pastor Manders, der korrekte Mann des Stückes, dargestellt von Herrn Eppens, ebenso Frau Laskas stramme Regine. Herr Tyrolt war erst abhängig von Girardis genial angelegtem Heinike in der »Ehre«, gewann aber im Verlauf der Rolle an Selbständigkeit und lebensvoller Charakteristik. Fräulein Bognar ist als Frau Alving so viel gelobt worden, daß ihr an unserem beigetragenen Scherflein wohl nur wenig liegen könnte. Vielleicht findet sich das Deutsche Volkstheater ermutigt, auch

Ibsens »Rosmersholm« zu geben. Dieses Schauspiel eröffnet uns merkwürdige Einblicke in die Tiefen der menschlichen Natur.

(Am 30. November 1890)

Der Kampf um das »Vierte Gebot«

Kirchliche Blätter und verwandte Blätter, die wenigstens im Schatten der Kirche wachsen, sind in den letzten Wochen nicht müde geworden, ihr Mütchen an Anzengrubers »Viertem Gebot« zu kühlen, und jugendliche Prediger, die ihren Eifer nicht ungern zeigen wollen, haben das kühne, herzbewegende Schauspiel des Wiener Dichters mit zornigen Worten verdammt. Die katholische Kirche allein hat gesprochen, Synagoge und protestantischer Tempel sind stumm geblieben. Und doch will uns scheinen, wenn es sich um Entweihung und Vergiftung des vierten Gebotes handelt, hätte der Synagoge das erste Wort gebührt. Das »Gesetz«, der Dekalog, ist das Fundament des Alten Testaments. Ihr »Buch« und ihr Haus, ihr Familienleben, das im Geiste ihres Buches gerichtet ist, haben den Juden durch die Jahrtausende alle Bedrängnis überwinden helfen. »Du sollst Vater und Mutter ehren«, das ist ein Gebot, welches in keinem Volke der Welt so lebendig und fruchtbar geworden als in dem der Juden; zumal die Mutter ist bei den Juden die Heilige des Hauses. Das Christentum konnte sich dieses Gebot wohl aneignen, obwohl es auf die Ehe ursprünglich keinen hohen Wert legte – Zeuge dessen der heilige Paulus, der über die Ehe so naturalistisch spricht, daß seine Worte heutzutage jedes zarter organisierte weibliche Ohr verletzen müßten. Die an das vierte Gebot geknüpfte Verheißung: »Auf daß du lange lebest und es dir wohl ergehe auf Erden« konnte nur aus einer Anschauung hervorgehen, die im Irdischen wurzelt und gipfelt, ist daher dem Christen, der feinere Güter, der seine ewige Seligkeit sucht, innerlichst fremd. Das empfand auch Luther, welchem das Gesetz durch Christus nicht nur erfüllt, sondern aufgehoben war und der sein innerstes religiöses Erlebnis: die Rechtfertigung, die Seligkeit aus dem Glauben allein, zum Eckstein der protestantischen Kirche machte. So entstand ein Riß zwischen Moral und Glaube, den freilich Luther durch die quellenden Hilfsmittel seiner reichen Natur trefflich auszugleichen verstand. In dem Hauptstücke seines Katechismus, welches vom vierten Gebot handelt, findet Luther die traulichsten, herzlichsten und tiefsten Worte für Kindesliebe und Elternpflicht, allerdings nicht, ohne auf den Glauben als auf das Höhere hinzuweisen, von welchem die Werke des Gesetzes erst ihre Heiligung empfangen. »Denn wiewohl vor Gott eigentlich der Glaube heilig machet«, schreibt Luther, »so sind doch solche Werke, so im Glauben gehen, auch heilige Werke.« Eine wie strenge Form das Verhältnis zwischen Eltern und Kindern in der protestantischen Kirche gelegentlich annehmen kann, beweist Vilmar, der »lutherische Papst«, an einer Stelle seiner »Theologischen Moral«, die da lautet: »Das Kind wird zunächst erzogen für Christum durch das Gesetz. Die Eltern sollen wissen, daß ihre Kinder nicht ›unschuldige Wesen‹, ›kleine Engel‹, sondern in Sünden empfangen und geboren und mit allen Sünden, weil mit *der* Sünde, behaftete Menschenkinder sind, in welchen die Sünde Macht hat und vor allen Dingen äußerlich gebrochen werden muß. Dazu gehört die körperliche Züchtigung als unerläßliches Gesetzesmittel, und es ist uns das sichtbarste Zeichen des Abfalls von dem ersten Elemente des Gesetzes, daß man in neuerer Zeit dieses Gesetzmittel beseitigen will . . .« Luther, der wohl auch die erziehende Macht des Stockes kannte, wäre unfähig gewesen, sich so prinzipiell brutal auszudrücken.

Was nun die katholische Kirche betrifft, so hat sie als die große Heilsanstalt der Menschheit, in der kein Heilmittel fehlen darf, auch das mosaische Gesetz als integrierenden Bestandteil in ihren Bau eingefügt. Sie kennt nicht den beunruhigenden Widerspruch zwischen Gesetz und Glaube. Ihr Glaube ist durch die Liebe gestaltet (*fides charitate formata*) und arbeitet von selbst auf gute Werke hin.

Die Zehn Gebote sind ihr nicht bloß Adoptivkinder, die etwa »um des lieben Friedens willen« Aufnahme gefunden, und es ist daher wohl zu begreifen, daß sie es – wie auch die Synagoge es könnte – schmerzlich empfindet, wenn auf die Gültigkeit eines dieser Gebote ein Angriff geschieht. Ein solcher Fall schien in Anzengrubers »Viertem Gebot« vorzuliegen – *schien* aber auch nur, wie uns dünkt. Denn es heißt zugleich die dialektische Natur eines Gebotes, wie das vierte ist, und die Aufgabe und Gerechtsame des dramatischen Dichters verkennen, wenn man in dem »Vierten Gebot« von Anzengruber einen Angriff auf Sittlichkeit und Religion zu finden vorgibt. Die objektive Wahrheit und Gültigkeit des Gebotes bleibt von Anzengruber unangetastet, wenn er auch die Widersprüche und Konflikte, die es im praktischen Leben hervorzurufen vermag, mit mutiger Hand bloßlegt. Die katholische Kirche selbst beschreibt in ihrem Katechismus die zweiseitige und zweischneidige Natur dieses Gebotes mit der wünschenswertesten Deutlichkeit, indem es den Pflichten der Kinder die Pflichten der Eltern gegenüberstellt. In dem möglichen Widerspruche, in der Dialektik dieser beiden Seiten des Gebotes bewegt sich durchaus Anzengrubers Schauspiel, und nur wer dem Dichter den freien Blick ins Leben verbietet, kann an seinem Vorgehen etwas Arges entdecken.

In Anzengrubers Volksschauspiel werden die Familien mit dem vierten Gebot in Zusammenhang gebracht. Zuerst die Familie des Drechslermeisters Schalanter, dann die Familie des Hausbesitzers Hutterer, zuletzt die Familie des Gärtners Schön. Die Familie, wie sie sein soll, die Familie nach dem vierten Gebot, ist die Gärtnerfamilie, die auch vom Dichter als leuchtendes Beispiel aufgestellt wird. Die beiden Eltern haben ihren Sohn Eduard, der Weltpriester geworden, in guter Sitte, in der Furcht des Herrn auferzogen und haben an ihm einen ehrerbietigen, gehorsamen Sohn. Es ist eine reine Gestalt, dieser junge Priester, auf den ein Strahl des dichterischen Wohlwollens fällt, sooft er auftritt. Leider hat er eine unglückliche Hand. Hedwig, die Tochter des Hausbesitzers Hutterer, wird von ihrem Vater gezwungen, den reichen Hausherrn Stolzenthaler gegen ihre Neigung zu heiraten. Dem jungen Geistlichen wird der Fall vorgelegt; er entscheidet kurz und bündig: »Gehorchen und das Glück Gott anheimstellen.« Das ist eine abstrakte Anwendung des vierten Gebotes, die nicht im Sinne der Kirche ist, wenn der Geistliche sich auch auf die Erfahrung berufen könnte, daß gezwungene Ehen mit der Zeit oft die besten werden. Anzengrubers Gegner meinen auch, daß dieser Geistliche, der so unbedingt entscheidet, noch ein paar Jahre theologische Moral hätte treiben sollen. Vielleicht wäre ihm das heilsam gewesen. Aber, möchten wir fragen, gibt es nicht solche Geistliche, und hat die Menschheit nicht genug zu leiden von jungen Geistlichen und jungen Ärzten? Hedwig Hutterer, die man zu ihrem Glück zwingt, wird tief unglücklich in ihrer Ehe. Von ihrem rohen, ausschweifenden Gatten empfängt sie ein Kind, das dahinsiecht und stirbt. Wer wird es dieser armen Seele verargen, wenn sie in ihrem Elend die Äußerung tut: »Ich habe mich einem Gebot gefügt, welches das einzige ist, das eine Verheißung in sich schließt: ›auf daß du lange lebest und es dir wohl ergehe auf Erden‹. Das Wohlergehen hat nicht zutreffen wollen, ich hoffe zu Gott, daß auch der andere Teil der Verheißung sich als trügerisch erweist und daß mich mein Kind bald nachholt.« Das ist vielleicht heidnisch gedacht, allein die Leidenschaft denkt eben heidnisch bei allen Tragikern, von Shakespeare bis Anzengruber. Es liegt in diesem Falle eine einseitige Verletzung des vierten Gebotes, nachdem die Eltern ihre Pflicht nicht getan haben. Freilich wird das arme Kind dadurch nicht losgesprochen, aber es ist entschuldigt.

In dem Hause Schalanter feiert die Verletzung des vierten Gebotes ihr großes Erntefest. Diese Verletzung ist erblich in diesem Hause. Die kreuzbrave Mutter der Frau Schalanter – eine herzerquickende Figur des Schauspieles – hat umsonst Lehre und Beispiel an ihre Tochter vergeudet und muß auch ihre Enkel Martin und Josepha in dieser liederlichen Familie rettungslos sinken sehen. Diese beiden Kinder werden von den Eltern zu eitlen, stolzen, genußsüchtigen Menschen erzogen; Josepha ist immer die Schönste, Martin immer der Gescheiteste, und darüber bleiben sie unwissend und verlottert. Josepha ist die leichte Beute der Männer, Martin der Narr jeder Stimmung; dabei sind sie im Grunde gutmütig und in anderer Umgebung jeder besseren Regung fähig. Dafür spricht bei Martin seine Zuneigung zu dem jungen Geistlichen, in welchem er halb mit Neid zu erblicken scheint, was er selbst hätte werden können, bei Josepha ihr Benehmen gegen den Drechslergesellen Johann Dunker, der sie liebt, obgleich er ihren Lebenswandel kennt. Mit der tiefsten Seelenkenntnis und einer bewundernswerten sittlichen Zartheit ist die Szene geschildert, wo Josepha den guten Gesellen, der vor unglücklicher Liebe verwildert ist, unversehens in einem Wirtshause antrifft. Sie richtet ihm das Halstuch, sie spricht ihm zu, daß er sich nicht vernachlässige, sie ist für ihn die gute Stunde selbst; aber auf seinen Vorschlag, mit ihm hinzuziehen, wo sie niemand kennt, hat sie nur ein entschiedenes Nein. Sie sei für keinen ehrlichen Kerl mehr. Aber wenn sie ein braves Mädel finde – »so eine, die sich d' Hand, an der ich's halt, sauber abwischt, wann's erfahrt, wer ich bin – soll ich Ihnen's rekommandieren? Ja? (Gibt ihm einen leichten Schlag auf die Wange.) B'hüt dich Gott . . .« Wer solche Szenen mit plumper Hand berührt, der spricht gegen sich selber. Gerade Pastoral-Theologen hätten alle Ursache, in solche Abgründe des menschlichen Gemüts, wo das Zarteste neben dem Verworfensten liegt, sich zu vertiefen und von dem Dichter zu lernen, ein wie erstaunliches Ding das Leben sei. Noch einmal begegnen wir dieser Josepha, wie sie, nachdem ihr Bruder Martin seinen Vorgesetzten erschossen, den Geistlichen zu ihm ruft und mit der kranken Hedwig Hutterer zusammentrifft, die ihr mit sanfter Hand über Stirn und Scheitel fährt und dabei das Wort spricht: »Wir gehören in *eine* Kategorie . . . Ob an einen oder mehrere, wir sind ja doch zwei Verkaufte!« Das ist wieder einer jener von der tiefsten Menschenliebe geleiteten Blicke in die Natur, vor welchen die Lauen und Halben zurückschrecken. Und da huscht auch noch einmal Schalanter mit seinem Weibe vorüber. »Mir hab'n a Unglück mit dö Kinder!« ruft sie aus. »Ja, ja«, antwortet Schalanter, »mir mit sö – oder sö mit uns.« Damit ist die Moral des Stückes wahrhaft monumental ausgesprochen, und Schalanters Sohn erläutert nur den Sinn der Worte seines Vaters, wenn er, in Erwartung des Todes, zu dem Geistlichen sagt: »Mein lieber Eduard, du hast's leicht, du weißt nit, daß 's für manche 's größte Unglück is, von ihre Eltern erzog'n zu werd'n. Wenn du in der Schul den Kindern lernst: ›Ehret Vater und Mutter!‹, so sag's auch von der Kanzel den Eltern, daß 's darnach sein soll'n.« Gegen diesen Ausspruch könnte man höchstens einwenden, daß den Eltern von der Kanzel ihre Pflicht allerdings gepredigt wird, daß aber dieses Predigen in vielen Fällen nichts nützt. Im Grunde ist ja Anzengruber mit der Kirche einverstanden; er betont die Gegenseitigkeit der Liebespflicht zwischen Kindern und Eltern. Er hebt das vierte Gebot in seiner Dichtung nicht auf, im Gegenteile, er will es nach seinem vollen Gehalt erfüllt sehen.

Und doch hätte Anzengruber vielleicht eines vermeiden sollen: seinem Volksschauspiel den Titel »Das vierte Gebot« zu geben. Dieser Titel nimmt sich fast aus wie eine Polemik, mit der aber der richtig verstandene Sinn der Handlung nicht übereinstimmt. Der Titel war ein Sprenkel für die Spottdrosseln.

(Am 15. November 1890)

»Hannele«

Der Schauplatz des Vorganges ist ein Zimmer im Armenhause eines schlesischen Gebirgsdorfes mit dürftiger Einrichtung: Tisch und Bank, zwei Bettgestelle mit Strohsack und einigen Lumpen darüber. Dem Lokal entsprechen die Menschen, die darin verkehren: eine jüngere, liederliche Weibsperson, eine ältere Frau, die im Zuchthause gesessen, und zwei verlumpte Kerle, die ihre schmalen Einkünfte durch den Ertrag des Bettels vermehren. Ihre Gespräche miteinander, ihre Streitigkeiten untereinander kehren die gemeinsten Seiten der menschlichen Seele hervor. Es ist hier eine stinkende, erstickende physische und moralische Atmosphäre. Plötzlich tritt Herr Gottwald, der Lehrer des Ortes, zur Tür herein; er trägt auf dem Arme ein junges Mädchen, das er sofort auf eines der Betten niedergleiten läßt. Das Mädchen ist Hannele Mattern, die sich, um den Mißhandlungen ihres Stiefvaters zu entgehen, ins Wasser gestürzt, woraus sie von einem Holzknecht gerettet worden. Ein Arzt, eine Wärterin werden herbeigerufen, die sich um das fiebernde Kind sorglich annehmen. Erst hängen die Gedanken Hanneles noch einigermaßen mit der Wirklichkeit zusammen, bald aber beginnt ihr Geist zu schwärmen, und in ihren Fieberphantasien rinnen ihr Bilder der Erde und des Himmels seltsam ineinander. Wir nehmen an ihren Erscheinungen teil, sie werden aus ihr herausgeworfen und nehmen Form und Gestalt an vor unseren Augen. Zuerst erscheint ihr der Maurer Mattern, ihr Stiefvater; er hält sie zur Arbeit an und droht ihr mit Schlägen. Dann erscheint ihre verstorbene Mutter, die ihr Kunde bringt aus dem Jenseits. Es tritt der Todesengel auf, der sie mit seinem Schwerte zu erschlagen droht. Drei lichte Engel bringen ihr frohe Botschaft vom Himmel. Lehrer Gottwald erscheint mit seinen Schulkindern zum Begräbnisse Hanneles (alles im Fiebertraum), Männer und Weiber gesellen sich dazu; ein Schneider bringt für Hannele kostbare Kleider, dann wird sie in einen leuchtenden Sarg gelegt. »Sie schläft nur«, sagt Lehrer Gottwald, der als Heiland auftritt, und er weckt sie auf, bringt ihr Tröstung und fährt mit ihr, indem Engel sie tragen, gen Himmel auf . . . Über dem Engelsgesang verdunkelt sich die Szene. Aus dem Dunkel heraus hört man schwach und schwächer, fern und ferner singen. Es wird nun wieder licht, und man hat den Blick in das Armenhauszimmer, wo alles so ist, wie es war, ehe die erste Erscheinung auftauchte. Hannele liegt wieder im Bett, ein armes, krankes Kind. Der Arzt hat sich mit dem Stethoskop über sie gebeugt; die Wärterin, die ihm das Licht hält, beobachtet ihn ängstlich. Nun erst schweigt der Gesang gänzlich. Der Arzt, sich aufrichtend, sagt: »Sie haben recht.« Die Wärterin fragt: »Tot?«, der Arzt nickt trübe: »Tot.«

Das ist in aller Kürze, was man sonst die Handlung eines Stückes nennt. Nimmt man Anfang, Mitte und Ende dieser Bühnendichtung zusammen, welchen Eindruck gewährt das Ganze? Verschiedene mögen verschieden empfinden. Ich persönlich glaube einen Knaben vor mir zu sehen, der ein Klümpchen Straßenkot durch den Sonnenschein wirft, wo es einen Augenblick aufglänzt und funkelt, um dann im Schatten wieder als echter Kot niederzufallen. Nun, das mag ein Eindruck sein, aber was ist der Sinn der Dichtung? Wenn man nicht so kreuznaiv ist, sich von dem Flitterchristentum, das in der Dichtung so verschwenderisch aufgeboten ist, blenden und fangen zu lassen, so ist der Sinn der Sache einfach dieser, daß sich der Verfasser denkt und sagt: Armes Proletarierkind, für alle die harten Entbehrungen in diesem Leben, für Hunger und Schläge und Schlimmeres winkt dir keine andere Belohnung als diese an sich ganz hübschen, aber nichtigen Träume, die mit dem Fieber kommen und gehen und die Wirklichkeit völlig unberührt lassen. *Tot*, sagt der Arzt, und der Arzt hat recht. Wir glauben aus der Seele Hauptmanns zu reden, denn nichts spricht dafür, daß er seinen früheren Überzeugungen untreu geworden und daß er, wie Bourget, zu jenen müden Geistern gehöre, die vom Heimweh nach der Kirche ergriffen worden. Als Poet hat er freilich nicht ungestraft das Christentum berührt, wenn man es überhaupt eine Strafe nennen kann, von dem poetischen Geiste des Christentums gefesselt zu werden. Aber indem es ihn fesselt, hat er es zugleich umgebildet. Hanneles Träume kommen aus dem Hirn und aus dem Magen. Die einen sind hervorgerufen von Katechismus, Gesangbuch, biblischer Geschichte, Märchenerinnerungen, die anderen von ihren harten Hungererfahrungen. Die Magenfrage spielt in Hanneles Fieberträumen eine hervorragende Rolle, sie ist von Hauptmann nachdrücklich betont worden. Kein Revenant, kein Engel erscheint, ohne von den Nahrungsverhältnissen im Jenseits Nachricht zu bringen. Hanneles Mutter meldet: »Ich stille meinen Hunger mit Früchten und mit Fleisch. Mich dürstet, und ich trinke goldenen Wein.« Auch die »drei Engel« berühren die Magenfrage, indem sie singen:

Das goldene Brot auf den Äckern,
Dir wollt' es den Hunger nicht stillen;
Die Milch der weidenden Rinder,
Dir schäumte sie nicht in den Krug –

und der Lehrer Gottwald, wo er als Vision herbeikommt, sagt vom Hannele: »Die wird jetzt bald in einem goldenen Schlosse wohnen und alle Tage gebratenes Fleisch essen. Hier hat sie von kalten Kartoffeln gelebt – und wenn sie nur immer satt davon gehabt hätte.« Der Heiland selbst in der Maske des Lehrers Gottwald gibt sich für einen Arbeiter und verlangt Wein und Brot. (Diese Stelle des Buches, in der die Tendenz allzu stark hervortritt, wird im Burgtheater nicht gesprochen.) Wie man sieht, ist Hauptmanns Dichtung ganz im Sinne des vierten Standes geschrieben und als solche konsequent genug. Von diesem Standpunkte aus wird man kein echtes Christentum verlangen, man wird sich mit einem christlichen Fasching begnügen, in welchem der Heiland die Maske des Dorfschulmeisters trägt, und nicht viel Aufhebens davon machen, daß – was dogmatisch ein Greuel ist – der Heiland mit einer Selbstmörderin in den Himmel fährt. Hauptmanns »Hannele« bedeutet eine Anklage der bürgerlichen Gesellschaft, wie sie heute ist; diese Anklage wird noch durch den Umstand geschärft, daß Hannele das Kind eines Bourgeois, des Amtsvorstehers, aus einem Ehebruche mit einer Arbeitersfrau ist, daß aber der Vater für sein eigenes Blut nichts tut, und in diesem Zusammenhange gewinnt die Traumerlösung Hanneles die Bedeutung der reinen Ironie und Satire.

Naturalistisch ist Hauptmanns Dichtung durchaus, wenigstens durchaus naturalistisch gemeint. Träume gehören ja auch zur Wirklichkeit des Menschen und lassen naturalistische Behandlung zu. Hanneles Traum ist aber viel zu planvoll ausgesponnen, als daß ein Kind von vierzehn Jahren ihn hätte haben können. Dagegen greift der Naturalismus in den einleitenden Spittelszenen in seinen tiefsten Schmutz, und die Schlußszene, wo der Zuschauer buchstäblich aus dem Himmel stürzt, gehört mit ihrer grellen Kontrastwirkung und ihrer schnöden Zerstörung der Illusion gleichfalls dieser Richtung an. Übrigens fehlt es der Dichtung nicht an poetischen Schönheiten. In den Äußerungen Hanneles liegt manchmal ein schmackhafter, volkstümlicher Reiz, der an das Volkslied und an das Märchen erinnert. Am schönsten aber und die Perle des Ganzen ist der feine psychologische Zug, wie in dem wachenden und träumenden Mädchen die Gestalten des Schullehrers und des Heilands ineinander verschwimmen, wie Frömmigkeit und Verliebtheit in echt weiblicher Weise sich mischen und steigern. Leider schlägt aber in Hauptmanns Dichtung doch das Peinliche vor, und keine feinere Empfindung wird ihm verzeihen, daß er den zarten Schleier, der über dem Geheimnisse des Sterbens liegt, mit allzu kecker Hand gelüftet hat und daß er uns in der Nähe des Todes festhält, bis der lebendig gespießte Schmetterling als schmerzlose Psyche auffliegen soll.

Die Darstellung des »Hannele« gehört zum Allerbesten, was wir seit langer Zeit im Burgtheater gesehen haben. Mit einer wahren Leidenschaft des Mitleidens hat sich Frau Hohenfels in die Rolle des Hannele hineingelebt. Sie hat das Leiden des armen Mädchens, das soviel schmerzliche Details hat, durch zusammenfassende Züge, wir möchten sagen – vereinfacht und alles Kindliche und Rührende in ihm mit einem zarten, gleichsam nachdichtenden Gefühl aus der Tiefe gehoben. Man bewunderte an der Künstlerin den Reichtum an Tönen, vom Schrei des Entsetzens an bis herab zur süßen Traulichkeit kindlicher und kindischer Plauderei. Jenes weltlich-geistliche Verhältnis zu dem Lehrer und zum Heiland wußte sie mit rührender Herzlichkeit und Einfalt auszuplaudern. Wann endlich wird sie uns das Gretchen spielen? Frau Hartmann hat die Krankenwärterin unvergleichlich gegeben. Nie ist einem kranken Kinde so herzlich und so aus dem Herzen des Kindes heraus zugesprochen worden. Einfach und warm hat Herr Hartmann den Lehrer Gottwald gespielt. Herr Römpler, dieses echte Theaterblut, hat den Armenarzt mit einnehmender Schlichtheit, Herr Gabillon den Maurer Mattern scharf charakteristisch dargestellt. Als treffliche Darsteller von Nebenrollen sind die Herren Müller und Sommer hervorzuheben. Herr Lewinsky hat aus dem Schneider, der dem Hannele die schönen Kleider bringt, eine köstliche Märchenfigur gemacht. Wie kommt aber der *Schneider* dazu, der Himmelsbraut die *Schuhe* zu bringen und sie ihr anzuziehen? ... So dumm kann und muß man fragen, wenn man es mit dem Naturalismus, dem kruden Abbilde des Lebens, zu tun hat.

(Am 17. Dezember 1893)

Georg Engels als Kollege Crampton

Zwei Männer haben in erster Reihe dazu beigetragen, ein gerechtes Urteil über Hauptmanns Komödie »Kollege Crampton« herbeizuführen: Paul Schlenther, der Kritiker, und Georg Engels, der Schauspieler. Wie Schlenther in seinem mit Mut und Geist geschriebenen Buche über Hauptmann zum Verständnis der »Einsamen Menschen« das klärende Wort gesprochen, daß das Recht zur Tragik nicht vom Grade der intellektuellen Fähigkeit des Helden abhänge, so hat er auch den Professor Crampton unserem Herzen nähergebracht, indem er die Gemütsseiten dieses Charakters in das hellste Licht stellt. Engels' Gastspiel, das wir den Bemühungen Schlenthers verdanken, hat vollends ergänzt, was bloßen Worten versagt ist: Engels hat den Crampton im Sinne Schlenthers gespielt. Wir stehen noch alle unter dem Eindrucke dieser vollendeten Darstellung. Sie hat einen Umschlag des Urteils bewirkt. In Wien betrachtete man die Gestalt des Malers Crampton mit einer Art instinktiven Widerwillens, weil man ihm in einer Stadt, wo die gebildete Gesellschaft im Genusse geistiger Getränke sehr mäßig ist, sein maßloses Trinken nicht verzeihen konnte. Wer wollte und sollte sich für einen Säufer interessieren? Freilich war auch der ursprüngliche Darsteller der Rolle seiner Sache nicht gewachsen, so daß von der »goldenen Seele«, die Schlenther an Crampton rühmte, nur wenig zu entdecken war.

Was aber in Wien an Crampton Anstoß erregte, gehört zu den Fundamenten seines Charakters. Man kann weitergehen, als Schlenther sich getraut, und geradezu sagen: Crampton ist eine typische Figur. Gewiß, eine typische deutsche Figur. Sie hängt mit der unbändigen deutschen

Trinklust zusammen, die ihre tiefdämonische Seite hat. Von Tacitus bis auf Bismarck herab, der beim vollen Becher über den Alkoholismus räsoniert, ist schon viel über das deutsche Trinken gesagt worden. Ein deutscher Philosoph hat sogar eine Art Metaphysik des deutschen Trinkens entworfen. In einem seiner vielen verschollenen Bücher macht Karl Rosenkranz, der menschlichste und eleganteste Schüler Hegels, den Versuch, die deutsche Lust an geistigen Getränken aus der deutschen Volksseele herzuleiten. »Der Germane«, sagt Rosenkranz, »ist von den ältesten Zeiten her dem Trunke leidenschaftlich ergeben. Deutschland ist das Land, in welchem Wein, Bier und Branntwein herrschen. Der Deutsche trinkt alles ... Bei ihm ist es der Übermut des Selbstgefühls, der sich mit dem Trunk gleichsam als mit einem Feinde einläßt, der ihm nichts soll anhaben können. Es ist die bis zum Frevel kühne Freiheit des Selbstbewußtseins, die ein schauerliches Gelüsten empfindet, mit der Natur sich einzulassen, zu sehen, wie weit es sie wohl zwingen könne. Der Germane hat sozusagen einen Überschuß von Kraft in sich, dem er abermals durch ein Unmaß begegnet ... Das Trinken, nur um sich zu berauschen, um die Seligkeit des Nichtseins zu genießen, würde ihm gar keinen Genuß gewähren, aber als eine Macht, gegen die er sich frei erhält, indem er sie unmittelbar in sich aufnimmt, sie mit seinem Blut sich vermählen läßt, hat das Trinken für ihn einen grauenhaften Reiz ... Ohne diese dämonische Tiefe der Versuchung würde es kaum zu erklären sein, mit welcher Lust der Germane trinkt. Viel trinken zu können ist bei ihm eine Art Ehrensache.«

Aus dieser Gegend, die von Rosenkranz so geistreich skizziert ist, kommt Crampton her, ein durstiger Sohn seines Volkes. Er steht, da wir ihn kennenlernen, in den besten Jahren. Seine früheren Werke bezeugen ein hohes künstlerisches Streben. Er ist Professor an einer Akademie, wo er durch eigene und fremde Schuld manches zu leiden hat; enge Verhältnisse, die Philisterhaftigkeit talentloser Kollegen fordern sein Selbstgefühl heraus, reißen ihn hin zu unklugen Reden und Taten. Wie oft erinnert er an Anselm Feuerbach in Wien, den tapferen Trinker und Räsoneur, den wohl der Schmerz, an der Grenze seines Könnens zu stehen, noch in guten Jahren aus dem Leben rief. Von ihm unterscheidet sich Crampton, daß der Dämon des Trinkens an seinen besten geistigen und sittlichen Kräften nagte, allerdings ohne seine innere Güte und Liebenswürdigkeit anzufechten. Sorgen kommen über ihn; ein hoher Gönner, der ihn früher über alles geschätzt, entzieht ihm seine Gunst; er wird von der Akademie entlassen; Frau und Kinder – die jüngste Tochter ausgenommen – verlassen ihn. Wir finden ihn zuletzt, tief herabgekommen, aber immer voll Selbstgefühl und genialer Einfälle, in einem Wirtshause, in welchem er ein elendes Zimmer gemietet, stets trinkend und spielend, Tag und Nacht wachend, von gemeiner Gesellschaft umgeben und doch ein im Innern adeliger Mensch. Er ging zugrunde, wenn ihn seine jüngste Tochter mit einem jungen Schüler Cramptons, den sie liebt, nicht rettete. Ob er zu retten ist, das ist die Frage, die sich bei vielen wiederholt, die aus ähnlicher Lage in bessere Verhältnisse gekommen sind. Ja, von vielen kann man sprechen, denn Crampton ist keine vereinzelte Erscheinung, er ist vielmehr, wie wir schon gesagt, eine typische Figur, die unter dem Einflusse der Trunksucht durch alle Berufskreise in allen deutschen Gauen zu finden und wiederzufinden ist. Und meistens sind es begabte Leute, die solchem Schicksale anheimfallen, noch in ihrer Verkommenheit scharfsinnige, phantasievolle, erfindungsreiche Menschen, die nun, halb angestaunt, halb verachtet, als verbummelte Genies in der Welt herumlaufen. Einen solchen Typus aufzugreifen und auf die Bretter zu stellen war wohl die Aufgabe eines Dramatikers, der seine Gestalten aus dem wirklichen Leben holt.

Die Frage, ob dieses Wagnis erlaubt sei, kann nur ein bedeutender Schauspieler beantworten. Georg Engels hat sie beantwortet. Ja, es ist erlaubt. Physisch und geistig ist Herr Engels der richtige Darsteller für den Crampton. Er hat eine Gestalt von guter Mittelgröße, breit in Brust und

Schultern, mit kräftig aufgesetztem Kopfe, plastisch herausgearbeiteten Zügen, lebhaften Augen. Er bewegt sich leicht und mit einem gewissen Wohlgefallen an sich selbst – ganz ohne Affektation. Es kleidet ihn gut, künstlerisch behaglich, wie er in seinem Atelier ein Jackett aus braunem Samt, eine gleiche Weste, graue Beinkleider und einen roten Fes trägt. Später zum Empfange des Herzogs nimmt er sich in schwarzer Kleidung vornehm aus, und auch in seiner Verwilderung adelt seine Gestalt die dürftige Kleidung. Die Bewegungen seiner Arme und Hände sind voll edlen Rhythmus und in ihrer Einfachheit kaum zu kontrollieren. Was sagt nicht so eine ausgestreckte, so eine sich drehende, so eine in die Finger aufgelöste Hand! Oder welche Beredsamkeit, wenn er sie – wie Mitterwurzer es verstand und wie andere es ihm äußerlich nachmachen – in die Taschen der Beinkleider steckt. Seine Stimme ist ein Bariton, der in der ruhigen Rede sehr nasal klingt, aber in der Erregung sich nach unten kräftig, nach oben klangvoll erweitert. Mit solchen angeborenen und erworbenen Mitteln ist leicht zu arbeiten, und zu alledem gesellen sich noch die Hilfsmittel, die hinter dem Äußeren liegen, ein Geist voll Treffsicherheit, Situationswitz und Erfindung. Im »Kollege Crampton« glänzt sein Talent wohl am stärksten in den Szenen, die sich im Wirtshauszimmer abspielen. Auf einem tiefen Grunde von Liebenswürdigkeit baut sich hier die Gestalt Cramptons auf. Es zeigt sich hier wohl die Schwächung des Willens, die Steigerung des Eigensinns; je mehr Crampton sein Selbst verliert, desto stärker werden die Ausbrüche seines Selbstgefühls, das bis zum Größenwahn geht. Er wandelt auf den Konfinien der Komik und Tragik, der Genialität und des Wahnsinnes. Ein nahender Ausbruch des Säuferwahnsinnes – das Schauen nach Ratten und Mäusen in den Ecken der Stube – wird von dem Darsteller genial hinzuerfunden. Der Gedankenentwurf eines Gemäldes, das Crampton an den Plafond eines Konzertsaales malen will – nach Art der Maler beschreibt es Herr Engels sehr beredsam durch Arm- und Handbewegungen –, gehört dieser halbverrückten Sphäre an. Und doch führt uns der

Darsteller immer wieder auf Cramptons »goldene Seele«, auf die unerschütterliche Kraft seines Gemütes zurück. Crampton ist schnöde aus Gemütlichkeit, er ist grob aus Herzlichkeit. Als er seine jüngste Tochter, für die er schwärmt, wieder in seinen Armen hält, da ist alles, was er spricht, Musik.

Seit Mitterwurzer, der Große und Geschmähte, tot ist, hat das Burgtheater keinen Abend erlebt, der dem geglichen hätte, den uns Georg Engels durch die Vorführung des Professor Crampton bereitet hat. Dieser Künstler vereinigt in sich, was die Alten gekonnt und was die Jungen errungen haben. Er wäre der rechte Mann für das Burgtheater, das zwischen Vergangenheit und Zukunft unentschieden schwebt.

(Am 29. Mai 1898)

III

Ein Denkmal für Spinoza

Während die Moskowiter am Goldenen Horn ihre Ränke spannen und durch Kniffe, welche hüben und drüben die Schamröte hätten aufjagen sollen, die mattherzigen Staatskünstler des Abendlandes auf verderbliche Bahnen zu lokken trachteten, feierte eine Auswahl trefflicher Männer in einem stillen Winkel Europas ein Fest, auf welches der Genius der Menschheit selbst mit inniger Befriedigung herniederlächeln mußte. Wenn dort die verzerrten Züge des Zeitalters zutage traten, der nackte Ausdruck seines wilden Egoismus in die Augen sprang, zeigte es hier ein unbewölktes Antlitz, worauf der Sieg des Guten leserlich geschrieben stand. Es war ein Atemholen in reiner Luft, ein Friedensschluß nach einem langen und erbitterten Kampfe der Geister. Daß ich das Wort endlich ausspreche, das schon jedem meiner Leser von den Lippen will: auf holländischer Erde, im Haag, wurde der zweihundertjährige Todestag Spinozas – man bedenke wohl, Spinozas – in aller Form feierlich begangen. Verehrer des großen Philosophen hatten sich aus allen Weltgegenden eingefunden; ein Prinz aus königlichem Geblüte wohnte der Festlichkeit bei; ein ehemaliger Kriegsminister des Landes, der Graf Limburg-Styrum, eröffnete mit warmen Worten den Aktus, und Ernst Renan, der Verfasser des »Leben Jesu«, hielt die Denkrede auf den Gefeierten des Tages. Die Versammlung zeigte sich von der weihevollsten Stimmung ergriffen, und das letzte, was dem gesprochenen Wort auszudrücken versagt blieb – jene dunklen Gefühle und Vorstellungen, die sich an das Heldentum des Gedankens knüpfen –, klang den erregten Gemütern aus Beethovens »Eroica«-Trauermarsch entgegen. Das Ganze war jedoch nur ein Vorspiel zu etwas Größerem. Im Haag laufen nämlich die Fäden eines internationalen Komitees zusammen, welches sich die Aufgabe gestellt hat, dem Verfasser des »Theologisch-politischen Traktats« und der »Ethik« ein öffentliches Denkmal zu setzen. Die Ehre, dem erlauchten Denker ein Monument zu errichten, durfte nicht auf Holland beschränkt bleiben; denn obwohl ihn Holland geboren und gehegt, gehört er durch die Tiefe und die Weite seines Geistes doch der ganzen Welt an. So hat sich denn auch das Komitee für das Spinozadenkmal an die Künstler der ganzen Welt gewendet und sieht nun einem Modell entgegen, welches würdig ist, in gediegener Ausführung auf einem Platze im Haag zu stehen, wo Spinoza in einem Leben voll stiller Tugend die hohen Gedanken seiner Philosophie gezeitigt hat.

Eine öffentliche Gedächtnisfeier für Spinoza, ein Monument, welches seine Größe vor aller Welt besiegeln soll – das schreibt und liest sich so leicht, als ob es eben Worte und Nachrichten wären, wie sie jeder Tag bringt. Und doch, welche unendliche geistige Arbeit hat es gekostet, bis es endlich einem Berichterstatter möglich ist, dergleichen zu melden, ohne daß der Leser aus seiner Gemütsruhe gestört wird! Einer der freisinnigsten Geister auf der Scheide des siebzehnten und achtzehnten Jahrhunderts, Pierre Bayle, hat in seinem ketzerischen Wörterbuche nicht lange nach Spinozas Ableben einen biographisch-kritischen Artikel geschrieben, in welchem die Gefühle der Zeitgenossen gegen den holländischen Philosophen – Gefühle der Abneigung, ja eines durch die Unbegreiflichkeit seines Standpunktes gesteigerten Abscheues – ihr getreues Echo finden. Der Artikel Bayles beginnt mit den trockenen und harten Worten: »Benoît de Spinoza, juif de naissance, et puis déserteur du Judaisme, et enfin Athée.« In der Tat eine herrliche Stufenleiter menschlichen Wertes und menschlicher Würde: ein geborener Jude, dann dem Judentume gegenüber fahnenflüchtig und endlich ein Gottesleugner. Es ist ein Steckbrief, welcher den Mann, auf den er lautet, der Synagoge und der christlichen Kirche gleich dringend empfiehlt. Von hüben und drüben hat man es an dem nötigen Eifer auch nicht fehlen lassen; die Synagoge ist mit jener grandiosen Fluchfertigkeit, wie sie eine tausendjährige Übung herangebildet, tapfer vorangegangen. Der Mann, dem man in Holland ein Denkmal zu setzen im Begriffe steht, ist von der spanischen Synagoge in Amsterdam in Knochen und Mark hinein verflucht worden. Man höre ein wenig: »Er sei verflucht bei Tag und sei verflucht bei Nacht; er sei verflucht, wenn er schläft, und sei verflucht, wenn er aufsteht; er sei verflucht bei seinem Eingang und sei verflucht bei seinem Ausgang! Der Herr wolle ihm nie verzeihen! Er wolle seinen Grimm und Eifer fortan gegen diesen Menschen lodern lassen und ihn mit allen Flüchen beladen, die im Buch des Gesetzes geschrieben stehen! Er wird seinen Namen vertilgen unter dem Himmel und wird ihn trennen zu seinem Unheil von allen Stämmen Israels mit allem, was verflucht ist im Buch des Gesetzes. Ihr aber, die ihr dem Herrn, eurem Gotte, anhängt, seid alle heute gegrüßt! Hütet euch, daß niemand ihn mündlich, niemand schriftlich anrede, niemand ihm etwas Gutes erweise, niemand mit ihm unter einem Dache weile, niemand vier Ellen weit vor ihm stehenbleibe, niemand etwas lese, das er erdacht oder geschrieben!«

So hoch aber stand ihm Gesinnung und Denken, daß Spinoza zu solchem ungeheuren Fluche lächeln konnte und darin nur die Aufforderung sah, die verworrenen Gefühle, die leidenschaftlichen Regungen, welche das Gemüt der Menschen bedrängen und knechten, in ihrem tiefsten Grunde zu begreifen und sie durch Einsicht in ihr Wesen, durch klare Erkenntnis zu bezwingen. Die Amsterdamer Synagoge hat durch ihren Flucheifer an diesem Grundgedanken von Spinozas »Ethik« unbewußt mitgearbeitet, wie sie ihm nicht minder zu den Grundlagen seines »Theologisch-politischen Traktats« verholfen, welcher ein für allemal die Prinzipien der Bibelkritik aufgestellt hat und zu einem Evangelium der Kirchenlosigkeit geworden ist. Spinozas Zusammenstoß mit der Synagoge hat seine besten Kräfte geweckt und überhaupt eine von den Grundbegabungen der jüdischen Rasse zu ihrer blühendsten Entfaltung veranlaßt. In den Juden wohnt ein zwiefacher Trieb, der unter günstigen inneren und äußeren Umständen zum Höchsten auszuschlagen fähig ist. Der Juden Sache ist die Spekulation in beiderlei Bedeutung, sowohl das Ausschauen nach der Erde und ein munteres Ergreifen ihrer Schätze als der Einblick in die Tiefe des Gemüts mit ihren Himmeln und Höllen. Mit sicherer Hand ergreift der Jude seinen Gegenstand, sei es nun eine alte Hose oder ein Gott. Im glücklichen Falle wird aus ihm ein Rothschild oder ein Spinoza, ein Fürst der Welt oder ein Herrscher im Reiche der Geister. Freilich, eine Macht wie Rothschild verschafft sich durch die einfache, logische Kraft ihrer Mittel von selbst Respekt und ist eine Glorie ihres Stammes; aber ein Mann wie Spinoza, der nicht bloß die Gebetsriemen abstreift, sondern auch durch die ganze Art und Weise seines Denkens aus dem Kreise seiner Nationalität heraustritt, hat Israel gegenüber einen schweren Stand. Spinoza ist von den Juden viel verkannt worden, und ihn zu erkennen, zu achten, zu ehren, hatten sie eigentlich erst von den Christen gelernt. Moses Mendelssohn, ein so trefflicher Mann und innerhalb gewisser Grenzen ein so freisinniger Denker, ist geistig, sittlich und leiblich an dem Streite zugrunde gegangen, den er wegen Lessings Spinozismus mit Jacobi angebunden. Er mochte und konnte nicht glauben, daß sein Freund Lessing sich in den letzten Tagen seines Lebens zur Lehre Spinozas bekannt habe, und diese Lehre selbst, welche dem höchsten Wesen Verstand und Willen und daher die Fähigkeit, nach Zwecken zu handeln, abspricht, war dem guten Moses ein solcher Unverstand und Greuel, daß er sie in seinem Kopfe nicht einmal als die Ansicht eines wildfremden Menschen zusammenreimen konnte. Man kann getrost annehmen, Mendelssohn sei in dem guten Glauben gestorben, daß eine philosophische Lehre wie die Spinozas überhaupt nie existiert habe.

Lessing, dem wir soviel schulden, verdanken wir auch die Auferstehung Spinozas. Seit dem berühmten Gespräche, welches Jacobi mit ihm 1780 in Wolfenbüttel geführt, fängt Spinoza eigentlich erst zu leben und auf die Meinungen der Menschen bestimmenden Einfluß zu gewinnen an. Der Spinoza, der hinter Lessing liegt, ist der verfluchte, verketzerte, mißverstandene Spinoza; mit Lessing beginnt der verstandene, verehrte, gesegnete Spinoza. »Reden die Leute doch immer von Spinoza wie von einem toten Hunde«, klagt Lessing gegen Jacobi. Das hat nun ein Ende. Jacobi, mit Spinoza keineswegs einverstanden, ruft über ihn aus: »Eine solche Ruhe des Geistes, einen solchen Himmel im Verstande, wie sich dieser helle, reine Kopf geschaffen hatte, mögen wenige gekostet haben! . . . Und sei du mir gesegnet, großer, ja heiliger Benediktus! Wie du auch über die Natur des höchsten Wesens philosophieren und in Worten dich verirren mochtest: seine Wahrheit war in deiner Seele, und seine Liebe war dein Leben!« – So wird Spinoza nun anerkannt gleichsam in Feindesland. Bestimmend wirkt er sodann auf die Anschauungen Schellings, Hegels, Schleiermachers, und er steht bis auf den heutigen Tag mitten unter uns, wenn von Religion und Philosophie die Rede ist. Die Deutschen haben ihn entdeckt, er ist ihr geistiger Ehrenbürger. Sie haben seine Schriften zuerst gesammelt und als Ganzes herausgegeben; sie haben ihn erklärt und seine Gedanken fortgebildet; sie haben seine kritische Methode vollendet, und in ihren Dichtern, wie in Goethe, ist seine Lehre produktiv geworden. Spinoza gehört den Deutschen in jedem höheren Sinne, denn sie haben ihn geistig erworben.

Und nun meine ich, wir sollten ihn auch künstlerisch uns nicht entgehen lassen. Einer unserer Bildhauer könnte wohl den Spinoza so schön formen, als er gut von den Deutschen verstanden worden. Die Aufgabe ist günstig: ein Denker im Gewande des siebzehnten Jahrhunderts, kein plattes Alltagsgesicht, sondern eine eigentümlich ausgeprägte Physiognomie. Einer seiner älteren Biographen beschreibt die Persönlichkeit Spinozas folgendermaßen: »Er war von mittlerem Wuchse, seine Gesichtszüge waren regelmäßig und wohlgeformt, die Hautfarbe etwas dunkel, die Haare lockig und schwarz, die schwarzen Augenbrauen lang; man erkannte in ihm auf der Stelle den portugiesischen Juden.« ... Leibniz, der im Haag mit ihm gesprochen, schreibt: »Der berühmte Jude Spinoza hatte eine olivenfarbige Haut und etwas Spanisches in seinem Gesichte.«

Ein Denkmal für Spinoza – ich glaube, daß ein Künstler, der groß und schlicht denkt und sieht, sich dafür begeistern könnte.

(Am 15. April 1877)

Voltaire

Man kann nicht umhin, an einen tiefen Wandel der Menschen und Dinge zu denken, wenn man sich vergegenwärtigt, wie die Stadt Paris vor hundert Jahren, kurz vor Voltaires Ableben, gegen diesen ihren berühmtesten Sohn sich benahm, und nun damit vergleicht, wie sie sich heute bei der Gedächtnisfeier seines hundertsten Geburtstages gegen ihn stellt.

Damals, als Voltaire, ein vierundachtzigjähriger Greis – nur noch Hirn und Auge –, von seinem Besitztum Ferney nach Paris kam, um ein neues Trauerspiel aufzuführen und von der Stadt, die den Mittelpunkt seiner Wirksamkeit bildete, Abschied zu nehmen, war er ein legitimer Herrscher im Reiche der Geister und der anerkannt größte unter den lebenden Dichtern und Denkern Frankreichs. In ihm hatte es der bloße Geist, ohne andere Machtmittel als Feder und Druckerpresse, zu einer Weltstellung gebracht, die kein anderer Schriftsteller weder vor ihm besessen noch nach ihm wieder errungen. Er war der Mann des Jahrhunderts, sein Publikum war die Welt. Seine Gedichte und Dichtungen, seine Abhandlungen und Geschichtsbücher, seine Satiren, Briefe und Witzworte flogen rasch nach allen Himmelsrichtungen und wurden mit Leidenschaft ergriffen; soviel er auch schrieb, er konnte der Leselust nicht genügen; in der Begier, geistig mit ihm zu verkehren, dichtete man ihm die Autorschaft fremder Werke an, und die neueste seiner Schriften machte die Menschen nur immer gespannter auf seine nächste Schrift. Sein beweglicher, universaler Geist wußte sich durch alle Schichten der Gesellschaft Bahn zu brechen. Kein Gegenstand widersetzte sich der Klarheit seines Blickes, es war kein Gedanke so verworren, daß er, vom Zauber seiner Sprache berührt, nicht schlicht und deutlich wurde. So hatte er jedem etwas zu sagen, und bei der Mannigfaltigkeit der Tonarten, die er beherrschte, jedem etwas in dessen eigener Art. Voltaire war ein vollkommener Weltmann, ein Lebenskünstler, dem kein Griff und Kniff der höheren Gesellschaft unbekannt blieb; aber mit solcher Weltläufigkeit verband er – man muß das betonen, weil es nur zu oft geleugnet wird – eine Güte, ja einen Adel des Herzens, der ihn jedes fremde Leiden als sein eigenes empfinden ließ. Mit solchen Neigungen und Kräften, Fähigkeiten und Fertigkeiten nach allen Seiten um sich greifend, konnte es ihm an den mannigfaltigsten Berührungspunkten nicht fehlen. Seine volle Freiheit innerlich wahrend, seinem guten Genius treu bis an sein Ende, war er ein vielumschmeichelter Liebling der Großen dieser Erde, die in ihm einen Fürsten des Geistes verehrten. Sie behandeln ihn fast wie einen Ebenbürtigen, sie stehen zueinander wie Macht zu Macht. Voltaire widmete der Königin von England seine »Henriade«, zu welcher der König von Preußen eine bewundernde Vorrede schreibt; dem Heiligen Vater sendet er seinen »Mahomet«, der sich gegen den geistlichen Fanatismus wendet, und mit der Selbstherrscherin aller Reußen verkehrt er in seinen Briefen auf dem Fuße der Gleichheit. Ein für viele so gefährlicher, ja verderblicher Verkehr entfremdete ihn aber, wie schon gesagt, keineswegs der Mission, die ihm auf die Seele gelegt war: durch Zerstörung von Vorurteilen die Geister zu befreien; vielmehr schuf er sich seine hohen Gönner zu Werkzeugen seiner Gedanken um und verwendete sie dazu, ins wirkliche Leben einzuführen, was er als das Glück der Menschheit gedacht und geträumt hatte. Auf diesem Wege sind eine Reihe liberaler Strömungen von ihm ausgegangen, für deren befruchtende Wirkung ihm die Völker ewig dankbar sein sollten. Als Maria Theresia die Tortur aufhob und ihr Sohn Josef religiöse Toleranz verkündigte, stand Voltaires Geist unsichtbar hinter ihnen. Kurz, Voltaire war eine Hauptmacht des achtzehnten Jahrhunderts und als solche auch anerkannt von Freunden und Feinden.

Kein Wunder daher, daß Voltaire, als er Paris zum letzten Male besuchte, wie ein volkstümlicher Machthaber aufgenommen und gefeiert wurde. In allen Klassen der Bevölkerung rief er Aufregung und Begeisterung hervor. Der Adel Frankreichs belagerte ihn mit Besuchen in seiner Wohnung; wenn er sich, gehend oder fahrend, auf der Straße zeigte, lief ihm das Volk jubelnd nach; in einer Sitzung der Akademie, deren Mitglied er war, wurde er als der erste Geist des Jahrhunderts gepriesen; als sein letztes Trauerspiel, das er noch in Paris vollendet, auf dem Théâtre Français zur Aufführung kam, wurde er von dem Enthusiasmus der Pariser fast erdrückt. »Man erstickt mich unter Rosen«, klagte der alte Mann in seinem Glücke. So fand Voltaire damals sein Paris. Und wie findet er es heute? Wenn er des Weges gefahren käme, der alte Streithahn, er würde sich über den Szenenwechsel gewiß nicht wenig verwundern. Paris hat es zu einer öffentlichen, volkstümlichen Gedächtnisfeier Voltaires nicht bringen können: die Dunkelmänner, an ihrer Spitze der geschmacklos eifernde Bischof von Orleans, haben es hintertrieben. Nun wird er – die freieste der Seelen – gefeiert im geschlossenen Raum, im engeren Kreise. Hat denn die Stadt Paris, möchte man fragen, ihres großen Sohnes so sehr vergessen, daß sie ihn öffentlich nicht mehr anerkennt, und – eine noch schmerzlichere Frage: Ist Voltaires mächtiges Werk hundert Jahre nach seinem Tode schon so gründlich zerstört, daß man dem Volke, das ihn geboren und das er mit befreien geholfen, seinen Namen nicht mehr laut zurufen darf? ... Wir können uns trösten, denn die Sache sieht schlimmer aus, als sie in Wirklichkeit ist. Trotz der beständigen Regsamkeit der Kirche ist Frankreich erfüllt von Voltaires Ideen, und Paris an sich – wenn es nämlich ganz allein auf seine Gesinnung ankäme – wäre der günstigste Boden für eine großartige öffentliche Voltaire-Feier. Aber Paris, Frankreich hat Rücksicht zu nehmen auf seine unfertigen politischen Verhältnisse, und die guten Republikaner, die ihre weise Mäßigung so oft an den Tag gelegt, wollen lieber den Schein einer Inkonsequenz auf sich laden, als nach irgendeiner Seite, und sei es auch die ultramontane, Ärgernis zu geben. Um Voltaires willen lassen sie Voltaire öffentlich ungefeiert. Es ist ja noch nicht aller Tage Abend, und das Jahr 1894 führt den zweihundertjährigen Geburtstag Voltaires herauf, den öffentlich und mit Pomp zu feiern hoffentlich kein Bischof von Orleans mehr verhindern wird. Voltaires Gedächtnis zu erneuern ist indes nicht bloß eine Sache Frankreichs, sondern eine Pflicht für die ganze Welt. Die bedeutsamen Tage im Leben Voltaires sind Festtage der Menschheit, und man feiert sie am besten, wenn man die Erinnerung an den großen Mann wieder auffrischt.

Voltaire war zuerst und zuletzt Dichter und legte großen Wert darauf, als solcher zu gelten. Schon in seinen Jünglingsjahren schrieb er seinen »Ödipe«, und als Vierundachtziger dichtete er das Trauerspiel »Irene«, seinen Schwanengesang. Ob er ein bedeutender dramatischer Dichter gewesen, welcher Deutsche will es sagen? Auch in der Dichtung eines Volkes liegt etwas Nationales, wenn nicht Konventionelles, welches die Fremden in ihrem Urteil verwirrt. Wir haben Mühe, die Größe Corneilles zu empfinden, und die sanfteren Reize Racines können uns leicht spröde finden. Weit unter beiden steht Voltaire, aber allgemein wird angenommen, daß das Frankreich des achtzehnten Jahrhunderts keinen größeren dramatischen Dichter als ihn besessen. Was dichterisch, nicht menschlich, gegen ihn spricht, ist der Umstand, daß er sich weniger von der Schönheit als von der tendenziösen Brauchbarkeit der Stoffe dramatisch begeistern ließ. Gewisse politische oder religiöse Grundsätze zu bekämpfen oder zu verfechten sagt ihm besser zu, als Leidenschaften, rein an sich selbst gemessen, darzustellen. Die tendenziöse Zuspitzung, der warme rednerische Ausdruck der Tendenz gelingt ihm besonders. In reinen Liebesszenen kann er uns kühl, selbst frostig erscheinen. Als sein höchstes Werk im dramatischen Fach wird von französischen Kritikern das Trauerspiel »Zaire« bezeichnet; Villemain, sonst nicht eingenommen von Voltaires dramatischer Poesie, sagt von der christlichen Episode der »Zaire«, daß sie die »unsterbliche Schönheit« dieses Trauerspiels ausmache. Es scheint uns, daß dem französischen Dichter seine Hauptschwäche an der Betrachtung Shakespeares aufgegangen. Er spricht von ihm zwar nicht weniger in wegwerfender Weise als mit Bewunderung, aber jedenfalls ist Voltaire der erste Franzose, der Shakespeares poetische Größe erkannt und von dem englischen Dichter, soweit es das Talent und die nationale Richtung des Aufnehmenden erlaubten, angeregt wurde. Die Aufführung einer Shakespeareschen Tragödie ergreift ihn; er spricht dem Briten Genie zu, seine Sprache, räumt er ein, sei die der Wahrheit und der Natur selbst – ohne Zusatz der Kunst, meint er freilich. Ihm imponiert »Othello«; »Romeo und Julia«, »Hamlet« regen ihn vielfach an. Er übersetzt den Monolog »Sein oder Nichtsein« – zuerst in Prosa, und so ganz vortrefflich; dann steckt er ihn in seine heimatlichen gereimten Alexandriner und bringt die ganze Frische, Anschaulichkeit und Bewegung des Monologes um. So kann Voltaire den Shakespeare brauchen, und so gebraucht er ihn. So nimmt er in seiner Weise eine Geistererscheinung aus Shakespeare herüber, so legt er sich den Konflikt zwischen Othello und Desdemona zurecht. Einen wie mächtigen Eindruck Shakespeare auf ihn gemacht, geht schon daraus hervor, daß er in den verschiedensten Perioden seines Lebens über ihn schreibt. Als poetische Naturkraft erschien ihm der Engländer jedenfalls als der Größere, aber er hatte nicht die Ehrlichkeit Goethes, zu sagen, daß er ihn erdrücke. Er heißt ihn gelegentlich einen Barbaren, einen Hanswurst und tadelt an ihm in der Weise herum, wie wir es in unseren Tagen von der Unwissenheit des guten Benedix und dem geistreichen Dilettantismus Rümelins erlebt haben. Als Shakespeare auf Frankreich Einfluß zu gewinnen scheint, ist Voltaires letztes Wort an d'Alembert: man müsse diesen Engländer »striegeln«.

Voltaire hat die Bekanntschaft der Shakespeareschen Dichtung in England gemacht, überhaupt führte ihm sein

Aufenthalt in England die geistige Nahrung zu, von der vorzugsweise er sein ganzes übriges Leben hindurch schriftstellerisch zehrte. Es war für ihn eine Zeit der Sammlung nach einem zerstreuenden, sinnlichen und belletristischen Genußleben. Was er über dem Kanal gefunden und gelernt, fassen seine »Englischen Briefe« in lebendiger und anregender Weise zusammen. Sie wurden in Paris als staatsgefährlich und sittenverderblich verdammt und verbrannt. Um dies begreiflich zu finden, muß man sich in das damalige Frankreich zurückdenken, an seinen politischen Absolutismus, an die Macht der Kirche, an die Geltung der Cartesianischen Philosophie. Gegen alle drei sündigten Voltaires Briefe, und sie sündigten so elegant und einschmeichelnd, daß man sich ihrem Zauber nur schwer entziehen konnte. Zum ersten Male in französischer Sprache wird hier die Lehre des konstitutionellen Systems vorgetragen, jener weisen Abgrenzung der politischen Gewalten, die, wie es in der »Henriade« heißt, erstaunt sind, sich durch einen so wunderbaren Knoten miteinander verknüpft zu sehen. Sodann die Schilderung des englischen Sektenwesens, der Freiheit der religiösen Bewegung, der Ansichten der englischen Freidenker. Nicht minder die Auseinandersetzung der philosophischen Lehre John Lokkes mit ihrer Abweisung der angeborenen Ideen, mit ihrer Herleitung der Vorstellungen aus sinnlichen Eindrücken. Und nicht zuletzt die Darstellung und Empfehlung der Lehren Isaak Newtons, jenes zwar frommen, aber wissenschaftlich revolutionären Newton, der die philosophische Märchenwelt des Cartesius mit ihren die Himmelskörper mitfortreißenden Wirbeln in eine vernünftige Gedankenwelt umschuf, indem er den Schwerpunkt der Dinge in sie selbst hineinverlegte und die Welt sich selbst tragen ließ durch das universale Gesetz der Gravitation, welches gleicherweise das Sonnenstäubchen und die Sonne, die schwebende Schneeflocke und den schweifenden Kometen beherrscht. Voltaire hat noch später in den »Elementen der Newtonschen Philosophie« eine Darstellung der Lehre des großen Mannes gegeben, die man als höchstes Muster gemeinverständlicher Behandlung eines wissenschaftlichen Gegenstandes bezeichnen darf. Die Ausbeute war groß, die Voltaire in England fand. Man kann sie vielleicht kurz zusammenfassen in den Satz: Es gibt kein Wunder, weder in der sinnlichen noch geistigen Welt, das Dasein selbst ausgenommen, das ein Abgrund des Denkens ist. Nach allen Seiten machte Voltaire in der Folge den neugewonnenen Standpunkt geltend, indem er die verschiedensten Vorurteile, wo er sie nur immer finden mochte, mit logischem Affekt, mit Verstandesleidenschaft bekämpfte.

Auch auf Voltaires Dichtung wirkte Englands Bild und die Beschäftigung mit wissenschaftlichen Gegenständen herüber. Seine »Henriade«, im Entwurf nach England hinübergenommen, fand erst auf englischem Boden ihre Zeitigung. »Ein armes Gedicht«, ruft der edle Michelet aus, »aber eine große Tat und kühner, als man glauben sollte!« Voltaire ein epischer Dichter – woher sollte ihm die nötige Ruhe und Gelassenheit der Gestaltung kommen! Er nannte Dantes »Göttliche Komödie« ein abscheuliches Ragout; freilich sagt auch Goethe: »Dantes widerwärtige, oft abscheuliche Großheit« – aber Goethe dichtete »Hermann und Dorothea«. Mit der »Henriade« ist nun allerdings poetisch nicht viel anzufangen, obgleich sie, freilich mehr lehrhaft, glänzende dichterische Stellen einschließt, so beispielsweise die Schilderung der Newtonschen Gravitationslehre; aber das Gedicht ist aus einer großen Gesinnung geflossen, voller mächtiger Streiche auf die bestehenden brutalen Mächte, eine Verherrlichung echter menschlicher Größe, ein Evangelium des Friedens, der Milde, der Duldung. Eine didaktische Ader tritt überall zutage und setzt sich, noch reicher und voller, auch in seinen übrigen Gedichten und Romanen fort. In dieser nicht ganz reinen Gattung der lehrhaften Dichtung, der Tendenzpoesie, ist Voltaire ein schwer erreichbares, noch nicht übertroffenes Muster. Wir Deutschen besitzen nichts, was wir seinem »Tempel des Geschmacks«, seinem »Naturgesetz« ebenbürtig an die Seite stellen könnten; Thümmel ist dagegen fad, Wieland matt. Voltaire kann es in solchen Gedichten bis zur echten Leidenschaft, zu einer intellektuellen und moralischen Leidenschaft bringen. Ein Zeugnis dafür sein »Poème sur le désastre de Lisbonne«, jenes Erdbeben, welches Lissabon in Trümmer legte. Das Gedicht ist der schmerzlichste Aufschrei über die unverdienten Leiden der Menschen, ein Aufschrei, der sich – man fühlt es aus der schwülen Stimmung heraus – gerne zu einer Anklage der himmlischen Mächte steigern möchte, aber sich zur rechten Zeit besinnt und in schmerzlicher Beruhigung ausklingt. Das große Erdbeben von 1755, das auch unseren Kant lebhaft beschäftigte, ohne ihn indessen aus der philosophischen Ruhe zu werfen, bildete in seinem Eindrucke auf ihn einen Wendepunkt in Voltaires Weltanschauung. »Alles ist gut«, hatte er früher mit Leibniz und Pope gesagt; von nun aber ging ihm die fürchterliche Realität des Übels auf. »Elemente, Tiere, Menschen, alles ist im Kampf begriffen. Il le faut avouer, le mal est sur la terre . . .« Den Gedanken dieses Gedichtes führte er nachmals mit dämonischer Heiterkeit in dem Roman »Candide« aus, der wohl zum Allerbesten gehört, was Voltaire geschrieben. Die Moral des Romans, die höchste Lebensweisheit enthaltend, lautet bekanntlich: »Bauen wir unseren Kohl! Laßt uns arbeiten, ohne viel zu grübeln!«

Man kann von Voltaire nicht reden, ohne seine Verdienste, die er sich um die Geschichtsschreibung erworben, zu erwähnen. Seinen »Karl XII.« kennt jedermann von der Schule her; man pflegt an ihm Französisch lesen zu lernen, um dann zu vergessen, welches vortreffliche Buch es sei. In der rein erzählenden Gattung – und diese vermissen wir Deutschen so schmerzlich – ist es ein Juwel; so leicht, behende und anschaulich die Dinge vor die Einbildungskraft zu bringen, so unabsichtlich und nur wie nebenher Menschen und Dinge zu beurteilen, hat keiner mehr so vortrefflich verstanden wie hier Voltaire. Tiefer greifen seine »Versuche über den Geist und die Sitten der Völker«. Es sei die Geschichte der Dummheiten, äußerte er einmal brieflich, welche die Menschen seit Karl dem Großen gemacht haben. Das ist ein persönlicher Witz in der Art Voltaires, kein

Programm. Seine »Versuche« bringen einen neuen Prätendenten auf die Bretter des Welttheaters – es ist das Volk mit seiner Kulturarbeit. Nicht der Streit der Großen, sondern das friedliche Werk des Bürgertums, Gesetzgebung, Erfindungen, Literatur, Kunst, das nimmt den Vordergrund der Darstellung ein. Voltaire hat in seinen »Versuchen« das Fundament zur Kulturgeschichte gelegt. Wie überall bei Voltaire, vollendet auch in seinen Geschichtswerken den Eindruck des Gedankens die in ihrer Schlichtheit fast unbegreifliche Kunst der sprachlichen Darstellung. Seine Sprache besitzt die köstliche Geschmacklosigkeit frischen Quellwassers. Ihr Geheimnis ist in unserem Jahrhundert erst wieder von Thiers und Prosper Mérimée entdeckt worden; zum Teil haben es auch Alfred de Musset (der von Voltaire abtrünnig Gewordene) und Edmond About erraten. Diese Sprache ist freilich wenig geeignet, die Wunder des Gemüts zu erschließen, und aller mystischen Romantik ist sie spinnefeind. Sie hat etwas Mathematisches, Logisches; sie reimt sich nicht mit unklaren Gefühlen, mit empfindsamer Naturanschauung. Rousseau, der Entdecker (oder soll man sagen: der Erfinder?) der Stimmungslandschaft, die im Auge schwimmt und in der Empfindung zittert, wäre in Voltaires Sprache undenkbar. Voltaires Sprache ist die Sprache des klaren Verstandes, des Mutterwitzes, der Persiflage, der Aufklärung. Dafür findet man in seinen Schriften, die nichts von überschwenglichem Natursinn wissen, »nicht Gras genug für die Pferde« – wie witzig gesagt worden ist.

Man hat sich oft die Frage vorgelegt, wie sich wohl die drei bedeutendsten französischen Schriftsteller des vorigen Jahrhunderts, falls sie die große Revolution erlebt hätten, zu diesem Weltereignisse würden gestellt haben. Wir überlassen der spielenden Einbildungskraft solche bodenlosen Vermutungen und halten uns lieber an die Wirklichkeit. In Wirklichkeit aber hat der Geist dieser Männer die Französische Revolution erlebt. Montesquieu hat für die Umwälzung den politischen Boden geschaffen und hat am kräftigsten fortgelebt in Mirabeau, dem großen Staatsmanne der

Revolution; Rousseau saß auf dem Berge und hat mit den Konsequenzen seiner Lehren den tugendhaften Bürger Robespierre und den Schrecken bewaffnet; Voltaires Geist aber ruhte verklärt auf den Girondisten, die nur unterlagen, um später zu siegen und heute Frankreich zu beherrschen. Aus Klugheit, wie er wohl auch seinen Schriften zuweilen seinen Namen entzog, verleugnet sich in Frankreich heute Voltaires Geist, um den Frauen und Unmündigen kein Ärgernis zu geben. Aber Voltaire lebt in Frankreich und wird in Frankreich leben. Aus dem ganzen Staatswesen Frankreichs, aus den sozialen Institutionen, aus den Gesinnungen der Gesellschaft leuchtet uns das Bild seines Geistes entgegen. Zertrümmert, wenn ihr es vermöget, diese Arbeit eines Jahrhunderts, und dann erst könnt ihr sagen, daß Voltaire in Frankreich tot sei.

(Am 30. Mai 1878)

Jean Jacques Rousseau

Jean Jacques Rousseau, neben Voltaire die andere geistige Großmacht Frankreichs im achtzehnten Jahrhundert, starb einige Wochen nach Voltaire, man weiß nicht genau, ob am 2. oder 3. Juli des Jahres 1778. Das Sterben war für Voltaire, der als Achtzigjähriger in seiner Vaterstadt Paris die Summe seines Ruhmes zog, eine Art festlichen Schauspiels; Frankreich drängte sich an sein Lager heran, und es war ihm vergönnt, mit dem eigenen brechenden Auge seine Zukunft zu schauen. Rousseau dagegen, menschenscheu, zurückgezogen, ohne Zeugen seiner letzten Augenblicke, sank in seinem sechsundsechzigsten Lebensjahre klanglos in die Grube – man sprach von Vergiftung, man sprach, ohne weder für das eine noch das andere sichere Anhaltspunkte zu haben, von Selbstmord. Das unstete, wechselvolle Leben des großen und unglücklichen Mannes schien den Zeitgenossen ohne tragischen Abschluß nicht denkbar zu sein. Voltaire und Rousseau, grundverschieden an Wesen und Begabung, der eine vorzugsweise ein heller Kopf, aber nicht ohne dichterisches Talent und voll regen menschlichen Mitgefühls, der andere ein warmes, leidenschaftliches Herz, voll üppiger Einbildungskraft, ohne jedoch einen starken Verstand vermissen zu lassen – sie hatten einander auf ihren Lebenswegen gemieden, ja aus dem Hinterhalt mehr oder minder befehdet, bis der Dank des französischen Volkes zur Zeit der Französischen Revolution, die sie beide, jeder nach seiner Weise, hatten herbeiführen helfen, ihren Staub in der nationalen Ruhmeshalle des Pantheons brüderlich vereinigte. Vom Haß der siegenden Rückschrittspartei aufgestört, ist dieser Staub längst verweht, aber das bessere Selbst dieser beiden Männer, ihr

Wort, ihr Geist, wirkt fort in der Welt und wird fortwirken, solange Menschen kämpfen für die Freiheit des Gewissens und für die unveräußerlichen Rechte des Bürgers.

Nein, Jean Jacques Rousseau ist nicht überwunden und abgetan, obgleich hin und wieder ein Blatt seines Lorbeerkranzes an der Spitze zu welken beginnt. Wenn er auch auf sämtlichen Feldern des Wissens und Könnens, die er angebaut, dem Gehalt nach überholt sein mag, so lebt er doch fort als Schriftsteller, im Zauber des Wortes, das er eigentümlich, kräftig und glänzend zu handhaben wußte, wie kein zweiter vor und nach ihm. Aber auch abgesehen von seiner unbestrittenen schriftstellerischen Größe – hat nicht Rousseau eine so mächtige historische Bedeutung, daß es keinem, der sich um die Entwicklung der Menschheit kümmert, geschenkt ist, sich mit ihm mehr als oberflächlich zu beschäftigen? Rousseau gehört zu den schicksalsvollen Menschen des vorigen Jahrhunderts, welche das häusliche, das gesellschaftliche und politische Leben der Kulturnationen unterwühlt und umgestaltet haben. Die ungeheure Bewegung der Geister, die er erregt, ist noch nicht zur Ruhe gekommen, und noch heutigen Tages schlägt manche verlorene Welle an unsere Füße, die wir als von jenem Rousseauschen Sturm ausgegangen anerkennen müssen. Ihm, dem Einsamen, war es vor allen seinen Mitstreitern gegeben, die Gemüter der Menschen heftig zu fassen, sie tief zu erschüttern und nach seinem Willen zu lenken. Ein Redner im großen Stil, wußte er nicht bloß zu blenden, sondern zu überzeugen; mit seinem Geist sprang auch seine Gesinnung auf den Zuhörer über. Daher seine hinreißende demagogische Macht über die Gemüter und das unmittelbare Einschlagen seiner Lehren in die weltgeschichtlichen Ereignisse des Jahrhunderts.

Rousseau hat wohl recht, wenn er in seiner Lebensgeschichte von sich behauptet, daß er keinem zweiten Sterblichen gleiche, daß er, wenn auch nicht besser, so doch anders sei als jeder andere. Wenigstens gilt das von ihm, wenn man ihn in seiner geschichtlichen Stellung betrachtet. Rousseau ist Revolutionär durch und durch. Er ist es auf allen drei Gebieten seiner Wirksamkeit: als Politiker, als Pädagog, als Poet. Mit ihm betreten neue Mächte die Weltbühne. Der dritte Stand pocht mit Rousseau, ungestüm Einlaß heischend, an die Pforte, und hinter ihm wirft schon der vierte Stand seine unheimlichen Schlagschatten. Er hat für sein Jahrhundert ganz neue Worte, wie »Bürger«, »Vaterland«, »Freiheit«, »Gleichheit«; sie wirken erst befremdend, werden wohl auch belächelt, aber nur, um immer verführerischer ihre Magie zu offenbaren, um nach und nach zu einer unwiderstehlichen, alles vor sich niederwerfenden politischen Macht emporzuwachsen. Das Erziehungswesen seines Jahrhunderts faßt Rousseau bei der Wurzel an. Der pädagogischen Überkünstelung, der Vielerzieherei gegenüber predigt er das Recht der Natur, versucht er, der freien Entwicklung menschlicher Kräfte die Bahn zu brechen. Er will nicht Schuster und Schneider, nicht Edelleute und Beamte, er will Menschen und womöglich Bürger erziehen. In der Poesie ein ähnliches Bestreben, wenn man Bestreben nennen kann, was aus der eigentümlichen Anlage einer dichterischen Natur mit einer Art Notwendigkeit hervorbricht. Wir finden bei Rousseau eine ganz neue Aufweichung des Gefühls und der Sprache, ein starkes Betonen des Rechtes der Leidenschaft, des Herzens, eine bald begeisterte, bald wehmütige Aufmerksamkeit auf die Regungen im eigenen Gemüt, einen lebhaften, gleichsam musikalischen Natursinn, der die Anschauungen in Stimmungen verwandelt und in der Landschaft den Spiegel für die inneren Vorgänge im Menschen erblickt. Hier, wie überall, ein Bruch mit dem Überlieferten, eine Revolution. Und fragt man nun, wie solche schroffe Abweichungen vom Herkömmlichen möglich waren, so ist man, Rousseaus eigentünliche Natur und Begabung vorausgesetzt, auf seinen ungewöhnlichen Lebensgang angewiesen. Jean Jacques Rousseau, in Genf geboren, war der Sohn eines Handwerkers. Ohne eigentliche Schulbildung, von einer planlosen Lektüre abenteuerlich angeregt, mußte er in frühen Jahren in die Welt hinaus, um sich, selbst ein Abenteurer, wie es nun gehen mochte, sein Brot zu suchen.

Er geriet in eine Reihe der verschiedensten Verhältnisse, die nicht immer ganz reinlich waren. Ohne klar ausgesprochenen Beruf, alles und nichts betreibend, ließ er sich in seiner Tätigkeit von Zeit und Umständen bestimmen. Wir treffen ihn nacheinander als Schulmeister, als Musiker, als Hofmeister, als höheren Bedienten, als Sekretär eines Gesandten. Stets haben die Weiber ihre Hand mit im Spiele, und von verliebten Abenteuern wimmelt Rousseaus Leben. Aber nie hörte er auf, eine innerlich arbeitende Natur zu sein, Kenntnisse zu sammeln, sich wissenschaftliche Methoden anzueignen, sich mit Latein zu beschäftigen, vor allem aber die französische Sprache – das Werkzeug seiner künftigen Größe – von Grund aus kennenzulernen. Er war durchaus Autodidakt, Selbstlehrer und Selbstlerner. Schon ein Dreißiger, ein tief schlummerndes Genie, kam er nach Paris, das Projekt einer Flugmaschine und eine neue musikalische Notierungsmethode in der Tasche. Seine Pläne schlugen fehl, aber im Umgange mit den Enzyklopädisten entdeckte er sich selbst, seinen Geist, sein Talent. Er war gegen vierzig Jahre alt, als er seine Preisschrift über den Einfluß der Wissenschaften und Künste auf die Sitten schrieb. In dieser Schrift und in der nächsten über den Ursprung der Ungleichheit unter den Menschen lebt schon der ganze Rousseau: mit glühender Beredsamkeit preist er den Naturstand der Menschen, bricht er über die Zivilisation den Stab und verdammt Wissenschaft und Kunst als Werkzeuge menschlicher Erniedrigung; mit sittlicher Entrüstung und nicht ohne einen starken sozialistischen Beigeschmack schildert er die Ungleichheit der Menschen im Staate seiner Zeit – eine Ungleichheit, die gleichfalls die Folge vom Verlassen der einfachen Wege der Natur sei. Talent, Abkunft, Lebensgang – alles spiegelt sich in diesen sensationellen Erstlingsschriften Rousseaus: seine rednerische Begabung vor allem, seine Unabhängigkeit von der Schule, sein Republikanismus, sein proletarischer Hochmut gegen die Hochgestellten und Reichen, sein teils gerechter, teils paradoxer Haß gegen die Bildung und Sittlichkeit des

Zeitalters. Nur einer, der so geworden war wie er, konnte so schreiben.

Jene beiden Abhandlungen Rousseaus waren nur die Vorläufer seines politischen Hauptwerkes, seiner Schrift über den Gesellschaftsvertrag. Eine kleine Schrift – man kann sie in der Hand verstecken –, aber von welcher furchtbaren Explosionskraft! Sie hat einem König den Kopf gekostet und zur Zeit, da der tugendhafte Robespierre mit der Guillotine und dem »höchsten Wesen« regierte, die Menschen schwadenweise in den Staub gestreckt. Und nun ist es merkwürdig, wie das Buch Rousseaus, abgesehen von der in Lapidarschrift gehaltenen sarkastischen Einleitung, mit der größten theoretischen Heiterkeit und ganz ohne Gedanken an die mögliche Gefährlichkeit der ausgesprochenen Grundsätze geschrieben ist. Rousseau war kein praktischer Revolutionär, er scheute, ja schauderte vor einer Revolution zurück, die auch nur einem einzigen Menschen das Leben kosten könnte. Aber unsere Werke sind stärker als wir selbst. Rousseau hat das Revolutionspulver erfunden, und andere haben damit geschossen. Sein Gesellschaftsvertrag bringt zwar scheinbar keine neuen Gedanken auf die Bahn. Vor ihm schon hatte Hugo Grotius gelehrt, daß der Staat auf einem Vertrag beruhe, und schon die Jesuiten hatten – abgesehen von den Staatsrechtslehrern der englischen Revolution – die Lehre von der Volkssouveränität aufgestellt. Aber Rousseau gab diesen Lehren eine höchst bedeutungsvolle, eine durchaus revolutionäre Wendung. Nach ihm war die Volkssouveränität durch den staatengründenden Gesellschaftsvertrag nicht veräußert; kein Fürst, kein Magistrat, welchen Namen er immer trage, kann durch irgendwelchen Vertrag souverän werden. Die Regierung ist nur eine vom souveränen Volke auf eine Person, auf ein Kollegium übertragene Macht. Die Souveränität aber ruht unveräußerlich im Schoße des Volkes und kann, ja muß gegen etwaige Übergriffe oder Vergewaltigungen sich in ihrer vollen Strenge geltend machen. Das Volk selbst ist der Souverän, es kennt nur Beamte, keine Herrscher. Und hier gibt es keine Verjährung; auch kann sich das Volk wohl irren, aber niemals unrecht haben. So hat der Begriff der Volkssouveränität Hand und Fuß erhalten: er kann nun marschieren und zuschlagen. Der Gesellschaftsvertrag mit solcher Auffassung der Volkssouveränität ist die Revolution in Permanenz, die Revolution als geschichtliches Entwicklungsgesetz. Nur ein Republikaner, nur der »Bürger von Genf«, wie sich Rousseau am liebsten nannte, konnte den Gesellschaftsvertrag schreiben. Freilich wollte das aristokratisch regierte Genf, das wohl vor der nur ruhenden, unveräußerlichen Volkssouveränität ein heimliches Grauen empfand, das verhängnisvolle Buch seines größten Mitbürgers nicht auf seine Kappe nehmen; es wurde vielmehr verdammt und nach der Sitte der Zeit verbrannt. Aus diesem Anlasse (auch der »Emil« war verbrannt worden) lehnte Rousseau an seinen Gesellschaftsvertrag ein polemisches Meisterwerk ersten Ranges an: die »Briefe vom Berge«, die er, aus der republikanischen Schweiz überall verbannt, in Neuenburg, auf preußischem Grund und Boden, schrieb. Damals regierte Friedrich der Große, der die Meinungen frei gewähren ließ. Rousseau drang in dieser Streitschrift tief ein in die Psychologie und Logik der Gewalt; unter anderm schrieb er auch die folgende herrliche Stelle, für die man bei unseren Zeitgenossen wohl auf Verständnis rechnen kann. »Die wahre Methode der Tyrannei«, sagt Rousseau, »besteht keineswegs darin, gegen das Gemeinwohl unmittelbar vorzugehen: das hieße ja alle Welt aufrufen, um es zu verteidigen; nein, sie greift nacheinander sämtliche Verteidiger des Gemeinwohles an, um jeden, der es etwa noch werden wollte, abzuschrecken. Redet jedermann ein, daß das öffentliche Interesse niemanden angehe, und durch diesen Kniff allein ist die Knechtschaft hergestellt; denn wenn jeder einzelne unter das Joch gebracht ist, wo wird dann die allgemeine Freiheit sein? Wenn jeder, der zu sprechen wagt, in eben diesem Augenblicke niedergeschmettert wird, wo sind diejenigen, die ihn nachmachen wollten? Und wo wird das allgemeine Organ sein, wenn jeder einzelne schweigt? Die Regierung wird also gegen die

Vorlauten wüten und wird gerecht sein gegen die anderen, bis sie ungestraft gegen alle ungerecht sein kann. Dann wird ihre Gerechtigkeit nur mehr eine Sache der Berechnung sein, damit sie das Ihrige nicht vernunftlos vergeude ...«

Bei uns am bekanntesten ist wohl Rousseaus Erziehungsroman »Emil«, der, wie schon bemerkt, mit den Grundansichten des Verfassers gleichfalls innig zusammenhängt. Auch in deutschen Landen wie in der ganzen gebildeten Welt hat dieses Buch vielfach gewirkt. Wenn gebildete Mütter ihre Kinder wieder selbst stillen, wenn die Kinder nicht mehr gewickelt werden, wenn man sie frei kriechen läßt, so verdanken wir das der Anregung Rousseaus. Rousseau entwirft ein reizendes Idyll der Kindheit, das dem Leser durch Vernunft und Natürlichkeit von selbst einleuchtet. Die primitiven Elemente der Erziehung sind so schön als verständig dargelegt. Für das spätere Alter stellt sich manche Unsicherheit und Paradoxie ein. Wie dem aber auch sein möge, Rousseaus »Emil« hat auch für Deutschland die schönsten Früchte getragen, indem er den wunderlichen Basedow und den herrlichen Pestalozzi erfolgreich anregte. Und wie es nun bei Rousseau nie ohne Ärgernis ablaufen kann, so hat er in den »Emil« jenes Glaubensbekenntnis eines savoyischen Geistlichen hineingestellt, an dem sowohl Fromme als Unfromme ihr Mütchen kühlten. Das Glaubensbekenntnis richtet sich sowohl gegen die »Philosophen« als gegen die Kirche. Die Philosophen fanden zu viel Glauben darin, die Kirche zu wenig. Es ist ein gefühlvoller Deismus ohne kirchliches Dogma, eine Art Freimaurerreligion mit Gott als Weltbaumeister, mit der Vorsehung, mit der Unsterblichkeit der Seele – »... der Gott wäre ungerecht«, sagt Rousseau, »wenn die menschliche Seele nicht unsterblich wäre.« Das Glaubensbekenntnis Rousseaus drückt noch heute die Gesinnung vieler aus, die in religiösen Dingen die Bedürfnisse des Gemütes mit gewissen Forderungen des Verstandes verknüpfen wollen. Einen philosophischen Wert hat es selbstverständlich nicht. Der Erzbischof von Paris, Christophe de Beaumont, hat das Glaubensbekenntnis eines savoyischen Geistlichen feierlich verdammt und ist dafür von Rousseau in einem höchsten Kunstwerk polemischer Beredsamkeit völlig niedergeschmettert worden.

Dieser revolutionäre Politiker, dieser theologische Störenfried, diese furchtbare polemische Klinge war andererseits ein stiller, träumerischer, empfindungsvoller Mensch. Wir möchten sagen, er habe für die moderne Welt die Beschaulichkeit erfunden, die Natur entdeckt. Wir wissen aus seiner Zeit nichts, was seinem Leben auf der Petersinsel im Bieler See gleicht. Er sieht stundenlang dem wechselvollen Treiben des Wassers zu; er streift durch die Insel, um Blumen und Eindrücke zu holen; er legt sich der Länge nach in einen Nachen, läßt ihn nach Willkür treiben, sieht ins Blaue des Himmels hinein und schwelgt in unbestimmten Gefühlen des Glücks. Und wie in der Natur, ist er daheim im menschlichen Herzen. Das hat ihn zum Dichter gemacht, diese Doppelseitigkeit bildet den Reiz seines Romans: »Die neue Heloise«. An sich wertvoll, wenn man von den moralisierenden Auswüchsen der späteren Fortsetzung absieht, gewinnt dieser Roman noch an Bedeutung, wenn man überschlägt, was alles für Anregungen in der poetischen Welt von ihm ausgegangen sind. Ohne »Die neue Heloise« dichtet Goethe seinen »Werther« nicht, wie er ihn gedichtet; ohne sie und die »Bekenntnisse« schreibt weder Chateaubriand seinen »René« noch Byron seinen »Childe Harold«, noch George Sand ihre Romane. Ton, Ausdruck, Weltanschauung, alles hat ihnen Rousseau überliefert. Von ihm geht die moderne Lockerung und Verfeinerung der Empfindung, geht die persönliche Poesie der Leidenschaft, des Weltschmerzes aus. Theoretisch war er Optimist; aber in seinen Empfindungen, in seinen persönlichen Beziehungen war er ein Virtuos im Unglücklichsein. In seinem Leben vielfach verkannt und verletzt, glaubte er sich schließlich von aller Welt verfolgt. So zog er sich zurück und starb einsam wie ein krankes Reh.

Bei den großen französischen Schriftstellern des vorigen Jahrhunderts pflegt man zuerst und zuletzt an ihr Verhältnis zur Revolution zu denken, und oft hört man die Frage aufwerfen, ob sie wohl eine Ahnung gehabt von der rasch nach ihnen hereinbrechenden Sintflut. Von Rousseaus Ahnungsvermögen in dieser Richtung besitzen wir ein merkwürdiges Zeugnis. Als er im »Emil« den Erziehern empfiehlt, ihre Zöglinge ein Handwerk erlernen zu lassen, bricht er, beredsam wie immer, in die folgende Apostrophe aus: »Ihr verläßt euch auf die gegenwärtige gesellschaftliche Ordnung der Dinge, ohne daran zu denken, daß diese Ordnung unvermeidlichen Veränderungen unterworfen und es auch unmöglich ist, die Revolution vorauszusehen und zu verhindern, welche eure Kinder treffen kann. Der Große wird klein, der Reiche arm, der Monarch Untertan. Wir nähern uns einer Krisis, dem Jahrhundert der Revolutionen. Es ist unmöglich, daß die großen Monarchien Europas noch lange dauern. Wer kann euch dafür gutstehen, was dann aus euch wird? Was Menschen geschaffen, können Menschen zerstören; nur der von der Natur aufgeprägte Charakter ist unveränderlich, und die Natur schafft weder Fürsten noch Reiche, noch große Herren. Was wird dann in seiner Erniedrigung jener Satrap anfangen, welchen ihr nur für einen hohen Stand erzogen habt? Was in seiner Arbeit der Generalpächter, der nur von seinem Golde lebt? . . . Glücklich der, welcher es dann versteht, den Stand zu verlassen, welcher ihn verläßt, und ein Mensch zu bleiben, dem Schicksal zum Trotz!«

In einem lichten Momente hat Rousseau jenes die Welt umgestaltende Ereignis geahnt, das ihn auch nie als einen seiner vornehmsten Urheber verleugnet hat.

(Am 7. Juli 1878)

Moses Mendelssohn

Gestern vor hundert Jahren, am 4. Januar 1786, ist Moses Mendelssohn, Geschäftsmann und Philosoph, im Alter von 57 Jahren gestorben. Wir haben in ihm, schrieb Goethe, als er in seiner Lebensgeschichte diesen Zeitpunkt berührte, »einen unserer würdigsten Männer verloren«. Auch einer mitwirkenden Ursache dieses Trauerfalles gedenkt Goethe: jener in mehr als einem Sinne folgenreichen Fehde zwischen Heinrich Jacobi und Mendelssohn über Lessings Spinozismus. »Moses Mendelssohn an die Freunde Lessings. Ein Anhang zu Herrn Jacobis Briefwechsel über die Lehre des Spinoza. Berlin, 1786.« So lautet der Titel von Mendelssohns letzter Schrift, seinem philosophisch-religiösen Schwanengesang, worin er seine teuersten Gedanken noch einmal wiederholt und seinen teuersten Freund von vermeintlichem Unglimpf reinzuwaschen sucht. Er hatte in fiebernder Aufregung das Manuskript der Streitschrift zu seinem Verleger getragen und sich auf diesem Gange eine Erkältung zugezogen. Er wurde krank und starb nach einigen Tagen. »Sein Tod war der so seltene natürliche, ein Schlagfluß aus Schwäche.« So meldet Hofrat Herz, der Hausarzt der Familie Mendelssohn, dem wir einen eingehenden Bericht über die letzten Tage des merkwürdigen Mannes verdanken. Er versäumt auch nicht, den persönlichen Eindruck zu schildern, den Mendelssohns Hinscheiden auf seine Freunde machte. »Unser Moses starb, wie er gelebt hatte, sanft und weise. Er ging hinüber wie zu einem lange vorbereiteten Geschäfte, ganz nach seiner Art, wie er zu guten Handlungen in seinem Leben zu schreiten pflegt, ohne Geräusch oder Aufhebens zu machen; mit einer Leichtigkeit, mit der er von seinem Tische, wo er uns so oft vergnügt essen sah und sich uns dafür hören ließ, nach seinem Sofa unter die Büste seines Lessings hinschlich ...« Lessing war einer seiner letzten Gedanken. Er hatte sich die Büste des verewigten Freundes auf einen Schrank stellen lassen, und im Anblicke der geliebten Züge des »Nathan«-Dichters ist Mendelssohn gestorben. Und nun lebt er fort mit Lessing, untrennbar im Gedächtnis der Menschen, wie David und Jonathan.

Lessing, der große Anreger auf so vielen Gebieten des Wissens und Könnens, hat auch an Mendelssohn seine erweckende Kraft betätigt. Schon in jungen Jahren frei von den hergebrachten gesellschaftlichen Vorurteilen, als werdender Mann schon bei seinem Vater angeschuldigt, daß er mit Komödianten, Soldaten und Juden verkehre, ohne Zweifel der männlichste Charakter in unserer gesamten Literatur, hat es Lessing nicht für unwürdig gehalten, mit dem israelitischen Geschäftsmanne Moses zu verkehren. Er war ihm als guter Schauspieler empfohlen; über das Schachbrett hinweg fand er bald mehr in ihm, als was ihm andere und er sich selbst von Mendelssohn versprochen: ein reingestimmtes schönes Gemüt, aufgelegt zu allem Guten, und einen lebhaften, mit allerlei Wissen genährten Geist, dem es ein Bedürfnis war, nach den Gründen der Dinge zu forschen. Er entdeckte in dem Geschäftsmanne einen schlummernden Philosophen. Maler haben es wohl versucht, das Zusammensein beider Männer, des jugendlich feurigen Lessing und des bedächtigen, schüchternen Mendelssohn, im Bilde festzuhalten; leider fließen die historischen Quellen, die uns diesen Schmaus der Geister naherücken könnten, nur spärlich. Die späteren Briefe ersetzen uns nicht diesen Mangel, denn sie zeigen nicht das Werden dieser Neigung, sondern die bereits geschlossene Freundschaft. Der starke Eindruck, den Mendelssohn damals von Lessing empfangen, klingt in seinen Briefen ungeschmälert fort; welchen großen Begriff aber Lessing von Mendelssohn gefaßt, bezeugt eine erläuternde Einleitung, die er zu einem Schreiben Mendelssohns über das Schauspiel »Die Juden« geschrieben. »Es ist wirklich ein Jude«, schreibt Lessing, »ein Mensch von etlichen und zwanzig Jahren, welcher ohne alle Anweisung in den Sprachen, in der Mathematik, in der Weltweisheit, in der Poesie eine große Stärke erlangt hat. Ich sehe ihn im voraus als die Ehre seiner Nation an, wenn ihn anders seine Glaubensgenossen zur Reife kommen lassen, die allezeit ein unglücklicher Verfolgungsgeist gegen Leute seinesgleichen getrieben hat. Seine Redlichkeit und sein philosophischer Geist lassen mich ihn im voraus als einen zweiten Spinoza betrachten, dem zur völligen Gleichheit mit dem ersten nichts als seine Irrtümer fehlen werden ...« In so hohen Worten spricht Lessing von dem jungen Mendelssohn. Ohne sein Vorwissen, wenn auch vielleicht nicht wider seinen Willen, wurde hierauf Mendelssohn durch Lessing als Schriftsteller in die Öffentlichkeit eingeführt. Mendelssohn zeigte ihm eines Tages ein Manuskript philosophischen Inhalts und bat ihn um sein Urteil; Lessing nahm das Manuskript mit sich, ließ es heimlich drucken und brachte dem Freunde die gedruckte Schrift als Antwort. Diese Antwort lag ganz in der heiteren und großen Denkungsart Lessings. Mit der Veröffentlichung der »Philosophischen Gespräche«, die in ihrer philosophisch-ästhetischen Fassung gleich das Thema von allen späteren Schriften anschlugen, war Mendelssohn ein Schriftsteller. Er konnte nun allein oder mit Lessing gehen, und er hat beides getan, indem er bald gemeinschaftlich mit ihm forschte und schrieb, bald einsam jene Wege ging, die ihm seine engere Landsmannschaft, sein Judentum, vorzuschreiben schien.

Mendelssohns Schriftstellerei hat ein doppeltes Gesicht, je nachdem sie sich den allgemeinen Interessen des Zeitgeistes oder den Bedürfnissen des Judentums zuwendete. Auf das deutsche Judentum hat er befreiend gewirkt: er hat es aus dem geistigen Ghetto herausgeführt. Ein tüchtiger Kenner des Hebräischen und zugleich ein Meister der deutschen Sprache, hat er durch die Übersetzung biblischer Texte seine Glaubensgenossen für die deutsche Sprache gewonnen. Durch ihn lernten sie deutsch reden, und wie die Sprache eine Verführerin ist, lernten sie auch deutsch denken und empfinden. Heinrich Heine ist ohne Moses Mendelssohn nicht denkbar. Auf mittelbare Weise, durch geistige Verjüngung mußte er auf seine Glaubensgenossen wirken, denn bei der Rechtlosigkeit der Juden fand er auf praktischem Gebiete keinen festen Punkt, an dem er den Hebel ansetzen konnte. Keine politischen Rechte zu besitzen mußte ihm ein tiefer Schmerz sein, von dem er sich, nach seiner feinen Art, wohl einmal ironisch befreite. So erzählte er, Diogenes habe einst die Bürger zu Korinth mit großen Kriegsrüstungen beschäftigt gesehen, und um nicht der einzige Müßiggänger im Staate zu sein, habe er seine friedsame Tonne auf und nieder gewälzt. Darin sieht Mendelssohn sein eigenes Bild. Er befinde sich mit Diogenes in ähnlichen Umständen, freilich mit dem Unterschiede, »daß er dem Staate aus zynischem Eigensinn nicht dienen *wollte*, ich nicht *kann*. Er wälzte mit vieler Behutsamkeit eine irdene Tonne; ich lasse kleine philosophische Bearbeitungen wieder auflegen . . .« Man sieht, wie der Schmerz witzig wird. Indessen haben diese kleinen philosophischen Arbeiten, welche die verschiedensten Punkte der Philosophie, der Theologie, der Ästhetik berührten, mächtig in ihre Zeit eingeschlagen. Unter den deutschen Aufklärungsphilosophen des vorigen Jahrhunderts nimmt Mendelssohn eine der ersten Stellen ein. Mit seinen ästhetischen Untersuchungen hat er befruchtend auf Lessing, auf Kant, ja bis herüber auf Schiller gewirkt, und wie prophetisch ist seine emsige Behandlung der »vermischten Gefühle«, nämlich der Gefühle, die aus Lust und Unlust gemischt sind; denn auf dieser psychologischen Bahn hat sich fast unsere ganze deutsche Dichtung, zumal die Dichtung der romantischen Schule, entwickelt. In der Philosophie stand Mendelssohn, wie sein ganzes Jahrhundert bis auf Kant, im Bann der Leibniz-Wolffschen Schule. Ob etwas denkbar sei ohne Widerspruch, darauf kam es an, und war es logisch denkbar, so war es auch wirklich. Daher die schönen Beweise für das Dasein Gottes, die Unsterblichkeit der Seele, die gleichsam nur logisch eingekleidete Wünsche sind. Diesen Dingen hat Kant in der »Kritik der reinen Vernunft« ein Ende mit Schrecken bereitet. Es konnte aber bei der Sauberkeit des Denkens, das alle Schriften Mendelssohns kennzeichnet, nicht ausbleiben, daß er in der Philosophie manche schätzbare Nebenresultate erzielte. Vor allem aber – und dadurch lebt er fort – verleiht seinen Schriften die Selbstdarstellung einer liebenswürdigen Persönlichkeit einen ungewöhnlichen Wert.

Das Werkzeug, womit Mendelssohn seine großen Wirkungen ausübte, war seine Darstellung, seine sprachliche Kunst. Darin stellten ihn seine Zeitgenossen sehr hoch, und ein Blick in seine Schriften überzeugt sofort, daß sie nicht unrecht hatten. In einer Schrift, worin Kants wahrlich nicht geringe Darstellungskraft auf ihrer Höhe steht (»Prolegomena zu einer jeden künftigen Metaphysik«), spricht er auch von Mendelssohns Vortragsweise in der folgenden Wendung: »Es ist nicht jedermann gegeben, so subtil und zugleich so anlockend zu schreiben als David Hume oder so gründlich und dabei so elegant als Moses Mendelssohn . . .« Gewiß ein bedeutendes Zeugnis, acht Jahre nach Mendelssohns Tode! Beispiele, um Kants Behauptung zu erhärten, ließen sich in Fülle beibringen. Schmiegsamkeit, Anmut, Eleganz des Ausdruckes – man blättere nur, und man findet sie überall in Mendelssohns Schriften. Aber auch männliche, schneidige Eigenschaften wird man entdecken. Man lese beispielsweise die folgende Stelle: »Der Despotismus hat den Vorzug, daß er bündig ist. So lästig seine Forderungen auch dem gesunden Menschenverstande sind, so sind sie doch unter sich zusammenhängend und systematisch. Er hat auf jede Frage seine bestimmte Antwort. Ihr dürft euch weiter um die Grenzen nicht bekümmern; denn wer alles hat, fragt nicht weiter, wieviel?« . . . Hier schafft sich die Schärfe der Unterscheidung auch den scharfen Schnitt der Sätze, die Energie des Denkens auch die stramme Folge der Wörter. Man denkt bei solcher Sprache rückwärts an Lessing, vorwärts an Börne. Allerdings haftet der Sprache Mendelssohns öfter ein gewisses Zeitgeschmäcklein an; selbst in ihrer Deutlichkeit, die beim Lesen ein kräftiges Mit- und Nachdenken auszuschließen scheint, und nicht minder im Gebrauche abgeschätzter oder heruntergekommener Wörter; ein solches abgeschätztes Wort ist »Glückseligkeit«, ein solches heruntergekommenes Wort – man mag es beklagen – ist »Tugend«. Hinter diesen Dingen sieht man den Zopf und die goldene Schnupftabaksdose.

Nun könnte man noch sagen, was dem Manne gefehlt hat. In der Tat mancherlei. Er konnte in die Lehre Spinozas nicht eindringen; er gestand, Kant nicht zu verstehen; er hat Goethe nicht verstanden; drei geistige Großmächte, die zu einem guten Teil die geistige Entwicklung der Zukunft bestimmt haben. Das waren seine persönlichen Grenzen und noch mehr die Grenzen der Zeit, aus der er hergekommen. Ziehen wir diese Mängel ab, so bleibt noch genug an Mendelssohn, das ihm unsere Verehrung und die Hochachtung der Nachwelt sichert: der ehrliche brave Mann, der redliche Forscher und der bedeutende Schriftsteller.

(Am 6. Januar 1886)

Schiller

Die leidige Streitfrage, welcher von den beiden, ob Schiller oder Goethe der größere Dichter sei, ist von Goethe selbst mit dem derben Kernspruch, die Deutschen möchten froh sein, »zwei solche Kerle« zu haben, endgültig entschieden und, wie man meinen sollte, schlechthin vertagt worden. Allein der falsche Trieb, Unmeßbares aneinander zu messen, ist stets wieder aufgetaucht, so bei dem Weimarer Denkmal, auf dem Goethe den Dichterkranz mit herzhaftem Griff erfaßt, den Schiller, dem er halb hingehalten wird, halb zurückweist, auch noch in Erz gegossen und monumental verewigt. Der Künstler hat diese »Idee« ungemein glücklich und überzeugend gefunden, und doch ist sie persönlich und sachlich ganz und gar verfehlt. Weder Schiller noch Goethe hätten so gedacht: Goethe, der den großen Menschen und den großen Künstler – so nennt er ihn – so hoch gestellt; Schiller, der bei aller Verehrung für Goethe Selbstgefühl genug besaß, um sich des Dichterkranzes nicht für unwürdig zu halten. Wer wird so leichtsinnig sein, über die hervorragendere Größe eines Dichters schlankweg zu entscheiden? Es gibt keine *größeren* Dichter. Es gibt bloß Dichter und Dichter; jeder ein anderer, jeder in seiner Art der höchste. Das hat man Schiller gegenüber zu oft vergessen, und in einer Zeit, da man dichterisch, manchmal die wildesten Wege einschlagend, nach allen Richtungen der Windrose rannte, haben Leute, die ohne Schiller nicht einmal reden könnten, ihn hart angefahren, und literarische Gassenjungen haben Steine nach ihm geworfen. Das konnte einem Schiller in Deutschland, das er halb aufgebaut hat, begegnen! Noch vor fünfzig Jahren hatte Jacob Grimm von Schiller anders gesprochen. In seiner Festrede auf ihn sagte er unter anderen schönen und herrlichen Dingen: »Er versteht die Menschen zu sich zu erheben, während Goethe sich auch zu ihnen herablassen kann. Bei Schiller, dem auf seiner Höhe Thronenden, glauben sie sich emporgerückt. Schiller ist und bleibt auch darum populärer, weil seine Schauspiele dramatisch mehr ergreifen und auf der Bühne öffentlich wirken und weil seine Lieder, die Würde unserer Natur erhebend, allen Menschen die Brust erwärmt und ideale Bilder des Lebens geschaffen haben. Er ist zum hinreißenden Lieblingsdichter des Volkes geworden und geht ihm über alle anderen.« Seit diese Worte gesprochen sind, ist wohl viel an Schiller als Dichter gemäkelt worden, aber seinen unsterblichen Charakter (»denn hinter ihm, in wesenlosem Scheine, lag, was uns alle bändigt, das Gemeine«) hat niemand anzutasten gewagt. Schopenhauer, in den von uns veröffentlichten Gesprächen mit dem Komponisten Freiherrn v. Hornstein, also ein Mann, bei dem die Ehrfurcht nicht besonders stark ausgebildet war, tut einmal die charakteristische Äußerung: »Man möchte manchmal etwas gegen Schiller sagen, allein es fehlt uns der Mut dazu.«

Indessen, wider die Bewegung gegen Schiller arbeitete ein starker Druck von unten. Im Schoße des deutschen Volkes vollzog sich eine Umwälzung, die um so gründlicher war, je geräuschloser sie sich ins Werk setzte. Sie weiß nichts von Blut und Eisen, von Büchsenknallen, Säbelgerassel und dem wilden Aufschrei empörter Volkshaufen, sondern eine geheimnisvolle Stille, als ob Geister sich miteinander unterhielten, lagerte über Land und Leuten, und nur aus der Ferne hörte man den Webstuhl der Geister arbeiten: die unermüdliche Druckerpresse, welche die Erzeugnisse menschlichen Denkens und Dichtens massenhaft auf den öffentlichen Markt warf. Es bereitet sich eine Demokratie der Bildung vor, nicht eine Demokratie, die nach unten nivelliert, sondern die den Nationalgeist auf eine gewisse gleichmäßige Höhe hebt, die das gediegene Fundament dauerhafter, sozialer und politischer Gestaltungen bilden wird. Den kräftigsten Anstoß zu solcher friedlichen Revolution hat die Freigebung der Klassiker gegeben. Sie war das Signal, das durch ganz Deutschland den Spekulationsgeist der Verleger weckte, Tausende von Druckereien in Bewegung setzte und die Kaufläden der Buchhändler mit guten und billigen Schriften überschwemmte. Goethes und Schillers Werke zu besitzen war von diesem Augenblicke an nicht mehr das Vorrecht des wohlhabenden Mannes, und das Licht, das vom Scheffel hervorgenommen worden, konnte leuchten im Hinterstübchen des kleinen Handwerkers wie in der Mansarde des taglöhnernden Arbeiters. Zur rechten Stunde brach diese Bewegung herein, um den materialistischen Zug der Zeit durch eine mächtige Gegenströmung in heilsamer Weise zurückzustauen. Die Deutschen, das »Volk des Geistes«, müßten allen ihren Überlieferungen, sie müßten ihrer Natur untreu werden, wollten sie sich ganz in der Gegenwart, in den materiellen Anforderungen und Bedürfnissen des Moments verlieren. So derb und breitspurig der Deutsche auf der Erde steht, so sicher er den irdischen Stoff zu verarbeiten und zu bemeistern weiß – es lebt ein unvertilgbarer Trieb in ihm, der immer wieder drängt, seine Existenz auch geistig abzurunden, sein Leben durch die Kraft des Gemüts zu heiligen und die Dinge dieser Welt unter einem gewissen ewigen Gesichtspunkte zu betrachten. Und nun hat es sich glücklich gefügt, daß gerade in einem Augenblick des Selbstvergessens unsere großen Dichter und Denker für das ganze Volk auferstanden sind, um es mit eindringlichen Worten an seine volle Bestimmung zu mahnen, die da nicht allein ist, sich in den Besitz der Erde zu teilen, sondern auch Herrscher zu sein im Reiche der Geister.

Der deutsche Dichter, welcher diesem idealen Zug am meisten entspricht und deshalb der Nation vor allen anderen ans Herz gewachsen ist – wer weiß es nicht? –, ist Friedrich Schiller. Dieser Name ist das Schibboleth, an dem wir uns, mögen die Meinungen im übrigen noch so weit auseinandergehen, alle wiedererkennen. Wo zwei Deutsche beieinander sind, da ist Schiller mitten unter ihnen. Das ist in manchem Betracht ein unendlicher Trost. Klagt nur über den Verfall des Geschmacks, über das Umsichgreifen einer schlechten, verwilderten Literatur! Was gilt die Wette, ihr malt zu schwarz? Werft einen Blick in die Geschäftsbücher der Buchhändler und seht, wie oft ihr da den Namen Schiller genannt findet. Wie auf dem Musikalienmarkte die Hälfte der verkauften Waren aus Werken Beethovens besteht, so wird es auf dem Büchermarkte auch mit Schillers Werken ähnlich beschaffen sein. Eure Klagen und Anklagen könnt ihr schwarz auf weiß widerlegt, den idealen Sinn des deutschen Volkes förmlich verbucht sehen. Schiller ist unser verbreitetster, unser volkstümlichster Dichter und wird es noch auf lange hinaus bleiben. An seiner mächtigen Persönlichkeit vorzugsweise ist es den modernen Deutschen aufgegangen, was ein Dichter sei, seine Werke vorzugsweise sind es, die für die Nation den Maßstab der Poesie bilden. Und das Geheimnis solcher Verehrung liegt einfach in dem Umstande, daß Schillers gedankenvolle Anschauung und seine Begeisterung für das Ideale die Seele des deutschen Volkes in ihrem innersten Kern treffen.

»Seine Sphäre ist immer das Ideenreich, und ins Unendliche weiß er alles, was er bearbeitet, hinüberzuführen. Man möchte sagen, er ziehe allem, was er behandelt, den Körper aus, um es zu Geist zu machen, so wie andere Dichter alles Geistige mit einem Körper bekleiden. Beinahe jeder Genuß, den seine Dichtungen gewähren, muß durch eine Übung der Denkkraft errungen werden; alle Gefühle, die er, und zwar so innig und so mächtig, in uns zu erregen weiß, strömen aus übersinnlichen Quellen hervor. Daher dieser Ernst, diese Kraft, dieser Schwung, diese Tiefe, die alles charakterisieren, was von ihm kommt, daher auch diese immerwährende Spannung des Gemüts, in der wir bei Lesung derselben erhalten werden.« Schiller selbst schildert mit diesen Worten Klopstock, der die Poesie zum erstenmal in der neueren Zeit aus einem »Spiel des Verstandes und Witzes« wieder zu einer Sache der Begeisterung gemacht hat. Diese Worte könnten mit leisen Änderungen auf Schiller selbst geschrieben sein. Nur besitzt Schiller eine größere sinnliche Kraft als Klopstock, und selbst wenn er sich als Poet in der Region der Gedanken bewegt, kühlt sich sein begeistertes, leidenschaftliches Denken fast immer zu plastischen Gestalten ab. In seinen Gedichten, als Lyriker, erweist sich diese Bildnerkraft Schillers in der wunderbarsten Weise. Hier hat er es wie oft mit den bedeutenden Problemen des Denkens, Dichtens und des Lebens zu tun; der Stoff scheint sich gegen die Gestaltung zu sträuben, aber der Dichter ergreift ihn mit starker Hand und zwingt ihn, bildsam zu werden. In solchen Fällen genießen wir die seltene Freude, Gedanken, die uns dämmernd vorgeschwebt, zu leibhaftigen Formen gerinnen zu sehen. Die Idee wird dann zum Ideal, der Denker zum Dichter. Und mit welcher Großheit, mit welchem Glanze treten diese Gedanken auf! Die deutsche Sprache trägt bei Schiller Purpur und Krone. Aber hinter all dieser prächtigen, berauschenden Erscheinung liegt noch etwas, das uns unausweichbar anzieht und fesselt: es ist die Persönlichkeit des Dichters, es ist Schiller selbst. Schiller ist nicht in dem Maße wie Goethe eine Natur, deren Walten wir fast ohne sittliches Urteil betrachten; in ihm arbeitet vielmehr eine ethische Energie, die uns in ihre Kreise hineinzieht, er ist von einer sittlichen Hoheit der Gesinnung erfüllt, die uns Beifall und Bewunderung abnötigt. Der Poesie gegenüber ist das vielleicht nicht das reine ästhetische Verhalten, das bloße Wohlgefallen an der Schönheit der Form; aber der Deutsche mag sich gern den Vorwurf gefallen lassen, daß er das Sittliche vom Poetischen nicht zu trennen verstehe. Es liegt einmal in unserer Art, von der Poesie ein wenig etwas wie Erbauung zu verlangen, und wenn ein moderner Deutscher hinter dem Rücken der Kirche beten will, so nimmt er Schillers Gedichte aus der Tasche.

Es liegt eine erhebende, eine stählende Kraft in Schillers Gedichten. Als Friedrich Hebbel, von Schmerzen gefoltert, auf dem Siechbette lag, ließ er sich die Gedichte von Schiller reichen. Goethe hatte sich nicht als stark genug erwiesen. Von Schillerschen Weisen eingewiegt, ist Hebbel selig hinübergeschlummert.

(Am 13. Juli 1904)

Anselm Ritter von Feuerbach

Dem Sprichwort entgegen, welches die Söhne hervorragender Männer übel beleumundet, gibt es Familien, in denen das Genie erblich ist und die Söhne und Enkel mit dem Vater und Großvater durch Glanz der Begabung und tief eingreifende Wirkung wetteifern. Die Feuerbache gehören zu diesen Familien. Es ist ein Adel des Genius, der seit bald hundert Jahren dem deutschen Volke die besten Geister geschenkt, Geister des Fortschrittes und der Neuerung in Wissenschaft, Leben und Kunst, gleich stark im Niederreißen wie im Aufbauen. Der Ahnherr solcher Aussaat bedeutender Menschen, selbst einer der Bedeutendsten seines Geschlechts und das geistige und sittliche Urbild der Nachfolgenden, ist der Kriminalist Anselm Feuerbach, dessen hundertstes Wiegenfest am morgigen Tage überall, wo deutsche Wissenschaft in Ehren steht, feierlich begangen wird. Er ist geboren zu Hainichen bei Jena am 14. November 1775, kam aber noch als kleines Kind nach Frankfurt, welches er stets seine Vaterstadt nennt. Sein Vater, Rechtsanwalt in Frankfurt, war ein harter, herber Mann, der mit seinen überschwenglichen Begriffen von väterlicher Gewalt den Sohn in strenger Zucht hielt, was aber nicht hinderte, daß Anselm, kaum zum Jüngling gereift, die lästigen Fesseln des Hauses eigenmächtig brach und die Universität Jena auf eigene Faust bezog. Sich selbst anheimgegeben, entwickelte er sofort die Eigenschaften, die sein ganzes künftiges Wirken bestimmen, eine Energie, die kein Hindernis kennt, einen Fleiß, der mit dem Schwierigsten in kurzer Zeit fertig wird. Man hat gesagt, daß die meisten großen Männer dadurch groß wurden, daß sie es werden wollten. Feuerbach illustrierte diesen Satz. In ihm arbeitete ein Ehrgeiz und eine Ruhmbegierde, wie sie nur in den großen Köpfen der italienischen Frührenaissance gelodert hatten. Als achtzehnjähriger Student trägt er die folgende Aufzeichnung in sein Tagebuch ein: »Ehrgeiz und Ruhmbegierde« (er selbst unterstreicht diese Worte) »machen einen hervorstechenden Zug in meinem Charakter aus. Von Welt und Nachwelt gepriesen zu werden dünkt mir das größte Erdenglück. Oft wünsche ich Gelegenheit zu haben, mein Leben im Vollbringen großer Taten selbst unter qualvollen Martern hinzugeben, um nur in den Jahrbüchern der Menschheit als großer Mann zu glänzen.« Und bei einer solchen Stahlnatur sind diese Worte nicht bloße Phrase. Er verträumt nicht seine Wünsche, er setzt sie unmittelbar in Aktion um, er wird, was er will. Zunächst läßt er sich von dem breiten philosophischen Strom des Zeitalters tragen; Immanuel Kant ist das Gestirn, auf das er unverwandt hinblickt. Lernend wird er produktiv, er denkt mit der Schreibfeder in der Hand, äußere Not hilft den Schriftsteller entbinden. Schon bekundet er jene Herrschaft über die Sprache, mit der er später den sprödesten Materien ein Lächeln abzwang und welche, als künstlerisches Element, dem Studium seiner Schriften einen ästhetischen Genuß beimischt. Er ist, das merkt man gleich, ein geborener Schriftsteller, ein legitimer Gebietiger des Wortes. Er bewegt sich in seinen ersten Schriften auf den Grenzgebieten von Philosophie und Jurisprudenz, die eine durch die andere wechselweise erweiternd und zähmend. Als er sich später ausschließlich auf die Rechtswissenschaft warf, blieb ihm doch der weite philosophische Horizont, und nächst seiner praktischen Natur hatte er es der Philosophie zu danken, wenn er aus den Büchern ins Leben sich hinauswagte und der historischen Schule gegenüber, die dem Wachsen des Rechtes beschaulich zusah, in die Rechtsentwicklung mit nachhelfender Hand eingriff.

Bevor er jedoch zur Lösung praktischer Aufgaben berufen wurde, durchmaß er als akademischer Lehrer eine glänzende Laufbahn. In einem Lebensalter, wo andere noch Schüler zu sein pflegen oder doch in den mühsamen Anfängen des Lehramts stecken, hatte Feuerbach durch seine gärenden Schriften schon die Aufmerksamkeit der weitesten wissenschaftlichen Kreise auf sich gezogen. Als er Jena, das ihm zu enge ward, verlassen wollte, brauchte er nach ehrenvoller akademischer Tätigkeit bloß die Hand auszustrecken. Er wählte Kiel, von wo aus er, lehrend und schreibend, den Weg über Landshut nach München fand. Hier nun, in der Isarstadt, wo sich in schroffen Gegensätzen die alte und die neue Zeit befehdeten, war für Feuerbach der Schauplatz seiner glänzendsten Tätigkeit und seiner bittersten Leiden. Er wurde mit der Aufgabe betraut, für das Königreich Bayern ein neues Strafgesetzbuch zu verfassen. Es ist anerkannt, daß Feuerbach diese dornenvolle Aufgabe, wenn man von wissenschaftlicher und praktischer Seite den damaligen Stand des Strafrechtes in Betracht zieht, bewundernswürdig gelöst habe. Die einsichtigsten Beurteiler schieben das Mißlungene an der ungeheuren Arbeit auf die Ungunst der Zeit, während sie die Glanzseiten derselben ganz dem Talente Feuerbachs zuschreiben. Wie man aber das Werk auch beurteilen mochte und noch beurteilt, seine Wirkung war großartig; das Feuerbachsche Strafgesetzbuch wurde hier und dort eingeführt, es wurde anderen Arbeiten zugrunde gelegt, ja es wirkt theoretisch und praktisch noch bis in unsere Tage herauf. Man wird es schon um seiner begrifflichen Schärfe und literarischen Form willen nicht vergessen, solange es ein Strafrecht gibt. In dem damaligen München freilich weckte ihm seine Tätigkeit keine Freunde. Die Patriotenpartei, damals wie heute eine Verbindung ultramontaner und borniert vaterländischer Elemente, widmete dem bedeutenden Manne ihren zärtlichsten Haß. Feuerbach war ja ein »Ausländer«, ein Protestant, ein von den Lehren der Französischen Revolution angesteckter freisinniger Politiker. Die sogenannten Patrioten verfolgten ihn immerdar und allerwärts, ja bis in seine Familie hinein. Selbst Pöbel, reizten sie den Pöbel gegen ihn auf, und in den Tagen, wo Thiersch, der Praeceptor Bavariae, von meuchlerischer Hand einen Dolchstoß in die Schulter erhielt, war Feuerbach seines Lebens nicht mehr sicher. Wenn er ausging, trug er Waffen mit sich, und neben seinem Bette lagen geladene Pistolen. Nur der König – ein gutmütiger, aber schwacher Mann – hielt ihn noch, sonst hätte er München sofort verlassen. In so peinlicher und aufreizender Lage hat Feuerbach seinem persönlichen Ansehen nichts vergeben. »Ich bin wild, leidenschaftlich, aber besonnen«, sagt er damals von sich selbst. Indessen war seine Münchener Stellung auf die Dauer doch unhaltbar, und er begrüßte es als eine Erlösung, da er zum Präsidenten des Appellations-Gerichtshofes in Bamberg ernannt wurde, ein Posten, den er nachmals mit der gleichen Stelle in Ansbach vertauschte. Der Mann blieb in diesen Stellungen derselbe, der er gewesen: der Richter entsprach dem akademischen Lehrer und dem Gesetzgeber. Sein populär gewordenes Buch »Aktenmäßige Darstellung merkwürdiger Verbrechen« machte ihn zum deutschen Nationalschriftsteller.

In den Abend seines Lebens fällt die mit hingebender Liebe gepflogene Nachforschung über den unglücklichen Kaspar Hauser, an welchem er in einer berühmt gewordenen Schrift das »Beispiel eines Verbrechens am Seelenleben des Menschen« veranschaulichte. Kurz vor Feuerbachs Hingang – die Schrift erschien 1832, er starb 1833 – flammt hier noch einmal sein innerstes Pathos, der von jeder äußern Rücksicht unabhängige Rechtssinn, lichterloh auf. Er geht den Spuren des Verbrechens nach, unbekümmert darum, ob sie ihn in eine Hütte oder in einen Palast führen. Nachdem er den von ihm geprägten strafrechtlichen Begriff »eines Verbrechens am Seelenleben des Menschen« ausführlich dargelegt, schließt er mit den mutigen Worten: »Welche andere Verbrechen allenfalls noch hinter der an Kaspar verübten Missetat versteckt sein mögen? Auf welche Zwecke die verborgene Gefangenhaltung Hausers berechnet gewesen? Diese Fragen würden uns zu weit in das luftige Gebiet der Vermutungen oder in gewisse geheiligte Räume führen, welche eine solche Beleuchtung nicht vertragen.« ... Diese Räume nun hat er in der von seinem Sohne Ludwig veröffentlichten Denkschrift für die

Königin Karolina von Bayern wirklich beleuchtet. Ein juristischer Beweis ist nicht erbracht, allein die Vermutungen sind so stark, ihre unentrinnbare logische Verkettung schließt sich so streng zu einem moralischen Beweise zusammen, daß ein Geschworenengericht nicht in Verlegenheit wäre, sein Urteil zu fällen. Aber gerade hier wollte man den großen Rechtslehrer fassen, und über seinem Grabe ist ein unerquicklicher Kampf entbrannt, der eigentlich um Feuerbachs Seele, um seine sittliche und juristische Integrität geführt wird. Man wagt es, ihn in seiner Behandlung der Sache Kaspar Hausers unlauterer Motive zu zeihen, ihn zum Sachwalter des Unrechts und der Lüge herabzuzerren. Dagegen protestiert Feuerbachs ganzes Leben, sein Wirken, sein bis in die kleinste Faser klar vor uns daliegender Charakter. Es soll seinen Widersachern oder den Anwälten seiner Widersacher nicht gelingen, einen der besten deutschen Männer zum Rabulisten herabzuwürdigen, und heute, an seinem Ehrentage, strahlt sein hohes Bild in dem zwiefachen Glanze einer genialen Natur und eines großen wissenschaftlichen Charakters.

(Am 14. November 1875)

Jacob Grimm

Wie sich in einem wohlbestellten Haushalt irgendwo ein vornehmes, zugleich mildes und kräftiges Getränk birgt, das, in guter oder böser Stunde hervorgeholt, mit sanfter Gewalt auf Gaumen und Gemüt fällt, so gibt es in besseren Familien – oder sollte doch geben – schmackhafte, geistreiche Bücher, die man in widerwärtigen Umständen oder bei einer schwebenden Freude vom Brett herunterlangt, um sie, wo nicht ganz, so doch in schicklicher Auswahl und mit desto andächtigerer Hingabe zu genießen. Als der Glaube noch blühte, entsprach die Heilige Schrift, in welcher so viele Stimmen ertönen, als es Stimmungen in der menschlichen Seele gibt, solchen edlen Zwecken vollkommen. Einer freieren, gegenständlicheren Anschauung, der es lästig fällt, alle Dinge Himmels und der Erden einseitig in Gott gefärbt zu betrachten, entfremdet sich die Bibel, als Erbauungsbuch genommen, mehr und mehr. Die Propheten sind unseren großen Dichtern und Denkern gewichen, und jeder ist uns ein Heiland, der die Begabung in sich hegt, uns zu belehren, zu erheben, zu begeistern. Wir fühlen daher das Bedürfnis nach anders beschaffenen Hausbüchern, unbeschadet und trotz der noch teilweisen Geltung der Heiligen Schriften Alten und Neuen Testaments. Freilich sind die Werke, die den Ehrenplatz in der Familie verdienen, dünn genug gesät, und zumal unsere deutsche Literatur ist im Vergleiche mit der englischen und französischen arm an dergleichen Kernbüchern. Bringen wir unsere Klassiker in Abzug, die von Rechts wegen im Vordergrunde prangen, weil sie uns nach einem Zustande geistiger Dumpfheit die Zunge gelöst, die Empfindung und den Gedanken entfesselt haben, so ist es im übrigen nicht zum besten bestellt mit unserer Hausliteratur. Allerdings hat ein gütiges Geschick uns einen Dichter beschert wie Schiller, durch dessen unvergleichliche, keiner anderen Nation zustehende Werke der Geringste in unserem Volke an den höchsten Dingen teilnimmt, welche Herz und Kopf der Menschen bewegen: Schiller allein ist eine ganze Hausbibliothek; wer vermöchte aber auf der Höhe des Dichters standzuhalten und fühlte nicht auch den Wunsch, einige Staffeln abwärtszusteigen? Für solche geistige Mittelregion ist literarisch nur übel gesorgt. Zwar bringen manche Jahrgänge Lieblingsbücher mit sich, an die sich jedermann herandrängt und die man gelesen haben muß, will man anders nicht als Ungebildeter erscheinen. Doch von solchen Erzeugnissen, welche die nächste Zeitwelle hinwegspült, um ähnliche wiederzubringen, soll in diesem Zusammenhange nicht die Rede sein. Den Modeschriften gegenüber gibt es Bücher, die eine Zeitlang fast niemand liest und die doch jeder sollte gelesen haben. In ihnen liegen die Bedingungen zu dem, was wir Hausbücher nennen, Bücher, in welchen eine bedeutende Ansicht von einer tüchtigen, liebenswerten Persönlichkeit vorgetragen wird, die, indem sie bloß zu lehren, zu unterhalten scheint, uns zur Verehrung ihres Charakters zwingt. Kein Buch ist bedeutend, das bloß Unterhaltung oder Belehrung gewährt; soll es wirklich bedeutend sein, so muß hinter den Buchstaben ein Mann aufsteigen, der uns die Hand reicht und dessen Führung wir uns völlig anvertrauen. Das Beste an einem guten Buche ist immer der Verfasser.

Um aus den bloßen Allgemeinheiten herauszutreten, will ich dem Leser gleich ein solches Buch, das ein Hausbuch im edelsten Sinne ist, aufschlagen. So weit ist die Bildung bei uns wohl gediehen, daß die dargereichten Blätter mit Vertrauen begrüßt werden, wenn man sagt, sie sind von Jacob Grimm. Einem guten Deutschen, die Frauen mit eingeschlossen, die ja seine und seines Bruders Märchensammlung kennen, kann der Name dieses Mannes nicht über die Lippen schweben, ohne daß es ihnen warm und sonnig im Gemüte wird. Man weiß, er ist ein großer Gelehrter gewesen; aber es hat viele ebenso große Gelehrte gegeben, ohne daß sie eine so hervorragende Bedeutung wie Jacob Grimm gewonnen hätten. Er ist der Gründer der germanistischen Wissenschaft, die vor ihm ohne festen Boden war; er ist in gewissem Sinne auch der Vollender dieser Wissenschaft, weil er einige Ziele erreicht und die Erreichbarkeit anderer Ziele gezeigt hat. Mit scharfer Axt ist er durch den Urwald des deutschen Altertums gebrochen, und wo mit rücksichtslos vordringender Tatkraft nichts zu erreichen war, da stand er, die Zweige vorsichtig auseinanderbiegend, still, um die verschämtesten Geheimnisse des Volksgeistes zu erlauschen. Nie waren in ein und demselben Menschen rastlose Energie des Forschens und den Atem anhaltende, sinnige Betrachtung so eng verschwistert wie bei ihm. Die germanische Philologie aus dem Rohen herausarbeitend, führte er sie, indem er das Wort mit der bezeichneten Sache verband und die Sache am Worte erörterte, bis auf den Punkt, wo sie zur Wissenschaft vom deutschen Volke ward. Als er seinen an eindringenden Vorstudien geschärften Blick auf die deutsche Sprache warf, ordnete sich das durch die Jahrhunderte hintönende Gewirre wie durch einen Zauberschlag zur Harmonie, und in ebenmäßigem Rhythmus, bewegt von einem einfachen Gesetz, stieg unsere heimatliche Sprache aus fernem Altertum herauf bis in unsere Tage. Die breite Gleichgültigkeit in Raum und Zeit ward zur Entwicklung, zur Geschichte. Mit genialem Instinkt – oder soll man es den Scharfsinn der Liebe nennen? – drang Jacob Grimm in seine Muttersprache ein; jedes Wort ward ihm zum lebendigen Wesen, und er besprach und unterhielt sich damit wie mit einem Menschen, ja die einzelnen Buchstaben verwandelten sich in interessante Personen, die von merkwürdigen Schicksalen zu erzählen hatten. Kein Gelehrter ist je dem Genius der deutschen Sprache so nahegestanden wie Grimm; er besaß, mochten seine Wortanklänge noch so fehlgehen, ein Wort- und Wurzelgefühl ohnegleichen, gerade als ob er in dem Rat der Geister gesessen hätte, die unsere Sprache erfunden haben. Sinnlich und geistig empfand er die Worte, wenn er sie auch nicht mehr verstand. Stets aber ist er durch die Schale des Wortes zum Kern, zur Sache durchgebrochen, von der Bezeichnung zum Bezeichneten, und so hat der Schöpfer der historischen deutschen Grammatik, worin, nach Heinrich Heines Ausspruch, sämtliche germanische Mundarten wie in einem hochgewölbten Dome erklingen, auch eine deutsche Mythologie wie aus dem Nichts hervorgezaubert, die Rechtsverfassung unserer Altvordern klargelegt und unzählige Beiträge zur Sittengeschichte unseres Volkes geliefert. An poetischer Empfänglichkeit hat ihn kein Mitstrebender übertroffen. Mit seinem feinen Spürsinn, mit seinem Verständnis für alles Ursprüngliche, Ungemachte ist er tiefer als irgendeiner seiner Vorgänger in das Wesen der Volksdichtung eingedrungen, die ihm eigentlich die einzige echte Poesie einschloß. Ist er doch selbst halb Dichter und ganz Volk gewesen.

Auf die sprachliche Darstellung Jacob Grimms konnten seine Studien nicht ohne Einfluß sein, zumal er sie mit vollem Herzensanteil betrieb. Keiner vor ihm hat so tief wie er in den deutschen Sprachschatz hinabgegriffen, hat so viele deutsche Wörter durch die Finger laufen lassen. Auf das Lautwesen der deutschen Sprache hat er sinnig hingehorcht, und die schöne Vokalmusik ihrer Umlaute klang ihm unverlierbar im Ohre nach; wie die deutsche Sprache denkt, wie sie ihre Formen bildet, ihre Worte zu Sätzen reiht, das hat er aufs feinste nachgedacht und noch feiner nachempfunden. Der schöpferische Geist, aus welchem die deutsche Sprache hervorgebrochen, war ihm unmittelbar nahe. Auf seine eigene sprachliche Darstellung wirkten alle diese Elemente lebendig ein, die sinnliche Kraft der Bezeichnung nicht weniger als der über ihr schwebende geistige Hauch. Er zog, wenn er sprach oder schrieb, die starke Form der schwachen vor, das sinnlich bezeichnende Wort dem abstrakten, und wenn er einen Begriff nicht mehr mit dem Verstande zu erhaschen vermag, fängt er ihn in einem Bild oder Gleichnis ein. Bei keinem anderen deutschen Schriftsteller wuchert der bildliche Ausdruck so stark wie bei Jacob Grimm: man glaubt oft durch ein Blumenfeld zu waten; und was diese Bildlichkeit noch steigert, ist das Bestreben Grimms, bei dem einzelnen Worte dessen sinnliche Bedeutung durchblicken oder doch durchfühlen zu lassen. Vor den Regeln des reinen Geschmacks besteht solche Schreibweise freilich nicht; wer aber wollte sich diese Bilder und Gleichnisse rauben lassen, die sich in ihrer Herzlichkeit und ihrem kindlichen Wesen so warm ans Gemüt schmiegen? ... Von der Freiheit der Wortfolge – diesem Segen und Unsegen unserer Sprache – macht Grimm den vollsten Gebrauch. Hier sieht man in den Mechanismus seines Denkens hinein, weil die Wortfolge den Gedankenablauf in der Zeit und damit die Abstufung der Vorstellungswerte anschaulich macht. Ein Schriftsteller, in welchem das Eigenwesen der Persönlichkeit so stark durchschlägt, will mit Hingebung und Liebe gelesen sein; wer dies aber tut, den lohnt hundertfältiger Genuß. Jacob Grimm ist nicht in dem Sinne wie Lessing oder Goethe ein mustergültiger Schriftsteller; aber das schöne germanische Vorrecht, das zu sein und zu scheinen, was man ist, nimmt er auch in der schriftlichen Darstellung für sich in Anspruch, und wer dürfte sich nackt zeigen, wenn nicht dieser herrliche Mann, in welchem die edelsten Säfte unserer Nation pulsierten? Jacob Grimm wühlte den heimatlichen Sprachgeist in seinen Tiefen auf, und in seinen Schriften hört man alle Brunnen der deutschen Sprache rauschen.

Ich wollte vor dem Leser ein Buch aufschlagen: nun ist aber der Autor davorgetreten und hat es mit seiner Gestalt verdeckt. Das Buch ist eine Auswahl aus den kleineren Schriften von Jacob Grimm; wir öffnen es, und wir finden sofort den Mann wieder, den wir soeben verlassen. Er hat seinen gelehrten Apparat beiseite geschoben und tritt uns, in der Form freier und edelster Darstellung, nun mit Resultaten seiner Studien entgegen. Es sind gerade zwölf größere Schriftstücke, denen etwa ein halbes Dutzend kleiner Nachträge folgt. Der Stoff ist mannigfaltig genug: eine Selbstbiographie; über seine Entlassung in Göttingen; Reiseeindrücke aus dem Süden und dem Norden; Denkreden auf Lachmann, Wilhelm Grimm, Schiller; Abhandlungen über Schule, Universität und Akademie, über den Ursprung der Sprache, über das Pedantische in der deutschen Sprache. So viele Stücke, so viele Perlen. Wer immer mit reinem Sinn und aufgeschlossener Empfänglichkeit an die Lektüre des Buches herantritt, den wird es anziehen und festhalten, und hat er es gelesen, so wird die Sehnsucht in ihm bleiben, zu dem Buche zurückzukehren und es wieder und wieder zu lesen. Dem Genius Jacob Grimms wohnt ein unwiderstehlicher Zauber inne; seine Nähe übt einen sanften Zwang, und wir glauben besser zu sein, solange wir unter seiner Wirkung stehen. In diesem starken Mann lebt die Seele eines Kindes, in diesem großen Gelehrten sind Adern der köstlichsten Naivität. In seinem Charakter finden wir Lauterkeit, Wahrhaftigkeit, Treue, in seinen politischen und religiösen Anschauungen den reinsten Freisinn. Wer einen solchen Mann lieben und verehren gelernt, hat sich für sein ganzes Leben einen Schatz erworben.

Und wieder, indem ich von einem Buch sprechen wollte, rede ich von einem Menschen. Das aber ist ja gerade das Zeugnis für ein gutes Buch, daß es uns auf den Menschen zurückführt. Eine Schrift, die jeder könnte geschrieben haben, ist keine. Und nun, indem ich das Ende mit dem Anfang verschlinge, nenne ich das Buch von Jacob Grimm ein echtes Hausbuch. Schlagt es nur auf in euren Familien, und gute Geister werden seinen Blättern entsteigen.

(Am 24. Mai 1874)

Ludwig Uhland

Der klangvolle Name Ludwig Uhland, aus welchem die dreifältige Stimme des Dichters, des Forschers und des Patrioten zu uns spricht, schwebt heute auf den Lippen aller, die auf deutscher Erde stehen, und auch die losgelösten Volksgenossen, denen in der Fremde die deutsche Sprache ihre Heimat geblieben ist, werden ihn segnend wiederholen. Man wird seine Lieder singen, seine wissenschaftlichen Verdienste auffrischen, seine kernhaften Reden erneuern. Jeder einzelne wird fühlen, was er an dem Manne hat, und aus dieser gemeinsamen Empfindung wird die Begeisterung mächtig emporlodern. Ruht nun Uhlands Geist auf den Feiernden, so werden sie sich wohl hüten, beim Festesjubel die Saiten zu überspannen. Bescheidenheit, die ja das Selbstgefühl nicht ausschließt, ist eine der Haupttugenden Uhlands gewesen. Er hat nie etwas anderes für sich in Anspruch genommen, als seine Pflicht getan zu haben, sei es nun seinem Talente oder seinem Volke gegenüber. Er hätte sich geschämt, mehr sein zu wollen, als er wirklich war. Höhere Geister über sich zu wissen war ihm kein bedrängendes, sondern ein beglückendes Gefühl. Es ist ihm nie in den Sinn gekommen, sich mit Schiller oder Goethe auf gleiche Stufe zu stellen. Und so volkstümlich Uhland auch sein mag, an das Maß unserer beiden Nationalpoeten reicht er bei weitem nicht hinan. Diese sind Kulturhelden, die ihrem Volke neue Welten aufgeschlossen, die ihm seine Sprache geschaffen haben, und ohne sie wäre die neuere Geschichte Deutschlands völlig undenkbar. Uhland dagegen ließe sich aus dem Zusammenhange der Dinge herausdenken, und es fehlte kein wesentliches Glied an der Kette unserer nationalen Entwicklung. Freilich – und das muß man gleich hinzufügen – es fehlte ein Mann, wie es kaum einen herrlicheren gegeben hat. Daß aber Uhland ein Dichter sei, hat noch niemand bestreiten wollen, und ob er ein großer Dichter, ist eine höchst müßige Frage, da jeder, sobald er überhaupt ein Dichter, immer auch ein großer Dichter ist; kleine Dichter gibt es so wenig, als es kleine Riesen gibt. Läßt sich nun Uhland, was kulturgeschichtliche Bedeutung anlangt, jenen beiden mächtigen Geistern auch nicht an die Seite stellen, so muß doch ein ganz eigentümlicher Zauber in seinen Dichtungen walten, der da macht, daß das deutsche Volk an keinem seiner Dichter herzlicher und gemütlicher hängt als eben an ihm. Das Geheimnis solcher tiefgehender Wirkung ist unschwer zu ergründen. Als Uhland auftrat, war das weiland so liederreiche deutsche Volk stumm geworden, der schöpferische Quell des Volksgesanges war versiegt. Da schlug Uhland seine volkstümlichen Weisen an: er sang »Es zogen drei Bursche wohl über den Rhein« oder »Ich hatt' einen Kameraden«, und mit freudiger Überraschung erkannte sich das Volk in seinem Dichter wieder; seine Zunge war plötzlich gelöst, und es sang Uhlands Lieder als seine eigenen und singt sie noch heute und wird sie so fortsingen. Die schlichte Tonart seiner Gedichte und das allgemein gültige Deutsche seiner Empfindungen machte ihn zum Liebling der Nation. Nicht subjektive Probleme und Privatgrillen verfolgte er in seinen Dichtungen, es ist das tiefe deutsche Gemüt mit seinen starken Grundempfindungen und zarten Gefühlen, mit seiner oft närrischen Empfindsamkeit und herzlichen Schalkheit, was seine Dichtung in vollen und von Grund aus anheimelnden Lauten widerklingen läßt. Uhland hat gesungen, wie wir alle singen würden, wenn wir singen könnten. Dieses Unpersönliche, Volksliederartige seiner Dichtung hat er einmal in einer sinnbildlichen Handlung mustergültig ausgeprägt. Als er von Stuttgart nach Tübingen übersiedelte, um auf der dortigen Hochschule Vorlesungen über Geschichte der deutschen Literatur zu halten, erwarteten ihn Freunde an der Markung Stuttgarts, um dem Scheidenden einen Lorbeerkranz zu überreichen; Uhland nahm den Kranz und hängte ihn unterwegs an einer Eiche auf. Er lehnte den persönlichen Ruhm ab und gab den Kranz den allgemeinen Mächten des Lebens und der Dichtung zurück. Das ist ein ungedrucktes Gedicht Uhlands und vielleicht sein schönstes.

Noch ein anderer Umstand trug dazu bei, Uhland dem Herzen des deutschen Volkes näherzubringen. Mögen Sophisten und liederliche Schöngeister immerhin spötteln und lachen, der gesunde Sinn des Volkes wird stets verlangen, daß Talent und Charakter des Dichters aus einem Stücke seien. Und ein solches Schauspiel von einheitlicher Persönlichkeit, von unwandelbarer Tüchtigkeit und Treue hat Uhland während einer reichlich gemessenen Lebenszeit dem deutschen Volke dargeboten. Das zeigte sich namentlich in Uhlands politischer Tätigkeit. Gewiß werden wenige Uhland für einen großen Staatsmann halten, und er ist auch als Politiker mehr geliebt als bewundert worden; aber seit seinem ersten Auftreten in den württembergischen Verfassungskämpfen bis zur Sprengung des Rumpfparlaments ist er sich selbst und seinem Volke treu geblieben. Ein ausgesprochen demokratischer Zug geht durch sein ganzes Wesen, und wie in seinen Dichtungen, so finden wir ihn auch in seiner Politik von den Gefühlen des Volkes bestimmt und getragen. Ihn einen politischen Romantiker zu nennen, wie man ihn, verführt durch das mittelalterliche Kostüm mancher seiner Gedichte, einen poetischen genannt hat, ist grundfalsch; auf beiden Gebieten steht er auf dem gediegenen Boden der Wirklichkeit, und wenn er politisch auch manchmal über das Ziel geschossen, das Ziel, nach dem er schoß, war doch meistens das richtige. Uhlands politische Konsequenz war freilich keine staatsmännische, sondern die Konsequenz eines echten schwäbischen Starr- und Trotzkopfes; aber auch in dieser schroffen Folgerichtigkeit, die am gegebenen Rechte, ja am Buchstaben dieses Rechtes auf Leben und Tod festhält, ist ein nationaler Charakterzug wiederzuerkennen. Auch seine persönliche Erscheinung und die Art und Weise, wie er sprach, machten ihn zum Volksliebling. Persönlich erschien er mehr tüchtig als schön: klein, aber kräftig und aufrecht gebaut, mit einem Rückgrat, das eher brach als sich bog; sein von rötlichblonden Haaren umkränzter Kopf hatte einen starken und strengen Knochenbau, aus welchem die hellblauen Augen wie zwei Kinder herausgrüßten. Seine Rede war weder durch raschen leichten Fluß, noch durch blendenden rhetorischen Glanz ausgezeichnet. Er gehörte nicht zu jenen, die ihr Seelchen auf der Zunge tragen. Gleichsam volle Eimer aus einem tiefen Brunnen, so wand er mit einiger Kraftanstrengung die Worte aus der Brust. Seine Rede hatte einen männlich herben Grundgeschmack, war aber stets von poetischen Gedanken durchblümt und durchsüßt. Keiner verstand es wie er, einer großen politischen Situation zum bildlichen Ausdrucke zu verhelfen: die Volksinstinkte kamen dann durch ihn zum Worte. Solche Sprüche bleiben haften. Mit dem Tropfen demokratischen Öls, womit, nach Uhlands Wort, ein deutscher Kaiser gesalbt sein müsse, hat Bismarck halb im Scherz, halb im Ernst lange genug gespielt.

Noch berühmter als Uhlands Reden war sein Schweigen, welches literarische Geschäftsreisende nicht selten zur Verzweiflung brachte. Aber welch ein Wohllaut und welch schöne Bilder- und Gedankenwelt schlummerte hinter diesem Vorhange! Das Schweigen war Uhlands Muse, es war die Mutter und die stillende und reizende Amme seiner nicht zahlreichen, aber schönen und teils zarten, teils mannhaften Töchter und Söhne. Es schenkte ihm unvergeßliche Worte, wie beispielsweise: »Es blüht das fernste tiefste Tal!«, Worte, die recht aus der feierlichsten Stille geboren sind. So fängt, wie jeder beschauliche Mensch an sich selbst erfahren hat, eine recht einsame Stille, in der wir sitzen, auf einmal wie von selbst zu summen und zu singen an, und wenn wir uns besinnen und näher zuhorchen, finden wir in diesen scheinbar außer uns klingenden Tönen unsere eigensten, von der Seele sich ablösenden Gedanken wieder. Wie Uhlands Poesie, so reiften auch seine wissenschaftlichen Arbeiten in solcher Abgeschiedenheit und Stille. Er produzierte schwer, konnte es sich nicht leicht gut genug machen und drehte und warf einen Gegenstand lange Zeit in sich herum, ehe er ihn ans Licht stellte. Stieß er aber einmal den Spund aus, so rann ihm das Erz mit geschmeidigem Fluß in die Form und füllte sie fest anliegend aus, so daß schließlich nur noch die Fugen abzustemmen waren. Seine Schweigsamkeit lohnte sich in seinen Schriften. Uns wenigstens will es vorkommen, als ob Uhlands männliche, kernhafte, mit fester Hand gemeisterte Prosa zu einem guten Teile aus der Enthaltsamkeit, aus der Keuschheit, möchte man sagen, zu erklären sei, mit welcher er von der mündlichen Rede Gebrauch machte. Es hat gewiß viele gegeben, die nicht minder gelehrt waren als er und welche weit auseinandergeworfene Daten mit ebensoviel Scharfsinn kombinierten; was aber Uhland in seinen wissenschaftlichen Arbeiten für sich hat, das ist, daß aus ihnen durchaus eine edle männliche Natur und die feinste poetische Empfindung spricht, so daß seine Schriften neben ihrem wissenschaftlichen Werte noch einen ethischen und ästhetischen besitzen. Hier haben wir wieder, wie in seinen Gedichten, den vollen, ganzen Menschen, ja so voll und so ganz, daß selbst die Wahl seiner wissenschaftlichen Stoffe von der Gesinnung des Autors abhängig ist. Kein Dichter des deutschen Mittelalters besitzt ein schöneres Denkmal, als es Uhland in seiner Schrift »Walter von der Vogelweide« diesem Minnesänger gesetzt hat. Es ist der Dichter, der einen verwandten Genius auslegt. Ein Meister- und Musterstück verständnisvoll eindringender Darstellung – oft nachgeahmt, nie wieder erreicht – ist Uhlands Abhandlung über den deutschen Minnegesang. Daß er eine grundlegende Abhandlung über das altfranzösische Epos geschrieben, sei nur nebenher bemerkt. Die wärmste und dauerndste Teilnahme hat Uhland jenen unliterarischen poetischen Erzeugnissen gewidmet, in welchen sich der Nationalgeist unmittelbar und auf eigene Faust ausspricht; dem Mythus, der Sage, dem Volkslied. Mit wahrem Bienenfleiß hat er die deutschen Volkslieder gesammelt und die gesammelten im Sinne des Volkes ausgelegt. Romanische, germanische, zumal schwäbische Sage hat er historisch und sachlich behandelt. Als Beispiel, wie in seinen wissenschaftlichen Arbeiten der ganze herrliche Uhland atmet, der Dichter, der Forscher, der politische Charakter, sei schließlich noch seine Schrift »Der Mythus von Thôr, nach nordischen Quellen« erwähnt. Nach seiner Naturseite und nach seinem sittlichen Gehalte setzt er den nordischen Donnergott gründlich auseinander, um dann sein Wesen mit Worten, in welchem jeder Buchstabe lebt, zusammenzufassen. »Thôr«, sagt Uhland, »ist der menschlichste, volkstümlichste, leutseligste der Asen, der ›geliebte Freund‹ seiner Verehrer. Mit seinem Namen war patenartig ein großer Teil der persönlichen Eigennamen in Norwegen und Island zusammengesetzt. Er begünstigt in der Politik des alten Nordens das demokratische Element ... Während Odin in den königlichen Heldengeschlechtern waltet, während er die Jarle hat, verkehrt Thôr mit allem Volk und verschmäht auch die Thräle nicht. Während Odins Erscheinung stets einen finsteren, grauenhaften Hintergrund durchblicken läßt, hat die Sage von Thôr, selbst in Liedern höheren Stiles, eine Beigabe arglosen Scherzes. Seinem herablassenden Wesen kommt auch die ganze Vertraulichkeit des Volkes entgegen; wie er mit diesem das Feld bestellt, dient er ihm auch zur guten Unterhaltung, und wenn es bei guter Laune ist, zupft es ihn gelegentlich am roten Barte. Dieses schadet aber der Liebe nicht, man ist ihm nur um so herzlicher zugetan ... Jenes trauliche Verhältnis hat auch unleugbar sein Erhabenes; derselbe Thôr, der den Menschen so nahe tritt, ist der Bändiger aller tobenden Elemente, dem mit dem schwellenden Strome auch die Asenstärke himmelhoch anwächst, und ein Volk zeigt rüstigen Sinn, das im Donnerhalle die Nähe seines Freundes erkennt.«

Das Bild Uhlands wäre mangelhaft, wenn seine religiöse Gesinnung unbeachtet bliebe. Uhland war ein christlich gesinnter Mann, ein schlichter Protestant ohne großes kirchliches Bedürfnis. Der Protestantismus war ihm, dem religiöse Zweifel und philosophischer Erkenntnisdrang fernestanden, eine gute deutsche Sitte, in welcher er sich beruhigt fühlte. In seiner letzten Krankheit ließ er sich Stellen aus der Bibel und Kirchenlieder von Paul Gerhardt vorlesen; dann ließ er sich wie ein Wanderer, der in die Fremde zieht, die letzte Wegzehrung reichen.

(Am 26. April 1887)

Ludwig Börne

Indem ich über Ludwig Börne das Wort ergreife und das geistige Bild des merkwürdigen Mannes heraufzuführen unternehme, ist es mir wohl bewußt, daß ich mit starken Strömungen des Zeitgeistes in Widerspruch gerate und gleichsam gegen einen Sturm, der mir ins Gesicht weht, zu reden gezwungen bin. Börne versammelt in sich Eigenschaften, deren jede, einzeln genommen, schon hinreichend wäre, den Unmut der Tagesstimmung herauszufordern. Er war ein Jude, er war ein warmer Freund der Franzosen, er war ein Kosmopolit. Jedermann wird zugeben: schlechter kann sich heutzutage niemand der öffentlichen Meinung empfehlen. Der Jude, noch vor kurzem das gehätschelte Schoßkind des Liberalismus, wird gegenwärtig mehr oder weniger bildlich verbrannt; die Franzosen sind, seitdem sie von den Deutschen mit einer unvergleichlichen Gründlichkeit besiegt worden und das Los der Besiegten nicht mit der Würde, die einem großen Volke ziemt, zu tragen wissen, einer tiefen Mißachtung anheimgefallen; das Weltbürgertum endlich, einst die feinste Blüte der deutschen Kultur, ist von einem gewaltsamen Ausbruche des nationalen Selbstgefühls in den Hintergrund gedrängt worden. Und doch, trotz dieser in die Augen springenden äußerlichen Mißstände, bleibt Börne eine so hervorragende Erscheinung, ist er an sich so bedeutend und für seine Zeit so bezeichnend, daß man sein hundertstes Wiegenfest nicht mit gutem Gewissen kann vorübergehen lassen, ohne ihm ein Wort der Erinnerung und selbst der Huldigung zu widmen. Geistige Bedeutung, wo immer sie sich zeige, ist eine Macht, die unfehlbar die Menschen bezwingt, und sie öffentlich nicht anerkennen wollen, wenn man sie in seinem Innern auch noch so deutlich empfindet, ist eine Heuchelei, die den Charakter zerstört und den Verkehr der Geister untereinander zur Lüge macht. Es ist die wahre Sünde wider den Heiligen Geist. Börne war in der Tat etwas, und dieses Etwas anzuerkennen ist unsere Pflicht. Stünde es in meinem Vermögen, ich würde jenen homerischen Schleier in die Luft werfen, dem die Wunderkraft innewohnt, die tobenden Meereswogen zu beschwichtigen. Dann stiege er – doch nein, auch dem Wort ist es gegeben, die Elemente zu glätten: er steigt wirklich zu uns ans Land, und der vielgewandte, vielverkannte Mann spricht uns so beweglich an, daß wir ihm mit Begierde lauschen und, von solcher Achtung heischenden Gegenwart gebannt, der heißen Tageskämpfe, die unser Urteil trüben, auf eine Weile vergessen.

Ludwig Börne, der in seiner Jugend Löb Baruch gerufen wurde, ist ein Kind der Frankfurter Judengasse. In seinen Knabenjahren war die Judengasse schon nicht mehr jenes Gefängnis eines fremden Volkes, das gegen Luft und Licht der allgemeinen Kultur ängstlich verschlossen blieb. Unter den besseren Köpfen der deutschen Juden, die von dem Ehrgeize geleitet waren, aus ihrer untergeordneten Stellung hervorzutreten, zeigte sich ein lebhaftes Bildungsstreben. Moses Mendelssohn hatte das Beispiel gegeben, wie man durch geistige und sittliche Kultur aus geringen Anfängen zu persönlicher und literarischer Geltung emporsteigen könne. Mendelssohns deutsche Bibel war das Buch, an welchem Börne die Sprache lernte, die er später mit seltener Meisterschaft handhabte. Und mit der deutschen Sprache ging auch deutsche Gesinnung auf den Knaben über, lernte er auch deutsch denken und empfinden. Der Vorgang, dessen Möglichkeit von vielen geleugnet, von manchen bezweifelt wird: wie nämlich aus dem Juden ein Deutscher wird, dieser Vorgang kann an Börne als einem klassischen Beispiele wahrgenommen werden. Es ist die hingebende Arbeit, der treue Wille, es ist die Liebe, welche diese Transfusion, diese Übergießung der Seele bewerkstelligt. Deutsch schreiben und als Deutscher schreiben, war ein frühes Ideal Börnes, und es erreicht zu haben, hat er sich in späteren Jahren nie nehmen lassen. Wenn er es nun in seinen Schriften den Leuten recht machte, ließ man ihn als deutschen Schriftsteller gelten, ja er fand Verehrung und Begeisterung, und nie ist ein Theaterkritiker in Deutschland so enthusiastisch gefeiert worden wie Börne. Befand er sich aber im Widerspruche mit weitverbreiteten Ansichten, so ließ man ihn merken, daß er ein Jude sei und daß ihn die Sache im Grunde gar nichts angehe. Für einen Mann, der es redlich meint, der ohne persönliche Nebenabsicht das Interesse eines Volkes zu seinem eigenen gemacht, der für dieses Interesse arbeitet, leidet, Opfer bringt, für einen solchen Mann muß ein solcher Vorwurf zu den bittersten Erfahrungen des Lebens gehören. Für ihn gibt es keine Rettung; wenn es nicht möglich ist, daß der Jude dem Volke, unter dem er lebt, ganz und gar angehört, wenn sein Tun und Lassen beständig dem Verdachte ausgesetzt ist, so wird er dadurch geradezu ins Nichts hinausgeschleudert, oder, was noch schlimmer ist als diese tragische Vernichtung, er wird zu einem Geschöpf erniedrigt, das vom Marke eines ihm fremden Volkstums zehrt. Von diesem Widerspruche und Zwiespalt ward Börne gepeinigt wie nicht leicht ein anderer, und das schmerzliche Gefühl, gegen einen Vorwurf, der ihm nichtig schien, doch am Ende wehrlos zu sein, hat in seinen Zügen und in seinen Schriften tiefe Leidensspuren zurückgelassen. Es ist der Judenschmerz edlerer Naturen. Und doch war Börne mit seinem scharf eindringenden Verstande und seiner Wahrheitsliebe ein strenger Richter des überlieferten Judentums. Schon in den Briefen, die der frühreife Jüngling an eine geliebte Frau schreibt, zeichnet er das Profil des Judentums mit rücksichtsloser Schärfe, und nie hat er später den Juden geschmeichelt. Offenbar macht es ihm in jenen Briefen Vergnügen, sein Urteil in gewählten und wohlgesetzten Worten niederzuschreiben; der künftige Schriftsteller kündigt sich an durch das Wohlgefallen an der Form, durch den schönen Luxus einer guten Schreibart. Gießen, Halle, Heidelberg haben Börne als Studenten gesehen. Er betrieb zuerst medizinische Studien, weil damals die Christen nur ihr Leben in die Hände der Juden gaben; als Frankfurt dann unter französisches Gesetz kam und die Juden Aussichten auf öffentliche Ämter hatten, ergriff Börne das Studium der Staatswissenschaften. In seiner Vaterstadt hat er es bis zum Polizeiaktuar gebracht, und er hat seinem Amte mit strenger Gewissenhaftigkeit, aber man denke sich, mit welcher heimlichen Ironie vorgestanden. Börne als Polizeiaktuar – die Wiederkehr der alten politischen Zustände machte dieser witzigen Komödie ein Ende: Börne war gezwungen, sein Amt niederzulegen. Er war müßig – was tun? Im Nu schnellte der unterdrückte Schriftsteller in ihm empor, und es war natürlich, daß sein knapper, kurz angebundener, ungeduldiger Geist nach journalistischer Tätigkeit griff. Börne war ein journalistisches Talent ersten Ranges, und er ist wohl der größte Journalist, den Deutschland je besessen. Journalistische Tätigkeit ist bedingt durch rasche Auffassung und momentane Wiedergabe des empfangenen Eindruckes. Sie verlangt stete Bereitschaft des Geistes und, da der Geist in der Sprache steckt, auch des Wortes. Jeder Augenblick fordert vom Journalisten, daß er über einen auftauchenden Gegenstand etwas Schickliches, Gutes, Treffendes oder doch wenigstens etwas Geistreiches zu sagen wisse. Freilich gibt es Tagesschriftsteller und Tagesschriftsteller: der Moment kann ihm einen Wert verleihen, aber auch er dem Momente, und ist das letztere der Fall, so mag er seine Blätter zu einem Buche zusammenlegen, wie ja das Jahr auch nur aus aneinandergereihten Tagen besteht. Geist und Charakter des Schreibers, eine durchwaltende Kunst- oder Lebensanschauung, die eigentümlich ausgeprägte Form der Darstellung binden dann das einzelne zu einem Ganzen zusammen. Ein Journalist in diesem höheren Sinne ist Börne gewesen, ein Schriftsteller, der sich zwar vom Tage bestimmen ließ, der aber doch wieder dem Tage den Stempel seines Geistes aufdrückte. Die Richtung, die er nun einschlug, war ihm schon durch seine gesellschaftliche Stellung angewiesen: er gehörte zu den Unterdrückten, und er kämpfte für die Unterdrückten –

für die Unterdrückten im weitesten Sinne, denn seine persönliche Stellung, sein persönliches Leid war ihm, bei seiner großherzigen Weise zu denken, doch nur der Ausgangspunkt, das Sprungbrett seiner Bestrebungen. Börne selbst hat sich über dieses Verhältnis mit hinreißender Beredsamkeit ausgesprochen, und indem ich seine Worte, die von dem heißen Atem des Mannes erfüllt sind, hier wiederhole, möge man bedenken, daß damals noch nicht jener große Riß durch das deutsche Volk ging, den Ereignisse herbeigeführt hatten, deren Notwendigkeit man einsehen mag, die aber nicht verfehlt haben, einen Stachel in unserer Brust zurückzulassen. »Die armen Deutschen!« ruft Börne aus. »Im untersten Geschosse wohnend, gedrückt von den vielen Stockwerken der höheren Stände, erleichtert es ihr ängstliches Gefühl, von Menschen zu sprechen, die noch tiefer als sie selbst, die im Keller wohnen. Keine Juden zu sein tröstet sie dafür, daß sie nicht einmal Hofräte sind. Nein, daß ich als ein Jude geboren, das hat mich nie erbittert gegen die Deutschen. Ich wäre ja nicht wert, das Licht der Sonne zu genießen, wenn ich die große Gnade, die mir Gott erzeigt, mich zugleich ein Deutscher und ein Jude werden zu lassen, mit schnödem Murren bezahlte – wegen eines Spottes, den ich immer verachtet, wegen Leiden, die ich längst verschmerzt. Nein, ich weiß das unverdiente Glück zu schätzen, zugleich ein Deutscher und ein Jude zu sein, nach allen Tugenden der Deutschen streben zu können und doch keinen ihrer Fehler zu teilen. Ja, weil ich als Knecht geboren, darum verstehe ich die Freiheit besser als ihr. Ja, weil ich die Sklaverei gelernt, darum verstehe ich die Freiheit besser als ihr. Ja, weil ich in keinem Vaterlande geboren, darum wünsche ich ein Vaterland heißer als ihr, und weil mein Geburtsort nicht größer war als die Judengasse und hinter dem verschlossenen Tor das Ausland für mich begann, genügt mir auch die Stadt nicht mehr zum Vaterlande, nicht mehr ein Landgebiet, nicht mehr eine Provinz; nur das ganze große Vaterland genügt mir, so weit seine Sprache reicht. Und hätte ich die Macht, ich duldete nicht, daß Landgebiet von Landgebiet, daß deutschen Stamm von deutschem Stamm auch nur eine Gasse trennte, nicht breiter als meine Hand, und hätte ich die Macht, ich duldete nicht, daß nur ein einziges deutsches Wort aus deutschem Munde jenseits der Grenzen zu mir herüberschallte.«

Welche Leidenschaft in diesen Worten Börnes, und welcher ungestüme Ausdruck zugleich der persönlichen Empfindung und des Gefühles für das Allgemeine! So frei und tief den Atem zu ziehen war ihm indes in seinen schriftstellerischen Anfängen noch nicht vergönnt, wo er im unmittelbaren Bereich des Bundestages schrieb und mit einer in ihrer Ängstlichkeit unberechenbaren Zensur zu kämpfen hatte. Politik war einmal seine Leidenschaft, sie drang ihm aus allen Poren, und da er seine Meinung nicht frei heraussagen durfte, verfiel er auf das Auskunftsmittel der Andeutung und der Anspielung. Ein minder starker Charakter als Börne wäre durch dieses festgehaltene System der Anspielungen, das zugleich das Entzücken und die Pest unfreier Völker ist, im Innersten gebrochen worden; ein ironischer Übergang ins Lager der Gewalt hätte sich, wie so viele Beispiele zeigen, leicht finden lassen, und die Versuchung hierzu ist nicht ausgeblieben. Allein Börnes stählerne Natur bog sich nur, um Widerstand zu leisten. Seine kleinen Frankfurter Arbeiten, in welchen Feuilleton und Leitartikel einander durchdringen, legen durchaus Zeugnis ab von seiner freien politischen Gesinnung, die mit der Zeit immer mehr erstarkte und freilich zuletzt, wenigstens in ihrem rednerischen Ausdrucke, ins Maßlose wuchs. Was heute der ängstliche Philister, ohne vor der Polizei zittern zu müssen, aussprechen darf, war damals, von einer Zeitung gedruckt, ein Ereignis. Börne trieb Politik, er mochte schreiben, was er wollte. In seinen Erzählungen sitzt der deutsche Bundestag, aus seiner Charakterskizze streckt die Polizei ihre Fühlhörner hervor, in die scheinbar unschuldigsten Schilderungen schleicht sich die konstitutionelle Frage, die Preßfreiheit, das Geschworenengericht ein. Ich glaube, ohne eine politische Wendung hätte Börne nicht einmal dem schönsten Mädchen eine Liebeserklärung machen können. Nicht ausschließlich nach ihrem literarischen Werte, obgleich dieser bedeutend genug ist – denn wer hätte reinlicher und zierlicher geschrieben als er? –, muß man Börnes Schriften aus dieser Zeit beurteilen, sondern man muß sie vorzüglich an der Gesinnung messen, die sich in ihnen ausdrückt. Sonst in manchem Betracht veraltet, stehen sie in dieser Hinsicht als ein achtbares Denkmal ihrer Zeit und des Verfassers da. Indes mit der Politik, die schwer, fast unmöglich zu behandeln war, konnte Börne nicht ins Breite arbeiten; er war genötigt, einen ausgiebigeren Gegenstand zu finden, um die Zeitschrift, die er gegründet, zu füllen. Im Theater allein hatte sich in manchen Gegenden Deutschlands noch eine Art öffentlichen Lebens erhalten. Börne, der Publizist, wurde Theaterkritiker. Seit Lessing über das Theater geschrieben, hat kein Theaterkritiker in Deutschland so großes Aufsehen erregt wie Börne. Börne war freilich kein Lessing. Die Seele der »Hamburgischen Dramaturgie« liegt in dem Kampfe gegen die französische Tragödie, und da sich die französischen Dichter auf die Lehre des Aristoteles beriefen, ohne sie zu verstehen, zugleich in der Berufung auf den richtig verstandenen Aristoteles gegen den mißverstandenen; das positive Ziel aber, das Lessing verfolgte, war kein geringeres, als einem nationalen deutschen Schauspiel die Bahn zu öffnen. Solche prinzipiellen Kämpfe waren dem Frankfurter Theaterkritiker fremd. Er sei ein »Naturkritiker«, gestand er selbst, er habe sich mit der dramatischen Kunst nie wissenschaftlich befaßt; wie ein Geschworener urteile er nach Gefühl und Gewissen. »Ich sah im Schauspiele das Spiegelbild des Lebens, und wenn mir das Bild nicht gefiel, schlug ich, und wenn es mich anwiderte, zerschlug ich den Spiegel.« Gleichwohl wäre es ungerecht, das Bedeutende nicht anerkennen zu wollen, das Börne mit der naturalistischen Art seiner Theaterkritik geleistet. Mit seinem unvergleichlichen gesunden Menschenverstande, mit der Schärfe seiner psychologischen Analyse hat er mehr geleistet als Hunderte von steifen ästhetischen Prinzipienreitern. Indem er das Gesunde schützte, hat er das Schöne befördert; indem er mit dem verlebten Alten aufräumte, hat er dem hoffnungsvollen Neuen Raum geschafft; indem er das Ungereimte dem Gelächter preisgab, hat er dem Sinnreichen und Sinnvollen die Wege geebnet. Nie hat er das Große herabgewürdigt oder das Kleine in den Himmel erhoben, während er allerdings dem Durchschnittlichen, dem Mittelmäßigen, ohne das keine Zeit leben kann, das bedingte Recht der Existenz zusprach. Sein Urteil war bejahend und verneinend: für Grillparzers Begabung hat er das erste warme Wort gehabt, und David Strauß hat ihm das Zeugnis gegeben, daß er »mit dem Höllenstein seiner Kritik« den Auswuchs der Schicksalstragödie weggebrannt habe. Für die Mängel der deutschen Bühne hat Börne ein scharfes Verständnis gehabt. Er traf am Ende mit Lessings Ansicht zusammen, wenn er behauptete, die Deutschen hätten keine nationale dramatische Kunst, weil sie keine Nation seien.

Seit Börne mit der Vorrede zu den »Dramaturgischen Blättern« als Theaterkritiker von dem Publikum Abschied genommen – es war im Jahre 1829 –, befaßte er sich nur noch gelegentlich mit der Bühne. Bald gehörte er fast ausschließlich der Politik an. Börne, der ganz in den Anschauungen der Französischen Revolution lebte, hatte schon zweimal Paris besucht; nach der Julirevolution, trunken von Begeisterung und voll Hoffnung für Deutschland, eilte er zum dritten Male nach der Stadt seiner Sehnsucht, um dort zu bleiben bis an seinen Tod. Es war eine seiner ältesten Überzeugungen, daß Deutschland und Frankreich aufeinander angewiesen seien, daß sie zusammenstehend und zusammenwirkend das Höchste leisten würden, was dem Völkerleben erreichbar. »Den Deutschen das Genie, den Franzosen das Talent; den einen die schöpferische, den anderen die anwendende Kraft« – so schieden und ergänzten sich nach seiner Ansicht die beiden Nationen. Zwischen ihnen den Vermittler zu spielen, die Franzosen durch die Tiefe und Kühnheit des deutschen Geistes innerlich zu befreien, die Deutschen aber politisch frei zu machen durch die praktischen Anschauungen der Franzosen – das schien ihm eine Aufgabe zu sein, über die es keine höhere gäbe. In seinen »Pariser Briefen« sucht er nun im Sinne der Französischen Revolution auf die Deutschen zu wirken, sie aus ihrer Ruhe herauszujagen, ihnen die Pflicht der politischen Freiheit zu predigen. Der ganze Börne lebt in diesen Briefen, von seiner Gutmütigkeit, Liebenswürdigkeit an bis hinauf zu einer fast zum Wahnsinn gesteigerten Leidenschaftlichkeit. Er hat sich schon früher die Methode zurechtgemacht, nach welcher die Deutschen zu behandeln seien. Er führt den Ausspruch Schillers an, daß man den Deutschen die Wahrheit so keck als möglich sagen müsse. »Ach«, fährt Börne fort, »diese Wahrheit habe ich schon oft gesagt und derber als Schiller. Man muß nicht aufhören, sie zu ärgern; das allein kann helfen. Man muß sie nicht einzeln ärgern – es wäre unrecht; es sind sogar gute Leute; man muß sie in Masse ärgern. Man muß sie zum Nationalärger stacheln, kann man sie nicht zur Nationalfreude begeistern, und vielleicht führt das eine zum andern. Man muß ihnen Tag und Nacht zurufen: Ihr seid keine Nation, ihr taugt nicht als Nation. Man darf nicht vernünftig, man muß unvernünftig, leidenschaftlich mit ihnen sprechen; denn nicht die Vernunft fehlt ihnen, sondern die Unvernunft, die Leidenschaft, ohne welche der Verstand keine Füße hat.« Börne fügt allerdings hinzu: »Ein Volk ist wie ein Kind, man muß es belehren, man kann es schelten, strafen; doch soll man nur streng scheinen, nicht es sein; man soll den Zorn auf den Lippen haben und Liebe im Herzen . . .« Diese Erläuterungen Börnes muß man beachten, wenn man dem in den »Pariser Briefen« angeschlagenen Ton gerecht werden will. Freilich predigt er offen die Revolution, und er will nichts wissen von »organischer Entwicklung«, die ihm vielmehr eine Erfindung der Volksfeinde ist. Und doch muß jede Revolution die organische Entwicklung, die sie übersprungen, nachholen; daher die rückläufige Bewegung nach großen Volksaufständen, daher die Erscheinung, daß mißglückte revolutionäre Bestrebungen von oben her wieder aufgenommen, aber im Sinne der legitimen Gewalt durchgeführt werden, daher in Frankreich seit der ersten Revolution das stete

Wechselspiel des Vorwärtsdrängens und Zurückschwankens der öffentlichen Zustände. Wie sehr sich aber Börne, trotz seiner gelegentlichen revolutionären Furie, auf das Maß des Vernünftigen und Erreichbaren herabzustimmen wußte, davon ist seine letzte Schrift: »Menzel, der Franzosenfresser« – man hat sie sein Testament genannt – ein redender Beweis. Seine Forderungen für Deutschland sind nicht allzuhoch gespannt; er verlangt konstitutionelle Verfassung, Preßfreiheit, Geschworenengerichte. Zu Börnes Zeit konnte das noch revolutionär heißen; heute verlangen das schon unsere Hofräte.

Könnte Börne noch einmal auf der Welt erscheinen, er wäre ein radikaler Oppositionsmann im deutschen Reichstag, ein Bewunderer und Gegner Bismarcks. Denn trotz seiner scheltenden Haltung, trotz seiner Vorliebe für die Franzosen, trotz seines sich doch nur in höheren Regionen bewegenden Weltbürgertums hat er sein deutsches Volk aufs innigste geliebt und hätte Frankreich und die ganze Welt für Deutschland in die Schanze geschlagen. Und doch könnten wir von ihm eine mildere Beurteilung Frankreichs und gewisse weltbürgerliche Elemente in unserer Anschauung aufnehmen; wir könnten sie brauchen für die Aufgaben der Zukunft. Wie dem auch sei: Börne ist uns ein großer Journalist, ein bedeutender Schriftsteller, ein genialer Pamphletist. Auch er gehört zu unseren geistigen Befreiern, weil er die Sprache gefügiger und beweglicher gemacht, weil er uns gelehrt hat, unabhängig zu denken, weil er neben unseren Gedanken auch unsere Gefühle befreit hat. Noch einmal muß ich seines Testaments gedenken, jener Schrift, die er gegen Wolfgang Menzel geschrieben und in welcher er so voll atmet wie in keiner zweiten und welche überquillt von dem Zauber der deutschen Sprache. Sein Widersacher wirft ihm vor, daß er krank sei, daß er die Welt mit umflortem Auge betrachte. »Nein«, antwortet ihm Börne, »was er an mir für den Spleen erkennt, ist die splendida mascula bilis, die zu jeder Zeit den Mann geziert, in der unsern aber noch mehr tut als das: die ihn beschützt, ihn, seine Ehre und seine Seligkeit. Wer in dieser schnöden, pestbeherrschten Welt sich vor Ansteckung sichern und gesund bleiben will, muß sich in Essig baden, um alle bleisüßen Herzen und verbuhlten Lavendelseelen von sich entfernt zu halten. Es gibt darum noch brave Leute genug, welche auch die saure Hand eines ehrlichen Mannes drücken, und diese verstehen mich und lächeln mir.«

Darf ich nach diesen eindrucksvollen Worten, die ihre Kraft aus dem Grame und der Hoffnung, aus dem Selbstgefühle und der Selbstbescheidung eines außerordentlichen Mannes schöpfen, noch einmal selbst das Wort ergreifen, so sei es mir gestattet, an ein persönliches Erlebnis anzuknüpfen. Als ich in meiner Jugend Börnes Schriften mehr durchstürmt als durchlesen hatte und nach der idealistischen Art dieses Alters mit den Ansichten des Autors einen hohen Sinn verband, erfuhr ich durch einen Zufall, daß Börne schon lange tot sei und in Paris begraben liege. Diese Kunde war mir so erschütternd, daß sie mich bis zu Tränen bewegte, weil ich nicht fassen wollte, daß ein so lebendiger Mensch tot sein könne. Und noch heute, nachdem sich im Innern und Äußern so vieles gewandelt, drängt es mich zu dem Ausrufe: »Nein, ich kann nicht glauben, daß Börne tot sei!« Wenn die Welt zu ihrem Bestande zweierlei Kräfte bedarf: erhaltender und zerstörender, bejahender und verneinender, so steht Börne an der Spitze der verneinenden Geister, die aber nur deshalb verneinen, um für die Zukunft Raum zu schaffen, und solange das deutsche Volk nicht im Erstarren sein Heil sucht, wird der streitbaren Natur Börnes diese ehrenvolle Stellung erhalten bleiben.

(Am 18. Mai 1886)

Hans Christian Andersen

Indem ich den Namen Andersen niederschreibe, fällt aus regnerischen Wolken ein Sonnenstrahl auf das Papier und vergoldet mir die Feder und Buchstaben. Gerne möchte ich dieser goldenen Sonnenspur nachgehen und ein Märchen erzählen, das jung und alt entzücken sollte; allein mir fehlt der Dichter, und vielleicht fehlten auch dem Dichter die Leser. Man erwartet ja kein Märchen, sondern ein paar Worte des Andenkens an einen Märchendichter, den der Gevatter Tod vor etlichen Tagen abgeholt hat. Aber war denn Andersens Leben nicht selber ein Märchen, hat er es nicht selbst ein Märchen genannt? Und war er nicht bis zu seinem letzten Tage das große Kind, das, freilich nicht ohne naiven Tiefsinn, mit der Welt spielte wie mit Blumen? Das große Schicksal, welches einzelne wie Völker hebt und niederwirft, hat keine Gewalt über ihn gehabt, er stand vielmehr unter dem Bann des kleinen Kinderschicksals, welches Tränen mit weicher Mutterhand trocknet und selbst die ungebärdigsten Schmerzen mit dem Balsam des Schlafes heilt. Solche Menschen haben eigentlich keine Entwicklung, keine Geschichte; sie sind nicht geworden, sondern dagewesen; aber dieses Dasein war ein Glück für sie wie für die Welt.

Andersen ist auf der dänischen Insel Fünen geboren, das Kind eines Schusters und einer Wäscherin. Die Kindheit war ihm unverkümmert, und das war der reiche Schatz, wovon er lebenslang zehrte und von dem er nachmals unzähligen Kindern unschätzbare Kleinode mitteilte. Ein stiller, sinniger Knabe, in der unschuldigen Zeit, wo man noch keine Beinkleider trägt, meistens sich selbst überlassen, träumte er sich eine eigene Spielwelt zusammen, die er mit großer Wichtigkeit beherrschte. Sein Vater, der ein tüchtiger, aufgeklärter, aber etwas unruhiger Kopf war, weihte ihn frühzeitig in die Komödien Holbergs ein und machte ihn mit Erzählungen aus »Tausendundeiner Nacht« bekannt; dort der derbe nordische Realismus mit seinem ekkigen Humor, hier die phantastische Wunderwelt des Orients – zwei scheinbar auseinanderfliegende Extreme, die sich aber in der Einbildungskraft des Knaben zusammenfanden und in ihm das lebhafte Gefühl für eine phantasievolle Wirklichkeit ausbildeten. Der erste Eindruck, den ein Theater und die dort versammelte Menge auf ihn machte, war keineswegs ein Zeichen, daß ein Poet in ihm schlummere, denn sein erster Ausruf, als er die vielen Menschen erblickte, war: »Hätten wir nur so viele Fäßchen Butter, als hier Leute sind, dann wollte ich schon tüchtig Butter essen!« ... Übrigens schlug das Theater doch tief in seine Seele ein; kaum des Lesens und Schreibens kundig, bosselte er verschiedene Bühnenstücke, in welchen er die Könige eine eigene, von ihm selbst erfundene Sprache reden ließ, die nicht einmal er selbst, geschweige denn ein Fremder verstand. Er wurde von den Schuljungen des Ortes spöttisch »der Komödienschreiber« genannt. Die Leidenschaft, für die Bühne zu schreiben, die in jedem bedeutenden Poeten einmal erwacht – denn die Wirkung von den Brettern herab ist die unmittelbarste, eindringlichste und durch alle Stände greifende –, hat dem guten Andersen auch späterhin das Leben verbittert. Soviel er auch für die Bühne schreiben mochte, es gelang ihm nicht, durchzudringen, weil seiner Begabung die Kraft fehlte, große Entwürfe streng zu gliedern und selbständige Gestalten, die für sich und nicht nur für ihn etwas zu sagen hatten, schlank und blank aus sich herauszustellen. Das Theater, gestand er später, sei für ihn die Hölle gewesen, aus welcher ihn die heftigsten Stürme angeweht hätten. Aber nicht nur im Drama, sondern auch in der Erzählung wollten ihm weitgesteckte Aufgaben nicht recht gelingen. Seine beiden großen Romane: »Der Improvisator« und »Nur ein Geiger«, die es unternehmen, den Kampf begabter guter Menschen gegen ein widriges Geschick darzustellen, sind locker komponiert und entbehren durchaus der psychologischen Vertiefung; doch entschädigt hier für die inneren Mängel der bunte Szenenwechsel und vor allem die stets fühlbare Gegenwart des gemütvollen, liebenswürdigen Dichters. Sein eigentliches Feld, auf dem er keinen Nebenbuhler hat als das dichtende Volk, ist erst später von ihm entdeckt worden.

Andersen verlor den Vater früh. Als er nun die harte Arbeit der Mutter sah, ihren Kummer und ihre Sorgen, fühlte er sich verpflichtet, auch seinerseits etwas Nützliches in der Welt zu tun. Er ging erst in eine Spinnfabrik, doch hielt er es hier nicht lange aus, weil Spott und Hohn der Gesellen und Buben den weichen poetischen Knaben verletzten. Man legte ihm nahe, zu einem Schneider in die Lehre zu gehen, was ihm anfänglich nicht gefallen wollte, aber nach tieferem Nachdenken doch rätlich schien; denn, sagte er sich, wenn du ein Schneider bist, kannst du für die Puppen deines Haustheaters recht schöne Kleider fertigen. Das blieben übrigens lauter Versuche. Die Poesie war ihm schon zu hoch in den Kopf gestiegen, als daß er sich ernstlich hätte mit einem Handwerk bemengen können. Seine Ururgroßmutter vaterhalb, eine reiche, vornehme Dame in Kassel, war einst mit einem Komödianten durchgegangen, ja, sein eigener Vater hatte einst, als Hans Christian schon ein kluger Knabe war, die Muskete auf die Schulter genommen, um zu der napoleonischen Armee zu stoßen. Die Theaterleidenschaft, die Wanderlust lag schon im Blute, und um beides zu befriedigen, entschloß sich der junge Andersen, nach Kopenhagen hinüberzusegeln. Er hatte eine kleine ersparte Barschaft, die fürs erste ausreichte; wie er sich diese Barschaft erspart, das bleibt uns verborgen, denn Andersen, welcher Jahreszahlen und überhaupt genaue Angaben verschmäht, hat diesen Teil seines Lebens etwas märchenhaft erzählt. In Kopenhagen nehmen sich gute Menschen um ihn an. Er versucht, Sänger zu werden; er geht in die Ballettschule; er denkt an die Schauspielerei; er will als dramatischer Dichter wirken. Kurz, er will leben und sich vor den anderen Menschen hervortun. Alle jene Pläne schlagen ihm jedoch fehl, denn für die Bühne fehlte dem langaufgeschossenen dürren Jungen die Gestalt, wohl auch das Talent, und für die dramatische Produktion gebricht es ihm ganz und gar an Bildung. Er müsse endlich etwas Ordentliches lernen, wird dem poetischen Naturburschen von allen Seiten zugeraunt. Er ist klug genug, dies selbst einzusehen, und nun wird, da es diesem glücklichen Kostgänger unseres Herrgotts an bescheidenen materiellen Mitteln nie fehlt, mit leidlichem Fleiße mensa dekliniert und amo konjugiert. Ein wissenschaftliches Licht ist nie aus ihm geworden, aber er lernte ungefähr begreifen, von wo die Lichtquellen der Wissenschaft ausströmen. Noch oft während seiner literarischen Laufbahn wurde er mit seinen Sprachschnitzern, ja mit seiner mangelhaften Orthographie aufgezogen. Wie er denn *Hund* schreibe, wurde er einmal gefragt. Diesmal mit einem kleinen Anfangsbuchstaben, gab er zur Antwort, weil es ein kleiner Hund ist . . . Wie häufig mußte er den Vorwurf hören, daß es mit seinem Wissen schlecht bestellt sei. Dann konnte der arme Kerl in seiner Seelenangst sich vor Hegels Werke setzen und bohren und bohren und doch nichts herausbringen. Andersen und Hegel! Mußte er sich bei dem monotonen Dreischlag dieser philosophischen Weberei nicht wieder in die Spinnfabrik seines Heimatortes versetzt fühlen, wo er es nicht aushalten konnte und wogegen ihm eine Schneiderwerkstatt noch einladend vorkommen konnte? . . . Aber Wissenschaft oder nicht, Dativ oder Akkusativ, kleiner Anfangsbuchstabe oder großer – seine poetischen Schriften griffen nach und nach durch, und er rühmte sich bald eines Stipendiums von seiten seines Königs. Nun beginnen seine Wanderungen, die ihm bis ans Ende seiner Tage Bedürfnis blieben, nicht weil sie ihm neuen Stoff zutrugen, sondern weil sie ihm, wie er sagte, die nötige Frische erhielten, um die Stoffe, die er in sich trug, kräftig zu gestalten. Er sah Deutschland, Frankreich, Italien; England und Spanien blieben ihm nicht fremd; er bereiste Griechenland und die Küste Kleinasiens. Man höre einmal den echten und rechten Andersen: »Von Athen segelte ich nach Smyrna, und es war mir eine kindische Freude, einen andern Weltteil betreten zu können ...« Ganz ein reisendes Kind, ohne bedeutende Gedanken, aber voll fröhlicher Schaulust und Neugierde und voll Freude am Erzählen des Gesehenen und Erlebten. Wandern und Dichten, das ist hinfort sein Leben, und selbst auf seine letzte Wanderschaft, die er den Kindern nimmer erzählen kann, hat er sich durch eine weite Reise vorbereitet.

Und wie erschien nun diesem wandernden Dichter sein eigenes Leben? Er sagt es uns selbst. »Mein Leben«, schreibt er in seiner Autobiographie, »ist ein hübsches Märchen, so reich und glücklich. Wäre mir als Knabe, als ich arm und allein in die Welt hinausging, eine mächtige Fee begegnet und hätte gesagt: ›Wähle deine Laufbahn und dein Ziel, und dann, je nach deiner Geistesentwicklung und wie es der Vernunft gemäß sein muß, beschütze und führe ich dich!‹ – mein Schicksal hätte nicht glücklicher, klüger und besser geleitet werden können.« Und wieder sagt Andersen: »Mein Lebensmärchen bis zu dieser Stunde liegt vor mir aufgerollt, so reich und schön, ich könnte es so nicht dichten. Ich fühle, daß ich ein Glückskind bin; fast alle kommen mir offen und liebreich entgegen, nur selten ist mein Zutrauen zu den Menschen getäuscht worden. Vom Fürsten bis zum Bettler herab habe ich das edle Menschenherz schlagen gefühlt. Es ist eine Lust, zu leben, an Gott und Menschen zu glauben ... Ein Glücksstern leuchtet über mir, Tausende verdienten ihn wohl besser als ich; ich begreife oft selbst nicht, weshalb gerade mir so viel Freude vor Unzähligen zuteil wurde; er leuchte!« So spricht Andersen von sich und seinem Leben. Man steht verwundert, denn hier ist einmal ein glücklicher Mensch, und einer, der es ohne Furcht vor dem Neid der Götter laut bekennt, daß er glücklich sei.

Wer nun eine solche heitere Weltansicht besitzt und wem sich selbst das eigene Leben in ein Märchen verwandelt, der ist gewiß der rechte Märchenerzähler, denn die Kinderstube steckt voll Optimismus, und Kinder haben ein natürliches Talent zum Glücklichsein. Ohne seinen Namen zu kennen, haben die Kinder gleich gemerkt, daß Andersen ihr bester Freund, ihr älterer Bruder sei. Das haben wir bejahrteren Leute in der Kindheit an uns selbst erfahren, und nun erfahren es wieder unsere Sprößlinge. Sie klingen uns noch alle in Ohr und Gemüt, die traulich heiteren Märchenanfänge, wie beispielsweise: »In China, weißt du wohl, ist der Kaiser ein Chinese, und alle, die er um sich hat, sind auch Chinesen«, oder: »Ja, das war der kleine Tuk. Er hieß eigentlich gar nicht Tuk, aber als er noch nicht ordentlich reden konnte, da nannte er sich selbst so: das sollte Karl bedeuten, und es ist wohl ganz gut, wenn man es nur weiß.« Nicht minder sind uns die naiv witzigen Stellen dieser Märchen haftengeblieben, wie es etwa von dem weißen Halskragen heißt, der nun »so alt war, daß er daran dachte, sich zu verheiraten«, oder wie von einem Haus gesagt wird, »es sei so baufällig, daß es nicht wisse, auf welche Seite es fallen solle, und deshalb bleibe es stehen«, oder auch von der Prinzessin: »Sie konnte auch ›Ach, du lieber Augustin‹ spielen; es war das einzige, was sie konnte, aber dies spielte sie mit einem Finger ...« Neben dem Schalkhaften ist uns indessen auch viel Sinniges und Tiefsinniges im Gedächtnis geblieben, und sehen wir in reiferen Jahren diese Märchen wieder an, so wundern wir uns, wie eine so enge Form so reichen Gehalt einschließen könne. Dabei ist doch alles aus den Kindern heraus- und in die Kinder hineinerzählt. Man ist mitten in der Kinderstube. Mit seiner kleinen Spanne mißt das Kind die Welt, als ob sie eine runde Tischplatte wäre. Es langt mit seinen Händchen nach Mond und Sternen wie nach den Augen der Mutter. Es zwängt den Raum in eine Nußschale und läßt den Tag sich drehen wie ein Spinnrad. Wie ein kleiner Gott bläst das Kind jedem Gegenstand, den es berührt, Odem ein und läßt das Stumme sprechen und das Blinde sehen. Es pflanzt Sympathie und Antipathie in die für den nüchternen Blick toten Dinge, es erschafft eine Psychologie des Leblosen, ein Reich der Wunder und Zeichen. (Hinter diesen Wunderkindern steht freilich nicht selten soufflierend die große Poetin der Kinderstube – die Mutter.) Und was vom Kinde gilt, gilt es nicht auch vom Dichter? Alles wird dem Dichter redend, ja er ist es gerade dadurch, daß die Dinge ihm sagen, was sie sind oder vielmehr, *wer* sie sind. So wimmelt bei Andersen die ganze Welt von lebendigen, redenden, liebenden und hassenden Wesen. Ich bin bei ihm nicht sicher, ob nicht vielleicht mein Tintenfaß mir Vorwürfe mache wegen allzu vielen Schreibens oder ob das Weinglas sich nicht etwa darüber beschwere, daß es zu selten gefüllt werde. Bei ihm hat der Bleisoldat seine Liebesgeschichte, die Stopfnadel ihre Abenteuer, das Feuerzeug sein Epos. Und hier darf er tun, was ihm beim Drama und Roman nicht in dem Maße erlaubt war: er darf sein eigenes Gemüt in die Dinge hineinlegen, darf sie nach seinem Munde reden lassen, kurz, darf er selbst sein. Daß er dabei nicht aus dem kindlichen Ton falle, davor behütet ihn seine eigene Kindhaftigkeit. Dieser Ton aber, so kindlich er ist, reicht ihm aus für den mannigfaltigsten Ausdruck von Gefühlen und Anschauungen. Wie weit ist es von der komödienhaften Schalkerei des »Schweinehirten« oder der »Prinzessin auf der Erbse« bis hinauf zu der zugleich erschütternden und versöhnenden sozialen Tragödie »Das kleine Mädchen mit den Zündhölzchen« oder zu der tief ergreifenden, Nacht und Tod mit genialer Plastik vorführenden »Geschichte einer Mutter«, die eine unendliche Fülle mütterlicher Liebe, Opferfähigkeit und Resignation enthält! Am gemütvollsten klingt dieser Ton in dem Märchen »Das alte Haus«, wie ein Geisterhymnus in dem Märchen »Die Glocke«, wo wir eine Höhe und Aussicht treffen, die uns selten ein Dichter eröffnet hat. Viele dieser Märchen sind meisterhaft komponiert. »Wiederholungen einzelner Sätze, Züge und Einleitungen sind wie epische Zeilen zu betrachten, die, sobald der Ton sich rührt, der sie anschlägt, immer wiederkehren.« So sagt Jacob Grimm von dem deutschen Volksmärchen, und das gilt auch von allen gutgebauten Märchen Andersens. Sonst wollen wir die letzteren mit dem Volksmärchen nicht vergleichen, um nicht in ein ästhetisches Wespennest zu stechen. Es ist ja nach der Ansicht mancher eine Sünde, heute zu erfinden, was frühere Zeiten auch einmal erfunden haben, und die Einführung moderner Sitten und Anschauungen in das Märchen wird leicht verdammt, wenn man nicht begreifen will, daß Anschauungen und Sitten, die in den alten Märchen leben und weben, auch einmal modern gewesen sind.

Er ist doppelt unser, weil er es gewagt hat, ganz von unserer Zeit zu sein. Wir möchten daher dem Märchenerzähler Hans Christian Andersen keine Blume aus seinem Kranze ziehen lassen, er soll unberührt und voll auf seinem frischen Grabe liegen. Wenn ich sage *wir*, so drückt dies ein starkes Trutzbündnis aus. Mit uns Verehrern der dänischen Märchenmuse sind die Kinder und die Frauen – wer möchte wider uns sein?

(Am 8. August 1875)

Heinrich Heines Memoiren

Wir glauben ein Märchen zu erleben, wenn uns ein Schriftstück von Heinrich Heine, und um es gleich vorweg zu sagen, eines der anmutigsten Schriftstücke, das wir dieser feinen Künstlerhand verdanken, erst ein volles Menschenalter, nachdem es geschrieben worden, in unsere Hände gelangt. Man muß noch zu den Lesern des lebenden Dichters gezählt, man muß noch den »Atta Troll«, den »Romancero«, die »Vermischten Schriften« als neue Erscheinungen begrüßt haben, um das seltsame Gefühl, das uns seinen so spät ans Licht tretenden Memoiren gegenüber beschleicht, völlig zu begreifen. Hat es einen deutschen Schriftsteller gegeben, der nach seiner Geistesart ganz auf den Augenblick und die brennende Gegenwart angewiesen war, so ist es Heinrich Heine gewesen. Die Richtung auf den Tag hat seinen Schriften ihre ungeheure Wirkung verschafft. Er wußte die Schwäche der Zeit zu treffen und auszubeuten, und auch ihre Stärke hat er sich zur Verbündeten gemacht. Eine Schrift von ihm, ein Band Gedichte war ein an- und aufregendes Ereignis, desgleichen keines mehr erlebt worden, seit Heine sein Haupt zur Ruhe gelegt. Durch alle Schichten der Gesellschaft drang sein Wort. Der Buchhändlergehilfe, der nach einem neuen Buche von Heine hinüberschielte, vernachlässigte seine Kunden; die Jugend sang und sagte seine Worte nach; der greise Staatsmann, der vor Heines frecher Redeweise ein wollüstiges Grauen empfand, ließ sich von den Rhythmen und Reimen des Dichters behaglich schaukeln – und, was den Erfolg Heines vollendete: die Frauen waren seine leidenschaftlichen Parteigängerinnen. Deutschland, und mit ihm England und Frankreich, hat es verlernt, sich auf ein Buch zu freuen, wie es einem Heineschen gegenüber geschah, und es mit ungeduldiger Neugier und einer Hingabe, die Abneigung und Verwerfung keineswegs ausschloß, zu genießen und zu zerlesen. Man konnte den Autor hassen, verurteilen, verachten, aber man stand unter dem Zauber seines Talents, und nur wenige waren stark oder pedantisch genug, um den Anstifter so in jedem Sinne reizender Ärgernisse aus der Welt zu wünschen. Wie Deutschland seinen Heine, so hat England seinen Byron, Frankreich seinen Alfred de Musset gehabt. Sie alle fassen die Gegenwart, wo sie am wärmsten ist; alle sind sie von den Schwächen ihrer Zeit befangen, von ihrer Fäulnis angesteckt; aber auch in allen lebt die Sehnsucht, aus den falschen, verschrobenen Verhältnissen ihrer Zeit herauszukommen, und aus dem dicksten Rauch, der auf ihren Werken ruht, lodern hin und wieder die Flammen eines nicht zu verkennenden Idealismus. Byron wirft der Welt seinen »Don Juan« hin, Heine seinen »Atta Troll«, Alfred de Musset sein Proverbe »Le chandelier«, drei unsterbliche Dichtungen, obgleich sie an ihrer Zeit, ja am Tage zu kleben scheinen. Byrons »Don Juan« und Heines »Atta Troll« braucht man heute wohl nicht mehr zu »retten«, während man der Verleumdung gegenüber, die sich an Mussets unvergleichlichem Proverbe versündigt hat, betonen muß, daß diese Dichtung das Wunder vollbringt, aus einer sittlich nichtswürdigen Welt die reinste, rührendste Liebe, die selbst ihren unwürdigen Gegenstand verklärt, hervorwachsen zu lassen. Freilich, man muß mit der herkömmlichen Deklamation und mit der Gouvernantenmoral gebrochen haben, um dergleichen Dichtungen schön und in ihnen einen, den ganzen modernen Menschen packenden Genuß zu finden. Die moderne Dichtung, wie sie sich in ihren stärksten Talenten darstellt, scheint ein verwickeltes Problem zu sein. Ironisch über den Dingen schweben und doch in Liebe und Haß erfüllt sein von ihrem Wert und Unwert, das kann man das Ideal nennen von Byron, Heine und Musset. Es ist in ihnen eine eigene Verbindung von Witz und Poesie. Die schärfste Negation, eine bis zur Leidenschaftlichkeit sich steigernde

Verneinung ist ihnen eigen. Ironie, Spott, Persiflage, alle verneinenden Mächte des Geistes, die sich manchmal versöhnend zum Humor zusammenschließen, handhaben sie mit Meisterschaft; aber genau betrachtet, sind diese Mächte doch nur die Werkzeuge eines Idealismus, der das Schlechte zerstören will und das Gute verbreiten hilft. Und auch so, wie diese Dichter die Welt festhalten, macht sie den Eindruck eines Kunstwerkes, das freilich nicht in der für unsere Zeit unmöglichen reinen Schönheit aufgeht, das aber voll ist von unserem eigenen Denken und Empfinden und den ganzen modernen Menschen mit seinen elementarsten Gefühlen und höchsten Bestrebungen in seine Kreise hereinzieht. So haben Byron und Musset auf ihre Zeit gewirkt, und das ist auch das Geheimnis der Wirkung, die Heines Schriften auf seine Zeitgenossen geübt haben. Noch einmal: das Erscheinen eines Heineschen Buches war immer ein Fest in Deutschland.

Nun ist wieder ein Buch von Heine erschienen, wie man aber hört, wollen die Leute nicht recht daran glauben. Zwar die Echtheit des Buches verbürgt jeder Satz – wer auch wollte diese weiche und klare Sprache glaubwürdig nachahmen? Aber Heine hat das Buch vor dreißig Jahren geschrieben, und er selbst ist seit neunundzwanzig Jahren tot. Bedeutende Ereignisse haben seitdem Deutschland und die Stimmung des deutschen Publikums umgewandelt, Heine tritt vor seine Nachwelt und dazu mit einer Schrift, die – soweit der Autor überhaupt friedlich sein kann – ein wesentlich friedliches Gepräge trägt. Es sind seine Memoiren, leider nur ein Bruchstück, welches lediglich das Düsseldorfer Idyll, Heines Knabenalter im elterlichen Hause, umfaßt. Von seinen Unarten, seinen Ausgelassenheiten findet man wenig in diesen Memoiren, höchstens, daß einmal eine kleine Blasphemie mit unterläuft und daß er an einer Stelle, wo vom Hexenglauben die Rede ist, eine laszive Episode einschaltet, wo allerdings der heitere satirische Geist und eine vollendete künstlerische Behandlung ein sittliches Bedenken kaum aufkommen lassen. Namhafte Aufschlüsse über Heines Entwicklung darf man indessen in seinen Memoiren nicht suchen. Seine sämtlichen Schriften sind ja Memoiren. Er geht von sich aus und kehrt zu sich zurück. Er mag von Gott und der Welt reden, immer redet er zugleich von sich selbst, wie ja beim Humoristen das Ich der Mittelpunkt des Universums ist. Heine ist uns allen gut, vielleicht nur zu gut bekannt, und an die Spitze der Memoiren stellt er noch einmal, freilich in der liebenswürdigsten Weise, seine eigene Persönlichkeit, um dann Eltern und Verwandten sein Augenmerk zuzuwenden. Die Widmung der Memoiren an eine ungenannte Person – ist es die Prinzessin Christine Belgiojoso oder die »Mouche«? – eröffnet das Buch in der anmutigsten Weise. Sollte man nicht glauben, ein naher Verwandter des Cervantes oder sonst ein feiner Geist romanischer Rasse habe es geschrieben? Nur der Schluß ist echt deutsch und ein echter Heine, unentstellt durch seine Manieren und Grimassen. Dieser Schluß der Widmung lautet: »Die Nacht ist stumm. Nur draußen klascht der Regen auf die Dächer und ächzet wehmütig der Herbstwind. Das arme Krankenzimmer ist in diesem Augenblicke fast wollüstig heimlich, und ich sitze schmerzlos im großen Sessel. Da tritt dein holdes Bild herein, ohne daß sich die Türklinke bewegt, und du lagerst dich auf das Kissen zu meinen Füßen. Lege dein schönes Haupt auf meine Knie und horche, ohne aufzublicken. Ich will dir das Märchen meines Lebens erzählen. Wenn manchmal dicke Tropfen auf dein Lockenhaupt fallen, so bleibe dennoch ruhig; es ist nicht der Regen, welcher durch das Dach sikkert. Weine nicht und drücke mir nur schweigend die Hand . . .« Welch ein überwundener Schmerz, welche Entsagung und über alles welch ein Schönheitssinn in diesen Worten! Es gibt gewiß nur wenig Stellen in der modernen deutschen Literatur, die an die bezaubernde Anmut dieser Heineschen Zeilen hinanreichen; vielleicht wären nur die Eröffnungsworte von Novalis' »Heinrich von Ofterdingen«, die freilich aus einer andern Stimmung hervorgehen, zu nennen. Überhaupt entfaltet in diesen Memoiren Heines Sprache einen intimen Reiz, der mit dem klaren Schauen des Dichters und mit der sinnigen Wiedergabe der Eindrücke innig zusammenhängt. Heine hat überhaupt nie einfacher, klarer, plastischer geschrieben, und bevor wir seine Memoiren nachlässig beiseite schieben, dürfen wir wohl bedenken, daß uns jede fremde Nation um diese Muster- und Meisterstücke der Prosa beneiden könnte.

Über den rein gezogenen Linien der Heineschen Charakteristiken schwebt nur soviel Ironie, als nötig ist, um einen an sich nicht gerade bedeutenden Gegenstand von der starren Wirklichkeit loszulösen. Mit solch leiser Ironie, die der Liebe nichts von ihrer Wärme nimmt, behandelt er die vielfachen, stets mißlingenden pädagogischen Versuche, welche die Mutter an dem Knaben Heine anstellt. »Meine Natur war stärker als die Verhältnisse«, sagt Heine, als er sich mit Einwilligung seiner guten Mutter zum Universitätsstudium entschloß. Dieselbe liebevolle Ironie läßt er einem Oheim mütterlicherseits angedeihen, dessen literarischer Dilettantismus in dem kleinen Heine die Lust zum Schreiben weckte. Etwas bedenklich deckt er die Person des abenteuerlichen Großoheims, der an den deutschen Häfen als Agent und in Afrika als Räuberhauptmann wirkte, mit der Flagge eines allgemeinen Weltschwindels. Die wertvollste Charakteristik widmet Heine seinem Vater, von dem er hier zum ersten Male eingehend spricht. Er war ein schöner, lebenslustiger, herzensguter Mensch, aber als Geschäftsmann nicht sehr glücklich; er gab lieber, als er nahm. Heine erzählt von den Sitzungen, die sein Vater als Armenpfleger hielt. »Von diesen Sitzungen meines Vaters als Armenpfleger blieben mir nur diejenigen im Gedächtnisse, welche im Winter stattfanden, in der Frühe des Morgens, wenn's noch dunkel war. Mein Vater saß dann an einem großen Tische, der mit Geldtüten jeder Größe bedeckt war; statt der silbernen Leuchter mit Wachskerzen, deren sich mein Vater gewöhnlich bediente und womit er, dessen Herz so viel Takt besaß, vor der Armut nicht prunken wollte, standen jetzt auf dem Tische zwei kupferne Leuchter mit Talglichtern, die mit der roten Flamme des dicken, schwarzgebrannten Dochtes gar traurig die anwesende Gesellschaft beleuchteten.

Das waren arme Leute jeden Alters, die bis in den Vorsaal Queue machten. Einer nach dem andern kam, seine Tüte in Empfang zu nehmen, und mancher erhielt zwei; die große Tüte enthielt das Privatalmosen meines Vaters, die kleinen das Geld der Armenkasse.

Ich saß auf einem hohen Stuhle neben meinem Vater und reichte ihm die Tüten. Mein Vater wollte nämlich, ich sollte lernen, wie man gibt, und in diesem Fache konnte man bei meinem Vater etwas Tüchtiges lernen . . .« Und Heinrich Heine hat von seinem Vater auch gelernt, denn er war immer gutmütig im Geben, aber freilich auch leichtsinnig im Nehmen. Das Herzlichste, was Heine in Prosa geschrieben, betrifft seinen Vater. Er spricht einmal von dem äußeren Ernst seines Vaters, der seiner inneren Heiterkeit nicht entsprach. »Jene Gravität«, schreibt Heine, »war zwar nicht erborgt, aber sie erinnert doch an jene antiken Basreliefs, wo ein heiteres Kind sich eine große tragische Maske vor das Antlitz hält. Er war wirklich ein großes Kind mit einer kindlichen Naivität, die bei platten Verstandesvirtuosen sehr leicht für Einfalt gelten konnte, aber manchmal durch irgendeinen tiefsinnigen Ausspruch das bedeutendste Anschauungsvermögen (Intuition) verriet . . . Er dachte weniger mit dem Kopfe als mit dem Herzen und hatte das liebenswürdigste Herz, das man sich denken kann. Das Lächeln, das manchmal um seine Lippen spielte und mit der obenerwähnten Gravität gar drollig anmutig kontrastierte, war der süße Widerschein seiner Seelengüte. Auch seine Stimme, obgleich männlich, klangvoll, hatte etwas Kindliches, ich möchte fast sagen, etwas, das an Waldtöne, etwa an Rotkehlchenlaute erinnerte; wenn er sprach, so drang seine Stimme so direkt zum Herzen, als habe sie gar nicht nötig gehabt, den Weg durch die Ohren zu nehmen . . . Ich dachte nie daran, daß ich ihn einst verlieren würde, und selbst jetzt kann ich es kaum glauben, daß ich ihn wirklich verloren habe. Es ist so schwer, sich von dem Tode der Menschen zu überzeugen, die wir so innig liebten, aber sie sind auch nicht tot, sie leben fort in uns und wohnen in unserer Seele . . . Es verging seitdem keine Nacht, wo ich nicht an meinen seligen Vater denken mußte, und wenn ich des Morgens erwachte, glaubte ich oft noch den Klang seiner Stimme zu hören, wie das Echo eines Traumes. Alsdann ist mir zu Sinn, als müßt' ich mich geschwind ankleiden und zu meinem Vater hinabeilen in die große Stube, wie ich als Knabe tat...« So starke Herzenslaute schlägt Heine in seinen Memoiren an. Die Aufzeichnungen brechen ab mit der Schilderung der jungen Nichte eines Scharfrichters, mit welcher der junge Heine ein Liebesverhältnis angeknüpft hatte. Hier treffen wir Heine wieder auf den Spuren der romantischen Schule, nur daß er als Dichter selbstherrlicher auftritt als irgendein Poet, der aus dieser Schule hervorgegangen.

Es kann nicht fehlen, daß in den Memoiren Heines auch hin und wieder Streiflichter auf das Judentum fallen, von dem er das Große und Ewige aufzufassen und das vielfach Lächerliche seiner endlichen Erscheinung darzustellen gleichbegabt war. Fast nur unter Eltern und Verwandten verkehrend, äußert er sich in vorwiegend freundlichem Sinne über Juden und jüdische Dinge. Sollen wir, eben von einem auserlesenen Genusse herkommend, undankbar sein gegen das Judentum, das uns Deutschen in Heinrich Heine einen großen Dichter geschenkt hat? Aus der drangvollen Gegenwart retten wir uns zurück in den Bereich der Geschichte. Ein wunderbares Volk, diese Juden! So eigentümlich in ihren Anlagen als seltsam und merkwürdig in ihren Geschicken. Sie bilden ein scharfes und beharrlich wirkendes Ferment in der christlichen Geschichte, überall durch die Macht des Geistes und eine unübertroffene praktische Begabung entschieden eingreifend in die höchsten und beschämendsten Fragen der Menschheit – große Philosophen und Gottesgelehrte, große Dichter und Tonkünstler, große Mathematiker und Finanzmänner. Eine Geschichte des Judentums in diesem Sinne, als eine Art Biographie des ewigen Juden, dessen Bart sich in der Spitze stets verjüngt, wäre ein Buch, in welchem sich die ganze Bildungsgeschichte der christlichen Menschheit aufs merkwürdigste spiegeln würde. Auch nur den Einfluß des jüdischen Geistes auf die moderne Bildungsgeschichte des deutschen Volkes zu schildern wäre eine lockende Aufgabe. Da müßte der Geschichtsschreiber reden von jener intellektuell wie sittlich großartigen Gestalt des Benedikt Spinoza und seinem Einfluß auf die deutsche Philosophie; er müßte das Verhältnis Moses Mendelssohns zur deutschen Literatur schildern und namentlich, wie er geistig mitgearbeitet an Lessings schöner Dichtung von der religiösen Toleranz; auch den Einfluß, den das Haus Rothschild und andere jüdische Häuser auf die Finanzverhältnisse der deutschen Staaten genommen, dürfte er auf keinen Fall mit Stillschweigen übergehen. Dann käme auch Jacob Meyerbeer an die Reihe, welcher für das deutsche Volk eine geschichtliche Oper geschaffen; Felix Mendelssohn nicht zu vergessen, der, als die großen Sprosser in den germanischen Wäldern verstummt waren, seinen reizenden Gesang erhob, die verknöcherten Formen der Kammermusik zu neuem Leben aufrüttelte und dem vierstimmigen Männergesang wieder einen Schwung gab, wie er seit dem deutschen Befreiungskriege nicht mehr vorhanden gewesen. Und von wem und was allem soll dieser mutmaßliche Geschichtsschreiber des jüdischen Volkes nicht erzählen? Aber jedenfalls ist Heinrich Heine ein Name, der manche Blätter und mit die anziehendsten in diesem Buche füllen müßte. Es wäre von ihm zu reden als von dem größten Lyriker, den das deutsche Volk seit Goethe besessen, als von einem Dichter, der die Romantik erfüllt und zerstört und dem poetischen Schaffen zugleich neue Wege gebahnt, als von einem genialen Sprachkünstler, der das deutsche Volk gelehrt hat, in neuen Zungen zu reden. Sein Einfluß auf die allgemeine Denkungsart müßte neben den Anstößen geschildert werden, welche sein Geist auf den verschiedensten Gebieten des Wissens und Könnens gegeben. Und neben der Rolle, die er als Deutscher und für die Deutschen gespielt, wäre noch eine zweite zu verzeichnen, nämlich: die Glorie und die Geißel seiner engeren Landsleute gewesen zu sein.

(Am 1. Juni 1884)

Heinrich Laube

Die schlesische Stadt Sprottau hat ihrem berühmten Sohne Heinrich Laube ein Denkmal errichtet, das heute enthüllt werden soll. Wir haben keine andere Kenntnis von dem Werke, als daß es seinen Helden sitzend darstellt, wozu den Bildner der geringe Wuchs Laubes verlockt haben mag. Wir finden die sitzende Stellung nicht begründet. Man betrachte nur einmal die Arbeit Heinrich Natters, die in einem Vorraume des Burgtheaters steht, wie sich da die kleine stämmige Gestalt Laubes, in dem Caputrock, den er zu tragen pflegte, mit der halb lehrenden, halb befehlenden Gebärde Respekt zu verschaffen weiß. Nach unserem Gefühle ist Laube kein Mann, den man sitzend darstellt. Sein ganzer Charakter, sein Leben, Streben, Schaffen spricht dagegen. In allem ist Laube die Bewegung, die Beweglichkeit selbst, bis auf seine Sprache herab, wo er das Zeitwort, das tätige Element des Satzes, das im Deutschen nachgeschleppt zu werden pflegt, so weit als möglich voranzustellen bestrebt ist. Als ein innerlich Bewegter, der Bewegung Bedürftiger ward er in die Wellenkreise, die von der Juli-Revolution ausgingen, schon als junger Mann hineingerissen. Sein Auftreten war tumultuarisch. Er scheute kein starkes, kein radikales, kein letztes Wort. Er war der Vorgeschrittenste jener literarischen Gruppe, die man das Junge Deutschland nannte. Ganz trunken von der bezaubernden Erscheinung Heinrich Heines, den er als einen poetischen Erlöser feierte, erfand er sich in Nachahmung und Übertreibung der Reisebilder die Reisenovelle, eine bequeme Form für seine Bewegungslust und sein universales Mitteilungsbedürfnis. Es war die Poesie auf der Wanderschaft, ja man darf, so seltsam es klingen mag, an Goethe und seine

»Wanderjahre« erinnern. Hinter dem tollen Fasching der Laubeschen Reisenovellen, hinter ihrer Ausgelassenheit und Frechheit liegen doch ernstere Absichten versteckt: das Suchen nach einer neuen Welt, nach einer neuen Poesie. Die junge Generation empfand die klassische Dichtung wie ein Hemmnis neuen Schaffens, wie einen Druck, der auf ihren Geistern lag. Goethe war kaum gestorben, Schiller lebte im Volke fort. Es war unmöglich, über sie hinwegzukommen, schwer, neben ihnen Geltung zu erlangen. Ein unwiderstehlicher Zwang ging von ihnen aus, als seien sie nicht nur Dichter schlechtweg, sondern die beiden gegensätzlichen Urbilder jedes möglichen Dichters: in Goethe sah man die wunderbare Begabung, Poesie zu erleben, in Schiller die bewundernswerte Fähigkeit, gefundene und gewählte Stoffe zu poetisieren. Schillers ideales Pathos lag der Zeit eines freiheitlichen Aufschwunges nahe, Goethes Sinn für die Wirklichkeit war ihr, die so viele Illusionen schwinden sah, nicht fremd. Welches Ideal: Schillers Herz und Goethes Weltauge! Es ist aber den Menschen nicht gegeben, geistig von der Erbschaft früherer Zeiten zu leben; jede Zeit muß an sich selbst lernen, muß aus sich selbst heraus ihre Dichter und Künstler bilden. Das fühlte auch das junge Geschlecht, dem Heinrich Laube angehörte. Es gab das Schlagwort »modern« aus. Modern ist, was die Gegenwart bewegt. Durch den Geist der Gegenwart die Gegenwart bewegen, das ist unsere Aufgabe – riefen die jungen Geister aus. Die klassische Dichtung ist zwar ein Abschluß, aber kein Ende; wir haben das Gefühl, auch etwas zu sein, auch etwas zu können. Wir müssen die Breite der Welt erobern, uns neuen Stoff schaffen und ihn mit dem Geiste unserer Zeit durchdringen. Gehen wir daher auf Reisen, beobachten wir die Gesellschaft, werfen wir uns, wenn es sein muß, in die Politik! Vielleicht kommt einmal eine Zeit, die uns gleichfalls als Klassiker verehrt und verwirft ... Nun, so weit ist es wohl nicht gekommen, aber leugnen kann man doch nicht, daß jene modernen Geister viel Interessantes, ihre Zeit Bewegendes und Befreiendes geschaffen haben. Vieles davon mag aber im geistigen Verkehr fortwirken, ohne daß man weiß, woher und von wem es kommt. Es gibt auch eine anonyme Unsterblichkeit.

Von den Schriften aus Laubes Sturm-und-Drang-Periode, die so keck in die Zeit eingegriffen haben, wird wohl keine mehr gelesen. Sie haben ihren Augenblick gehabt, und damit aus und vorbei. Von seinen späteren Schriften sind die »Französischen Lustschlösser«, die man in ihrer Mischung von Gegenwart und geschichtlicher Vergangenheit wohl historische Reisenovellen nennen könnte, noch immer mit Vergnügen zu lesen. In diesem Buch kündigt sich eine Stiländerung an, die in der Folge, nicht ohne jugendliche Rückfälle, zu seinem klaren und bequemen Altersstil geführt hat. Wiederholt hat er das Gebiet des historischen Romans betreten. Der Roman »Gräfin Chateaubriand«, den er in seiner mittleren Zeit geschrieben hat, ist längst verschollen. In seinem Alter hat er dem Dreißigjährigen Kriege, dem längsten in der Weltgeschichte neben dem Peloponnesischen, den längsten deutschen Roman gewidmet. Für die Leser bleibt er immer eine Geduldsprobe. Bei seiner modernen Gesinnung, die von ihm Romane aus der blutigsten Gegenwart gefordert hätte, ist der historische Roman eine sonderbare Verirrung. Der historische Roman ist – trotz Walter Scott – die niederste Gattung der erzählenden Dichtung, in der Geschichte und Poesie einander zerreiben. Verhältnismäßig spät hat Laube den Ort gefunden, für den er eigentlich geboren war. Jedermann nennt schon den Ort – er ist das Theater. Laube hat in Paris gelernt, Stücke zu schreiben. Die französische Mache hat er nach Deutschland herübergebracht und hat an ihr festgehalten bis an sein Ende. Von seinen Stücken ist das erste, der Zeit nach, »Monaldeschi«, eines seiner frischesten geblieben; es ist mit kecker und sicherer Hand geführt. Die »Karlsschüler« sind populär geworden, schon weil der populärste deutsche Dichter der Held des Stückes ist. Ihn von deutschen Frauen für das deutsche Volk gerettet zu sehen, wie herzbewegend, wie rührend! Nicht zu vergessen die freien, zornigen Worte, die da fallen, und die noch immer zeitgemäß sind.

Übrigens steht Heinrich Laube als Dichter für uns doch nur in zweiter Linie, für Wien hat er seine Hauptbedeutung als Dramaturg, als artistischer Leiter des Burgtheaters. Nach Schreyvogel nennt man ihn. Laube übernahm die Leitung des Burgtheaters in einem Momente, wo es dringend nötig war, dem Institut neue künstlerische Kräfte zuzuführen und das Repertoire von Grund aus zu reformieren. Er hat beide Aufgaben mit starker und glücklicher Hand gelöst. Die Schauspieler, auf denen noch heute der Ruhm und Glanz des Burgtheaters beruht, sie alle hat Laube herbeigeschafft. Die Jungen von damals sind die Alten von heute. Laube hat sie herbeigeschafft und sie – was nicht leichter wiegt – erzogen. Mit ihnen jung gewesen und heraufgealtert, haben wir die Alten noch jung gekannt. Sie sind nicht als bedeutende Künstler aus dem Bretterboden geschossen. Sonnenthal hat sich langsam entwickelt, Baumeister in seiner breiten, bequemen Weise hat sich gleichfalls Zeit gelassen, Gabillon ist der Reihe nach in sämtlichen Fächern durchgefallen, Frau Wolter hat auf dem Burgtheater als begabte Schülerin angefangen. Nur Herr Lewinsky hat, gleichsam als Wunderkind, schon beim ersten Auftreten (als Franz in den »Räubern«) Enthusiasmus erregt. Laube hat alle diese Talente, zumal in den Proben, die er mit Recht als den Mittelpunkt seiner Tätigkeit betrachtete, langsam zu Künstlern herangebildet, denen es freilich an den herrlichsten Vorbildern (Anschütz, Fichtner, La Roche, Löwe) nicht fehlte. Wir haben bisher fast nur Männer genannt, aber Laube, der weibliche Jugendblüte und ihre bezaubernde Wirkung auf das Publikum zu schätzen wußte, hat an seiner Hand eine Reihe der schönsten und reizendsten Mädchen durch das Burgtheater geleitet. Der heutige Zustand des Burgtheaters legt die Vergleichung mit damals unabweislich nahe. Wo wird unser Burgtheater in fünf, in zehn Jahren sein, wenn es nicht beizeiten durch neue Kräfte aufgefrischt wird, wenn nicht für jede Größe ein Hintermann bestellt wird? Laube hat ein solches Werk ohne falsche Sentimentalität durchzuführen gewußt. So hat er auch die Reform des Repertoires in seine energische Hand genommen. Er hatte zwar das Glück, daß er einen Teil des Neuigkeitsbedarfes durch die frisch aus der Pfanne kommenden Lustspiele von Benedix und durch die besten Stücke der Birch-Pfeiffer decken, daß er sogar mit Schiller und Goethe noch neu sein konnte; dann ging er seinem Ideale nach: alles, was seit Lessing von Schauspielen bühnentüchtig geblieben, dem Repertoire einzuverleiben und seinem Grundsatze gemäß: gute Stücke gut aufführen, baufällig gewordene Darstellungen von Grund aus neu aufzubauen. Nicht minder mußte er sein Augenmerk darauf richten, das französische Schauspiel des zweiten Kaiserreiches im Burgtheater einzubürgern, denn ohne französisches Schauspiel – Salz und Pfeffer des Repertoires – hat das Burgtheater nie leben können. Es geschah das nicht ohne Kampf und vielfachen Widerspruch. Je tiefer das Messer des französischen Schauspiels in das Fleisch auch unserer Gesellschaft einschnitt, desto erbitterter war der Widerstand dagegen. Welchen Sturm von Unwillen erregte Sardous vortreffliche Komödie »Die Junggesellen«! Jene gesellschaftliche Gruppe von Hagestolzen, die ihren Fuß an fremden Kaminen wärmt und die sich darüber ärgerte, von dem französischen Dramatiker so fein erraten und verraten zu sein, bot allen ihren Einfluß auf – und ihr Einfluß in der Familie ist nicht gering –, um das Stück zu Falle zu bringen. Vergebens! Laube ließ sich keinen Schrecken einjagen, und seine Standhaftigkeit siegte.

Man würde aber ein falsches Bild von Laube entwerfen, wollte man ihn als den Unfehlbaren hinstellen. Seine Bücher über das Theater könnten einen solchen Irrtum erzeugen, weil sie mit Übergehung manchen Details doch mehr die Summe des Guten und Gelungenen ziehen. Ein unfehlbarer Theaterdirektor ist ja schon ein Widerspruch in sich selbst. In einem höheren Maße als irgendein anderer Mann muß der Theaterdirektor den Mut, sich zu irren, besitzen. Er arbeitet nicht mit berechenbaren Größen, im Gegenteil, das Irrationale, das oft geradezu Unvernünftige ist sein Arbeitsfeld. Wer durchblickt die Zukunft eines Talents? Wer steht ein für das Gelingen einer neuen Besetzung? Wer errät den Erfolg eines Stückes? Wer kennt und beherrscht die Launen des Publikums? Lauter Fragen ohne Antwort. Der Theaterdirektor muß wagen, auf die Gefahr hin, sich zu irren. Laube hat sich oft genug in allem und jedem geirrt, in Talenten, in Stücken, in Besetzungen, in der Stimmung des Publikums. Allein er strich sich die Falten aus der Stirne und begann seine redliche Arbeit von neuem. So hat Laube durch seine Ausdauer, durch seine unverwüstliche Leidenschaft zur Sache als Dramaturg doch Bleibendes geschaffen, wenn anders die Bühne, dieses Reich der Flüchtigkeit, Bleibendes zu beherbergen imstande ist.

Nun ruht Heinrich Laube in dem Bilde, das ihm seine Vaterstadt errichtet hat, aus. Wir sehen ihn aber doch vor uns, wie ihn Heinrich Natter gebildet: aufrecht stehend, lehrend, befehlend. Denn er ist eine auf eigenen Füßen stehende, sich willenskräftig mitteilende geistige Macht gewesen, ein Befehlshaber, ein Kommandierender.

(Am 8. September 1895)

Franz Dingelstedt

Zwei Seelen wohnen, ach! in meiner Brust,
Die eine will sich von der andern trennen.

Du nennst mich Herr Baron, so ist die Sache gut,
Ich bin ein Kavalier, wie and're Kavaliere.
Goethe, »Faust«

Mit dem Hingange Dingelstedts ist eine Gestalt vom deutschen Boden verschwunden, wie sie in ähnlicher oder gar gleicher Zusammensetzung so bald nicht wieder erscheinen dürfte. Wer Dingelstedts Namen nennt, ruft ein Bild hervor, das mit keinem anderen zu verwechseln ist. Ich bin ich, durfte er dreist zu und von sich sagen, ohne sich der Gefahr, bestritten zu werden, auszusetzen. Ob mit solcher Anerkennung Hochachtung und Bewunderung Hand in Hand gehe, das ist freilich eine andere Frage. Nur für seinen Kammerdiener und für Kammerdienerseelen hohen und niedrigen Ranges war Dingelstedt ein großer Mann, wie er denn selbst, obwohl er manchmal Franz den Großen zu spielen und ihn armen Geistern weiszumachen suchte, doch im hintersten Winkel seiner Seele viel zu aufrichtig war, um an seine eigene Größe zu glauben. Talent und Geist teilte er mit vielen seiner Zeitgenossen, und im poetischen Schaffen hat er es nie zu einem Meisterwerke, höchstens hin und wieder zu einem kleinen Meisterstücke gebracht; aber wie er seine Gaben auf das Leben anwendete, wie er sie nützte, um persönlich empor- und zu Stellung und äußerem Glanze zu gelangen, das war die ihm eigene, ihn auszeichnende Kunst, die ihm von ehemaligen Mitstrebenden verargt, um die er von geringeren Leuten, die ihr bißchen Charakter gern in die Schanze geschlagen hätten, vielfach beneidet wurde. Ihm selbst ist es bei einer so eitlen Anwendung seines Talentes nie recht wohl geworden, und er fühlte je länger, je mehr, ohne jedoch die nötige Schnellkraft zu einer entscheidenden Wendung zu erübrigen, daß er auf der Jagd nach weltlichen Ehren sein besseres Selbst darangegeben. So konnte er, im Hinblicke auf den Widerspruch zwischen äußerem Erfolg und innerer Befriedigung, wohl von sich sagen, daß er zwar Glück gehabt habe, aber nicht glücklich gewesen sei.

Sein poetisches Testament und vorläufig letztes Wort an eine mögliche Nachwelt hat Franz Dingelstedt niedergelegt in einem seine dichterischen Zeitgenossen scharf geißelnden Epilog, welcher die zweite Auflage seiner Gedichtsammlung (1858) abschließt. Sonst, wie er noch zuletzt in seinem »Literarischen Bilderbuche« versichert, ein geschworener Feind der absoluten Verneinung, jener von ihm an die Wand gemalten negativen Kritik, die »in der Vernichtung ihren letzten Zweck sucht«, säbelt er in diesem Epilog ringsum Knieholz und Strauchwerk nieder, schont auch die Bäume nicht, um nur selbst vom Fuße bis zum Kopfe gesehen zu werden. Die straffe Sammlung, wie sie Vers, Reim und das in diesen zwingenden Rahmen gebannte Selbstgefühl dem Dichter auferlegen, schiebt jede mildere Rücksicht beiseite und schafft von selbst jene echte negative Kritik, die in dem Maße schärfer ist, als ihr eine fest begründete positive Ansicht zugrunde liegt. Dingelstedt erhebt sich in voller Lebensgröße gegen die epigonenhaften Richtungen in der deutschen Poesie, welche in der Flucht vor Gegenwart und Wirklichkeit ihr Heil suchen, indem sie sich entweder zu überholten Idealen zurückwenden oder sich in kränklicher Empfindsamkeit wider den Zeitgeist stemmen. Er sei – so ist der Sinn von Dingelstedts Worten – ein ehrlich moderner Mensch, in seiner Zeit, von ihr und für sie lebend und dichtend, ein fröhlicher Former zwar widerstrebender, aber der poetischen Verklärung doppelt bedürftiger Stoffe, ja einer, der sich das Gold der Poesie lieber aus dem tiefsten Schlamme wasche, als daß er es dort suche, wo es einst gewesen. Den verspäteten Romantikern gegenüber erklärt er, daß ihm das Hemd näher sei als das Ritterwams und von der Folgezeit erwarte er die Anerkennung seines unerschrockenen Wahrheitstriebes. Mit einem kecken Sprunge aus dem Schöngeistigen in das Sittliche schließt er sein Gedicht, indem er die Zuversicht ausspricht, daß, wenn die Nachwelt ihn auch nicht krönen könne, sie doch von ihm sagen werde: Er war ein *Mann.*

Nun erhebt sich diesem Selbstporträt gegenüber von verschiedenen Seiten her die Frage: ob Dingelstedt sein wirkliches Gesicht aus dem Spiegel geholt habe? ... Antwort: Was seinen poetischen Charakter betrifft, gewiß! Aber was den Mann anbelangt, den unterstrichenen, durchschossenen *Mann,* so gibt es Leute, die sich in diesem Punkte Zweifel erlauben. Und es ist in der Tat nicht schwer, eine Scheidungslinie zu ziehen zwischen Dingelstedt, dem »kosmopolitischen Nachtwächter«, und Dingelstedt, dem Stuttgarter »Tyrannenvorleser«, zwischen dem Freiheitsdichter, der die Schreibfeder nötigenfalls mit der Lanze zu vertauschen drohte, und dem Münchener Theater-Intendanten, der, wie um das Wort Schillers, daß der Dichter mit dem Könige gehen soll, zu parodieren, seinem Herrn auf dem Gange nach der Loge den flammenden Leuchter mit stolzem Selbstgefühle vortrug. Doch hat Dingelstedt wenigstens eines für sich beizubringen, und das ist, daß er sich nicht wesentlich verändert, seit er in Herrendienste getreten. Ja, er kann noch weiter gehen und behaupten, daß er, trotz seiner Hofstellungen in Stuttgart und München, in Weimar und Wien seine Vergangenheit nie verleugnet habe, daß er in seinem Gesinnungswechsel gewissermaßen sich selbst treu geblieben sei. Dingelstedt war ein treuer Diener jedes Herrn, mit dem stillschweigenden Vorbehalte kleiner innerer Treulosigkeiten, die doch wieder mit seinen ursprünglich ausgesprochenen Gesinnungen zusammenhingen. Er durfte sich selbst nicht vergessen, weil die Welt ihn nicht vergaß; sein Gewissen blieb wach, weil es wund war und von außen stets gereizt wurde. Nun ist es ein wunderliches Schauspiel, zu sehen, wie er nach beiden Seiten hin lebt, bald die Hand nach rechts, bald nach links reicht, immer ein anderer und immer derselbe ist. Die Widersprüche, in die er sich verwickelt sieht, gleicht er mit leichtfertiger Grazie in sich aus oder läßt sie unbekümmert nebeneinander gewähren. Er legt ein Märzveilchen auf Börnes Grab und wirft mit faulen Äpfeln nach dem Rumpfparlamente, in welchem Männer wie Uhland und Fallmerayer sitzen; er dichtet und trachtet in die Kreise des Adels hinein und reißt in seinem »Ammenmärchen« eine tiefe soziale Wunde auf, er geht in Habsburgsche Dienste, nicht ohne knapp vorher den glücklichen Hohenzollern zu preisen, der da habe »den Siebenjährigen Krieg in sieben Tagen und dreißig Herren aufs Haupt geschlagen« . . . Und wie nach außen, so nach innen. Obwohl er, als ein freidenkender Sohn des Volkes, von dem modernen Gleichheitsgefühle völlig durchsäuert war und so gut als einer wußte, daß sich in dem Flugsande unserer Zeit Stammbäume nicht mehr pflanzen lassen, lebte doch ein proletarischer Trieb nach falscher Vornehmheit in ihm, der ihm Titel, Orden und zuletzt den Adel als wünschenswerteste Ziele erscheinen ließ. Bei allem lebendigen Gefühle für die Nichtigkeit seiner gesellschaftlichen Bestrebungen gab es doch Augenblicke für ihn, wo er sich stolz auf seinen Baron zurückzog, sich als »Wirklichen Hofrat Sr. k. k. Apostolischen Majestät« (*apostolisch* war eine Pikanterie für den Protestanten) selbstbewußt empfand, freilich um so rasch als möglich sich selbst wieder preiszugeben und den Flitterglanz um sein Haupt ironisch zu vernichten. Dann spielte er wieder den alten Schulmeister, den bürgerlichen Doktor der Philosophie, den deutschen Dichter, der er doch vor allem sei. In solcher Stimmung war keine irdische Größe vor ihm sicher; er goß seinen Spott auf naheliegende Exzellenzen, obgleich es – welch ein Zwiespalt der Natur – der große Gram seiner letzten Lebensperiode war, daß er nie als Exzellenz angesprochen wurde. Und diesem selben Manne, in welchem eine so starke Ader von Eitelkeit schlug, konnte und mußte man bei näherer Berührung doch wieder gut sein, weil im traulichen Gespräche mit ihm, zumal wenn Trank und Speise freundlich nachgeholfen, ein nur halb verschütteter Grund von Gemütlichkeit und Güte zutage trat. Er besaß zwei unschätzbare Eigenschaften: einen warmen Familiensinn und eine Anhänglichkeit an alte Freunde, die sich nie verleugnete.

Es liegt auf der Hand, daß eine so schief und schielend

angelegte Natur wie Dingelstedt sich als Dichter und Schriftsteller nicht voll entwickeln konnte. Keiner fühlte das stärker als er selbst. »Mein Leben zerfällt in vier Abschnitte«, sagt er in seiner letzten Schrift, und »jawohl, *zerfällt*!« ruft er zwischen Klammern aus. Als junger Mann, wie früher lernend, so jetzt lehrend, von den Schulwänden beengt, stimmte er in die von Herwegh angeschlagene Tonart der politischen Dichtung ein, indem er seine kosmopolitischen Nachtwächterlieder schrieb. Diese frischen, kekken Reime, in denen sich sofort Dingelstedts Formtalent ankündigte, waren weniger ein politisches Glaubensbekenntnis als ein Lebenszeugnis, ein schmetterndes Signal, welches besagen sollte, daß man auch vorhanden sei. Als solches hat das poetische Pamphlet seine Wirkung getan, dem Dichter einen Namen gemacht und ihn aus der Schule ins Leben geworfen. Journalistisch beschäftigt, hat Dingelstedt hierauf Paris und London gesehen, an seinem Schliff gearbeitet und sich in höhere Gesellschaftssphären teils hineingeträumt, teils hineinverloren. Wie heftig sein Drang nach höherer Geselligkeit war, wie unwiderstehlich ihn das Salonleben fesselte, hat er in Gedichten und Novellen genugsam ausgesprochen. Die Welt des Scheins, für die er so regen Sinn besaß, kam ihm von der Bühne herab verlockend entgegen; als er in Stuttgart eine Stellung gewann, die ihn mit den Brettern in Berührung brachte, und hierauf die von ihm vielfach besungene Jenny Lutzer heimführte, war er mit dem Theater in jedem Sinne verheiratet. Forthin ist er von dem Theater nicht mehr losgekommen: vierzig Jahre hindurch, nacheinander in Stuttgart und München, in Weimar und Wien, hat er deutsche Bühnen beraten und geleitet.

Dingelstets literarisches Schaffen gehört indes dem Theater nur zu einem geringen Teile an; den breitesten Raum in seinem schriftstellerischen Gepäck nimmt die Erzählung, die Novelle ein. In seiner Manier zeigt sich Dingelstedt geteilt zwischen der Erzählungsweise Goethes, die dem Gegenstande in seiner Entwicklung bloß zuzusehen scheint, und der Darstellungsart Jean Pauls, die den Personen und Dingen beständig nachhilft. Allein weder hier noch dort bringt es Dingelstedt zu einer künstlerischen Wirkung, einfach weil ihm der bedeutende Gehalt, der große und feine Blick für das Leben fehlt. Er dringt weniger in die Herzen und Nieren als in die Spitzen und Falbeln, kennt die Einrichtungsstücke besser als die Stimmungen des menschlichen Gemütes. Einmal hat er sich in seinen »Badenovellen« ein Feld gesucht, dem er nach seiner ganzen Anschauungsweise gewachsen zu sein schien. In den Bädern, wo die Geister müßig sind und die Herzen arbeiten, ist wohl ein Ort für den Poeten, und doppelt ein Ort, wenn der Poet selbst eine moderne Bade- und Bädernatur ist. Jedes Bad breitet mit seinem eigentümlichen natürlichen Boden auch einen eigenen moralischen unter. Es fühlt und lebt sich anders auf angeschwemmtem Lande als auf Urkalk oder Granit, und für den Ton des Lebensgefühls ist es nicht gleichgültig, ob man Molken nimmt oder den gesalzenen Trank, der aus den heißen Brüsten der Erde quillt. Dingelstedt zeigt für solche Unterschiede keinen Sinn, und seine Badenovellen, die nur das Äußere streifen, könnten auf jedem beliebigen Boden vor sich gehen. In ihnen tritt der Grundmangel seiner Novellistik grell zutage. Seine Novellen haben keine psychologische Perspektive, keine Vertiefung im geistigen Raume. Dingelstedt versteht die Kunst nicht, die Handlung (wie etwa bei der Engführung der Fuge) auf eine gewisse Höhe zu schnellen, wo die leitenden Gedanken näher aneinandergeraten, wo der Satz auf seinen Gegensatz trifft. Die Katastrophe führt Dingelstedt niemals aus, er resümiert sie bloß. Und doch hat auch die Erzählungskunst ihre Dramatik, und der Epiker kann dramatisch sein, ohne ins Drama überzugehen, indem er den ihm gezogenen Ring verbiegt, ohne ihn zu durchbrechen. Gibt es doch Stellen, wo selbst dem Volksepos ein Kopf und die zusammenfassende Hand wächst.

Schon in Dingelstedts Erzählungen, die nicht selten zum Almanachstil herabsinken oder sich mit bedauerlichem Behagen im Theaterklatsch ergehen, zeigt sich etwas wie

Mangel an dramatischer Begabung. Dieser Mangel wird zur Gewißheit, wenn man das einzige Theaterstück, das er geschrieben, betrachtet. Die historische Tragödie »Das Haus des Barneveldt« weist in seinen langen fünf Akten keinen einzigen Zug auf, von dem man sagen könnte, er stamme von einem dramatischen Dichter. Lauter Dekoration und breitgesponnenes Gerede – sonst nichts. Daß das tragische Geschick des Vaters in den Söhnen tragisch nachklinge und nachwirke, davon ist keine Spur vorhanden. Wir sehen durchaus nur eine Verwirrung und Verliederlichung tragischer Motive mit einem Schlusse, der es allen Ernstes unternimmt, unser Mitleid und unsere Furcht für einen Dummkopf und für einen Lumpen – das sind die beiden Söhne – in Anspruch zu nehmen. Das eigentliche dramatische Fach Dingelstedts war das Festspiel, worin er Hübsches geleistet hat. Doch liegt Dingelstedts poetischer Wert in seinen kleineren Gedichten, die weniger bekannt sind, als sie verdienen. Das Lied im Sinne Goethes und des Volkes gelingt ihm zwar nicht, dazu fehlt ihm die musikalische Stimmung, dazu arbeitet er mit einem viel zu großen Aufwande von Mitteln; aber er hat sein eigenes Gebiet, das der Verwertung des unmittelbaren Lebens mit modernster Empfindung, worin er keinen Nebenbuhler zu scheuen braucht. Eine solche Dichtung ist der Zyklus »Ein Roman«. Auch bringt er in der erzählenden Gattung in Versen glänzend herein, was er in Prosa gesündigt. Die poetische Erzählung »Der Dreizehnte« gehört zu den Perlen deutscher Dichtung.

Als Bühnenleiter haben wir Dingelstedt in Wien alle erlebt. Jahrelang umflatterte er unsere Stadt, bevor ihm sein Wunsch, Theaterdirektor in Wien zu werden, in Erfüllung ging. Und er ging ihm doch wieder nur halb in Erfüllung, da ihm anstatt des Burgtheaters erst das Operntheater zur Leitung übergeben wurde. Hier hatte er zunächst die Übersiedlung der Oper vom alten Hause in das neue zu leiten, was ihm wenig Mühe machte, da die Dekorationen fertig, die künstlerischen Kräfte vorhanden und ihm nacheinander zwei vorzügliche Kapellmeister zur Hand waren. In die

Szenierung griff er stellenweise mit künstlerischem Sinne ein. Er gewöhnte sich in das schöne Haus und in seine eigene geräumige Behausung so behaglich ein, daß er hier gerne hätte bleiben und sterben mögen. Nun berief ihn aber das Burgtheater. Wehmütig nahm er Abschied von der Oper, am wehmütigsten aber vom Ballett, das ihm, wie er selbst äußerte, ans Herz gewachsen war. Mit einer gewissen Ballettgesinnung ging er hinüber ins Burgtheater, das er nun in seiner Weise leitete. Das Personal war ihm gleichgültig, er sah und wollte im Burgtheater vor allem sich selbst. Was er auf seinen früheren dramaturgischen Stationen versucht, das brachte er auch im Burgtheater wieder vor. Er wollte nichts wissen von den modernen Franzosen, er schloß sie so ziemlich vom Repertoire aus, ohne zu bedenken, daß das französische Stück ein Ruhm und ein Bedürfnis des Burgtheaters sei. Der große Trumpf, den er ausspielte, waren Shakespeares Historien. Sie waren in der Tat ein Ereignis; sie weckten neue Kräfte, verjüngten die alten und wurden, geschmackvoll und glänzend ausgestattet, mit Beifall aufgenommen. Auch Goethes »Götz« war eine von den brillanten Regisseurschöpfungen Dingelstedts, ebenso »Weh dem, der lügt«, »Sturm«, »Antonius und Kleopatra«, »Faust«. Wo Dingelstedt sich interessierte, da war er bedeutend als Bühnenleiter. Nur als großer Herr wollte er wirken, das tägliche Geschäft war ihm widerwärtig, und wo sich ihm keine lockende szenische Aufgabe stellte, war er nicht recht zu haben. Er pflegte dem Schauspieler gegenüber das gesprochene Wort zu vernachlässigen; aber einen Tisch zu rücken, einen Schrank zu stellen, dazu war er stets aufgelegt. Er war ein Dekorateur vom Scheitel bis ins Knopfloch. Das *Bild* war ihm theatralisch das Höchste. Es war natürlich, daß er durch sein geschlossenes Wissen und Können den Schauspielern mit ihrer zusammengerafften Bildung imponierte. Sie kannten seine Fehler, aber es unterfing sich doch keiner, nicht Respekt vor ihm zu haben. Dann gewann die Theaterleute seine Manier, sich selbst in Szene zu setzen. Es lag in seiner Art, das Ungewöhnliche mit einem gewissen Aufsehen, ja selbst das Rechte mit Eklat zu tun. Für ihn existierte eine Sache nur insofern, als sie ein Glanzlicht auf ihn warf.

Indem wir, die lange Rede beendigend, auf den merkwürdigen Mann zurückblicken, möchten wir seine Bedeutung gern noch einmal in ein paar Worte zusammenpressen. Allein das ist schwer, wenn nicht unmöglich. Er war der einzige Sterbliche, der die Widersprüche seines Wesens lebendig zusammenzufassen vermochte, und daß man ihm diese Kunst nicht einmal in Gedanken nachmachen kann, das ist vielleicht das Empfindlichste, was Franz Dingelstedt durch den Tod verloren hat.

(Am 9. Oktober 1881)

Karl Eduard Bauernschmid

Der betagte Genosse, den wir Männer von der Feder in der ersten Maiwoche dieses Jahres zu Grabe gebracht, rühmte sich keines amtlichen Titels, und auf seinem Bahrtuche prangte weder Orden noch Wappen. Es war ein Niemand, den wir der Erde zurückgaben, ein Niemand freilich in dem erlauchten Sinne, in welchem sich der scherzende Hutten selbst einmal einen genannt hat. Wohl war es in seinen letzten Lebenstagen stille geworden um ihn her, wie ihn denn ein jüngeres Geschlecht kaum mehr dem Namen nach kannte; aber in den beiden Dezennien, die dem Jahre 1848 folgten, lebte der Name Bauernschmid in aller Munde, und auf Tausende und aber Tausende wirkte sein geschriebenes Wort, welches, von Freimut geschwellt und vom bittersten Ernst an durch alle Tonarten des Spottes modulierend, die Vorwärtsstrebenden erquickte und ermunterte, die Männer des Rückschrittes aber neckte und schreckte, dessen künstlerischem Zauber jedoch keiner, auf welcher Seite er immer stand, sich zu entziehen vermochte. Sein erfindungsreicher Geist gab ihm selbst in den traurigsten Zeitläufen der neueren Geschichte Österreichs die Mittel an die Hand, im Sinne der Vernunft und des Fortschritts zum Volke zu reden; das Säbelregiment nach Niederwerfung der Revolution, die hierauf folgenden Orgien der Amtsstuben und der Kirche haben ihn nicht stumm machen können. Sein Wort hat der guten Sache niemals gefehlt. Ein Proteus, hat er in allen Farben gespielt und ist doch immer er selbst geblieben, immer der rechtschaffene, mutige, tapfere Mann, der, was er für Recht erkannt, mit Überzeugungstreue verteidigte. Seine publizistische Wendungsfähigkeit war in der Tat bewundernswürdig. Versagten ihm üble Zeitverhältnisse den Raum des Leitartikels, so schrieb er, des starken, auf sein Ziel unmittelbar zufliegenden Ausdrucks beraubt, scheinbar unschuldige politische Korrespondenzen, die aber voll zarter Stacheln waren; litt es ihn auch da nicht mehr, so stieg er ins Feuilleton hinunter und trieb, den geringfügigsten Anlaß benützend, eine scherzende Politik; ja noch in die kleine Notiz trug er den Geist einer frondierenden Unbotmäßigkeit hinein. Politik war sein eigentliches Pathos, und die Geschicke seiner Heimat waren es, die den trefflichen Österreicher, bei aller weltbürgerlichen Ansicht der Dinge, bis auf die letzten Stunden seines Lebens unablässig und auf das leidenschaftlichste beschäftigten. Daß er gegen das österreichische Regierungssystem zumeist verneinend vorging und auf der Bank der Spötter saß, war nicht seine Schuld; er hätte ein ebenso positives, kräftiges Ja gehabt, wie sein Nein scharf und schneidend war, wären die öffentlichen Verhältnisse, die stets wieder zum Schiefen neigten, danach angetan gewesen, ein freundliches Zunicken zu gestatten. Zürnend und grollend über den Stand der österreichischen Dinge, aber mit einem Herzen voll Liebe für sein Volk und seine Heimat ist der alte publizistische Kämpe in das Grab gesunken.

Von Bauernschmids Jugend und mittleren Jahren ist uns nur wenig bekannt; denn wenn er von vergangenen Tagen sprach, schilderte er mehr die Zeit als sich selbst und seine Verhältnisse. Er wurde 1801 in Himberg bei Wien geboren, wo sein Vater Syndikus war. Im Hintergrunde der Mitteilungen des Sohnes steht der Vater da als ein rechtschaffener, strenger Mann, der, wie man es in jener Zeit häufig trifft, ein wohlwollendes, zartes Gemüt mehr verbarg als entbehrte. Er erschien dem heranwachsenden Knaben im Licht einer unwidersprechlichen Autorität, die mehr Achtung als Liebe herausfordert. In der Erziehungsmethode des Alten machte sich ein abstrakt römischer Zug geltend. Von ihm überkam der Sohn die Verehrung für Kaiser Joseph II. wie überhaupt die freien Anschauungen der Aufklärungszeit. Die Mutter trat in seinen Erzählungen ganz in den Schatten zurück, wogegen er mit Zärtlichkeit von einer für ihn mütterlich besorgten Muhme sprach, an deren liebevollem und gescheitem Wesen sich Bauernschmids nie erlöschende Verehrung des weiblichen Geschlechtes entzündet zu haben schien. Alles Zartere, was sich in der Seele des verständigen Knaben regte, scheint sie gepflegt und angenehm beschäftigt zu haben. Seine Gymnasialstudien vollendete Bauernschmid in Krems; er trat in den Staatsdienst, nachdem er auf der Wiener Hochschule die juridischen Studien absolviert hatte. Nicht mit innerer Freudigkeit ergriff er den Beamtenberuf; wer konnte auch, der nur ein wenig aufgeweckt war, Freude finden an dem Metternichschen Staate, der den Beamten zugleich zum Gefangenen und zum Wärter der Gefangenen herabwürdigte? Ihm, wie so vielen von materieller Sorge abhängigen Jünglingen dieser Zeit, wurde sein Studiengang zum Verhängnis, das ihn ohne seinen Willen in die Amtsstube führte. Der Beamte diente nur mit seinem äußern Menschen, während er für sein besseres Ich Anregung und Beschäftigung anderwärts suchte. Schon frühzeitig hatte Bauernschmid freiere politische Ansichten in sich ausgebildet; er hatte nicht umsonst die Alten gelesen, in der Geschichte der Französischen Revolution geblättert und Schiller, seinen Liebling, in sich aufgenommen. Er fand gleichgesinnte junge Männer und hielt mit ihnen zusammen. Aber auch die Wiener Lebensherrlichkeit damaliger Zeit blieb nicht ohne Einfluß auf diesen fein organisierten, sinnlich wie geistig aufgeschlossenen Menschen. Er konnte den Wiener nicht verleugnen. Er war gesellig, mitteilsam, neugierig; er war empfänglich für die Reize der Frauen; er liebte das Theater, die Musik, er selbst ein Virtuos auf der Gitarre, die er noch in seinem Uralter meisterhaft behandelte. Seine geselligen Talente, seine elegante Erscheinung, sein Geist, sein Witz, seine urbane Ironie machten ihn zu einem Liebling der Wiener Gesellschaft, die er in allen ihren Schichten kennenlernte. Mit allem, was geistig hervorragte auf dem Wiener Boden, war er persönlich bekannt. Sein Stern führte ihn wiederholt zusammen mit

Beethoven, welchem im Leben begegnet zu sein er stets als eine Gnade des Himmels pries; mit Franz Schubert, dem Unerschöpflichen, der seine musikalischen Frühlinge vor sich ausschüttete, hat er kameradschaftlich verkehrt; Raimund, der geniale Volksdichter, hat seine Liebenswürdigkeiten und Naivitäten vor ihm ausgekramt, und Lenau ist ihm ein Freund geworden. Man würde einen hervorstechenden Zug in Bauernschmids Wesen vergessen, wenn man seinen eminenten Sinn für Freundschaft unerwähnt ließe; er gehörte zu den seltenen Männern, denen es gegeben ist, selbst mit Frauen einen Freundschaftsbund zu schließen. Seine Freundschaft mit Männern konnte einen schwärmerischen Grad erreichen, der selbst Anzeichen von Liebe, wie die Eifersucht, nicht ausschloß. Eine solche Freundschaft verband ihn mit Tausenau, dem donnernden Redner der Wiener Aula; er wurde nicht müde, von ihm zu erzählen, seine bedeutenden Eigenschaften ans Licht zu stellen, ihm im Geiste zu huldigen.

Sosehr nun Bauernschmid sein altes Wien recht als Junggeselle genoß, allerdings mit jener Weisheit im Genusse, die ihn nie verließ, so sehnte er sich doch bald nach einem eigenen Herde. Ungefähr dreißig Jahre alt, führte er eine Frau heim. Er hat in späteren Tagen von seiner Ehe nie viel gesprochen; wenn er aber durch die innere Stadt wandelte und einem mit leiser Rührung die Wohnung wies, wo er die ersten Jahre seiner Ehe verbracht hatte, da konnte man wohl auf vergangenes Glück zurückschließen. Ungemischt ist dieses Glück freilich nicht gewesen, und ganz ungetrübte Tage hat Bauernschmid wohl selten erlebt. Die Sorge war fast sein täglicher Gast, und er wußte davon zu erzählen, was Mangel und Not ist. Bis an sein Ende hat er fast nur das Schmerzliche des Kindersegens erfahren, die wachsende Sorge, den Kummer, die Entbehrung. Als seine Frau noch lebte, schien er eine kräftige Stütze an ihr zu besitzen; als sie aber tot war, bedurfte er einer wahrhaft heroischen Energie, um sich unter der immer drückender werdenden Last aufrechtzuerhalten. Was Liebe vermag, wie weit die Selbstaufopferung gegenüber den Nachkommen gehen könne, das konnte man an diesem alten Manne mit Staunen erleben.

Aus diesen trüben Betrachtungen reißt uns ein Blick auf das Jahr 1848 heraus, wo Bauernschmid seine alten Fesseln sprengte, indem er den Staatsdienst verließ. Er war schon siebenundvierzig Jahre alt, als er mit jugendlichem Mut den Entschluß faßte, sich auf die eigenen Füße zu stellen und eine neue Laufbahn einzuschlagen. Nun erst wurden alle Fähigkeiten in ihm mündig; der Politiker, der Schriftsteller stand plötzlich fertig da. Er nahm teil an der Märzbewegung; er ging, vom Vertrauen seiner Mitbürger berufen, als Abgeordneter ins Frankfurter Parlament. Er war dort stumm unter den vielen Rednern, weil ihm die Gabe, vor großen Versammlungen zu sprechen, nur in mäßigem Grade verliehen war; aber er war ein unermüdlicher Arbeiter im Dienste seiner Partei und stimmte tapfer mit der Linken. Nach seiner Rückkehr von Frankfurt widmete er sich ausschließlich der publizistischen Tätigkeit und ist ihr treu geblieben, bis der alternden Hand die Feder entfiel. Da ist nun eine lange Reihe von politischen, gewerblichen und feuilletonistischen Aufsätzen entstanden, worunter wahre Meister- und Musterstücke sind und von welchen keiner den Stempel eines eigentümlichen Geistes entbehrt. Das Gebiet der Politik wurde ihm unter den obwaltenden Preßverhältnissen freilich nur zu bald verleidet, und er flüchtete mit seiner Feder in das Feuilleton, welches er in Wien eigentlich erst geschaffen hat. Wer noch in die fünfziger Jahre zurückdenkt, wird sich erinnern, mit welchem Heißhunger man sich auf Bauernschmids »Wiener Briefe« stürzte, wie man sich auf dieselben zum voraus freute und wie man verstimmt war, wenn an einem Sonntag einmal ein Brief ausblieb. Er trat in diesen Briefen, die irgendeinen Gegenstand des Tages behandelten, als ein Humorist auf, der sich mit Vorliebe der ironischen Form bediente. Die Ironie bedingt einen langatmigen, seriösen Satzbau, weil sie sich hinter den Ernst verschanzt, um ihre Pfeile desto sicherer aus dem Versteck hervorsenden zu können. Im Aufbau solcher Sätze bewährte Bauernschmid ein ganz einziges Geschick. Er besaß den klassischen runden Mund (das Ore rotundo loqui des Horaz, den er zu zitieren liebte), die lächelnde Anmut des Ausdrucks, die Geduld, einen Gedanken bis in seine feinsten Details auszuspinnen. Seine Feuilletons waren durchaus lokal gefärbt und von einer vollkommenen Kenntnis Wiens getränkt; aber seine übrige Weltkenntnis und seine ungewöhnliche Belesenheit ließen es dem Feuilletonisten an feinen und unerwarteten Beziehungen und Vergleichspunkten nie fehlen. Nur selten riß ihn seine Virtuosität zu einem bloßen Spiel hin, fast immer ging er von politischen, sozialen und kirchlichen Gedanken aus, für oder gegen die er seine Gedanken ins Feuer führte. Was und wo er schrieb, er dachte sich dabei immer das lesende Wien; er sah stets den Stephansturm am Horizont.

Seine satirische Ader ist ihm erhalten geblieben, und als sie nicht mehr aus der Feder fließen wollte, sprudelte sie noch in seinem Gespräche. Bauernschmid hatte ein großes Bedürfnis, sich mitzuteilen, und wo er sich sicher und verstanden wußte, sprach er sich mit einer Rückhaltlosigkeit aus, die nicht selten die kühnsten Formen annahm. Er war ein geistreicher Plauderer, der ebensogut zu hören als zu sprechen wußte; nur manchmal beseitigte er seinen Zwischenredner und ließ, wenn er sich etwas vom Herzen reden wollte, den Strom seiner Worte rücksichtslos dahinbrausen. Dann konnte er eine hinreißende, erschütternde Beredsamkeit entwickeln. Sprach er von der Metternichschen Zeit, von dem Mord der Geister und der Knebelung der Völker, dann konnte er einem mit seinen Anklagen, Verwünschungen und Flüchen wie ein Rachedämon jener Epoche vorkommen. Er verstand es aber in liebenswürdigster Weise, wieder zu sanfteren Worten zurückzulenken und die Einzelrede von ihrer einsamen Höhe zum Gespräch herabzuführen. In der letzten Zeit nahm man an ihm in politischen Dingen eine eigene hastige und springende Ungeduld wahr. Er fühlte, daß er nicht lange mehr zu leben habe, und da nahm ihm, der sich an dem raschen Pulsschlag der jüngsten welthistorischen Ereignisse erfreut hatte, alles einen zu langsamen, trägen Gang. Dann pflegte er seine kühne Politik der Zukunft mit großen Zügen in die Luft hineinzuzeichnen und tröstete sich mit Anblick dieses Phantasiebildes über das Unerquickliche der Gegenwart.

Nun ist auch diese Ungeduld zur Ruhe gebracht, und er schläft selbstvergessen mit seinen Sorgen, seinen Kümmernissen und hochherzigen Gedanken im Schoße der heimatlichen Erde, die er, eine der feinsten Blüten des Wienertums, über alles in der Welt geliebt hat. Im Sterben ist ein holder Frieden auf ihn herabgekommen; mit sanfter Hand hatte der Tod sein altes Antlitz geglättet. Ernst und Milde lagen auf seinen Zügen. Hinter seinen Scherzen barg sich ja der Ernst, und trotz seiner scharfen Worte wohnten Milde und Menschlichkeit im tiefsten Grunde seiner Seele. Als eine Dame seiner Bekanntschaft dem Toten einen Rosenstrauß in die Hand drückte, traf sie den Sinn des Verewigten. Er liebte die Frauen und die Blumen, die Blumen zumal, wenn sie von Frauen kamen, und für die Reize dieser tröstlichen Gaben ist sein Herz jung geblieben bis zum letzten Schlage.

(Am 23. Mai 1875)

Wilhelm Scherer

In Österreich lernt' ich singen und sagen . . .
Walther von der Vogelweide

Der Germanist Wilhelm Scherer, zuerst Professor an der Wiener Universität, dann in Straßburg, jetzt in Berlin, hat kürzlich nach langer Abwesenheit von Österreich seine Vaterstadt Wien wieder besucht, nicht etwa um alte Handschriften zu vergleichen oder gar sich nach dem politischen Wohlbefinden an der Donau zu erkundigen, sondern in der erfreulicheren Absicht, ein schmuckes Wiener Kind heimzuführen. Scherer hat in seinem Leben viel Freundschaft und Anhänglichkeit gefunden – natürlich hat sich sein unumwundenes Wesen auch scharfen Haß verdient –, und so verstand es sich von selbst, daß bei der Kunde seiner Hierherkunft Freunde und nähere Bekannte des begabten und liebenswürdigen Mannes Anstalt trafen, ihn einen Abend in ihrer Mitte zu sehen. Man saß an einer langen Wirtstafel, der Gefeierte auf dem obersten Stuhle, von wo er die Aussicht auf etwa vierzig Männer genoß, fast lauter Professoren, lauter Gelehrsamkeit. Über ein paar Anwesende und ein paar Abwesende konnte man sich wohl seine Gedanken machen. Nach den persönlichen Begrüßungen brachte Ottokar Lorenz, der Historiker, einen launigen Trinkspruch auf Scherers Braut aus. Eines solchen freundlichen Überfalles nicht gewärtig, war Scherer einen Augenblick verdutzt, doch konnte man an der halben Zerstreutheit, womit er sich mit seinem Nebenmann unterhielt, unschwer merken, daß er seinerseits über einen Trinkspruch nachsinne. Dann erhob er sich plötzlich, sprudelte Worte, die, flüchtig und undeutlich ausgesprochen, als könne der Mund dem rasch arbeitenden Hirn nicht nachkommen, nur mit Mühe zu verfolgen waren. Bald jedoch gewann er Maß und Ruhe, wo er dann die Sprache behandelte wie der bildende Künstler einen plastischen Teig. Wovon er sprach? Von seiner Heimat Österreich. Es habe ihm vor dem Wiedersehen gebangt, doch sei es in jedem Sinne ohne allzu große Gemütsbewegung abgelaufen. Die niederösterreichischen Landschaften, durch die er fuhr, begrüßte er wie ein Bilderbuch seiner Knabenzeit. Dort in Hollabrunn sei er in die Schule gegangen, und da oben in der Kirche habe er gebetet; »als ich noch betete«, fügte er hinzu – ein tapferes Wort in einer Zeit, in welcher das Knieholz wieder zu gedeihen beginnt. Wie oft sei er von Stockerau nach Wien in die Schule gefahren. Und der breite Donauspiegel und im Hintergrunde der Kahlenberg und der Leopoldsberg – das alles rufe liebe Erinnerungen in ihm wach, Erinnerungen, die sich an die guten Menschen, die er hier kennengelernt, knüpfen. Freundschaft und nun die Liebe seien überhaupt die Bänder, durch die er an Österreich festgehalten werde. In diesem Sinne – und hier erhob er sein Glas – wolle er seine Heimat Österreich leben lassen . . . Gläserklirren und Hochrufe!

Wer hört aus diesem Trinkspruche, von dem ich nur das schlanke Reis ohne Laub und Blüte vorgezeigt, nicht den Österreicher wider Willen heraussprechen? Wie bei dem Redner die österreichische Mundart durch die wohlgepflegte Aussprache hindurchschlug, so bezeugte die unwillkürliche Wärme seiner Worte den unentrinnbaren Zauber des Vaterlandes, jene begeisternde Bodenkraft, die sich uns mitteilt, sooft wir die mütterliche Erde der Heimat betreten. *Mit* Willen oder *wider* Willen – Wilhelm Scherer ist ein Österreicher, ja ein Wiener. Es findet sich eine schöne Stelle in einer seiner Schriften, worin sich das wärmste Heimatgefühl ausspricht. In einem ebenso lichtvoll gedachten als anmutig geschriebenen Aufsatze über Bauernfeld begründet Scherer die Natur dieses unalternden Dichters in der ewigen Jugendlichkeit des österreichischen Volksgeistes. Bauernfeld mutet ihn an wie »ein prächtiges Stück« Heimat, und in diesem Zusammenhange kommt jene schöne Stelle vor, die ich als Ergänzung jenes Trinkspruches hierhersetzen will. »Es gibt ein kleines Bild von

Schwind«, schreibt Scherer, »ein gar anspruchsloses Ding ohne großen Kunstwert. Bauernfeld und Schwind fahren über Land. Sie sitzen auf einem ›Zeiselwagen‹. Ein munteres Bäuerlein schwingt kräftig die Peitsche über zwei mutig anziehenden Ackergäulen. Die Straße, auf der sie sich im Vordergrunde bewegen, ist mit steifen Pappeln besetzt. Im Hintergrunde ein paar Waldberge, ganz gewöhnlich, ohne irgend hervorragende Formen, einige Burgtrümmer auf der Höhe, kurz, eine alltägliche Gegend, wie man sie überall an den Ausläufern des Wienerwaldes sehen kann. Ich wußte mir lange nicht zu sagen, worin der unendliche Zauber dieses Bildes bestand, den es immer auf mich ausübte, sooft ich es in der Schwind-Ausstellung sah. Und einem Fremden könnte ich es auch heute nicht deutlich machen; ich würde jeden vorüberdrängen, damit er mir den Liebling nicht schmähe. Mit Worten ist es nicht auszudrücken, an Form und Farbe liegt es nicht, die Situation hat nichts Frappantes – aber Straße und Flur und Berg und Wald – es ist Heimat! Und die beiden lieben, fröhlichen, unbefangenen Menschen und das gemütliche Bäuerlein – sie sind Heimat! Und wenn ich mir dächte, daß ich einmal nach vielen Jahren, etwa im Auslande, vielleicht dies Bild sehen sollte – ich weiß, es würde mit tränenerzwingender Macht mir die Seele bewegen.«

Könnte man von Scherer nach solchen Worten nicht sagen: »Er ist ein Galiläer, seine Sprache verrät ihn«? Gewiß, mag er wollen oder nicht, er ist nach Anlage, Geistesart und Gemüt ein Österreicher, ja ein Wiener. Wien ist die Stadt des Talents. Man darf lange suchen, bis man eine zweite Stadt findet, wo die Bevölkerung so reich begabt ist wie in Wien. Es wohnt hier ein anschlägiger, anstelliger Geist, rasch im Auffassen der Dinge, mit einer wunderbaren Leichtigkeit im Lernen gesegnet. Neugier und Mitteilsamkeit schlagen unter der Zucht der Bildung zum Wissenstriebe und zur Sprachgewandtheit aus. Frühreife ist in Wien bei der lebhaften Reibung der Geister eine gewöhnliche Erscheinung; dann kommt es aber häufig vor, daß die Entwicklung des Geistes auf einer gewissen Stufe ermüdet, die frühen Verheißungen nicht in Erfüllung gehen wollen. Wien ist auch die Stadt der steckengebliebenen Talente. Von dieser zuletzt genannten Seite abgesehen – welcher Zug des Wiener Geistes findet sich bei Wilhelm Scherer nicht wieder? Mit behenden geistigen Organen versehen, ist Scherer rasch emporgekommen. Durch Glück, sagen die Mißgünstigen; aber ich meine, das ist auch der rechte Verstand nicht, der nicht auch das Glück hat. In jungen Jahren, mit einer Findigkeit, die an Leibniz erinnert, hat Scherer sämtliche leitende Fäden seiner Wissenschaft in die Hand bekommen. Noch ein wissenschaftlicher Knabe an Jahren, hat er an der Universität Schüler gebildet, die älter waren als er, hat er mit einem der größten Germanisten Deutschlands, mit Müllenhoff, die »Denkmäler deutscher Poesie und Prosa« herausgegeben; noch fast ein Jüngling, schrieb er seine Schrift über Jacob Grimm, die das Beste und am besten Gesagte enthält, was wir über den Sprachgewaltigen besitzen, und nicht viel später ließ er das gewichtige Buch »Zur Geschichte der deutschen Sprache« erscheinen, welches mit mächtigem Wissen, mit Scharfsinn und Kühnheit sich keine geringere Aufgabe stellt, als den Ursprung der germanischen Sprache nachzuweisen. Ist das nicht echtes Wiener Blut, so warm, so rasch, so mutig? ... Freilich hat Scherer frühzeitig die Zucht der deutschen Wissenschaft erfahren, ohne die er bei seinem lebhaft ausschlagenden Naturell vielleicht zum Belletristen verwildert wäre. Allein der Österreicher in ihm war nicht umzubringen, vielmehr durchdrang er alle Poren seiner Wissenschaft. In Österreich hat er singen und sagen gelernt; aus Wien hat er sein lebendiges Talent, seinen musikalischen Sprachsinn, seine anmutige Mitteilsamkeit mitgebracht. In Österreich ist ihm der Schnabel gewachsen, auch der Schnabel wider Österreich, wie das hierzulande so Sitte ist.

Und nun das Ausschlagen der Neugierde zum Wissenstrieb – davon gibt Scherer ein allerliebstes Beispiel. Wer Wien kennt, weiß, wie es nicht selten vorkommt, daß auf dem Stephansplatze sich einer hinstellt und unverwandt zum Turme aufschaut. Vielleicht sieht er etwas da oben, wahrscheinlicher aber ist er ein Schelm, der sich über die Neugier der rasch um ihn sich Versammelnden und ebenfalls eifrig Aufblickenden innerlich lustig machen will. Da gesellt sich endlich der rechte Mann dazu, der nach der Ursache des Aufschauens und Aufsehens forscht, der dahinterkommen muß, ob wirklich etwas zu sehen ist oder ob er nur ein Beispiel des stumpfen menschlichen Herdengeistes, der dem Leithammel folgt, vor Augen hat. Dieser Mann war Wilhelm Scherer in dem Augenblicke, da ganz Wien von Grillparzer mit Bewunderung zu reden anfing. In der Einleitung zu einer Abhandlung über Grillparzer sagt Scherer mit reizender Naivität: »Die Wogen der Begeisterung (für Grillparzer) gingen in Wien endlich so hoch, daß ich es für meine Pflicht hielt, mich davontragen zu lassen. Ich wollte versuchen, ob ich den Enthusiasmus teilen könnte, von dem ich meine ganze Umgebung ergriffen sah. Daß ich Grillparzer noch nicht genug kannte, um meiner (bisherigen) Abneigung irgend folgen zu dürfen, das gestand ich mir leicht. Ich las daher alles von ihm, was ich erreichen konnte. Einen ganz tiefen Eindruck aber habe ich nur von dem ›Armen Spielmann‹ erhalten. Dazu gesellte sich später die Aufführung der ›Esther‹ und vor kurzem sein Bericht über den Besuch bei Goethe. Alles übrige hat mir wohl Bewunderung eingeflößt, aber es hat mich nie im Tiefsten ergriffen . . .« Nun sucht sich Scherer klarzumachen, weshalb die Wiener an Grillparzer emporschauen, und dieser Bemühung verdanken wir den ersten entscheidenden Schritt zu einer unbefangenen Wertbestimmung des österreichischen Dichters. Und diesen Dichter bis in die Nervenenden hinein zu verstehen, war wiederum keiner befähigter als Wilhelm Scherer, der Österreicher.

Auch für sein sprachliches Formtalent, wie überhaupt für seine schauende und anschauende Natur scheint mir Scherer der ›Wienerstadt« tief verpflichtet zu sein. Für einen Gedanken das sinnlich bezeichnende Wort zu finden, eine geistige Anschauung in ein sprechendes Bild einzufangen, die geschriebene Rede gleichsam mimisch zu beleben, ihr einen höheren Gesprächston zu verleihen –

diese schriftstellerischen Vorzüge, die Scherer in so hohem Maße besitzt, wurzeln gewiß in dem gesprächsfrohen, sinnlich heiteren, am Schauspiel hängenden und, ich möchte fast auch sagen, in dem tanzlustigen Wien. Allerdings schlingen sich auch fremde Fäden durch seine Sprache. An einzelnen Stellen seiner Schriften tritt eine Häufung von kurzen, ungemörtelten Sätzen auf (»arena sine calce«, sagte Caligula von Senecas Stil), von denen wir wetten möchten, daß er sie von Herman Grimm herübergenommen, der sie wieder dem Amerikaner Emerson entlehnte – eine englische Manier, die Emerson (zum Beispiel in den English Traits) bis zur Atomisierung des Satzbaus übertrieben hat. Das ärgerliche an diesen kurzen Sätzen ist der Mißstand, daß sie mit ihrem Rhythmus nicht selten dem jeweiligen Charakter des schriftstellerischen Gedankenganges widersprechen. Sie haben einen heftigen Atem, etwas leidenschaftlich Anspringendes, und doch werden sie manchmal nur zu einem langen Verzeichnis von Eigenschaften eines Dinges oder einer Person verwendet. Doch das sind leichte Flecken, die von den großen Qualitäten in Scherers Darstellung übergoldet und überglänzt werden. Seine schriftstellerische Begabung steht so hoch, daß sie den Gelehrten in ihm hebt, ihn wenigstens zur beredsamen Geltung bringt. In ihm ist der Stoff zu einem bedeutenden Nationalschriftsteller, und mit Sehnsucht sehen wir seiner durch eine Reihe glänzender Monographien vorbereiteten Geschichte der deutschen Literatur entgegen. Scherer ist dieser Aufgabe gewachsen wie nicht leicht einer. Er ist ein Meister der schöpferischen Kritik, unter dessen Messer, wenn es noch so tief ins Holz schneidet, sofort junge Schößlinge hervorsprießen, und er ist nicht minder ein Meister in der Kunst, eine geschichtliche Persönlichkeit mit ihrer Zeit ineinander- und zusammenzudenken. Mag ihn die Wiederholung verdrießen – aber wir sehen auch hier den ästhetischen Sinn Wiens in ihm walten.

In Wilhelm Scherer hat der deutsche Philolog die menschlichste Gestalt gewonnen. Männer wie Lachmann, Moritz Haupt, Müllenhoff sind harte, herbe Charaktere, wenn man auch weiß, daß sie inwendig voll Liebe waren. Scherer aber ist nicht bloß inwendig liebreich, sondern auch liebenswürdig. Er ist der Weltmann unter den Germanisten und gehört zu den selten zu findenden Professoren, deren Gesicht kein lehrhafter Zug verunziert. Er ist empfänglich für alles Menschliche, alles Schöne und zieht vom Mittelpunkte seiner Wissenschaft aus Linien nach allen Gebieten des Wissens und Könnens. Er ist deutsch und universell, das heißt, er ist universell, weil deutsch. Auch zu dieser schönen Deutschheit – um auf unser altes Lied zurückzukommen – hat er den Grund in Wien gelegt, und an der menschlichen Abrundung seiner Persönlichkeit haben die beiden Großmächte Wiens gearbeitet: die Frauen und die Musik. Gewiß ist es nicht meine Absicht, dem verehrten Manne, dem ich mündlich und schriftlich so viel Genuß verdanke, etwas Unangenehmes zu sagen; aber hier stehe ich, ich kann nicht anders: er ist und bleibt ein Österreicher. Oder ist man vielleicht kein Österreicher, weil man mit der österreichischen Politik nicht zufrieden ist? Ich meine im Gegenteil: erst ein rechter.

(Am 6. April 1879)

Eduard von Bauernfeld

Wien wird Mühe haben, sich ohne Bauernfeld zu denken. Wie jenen alten griechischen Zecher, haben ihn drei Geschlechter redender Menschen gekannt, und alle haben sein Wort vernommen, das bald süßer war denn Honig, bald bitterer als Galle. Das Gedächtnis an ihn, der früh blühte wie ein Kirschenbaum und geistig stach wie eine Brennessel, reicht so weit zurück, daß die ältesten Leute Wiens seine jüngeren Zeitgenossen sind. Bauernfeld hielt fast Schritt mit dem Jahrhundert. Er konnte schon lesen, als der erste Napoleon mit seinen Rheinbündlern die Kaiserstadt heimsuchte; er war schon in männlichen Jahren, als die Julirevolution ausbrach; das Jahr 1848 fand ihn als reifen Mann; in frischer Kraft hat er die weltgeschichtliche Auseinandersetzung zwischen Österreich und Preußen erlebt, und die Wiederaufrichtung des deutschen Kaisertums hat er volle zwei Jahrzehnte überlebt. Noch in seinen letzten Jahren hat er die soziale Frage ungestüm an die Tür pochen hören. Auch von merkwürdigen wissenschaftlichen und literarischen Bewegungen war er mehr oder weniger teilnehmender Zeuge. Ihn haben noch die Nachwirkungen der Kantschen Philosophie berührt; die Nachzügler der Romantiker, die Restaurationsschriftsteller sind in seinen Gesichtskreis getreten; das Junge Deutschland hat sich vor seinen Augen aufgetan, die Hegelsche Schule sich gebildet und zersetzt. Was sein Leben und Schaffen für eine weite Spanne hat, erhellt aus den beiden Tatsachen, daß noch zu Lebzeiten Goethes drei seiner Lustspiele auf dem Burgtheater gegeben wurden und daß er noch jene naturalistische Bewegung erlebte, die mit den Überlieferungen unserer klassischen Dichtung aufzuräumen im Begriffe steht.

Es ist nicht nur ein langes, auch ein reiches Leben, wenn man gleich nicht annehmen darf, daß Bauernfeld die ihm unausgesetzt zuquellenden Anregungen gründlich in sich verarbeitet habe. Die politischen Ereignisse, zumal wenn sie im Zusammenhang mit Österreich standen, haben ihn stets leidenschaftlich erregt, von den wissenschaftlichen Vorkommnissen hat er wenigstens mehr als flüchtig Notiz genommen. Bauernfeld war ja weder ein Politiker noch ein Fachmann der Wissenschaft. Die Natur hat ihn auf die heitere Seite geworfen. Er war geboren, das Leben mit Laune zu betrachten und darzustellen – mit Laune in jenem Doppelsinne, der den Lustspieldichter und den Satiriker macht. Um aber das Leben darstellen zu können, muß man selbst leben. Und zu leben, das hat Bauernfeld aus dem Grunde verstanden. Er war ein Lebemann, der mit frischen Sinnen das Beste der Welt zu genießen verstand, aber ohne je sich selbst zu verlieren. Der Zweck seines Lebens, die Bestätigung seines Talents, stand ihm doch stets höher als der Genuß. Diese Selbstschonung ging noch weiter, und Bauernfeld besaß viel von dem Egoismus künstlerischer Naturen, die sich nur so weit hingeben, als es der Zweck ihrer Werke erheischt. Gewiß schätzte Bauernfeld die Frauen und wurde wieder von ihnen geschätzt. Schon als Knabe von sieben Jahren hat er geliebt, als guter Fünfziger hatte er noch ein zärtliches Abenteuer, und bis zu seinem letzten Hauch konnte er das weibliche Element nicht entbehren. Er hat sich aber nie entschließen können, in die Ehe zu treten; er sah in ihr mehr Opfer als Glück. Frauenfreundschaft, Gastlichkeit in fremder Familie sollte ihm den Mangel des eigenen Hauses ersetzen. Und da hat er denn bei treuer Anhänglichkeit von beiden Seiten viel Familienglück aus zweiter Hand genossen. Bei der raschen Entfaltung der Weiblichkeit wachsen in einer Familie die Blumen einander eilig über den Kopf. Wenn man, wie Bauernfeld, ein wenig Zeit zuzusetzen hat, ist der Weg von der Urgroßmutter bis zur Urenkelin nicht gar so weit. An ihnen herab verjüngte Bauernfeld seine Empfindung. Doch war er, so gemütlich er sein konnte, nicht gerade der bequemste Gast. Er hatte stets seinen kleinen Zorn, seinen großen Ärger, den er beim mindesten Anlasse verpuffen ließ. Es hat immer nach Pulver um ihn gerochen.

Durchaus liebenswürdig, anmutig, geistreich, recht als eine Wiener Natur der besten Art, lebt Bauernfeld in seinen Lustspielen. Er hat ein paar tastende, danebengreifende Versuche gemacht, bevor er seine Hauptstärke: die Wiener Gesellschaft in heiteren Bildern darzustellen, entdeckte. »Fortunat«, dramatisches Märchen in fünf Aufzügen, ist einer dieser Versuche. Einflüsse des Wiener Zauberstückes, Erinnerungen an Tieck und Shakespeare haben zusammen geholfen, um ein in seiner Exposition frisches, in seiner Verwicklung und Lösung geschraubtes Stück hervorzurufen. »Ich brauche ein modernes Lustspiel«, rief Schreyvogel aus; »das kann man auch noch machen«, antwortete Bauernfeld. Leider vergriff sich Schreyvogel und brachte das Alexandrinerlustspiel »Der Brautwerber« als erstes Stück Bauernfelds auf das Burgtheater. Es mißfiel. Und Bauernfeld, der doch seinen Haupttreffer »Bürgerlich und Romantisch« bereits in der Tasche hatte, mußte noch drei Jahre warten, bis endlich sein Lustspiel »Leichtsinn aus Liebe« aufgeführt wurde. »Dieses Lustspiel«, schreibt Bauernfeld, »eröffnet den Reigen jener leichtgeschürzten dramatischen Erzeugnisse, die es sich zur Aufgabe machen, die ziemlich harmlose Geselligkeit der früheren Tage auf der Bühne abzuspiegeln. Mittels eines gefälligen Dialogs, nicht ohne gute Laune und Charakteristik, kam ein Stück wirklichen Lebens auf die Bretter, auch boten sich dem Schauspieler dankbare Rollen dar – so verzieh oder übersah man den Mangel einer eigentlichen bedeutenden Handlung und die lose Konzeption.« Aus diesen im Jahre 1820 geschriebenen Worten sieht man deutlich, daß Bauernfeld seine Vorzüge und Schwächen kennt; die Vorzüge: Dialog, Zeichnung der Figuren, dankbare Rollen, wirkliches Leben; die Schwächen: Handlung und Aufbau. Anordnung der Handlung, szenischer Aufbau – daran hat es immer gehapert bei Bauernfeld, und wenn man sieht, wie rasch er ein Stück unter Dach bringt und dann nicht müde wird,

Reparaturen über Reparaturen anzubringen, so sollte man fast meinen, sein Hauptbestreben gehe dahin, nicht eine Sache gut, sondern sie immer besser zu machen. Wirkliches Leben zu bringen, Leben, das er selbst erlebt hat – sei es auch manchmal noch so dünn –, Figuren hinzustellen, die er selbst gesehen, Sitten zu schildern, in denen er selbst verkehrt, und dann durch einen leichten Dialog alles flüssig zu machen: das ist Bauernfelds eigenste Stärke. Sein Dialog ist bewundernswürdig, und dramatische Schriftsteller haben auf lange hinaus an seiner Gesprächsführung zu lernen. Man weiß ja, daß die deutsche Sprache mit ihrer harten Kürze und ungefügen Weitläufigkeit keine Konversationssprache ist, und wenn man bei Lessing glauben konnte, daß es doch der Fall sei, so muß man daran erinnern, daß Lessings Dialog nur seine eigene Sprache ist: ein sinnreiches Surrogat für die Konversationssprache. Bei Bauernfeld liegt die Sache anders. In ihm hat sich Wien einen Schnabel wachsen lassen. Bauernfeld ist durch und durch Wiener, ja die Welt existiert für ihn nur durch Wien; auch in der Sprache kann er nicht anders als wienerisch sein. Er kann sich darauf verlassen, daß, was er denkt und sagt, aus dem Sinn und der Seele der Wiener heraus gedacht und gesagt ist. Die Wiener sprechen aber bekanntlich Deutsch, und dem anmutigen Plaudersinn der Wiener, oder sagen wir lieber der Wienerinnen, ist es gelungen, die spröde deutsche Sprache in eine Art Konversationssprache umzuschaffen. Der Meister aber dieser Sprache ist Bauernfeld in seinen Lustspielen. Es ist ein Vergnügen, sich von seinem Dialog tragen zu lassen. Keine Härten, keine Stokkung; keine logischen Vermittlungswörter, welche Sätze und Satzteile knarrend verbinden; keine Satzschleppen, die nicht mehr wissen, zu welchem Körper sie gehören. Nein, alles ist schlank und leicht gebaut, nimmt uns unmerklich mit sich fort, man möchte sagen, die Sache bewegt sich selbst. So trefflich ist Bauernfelds Dialog. Man sage nicht, das ist bloße Form, im Gegenteile, das ist Form einer Sache, eines Inhalts, und dieser leichte Fluß der Sprache führt auch gelegentlich Goldkörner mit sich. Man hat manchmal über Bauernfelds Armut an Erfindung geklagt; nun, seht diesen Dialog an: das ist strömende Erfindung.

In seinem Leben und Dichten ist Bauernfeld ein guter Wiener und ein guter Deutscher gewesen; er hat diese beiden Dinge nie voneinander trennen können. »Wien ist eine deutsche Stadt und wird es ewig bleiben. Als Deutscher spreche ich daher auch zu Deutschen wie als Wiener zu meinen Landsleuten.« Das sind Worte Bauernfelds. Die Deutschen, draußen im Reich – wie man früher in Österreich sagte und wie man, freilich in einem verschiedenen Sinne, wieder sagen kann –, haben gedacht wie Bauernfeld. Mit warmem Danke haben sie die Lustspiele aufgenommen, die ihnen ein deutscher Dichter aus Wien gesendet hat.

(Am 17. August 1890)

Daniel Spitzer

Ich schätze mich glücklich, unseren guten alten Freund und Genossen Daniel Spitzer nicht mehr in der Zeit seines Verfalles gesehen zu haben, wo Siechtum seine Gestalt gebeugt, das Messer des Chirurgen seine liebenswürdigen Züge entstellt hatte. So genieße ich den Vorteil, ihn als kräftige Erscheinung vor mir zu erblicken, wie ich ihn in jungen Jahren kennenzulernen und zum reifen Manne sich entwickeln zu sehen das Glück gehabt habe. Wenn man eine Stunde vor der bürgerlichen Mittagszeit oder abends in der Dämmerung über die Ringstraße ging, konnte man ihm leicht begegnen, denn er ist immer ein Freund körperlicher Bewegung und nicht bloß in seinen Schriften der »Wiener Spaziergänger« gewesen. Er war ein großer, schlanker, breitschultriger Mann mit leichtem, ruhigem Gange und vornehmer Haltung; er hatte dunkles Haar, das sich zu leichten Löckchen schlug, helleren Vollbart und graublaue Augen, in denen etwas Sinnendes, Fragendes lag; um seinen Mund, der sich, wie es bei den Großstädtern meistens der Fall ist, bei der geringsten Erregung gerne öffnete, spielte ein leises Lächeln, von dem ich ihm manchmal neckend sagte, daß es, wie bei schlafenden Säuglingen, von einer Säure im Magen herrühre. Er sah es dann gerne, wenn ein Bekannter ihn eine Strecke weit begleitete, mit dem er sich nun gemütlich aussprach, ohne viel von seiner Schärfe zu zeigen oder den Geistreichen zu spielen. Er war ursprünglich gutmütig und mußte sich zusammennehmen, um boshaft zu sein.

Wer den Wiener Spaziergänger bloß aus dem kennt, was er geschrieben hat, kennt ihn nur halb; es fehlt ihm der ganze Unterbau seines Gemütes. Spitzer ist in guten, streng bürgerlichen Verhältnissen aufgewachsen. Sein Vater war ein wohlhabender Fabrikant, der freilich später bedeutende Verluste erlitt, so daß die Kinder gezwungen waren, sich frühzeitig auf die eigenen Füße zu stellen. Spitzer erzählte mir oft von seinem strengen, unzugänglichen Vater und von seinem Aufenthalt in Ober-St. Veit, das für ihn ein Knabenparadies, allerdings mit vielen verbotenen Bäumen, gewesen war. Das Gefühlsleben des sinnigen, träumenden Knaben wurde früh in ihm zurückgedrängt, und traurige Familienereignisse haben ihn vorzeitig gereift. Tüchtigkeit war ein Grundzug seines Wesens. Mit hingebendem Fleiße hat er seine Gymnasialstudien beendet, und vom Rechtsstudium ist er nicht ausgesprungen, um sich dem ungewissen Glücke der Feder anzuvertrauen. Mit echt bürgerlichem Sinne hat er dann ein Amt gesucht und ist darin volle acht Jahre verblieben. Mit welchem Widerstreben, mit welchem geheimen Grauen, kann man sich denken. Ich habe ihn einmal in seiner Amtsstube besucht, wo er saß wie ein junger Falke unter lauter Sperlingen. Es war an seinem Geburtstage, dem 3. Juli, wo ich ihn abholte, um einen Ausflug mit ihm nach einem Waldrevier hinter Stokkerau zu machen, das von einigen Bekannten von uns gepachtet war. Wie lebte der Konzipist Daniel Spitzer an diesem herrlichen Sonntage auf! Als wir in später Nachmittagsstunde in der kleinen, traulichen Jagdhütte ankamen, waren bereits die Anstalten zu einem fröhlichen Abendessen getroffen. Die Weinflaschen streckten schon neugierig die Hälse aus dem Kühler, und draußen in der Küche stand Ludwig Gabillon, der beste aller Kameraden, schweigend am Herde, warf Reisig in das Feuer, sott mächtige Spargel und röstete Beefsteaks, hoch wie Männerfäuste. Erst als der köstliche Imbiß mundete, gewann Gabillon seine Sprache wieder, und unter Plaudern, Scherzreden und Gesang verschwand das Feste und das Flüssige von der Tischplatte. Spitzer, der bei aller bürgerlichen Einfachheit seiner Lebensweise stets ein verständnisvoller Schätzer eines guten Bissens und Tropfens war, wurde immer gemütlicher und sang oder zwitscherte vielmehr seine Lieblings-Schnaderhüpfeln (wie z. B. »'s Marietscherl von Dornbach«) selbstvergnügt vor sich hin. Bevor wir uns auf den am Boden ausgebreiteten Teppichen schlafen legten, gingen wir noch tief in den Wald hinein, um dem Gesange der Nachtigallen zu lauschen. Da brachen alle lyrischen Adern in Spitzer auf, er wurde warm, mitteilsam, begeistert. Am anderen Morgen in aller Frühe ging er, in Gedanken an das Amt, traurig durch den Wald und blickte bedenklich nach der Gegend von Wien aus.

Spricht man von Spitzers lyrischer Ader, so ist das wörtlich zu nehmen, denn im Anfang seiner literarischen Laufbahn ist er Liederdichter gewesen, und nicht gerade einer der schlimmsten. Auch er hat Rosen blühen sehen, Nachtigallen schlagen hören; auch ihm ist der Wald grün und der Himmel blau gewesen. Er hat der Geliebten Veilchen gepflückt und für jedes Veilchen einen Kuß bekommen, und in seinem Entzücken weiß er nicht, wieviel Veilchen er gebrochen hat. Die Grundbedingung aller Lyrik, der gesteigerte Sinn für weibliches Wesen, ist unserem Freunde bis zuletzt treu geblieben. Er war eine innerlich schüchterne, scheue, schamhafte Natur. Die Fähigkeit zu erröten hat er bis ins Alter bewahrt. Er errötete und machte erröten, wenn er einer Frau begegnete, und zwar aus keinem anderen als dem naiven Grunde, weil er ein Mann und sie ein Weib war. Er war der kleinsten Überraschung gegenüber hilflos, und alles persönlich Nahe versetzte ihn in eine ängstliche Stimmung. Spitzer war im Grunde ein Träumer, wenn er auch nicht selten die grausamen Träume eines großen Stoßvogels gehabt hat. Unter seinen lyrischen Gedichten ist das bedeutendste und bedeutsamste »Der zerbrochene Krug«. Er hat seit frühen Tagen einen Krug besessen, der ihm wie ein alter Freund gewesen. Eines Tages hat er ihn zerschlagen. Nun klagt er:

So mancher Freund hat mich verlassen,
Ich zählte ihrer g'nug;
Dich aber konnt' ich stets umfassen,
Du guter alter Krug!

Der treu'ste Freund – o bitt're Lehre! –
War's, den ich selbst erschlug,
So nimm als Sühne diese Zähre,
Du guter alter Krug!

Tiefes Gemüt und das Gefühl einer Schuld drücken sich in diesen Versen aus. Es ist eine Empfindung, die stets ihn durch das Leben begleitet hat.

Schlagen wir nun Spitzers erstes Feuilleton auf, das im Jahre 1865 geschrieben ist, so weht uns daraus eine ganz andere Luft entgegen. Sie ist scharf, schneidend, eisig. Die lyrischen Stacheln, die sich sonst nach innen gerichtet, sind nun nach außen gewendet und verletzen die Welt. Er weiß, was weh tut, und kann deshalb weh tun. Gerade seine weiche Natur macht ihn grausam. Es läge in dieser Methode eine teuflische Bosheit, wenn sie nicht auf einer edlen Gesinnung beruhte. Freilich ist diese Gesinnung nicht jedermanns Gesinnung, weil man in dieser Welt des Kampfes, die von Objektivität nichts weiß, Parteimann sein muß. Spitzer steht durchaus auf dem Standpunkte des Liberalismus, des Fortschrittes, der geistigen Freiheit, und von diesem Standpunkte aus bekämpft er mit den schärfsten Waffen der Ironie, des Witzes, des Sarkasmus die entgegenstehenden Ansichten, Meinungen und Bestrebungen. Und das tut er mit einer geistigen Spürkraft, einem Mut und einer Energie, die bewunderungswürdig sind. Die Lächerlichkeit, die Phrase, der Schwindel, die Hohlheit, die sich wichtig macht, die falsche Würde, alles Kleinliche, Schwächliche – er räuchert es aus ihren Löchern und Höhlen heraus und läßt sie seine Peitsche und seine Pfeile fühlen. Dafür hat sich Spitzer seine eigene literarische Form geschaffen. Seine Ironie – anderes sagen und anderes meinen – bedarf den Schein des Ernstes, und so baute er seine langen Sätze, hinter denen sich sein Witz verschanzt. Bei ihm zeigt sich auch, was Stil ist; nicht etwa eine für sich selbst geltende Formgewandtheit, Eleganz und Schönheit der Sprache, was Dilettanten gewöhnlich im Sinne haben, wenn sie einen Schriftsteller mit dem verdächtigen Ehrenworte »Meister des Stils« zieren. Nun, Stil ist etwas anderes. Stil haben heißt Gedanken haben und diese Gedanken ihrer Natur gemäß ausdrücken, Wozu im Ausdrucke noch ein persönliches Moment kommt, nämlich, wie die Gedanken in eigener Weise mit der schreibenden Persönlichkeit zusammenhängen. In diesem Sinne hat Spitzer Stil, und dadurch war er geschützt gegen vielfach versuchte Nachahmung, die ohne seine Gedanken nichts ist. Zur Satire gehört auch der lokale Charakter. Spitzer war mit Wien innig verwachsen, mit den alten Wienern teilte er noch die Anhänglichkeit an die innere Stadt, wo er stets wohnte. Ging er auf Reisen, so sah er doch überall am Horizonte die Spitze des Stephansturmes. So hing auch Wien an ihm und konnte sich nicht satt an ihm lesen. Die Freude an seinen Feuilletons begann schon in der Setzerei, wenn er spätabends mit seinem nicht gerade bequemen Manuskript hereintrat: auf einem Blättchen, kaum größer als die flache Hand, standen ganze Druckspalten, die Buchstaben dünn und scharf wie Nadeln aneinander; aber alles war erfreut, und während gesetzt wurde, flog manchmal hinter dem Setzkasten ein Gelächter auf. Das Gelächter flog den anderen Tag durch die ganze Stadt.

Recht zur Unzeit ist Spitzer gestorben. Seine Bekenntnisse eines Revolutionärs schließt Proudhon mit der Verherrlichung Voltaires und der Ironie; das brauche unsere Zeit am meisten. Wir werden in unseren Zeitläuften noch oft Gelegenheit haben, Spitzers und seiner Geisteskraft mit Sehnsucht zu gedenken. Sein Mut, in die Dinge rücksichtslos hineinzusteigen, wird sich so bald nicht wieder finden.

(Am 15. Januar 1893)

Im Zeitalter Franz Josephs

Die Regierungszeit des Kaisers Franz Joseph ist, wenn man auch von der Politik absieht, reich gewesen an geistigen Ereignissen, zumal an schöngeistigen. Aus älterer Zeit aufgesparte Geister haben in dieser Periode ein zweites Leben begonnen, neue Talente sind hinzugetreten und haben einander wie in einem langen Festzug bis auf den heutigen Tag die Hände gereicht. Voran stehen die dramatischen Dichter; der Zeit und der Bedeutung nach, und ihnen allen voran wieder Grillparzer.

Grillparzer ist noch aus dem alten Österreich zu uns herübergekommen, schon ein reifer Mann, der als Dichter sein Bedeutendstes bereits geschaffen hatte. Aber es war ihm nur karge Anerkennung zuteil geworden, sein Ruhm war fast verschollen. Da ist es Heinrich Laube gewesen, der den vergrabenen Schatz der Grillparzerschen Dichtung wieder entdeckte und aufs neue glänzen ließ. Indem Laube in seiner energischen Weise das verfallene Burgtheater durch neue Menschen und neue Stücke wieder aufbaute und durch seine Reform gezwungen war, manches Vorurteil und selbst mehr oder minder berechtigte Ansprüche zu verletzen, war es ihm eine gefundene Sache, in Grillparzer an heimische Art anzuknüpfen und den Österreichern ihren größten und kongenialsten Dichter wiederzugeben. Grillparzer war ein Österreicher durch und durch. Niemand hat Österreich mehr geliebt als Grillparzer, und niemand hat an Österreich tiefer gelitten als er. Früh ist ihm der Atem beengt worden für sein freigeistiges Wesen, früh ist ihm als Dichter die Freiheit der Bewegung geraubt worden. Er hat das alles erduldet mit passivem Heldenmut, nur daß er sich im stillen durch Epigramme von unerhörter

Kühnheit rächte. Wenn er nun in seinen idealen Tragödien als Klassiker nach den Klassikern erscheint – »ich habe mit ihrem Kalbe gepflügt«, sagt er selbst –, so sind seine Schauspiele aus der österreichischen Geschichte etwas völlig Originales. Hier schlägt er ganz neue Töne an, hier erschließt er eine bisher unbekannte Welt. Wie fein ist seine Charakteristik Rudolphs von Habsburg, und wie hat Grillparzer einen Charakter geschaffen, der an unmittelbar einleuchtender Wahrheit und lebensvoller Konsequenz dem Kaiser Rudolph II. glich. Der Dichter selbst spricht aus dem Kaiser, und doch ist dieser eine vom Dichter unabhängige, völlig objektive Existenz. Der Kaiser ist unverkennbar ein Habsburger; kaum ein Zug in ihm, der aus dem Geschlecht schlüge. Grillparzer kennt dieses Geschlecht bis in die letzten Herzensfalten so genau, als habe er jahrhundertelang in der Hofburg zu Wien gewohnt. Wenn man vom Kaiser Franz liest und seinem Nachfolger Ferdinand und dann überspringt auf sinnreiche Aussprüche und Selbstbekenntnisse Grillparzers, kommt einem der Dichter so märchenhaft vor wie ein verwunschener habsburgscher Prinz, der bei Tage zum Archivdirektor der Hofkammer verdammt sei und nachts Erinnerungen an seine glänzende Vergangenheit niederschreibe. Am stärksten tritt dieser verwandtschaftliche Zug im »Bruderzwist« hervor, wo Grillparzer uns das ganze Erzhaus von damals wie ein Kartenspiel aufschlägt.

Grillparzer hat noch hellere Zeiten gesehen, als in denen er heraufgekommen. So fabelhaft es klingt: er hat an der Gesetzgebung Österreichs als Mitglied des Herrenhauses teilgenommen. Neben ihm saß Graf Anton Auersperg, das österreichische Volk nennt ihn Anastasius Grün. In ihm verkörperten sich die liebenswürdigsten und tüchtigsten Eigenschaften des Deutsch-Österreichers; und wenn ihn seine Landsleute verehrten, so wußten sie warum, denn sie erblickten in ihm ihr eigenes, dichterisch erhöhtes Spiegelbild. Wer ihn aber auch nicht liebte und verehrte, der konnte ihm doch die Achtung nicht versagen. Denn so viel Talent im Charakter und so viel Charakter im Talent erzwingt sich, wenn nichts anderes, so doch wenigstens den Respekt der Menschen. So konnte man denn auch bei dem Leichenbegängnisse des Poeten und Politikers das Seltene erleben, daß selbst seine Gegner die Fahne zum Gruße senkten. Auf derselben Bank mit Grillparzer und Auersperg saß ein dritter berühmter Mann, der gleichfalls in Alt-Österreich wurzelte: Freiherr v. Münch-Bellinghausen, mit seinem Dichternamen Friedrich Halm. Er hat noch in der neuen Zeit eine schöne dichterische Nachblüte erlebt, dann hat er das Burgtheater wenig rühmlich geleitet. Für ihn als Politiker stand seine Abneigung gegen geistliches Regiment unerschütterlich fest, sonst reichte sein Liberalismus nicht eben weit. Man hat es aus seinem eigenen Munde: Ihm stehe eine gut ausgeführte Schwenkung einer Husarenschwadron höher als ein noch so scharfsinnig begründetes Amendement. Eine solche Äußerung mochte sich im Herrenhause noch so ziemlich gut ausnehmen. Aber draußen vor dem Tore, einen guten Büchsenschuß vom Herrenhause entfernt, tummelten sich die Geister einer freieren Zeit. Da tagten große Talente, bedeutende Redner, eifrig im Zerstören alter Vorurteile, noch eifriger im Aufbauen neuer politischer Gebilde. Reden waren damals Taten. Man mußte sie aber auch gehört haben, jene hervorragenden Männer, die das Wort, obwohl mitten in der Sache stehend, so künstlerisch behandelten. Man erinnert sich noch, mit welchem Scharfsinne, mit welcher vernichtenden Ironie Johann Nepomuk Berger sprach, wie Schindler (Julius von der Traun) sein poetisches Temperament und seinen funkelnden Witz in den Dienst der Rede nahm, wie Mühlfeld durch die logische Wucht seines Wortes die Geister bezwang. Muster staatsmännischer Beredsamkeit hat später noch Joseph Unger, der große Jurist, geliefert. Damals lag ein heller Sonnenschein über Österreich, damals konnte man in dem geknechteten Frankreich sagen: »Die Freiheit wie in Österreich!«

In dieser Zeit politischer Kämpfe und freieren Atemholens lebte auch Bauernfeld wieder auf, der Hand in Hand mit Grillparzer und gleichfalls schon als ein gemachter

Mann und Dichter aus dem vormärzlichen Österreich herübergekommen war. Er ist der Wiener Lustspieldichter gewesen und geblieben. Man kennt seine Vorzüge und seine Schwächen. Die Vorzüge: Dialog, Zeichnung der Figuren, dankbare Rollen, wirkliches Leben; die Schwächen: Handlung und Aufbau, Anordnung der Handlung, szenischer Aufbau, daran hat es immer gehapert bei Bauernfeld, und wenn man sieht, wie rasch er ein Stück unter Dach bringt und dann nicht müde wird, Reparaturen über Reparaturen anzubringen, so sollte man fast meinen, sein Hauptbestreben gehe dahin, nicht eine Sache gut, sondern sie immer besser zu machen. Wirkliches Leben zu bringen, Leben, das er selbst erlebt hat, Figuren hinzustellen, die er selbst gesehen, Sitten zu schildern, in denen er selbst verkehrt, und dann durch einen leichten Dialog alles flüssig zu machen: das ist Bauernfelds eigene Stärke. Sein Dialog ist bewunderungswürdig. In Bauernfeld hat sich Wien einen Schnabel wachsen lassen. Es ist ein Vergnügen, sich von seinem Dialog tragen zu lassen. Keine Stockung, keine Härte, keine logischen Vermittlungswörter, welche Sätze und Satzteile knarrend verbinden; keine Satzschleppen, die nicht mehr wissen, zu welchem Körper sie gehören. Nein, alles ist schlank und leicht gebaut, nimmt uns unmerklich mit sich fort, man möchte sagen, die Sache bewegt sich selbst. So trefflich ist Bauernfelds Dialog. Man sage nicht, das ist bloße Form, im Gegenteil, das ist Form einer Sache, eines Inhalts, und dieser leichte Fluß der Sprache führt auch gelegentlich Goldkörner mit sich. Man hat manchmal über Bauernfelds Armut an Erfindung geklagt; nun, man sehe seinen Dialog an: das ist strömende Erfindung.

An Grillparzer, Halm und Bauernfeld haben sich in Österreich manche dramatische Talente entwickelt, und auch heute streben junge begabte Männer dem Theater zu. Die Lyrik hat die schönsten Blüten getrieben, die erzählende Dichtung, in der wir Grillparzer und Halm vorleuchtende Muster verdanken, hat sich breit und üppig entfaltet. Wer möchte auf engem Raume alle die Namen nennen, die erwähnt zu werden verdienten? Wer möchte all die strebenden Kräfte kennzeichnen, die neuen Zielen zueilen? Von den Toten sei noch einer genannt: Anzengruber. Er war der Erbe unserer volkstümlichen Dichter, von welchen Elmar und Kaiser wohl die bedeutendsten waren. Aber wie hoch hat er sich über sie erhoben! Er hat das Tragische und das Komische in seiner Natur verknüpft, und während Schauspiele wie der »Meineidbauer« und das »Vierte Gebot« dunkle Tiefen der Menschheit beleuchten, gehören die »Kreuzelschreiber« zu den höchsten und reinsten Gipfeln der dramatischen Kunst unserer Zeit, auf welcher der stille Sonnenschein der Poesie ruht.

Für die bildende Kunst machte die Niederreißung der Basteien Epoche. Zunächst die Baukunst gewann dadurch Raum, Luft und Licht, und öffentliche und Privatgebäude wuchsen im Wetteifer aneinander empor. Bedeutende Künstler warteten auf diesen Moment, neue Talente entwickelten sich an den gestellten Aufgaben. Van der Nüll und Siccardsburg – die architektonischen Menächmen –, Theophil Hansen, Semper, Hasenauer, Schmidt (so viele Verschiedenheiten als Namen) fanden Gelegenheit, ihre Anschauungen zu verwirklichen. Größere Aufgaben sind selten gestellt worden: die beiden Hoftheater, das Parlamentsgebäude, die Akademie der bildenden Künste, das Rathaus, die Kunstmuseen. Die Technik der Baukunst wurde aufs äußerste ausgebildet, die Schwesterkünste der Architektur wurden zu monumentaler Betätigung herbeigerufen. So wurden Rahl, Canon, Makart, Feuerbach, so wurden Pilz, Weyr, Hellmer beschäftigt. Ein Zeugnis von Karl Rahls großen Bestrebungen ist der Vorhang im Operntheater, leider befindet sich der Karton zu seinem vielleicht bedeutendsten Werke, der Kulturgeschichte Griechenlands, im Auslande. Unter allen Malern, die in neuerer Zeit in Wien gelebt haben, spielt Hans Makart die eigentümlichste Rolle. Seine eigentliche Bedeutung liegt darin, daß er die Malerei zu einem Interesse der Wiener Gesellschaft gemacht hat. Seine blendenden Eigenschaften und nicht zum wenigsten sein glänzend ausgestattetes Atelier, das ein beliebtes Stelldichein der Wiener Damen war, haben dieses

Wunder bewirkt. Zuletzt ist er noch durch seinen Festzug populär geworden. »Seht den großen kleinen Mann!« wurde von allen Seiten gerufen, als er die Straße entlangritt. Dieser Festzug war sein bestes Bild, denn was sonst seinen farbigen Figuren so häufig fehlte: der Körper wurde ihm von leibhaftigen Menschen, Männern und Frauen, beigestellt. Übrigens muß man wiederholen: wenn die Malerei in Wien ein allgemeines Interesse in Anspruch nimmt, so ist das vorzugsweise das Werk Makarts.

Dichtung und bildende Kunst sind populäre Mächte, gegen welche der Anteil an der Wissenschaft zurücktreten muß. Die Wissenschaften sind ein unsichtbares Element, dessen Unentbehrlichkeit erst empfunden wird, wenn es sich zurückzieht. Eine günstigere Stellung nimmt die Medizin ein, die von Haus aus zwischen Wissenschaft und Kunst in der Mitte schwebt. Sie ist in gewisser Weise volkstümlich. Die Glanzzeit der Wiener medizinischen Schule fällt zum größten Teil in die Regierungszeit des Kaisers Franz Joseph. Wir brauchen keine Namen zu nennen, sie werden uns von allen Seiten entgegengerufen. Auch in der Medizin besaß und besitzt Wien geniale Künstler von europäischem Rufe.

(Am 2. Dezember 1898)

Anselm Feuerbach

Wird uns ein teurer Mensch hinweggenommen, so gereicht es uns mitten im Schmerze zum Troste, ihn nicht als einen Leidenden, Hinfälligen im Gedächtnisse zu tragen, sondern ihn zuletzt noch einmal in seiner Kraft, im Vollbesitze seines leiblichen und geistigen Vermögens gesehen zu haben. Solche Gunst des Geschickes ward mir Anselm Feuerbach gegenüber zuteil, als ich den verehrten Meister und liebenswürdigen Freund, den mittlerweile ein unverhoffter, milder Tod ereilt, zur Osterzeit vorigen Jahres in Venedig traf, wo er, zu den Erinnerungen seiner jungen Tage zurücklenkend, eine seiner beschaulichen Natur entsprechende, zugleich ruhige und anregende Stätte künstlerischen Schaffens gesucht und gefunden hatte. Ich traf ihn im Nachgenusse einer großen Arbeit, die er soeben vollendet, der für Wien bestimmten Titanomachie, und in jenem Zustande einer gesunden, angenehmen Ermüdung, die sich an den Zerstreuungen des Lebens erholt und der Empfängnis neuer künstlerischer Gedanken willfährig entgegenkommt. Feuerbach war indessen nur schwer zu bewegen, mir und meinem Reisegefährten, der dem Meister gleichfalls befreundet war, sein neuestes Werk zu zeigen; denn stets meinte er mit dem Vorweisen seiner Arbeiten lästig zu fallen, und der Verdacht, ein öffentliches Urteil hervorrufen zu wollen, war ihm unbequem. Endlich aber wich er der Gewalt, und zur festgesetzten Stunde fanden wir uns in einem nur mühsam findbaren, vom Markusplatze weit entlegenen Palaste ein, in dessen mit Stuckarbeit geschmücktem, von einem zopfigen Deckenbilde belebtem Prachtsaale Feuerbachs Bild entstanden war. Es lag schon gerollt auf der Erde, zur Absendung nach Wien bereit; Feuerbach entrollte es rasch und schob mit einer flinken Kraft, die man der kleinen, zierlichen Gestalt nicht zugetraut hätte, ein hohes Leitergestell zurecht, von dem herab wir einen Überblick über die weitläufige Komposition gewannen. Nicht ohne Selbstgefühl stand Feuerbach vor seinem Werke; er warf einige Worte über die Schwierigkeiten, die zu überwinden waren, hin und gab uns ein paar Winke zum Verständnisse des Gegenstandes. Sein Hauptwohlgefallen galt der Gestalt des Poseidon, der mit seinem Dreizack breit und vierschrötig in das Ereignis hereintritt und mit wildem Humor sich die Arbeit beschaut, welche seine göttlichen Brüder und Vettern im Streite mit den Titanen geleistet haben. Vergebens stemmen sich noch etliche trotzige Titanen wider die im Sturze begriffenen mächtigen Felsblöcke; alles ist verloren: die Übermütigen werden, sich im verschiedensten Sinne überschlagend, von der Höhe geworfen, wo Zeus, im Viergespann einherdonnernd, von Apoll und Athene begleitet, seine vernichtenden Blitze schleudert. Zum letzten Male haben sich die finsteren Naturmächte gegen den Kroniden aufgebäumt; sie weichen einer neuen Ordnung der Dinge, und friedlichere Götter, ihnen voran Aphrodite, ziehen in den Olymp und in die Gemüter der Menschen ein.

In diesem schönen Sinne hatte sich Feuerbach Hesiods verworrene Schilderung zurechtgelegt. Und es war gleichfalls ein Titanenkampf, den er teils gegen die künstlerische Weise der Zeit, teils gegen die eigene widerstrebende Natur aufzunehmen den Mut hatte. Ob er in diesem Kampfe gesiegt, war für Feuerbach die schwere Frage, war vielleicht seine Lebensfrage. Von dem Augenblicke an, da sein großes Gemälde vor die Öffentlichkeit kam – es geschah dies in Wien und in München –, hat Feuerbach von Seite der Kritik kaum mehr ein gutes Wort vernommen. Das Werk, woran er seine ganze Kraft gesetzt, worin er seine Meisterschaft zu zeigen unternommen – wurde vom Publikum verschmäht, von den öffentlichen Blättern geradezu geschmäht. Rezensenten, die es sonst so billig geben, daß sie bei Raffalt an Raffael, bei Makart an Mozart erinnern und

Canon und Correggio in einem Atem aussprechen, hatten für Anselm Feuerbach nur Spott und Hohn oder, was noch herber, höchstens ein Almosen der Anerkennung. Man möchte die eigene Saumseligkeit im Schreiben anklagen, wenn man bedenkt, daß eine kleine Reihe freundlicher Worte dem im Innersten gekränkten Künstler vielleicht einen glücklichen Augenblick hätte bereiten können. Und doch – es wäre in diesem Falle nicht möglich gewesen, einen Ton anzuschlagen, der dem Selbstgefühle Feuerbachs völlig entsprochen hätte. Wie schon damals, als er die Amazonenschlacht malte, mutete er sich auch mit der Titanomachie etwas zu, das gegen den Strich seiner Begabung ging. Dramatische Kraft, zumal in der höchsten Steigerung eines Vorganges, lag nicht in seiner Natur. Etwas Mildes, Weiches, fast Weibliches wohnte im tiefsten Kerne seines Wesens, das freilich weder in der Kunst die Energie noch im Leben die Schärfe und Schalkhaftigkeit ausschloß. Der Unruhe und Hast einer heftigen Handlung, dem Stoß und Schlag der Tat war er künstlerisch nicht ganz gewachsen, wogegen ihm das ruhige Auseinanderlegen eines menschlichen Zustandes innerlichst zusagte, obgleich man auch hier manchmal ein volleres Strömen der Empfindung, ein stärkeres Gefühl wünschen konnte, das zum Schönen hinüberzubändigen mehr Aufwand von Kraft gekostet hätte. Schon äußerlich, in der Ausfüllung des Raumes, deuten Feuerbachs Kompositionen auf die Richtung nach dem Zuständlichen, Beschaulichen hin: sie sind zumeist in die Breite geführt, nicht in die Höhe, parallel mit der Erde und dem Himmel, ohne gebrochene Linien, die gegeneinander emporgipfeln. Nun hatte sich Feuerbach mit der Titanomachie in ein eminent dramatisches Thema eingelassen, ja er trieb dieses Thema auf die dramatische Spitze. Es war ein großes Deckenbild bei ihm bestellt worden, dessen Ausführung, wenn er nur sich selbst treu blieb, seiner Begabung ganz und gar entsprochen hätte. Er verfiel auf die Darstellung des Kampfes der Titanen gegen Zeus. Im Gegensatz zu der horizontal lagernden Fläche wuchs ihm sein Bild steilrecht empor, von dem erschlagenen Titanenweibe an, das in der Tiefe liegt, bis hinauf an den Gipfel, wo der Kopf des Zeus und seine mit dem Blitzbündel bewehrte Faust erscheint. Betrachten wir das Gemälde von unten, so ergibt sich sofort ein verwirrender Widerspruch zwischen seiner natürlichen Lage und seiner Gedankenrichtung, und gegen unser natürliches Gefühl sind wir gezwungen, für die Komposition ein Unten und Oben zu suchen, sie gewaltsam in die Höhe zu richten. Strebte die Handlung dem Mittelpunkte der Fläche zu oder erginge sie sich in einem breiten Raumstreifen – wie einladend und leicht wäre der Genuß! So aber kreuzt die Komposition unsere Erwartung, wie sie auch, man braucht es kaum zu wiederholen, das Talent Feuerbachs gekreuzt hatte. Er wagt alles, was der Gegenstand von Wagnis mit sich brachte, aber er wagt es auf seine Weise. Er gibt mehr die Folgen des Kampfes als den Kampf selbst, und man kann es bezeichnend für seine undramatische Natur finden, daß er die Hauptgestalt im Drama, den Zeus, fast nur andeutungsweise erscheinen läßt. Wie verfehlt aber die Arbeit im Grunde auch sein mag, so spricht aus ihr doch ein ganzer, voller Künstler, der an Wissen und Können mit den Besten der Zeit sich kühnlich messen darf. Schon um dieser Vorzüge willen hätte Feuerbachs Bild eine mildere Beurteilung verdient, und dann, hätte die sonstige Bedeutung des Mannes ihn nicht wider die rohen Angriffe einer banausischen Zeitungskritik wie ein diamantener Schild schützen sollen? ... Man gab dem irrenden Künstler, was dem entschiedenen Stümper oder dem gesinnungslosen Talente gebührt. Anerkennung aber ist die Luft, worin der Künstler gedeiht; fehlt sie ihm, so wird er entweder mutlos, oder sein Selbstgefühl wächst ins Krankhafte. In beiderlei Fall wird ihm die reine Stimmung, welche die Produktion erfordert, getrübt. Über Feuerbachs Gemütslage in der letzten Zeit seines Lebens sind keine Nachrichten vorhanden; doch läßt sich unschwer denken, wie schmerzlich der Mißerfolg seines letzten Bildes in seine zartbesaitete Natur eingegriffen und daß üble Nachrede die Entwicklung des Todeskeimes, der in seiner Brust lag, durch tiefes moralisches Leiden wesentlich beschleunigt habe. Einsam, wie ein angeschossenes Edelwild, von anderen und von sich selbst verlassen, beschloß er in Venedig sein arbeitsvolles Leben.

Die Arbeit hat Feuerbach gekannt und mußte an sie glauben von frühem Alter an. Seine Jugend fiel in eine Zeit, da den deutschen Malern die Augen aufgingen. Der Kampf war entbrannt zwischen der Linie und der Farbe, zwischen dem bloßen Umriß und Schatten der Wirklichkeit und dem vollen Scheine der Realität. Der Idealismus war im Niedergange begriffen, der Realismus stieg herauf. Anselm Feuerbach, in der Düsseldorfer Schule kaum flügge geworden, beteiligte sich an diesem Kampfe als junger Held und gar bald als einer, in welchem die strittigen Gegensätze zum Waffenstillstand gelangten und endlich sich ausglichen. Er ging an die Quellen der Bewegung: er arbeitete in Antwerpen, von wannen das neue Heil gekommen war; er besuchte in Paris das Atelier Coutures, wo sich die Maler der halben Welt ihre Rezepte holten; er sah München, wo sich die Kontraste des Alten und Neuen hart an den Leib rückten. Überall wurden ihm die jeweiligen Anregungen in den Fingern lebendig, jedes neue Bild verriet Zeit und Ort seiner Entstehung; er gab sich stets hin, aber er gab sich nie auf, und nicht eines seiner Bilder, möge es immerhin fremde Manier widerspiegeln, verleugnet die Marke seines Geistes. Couture spricht aus Feuerbachs »Hafis«, Paul Veronese aus seinem »Aretino« – aber buchstabiert man alles zusammen, so kommt doch schließlich der Name Feuerbach heraus.

Erst in Italien hat sich Feuerbach selbst gefunden. Er ging – geographisch und künstlerisch – über Venedig und Florenz nach Rom, von wo er, mit einem schmerzlichen Umweg über Wien, wieder nach Venedig zurückkehrte. Erst zwischen Linie und Farbe hin und wider schwankend, bald die eine, bald die andere stärker betonend, zwang Feuerbach die beiden scheinbar feindlichen Elemente bald ins Gleichgewicht, und zwar so weise oder so glücklich, daß es seinen Bildern weder an Stil noch an koloristischem Reize fehlt. Man sollte meinen, hier schlage in dem Maler die

Natur seines Vaters, des feinsinnigen Archäologen, durch, der in seinen Schriften warme, sinnliche Erregbarkeit mit dem zartesten Formgefühl vereinigte. In Italien entstanden die Bilder, welche dem Künstler seine Stelle in der deutschen Kunstgeschichte anweisen. In erster Reihe steht der »Spaziergang Dantes« und eine große »Pietà«. In beiden Bildern ist die Komposition in jener räumlich breiten Weise auseinandergelegt, von welcher früher die Rede war. Vornehmheit, die eine gewisse Kühle um sich verbreitet, ist der erste Eindruck dieser Komposition; die Gestalten springen uns nicht ans Herz, sie wollen gesucht und gebeten sein. Und nun ist es nicht zunächst die einzelne Figur, die uns interessiert, sondern das Wohlgefallen bezieht sich auf das Ganze der Anordnung. Wir stehen wirklich einer Komposition gegenüber, einer geschlossenen Zusammenfassung von Einzelheiten. Da ist es nun merkwürdig, welchen Schönheitssinn Feuerbach entwickelt. Das Verhältnis von Linien und Massen, ihre Trennung und Gruppierung, ihre Bewegung und Silhouette ist, ganz abgesehen vom Inhalte des Bildes, an sich selbst so schön, daß man nicht müde wird, zu dieser, wie es scheint, rein formellen Seite des Werkes mit neuem Genuß wieder zurückzukehren. Diese einfach »gefallenden Verhältnisse« spielen bei Feuerbach eine große Rolle. Sieht man freilich näher zu, so wird man gewahr, daß diese Verhältnisse der Seele des Bildes nicht fremd, daß sie in dasselbe nicht äußerlich hineingestellt sind, sondern mit und aus der Betrachtung des dargestellten Gegenstandes genial entsprungen. Zumal in der Darstellung edler Weiblichkeit – wir sehen Frauen um Dante und bei dem Leichnam des Heilands versammelt – greift Feuerbach diese reichen Akkorde der Formenwelt. Das Weib steht seinem anmutigen, adeligen Gemüte überhaupt sehr nahe, und die Frauengestalt spielt ihm tausend Motive in die Hand. Er faßt das Weib indessen nie bloß sinnlich auf, sondern in jener zitternden Mitte zwischen Leib und Seele und eher noch mit nachdrücklicherer Betonung der Seelenhaftigkeit. Am Frauenleibe wird ihm alles redend, so beispielsweise der nicht ganz volle Arm der

Francesca von Rimini, der uns Leiden und Leidenschaft auszusprechen scheint. Im Frauenantlitz hat Feuerbach nie nach dem sogenannten Ideal gestrebt, weder nach dem griechischen noch nach dem der Renaissance; der ausdrucksvollere Kopf war ihm auch immer der schönere. Seine Iphigenie (»das Land der Griechen mit der Seele suchend«) ist so wenig wie die Goethes eine Griechin und soll auch keine sein. Natürlich haben sich in seine Bilder vielfach die Italienerinnen eingeschlichen. Doch schien seine Vorliebe, wie aus seinen intimsten Bildern hervorgeht, dem deutschen Typus der Frau, zumal dem schwarzen, gegolten zu haben.

In seinen italienischen Aufenthalt fällt Feuerbachs klassische Zeit. Mit der Berufung an die Wiener Akademie begannen seine Leidensjahre. Er war allerdings ein anregender Lehrer, aber um sich bürokratischen Formen zu fügen, war er zu lange ein unabhängiger Mann gewesen. Auch die springende Witterung Wiens sagte seinem Organismus nicht zu. Es befiel ihn ein Heimweh nach Italien, das noch gesteigert wurde durch seine auffallende Verarmung an Farbensinn, die auch ihm nicht verborgen bleiben konnte. Er sprengte die lästigen Ketten und zog nach Venedig, seiner ersten künstlerischen Liebe. Kränklich, eigenen Schaffens nicht fähig, besuchte er Kirchen und Galerien, um seine Farbensehnsucht zu stillen. Als er wieder genesen war, wollte er nach Rom ziehen, wo er noch ein Atelier hatte, kehrte aber schon von Bologna aus wieder nach Venedig zurück. Die Stadt der blühenden Farbe ließ ihn nicht los. Dort nun – wenn man an Persönliches wieder anzuknüpfen erlaubt – traf ich Feuerbach in der Osterzeit des vorigen Jahres. Nichts verriet, daß er krank sein konnte; ich hatte ihn nie geselliger gesehen, nie bei besserer Laune, nie so zu jedem unschuldigen Scherz aufgelegt. Ich weiß wohl, es lag stets etwas Melancholisches in ihm, aber wie oft, und nie öfter als damals, sprang der unvertilgbare Pfälzer aus ihm heraus, und er konnte heiter und ausgelassen sein wie ein Kind. So, als ein guter, heiterer Mensch mit melancholischem Untergrunde ist er mir im Gedächtnisse geblieben. Leider konnte ich nicht Abschied von ihm nehmen. Abends vor der Abreise bestellten wir uns in eine deutsche Herberge; allein eine Sturmflut war eingetreten, und die gastliche Stätte stand tief unter Wasser. So habe ich ihn nicht mehr gesehen.

Nun liegt er in Nürnberg begraben, nicht weit von Dürer – dem (neben Holbein) größten Namen der deutschen Kunst. Wer wollte ihm diese letzte Liegestatt beneiden? Auch er gehört als ein streitbarer und siegender Mann der deutschen Kunstgeschichte an. Keiner seiner Zeitgenossen hat das große malerische Problem der Gegenwart, stilvolle Zeichnung und Komposition mit dem Reiz der Farbe zu vermählen, schöner gelöst, keiner die Einseitigkeit der Zeitrichtungen tiefer überwunden als er, indem er die Erfahrungen der Alten nützte und im übrigen, wie diese selbst, sich an die Natur hielt. Mit ihm ist der letzte Feuerbach geschieden, aber nicht der unrühmlichste dieses hoch- und vielbegabten Geschlechtes.

(Am 27. Februar 1880)

Wilhelm Leibl

»In der Kirche«

Ein Bild, nicht größer als eine mäßige Tischplatte und aus nur drei Figuren bestehend, lockt in der gegenwärtigen Ausstellung die Schaulust sowohl der Künstler als der Liebhaber an und wetteifert siegreich mit Leinwanden, die sich nach Klaftern messen und von Dutzenden von Gestalten bedeckt sind. Das Bild, das diesen Zauber übt, ist von einem Münchener Künstler, namens Wilhelm Leibl, gemalt und betitelt sich kurzweg: »In der Kirche«. Leibl hat schon wiederholt bei den Wienern angeklopft, ohne daß jemand »herein!« gerufen hätte. Bauern und wieder Bauern und immer in den denkbar harmlosesten Situationen pflegte er uns vorzuführen. Er erzählte weder Dorfgeschichten noch lustige oder traurige Streiche; es setzte weder blutige Köpfe, noch ließ er die Dorfschönen ihre weißen Zähne zeigen. Man konnte seine Bilder nicht benutzen, um, von ihnen ausgehend und sie wieder vergessend, der Lust des Fabulierens nachzuhängen, an die Stelle des Gemalten ein Erzähltes zu setzen. Zustände und nicht Handlung war seine Losung. Bauernnatur, durch ihr bloßes Dasein, ihre breite Gegenwart wirkend, war allezeit der Vorwurf seiner Gemälde. Der sentimental zersetzte Landmann, der sich wie ein kranker Städter gebärdet, der Salontiroler, der mit gut bezahlter Naivität arbeitet, beide waren ihm fremd, ja künstlerisch ein Greuel. Was man gewöhnlich Interesse nennt, ein dem Kunstwerke als solchem fremder Stachel und Kitzel, fand bei ihm soviel als gar keine Befriedigung. Man stieß sich wehleidig an dem geringen Gegenstande, als ob, den größeren Künstler vorausgesetzt, etwa ein gesottener Hummer nicht bedeutender wäre als ein gerösteter Sankt Laurentius. Wilhelm Leibl ist nun einmal der Maler der Bauern, wenn auch nicht, wie andere meinen, ein bäuerischer Maler. Man erzählt von ihm, daß er den Sommer über unter altbayerischen Bauern lebe, wie ein Bauer sich kleide, wie ein Bauer esse und trinke, an bäuerlicher Arbeit und Ergötzung teilnehme und daß er sich durch seine riesige Kraft und stets bereite Schlagfertigkeit ein Ansehen gewonnen habe, das man sich unter Landleuten nur durch einen mit eigener Faust geschriebenen Adelsbrief zu erwerben imstande ist. In solcher Weise ein halber Bauer und, wie man, der Zukunft vorgreifend, sagen darf, ein ganzer Künstler, ist Leibl in der glücklichen Lage, seinen Gegenstand von Grund aus zu kennen, ohne sich von ihm knechten zu lassen. Solche Kenntnis und solche Kunst tritt uns auch aus seinem jüngsten Bilde entgegen, das wohl weniger durch den höheren malerischen Wert, als durch eine – nicht etwa bessere, aber gefälligere Wahl des Gegenstandes stärker und eindringlicher auf die Gemüter wirkt als Leibls früher ausgestellte Bauernbilder.

In einem Winkel einer Domkirche, von deren baulicher Beschaffenheit wir nicht das mindeste erfahren, erblicken wir in einem Betstuhle drei weibliche Gestalten – Bäuerinnen aus Altbayern, drei Generationen darstellend: die Großmutter, die Tochter und die Enkelin; die Großmutter in der Mitte sitzend, rechts neben ihr kniend die Tochter, links auf der Bank die Enkelin. Alle drei sind im Gebete begriffen, jede in ihrer Weise: die Mutter aus freier Hand, die beiden anderen aus Gebetbüchern. Die Mutter, dunkel gekleidet, den Kopf mit einem zugeknüpften schwarzen Tuch eingebunden, hebt die Hände gefaltet empor und betet mit einer Andacht, deren Inbrunst man es wohl anmerken mag, daß die Beterin auf dieser Welt noch manches zu fürchten und zu hoffen hat. Ihr längliches Profil hebt sich scharf von der weißen Kirchenwand ab; ihre Züge, vorab die leicht gebogene Nase, zeigen noch in den Furchen, die Arbeit und Alter über das Gesicht gezogen, Spuren von edleren Formen. Ihr Auge – das einzige Auge, das sich auf dem Bilde öffnet – blickt bittend und beseligt nach oben: ein halb verloschenes Flämmchen, das im Gebete aufglüht.

Sie hat betende, sprechende Hände, die mit ihrem unbeholfenen Nägelschnitt, mit der gefälteten Haut an den Fingergliedern von einem mühseligen Leben erzählen. Die Uralte, die neben ihr sitzt, den Kopf gleichfalls schwarz eingebunden, zeigt, von der Nase abgesehen, nur noch Reste eines Gesichtes; sie ist eingeschrumpft wie eine getrocknete Birne. Sie ist wieder zum Kinde geworden, eine allgemach hinüberdämmernde Seele, die nichts mehr weiß von einem um irdische Angelegenheiten verrichteten Kampfgebete, sondern einfach ihr ewiges Heil besorgt, dessen Gewißheit schon aus ihren gutmütigen Zügen lächelt. Sie liest emsig in einem großgedruckten Gebetbuche, das sie mit beiden alten Händen hält; der Daumen der rechten Hand, der, von unten heraufgestreckt, das Buch hält, ist voll rührender Empfindung, voll innigen, das ganze Wesen des alten Weibchens bezeichnenden Ausdrucks. Sie trägt einen der Länge nach braun und grau gestreiften Überrock aus Baumwolle – wenn wir das Zeug zwischen die Finger nehmen, der Meter etwa fünfzig Pfennig. Er wirft auch Falten zu diesem Preise und schlägt sich nicht wie ein griechisches oder römisches Gewand. Die Jüngste von den dreien, eine magere Dirne, prangt in bäuerlichem Staate. Sie sitzt da in einem braun und blau gewürfelten Baumwollkleide, mit weißer Schürze, einem Schnürleibe mit silbernen Kettchen, einem Busentuche aus geblümtem Kattun, welches eine gelbe Brosche mit blauem Glasfluß ziert, und über der Stirne sitzt ein mit goldigen Schnüren umwundener, steil ansteigender Spitzhut. Das Enge, Steife und doch so Lebendige und Gefühlvolle in diesen Armen und Ärmeln! Das Mädchen hat beide Hände an dem Gebetbuche, das auf ihrem Schoße liegt und in dem sie ganz strack von obenher liest. In dem reizlosen lichten Gesichte, über das eine fliegende Röte geht, drückt sich nur eine sehr gemischte Andacht aus; sie ist dabei und doch auch anderswo. Ach, man ist jung, man hat einen Schatz, und sollte man nur vom Beten und Arbeiten leben? Die Dirne ist gewiß fromm, aber was kann sie dafür, wenn sie neben dem Gekreuzigten ein gar so liebes junges Mannsbild stehen sieht? Die Frau im Himmel wird ihr die Sünde verzeihen.

Das ist, mit schwachen Worten umrissen, Leibls Bild »In der Kirche«. Schon nach dieser Schilderung wird niemand das Gefühl haben, daß es sich bei diesem Werke um Farbenexperimente handle; es ist vielmehr mit treuem Auge und sicherer Hand gemalt, und eher könnte man der schlichten Technik Leibls dem beliebten Farbengeflunker unserer Tage gegenüber etwas Veraltetes vorwerfen. Leibl arbeitet mit einer großen zeichnerischen Energie, und sein koloristisches Bestreben, dem die Farbe an sich gar nichts gilt, geht dahin, durch das einfachste Verfahren, das freilich in seiner Einfachheit und Gediegenheit oft nur mühsam zu erreichen ist, die Menschen und Dinge in ihrer Wahrheit und Wirklichkeit zu ergreifen. Leibl besitzt ein bewundernswertes Stoffgefühl, das in die Struktur der Körper, soweit sie mit dem Auge wahrnehmbar, aufs schärfste eindringt. Man betrachte nur einmal den Betstuhl in seinem jüngsten Bilde, dieses harte Holz, wie es dem Werkzeug des Bildschnitzers gegenüber seine Natur ausspricht und, indem es sie aufzugeben scheint, diese seine Natur erst recht verteidigt und erhält. Daneben halte man wieder das weiche Holz des Kniebrettes, das sich in seiner lockeren Textur dem Auge ganz anders kundgibt. Das Gebetbuch der Alten, schwarz gebunden mit rotem Schnitt, ist ein Meisterstück für sich. Es ist ein überraschender Einblick, wie unter dem abgenutzten schwarzen Papier der graue Pappendeckel, gleichsam der nackte Buchbinder, hervorguckt. Nicht minder trefflich ist die Stoffbezeichnung an den Kleidern der betenden Bäuerinnen. Ganz außerordentlich gearbeitet ist das weiße Kattuntuch mit den phantastisch steifen rotgelben Blumen, die ganze Büschel von Staubfäden ausstrecken; an der linken Seite der Brust, wo das Tuch mangelhaft hineingeschoben ist, verrät sich das Spröde des Stoffes in der fühlbarsten Weise. Aber es ist der Triumph des Künstlers, daß er über allen diesen Dingen, die man tot nennt – Holz, Baumwolle, Kattun, Pappendeckel, Schmuck –, den Ausdruck der Seele nicht versäumt, ja daß er mit demselben Verfahren, das er den Stoffen gegenüber anwendet, auch auf den Kern des Menschen kommt und ihn ebenso schlicht ausdrückt wie das übrige. Mit seiner Ehrlichkeit, seiner Gewissenhaftigkeit und Schlichtheit weist Wilhelm Leibl auf den Weg hin, der uns zu einer nationalen Kunst wieder zurückführen kann. Die Wahrheit vor der Schönheit, das ist – auch in der Kunst – deutsche Art. Diese dumme Schönheit, die so oft nichts anderes ist als eine voreilig und leichtsinnig abgeschlossene Wahrheit, als die aufgedonnerte Lüge! Man verschone uns Leibl gegenüber mit ästhetischen Kategorien, wie das Schöne, wie das Anmutige. Die Kunst hat eine Kraft, weit hinaus über das Schöne zu wirken; denn wo das Menschliche nicht fehlt, fehlt auch nicht die Kunstwirkung. In Leibls Bild wohnt der tiefe Ernst, die Heiligkeit der Arbeit, über welche Religion und Liebe ihre Sonnenstrahlen werfen. Uns entzückt, nach soviel parfümierter Unwahrheit, dieser kräftige Luftgeruch, dieser Brodem der Ackerkrume.

Die meisten Maler malen besser, als sie können, indem sie fremde Methoden auf ihre Palette verpflanzen, mit denen sie flunkern und blenden. Anders Wilhelm Leibl. Er malt gerade so gut, als er kann – als ikh kan, schrieb Jan van Eyck auf seine Werke.

(Am 16. April 1882)

In Aibling

Ein künstlerisches Idyll

Jedermann in Wien kennt das Bild von Wilhelm Leibl: »Die drei Bäuerinnen in der Kirche«. Auf unserer jüngsten internationalen Ausstellung war es wohl nicht das schönste Werk, zumal, wenn man es an dem hergebrachten flachen Schönheitsbegriffe maß, aber es war ohne Zweifel das bedeutendste und eigentümlichste, hinter dem ein ganzer Mann mit großem Wollen und sicherem Können stand. Niemand ging an dieser Leinwand nur flüchtig vorüber, man fand sich vielmehr gebannt, und auch wider Willen blieb ein starker Eindruck in dem Beschauer zurück. Ganz dieselbe Rolle spielt das Leiblsche Bild auf der gegenwärtigen Ausstellung in München, in die es, ohne die Einwilligung des Künstlers, durch eine glückliche Unbescheidenheit des Besitzers gelangt ist. Ja, es mußte da sein, denn ohne dieses bedeutsame Werk wäre die deutsche Abteilung nicht vollständig gewesen. Nun wirkt es wieder unwiderstehlich auf den Beschauer und übt durch seinen tiefen Ernst und die Gediegenheit seiner Mache eine auflösende und zersetzende Kraft an allem Unsoliden, das ringsherum prahlt und sich breitmacht. Nie ist das Bild einsam; man wundert sich darüber, man bewundert es, man lehrt und lernt daran. Aus der verschiedensten Äußerung, zumal aber aus einem ernsten, vielsagenden Schweigen kann man die gewaltige Achtung ermessen, die der Meister seinen Kunstgenossen einflößt. Man darf wohl sagen: Wilhelm Leibl ist in München eine stillschweigend anerkannte Größe.

Als ich nun in München zum zweiten Male unter dem Zauber des Leiblschen Bildes stand, beschlich mich die Sehnsucht, hinter die Leinwand zu treten und den Meister persönlich kennenzulernen. In München war Leibl nicht zu finden; er weilt hier nur manchmal als flüchtiger Gast, sonst verbringt er Sommer und Winter auf dem Lande. »Leibl ist in Aibling«, lautete die Weisung. Also auf nach Aibling! Dieses Aibling ist ein kleiner altbayerischer Markt, etwa eine Meile von Rosenheim, seitwärts gegen das Gebirge zu, berühmt durch seine Moorbäder und sein schmackhaftes Bier. Ein Münchener Maler mit seinem großen silbergrauen Ulmer Hunde, der auch in der Münchener Ausstellung als »Cäsar am Rubicon«, nämlich vor einer Gemüt und Geist bezwingenden Knackwurst verewigt ist, und ein liebenswürdiger Wiener Kollege hatten sich mir angeschlossen, und so stiegen wir nachmittags an einem heißen Augusttage auf dem Aiblinger Bahnhofe aus. Bei einem Schildermaler – der Kunstgenosse mußte es ja wissen – fragten wir nach Leibls Wohnung. »Er wohnt oben auf dem Platz, bei dem Vermischtwarenhändler Windstoßer.« Windstoßer? Gut! Und wir gingen die reinliche Ortschaft entlang auf den Platz, wo, von Akazienbäumen umzäunt, eine Bildsäule der Mutter Gottes steht. Ein hübscher Platz, katholisch-heiter, mit einem Anklange an das Italienische. Frau Windstoßer sagt uns, daß Herr Leibl nicht zu Hause, vielleicht aber drüben beim »Schuhbräu« zu treffen sei. Die Auskunft war uns willkommen, da auch wir, von der Sonne abgesengt, nach einem kühlen Trunke lechzten. Wir biegen um die Ecke, und siehe, da steht schon der Gasthof »Zum Schuhbräu«, ein Wirtshaus, so schmuck und einladend wie nicht leicht ein anderes. Über dem Haupteingange springt ein rankenartiges Gitterwerk aus Schmiedeeisen auf die Straße heraus, darüber hin fährt ein sechsspänniger Güterwagen mit einem die Peitsche schwingenden Fuhrmann zu Pferde – alles aufs sauberste und zierlichste unter dem Hammer getrieben; an der Stirnseite des Hauses spiegelt Fenster an Fenster, und wenn man in die geräumige Gaststube hereintritt, ist man von dem hereinquellenden Tageslichte umfangen, welches den hintersten Winkel erhellt und an den Eßbestecken und zinnernen Deckeln der Bierkrüge geschäftig herumspielt. Ein nahrhafter Einblick erschließt sich in die Küche, wo flakkernde Flammen, funkelndes Geschirr und weiße Schürzen vor dem Herde gar Tröstliches verheißen. Wenn man noch von freundlichen Kellnerinnen bedient wird, wie schmeckt ein scharf gebratenes Huhn und mundet das schäumende Getränk in einer solchen Atmosphäre von Licht und Reinlichkeit.

Als wir, eine Wiener Virginia rauchend, über dem schwarzen Kaffee saßen, trat Leibl mit schwerem Schritte zur Tür herein. Er begrüßte uns freundlich, nur hielt es schwer, seinen reckenhaften Händedruck ebenbürtig zu erwidern. Er setzte sich zu uns an den Tisch, schaute hinter einem Bierkrüglein etwas verwildert drein und sprach nach Art einsamer Menschen nur wenig, ja er erschien noch schweigsamer, weil er aus Höflichkeit zu reden trachtete. Leibl trug eine graue Joppe und einen spitzen lichten Strohhut mit grünem Durchschuß. Schulter und Brust sind mächtig gebaut an diesem Manne, doch die Beine haben gegen den athletischen Rumpf nicht die verhältnismäßige Länge. Der Kopf sitzt eng und fest auf. Über der breiten, hellen Stirne kurz gehaltenes dunkles Haar, die Nase lang und kräftig mit leisem Bug; die Wangen voll und gebräunt, dichter, dunkelbrauner Vollbart, durch welchen der Fuchs brennt. Das dunkelblaue Auge ist ziemlich groß und zeigt neben weicher Empfänglichkeit eine ungewöhnliche Energie. Die schweren fleischigen Hände, die einst Schmiedearbeit verrichtet, sind nicht ohne einen Zug von Feinheit und anschmiegsamer Gefühligkeit. Der ganze Mann (ein hoher Dreißiger) atmet Kraft und Gesundheit, und wenn er sich in Gang setzt, gemahnt er bei dem Übergewichte des Oberleibes an einen Eber. Seltsam überraschte er uns durch seine Mundart. Leibl, dieser gedrängte Name mit dem verschluckten e, ließ uns auf einen Altbayern raten, und der dicke, gedrungene Körperbau widersprach keineswegs dieser Annahme. Wie erstaunten wir, als wir aus seinem Munde die lispelnden, verschliffenen und verschlissenen Laute des Kölner Dialekts vernahmen, dieses dem Süddeutschen so wildfremd klingenden niederdeutschen Dialekts, der sich nach dem Vlämischen zu sehnen scheint und den wir in Wien von unserer Wolter, wenn sie einmal unbewachte Augenblicke hat, so unübertrefflich sprechen hören. Leibls Vater war allerdings ein Bayer. Er zog von seiner Heimat an den Niederrhein und ist Organist am Kölner Dom geworden. Leibl, der Sohn, mit seinem überschäumenden Kraftgefühle wurde zu einem Schmiede in die Lehre gegeben, doch bald, nachdem er sich auf dem Amboß einigermaßen ausgetobt hatte, zog ihn ein unbezwingliches Bedürfnis nach der Kunst. Er kam zuerst unter die Leitung eines kleinen Malers seiner Vaterstadt, siedelte dann nach München über, wo er unbehindert die Akademie durchlief, um nach manchem tastenden Versuche die Richtung einzuschlagen, die ihn schließlich unter die Bauern nach Aibling führte. Und so kam es auch, daß wir an einem schönen Augusttage des Jahres 1883 mit dem originellen Meister im Gasthofe »Zum Schuhbräu« zusammensaßen.

Nach den üblichen Förmlichkeiten führte uns Leibl nach seiner Behausung. Auch der freundliche Genre- und Landschaftsmaler Johann Sperl, Wilhelm Leibls Schatten und sozusagen die zweite Figur, wie man sie in klassischen Dichtungen neben dem Helden zu sehen pflegt, begleitete uns als mitteilsamer Führer und gab uns Aufschluß über alles und jedes, worüber uns der wortkarge Meister im dunkeln ließ. Wir gingen durch den Laden der Frau Windstoßer und stiegen eine steile hölzerne Stiege zu einer engen, niederen Stube hinauf. Hier in dem dürftig eingerichteten Raume standen und hingen einige Bilder von Leibl, unter anderen auch das Bauernmädchen mit der Nelke, das kurz zuvor in Paris ungemeines Aufsehen erregt hatte. Das Mädchen mit der Nelke ist eine leibliche und künstlerische Schwester jener jüngsten Bäuerin auf dem bekannten Kirchenbilde: eine sitzende Dirne, den linken Arm auf die Lehne des Stuhls aufgestützt, in der rechten Hand, die im Schoße ruht, eine Nelke haltend. Der gegen die Linke gerichtete Kopf, auf dem ein dunkles Miesbacher Hütchen sitzt, geht seinen Gedanken nach und erläutert die sprechende Hand, die zwischen Daumen und Zeigefinger die Blume hält. Braunes Kattunkleidchen, blaue Schürze, schwarzes Mieder mit Silberschließe, Busentuch mit farbigen Zeichnungen. Es ist ein herber Wahrheitsgeschmack in dem Bilde. Kein Empfindungshauch aus einer fremden Sphäre weht dieses Bauernmädchen an, welches, einen Augenblick aus dem harten Leben der Arbeit herausgehoben, seinen Herzensgefühlen nachzuhängen scheint. Eine ganze Existenz spricht sich in dieser Gestalt aus. In der Auffassung waltet etwas Zurückhaltendes, Keusches und eine heilige Scheu, den unbelauschten Ausdruck der Natur durch eine Bewegung, einen Ton zu stören. Die Details sind unglaublich fein durchgeführt und doch von einer Breite, die alles Ängstliche und Peinliche ausschließt. Mit der Wahrheit ist es dem Künstler blutiger Ernst; er will die Erscheinung der Dinge mit dem Pinsel ergründen, nicht bloß oberflächlich erörtern, und so ist ihm ein Hemdfältchen, ein Stecknadelkopf ein malerisches Problem. So ist auch seine Farbe frei von allem akademisch Herkömmlichen und scheint mit der Bescheidenheit der Natur aus den Gegenständen selbst hervorzuwachsen. Die gewöhnlichen Mittel der Illusion und des Effekts, wie die Lasuren und jenes unvermittelte Nebeneinandersetzen von Farbentönen, das er früher selbst in virtuoser Weise geübt hat, verschmäht der reifere Meister; er stellt gediegene, glatte Gußflächen von so feinem Korn hin, daß sie in ihrer dichten Geschlossenheit den letzten technischen Aufschluß verweigern. In dieser Malweise drückt sich eine ungeheure Willensstärke, eine Kraft, sich zu sammeln, aus, wovon die wenigstens malenden Zeitgenossen einen Begriff haben. Denselben Charakter hat die feste, scharfe, knappe Zeichnung. Leibls Kunst des Zeichnens zu bewundern, hatten wir noch einen anderen Anlaß. An der Wand hing die Photographie einer Handzeichnung, den Kopf einer Toten darstellend – Leibls Mutter. In Gegenwart dieses kleinen Kunstwerkes brach auch Leibls Gemüt in halb ausgesprochenen andeutenden Worten zutage; er mußte diese Mutter sehr geliebt haben. Er wehrte einer weicheren Empfindung ab, indem er ein wenig derb sagte: er sei, als er diese Zeichnung gefertigt, in einer scheußlichen Stimmung gewesen. Die Zeichnung selbst spricht sich in einfachen, edlen, großen Linien aus. Leibl ließ uns indessen kaum Zeit, mit dem tiefen Eindruck dieser Zeichnung fertig zu werden, indem er sich anschickte, uns aus seinem »Salon« in das zweite Stockwerk zu führen. Hier traten wir über einen Bodenraum, auf den der Dachstuhl drückte, in Leibls Schlafzimmer ein, das eine hoch aufgerichtete Bettstatt und einen Schrank, auf dem etliche Bücher lagen, einschloß. In einem Winkel standen hohe Jägerstiefel und hingen ein paar Büchsen; denn Leibl ist ein leidenschaftlicher Weidmann, und die aufregendste aller Jagden, die Jagd auf Auerwild, ist sein Lieblingsweidwerk. Sein ruhiges Auge und seine sichere Hand gewährten ihm auch hier den Erfolg.

Nachdem wir noch einige photographische Nachbildungen von Leiblschen Gemälden angesehen, machten wir uns auf den Weg nach dem nahen Dorfe Mietrachting, wo Leibl in der letzten Zeit gemalt hatte. Der Meister mit seinem eberhaften Gang schritt neben mir, die zweite Figur folgte nach mit meinen beiden Reisegefährten und dem silbergrauen Ulmer Hunde. Die Sonne lag heiß auf Feld und Wiese, auf der weiten grünen Fläche rührte sich kein Lüftchen. Die große Stille ward nur von ländlichen Geräuschen unterbrochen: hier wird eine Sense gedengelt, dort wird Korn gedroschen, und vom Dorfe her hört man das klingende Fallen der Kegel. Leibl zeigte mir in der Ferne einen spitzen Kirchturm, der aus dem Walde des Vorgebirges hervorsticht; dort liege das Dorf Berbling, woher er sein Kirchenbild geholt habe. Ich fragte den Künstler, ob ihn denn der Menschenschlag und die Tracht in diese Gegend gelockt hätten, was er kurzweg verneinte; sondern ein Geistlicher dieser Gegend, der an seiner Person und Kunst Wohlgefallen gefunden, habe ihn bestimmt, nach Aibling zu kommen, und Aibling habe ihm zugesagt und er sei hier geblieben und er werde von hier auch nicht so bald scheiden. »Sehen Sie«, fuhr er fort, »dort am Wasser hinter der Mühle baue ich mir ein Atelier, und ein Atelier bindet den Maler. Ich habe hier noch viel zu tun, und wer weiß, ob ich mich nicht einmal auch der Landschaft ernstlich hingebe . . .« Mittlerweile hatten wir das Dorf Mietrachting erreicht, welches im Leben unseres Künstlers auch dadurch von Bedeutung ist, daß er im dortigen Wirtshause eine Kraftsuppe zu essen pflegt, deren Genuß die Verdauungskraft eines Riesen voraussetzt. Vor einem niedrigen Bauernhause, dessen Fenster auf einen Obstgarten hinausschauen, hielten wir still. Eine Bäuerin kam uns grüßend entgegen. Alles ist offen, Haustor und Stubentür. In der engen Stube, welcher natürlich der Kachelofen nicht fehlt, lehnen zwei Bilder Leibls verkehrt an der Wand. Sie sind beide unvollendet. Der Künstler ist nicht zu bewegen, das größere von den beiden Bildern gegen das Licht zu kehren; es sei noch in einem Urzustande, und er müsse noch vierzig Tage warten, bis er seine Arbeit wieder aufnehmen könne, denn so lange noch werde sein Hauptmodell von der Militärpflicht zurückgehalten. Daß man ohne lebendige Anschauung der Natur malen könne, findet Leibl ungereimt und unbegreiflich. Das andere Bild stellte eine Bauerndirne dar, die unter einem Haustor steht; wieder eine volle Existenz und eine möglichst uninteressante Situation. Als wir uns verabschiedeten, wünschte uns das weibliche Modell, das gerade Dünger auflud, guten Abend.

Nach Aibling heimgekehrt, verfügten wir uns müde und durstig auf den Schuhbräu-Keller. Hier ist es schön zu sitzen und zu trinken. Von dichten Kastanienbäumen beschattet, sieht man weit hinaus in das Land, hinweg über Flächen und Hügel, bis das Hochgebirge dem Auge eine gewaltige Grenze setzt. Der Wendelstein, der mit seinem dicken Kopfe so neugierig herüberschaut, gehört noch Bayern an, aber die langgestreckte Wand des Kaisers, in deren Schroffen und Schründe man hineinsieht, steht schon auf Tiroler Boden. Lange saßen wir schauend und staunend hinter unseren vollen Steinkrügen, bis sich endlich der Zinndeckel hob und wir uns in das köstliche Naß dankbar vertieften. Hier, an der Grenze des Bayerlandes, nimmt sich der heimische Genius noch einmal mächtig zusammen und braut ein Bier, das sich an Milde und Kraft kühn mit dem Getränke messen darf, welches aus den berühmtesten Sudpfannen Münchens fließt. Herr Franz Xaver Wild, der Besitzer des Gasthofes »Zum Schuhbräu«, möge es sich gefallen lassen, wenn wir ihm hier einen vollen Hopfenkranz um die Schläfe winden. Auch er ist ein Künstler, und ein Künstler wie Wilhelm Leibl ist sein dankbarer Kostgänger.

Die eintretende Kühle trieb uns in den Markt hinab, wo wir in unserer anheimelnden Gaststube das begonnene Symposion fortsetzten. Zu uns gesellte sich noch der Tierarzt des Ortes, ein munterer fuchsblonder Mann, der viel von guter Küche sowie von der Ernährungsrolle des Eiweißstoffes sprach, und der Notar von Aibling, der das Freiherrnkrönlein trägt und ein feines geselliges Talent entwickelt. Wilhelm Leibl ist ein polemischer Maler, dazu eine streitbare Persönlichkeit, und so fand sich die Gesellschaft rasch in ein prinzipielles Wortgefecht hineingezogen. Der Baron mit seiner akademischen Bildung und seinen eleganten Gewohnheiten schien der Kunstweise Leibls doch nur mit einer Art Gewissensangst zu huldigen und im übrigen der mehr konventionellen Malerei, wie sie der sogenannten gebildeten Gesellschaft gefällt, Beifall zu spenden. Er wagte zu behaupten, daß es in der Kunst edlere und unedlere Stoffe gebe. »Wie«, rief Leibl heftig aus, »haben Sie sich etwa beklagt, als ich Ihr Bildnis malte?« Der Baron, an eine elegantere Klinge gewohnt, wich diesem überderben Hiebe aus und pries die Historienmalerei als die höchste Kunst. »Malen, was man nicht gesehen hat?« brach Leibl wieder los. »Menzel in Berlin hat seine alten Historienbilder verworfen und malt nur noch vor dem Modelle. Man kann nur malen, was man sieht.« – Nun ja, meinte wieder der Baron, es sei auch ein Verdienst, die Gegenwart schön zu sehen. – »Was«, rief Leibl leidenschaftlich aus, »schön sehen? Nein, gut sehen! Und gut sehen ist etwas. In jedem Jahrhundert gibt es vielleicht nur sechs Menschen, die gut sehen; die anderen sehen alle schön, das heißt falsch ...« Ich warf das Wort auf den Tisch, daß

Goethe zugleich gut und schön gesehen habe. »Goethe?« fragte Leibl, »den Goethe mag ich auch nicht recht leiden.« – »Aber sein ›Werther‹, sein ›Götz‹, erster ›Faust‹, sind es nicht großartige Versuche, auf eigenen Füßen zu stehen, mit eigenen Augen zu sehen?« – »Hinter ›Götz‹ steckt Shakespeare«, erwiderte Leibl. »Überall ist ein Vorbild vorhanden; das ist nicht die Natur aus erster Hand.« Dann sagte er ausweichend: »Die polemischen Schriften von Lessing sind mir sympathischer. Wen ich aber verehre, das ist Montaigne.« Und dabei führte er einen Ausspruch von Montaigne an, worin eben der Wert der selbständigen, persönlichen Weltbetrachtung stark betont ist. Leibls Wort über Goethe wurde ihm verübelt. Ich lege es mir zurecht und sage: Bahnbrechende Talente von einer gewissen Einseitigkeit dürfen und müssen in ihrer Empfänglichkeit begrenzt sein. An diesen Grenzen befestigen sie sich ... Nachdem Leibl so seinen höchsten naturalistischen Trumpf ausgespielt, lenkte er das Gespräch auf das rein technische Gebiet seiner Kunst hinüber. »Sobald ich reich genug bin«, so schloß er seine Äußerung, »werde ich mir einen Farbenreiber halten. Die Fabriksware taugt nichts. Halten Sie das aber geheim«, fügte er hinzu, »sonst werden mich auch die Farbenfabrikanten verfolgen.« Mit diesem tröstlichen Gedanken, daß die deutsche Kunst bereits beim Farbenreiben angelangt sei und folglich sichern Grund und Boden unter sich fühle, wünschten wir uns eine ruhsame gute Nacht.

Beim Frühstücke stellte sich Johann Sperl, der vorauseilende Schatten Leibls, ein. Wir baten ihn, uns sein neuestes Bild zu zeigen, wozu er sich nach höflicher Weigerung erbötig zeigte. Wir stiegen den Hügel zum Amtsgerichte hinan, wo Sperl arbeitete. Wir gingen durch den Hof, wo wir vom Gefängnisse herab ein gemütliches Verbrechergespräch hörten; dann holte Johann Sperl sein Bild aus einer ehemaligen Hausknechtstube, die man durch einen Stall erreichte. Er führte uns hierauf in einen Zwinger des Amtsgerichtes hinauf, von wo man auf eine hübsche Gasse Aiblings und weiterhin ins Freie sieht. Hier und mit dieser

Aussicht hatte Sperl sein Bild gemalt, das seinen Gegenstand hübsch und frisch wiedergibt. Und nun baten wir Herrn Sperl, uns zu dem im Baue begriffenen Atelier Leibls hinzuführen. Das Atelier Leibls erhebt sich auf dem Wiesengarten eines Aiblinger Bauers an dem Ufer eines Flüßchens, welches die Glonn heißt. Es erhebt sich, aber nicht viel höher als die Wand einer Bauernstube. Nämlich das ganze Atelier Leibls wird nur eine Bauernstube sein, mit der Beleuchtung einer Bauernstube, einem Kachelofen und einer Grube, worin ein angefangenes Bild sich feucht erhält. Das ganze Atelier kostet 600 Mark, und nach fünf Jahren fällt der Baugrund samt dem Bau an den bäuerlichen Besitzer zurück. Ich überflog in dieser schlichten Werkstatt eine Reihe von Pariser Zeitungsausschnitten, die mir Leibl gestern auf meine Bitte mitgeteilt hatte und in welchen sich französische Kritiker über Leibl aussprechen. Sie behandeln ihn alle als Meister und reden von ihm mit dem tiefsten Respekt. »Man müsse seinem Talente huldigen trotz seiner unbequemen Nationalität«, heißt es im »Journal des Artistes«; »Herr Leibl ist ein wahrhafter Künstler, ja vielleicht der einzige, den unser furchtbares Nachbarland besitzt«; »Den Erfolg der gegenwärtigen Ausstellung muß man bei Herrn Leibl suchen«, schreibt der »Intransigeant«, und im »Figaro« heißt es wörtlich: »Ich nehme keinen Anstand, zu erklären, daß ich sämtliche Gemälde unseres ›Salons‹ in den Champs-Elysees für ein einziges Bild von Leibl hingeben würde.« So spricht man in Paris von demselben Wilhelm Leibl, der auf der internationalen Ausstellung in Wien nicht einmal das letzte Zeichen der Anerkennung erhalten hat. Nachdenklich verließ ich das Atelier, vor welchem die schönsten Landschaften wachsen, von der intimen Landschaft an bis zur Hochgebirgslandschaft.

Im Gasthofe kam mir Leibl – heute im feinen Gehrocke – entgegen, indem er ausrief: »Ich habe gestern behauptet, in jedem Jahrhundert gebe es nur sechs Menschen, die gut sehen. Das ist nicht richtig. Es gibt ihrer nur drei in jedem Jahrhundert, und in unserem Jahrhundert ist einer davon

Adolf Menzel in Berlin . . .« Wir tranken noch ein Glas Wein zum Abschiede, dann fuhren wir in einem offenen Wagen durch die sonnige Landschaft, voll von den Eindrücken eines künstlerischen Idylls und mit dem stillen Gelübde, Wilhelm Leibls zweite und bessere Heimat bald wieder aufzusuchen.

(Am 16. September 1883)

Böcklins »Pietà«

In den letzten Jahrzehnten hat es keinen deutschen Maler gegeben, an dessen Werke sich ein so ewiger Streit geheftet hätte wie an die Werke Arnold Böcklins. So fruchtbar sein Schaffen war und in dieser Fruchtbarkeit so vielseitig, kaum eines seiner Bilder hat die reine Wirkung hervorgerufen, die man sich mit Kunstwerken verbunden denkt. Böcklin hat Härteres hören müssen als irgendeiner seiner Kunstgenossen, und wenn man ihn nicht geradezu einen Wahnsinnigen genannt hat, so unterblieb es nur aus jener frommen Scheu, die uns abhält, Mitlebende als verlorene Geisteskinder zu bezeichnen. Böcklin ließ sich diese Feindseligkeiten des öffentlichen Urteils wenig anfechten; als ein schweizerischer Charakterkopf, trotzig wie die Berge seiner Heimat, hält er unerschütterlich fest an seiner Eigenart, einzig und allein bestrebt, in seiner Kunst es sich selbst recht zu machen. Er ist freilich ein ganz eigener Mann und in manchem Betracht ein wunderlicher Heiliger. Er sieht anders als andere Maler, er denkt und malt anders als sie. Er ist voller Widersprüche, die sich aber doch zu einer höheren Einheit zusammenschließen und gerade in ihrem lebendigen Zusammenspiel seine Eigentümlichkeit begründen. Böcklin ist phantasievoll bis zum Phantastischen, allein das Phantastische stellt er dar, als ob es eine Wirklichkeit wäre, die jedermann mit Händen greifen könnte. Er ist ein Grübler, aber zugleich eine ganz naive Natur, die sich durch alle wirren Gänge des Denkens hindurch rein erhält und künstlerisch meistens das letzte Wort spricht. Er ist Idealist, aber mit einer starken realistischen Ader; er ist Kolorist, aber mit der Neigung, die Farbe bis zum symbolischen Ausdruck zu steigern. Zu der Natur hat

Böcklin ein eigenes Verhältnis. Er besitzt ein gutes Stück von der Phantasie jugendlicher Völker, welche in den Naturvorgängen Begebenheiten erblickt, indem sie die Kette von Ursache und Wirkung mit warmer Menschenhand befühlt und an die Stelle eines unverständlichen Mechanismus, der sich nach Gesetzen regelt, das freiere Walten menschenähnlicher Wesen setzt. So entsteht Mythologie, und Böcklin ist Mythologe bald an der Hand der Griechen, bald – und dann am genialsten – auf eigene Faust. Man kennt sein Meerweib, das mit einer Seeschlange spielt, während ein Triton mit vollen Backen in sein Muschelhorn bläst. Das Meer wird in diesem Weibe persönlich. Der lockende Reiz des Elements, seine Lust, uns in seine Strudel und Tiefen zu ziehen, aber auch seine Treulosigkeit und die grauenhafte Selbstsucht, in der Umarmung nur sich zu genießen – alle diese Eigenschaften dämmern und leuchten aus den dämonischen Zügen dieses furchtbar anziehenden Gesichtes, auf dem der Schleier einer tiefen Melancholie liegt. Auf einem andern Bilde stellt Böcklin das Spiel der Meereswellen mit einer Heiterkeit dar, die sich bis zum Humor steigert. Wie von selbst werden die Wellen zu Weibern, steigen auf, schlagen über, verschwinden in die Tiefe und haben ein fröhliches Behagen an ihrer Beweglichkeit und Schmiegsamkeit; sie werden sich lachend und scherzend abfinden mit dem grotesken Männergesindel, das neben und über ihnen aus dem aufgerührten Element auftaucht. Dort ist Böcklin in die Tiefe gestiegen, hier scherzt er an der Oberfläche. Damit aber ist sein Verhältnis zur Natur noch nicht erschöpft. Mit einer Mythologie des Gefühls, wie man es nennen könnte, läßt er aus der Natur, aus der Landschaft, das tiefste und seligste menschliche Empfinden widerklingen. Er sieht der Natur ins Herz hinein, er besitzt den Feiertagsblick des Genies. Er malt eine landschaftliche Tragödie in seiner Toteninsel, er malt eine in den reinsten Äther begierdelosen Schauens getauchte Landschaft in seiner Insel der Seligen. Er kann erschüttern und beglücken. Dann zieht er uns wieder an wie ein Rätsel, an dessen Lösung man sich versucht, ohne damit zustande zu kommen; aber so groß ist Böcklins künstlerisches Vermögen, daß er uns selbst da genießen läßt, wo wir ihn in seiner Absicht nicht ganz verstehen. Wer weiß, was die Musik sagen will? Aber indem sie sich ausspricht, beglückt sie uns. Ähnlich manchmal bei Böcklin. In der letzten großen Kunstausstellung zu Berlin hat sich ein Bild von ihm befunden, das mich so innig festhielt, daß ich manchen Tag alles andere darüber vergaß. Es war eine Landschaft mit Staffage. Im Vordergrunde lagerte ein jugendliches Liebespaar wie aus verschollenen Tagen, angetan mit Gewändern aus einer poetischen Zeit; im Mittelgrunde stand ein älterer Mann in moderner Kleidung und starrte in die Tiefe eines Teiches. Ein ergreifendes Bild, und doch, wer kann es mit dürren Worten aussprechen, was es besagen will? Wendet es sich in die Vergangenheit oder in die Zukunft? Ist es ein verlorenes Glück, das dieser Mann beklagt, oder ist es ein ersehntes Glück, das ihm versagt bleibt? Man weiß es nicht, aber das Rätsel selbst zieht uns an auch ohne Lösung. Man genießt und schweigt.

Vielleicht sind es die ungewöhnlichen Stoffe seiner Bilder gewesen, die Böcklin zu einer allgemeinen Geltung nicht haben gelangen lassen. Diese Entschuldigung ist beseitigt durch Böcklins jüngstes Werk, die im Österreichischen Kunstverein gegenwärtig ausgestellte »Pietà«. Der tote Heiland, beklagt von seiner Mutter – einen volkstümlicheren Vorwurf kann es nicht geben. Und schon hat diese Volkstümlichkeit des Gegenstandes gewirkt und dem Künstler in wenig Wochen weitere Kreise erschlossen, als es eine rastlose Tätigkeit von Jahrzehnten vermocht hat. Endlich wird ein Bild von Arnold Böcklin von vielen Menschen aufmerksam angeschaut – wir danken diese glückliche Wendung der umsichtigen Direktion des Kunstvereins –, und damit ist schon viel gewonnen. Erst sehen, dann verstehen. Vielleicht dringt doch nach und nach die Überzeugung durch, daß Böcklins »Pietà« eine der höchsten Schöpfungen der modernen Kunst ist und daß ein Künstler, der ein solches Werk geschaffen, nicht bloß ein Sonderling ist, den man mit einem Lächeln abzufertigen berechtigt ist. So einfach, einleuchtend und überzeugend, wie alles Geniale, ist Böcklins »Pietà«. Auf einer weißen Marmorstufe, die ganze Länge des Bildes einnehmend, liegt der Leichnam des Heilands ausgestreckt. Dem Auge des Beschauers gegenüber hat sich Maria an die Brust des Sohnes geworfen, ganz eingehüllt – auch der Kopf ist unsichtbar – in ein dunkelblaues Gewand; nur die Hände sind nackt: die rechte faßt den Oberarm des geliebten Toten, die linke verirrt sich in seinen herabhängenden Haaren. Von oben her, umgeben von vier Kinderengeln, schwingt sich eine jugendliche Gestalt mit fliegendem roten Gewande auf die schmerzhafte Mutter herab, die eine Hand wie zum Gruß und Segen gegen sie geöffnet. Das ist die Handlung des Bildes. So schlicht der Vorgang, so reich ist die durch das Ganze waltende Empfindung. Böcklins Heiland ist keiner jener feingebildeten Hausärzte, wie sie in neuester Zeit so häufig dargestellt worden; er ist eine tüchtige Männergestalt mit entschieden hervortretendem Profil, starkem Knochenbau und kräftigen Füßen. Eigentlich verklärt wird er erst durch die Liebe seiner Mutter. Obgleich sie verhüllt ist, bricht doch der Schmerz aus ihrem ganzen Leib hervor. Der Rücken bis hinab bebt vor innerer Bewegung. Ergreifend ist die rechte Hand, die den Oberarm des Sohnes faßt: weit gespreizt, wie ja die Liebe Berührungen sucht, jeder Finger voll Gefühl; die linke Hand schmerzlich in den Haaren wühlend, in diesem weichen Leben, das noch den Tod überdauert. Über diese erschütternde Szene beugt sich der Himmel versöhnlich herab. Halb neugierig, halb teilnehmend schauen die vier kindlichen Engel aus ihrem Himmel auf die Erde herab; aber mit einer Energie, die von einem starken Antrieb geleitet wird, strebt eine von den vier Engeln umgebene jugendliche Gestalt der Stelle zu, wo Maria an der Brust des Sohnes liegt. Wie darf man diese Gestalt deuten? Scheinbar Eingeweihte behaupten, es sei der junge Jesus in dem Alter, wo ihn seine Mutter im Tempel gesucht habe. Wir erinnern uns wohl an einen herabschwebenden Heiland in dem Fragmente »Der ewige Jude« von Goethe. Dreitausend Jahre nach seiner Kreuzigung kehrt er zurück, um seine Erde, seine Menschen wiederzusehen und wiederum gekreuzigt zu werden. Die Erde von weitem erblickend, eilt er auf sie zu:

Wie man zu einem Mädchen fliegt,
Das lang an unserm Blute sog
Und endlich treulos uns betrog:
Er fühlt in vollem Himmelsflug
Der irdischen Atmosphäre Zug;
Fühlt, wie das reinste Glück der Welt
Schon eine Ahnung von Weh enthält . . .

Wohl ist in der Bewegung der Böcklinschen Figur dieses Sehnsuchtsvolle, Bräutigamhafte ausgedrückt, aber für einen Jesus will es im gegebenen Zusammenhange nicht recht passen. Wie, wenn es der Erzengel Gabriel wäre, der ihr erst das Heil angekündigt und nun nach vollbrachtem Erlösungswerke sie wieder heimsuchte? Doch mag es wie immer sein, die Schönheit des Bildes hängt von diesem künstlerisch unerheblichen Umstande nicht ab. An Größe der Auffassung, an Gediegenheit des künstlerischen Aufbaues, an harmonischer Farbenschönheit steht es in unseren Tagen unübertroffen da.

Genug, Böcklins »Pietà« ist ein Werk, das nach den höchsten Zielen der Kunst strebt. Es ist ein Werk nicht der Nachahmung, sondern aus einer ganz ursprünglichen Anschauung geboren. Es ist ein persönliches Werk, persönlich in seinen Mitteln, persönlich in seinem Zweck. Es ist eine Lust, dieses Werk erlebt zu haben, und eine Freude, es anzuerkennen.

(Am 23. Oktober 1887)

Bilder von Fritz von Uhde

Vor etwa zehn Jahren konnte man in einer Münchener Kunstausstellung ein Bild sehen, worauf dargestellt war, wie bayrische Soldaten auf freiem Felde unter sengender Sonne ihre Trommelübungen betrieben. Alle Welt war betroffen von der starken Lichtwirkung des Bildes: es schien zu brennen und aufzulodern. Die doppelte Natur des Lichtes, Farbe zu erzeugen und sie zu vernichten, war niemals, zumal nach ihrer verneinenden Seite, in einem lehrreicheren Beispiele eindringlicher vor die Augen gebracht worden. Ganze Ströme von Licht rannen an der hellblauen Uniform der Soldaten herab und suchten sie vollends zu zerstören; vor lauter Licht, Licht von allen Seiten, teils unmittelbar, teils zurückgestrahlt, konnte man kaum einen Gegenstand deutlich wahrnehmen. Die Welt des Sichtbaren ging auf in Licht. Durch dieses Bild ward in Deutschland die von Paris ausgegangene Doktrin der Freilichtmalerei unter Trommelschlag verkündigt. Der Maler des Bildes hieß Fritz von Uhde, ein fast neuer Name. Man erfuhr von ihm, daß er (geboren 1844) der Sohn eines hohen Würdenträgers der protestantischen Kirche sei, daß er in dem sächsischen Garde-Regiment den Feldzug gegen Frankreich mitgemacht und als Rittmeister seinen Abschied genommen habe. Dann hat er als Maler in München und Paris gelebt und gelernt, von den neuesten Richtungen der Malerei stark beeinflußt und in ihrem Sinne schaffend. So hat er, wie sein Trommlerbild beweist, dem Prinzipe der Freilichtmalerei gehuldigt und vom Impressionalismus den wichtigen Kunstgriff erlernt, den ersten, frischen Eindruck, den ein Gegenstand auf das Auge macht, in dem gemalten Bilde festzuhalten, wenn er sich auch als echter Künstler vorbehielt, die blitzartig wirkende, visionäre Erscheinung nachträglich malerisch zu ergründen. Das Licht, dieses Element der Malerei, hat ihn in den mannigfaltigen und verwickelten Problemen, die es stellt, immer ernstlich beschäftigt, und seine Beleuchtungsprobleme hat er stets im Sinne eines nordischen Künstlers gelöst. Die Lichtpoesie unserer nördlichen Himmelsstriche ist das Halbdunkel, ein Streit zwischen Licht und Schatten, der in der Phantasie psychologische Bedeutung gewinnt und je nach seiner Schlichtung vom Traulichen bis in das Geheimnisvolle hinabreicht. In seinen Bildern faßt Uhde die Lichterscheinungen in einem grauen Tone, der sich bis zum Silberton steigert, zusammen; in diesem Elemente atmen und bewegen sich seine Gestalten. Der Kolorist steht bei ihm in zweiter Reihe. Es ist ihm nie eingefallen, durch sogenannte »schöne Farben« wirken zu wollen. Nach Maßgabe seines Talentes und der gegebenen Verhältnisse will er nichts anderes als wahr sein; die Wahrheit ist aber die Moralität der Schönheit.

In einer Reihe bedeutsamer Bilder hat Uhde sein künstlerisches Glaubensbekenntnis abgelegt. Man erinnert sich, daß Uhde der Sohn eines Geistlichen und Soldat ist. Seine reiferen Bilder behandeln meistens religiöse Gegenstände, und diese Behandlung zeigt eine Schneidigkeit, die vielen schwachen Seelen ein Ärgernis war. Nach Blut, Stand und Begabung gehört Fritz von Uhde der streitenden Kirche an. Er ist nicht etwa revolutionär, nein, er nimmt nur das Recht alter Meister für sich in Anspruch, er selbst zu sein und die historisch-mythischen Ereignisse des Christentums in unsere unmittelbare Gegenwart zu versetzen, sie so darzustellen, als ob sie sich in jeder Stunde wieder ereignen könnten. Man erinnere sich nur des schönen Bildes »Lasset die Kleinen zu mir kommen«, wo in einer ländlichen Stube Kinder geringer Leute, Mädchen und Knaben, sich dem teilnehmend dasitzenden Heiland traulich nahen dürfen. Oder an das andere ergreifende Bild: »Komm', Herr Jesus, sei unser Gast«, wo eine Handwerkerfamilie sich eben zu Tisch setzen will und der Heiland, sie begrüßend, unter ihnen erscheint. Glaubt man nicht an die magische Wirksamkeit des Tischgebetes, wenn der dankend Angerufene leibhaftig unter seinen Brüdern, den Menschenkindern, erscheint? Denkt man nicht an das evangelische Wort: »Wo zwei in meinem Namen versammelt sind, bin ich mitten unter ihnen«? Daß sich nun der Heiland in Uhdes Bildern stets an das »gemeine Volk«, an Mitglieder des vierten Standes wendet, wird man ihm vom christlichen Standpunkte aus am wenigsten verübeln wollen. War nicht der Pflegevater des Heilands ein Zimmermann, waren nicht die Apostel Fischer und gewöhnliche Handwerker? Religionsstifter sind stets, wie die Russen sagen, »ins Volk gegangen«, und wenn der Maler ihnen nachgeht, ist es wohl nicht seine größte Sünde.

Eines von den bedeutendsten Bildern, die Uhde gemalt hat, ist das im Künstlerhause ausgestellte Abendmahl. Der verstorbene Kaiser Friedrich hat freilich von dem Bilde gesagt, das sei kein Abendmahl, sondern ein »Anarchisten-Fraß«; bei diesem bis ins Burleske ungerechten Urteil hat der deutsche Kaiser weder an Dürer und Rembrandt noch an die Bahnbrecher florentinischer Kunst wie Donatello, Paolo Uccelli, Andrea del Castagno gedacht, die doch in der Darstellung des Heiligen auch bis ins Bauernhafte und Proletarische herabgegangen sind. Doch das ist das Urteil eines an vornehme Formen gewöhnten großen Herrn, der bisweilen ein starkes Wort liebt. Allein es beweist eine niedrige Hanswurstgesinnung, wenn man, wie es in unserer Nähe geschehen, mit der Peitsche auf einen so ernsten und begabten Künstler wie Uhde losschlägt und dabei seinen unflätigen Naturlauten rücksichtslos Raum gönnt. Uhdes Abendmahl ist ein Bild, durch das ein großer und ernster Zug geht. Es ist ein Stiftungs- und Abschiedsfest, das der Heiland, bevor er seinen letzten Gang geht, mit seinen nächsten Anhängern feiert. Diese Anhänger sind einfache Arbeiter mit derben Händen und mit Köpfen, in denen der Kampf ums Dasein ausgeprägt ist. Wie fangen aber bei den Worten des Heilands diese ungefügen Hände zu leben an, wie regen sich Empfindungen und Gedanken in diesen wetterharten Köpfen – Gedanken, massiv und doch tief und innig gedacht, und Gedanken, die nicht Gedanken bleiben, sondern in Gesinnung und Tat umschlagen werden. Diese harte und gründliche psychologische Arbeit ist vom Künstler meisterhaft veranschaulicht. Das Ganze geht in einer ahnungsvollen Abendstimmung vor sich, die alles Derbe verklärt. Der Raum ist von einem nichts verhehlenden, aber alles mildernden Lichte erfüllt, in welchem jede einzelne Gestalt lebt und atmet. Es ist das Bild eines Meisters, der kann, was er will.

Durch das dreiteilige Bild »Die heilige Nacht« geht ein Zug von Lieblichkeit. In dem mittleren Bilde, einem stallartigen Raume, sitzt Maria auf einem Bette, indem sie mit gefalteten Händen das in ihrem Schoße ruhende Kindlein betrachtet. Eine Stallaterne, die an einer Bretterwand hängt, beleuchtet die heilige Wöchnerin, in deren holden Zügen ein stilles Glück lebt. Von der einen Seite kommen Hirten herbei, auf der anderen, das Balken- und Sparrenwerk entlang, sitzen und singen Kinder, während durch eine Öffnung des Dachstuhles kleine Engel hereinfliegen. Das ist die Romantik des Naturalismus: das große Menschliche im Stalle, das Himmlische im Heuschober. Das Christentum gibt ihm diese Romantik an die Hand, indem es das Höchste im Niedrigsten suchen lehrt. Und dann die Mutter und das Kind! Das Kind und die Kinder: Lasset die Kleinen zu mir kommen! Für Uhde und den ganzen Naturalismus gibt es zwei Jungbrunnen, die nie versiegen: die Natur und die Kinder, in welchen die Natur die Augen aufschlägt und redend wird.

(Am 25. Dezember 1890)

Ein unbekannter Maler

Ein Kunstgebild der echten Art. Wer achtet sein?
Was aber schön ist, selig scheint es ihm selbst.
Eduard Mörike

Auf dem protestantischen Friedhofe zu Rom steht seit ein paar Jahren ein schlichtes, edel geformtes Grabdenkmal, welches der Bildhauer Arthur Volkmann im Auftrage des Kunstfreundes, Kunstbeschützers und Kunstschriftstellers Dr. Conrad Fiedler ausgeführt hat. Es ist ein stark hervorgearbeitetes Relief: etwas erhöht auf einer Stufe steht eine Muse, die einem vor sie hintretenden Manne die rechte Hand reicht, während sie ihm mit der linken einen Kranz auf das Haupt legt; ein blühender Knabe, der beide beim Gewand faßt, indem er sie zueinanderführt, vermittelt die Gestalten in lieblicher Weise. Unter dem Relief ist zu lesen:

Hans von Marées
1837–1887

Unter dem Stein liegt ein Maler, aber ein Maler von so verborgener Art, daß er gleichsam noch unbekannter wird, wenn man seinen Namen nennt. Marées ist nie auf den Kunstausstellungen erschienen, hat nie Marktgeltung gehabt. Noch mehr: Er hat nie ein Bild fertiggebracht, wenigstens – vielleicht mit einer einzigen Ausnahme – kein solches, das er mit seinem Namen hätte zeichnen mögen. Man möchte sagen: Er hat sich selbst nicht gekannt, sondern ewig gesucht. Und doch ein Denkmal? Ja, und neben dem aus Stein noch ein anderes, das ihm gleichfalls sein edler Freund Conrad Fiedler gesetzt hat: die Veröffentlichung der hinterlassenen Werke des Malers, durch Lichtdruck vervielfältigt, in einer weiten Mappe gesammelt. Der Ausdruck »hinterlassene Werke« ist aber gleich wieder höchst behutsam aufzunehmen, denn eigentliche Werke, abgeschlossene Arbeiten sind nicht vorhanden, sondern bloß Skizzen, Entwürfe, mehr oder minder hoffnungsvolle Verheißungen künftiger Werke, die nur im Kopfe des Künstlers ein Traumdasein geführt haben. Auch wendet sich diese Veröffentlichung – ein Widerspruch in sich selbst – nicht an die Öffentlichkeit, sondern an die Freunde und Schüler des Verstorbenen. Schüler hat er also auch gehabt, dieser seltsame Meister, der selbst kein Werk vollenden konnte? Gewiß hat er Schüler gehabt, begeisterte, hingebungsvolle Schüler, die nicht höher schworen als auf ihn und seine Kunst. Um nur einige Namen zu nennen, so waren von ihm allerdings in einem weiteren Sinne beeinflußt Böcklin und Thoma, sehr stark aber und unmittelbar die Bildhauer Adolph Hildebrand und Arthur Volkmann. Wer nicht viel in Künstlerwerkstätten verkehrt und dem Wachstum von Kunstwerken zugesehen hat, wird aus den Arbeiten von Marées, wie sie nun bequem vorliegen, kaum den Einfluß erraten, den sie auf strebende, nach künstlerischer Selbständigkeit ringende Talente geübt haben. Auch dem erfahrenen Auge wird es oft schwer, durch die Dunsthülle auf den Lichtkern zu dringen, dem verworren gärenden Gedanken auf den Grund zu schauen. Das erleuchtet und blendet wechselweise wie eine zuckende Flamme. Dem Bilde fehlt eben der lebendige Mann, der es gemalt, ihm fehlt der warme Hauch der Rede, mit dem der Künstler zu vollenden pflegte, was sein Pinsel unfertig gelassen. Wir kennen ja in Wien aus nächster Nähe solche Redner-Maler, denen das Bild eigentlich bloß die Untermalung für ihr geistreiches Gespräch war. Wenn Karl Rahl erläuternd neben einem seiner Bilder stand, war auf der Welt kein größerer Künstler als dieser Seelenfänger in Wiener Mundart. Seit er nicht mehr sprechen kann, ist die bessere Hälfte seiner Kunst dahin. Ähnlich stand es mit Hans von Marées. Er war der geistreichste Sprecher über Kunst, den man weit und breit finden konnte. In Florenz und Rom, wo er nacheinander lebte, war er der Mittelpunkt einer Gesellschaft von Künstlern und Kunstfreunden, die nicht müde wurden, seinen Worten zu lauschen. Wie oft in irgendeiner Hinterstube, wo man Chianti schenkte, schien die Morgensonne schon zum

Fenster herein und fand den Unerschöpflichen, gleich dem Sokrates beim Gastmahl, immer noch redelustig und seine Zechgenossen immer noch bereit, seiner Rede zu folgen. Solange er sprach, war er ein großer Künstler, und so wundersam war seine Macht des Wortes und zugleich die Macht, die sein eigenes Wort auf ihn übte, daß er, ohne die geringste unehrliche Absicht, seine Freunde und zuletzt sich selbst über die Mängel seiner Begabung und seines Schaffens zu täuschen wußte. In solchen Stunden war das Werk, an dem er unablässig arbeitete, ohne es fertigzubringen, eine vollendete Tatsache. Er glaubte daran und die anderen auch. Daß eine solche notgedrungene Richtung auf das Wort dazu angetan war, in dem Kreise des Künstlers auch literarische Kundgebungen hervorzurufen, versteht sich wohl von selbst. Zur Zeit der Wiener Weltausstellung und an diese anknüpfend, erschienen ohne Namen die »Briefe eines ästhetischen Ketzers«. Der Verfasser dieser Briefe war Karl Hillebrand, und die Meinungen der Schrift gingen unmittelbar von jenem Florentiner Kunstkreise aus. Da aber Hillebrand kein inneres Verhältnis zur bildenden Kunst hatte, verliefen seine Betrachtungen ins Negative und Allgemeine. Eine andere Schrift, die von jenem Kreise mitbestimmt ist, aber selbständigere Pfade einschlägt, ist von Conrad Fiedler: »Über die Beurteilung von Werken der bildenden Kunst«. Einer Weltanschauung aus Begriffen stellt hier Fiedler eine ihr ebenbürtige, durchaus anschauliche Weltbetrachtung und Welterkenntnis gegenüber, und diese ist die bildende Kunst. Was nicht reine Anschauung sei, wie Gedanke, Tendenz, kulturhistorisches Interesse, gehöre nicht in die Kunst. Kunstgeschichte und Kritik stellt er nicht sehr hoch, desto höher aber, ja einzig den Künstler und das Kunstwerk. Dem Künstler, meint er, folgen auch seine Werke ins Grab. Auch in ihrer Dauer seien die Kunstwerke nur ein Schatten von dem, was sie waren, als sie noch zusammenhingen mit der lebendigen Tätigkeit des Künstlers. »Das Bewußtsein, welches sich im Kunstwerk vollendet und zur Erscheinung kommt, ist nur dieses einzige Mal vorhanden, das Kunstwerk ist nur dieses einzige Mal vollständig lebendig, nur in diesem einzigen Moment und nur für diesen einzigen Menschen hat es seine höchste Bedeutung; und wenn es im Momente seiner Entstehung spurlos zugrunde ging, es würde seine höchste Bestimmung erfüllt haben. Zu diesem Leben kann es niemand zurückrufen, der Künstler selbst so wenig wie ein fremder Betrachter . . .« Für Fiedler liegt das Höchste im Akte des Entstehens eines Kunstwerkes, während man sonst glaubte, das Ziel des Künstlers liege darin, ein Werk hervorzubringen, welches, vom Künstler einmal losgelöst, sein selbständiges Dasein habe.

Solche blitzartige Ahnungen höchster Momente, in welchen das Kunstwerk fertig hervorspringt, mag Hans von Marées wohl manchmal gehabt haben, wenn ihm einmal so wohl wurde, daß er die Schwere seiner Hand nicht fühlte. Denn es waren technische Mängel, die ihn verhinderten, das, was ihm als Ideal vorschwebte: das ruhige Walten der Natur in der Fülle der Wahrheit und gesättigt in Schönheit darzustellen, in vollendeter Erscheinung wiederzugeben. Nur muß man hier Technik nicht im Sinne der Schule oder der Virtuosität fassen, sondern in jenem höheren Sinne, wo sie mit dem Geistigen aufs innigste zusammenhängt, ja selbst etwas Geistiges ist. Technik in diesem Sinne kann weder gelehrt noch gelernt, sie kann, wo Anlage zu ihr vorhanden ist, nur geweckt und geübt werden. Diese Technik ist selbst ein Stück Talent, und an diesem Stück Talent, an welchem die letzte Vollendung, die Illusionskraft der künstlerischen Erscheinung hängt, hat es Marées gefehlt. Mit einer Arbeitskraft ohnegleichen mühte er sich ab, für seine Art, Menschen und Dinge zu empfinden, die überzeugende Form zu finden; das ersehnte Ziel schien zu wirken, da stellten sich aber Bedenken und Zweifel ein, und was er mit höchstem Fleiß geschaffen, gab er wieder der Vernichtung preis. Dieses Schauspiel wiederholte sich durch zwei Jahrzehnte, ohne daß Marées den Mut und die Zuversicht verlor. Dabei hegte er nicht etwa titanenhafte Gedanken in bezug auf die Stoffwelt seiner Gemälde, nein, er ging Gegenständen nach, die ihm fast den Vorwurf der Gedankenlosigkeit eintragen könnten.

Sein Ideal war das Existenzbild, die Darstellung ruhigen, reinen Daseins. Für diese Richtung hatte er sich ein eigenes Genre, seine Hesperidenbilder, geschaffen: beschauliche, genießende Menschen, die goldene Früchte vom Baume pflücken oder vom Boden aufheben. Da sucht er das Schöne, das »selig scheine in ihm selbst« oder nach einem Herderschen Worte sich wie die Natur »in seinem Innern genießt« und »in sich vollendet und glücklich ist«. Da sucht er auch den hinkenden Unterschied von Realismus und Idealismus zu lösen, der bei den großen Meistern ohne Sinn ist, weil bei ihnen Wahrheit und Schönheit einander nicht ausschließen, Schönheit gleichsam nur die gesunde Farbe der Wahrheit ist. Mit wie zweifelhaftem Gelingen Marées diese Bilder ausführte, kann man sich leicht denken. Nur muß man nicht glauben, daß er, in vergleichendem Hinblick auf den Kunstbetrieb des Tages, etwa ein Stümper sei. Womit so viele ihr Glück machen, das hat Marées schon als junger Mann gekonnt; hätte er Bildnis und Genre gepflegt, wie man beides will, er wäre wohl ein vielgesuchter Mann geworden. Bei seiner hohen künstlerischen Gesinnung war ihm zeitlebens nichts beschieden als Arbeit und Not, die er wie ein Mann getragen hat. Wäre er durch große monumentale Arbeiten aus seiner Einsamkeit gezogen worden, er hätte unter der Notwendigkeit, seine Werke abzuschließen, gewiß Bedeutendes geleistet.

Was Marées gewollt, ist dennoch nicht verloren, und es gewährt eine eigene Genugtuung, bei einem seiner Freunde und Gesinnungsgenossen alles, was ihm gefehlt, selbst das Glück, im reichsten Maße zu finden. Es ist der Bildhauer Adolph Hildebrand in Florenz, der da schafft, wie Marées hätte schaffen mögen: Existenzbilder von einer entzückenden Wahrheit und Schönheit. Ihm hat das Leben alles gegeben, was den Mann beglückt: hervorragendes Talent, eine schöne Frau, blühende Kinder und einen Anteil an irdischen Gütern, der ihn der Sorge des Tages enthebt.

(Am 29. März 1891)

Constantin Meunier

Zu der Ausstellung der Sezession, die fast nur Werke von bedeutendem Streben oder großem Können beherbergt, hat der belgische Maler und Bildhauer Constantin Meunier zahlreiche Pastellgemälde und Bronzen beigesteuert, denen hinter dem achten Saale ein besonderes Gelaß eingeräumt worden. Constantin Meunier ist, möchte man sagen, der noch junge Name eines älteren Mannes; sein Ruf und Ruhm reicht nicht über ein Jahrzehnt zurück, und Meunier steht doch schon im sechsundsechzigsten Jahre. Zu diesem Rätsel gibt er selbst die Lösung, wenn er sagt: Il y a, pour ainsi dire, deux vies dans ma vie. Er hat sich selbst spät gefunden, in einem Alter, da andere gar nicht zu suchen denken. Und was er suchte, lag so nahe, wuchs in seiner eigenen Heimat. Meunier ist 1833 in einer Vorstadt Brüssels geboren, ein Sohn unbemittelter Eltern, früh sich selbst überlassen. Er bezog die Brüsseler Kunstschule, wo der arme Junge neben der andächtigen Pflege der Antike – denn er war Bildhauer – fleißig die Öfen heizte. Es wollte ihm aber nicht wohl werden in der Bildnerei, es gelang ihm nicht der Sprung aus der Antike in das moderne Leben, die Welt der Plastik war ihm zu eng. Auch dann noch, als er den Pinsel in die Hand nahm, plagte er sich mit konventionellen Stoffen herum, die er für die Ausstellungen lieferte. Das ging so weiter bis zum Jahre 1880, bis eine Reise nach Spanien diese Periode seines Künstlerlebens abschloß. Aus der Fremde zurückgekehrt, führte ihn der Zufall in das belgische Industrieland, in »das schwarze Land«, le Borinage. Meunier war überrascht von der wilden, tragischen Schönheit dieser Gegenden. Es kam wie eine Offenbarung über ihn, daß hier für ihn ein Lebenswerk zu schaffen sei. Ein unendliches Mitgefühl ergriff ihn. Er war fünfzig Jahre alt, er fühlte neue Kräfte, eine zweite Jugend in sich und machte sich tapfer an die Arbeit. Der Künstler hielt diesen Schritt in eine gewisse Einseitigkeit hinein selbst für verwegen, denn er hatte für eine zahlreiche Familie zu sorgen. Indessen arbeitete er in der eingeschlagenen Richtung rüstig weiter und erlebte auch die Genugtuung, seine Arbeiten von Künstlern und einzelnen Liebhabern anerkannt zu sehen. Eine Ausstellung seiner gesamten Studien und Bilder rief in Brüssel mehr Neugier als Interesse hervor. Plötzlich, ungewollt, ungerufen, kam es ihm in den Sinn, eine Gestalt aus dem Borinage, einen Hammermeister, plastisch zu bilden, in Bronze zu gießen. Diese Statuette und eine zweite gefielen in Paris. In diesem Moment, der ihm eine glückliche Zukunft in Aussicht zu stellen schien, zwangen ihn Nahrungssorgen, eine Professur in einer kleinen belgischen Stadt anzunehmen. »Es ist die Verbannung!« rief er aus, »aber es ist das tägliche Brot!« Dann aber, mit erneutem Mute, förderte und vollendete er die mächtige Arbeit, die der Welt in seinen Statuetten und Reliefs vor Augen liegt. So war der Ring geschlossen. Meunier hatte als Bildhauer begonnen, wurde dann Maler, um schließlich zur Bildnerei zurückzukehren. Als Bildhauer hat er sich nun durchgesetzt. Paris, Dresden und Berlin haben gesprochen, Wien wird nicht ausbleiben. Solche Anerkennung belohnt den Künstler für alle Mühsal; er kennt nur *eine* Klage: die Zeit rückt zusammen, sie drängt – le temps se fait court! Eine Arbeit fehlt ihm noch zum Zusammenhange des Ganzen: das große »Denkmal der Arbeit«, durch das er sein Lebenswerk zu krönen gedenkt.

Viele wird es nun wundernehmen, daß ein Künstler von der feinen Empfindung Meuniers sich von einem Landstrich angezogen fühlt, der das Gepräge der Schönheit so wenig an sich trägt, ja dem selbst das Licht, die Quelle aller Schönheit, durch Rauch- und Dunsthüllen verkümmert ist. Eine Wanderung durch die Gegenden des belgischen Industrielandes, die unsere trostlosen Ziegelstätten am Wienerberge vertausendfacht wiedergeben, bringt uns äußerlich nur häßliche Erscheinungen entgegen. Selbst der Vogel, der singt, trägt nur zum allgemeinen Geräusch bei. Weit und breit hört man das Stampfen, Rasseln und Stöhnen der Maschinen, der aus unzähligen Schloten qualmende Rauch trübt das Tageslicht zu einem schmutzigen Grau, das sich in ein giftiges Violett und ein branstiges Rot zersetzt und zerfetzt. Hier zu sehen und zu atmen scheint unmöglich zu sein. Meunier ist aber nicht nur eine feine, er ist auch eine starke Natur. Er findet das Land wild und tragisch, er legt ihm Bedeutung und Bedeutsamkeit bei, mit dem Blicke des Künstlers schaut er Inneres und Äußeres ineinander und zugleich. Was erst zu wüst und öde zu sein schien, erweist sich als die notwendige Hülle einer großen Sache, des menschlichen Kampfes gegen Naturgewalten, des gewaltigen Vorspieles der Zivilisation, die zu einem großen Teile in der Industrie wurzelt. Eine neue Art der Schönheit, das Schöne der Zweckmäßigkeit kommt zutage. Wo aber ein Zweck ist, da ist auch der Mensch. Er ist Auge und Hand für das von ihm zweckmäßig erfundene Werkzeug, er ist es auch für das erweiterte Werkzeug, die Maschine. Die von ihm gebaute Maschine, die durch seine Arbeit umgestaltete Landschaft führen stets auf den Menschen. In diesem Sinne, die Landschaft und den Menschen ineinanderschlingend, hat Constantin Meunier seine Bilder gemalt. Aber sein »unendliches Mitgefühl« mit den Arbeitern und, künstlerisch genommen, sein plastisches Gefühl, das sich in seinen Fingern rührte, haben ihn ganz auf den Menschen zurückgeführt. Der plastisch geformte Arbeiter, der Arbeiter in Bronze, ist von nun an der Gegenstand seiner Produktionen. Und auch ihr Held. Er hat ein Pathos für ihn, er will ihn glorifizieren. Aber freilich nur glorifizieren, indem er ihn neu darstellt in der Hingebung an seine Aufgabe, in seiner, allerdings von einer gewissen Melancholie begleiteten Ausdauer und Natürlichkeit. Von Tendenz trägt Meunier nichts hinein in seine Gestalten, als was schon als Tendenz in ihrem bloßen Dasein ist.

Die Arbeiterfiguren Meuniers, die kaum größer sind, als die Doppelspanne einer Männerhand reicht, gehören der

Rasse an, die ihrem Boden entsprossen sein mag. Sie zeigen die Ähnlichkeit untereinander, die an den Individuen eines Volksschlages zu haften pflegt. Es sind meist langbeinige Männer mit starken Händen und Füßen, durchgearbeiteten Leibern; der Kopf ist eher klein, mit kräftiger, langer Nase, scharf markiertem Stirnknochen, unter dem ziemlich tief das Auge liegt; Stirn und Haare sind gewöhnlich bedeckt. Der Oberleib ist, der Arbeit entsprechend, meistens nackt; leichte Beinkleider, derbe Schuhe aus Holz oder Leder vollenden die Kleidung. Fast antik kleidsam ist der niedrige runde Hut mit dem schmalen Rand. Ein halbes Dutzend von diesen Bronzestatuetten ist ausgestellt, von den Reliefs ist leider nichts vorhanden. Meuniers erster Versuch auf diesem nachher so fruchtbaren Felde, der Hammermeister, befindet sich unter der anwesenden Bronze. Es ist ein Meisterstück. Der Mann steht da wie einer, der bald seine Arbeit angehen wird, energisch gesammelt, die Rechte auf eine Zange, die Linke in die Seite gestemmt, mit schneidigem Gesicht; das Hemd fällt mit etlichen Querfalten über den Gurt des derben Lederschurzes. Mitten in der Arbeit sind andere ergriffen: der Sämann, der den Samen in die Furche wirft; der Pflüger, der den Pflug faßt und das Pferd lenkt; der Mäher, der die Sense ins Korn schlägt. Dann ein ruhender Arbeiter, der, auf einer Bank sitzend, die Kräfte ausspannt, etwas vorgebeugt, die eine Hand auf dem Schenkel, mit dem Ellbogen des anderen Armes auf dem anderen Schenkel, die Hand tief zwischen die Beine gelegt, deren eines zurückgebogen, das andere in bequemer Krümmung entlastet ist. Der Akt des Ausruhens ist meisterhaft ausgedrückt. Eine der schönsten Figuren ist »Der Graukopf«, eine sitzende Gestalt, die groben Hände auf dem Schoße gefaltet, die großen Füße parallel auf den Boden gesetzt – ein Kunstwerk von einer Abgewogenheit der Teile, von einer Größe und Ruhe, daß es, obgleich von aller Schönheit fern, nur mit den bedeutendsten griechischen plastischen Werken verglichen werden kann. Ein Weib, das auf einen toten Mann herabblickt, ist in seiner Schlichtheit und Größe von tragischer Wirkung. Auch für die Tiere hegt Meunier Sympathie. In einer seiner Bronzen stellt er ein altes Grubenpferd dar, das in seinen verkommenen Formen unser Mitleid in Anspruch nimmt. Nach dem Menschen ist wohl das Pferd das unglücklichste Geschöpf; es wird schamlos ausgebeutet und muß seinen Ruhm oft genug mit Karrendienst bezahlen. Nur für die erregte Geschlechtslust hat es Laute, der Schmerz findet es stumm. Meuniers Geschöpf ist eines jener Pferde, die sich in Zolas »Germinal« in der Finsternis des Bergwerkes nach dem Sonnenlichte sehnen.

Ohne das Schlagwort Realismus zu gebrauchen, wird man wohl sagen dürfen: daß die Statuetten Meuniers die zwingende Wirkung ihrer Wirklichkeit und Wahrheit verdanken. Sie sind nicht idealisiert im banalen Sinne des Wortes, aber es lebt etwas in ihnen, das sie mitten in ihrer Wahrheit über die gewöhnliche Wirklichkeit erhebt. Es spielen dabei Form- und Empfindungsmomente mit, die, obwohl sie an die Antike und Renaissance anklingen, doch Geheimnisse des Künstlers sind. Meunier hat etwas vom hellenischen Sonnenschein in diesen Kohlengruben eingefangen, er hat über die Männer der Handarbeit, die den Griechen kaum als Menschen gelten, etwas von klassischer Schönheit ausgegossen. Darf man in diesem Zusammenhange nicht an den Mythus von Prometheus erinnern? Wie Prometheus das Licht und Feuer vom Himmel geholt, so holen diese Arbeiter Feuer und Licht aus den Kohlengruben herauf, wo sie das Sonnenlicht seit Tausenden von Jahren angesammelt hat. Auch sie sind Helden der Zivilisation, und als solche, aber ohne Gepränge und Prahlerei, hat sie Constantin Meunier in seinen Werken gefeiert. Wohl könnte die Sezession eigene Arbeitertage veranstalten, um die Arbeit des Künstlers wieder auf seine Quellen zurückzuführen.

(Am 10. April 1898)

Nachwort

Er war Kritiker, und als Kritiker war er Schriftsteller. Seine Lebensleistung galt der darstellenden wie der bildenden Kunst; Musik, Literatur, Fragen der Philosophie und Religion gehörten zu seinen bevorzugten Gegenständen. Die Interessenbereiche und Wirkungen des am 11. April 1830 in Ulm geborenen Wahlwieners Ludwig Speidel erschöpft eine solche Aufzählung allerdings nicht. Vorzug wie Begrenzung seiner Produktion bezeichnet, daß er jahrzehntelang dem Moloch Zeitung diente, daß er seine Gaben vornehmlich in den Dienst eines in Österreich beliebten wie heftig befehdeten Blattes, der »Neuen Freien Presse«, stellte. Über fünfzig Jahre wirkte Ludwig Speidel als einer der führenden Köpfe der Wiener Kunstkritik. Als er 1853 über München nach Wien kam, hatte er bereits seine »Richtung« gefunden, wenn auch die zentralen Gegenstände und Hauptgebiete seines Interesses erst allmählich deutlicher hervortraten.

Speidel wurde in einer Ulmer Musikerfamilie geboren – Vater Konrad war Musiklehrer, der ältere Bruder Wilhelm wurde Komponist und war als Musikdirektor in Stuttgart tätig. Haydn, Mozart, Beethoven hießen die musikalischen Hausgötter der Familie, und in diesem Sinne widmete sich Ludwig Speidel früh der klassischen Tonkunst. Als Verehrer Schillers, Uhlands und Mörikes schrieb und veröffentlichte er lyrische Gedichte noch bis in die Wiener Zeit hinein.

Die Bedingungen für eine systematische Ausbildung des jungen Mannes waren nicht günstig. So studierte er nach Absolvierung des Ulmer Gymnasiums autodidaktisch weiter und belegte in seiner Münchner Zeit so manches Universitätskolleg. Der Aufenthalt in München war für die geistige Formung und Orientierung des Zwanzigjährigen entscheidend. Immer wieder ist Speidel später auf diesen geistigen Hintergrund seiner Jugend zurückgekommen, hat über Wilhelm von Kaulbach, Ernst Förster, Fallmerayer, Liebig, Steub, Bayersdorfer berichtet. Noch nach Jahrzehnten feierte er München als »die gute und schöne Stadt, als meine andere und bessere Heimat. Wenn auch die Wiege jenseits des Lechs gestanden, so fing doch erst hier an der Isar das eigentliche Leben an. Man erwachte hier aus einem dumpfen, wilden Knabentraum, zum ersten Male schlug man hier die Augen geistig auf ...«

Im Herbst 1852 hatte Speidel an der Augsburger »Allgemeinen Zeitung« das Ressort Musikkritik bekommen und ließ sich in erste Waffengänge mit der »Zukunftsmusik« Richard Wagners ein. Als er im Jahr darauf als Korrespondent der Zeitung nach Wien übersiedelte, erschienen seine Beiträge in den nun folgenden Jahren auch im »Lloyd«, in Blättern wie »Die Donau«, »Das Vaterland«, »Die Glocke«, schließlich im »Fremdenblatt« und anderen Journalen. Seit Gründung der Zeitung, von 1864 an, war Speidel Feuilletonredakteur der »Neuen Freien Presse«. Mit einer kurzen Unterbrechung blieb er es bis zu seinem Tode im Jahr 1906.

Vor dem Eintritt in die Wiener liberale Tageszeitung hatte er sich in Blättern unterschiedlicher Art getummelt. Er schrieb über Literatur, bildende Kunst, Theater, über Musik natürlich, auch Reisebriefe verfaßte er und sogar Leitartikel. So gerüstet und »ausprobiert« gelang es dem jungen Journalisten, sich schon in den sechziger Jahren die eigentlichen Gebiete zu erschließen. Seine kritische Tätigkeit, die etwa von 1875 bis 1895 kulminierte, war die Leistung eines umfassend gebildeten und überaus einfühlsamen Mannes, der nicht, wie man anfänglich im Münchner Freundeskreis vermutet hatte, auf oberflächliche Weise »verwienerte«, sich vom Zeitungsbetrieb vereinnahmen ließ, sondern der Wiener Geistigkeit in sich aufnahm und sie tüchtig mehren half.

In den letzten Jahrzehnten des Jahrhunderts war Ludwig

Speidel unbestritten die vorrangige Kritikerpersönlichkeit Wiens, die außerhalb Österreichs allerdings nur wenig zur Kenntnis genommen wurde. Literatur, bildende Kunst, vor allem das musikalische Leben und die darstellende Kunst im Österreich der zweiten Jahrhunderthälfte verdanken seiner kritischen Tätigkeit viel. Es war nur folgerichtig, daß Speidel in der Theaterstadt Wien vor allem als Theaterkritiker tätig wurde. Über Jahrzehnte gab er den kritischen Gegenpart zum Burgtheater und war damit so etwas wie eine Institution.

Den Kritiker als vielfältigen Belieferer von »Sachgebieten« des Zeitungsbetriebes zu betrachten hieße allerdings zu tief anzusetzen. Bei Speidel handelte es sich nicht um »Ressorts«, sondern um Interessenbereiche. Der Kunstschriftsteller wandte sich in einer inneren Rangfolge immer wieder seinen Gebieten zu. In Jahrzehnten der Arbeit für die Zeitung hat Ludwig Speidel ein Kaleidoskop von Kunst und Kultur des bürgerlichen Wien entworfen.

Die Integration des jungen Mannes in das Wiener Leben war relativ schnell und nahezu reibungslos vor sich gegangen. Alsbald hatte er Freunde gefunden, die ihn – wie der Maler Karl Rahl, der Bildhauer Heinrich Natter oder sein engerer Landsmann, der Schriftsteller Hugo Wittmann – vor allem in das künstlerische Leben der österreichischen Metropole einführten. Offenbar besaß der Ankömmling besondere Eigenschaften, die es ihm erlaubten, sich alsbald in neue Gegebenheiten hineinzufinden. Nichts flach Anpasserisches eignete dieser Haltung, vielmehr waren es besondere Sensibilität, Aufnahmebereitschaft und Affinität für eine neue Geistigkeit, die ihn auszeichneten. Und die Wahl des Ortes wurde nicht nur für seinen Beruf wesentlich. Der »gelernte Wiener« heiratete 1858 Leontine Ziegelmayer, Tochter eines Professors an der k. k. Ingenieurakademie und lebte mit ihr in über vierzigjähriger Ehe. Zwei Töchter entstammten dem glücklichen Bund.

Speidels Seßhaftigkeit wurde in Wien sprichwörtlich. Obwohl sein Rezensentenamt es zuweilen erforderte und er in jungen Jahren ihm pflichteifrig Tribut zollte, ging er später nur ungern auf Reisen, verharrte lieber in Wien oder in der vertrauten Umgebung der Stadt, blieb in der Familie und im Kreise der Freunde. Seine Absage an den stets *mobilen Kritiker*, der heute in der österreichischen Metropole, morgen vielleicht schon in München, weniges später in Paris oder Berlin seine Feder in Bewegung setzte, zeigte dennoch weder spießige Genügsamkeit noch lokale Borniertheit. Seiner Natur, seinem Temperament entsprach eher eine konzentrierte, beharrende Daseinsweise. »Reisen ist nicht mein Talent«, schrieb er 1888 von einer Italienreise nach Haus, »ich bin eine viel zu beschauliche Natur, als daß ich mich jeden Augenblick durch die Außenwelt möchte aufschrecken lassen.«

Der Kritiker, der sich nur ungern auf fremdes Terrain locken ließ, auch die seltenen Berichte aus München und Berlin sprechen davon, lebte keineswegs einer regional begrenzten Kunstbetrachtung. Das Wiener Kunstleben gab genügend Gelegenheit, Vergleiche mit dem internationalen Standard anzustellen. Besonders die Burgtheater-Kritiken sprechen davon.

Die »Speidel-Zeit« war in ihrer Vielfalt, über Kunst und Geisteswelt hinaus, dazu angetan, den Schriftsteller in seinen liebenswürdigsten Begabungen zu stimulieren und zu immer neuen Feuilletons und Essays anzuregen. Die Facetten des Wiener Lebens wurden von ihm allerdings niemals in »Sachgruppen« eingeordnet. Abgesehen von Musik- und Theaterkritik, wenn streng umrissene Darstellung und Wertung geboten waren, vermochte der passionierte Kritiker nie »buchhalterisch« zu sortieren. Das Porträt einer Tänzerin geriet ihm zur Skizzierung einer vergangenen Kulturepoche, die Auseinandersetzung mit Historienmalerei zur leidenschaftlichen Apologie von Frauenschönheit. Die Anlässe zahlreicher Denkmalserrichtungen für musikalische Genies gediehen ihm zur lebendigen Szenerie der Wechselwirkung von künstlerischer Leistung und historischer Geltung der zu Ehrenden.

Vieles Subtantielle seiner Grundauffassungen als Musikkritiker ist in solche kleinen Essays eingeflossen. Überhaupt sind die Übergänge bei Speidel auf natürliche Weise fließend. Die geliebte Wiener Umgebung, die er sich über Jahrzehnte immer neu erwanderte, erschloß sich ihm nicht nur in ihrer topographischen Dimension. Die vertraute Landschaft wurde mit den Gestalten seiner Erinnerung bevölkert und mit bevorzugten Meistern der Kunst belebt, wie es die Blätter über »Beethoven in Heiligenstadt« oder »Franz Schubert in der Höldrichsmühle«, wie es Reminiszenzen an Walther von der Vogelweide und Wernher der Gartenaere belegen.

Speidel war ein beredter Anwalt des schönen Geschlechts. Dabei ging es ihm nicht um die gesellschaftliche und soziale Stellung der Frau. Sein Frauenbild wurzelte noch in patriarchalisch-harmonisierender Vorstellung. Erst der Naturalismus sollte auch ihm eine Ahnung von kommender Emanzipation und neuem Rollenverständnis der Frau vermitteln. Sein Thema blieb so vornehmlich die von ihm bewunderte Ausprägung Wiener Weiblichkeit, das nach dem klassischen Ideal der Kalokagathia gefaßte *Schöne und Gute*, das »die Wienerinnen des guten Schlages ... in einer Person darstellen ...« Der Nekrolog der Celeste Bösendorfer beginnt mit einem apodiktischen Satz, der die fröhlich objektivierte Grunderfahrung eines Liebenden verkündete: »Das Beste, was die Wiener besitzen, sind ihre Frauen.« – Solche Auffassung und Bestimmung weiblichen Wesens, weiblicher Eigenschaften und Eigenheiten wurde gänzlich unverkrampft vorgetragen. Speidel ließ immer etwas vom Enthusiasmus eines Kunstliebhabers sichtbar werden. Bedächtig, beharrlich und eloquent pries er die »elastische Wienerin«. Als Modell alles Vorbildlich-Weiblichen dienten ihm die Frauen der Stadt, in der ihm Frauenliebe begegnete. Der menschenfreundliche Betrachter philosophierte dabei auch gern über spezielle Themen, etwa dem rührenden von »alten Mädchen« oder aber über die ewig junge Thematik der »Frauenalter«. Eine große Zuneigung zu allem Weiblichen als dem *Anderen* durchzieht seine Arbeiten. Der Enthusiasmus Speidels für die Wienerin ging bis zum Anatomischen, wobei »benachbarte« Himmelsstriche von Potsdam bis Venedig und deren Weiblichkeit vergleichsweise ungünstig abschnitten.

Frohgemut formulierte unser Autor: »Man könnte die Wienerinnen vom Fuß aus konstruieren, den sie in der zierlichsten Vollkommenheit besitzen.« Für ihn war die Wienerin »die geborene Tänzerin; sie hat die Strauß und Lanner hervorgerufen; aus Wien ist die Königin des Tanzes, ist Fanny Elßler hervorgegangen«. Bei solcher Begeisterungsfähigkeit nimmt es kaum wunder, daß Speidel angesichts des Fußabgusses der großen Tänzerin ins Schwärmen geriet, dabei jedoch nie den Boden der Realität, die Basis des Tänzerischen, das Physiologische, verließ und sich auch nicht von Devotionalien der Verblichenen betören ließ: »An diesem Fuße lernt man, daß Kraft die Wurzel der Anmut ist ... Nun beflügle man diesen Fuß, füge den anderen hinzu, haue diesen schwungvollen Leib aus und setze auf die schlanke Schulter das ovale Haupt mit dem vor Anmut strahlenden Gesicht – dann hat man das Wunder vollbracht, eine Fanny Elßler wenigstens in der Einbildungskraft zu schaffen.«

In seiner Vorbemerkung zum vierten Band der Speidelschen »Schriften« (1911) spricht der Herausgeber Hugo Wittmann von der »Burgtheaterluft«, die diesen Blättern anhaftet. Der Theaterkritiker Ludwig Speidel hat eine nahezu vierzigjährige Chronik nicht des Wiener Theaters schlechthin, sondern vornehmlich des Burgtheaters gegeben. Zwar unternahm er auch »Ausflüge« zum Wiener Volkstheater, wie es sich im Carl-Theater und im Theater an der Wien mit Zauberposse und Hanswurst präsentierte, aber eine starke Affinität zu solchem Theater entwickelte Speidel, bei aller Liebe zu Ferdinand Raimund, bei allem Respekt vor der Leistung Nestroys, nicht. Seine Domäne war und blieb *die Burg*, die kaiserliche Hofbühne, deren Auf und Ab er über die Zeit mehrerer Direktoren, von Laube, Dingelstedt, Wilbrandt, Burckhard bis zu Schlenther kritisch begleitete. Als im Jahr 1887, nach dem Tode Wilbrandts, die Frage an ihn gerichtet wurde, verzichtete er weise, auf die »andere Seite«, in die Leitung des Theaters zu wechseln. Er sah sich immer nur als Helfer der Institution *Burg*.

Die Arbeit des Theaterkritikers Speidel konzentrierte sich in besonderem Maße auf das Porträtieren. Diese Kunst, die vom Physiognomischen, ja vom Anatomischen des zu konterfeienden Schauspielers ausging, gedieh ihm zu hoher Fertigkeit. Die Porträts der Dawison, Rettich, La Roche, der Ziegler und Baumeister, vornehmlich aber seines Lieblingsschauspielers Adolph Sonnenthal oder auch der Charlotte Wolter, von Kainz, Stella Hohenfels und Adele Sandrock gehören, nicht gerechnet die Medaillons der gastierenden Protagonisten Sarah Bernhardt, Rossi und Salvini, der Theatergeschichte an, und sie sind charakteristische Produktionen des Kritikers.

In seinem Essay »Der Schatten der Lebenden« würdigt Hugo von Hofmannsthal 1925 die »sehr alte Kunstgattung« der »mimischen Biographie«, in ihr Diderot als den »vielleicht größten Meister dieses unzerstörbaren Genre(s)«. Er fährt fort: »Aber Wien hat seine physiognomisch-biographische Schule für sich . . . Diese gesellige, aber schwere Kunst wächst aus einer Wurzel des Mimischen: mit dem Theater . . . Ums Theater herum, je näher dem Theater je besser, sind sie gewachsen. Kürnberger . . . Speidel dann, dem aus dem Schwung eines Augenbogens, aus der Linie einer Schulter, aus dem beweglichen Glied des Fußes ein ganzes Menschenwesen, ein ganzes Dasein sich erschloß, der von Lebendigen giltig und gesetzmäßig zu reden wußte wie ein Archäolog von Statuen . . .«

Sicher floß Mitteilung über Lebensumstände der Künstler und über ihre schauspielerische Entwicklung in die Porträts ein, Hauptgegenstand aber blieb die Bühnenleistung. Selbst in der wichtigsten Zeit, vom Ende der siebziger bis in die neunziger Jahre, war es Speidel fremd, sich als unfehlbar zu gerieren, aufgrund der ihm zugewachsenen »Machtstellung« mit dem Aplomb eines Theaterpapstes Verdikte zu erlassen. Gewiß sind auch ihm Fehlurteile unterlaufen. Das geschah nicht nur in den leidenschaftlichen Kämpfen um die »Zukunftsmusik« Richard Wagners, das betraf nicht nur sein Verhältnis zum Werk Anton Bruckners und Johannes Brahms'. Auch im Urteil über schauspielerische Leistungen hat er gefehlt. Dennoch zeigte sich der Kritiker immer wieder bereit, seine Urteile zu überprüfen und sie – wenn nötig – in aller Öffentlichkeit zu revidieren. Abgesehen davon waren die Speidelschen Porträts zur Schauspielkunst nicht nur »bildhauerische« Leistung (Wittmann), mit der der Autor die charakteristischen Züge der Künstlerpersönlichkeit herausarbeitete, in ihrer Gesamtheit waren sie als kritischer Reflex auf die Bühnenpraxis ein wichtiger, genau fixierter Abschnitt der Geschichte des Burgtheaters. Zugleich gaben sie einen zwar unsystematischen, aber doch deutlich konturierten Ansatz zu einer Dramaturgie der Schauspielkunst, in der dem Ensemble und der starken Schauspielerpersönlichkeit ein besonderer Platz eingeräumt wurden.

Speidels theatralisch-ästhetische Konzeption war einem klassizistischen Prinzip verpflichtet, verharrte jedoch nicht in ihm. Angesichts einer weitgehend elenden, epigonenhaften Dramatik, angesichts eines über weite Strecken von Ödnis befallenen Repertoires auch am Burgtheater, in dem die Arbeiten hervorragender Autoren wie Grillparzer oder Hebbel von einer andrängenden Flut seichter Stücke bedrängt wurden, hob Speidel immer wieder die literarische Qualität als Kriterium hervor. Beharrlich plädierte er für einen ausgewogenen Spielplan, der neben klassischen und auch einigen »gängigen« Stücken doch unbedingt gute neue Dramatik zu fördern habe: »Das erste Wort müßte die Dichtung haben, die Dichtung der Gegenwart, ohne welche die Schauspielkunst dahinsiecht.« Die allenthalben, auch am Burgtheater, zum Beispiel unter Dingelstedt, oder in den Aufführungen der Meininger sichtbar werdende Tendenz, das dichterische Wort zugunsten der Ausstattung zurückzudrängen, bekämpfte er entschieden.

Der Sorge um die Wahrung der Tradition des Burgtheaters galt Speidels kritische Tätigkeit in besonderem Maße. Immer wieder beschwor er geradezu »eine fortwährende Übertragung der Kräfte, wenn man will eine Seelenwanderung von Generation zu Generation«. Dabei verhehlte er seine Befürchtungen nicht, wenn er, vornehmlich in den achtziger und neunziger Jahren, Tendenzen von Erstarrung und Vergreisung glaubte feststellen zu müssen. In vielen Varianten wurde das Bedürfnis nach Reform, Veränderung, Verjüngung der bedeutenden Institution dargelegt. In seiner Betrachtung zu Joseph Kainz als Vertreter einer »modernen Darstellungsweise« hieß es im Oktober 1897: »Seine bloße Gegenwart ist ein Protest gegen das Alte. Er wird das Veraltete – nicht etwa gewaltsam, aber durch sein Beispiel – in seinem Bestande erschüttern. Und dann wird er das Lebensfähige zu sich bekehren und verwandte Kräfte an das Burgtheater ziehen. Das ist die aufbauende Wirkung. Und daran hängt vielleicht die Zukunft des Burgtheaters.«

Speidels Kritik über eine Aufführung, die er oft als *Urteil* über eine schauspielerische Leistung faßte, geriet bei aller Entschiedenheit, ja mitunter bei verweisender und scharfer Schlußfolgerung, selten in die Gefahr, Verriß zu werden oder gar in verbale Vernichtung einer Schauspielerexistenz zu verfallen. Durch intime Kenntnis der unterschiedlichen Rollenauffassungen über Schauspielergenerationen hinweg, blieb seine Kritik, selbst bei strenger Verneinung einer Bühnenleistung, meist sachlich, oft humorvoll, um möglichst zur Verbesserung der schauspielerischen Arbeit beitragen zu können. Das, was sich zuweilen wie Pedanterie ausnahm, wenn der Kritiker, etwa in der Darstellung des Hamlet oder Faust, selbst noch die fehlerhafte Betonung anmerkte, war nichts weniger als kleinlich. Galt doch die kritische Wertung der schauspielerischen Mittel der Bewältigung der Rolle und vor allem dem Geltendmachen der primären literarischen Leistung, dem dichterischen Wort.

Der leidenschaftliche Anhänger des Burgtheaters benutzte jede sich bietende Gelegenheit seiner weitgefächerten Berichterstattung und auch die relativ seltenen »Ausflüge« während seiner Kritikertätigkeit, um das Wesen des Burgtheaters, die Meriten dieser Institution im Vergleich mit anderen theatralischen Einrichtungen herauszuarbeiten. Deutlich wurde das bei der wiederholten und ausführlichen Berichterstattung über Gastspiele der Meininger. Als er 1880 die Kritik des *Münchner Gesamtgastspiels* übernahm, gaben ihm die Aufführungen schließlich auch eine Gelegenheit, »das von der Direktion Possart gelegte große Wind-Ei« zu karikieren und das Burgtheater als vorbildliche, maßstabsetzende Institution, als Gegenbild zu zeichnen: »Das Burgtheater hat mir unendlich mehr geboten als die Münchener Hofbühne. In München einzelne, vereinzelte Talente, das Burgtheater selbst ein Talent.«

Solcher Tradition verpflichtet, ganz im Banne des Burgtheaters, seinem »erblichen Genius« hörig, war es gerade und dennoch Speidel, der immer wieder dazu aufrief, »nicht selbstgenügsam zu sein, sich nicht abzusperren, sondern das Förderliche, woher es auch komme, in sich aufzunehmen und eigenartig umzubilden . . .« Die wiederholte Berufung auf Erneuerer der deutschen Schauspielkunst, auf Ekhof und Schröder, das Erinnern an Lessings große, auch theoretische, Leistung stand da stets in Beziehung zur zeitgenössischen Bemühung um die Bewahrung der Größe und Bedeutung des Burgtheaters.

Die notwendig gewordenen Veränderungen, die zur Erhaltung und Fortführung einer großen Theatertradition nötig waren, zeigten sich auch und besonders angesichts einer aufkommenden neuen Bühnendichtung. Der Situation in Berlin, in der Theodor Fontane als Theaterreferent der Berliner »Vossischen Zeitung« den Naturalismus nachdrücklich begrüßt hatte, zumal in seiner großen Rezension anläßlich der Uraufführung von Gerhart Hauptmanns »Vor Sonnenaufgang« im Oktober 1889, glich die Situation in Wien nicht ohne weiteres. Eine breite Auseinandersetzung um den Naturalismus wie in Berlin hatte es nicht gegeben. Dazu fehlten in Wien die literarischen Protagonisten der neuen Richtung. Ibsens Werk nahm Ende der achtziger, Anfang der neunziger Jahre, zunächst eher mit frühen Arbeiten des Dramatikers, Einzug in das Wiener Theaterleben, ihm nach folgten Dramen von Gerhart

Hauptmann. Offensichtlich war in Österreich die Akzeptanz dieser Kunstrevolte allgemein zögernd.

Um so frappierender Speidels Eintreten für die »Moderne«! »In den stärksten Worten sprach er für die ›Gespenster‹, als sie noch allgemein für eine Schrecklichkeit ohnegleichen galten«, notierte Ludwig Hevesi. Die Veränderungen der Kunstverhältnisse am Ende des Jahrhunderts, besonders die Zeichen für eine gründliche Wandlung in der Dramatik, stellten den auf einen klassizistischen Formenkanon eingeschworenen Kritiker vor keine leichte Aufgabe. Ihm, der über Jahrzehnte neben der Pflege der Klassik mit den Mühen einer Bestellung von dramatischem Ödland gefordert war, der – analog zu Fontane in Berlin – anhand eines oftmals inferioren dramatischen Gegenstandes eine glänzende kritische Leistung vollbracht hatte, war es in den letzten Lebensjahren vergönnt, eine neue Kunstrichtung aufkommen und sich entfalten zu sehen: »Anschluß an die Wirklichkeit, an die Natur – die ewige Wurzel aller Kunst war die Parole«, schrieb er 1897. »Man schloß sich an die zunächst liegende Natur an, die – man lächle nicht – preußische Natur . . .« – Wobei dem Terminus *preußisch* sicherlich auch die relative Gültigkeit eines Vehikels zugeordnet wurde, um das neue Phänomen klassifizieren zu können.

Durch seine Stellung bei der Zeitung schon als junger Mann auch in die Theaterkritik gedrängt, war dieses Gebiet für Speidel allmählich das wichtigste geworden. Sein feines Gespür für »die Natürlichkeit, die Wahrheit in Rede und Gebärde«, wie sie von Lessing, Ekhof und Schröder gegen die Konvention und für die Erneuerung der Schauspielkunst gefordert worden waren, fand gerade im streng gehüteten hohen Stil des Burgtheaters eine Traditionslinie, die sich in ihrem Anspruch konträr zum diffusen, eklektischen Repertoire zu behaupten hatte.

Speidels ästhetische Konzeption erhellt nirgends deutlicher als in seiner Beschäftigung mit Theater, Literatur und bildender Kunst. Die Periode, in die sein Wirken fiel, war – nach einem Wort von Hermann Broch – »sowohl eine der erbärmlichsten der Weltgeschichte; es war die Periode des Eklektizismus, die des falschen Barocks, der falschen Renaissance, der falschen Gotik . . .« Angesichts dieses Zustandes, den Ludwig Speidel durchaus schmerzhaft wahrnahm, gibt sein Abriß der künstlerischen Kultur »im Zeitalter Franz Josefs« einen bemerkenswert differenzierten Versuch, besonders die Leistung der österreichischen Literatur innerhalb des dynastischen Rahmens zu werten, ohne letzterem mehr als eine marginale Bedeutung einzuräumen.

Zunächst überrascht die Feststellung, daß jene Periode »reich gewesen« sei »an geistigen Ereignissen, zumal an schöngeistigen«. Dem zuvor ist allerdings die Bemerkung gestellt, »wenn man auch von der Politik absieht«. – Tatsächlich wies die Reaktionsperiode nach 1848/49 summarisch betrachtet vieles Erwähnenswerte auf, und unser Autor hielt mit der Bewertung dieser Erscheinungen nicht zurück. Das betraf das Schicksal eines Mannes wie Grillparzer ebenso wie die Nachwirkungen der »hellere(n) Zeiten« des Vormärz. Kein Zweifel wurde daran gelassen, daß der Einlösung der freiheitlichen Erwartungen – und sei »nur« Geistesfreiheit gemeint – Enttäuschung und Bitterkeit bis in die Gegenwart gewichen waren. »Wir sind weit davon entfernt, einen Nestroy zu haben, der den Geist und den Mut besäße, die zum Himmel schreienden Mißstände unserer Zeit unter die Geißel zu nehmen«, hatte Speidel schon im Januar 1881 geschrieben.

Demokratische Gesinnungstreue, wie er sie bei Uhland oder Friedrich Theodor Vischer rühmte, einen angeborenen »Geist des Widerspruchs«, »kritische Schärfe« und »Unabhängigkeit des Urteils« merkten somit Eigenschaften an, die auch den später geborenen Kritiker auszeichneten. Seit seinen Jünglingstagen war Speidel ein Bewunderer Spinozas und, obwohl aus gut katholischer Familie stammend, wurde er ein streitbarer Anhänger religiöser Aufklärer und Häretiker. Seine Porträts der Luther, Aventin, Zwingli, der Mendelssohn und David Friedrich Strauß sprechen davon. Speidel bewährte sich vielfältig als tapferer Verfechter liberaler Ideen, seine Option für die Autoren des Jungen Deutschland wie des Vormärz, seine nachdrücklich bekundete Verehrung Börnes und Heines belegen es. Auch durch den seit den achtziger Jahren anbrandenden Antisemitismus der Schönerer und Lueger ließ er sich nicht beirren. Weder in seiner humanistisch-demokratischen Gesinnung noch in der Wahl seiner »Helden« zeigten sich Irritationen: »Wie viele von uns müßten das beste Stück ihrer selbst hinwerfen, wenn sie vergessen wollten, was sie, sei es in der Religion, sei es in der Wissenschaft oder im Leben, den Juden verdanken . . .«

Die Kontinuität solchen Geistes in Speidels Essays wurde weder durch die zunehmende soziale Differenzierung der österreichischen Gesellschaft nach dem großen Börsenkrach von 1873 noch durch den allmählichen Verfall des politischen Liberalismus tangiert. Speidels demokratische Grundhaltung, so wenig sie sich auf parteipolitische Maximen festlegen läßt, war auch keineswegs mit der Position der »Neuen Freien Presse«, dem Leibblatt der deutsch-österreichischen Bourgeoisie identisch. Die größte Tageszeitung Österreichs, in deren Redaktion Ludwig Speidel über vier Jahrzehnte tätig war, wurde in Stefan Zweigs Erinnerungsbuch »Die Welt von gestern« als – um die Jahrhundertwende in Wien – »einziges publizistisches Organ hohen Ranges« charakterisiert.

Dieses große Blatt des Liberalismus, das besonders in den Bereichen Wissenschaft, Wirtschaft und speziell, unter Speidels Leitung, im Feuilleton Bemerkenswertes aufwies, vertrat dessen ungeachtet handfeste finanzkapitalistische Interessen. Unter der Ägide von Moritz Benedikt, seit 1881 Chefredakteur, hatte die »Neue Freie Presse« ihren Einfluß auf das öffentliche Leben enorm ausgedehnt. Die groteske Diskrepanz zwischen dem hohen politischen Pathos des Blattes und dessen faktischer Unterstützung antidemokratischer Entwicklungen im In- und Ausland, machte Karl Kraus zu einem Hauptangriffsgebiet seiner seit 1899 erscheinenden Zeitschrift »Die Fackel«, wobei als sein liebster Feind zeitweise jener Moritz Benedikt als Prototyp eines machtgierigen und feilen Journalisten fungierte. Daß unter dem publizistischen Dach eines immer fragwürdiger werdenden Liberalismus dennoch ein Feuilleton demokratisch-humanistischer Prägung existieren konnte, gehört wohl zu den zahlreichen Widersprüchen liberaler Ideologie.

In Philosophie, Religion, Literatur und bildender Kunst wählte unser Autor mit Vorliebe Gestalten, die aus »einem Guß« zu sein schienen. Wobei er seine idealistische Grundhaltung niemals verhehlte, die sich wesentlich nur mit Persönlichkeiten identifizieren mochte, deren religiöses, wissenschaftliches oder künstlerisches Credo mit ihrem Charakter und Leben in Einklang stand. »Es liegt einmal in unserer Art, von der Poesie ein wenig etwas wie Erbauung zu verlangen«, heißt es in einer Betrachtung über Friedrich Schiller. Das »Sittliche« als unabdingbarer Bestandteil der Kunst wurde so durchaus in Kampfstellung zur »Tendenzpoesie« postuliert. Dennoch bekämpfte Speidel, ganz Kombattant des Literaturwissenschaftlers Julian Schmidt, den »falschen künstlerischen Idealismus«. So lobte er den Herausgeber der »Grenzboten«, der den »Poeten und Künstlern unaufhörlich . . . die Freude am Dasein, das Studium des wirklichen Lebens, die Verwerfung aller vorgefaßten Gedanken und Ideale« nahegelegt hatte.

Neue Entwicklungen besonders in der Malerei wurden von ihm als Ausdruck von Veränderungen des »Zeitgeistes« mit bemerkenswerter Aufmerksamkeit registriert. Schon als junger Kritiker hatte Speidel sicher zwischen Modekünstlern und wesentlichen, weiterweisenden Meistern unterschieden. Das maximilianische München war für sein ästhetisches Verständnis dabei entscheidend geworden; zweifellos begann dort auch sein Interesse an der Farbbehandlung in der deutschen Malerei. In Wien war es zunächst der Historienmaler Karl Rahl, dem er auf diesem Gebiet tiefere Einsichten verdankte, schließlich Anselm Feuerbach, dem er sich in dessen Wiener Zeit eng verband. Immer wieder kam Speidel auf dieses Thema zurück: ». . . denn in der deutschen Malerwelt scheint alle Überlieferung der Farbenkunst wie erstorben und abhanden gekommen.« Als Beispiel wurde der befreundete Wilhelm von Kaulbach genannt, kritischer noch waren Speidels Töne angesichts der Arbeiten der »Nazarener«, die »von Haus aus gegen die Reize der Farbe« sind. Dem sonst eher abschätzig behandelten Makart ließ er in diesem Zusammenhang sogar eine gewisse Genugtuung widerfahren, billigte ihm, bei aller Kritik an dessen Oberflächlichkeit, doch wenigstens einige Meriten in der Farbbehandlung zu.

Hermann Broch hat in dem schon erwähnten großen Essay über »Hofmannsthal und seine Zeit« im Vergleich zur deutschen Situation in der Gründerära von einer »Backhendlzeit« in Wien gesprochen: »An literarischer Produktion war außer einem gefälligen Feuilletonismus so viel wie nichts vorhanden ... Dahingegen waren die bildenden Künste zur Lebensdekoration notwendig ... Mit Recht benannte die Wiener Dekoration ihren Un-Stil nach ihrem repräsentativsten Maler, dem Schönheitsvirtuosen Hans Makart: er war der große Dekorateur der Epoche ...« – Die ästhetisch oft nur mühsam bekleidete Repräsentationssucht, die mit Versatzstücken mancherlei Art jonglierte, wurde von Speidel frühzeitig als unecht benannt und mit Gelassenheit zurückgewiesen. Als Bedingungen auf dem Wege zu einer bedeutenden nationalen Kunst stellte der Kritiker die Prinzipien Ehrlichkeit, Gewissenhaftigkeit, Schlichtheit und Wahrheit der Oberflächlichkeit eines pompösen Historismus entgegen. Vor den Bildern des großen realistischen Porträtisten Wilhelm Leibl bemerkte er: »Uns entzückt, nach soviel parfümierter Unwahrheit dieser kräftige Luftgeruch, dieser Brodem der Akkerkrume ...« Wahrheit ist für Speidel »die Moralität der Schönheit«.

Wahrheit in der Kunst und *Wahrheit vor der Schönheit* gehören zu Speidels ästhetischem Kanon und stehen in Zusammenhang mit einer von ihm ersehnten »realistischen« Kunst. Die Wahl der von ihm bevorzugten Künstler, von Feuerbach über Leibl zu Uhde, Hildebrand und Constantin Meunier ist in diesem Zusammenhang besonders aufschlußreich. Die Neigung zu Künstlern, die eindeutig nicht zur »offiziellen Kunst« zu rechnen sind, die zwar aus den gegebenen Kunstverhältnissen nicht auszubrechen vermochten, aber in Distanz zu ihnen lebten und arbeiteten, ist bedeutsam für Speidels ästhetische Position. Um so bedauerlicher bleibt, daß er in Einzelfällen, wie in dem Hans von Marées', trotz seines Respekts vor der hohen künstlerischen Gesinnung und der kompromißlosen Haltung des Malers, dessen Leistung nicht voll gerecht zu werden vermochte.

Ludwig Speidel hatte sich wiederholt für die Darstellung des »vierten Standes« eingesetzt. Das wurde vor allem bei der Charakterisierung Leibls und Uhdes relevant. Der romantisierenden, verklärenden Auffassung des Abendmahlsthemas bei Fritz von Uhde stehen wir heute eher kühl gegenüber. Die Speidelsche Kritik aber griff unmittelbar in die kunstpolitischen Auseinandersetzungen der Zeit ein, wenn sie das anmaßende Urteil Friedrich III., des »Kaisers der neunundneunzig Tage«, entschieden parierte. Die Zurückweisung des kaiserlichen Wortes vom »Anarchisten-Fraß« diente aber letztlich der Legitimierung der künstlerischen Leistung Uhdes, indem er dessen »Darstellung der Heiligen auch bis ins Bauernhafte und Proletarische« in eine kunsthistorische Dimension bis hin zu Dürer und Rembrandt zu bringen versuchte.

Am Ende seiner Kritikertätigkeit näherte sich Ludwig Speidel den neuen Entwicklungen in der bildenden Kunst an. Von Leibl war bereits die Rede, ebenso von Uhde, dessen »Trommlerübung« von 1883 er freudig begrüßt hatte: »Durch dieses Bild ward in Deutschland die von Paris ausgegangene Doktrin der Freilichtmalerei unter Trommelschlag verkündigt.« Besonders bemerkenswert erscheint seine Bemühung um Constantin Meunier. Speidels letztes Kunstfeuilleton handelt von diesem belgischen Maler und Bildhauer, über dessen Unternehmen, die Menschen der Borinage darzustellen, als von einer »großen Sache« gesprochen wird.

Das Interesse für die Arbeit Meuniers brachte den Kritiker zu Einsichten, die ihn neue Kunst und ihre gerade erschlossenen Gegenstände und Mittel fast bedingungslos akzeptieren ließen wie sonst in keinem anderen künstlerischen Bereich. Das Prometheische des Kampfes der Arbeiter gegen die Naturgewalten empfand der Schöpfer des Wiener Kunstfeuilletons in der Figur »Der Graukopf« als »ein Kunstwerk von einer Abgewogenheit der Teile, von einer Größe und Ruhe, daß es, obgleich von aller Schönheit fern, nur mit den bedeutendsten griechischen plastischen Werken verglichen werden kann«. – Ein größeres Lob dürfte der Bewunderer der Antike kaum zu vergeben gehabt haben. Wohl ahnend, daß eine Umwertung des klassizistischen Schönheitsbegriffs bereits weit vorangegangen war, feierte er eine Schönheit neuer Art, die von den »Helden der Zivilisation« verkörpert wurde. Ein bedenkenswerter, weiterführender Gedanke schloß dieses Feuilleton des Meisters der Kritik ab: »Wohl könnte die Sezession eigene Arbeitertage veranstalten, um die Arbeit des Künstlers wieder auf seine Quellen zurückzuführen.«

Die Betrachtungen zur Musik, über Komponisten und Interpreten stehen in unserer Auswahl wesentlich als Beiträge zum *Wiener Leben*. Ludwig Speidels Arbeiten über musikalische Genies der Wienerstadt, die er anläßlich von Denkmalserrichtungen und Denkmalsweihen oder auch auf den Pfaden Beethovens und Schuberts geschaffen hat, waren ja nicht nur hervorragende Feuilletons, sie verbanden das zeitgenössische Bild der Stadt mit den lebensvollen Konterfeis der großen österreichischen Komponisten, ihrer Lebensleistung, der Nachzeichnung von Befindlichkeit und Szenerie in ihrer Zeit mit ihrem Nachleben. Speidels Medaillons über Wien als Zentrum der »klassischen Tonkunst« zeichnen Bekanntes und Gültiges nach, und sie vermitteln einen beispielhaft belegten Abriß von der »musikalische(n) Weltherrschaft Österreichs, die mit Franz Schubert erlosch und nur noch in der Wiener Tanzmusik ein fröhliches Nachleben feiert«. Zugleich sind sie lebendiger Ausdruck für die in allen Schichten Österreichs vorhandene Bereitschaft, sich dieses Erbes dankbar zu erweisen. Die Blätter, die sich um das Andenken Haydns, Beethovens und Schuberts bemühen, sind auch Ausdruck von Speidels musikalischer Cofessio zu klassischen Grundpositionen, jenseits deren ihm kaum etwas erwähnenswert erschien.

Seine Auffassung, für die »Musik kein bloßer Zeitvertreib, sondern ein Kultus« war, ließ bei durchaus tiefer Erfassung musikalischen Gehalts eine Konzeption erkennen, die nichts mit akademischer Blässe, sondern eher mit Grundauffassungen zu tun hatte, in denen Ludwig Speidel wurzelte und zu denen er sich über die Geltungsdauer solcher Ansichten trotzig bekannte.

Daß ein Beharren auf klassizistischen Positionen Kontroversen mit »neuer Musik« folgerichtig einbeschloß, zeigten vor allem die Kämpfe um Richard Wagner, in denen Speidel lange Zeit zu den entschiedensten Gegnern der »Zukunftsmusik« in Wien gehörte. Die Anerkennung von Wagners künstlerischer Bedeutung wurde durch Speidels Abneigung gegen den Geniekult und das Cliquenwesen um den Komponisten zusätzlich erschwert. Aber auch der jahrzehntelange Kleinkrieg, in dem vielerlei Waffen und Machinationen verwendet worden waren, hinderte ihn schließlich nicht daran, seinen Respekt zu bezeugen und die Leistung des Meisters in Einzelanalysen gründlich zu würdigen. Die Abneigung gegen Wagners geistigen Habitus wurde zwar oft genug benannt: *Doktrinär*, *Pedant*, *sächsischer Schulmeister*, und das Ridiküle seines Aufzuges war genüßlich karikiert worden. Doch Speidel akzeptierte schließlich, wenn auch weiterhin im Zwiespalt, den Sieg Richard Wagners. Eine selbstironische Resignation hatte sich seiner bemächtigt: »Abgesehen von dem Werte oder Unwerte der Wagnerschen Musik, so besitzt sie doch eine positive Eigenschaft. Das Positive an ihr ist, daß sie Begeisterung hervorruft. Wir andern, die Wagners Musik kühl läßt, wir sind unter der Masse begeisterter Menschen nur Ausnahmen, nur seltsame Käuze ...«

Von den Zeitgenossen wurde Ludwig Speidel als »Vollnatur« charakterisiert, »von großer Einfachheit«, als grundgescheiter, vielseitig gebildeter Mann, der auch »aufmischenden« Witz nicht verschmähte, dessen mitunter deftiges Vokabular sich nicht zuletzt im dreißigjährigen »Wagnerkrieg« vielfach bewähren konnte. »Eine starke vollsaftige Persönlichkeit«, nannte ihn Freund Hevesi, in dem sich »schwäbische Derbheit« und »weiches Gemüt, warmes Herz« auf natürliche Art verbanden: »Und dann hatte er einen unerschöpflichen Fonds von Seelengüte, Menschenfreundlichkeit, Humor, und schließlich war der ganze Mensch von einem schimmernden Zauberschleier von Liebenswürdigkeit, Gefälligkeit, Noblesse umwallt . . .«

Einfalt und Weisheit waren in dem gelehrten Mann und gestrengen Kritiker, der noch als alter Herr in Erinnerung an Jugendstreiche herzlich lachen konnte. Ein seßhafter Mann war er geworden, ein trinkfester, angenehmer Gesellschafter, der an seinem Stammtisch Maler, Bildhauer, Schriftsteller, Journalisten und Wissenschaftler zu einem guten Gespräch traf. Nächste Freunde waren unter anderem die Maler Karl Rahl, Anselm Feuerbach und der Bildhauer Heinrich Natter, in deren Ateliers er sich häufig aufhielt. In späteren Jahren wurde seine Scheu vor dem Schreiben stadtbekannt. Die Erwartungshaltung, mit der seine Arbeiten belastet schienen, legte sich wie ein schweres Gewicht auf den Alternden.

Von einem Festbankett wird berichtet, das die Redaktion der »Neuen Freien Presse« zu Ehren des Siebzigjährigen gab. Speidel erhob sich zur Erwiderung der Festrede, aber er setzte sich sogleich wieder, nachdem er nur einen Satz gesagt hatte: »Das Feuilleton ist die Unsterblichkeit eines Tages.« – Mit Kürnberger und Spitzer wurde Speidel gemeinhin als »Begründer« des Wiener Feuilletons genannt. Für die Zeitgenossen und für die ersten Jahrzehnte nach der Jahrhundertwende erschienen sie gar als die drei *Schutzpatrone* des Feuilletons in Wien, und Hermann Uhde-Bernays sah Ludwig Speidel in diesem Zusammenhang als die »am tiefsten in die kulturelle Entwicklung eingreifende Persönlichkeit unter den Wiener Journalisten . . .«

Das kann und soll weder Kürnbergers noch Spitzers Leistung abwerten, deren Schaffen mit anderem Ansatz und Ziel erkennbar wird. Die bedeutende Wiener Kritik dieses

Zeitraums war tatsächlich von der literarischen Höhe und Lauterkeit dieser drei tonangebenden Feuilletonisten stark beeindruckt. Was für Ferdinand Kürnberger die »Siegelringe« und die »Literarischen Herzenssachen« waren, entschiedene, klar und sicher formulierte Analysen in Sachen Politik und Literatur, bedeuteten für Speidel die Porträts von Schauspielern, Dichtern und Malern. Während Daniel Spitzer in seinen »Wiener Spaziergängen« österreichische Typen und Umstände treffend satirisch charakterisierte, blieb Speidel eher ein bedächtiger Schilderer von Menschen, »Gegenständen« und Stimmungen. Er war kein literarischer Spaziergänger par excellence. Seine Blätter über die Wiener Umgebung oder auch über Künstlerdenkmäler in der Stadt evozierten eher Nachsinnendes, als daß sie vornehmlich Augenblickseindrücke reflektierten.

Natürlich war der Feuilletonist Speidel auch an die Bedingungen des Journals gebunden. Die Zeitung gebot Kürze, was seiner Wesensart entgegenkam. Große Essays, Überblicksdarstellungen gingen ihm schwer von der Hand. Doch trotz der jahrzehntelangen Arbeit für die Presse war er kein *Zeitungsschreiber* geworden; er war Schriftsteller. Niemals verleugnete sich sein schöpferisch-kritischer Geist, der Gedanken einfach und wirkungsvoll auszudrücken vermochte, weil die Persönlichkeit des Autors den gewählten Gegenstand mit dichterischer Kraft faßte. In seinem Nachruf hat Otto Stoessl das Dilemma, in dem sich der Kritiker Ludwig Speidel – und nicht nur er – befand, charakterisiert: »Aus dem Kampf, der Vereinigung, dem gegenseitigen Nachgeben, Bedingen und Beharren dieser zwei unversöhnlichen, intimsten Feinde: Zeitung und Schriftsteller ist denn auch – namentlich in Wien und durch Speidels besondere Begabung – eine Art von eigener Kunstgattung und -übung hervorgegangen: das Feuilleton.« Die Ausprägung dieser Schöpfung – Stoessl bringt sie auf die Formel *ausgereifte Improvisation, durchdachte Augenblicksreagenz* – vermochte der Autor durch seine literarische Substanz über den Tagesanlaß hinaus zu sichern. Sein Feuilleton war keines der armseligen Produkte gefälliger Dutzendware, deren fragwürdiger Glanz mit dem Anlaß erlosch, zu dem es verfertigt wurde.

Als wenige Tage nach Ludwig Speidels Tod am 3. Februar 1906 in Otto Stoessls Nekrolog »seine Bedeutung als schöpferischer Geist, als Künstler, als Bewahrer großer Heimatswerte« gewürdigt wurde, war ein seltsamer Widerspruch evident geworden. Ein Mann, der als Kritiker »einer der Schriftsteller von erstem Range« genannt wurde und zugleich Redaktionsmitglied der von der »Fackel« vorzüglich attackierten »Neuen Freien Presse« gewesen war, wurde im Nachruf mit höchster Wertschätzung bedacht. Der vielleicht unerbittlichste und scharfsichtigste Kritiker des bürgerlichen Pressebetriebes jener Zeit, Karl Kraus, hat in seinem Rundumschlag diesen einen Mann von der Schelte namentlich ausgenommen: »Nur einmal trat in diese Entwicklung eine Pause – die hieß Ludwig Speidel«, schrieb er 1911 rückblickend. »In ihm war die Sprachkunst ein Gast auf den Schmieren des Geistes . . . Schien er es doch mit dem leibhaftigen Sprachgeist zu halten und lud ihn an Feiertagen auf die Stätte der schmutzigsten Unterhaltung, damit er sehe, wie sie's treiben. Nie war ein Kollege bedenklicher als dieser . . .«

Berlin, September 1988 Joachim Schreck

Anmerkungen

15 Fanny Elsslers Fuss
Nach Ausbildung in Wien und Neapel errang die Tänzerin *Fanny Elßler* (1810–1884) zusammen mit ihrer Schwester Therese (1808 bis 1878) erste Erfolge in Berlin. Zahlreiche Gastspielreisen führten sie durch Europa und Amerika. Als Interpretin der großen Ballettrollen ihrer Zeit feierte sie Triumphe. – *Friedrich Gentz* (1764–1832), vielseitiger, gewandter Publizist. Zunächst für die Französische Revolution begeistert, dann einer ihrer entschiedenen Gegner. Seit 1815 enger Mitarbeiter des Fürsten Metternich. In seinen letzten Lebensjahren faßte er eine leidenschaftliche Zuneigung zu Fanny Elßler.

21 Der Wiener Walzer
Lola Montez (1820–1861) bereiste als »spanische Tänzerin« den europäischen Kontinent und erregte Skandale mannigfacher Art. Im Jahr 1846 gewann sie die Gunst des alternden bayrischen Königs Ludwig I. Als im Frühjahr 1848 die Unruhen um ihre Person kulminierten, mußte sie Bayern verlassen und ging über England und Spanien nach Nordamerika. – *George Gordon Noël Lord Byron* (1788–1824). *Who sent us – so be pardon'd all her faults – A dozen dukes, some kings, a queen and Waltz:* Das uns – mögen ihm alle Schwächen verziehen sein – ein Dutzend Fürsten bescherte, ein paar Könige, eine Königin und den Walzer.

26 Eine Wienerin
Einige Mitglieder der Familie *Bösendorfer* machten sich als Klavierbauer einen Namen. Die Fabrik wurde 1828 von *Ignaz Bösendorfer* (1796–1859) begründet und war die bedeutendste ihrer Art in Österreich. Fortgeführt wurde sie von dessen Sohn Ludwig (1835–1918). – *Ernst Freiherr von Feuchtersleben* (1806–1849) wirkte vielseitig als Mediziner und Schriftsteller in Wien. Unter anderem trat er für eine Kunst der Lebensharmonie im Sinne Goethes ein. Weite Verbreitung fand seine populäre Schrift »Zur Diätetik der Seele« (1838).

32 Frauenschönheit
Franz Schrotzberg (1811–1889), österreichischer Maler, Porträtist besonders fürstlicher Personen. – *Franz Xaver Winterhalter* (1805-1873),

Schüler von Josef Stieler, bevorzugter Bildnismaler des europäischen Hochadels, in der Tradition der idealisierenden Porträtkunst des Jahrhunderts. – *Friedrich Bruckmann* (1814–1898), Verleger in Frankfurt a. M., Stuttgart und München, der sich bei seinen Unternehmungen auf die Photographie und andere mechanische Reproduktionsverfahren stützte. Besonders erfolgreich waren die in seinem Kunstverlag veröffentlichten Kaulbachschen Frauengestalten nach Goethe sowie die Schiller-, Shakespeare- und Fritz-Reuter-Galerie.

37 Hans Makart und die Frauen
Hans Makart (1840–1884), Schüler des Münchner Historienmalers Karl von Piloty. Seit 1869 in Wien, wo ihm auf Staatskosten ein großes Atelier eingerichtet wurde, 1879 Professor an der Wiener Kunstakademie. Im gleichen Jahr arrangierte er den Festzug zur Silberhochzeit des österreichischen Kaiserpaares. Das Gemälde »Einzug Karls V. in Antwerpen« entstand 1878. – Die Hetären des Altertums, besonders die sozial besser gestellten Freudenmädchen Griechenlands besaßen zum Teil eine hohe Bildung und spielten wie *Aspasia*, die spätere Frau des *Perikles* (495–429 v. u. Z.), in Politik und Gesellschaft eine hervorragende Rolle, oder sie wurden wie *Phryne*, Modell des Praxiteles, für Kunst und Künstler bedeutsam.

44 Für die Wienerinnen
Aphrodite Urania, Göttin der Lüfte und Himmelserscheinungen. – *Aphrodite Kallipygos*, die »mit dem schönen Hintern« (grch.), römische Marmorstatue nach griechischem Vorbild des 3. Jahrhunderts v. u. Z. – Eine kritische Ausgabe von *Pindar* (Pindaros, Pindarus), (522 oder 518 – etwa 446 v. u. Z.), des bedeutenden griechischen Lyrikers, veranstaltete 1864 *Tycho Mommsen* (1819–1900), der Bruder des Historikers Theodor M. – *Hepp! Hepp!* oder Hep! Hep! – Bei Pogromen Spottruf, drohender, diskriminierender Zuruf gegen Juden.

52 Franz Grillparzer und Kathi Fröhlich
Franz Grillparzer (1791–1872) lernte *Katharina (Kathi) Fröhlich* (1800–1879) im Frühjahr 1821 kennen. Kathi Fröhlich, die dritte Tochter eines wenig erfolgreichen Fabrikanten, blieb die »ewige Braut« Grillparzers. Im Jahr 1850 zog der Dichter zu den Schwestern Fröhlich und verlebte mit ihnen die letzten Jahrzehnte. Als Universalerben Grillparzers begründeten die Schwestern die »Fröhlich-Stiftung« zur Unterstützung von Künstlern und Schriftstellern. – *Karoline Pichler* (1769–1834), österreichische Erzählerin und Dramatikerin (historische Stoffe). Berühmt wurde ihr literarischer Salon im vormärzlichen Wien. »Denkwürdigkeiten aus meinem Leben« (1844). – *Heinrich Laube* (1806–1884), Dramatiker, Erzähler, Kritiker, Direktor des Burgtheaters. »Franz Grillparzers Lebensgeschichte« (1884).

59 HELENE FREIIN VON FEUCHTERSLEBEN UND IHR STAMMBUCH
Helene Freiin von Feuchtersleben, Gattin des Freiherrn Ernst von Feuchtersleben (siehe »Eine Wienerin«). – *Karl Rahl* (1812–1865), österreichischer Maler, enger Freund Speidels. – *Matthias Ranftl* (1805–1854), Wiener Maler und Graphiker. *enfant gâté de la nature:* ein Kind, von der Natur verwöhnt.

65 DAS WIENER HAYDN-DENKMAL
Bernardon-Kurz, eigentlich: Joseph Kurz (1715–1786), schuf eine in Wien im 18. Jahrhundert beliebte Burleskenfigur, eine Variante des Hanswurst mit Namen Bernardon und schrieb zahlreiche Stücke, Bernardoniaden genannt. – *Heinrich Natter* (1846–1892), österreichischer Bildhauer, Schöpfer von Porträtbüsten (u. a. für das Burgtheater), von Grabdenkmälern und monumentalen Arbeiten wie dem Zwingli-Denkmal in Zürich und dem Haydn-Denkmal in Wien. Speidel leitete die »Kleinen Schriften von Heinrich Natter« (1886) mit einem Essay ein.

71 DAS WIENER MOZART-DENKMAL
Edmund Hellmer (1850–1935), österreichischer Bildhauer, an der künstlerischen Ausschmückung zahlreicher Wiener Monumentalbauten beteiligt. Goethe-Denkmal für Wien 1900. – *Viktor Tilgner* (1844–1896), Bildhauer, Porträtstatuen und -büsten (u. a. Charlotte Wolter, Heinrich Laube, Eduard von Bauernfeld), Mozart-Denkmal für Wien 1896. – *Rudolf Weyr* (1847–1914), österreichischer Bildhauer, beteiligt an der Gestaltung des neuen Hofburgtheaters, Brahms-Denkmal in Wien.

76 BEETHOVEN UND SEIN DENKMAL IN WIEN
Kaspar Zumbusch (1830–1915) wirkte zunächst in München, seit 1873 in Wien, Lehrer an der Kunstakademie. Das Beethoven-Denkmal (1880) gehört zu seinen bedeutendsten Wiener Arbeiten. – *Ein Abkömmling aus dem Geschlecht der Babenberger* – Luitpold I. wurde Stammvater der österreichischen Babenberger, die mit Herzog Friedrich dem Streitbaren 1246 ausstarben. Der *Liederfrühling* spielt auf den Minnesang an, der am Wiener Hof der Babenberger gepflegt wurde (Reinmar von Hagenau, Walther von der Vogelweide). – *Schibboleth* (hebr.): Erkennungszeichen, Losungswort. – *Boëthos* (3. oder 2. Jh. v. u. Z.), griechischer Bildhauer. Sein bekanntestes Werk ist eine Bronzegruppe mit einem Jungen, der eine Gans würgt. – *Donatello* (1386–1466), italienischer Renaissance-Bildhauer; unter anderem Reliefs von singenden und tanzenden Kindern für St. Peter in Rom (zwischen 1433 und 1440).

85 Beethoven in Heiligenstadt
Sonate in As-dur, deren *Marcia funebre* – heroische Totenklage. – *Anton Schindler* (1796–1864), Musiker, erster Beethoven-Biograph: »Biographie von Ludwig van Beethoven« (1840). – *Anton Dominikus Fernkorn* (1813–1878), Bildhauer und Erzgießer, seit 1840 in Wien, Reiterstandbilder des Erzherzogs Karl und Prinz Eugens.

91 Das Schubert-Denkmal
Das 1872 im Wiener Stadtpark enthüllte Denkmal *Franz Schuberts* (1797–1828) stammt von *Karl Kundmann* (1838–1918). – *Theophil Hansen* (1813–1891), Architekt dänischer Herkunft. Die Börse, die Akademie der bildenden Künste und das Parlamentsgebäude gehören zu seinen wichtigsten Schöpfungen in Wien.

96 Franz Schubert in der Höldrichsmühle
Wilhelm Müller (1794–1827), »Griechen-Müller«, deutscher Lyriker. »Gedichte aus den hinterlassenen Papieren eines reisenden Waldhornisten« (1821/24), »Lieder der Griechen« (1821/26). Sein Sohn *Max M.* (1823–1900), Orientalist, Sprach- und Religionsforscher. – *Gustav Nottebohm* (1817–1882), Musikwissenschaftler, Beethoven-Forscher, »Thematisches Verzeichnis der im Druck erschienenen Werke Franz Schuberts« (1874).

102 Anselm Feuerbach als Humorist
Die nachgelassene autobiographische Schrift »Ein Vermächtnis« von *Anselm Feuerbach* (1829–1880) wurde 1882 von Feuerbachs Stiefmutter Henriette Feuerbach nach erheblichen redaktionellen Eingriffen herausgegeben. – *Hugo Wittmann* (1839–1923), Feuilletonist, Mitarbeiter der »Neuen Freien Presse«, Herausgeber von »Ludwig Speidels Schriften« (1910/11, 4 Bde.). Mit Speidel veröffentlichte er »Bilder aus der Schillerzeit« (1885). – *Friedrich Pecht* (1814–1903), Maler und Kunstschriftsteller, seit 1885 leitete er die Zeitschrift »Die Kunst für Alle«.

109 Wien im Freien
Eleusinische Mysterien: im griechischen Altertum Geheimkult zu Ehren von Demeter und Persephone.

117 Wiener Landschaften
Die *Votivkirche* des Wiener Architekten *Heinrich Ferstl* (1828–1883) wurde zwischen 1856 und 1879 errichtet.

122 Ein Wiener Stammtisch
Das sogenannte *Bürgerministerium* in Österreich wurde am 1. Januar 1868 eingesetzt. Den Vorsitz hatte Fürst Karlos *Auersperg*, später Eduard von *Taafe* inne. Diesem liberalen Ministerium gehörte neben

anderen Juristen auch der Advokat und Schriftsteller *Johann Nepomuk Berger* (1816–1870) an, der am Frankfurter Parlament 1848 auf der Linken teilgenommen hatte. – Die *Affäre Meißner-Hedrich:* Nach dem Tode des Schriftstellers *Alfred Meißner* (1822–1885), dessen Name heute nur noch durch Erinnerungen an Heinrich Heine bekannt ist, wurde von seinem ehemaligen Mitarbeiter Franz Hedrich (1823/25–1895) die Autorschaft Meißners an seinen zahlreichen Zeitromanen in Frage gestellt.

129 Zum Allerseelentage
Dem *teuren Freund,* mit dem Ludwig Speidel Zwiesprache hält, dem Journalisten Ludwig Porges, sind Worte des Gedenkens auch im Feuilleton »Ein Wiener Stammtisch« gewidmet.

137 Heinrich Anschütz
Heinrich Anschütz (1785–1865): Nach Engagements in Nürnberg, Königsberg und Breslau Schauspieler und Regisseur am Wiener Burgtheater von 1812 bis 1861. Hervorragend als Lear, Falstaff, Othello. – *Heinrich Laube* wurde 1849 Direktor des Burgtheaters.

139 Bogumil Dawison
Bogumil Dawison (1818–1872), zunächst als Schauspieler in Warschau und Lemberg tätig, 1847 am Thalia-Theater in Hamburg, 1849 bis 1852 am Burgtheater in Wien engagiert. Von 1853 bis 1864 am Dresdner Hoftheater, dann bis 1869 auf Gastspielreisen. Im Jahr 1869 psychisch erkrankt. Hervorzuheben seine Leistungen als Hamlet, Shylock, Othello, Macbeth, Richard III., Mephisto, Franz Moor. – *Ludwig August Frankl* (1810–1849), Journalist in Wien. Der Begriff *Zügenglöcklein* (Sterbeglocke) aus einem Gedicht Frankls.

143 Julie Rettich
Julie Rettich, geborene Gley (1809–1866), deutsche Schauspielerin, besonders in tragischen Rollen; kam 1830 vom Dresdner Hoftheater ans Wiener Burgtheater; nach erneutem Engagement in Dresden (1833–1835) wieder an der »Burg« bis 1863.

150 Clara Ziegler in Wien
Clara Ziegler (1844–1909), deutsche Schauspielerin, Heroine: Medea, Iphigenie, Maria Stuart, Isabella; zunächst in Bamberg, dann in Ulm, München, Leipzig, von 1868 bis 1874 am Münchner Hoftheater. Zahlreiche Gastspielreisen. – Das alte Burgtheater befand sich auf dem Michaelerplatz (Umzug in das neue Haus am Ring 1888), das Wiener *Carl-Theater,* nach dem Direktor Carl benannt, in der Leopoldstadt. – *Salomon Hermann Mosenthal* (1821–1877); seine »Deborah« (1849) war viele Jahre erfolgreich. Die Stücke Mosenthals galten als theaterwirksam, waren aber psychologisch flach und rheto-

risch. – *Rachel Felix*, eigentlich: Elisabeth Felix (1820–1858), französische Schauspielerin, Darstellerin dämonischer Frauen.

156 Karl Fichtner

Karl Fichtner (1805–1873), 1822 Schauspieler am Theater an der Wien, von 1824 bis 1865 am Wiener Burgtheater engagiert, wo er bis zum Ende seiner schauspielerischen Laufbahn auftrat. Liebhaber und Lebemänner gehörten zu seinen bevorzugten Rollen.

162 Die Meininger in Wien

Die Gastspiele des *Meininger Hoftheaters*, der von Herzog Georg II. von Sachsen-Meiningen gegründeten und geleiteten Truppe, die in den siebziger und achtziger Jahren in vielen europäischen Städten gastierte, wurden in Wien zunächst zwiespältig aufgenommen. Die überstarke Betonung der Massenszenen, die üppige Ausstattung schienen den Stil des Reformtheaters beängstigend nahe an die zeitgenössische Historienmalerei zu rücken. Spätere Gastspiele ließen ihre Meriten deutlicher werden, ihre Detailtreue, die Sorgfalt der Inszenierungen, das Ensemblespiel. Hauptregisseur des Theaters war Ludwig Chronegk. Ludwig Barnay, Joseph Kainz und andere namhafte Schauspieler gingen aus dem Meininger Theater hervor. – *raison d'être:* Daseinsgrund.

174 Zweites Gastspiel der Meininger in Wien

disjecti membra poetae: die zerstückelten Glieder des Dichters.

182 Das Ammergauer Krippenspiel

Ein »Weihnachtsfeuilleton« Speidels, das er in Erinnerung an den Münchner Aufenthalt während des »Gesamt-Gastspiels« unter Ernst von Possart und des Besuchs des Oberammergauer Passionsspiels Ende des Jahres 1880 schrieb. – *comme s'il n'était pas digne d'être Jésus!:* als wäre er nicht würdig, Jesus zu sein.

192 Ernesto Rossi

Ernesto Rossi (1829–1896), italienischer Schauspieler, der mehrfach am Wiener Burgtheater gastierte, Schüler des berühmten Schauspielers Gustavo Modena. Engagements in Mailand und Turin. In Wien reüssierte er zumeist in Stücken von Goldoni. In Italien hatte sich R. um die Wiedererweckung Shakespeares verdient gemacht. Bevorzugte Rollen: Hamlet, Macbeth, Othello, Lear, Faust, Cid. Er veröffentlichte mehrere Stücke und »Studien über Shakespeare und das moderne Theater« (1885). – *Friedrich Ludwig Schröder* (1744–1816), deutscher Schauspieler, Theaterdirektor und Dramatiker, von 1781 bis 1785 am Burgtheater. Schröder machte sich um die Aufführung hervorragender Dramatiker seiner Zeit und um die Einführung der Shakespearischen Tragödien auf der deutschen Bühne verdient.

Seine Tätigkeit als Schauspieler und Theaterleiter galt einer realistischen deutschen Schauspielkunst. – *Adelaide Ristori* (1822–1906), eine der großen Tragödinnen des italienischen Theaters, gastierte wiederholt in Wien. – Diderot, »Le paradoxe sur le comédien« (»Das Paradox über den Schauspieler«, 1798).

199 TOMMASO SALVINI
Tommaso Salvini (1829–1915), einer der wandernden Schauspieler Italiens. Zunächst bei verschiedenen Gesellschaften, dann bei *Gustavo Modena* (1803–1861), dem revolutionären Demokraten und Freund Mazzinis, der eine berühmte Schauspielschule leitete. Salvini gründete schließlich eine eigene Truppe und gab Gastspiele in Paris, Portugal, Spanien, England, Nord- und Südamerika, Wien, Berlin und in Rußland. Hauptrollen: Paolo in Pellicos »Francesca da Rimini« (1815), Macbeth, Hamlet, Othello, Romeo, Orest.

206 KÖNIG LEAR IM BURGTHEATER
Joseph Wagner (1818–1870), Schriftsteller und Schauspieler, seit 1850 an der »Burg« (Othello, Macbeth, Lear). – *August Förster* (1828–1889), seit 1858 als Schauspieler und Regisseur am Burgtheater. Von 1876 bis 1882 Direktor des Leipziger Stadttheaters. Von 1883 bis 1888 am Deutschen Theater Berlin, 1888 als Direktor an das Wiener Burgtheater berufen. – *Konrad Adolf Hallenstein* (1835 bis 1892), debütierte in Frankfurt am Main, ging nach Hamburg, Königsberg, Prag. Von 1871 bis 1890 am Wiener Burgtheater.

212 ADOLPH SONNENTHAL
Adolph Sonnenthal (1834–1909). Zu Beginn seiner Laufbahn von Dawison gefördert, trat S. zuerst in Temesvár, dann in Hermannstadt, Graz und Königsberg auf. Von Heinrich Laube 1856 ans Burgtheater engagiert und nach drei Monaten auf Lebenszeit an das Theater verpflichtet. Eine der bedeutendsten Schauspielerpersönlichkeiten der zweiten Jahrhunderthälfte, zeitweise Oberregisseur und künstlerische Leiter des Burgtheaters. Seine Leistungen als Lear, Hamlet, Mortimer, Othello, Macbeth, Posa, Tell, Wallenstein und Nathan wurden von der Kritik besonders hervorgehoben.

224 SARAH BERNHARDT
Sarah Bernhardt (1844–1923). Debüt 1863 im Théâtre-Français als Iphigenie. Nach dem Krieg 1870/71 galt sie als die erste Tragödin Frankreichs. Seit 1879 Gastspielreisen nach London, Kopenhagen, Nordamerika, Holland, Wien, Rußland und Italien. Seit 1900 wieder in Paris als Schauspielerin und Theaterdirektorin. Bevorzugte Rollen: Doña Sol in Victor Hugos »Hernani«, Feodora, Theodora, La Tosca und Kleopatra in den gleichnamigen Schauspielen Sardous, als Kameliendame und auch als Hamlet.

229 Sarah Bernhardt. Josephine Gallmeyer. Charlotte Wolter
Josephine Gallmeyer (1838–1884), Soubrette, deren komisches Talent in Wien viel Anklang fand. Sie debütierte in Brünn, dann verschiedene Engagements in der ungarischen Provinz, 1865 am Wiener Carl-Theater, dann Gastspielreisen. – *Refaire une virginité:* eine Jungfräulichkeit wiederherstellen.

235 Joseph Lewinsky
Joseph Lewinsky (1835–1907). Zunächst im Theater an der Wien, dann in Brünn; 1858 von Heinrich Laube an das Burgtheater verpflichtet. Neben seiner Arbeit an der »Burg« zahlreiche Gastspielreisen. Besonders erwähnenswert Lewinskys Darstellung von Hamlet, Shylock, Jago, Richard III., Harpagon, Argan, Franz Moor.

240 Karl La Roche
Karl La Roche (1794–1884), Schauspieler und Regisseur in Königsberg und von 1823 bis 1833 am Weimarer Theater unter Goethe. 1833 an das Wiener Burgtheater verpflichtet. Bemerkenswert als Shylock, Lear, Mephisto, Wurm, Attinghausen, Franz Moor.

246 Amalie Haizinger
Amalie Haizinger, auch Neumann-Haizinger genannt (1800–1884). Seit 1846 am Burgtheater, wo sie vor allem im Rollenfach der komischen Alten wirkte.

250 Fritz Krastel als Faust
Der Schauspieler *Friedrich Krastel* (1839–1908) wurde 1865 als Heldendarsteller von Heinrich Laube an das Burgtheater geholt. Zunächst Ballettänzer in Karlsruhe, hatte er sich durch Förderung von Eduard Devrient als Schauspieler ausgebildet. Hauptrollen: Orest, Egmont, Jason, Tempelherr. Später auch als Regisseur am Burgtheater tätig.

257 Adele Sandrock
Adele Sandrock (1864–1937), nach Provinzengagements begann 1889 ihre Karriere als Tragödin am Wiener Deutschen Volkstheater, dann am Burgtheater von 1895 bis 1899. Von 1905 am Deutschen Theater und an der Volksbühne Berlin. In den zwanziger Jahren spielte sie zunehmend in Komödien; der Film entdeckte sie und fixierte die Schauspielerin auf das Rollenfach der komischen Alten, in dem sie sich als bedeutende Charakterkomikerin bewies.

262 Friedrich Mitterwurzer
Friedrich Mitterwurzer (1845–1897), Schauspieler in Hamburg, Berlin, Leipzig, von 1871 bis 1880 und 1891 bis 1897 am Burgtheater. Her-

vorzuheben sind seine Bühnenleistungen als Shylock, Macbeth, Richard III., als Mephisto, Carlos, Franz Moor und Wallenstein.

267 CHARLOTTE WOLTER
Die große Tragödin *Charlotte Wolter* (1834–1897) war zunächst in Budapest, Berlin und Hamburg tätig, ehe sie 1862 an das Wiener Burgtheater kam. Ihre Maria Stuart, Lady Macbeth, Orsina, Lady Milford, Jungfrau von Orleans und Iphigenie wurden von der Kritik hervorgehoben. In späteren Jahren widmete sie sich besonders Gestalten aus Tragödien von Franz Grillparzer: Hero, Sappho, Medea. Berühmt wurde der »Wolterschrei« der »Königin des Burgtheaters«.

273 JOSEPH KAINZ
Nach den Stationen Marburg (Steiermark), Leipzig, Meiningen (1877–1880), München und Berlin (Deutsches Theater 1883) wurde *Joseph Kainz* (1858–1910) im Jahr 1899 als Charakterdarsteller an das Burgtheater verpflichtet. Besonders bemerkenswert seine Darstellung des Hamlet, Romeo, Richard III., Tartuffe, Prinz von Homburg, Don Carlos, Tasso und Mephisto. Kainz, der zu seiner Zeit als bedeutendster Schauspieler deutscher Sprache galt, beförderte mit seiner Bühnenleistung die moderne realistische Schauspielkunst.

278 »DER MISANTHROP« – »TARTUFFE«
Jean-Baptiste Molière (1622–1673), wichtigster französischer Komödiendichter. »Le Tartuffe« (1664), »Le Misanthrope« (1666). – *Paul Lindau*, »Molière, eine Ergänzung der Biographie des Dichters aus seinen Werken« (1872). – *où d'être homme d'honneur on ait la liberté:* wo man die Freiheit hätte, Ehrenmann zu sein.

284 STELLA HOHENFELS ALS IPHIGENIE
Stella Hohenfels (1857–1920), Schauspielerin am Nationaltheater Berlin (1873); im gleichen Jahr debütierte sie am Wiener Burgtheater, wo sie als jugendliche Heldin Erfolg hatte. Die Hohenfels trat zuletzt 1916 auf.

289 »GESPENSTER«
Henrik Ibsen (1828–1906), bedeutendster norwegischer Dramatiker; »Gespenster« (1881); der »Ballonbrief«, ein politisches Gedicht des Autors unter dem Eindruck des deutsch-französischen Krieges (1870). – *August Forel* (1848–1931), Schweizer Psychiater, besonders um die Anatomie des Gehirns verdient.

296 DER KAMPF UM DAS »VIERTE GEBOT«
Ludwig Anzengruber (1839–1889), österreichischer Dramatiker und Erzähler; »Das vierte Gebot« (1878). – *August Friedrich Christian Vil-*

mar (1800–1868), orthodoxer evangelischer Theologe und Literaturhistoriker; »Geschichte der deutschen Nationalliteratur« (1845), »Die Theologie der Tatsachen wider die Theologie der Rhetorik« (1856).

302 »Hannele«
Gerhart Hauptmanns (1862–1946) »Hannele«, später unter dem Titel »Hanneles Himmelfahrt«, entstand 1893.

307 Georg Engels als Kollege Crampton
Gerhart Hauptmanns Drama *»Kollege Crampton«* entstand 1892. – *Georg Engels* (1846–1907), deutscher Schauspieler. – *Paul Schlenther* (1854–1916), Kritiker und Theatermann – unter anderem auch Direktor des Burgtheaters – förderte den Naturalismus; »Gerhart Hauptmann« (1897). – *Karl Rosenkranz* (1805–1879), konservativer Hegelschüler.

315 Ein Denkmal für Spinoza
Baruch Spinoza (1632–1677), aus Holland stammender jüdischer Philosoph, begründete eine pantheistische Philosophie mit materialistischen Zügen; »Ethik« (1677). – *Ernest Renan* (1823–1892), französischer Philosoph des Positivismus; »Leben Jesu« (1863). – *»Während die Moskowiter am Goldenen Horn ihre Ränke spannen . . .«* – Die Konfrontation zwischen Rußland und der Türkei, die im Russisch-türkischen Krieg (1877/78) kulminierte.

321 Voltaire
Il le faut avouer, le mal est sur la terre: Man muß gestehen, das Böse existiert auf Erden.

340 Moses Mendelssohn
Moses Mendelssohn (1729–1786), Philosoph der deutschen Aufklärung, Freund Lessings, Urbild des Nathan, plädierte in seinen Schriften für religiöse Toleranz. Seine Abhandlung »Jerusalem« (1783) leitete die moderne jüdische Religionsphilosophie ein. »Philosophische Gespräche« (1755), »Phädon, oder über die Unsterblichkeit der Seele in drei Gesprächen« (1767).

346 Schiller
Das Doppelstandbild Goethes und Schillers von *Ernst Rietschel* (1804–1861) entstand in den Jahren 1852 bis 1856 und wurde 1857 auf dem Weimarer Theaterplatz aufgestellt.

351 Anselm Ritter von Feuerbach
Anselm Feuerbach (1775–1833), hervorragender Jurist, Kriminologe. Nach seinem Entwurf entstand 1813 das »Strafgesetzbuch für das

Königreich Bayern«. Seine Sammlung »Merkwürdige Rechtsfälle« (1808/11), »Kaspar Hauser, Beispiel eines Verbrechens am Seelenleben des Menschen« (1832).

356 JACOB GRIMM
Jacob Grimm (1785–1863), mit seinem Bruder *Wilhelm G.* (1786–1859) Begründer der deutschen Sprachwissenschaft und Herausgeber der »Deutschen Kinder- und Hausmärchen« (1812–1822). Speidels Porträt begleitete als Einführung eine Auswahl der kleineren Schriften von Jacob Grimm (1874).

369 LUDWIG BÖRNE
splendida masculina bilis: die prächtige männliche Galle.

388 HEINRICH HEINES MEMOIREN
Zuerst 1884 von Eduard Engel in »Heinrich Heines Memoiren und neugesammelte Gedichte, Prosa, Briefe« veröffentlicht.

396 HEINRICH LAUBE
Heinrich Laube (1806–1884), vielseitiger Publizist, Erzähler, Dramatiker und Kritiker, erwarb sich auch als Direktor des Burgtheaters (1850–1867) bei der Ensemblebildung und der Erneuerung des Repertoires Verdienste. »Französische Lustschlösser« (1840), »Gräfin Chateaubriand« (1843), »Moraldeschi« (1845), »Die Karlsschüler« (1846), »Briefe über das deutsche Theater« (1846/47). – *Julius Roderich Benedix* (1811–1873), Verfasser zahlreicher, meist oberflächlicher Lustspiele und Possen. – *Charlotte Birch-Pfeiffer* (1800–1868), Schauspielerin, Bühnenschriftstellerin, Erzählerin. Ihre oft theaterwirksamen, aber banalen und literarisch unerheblichen Bühnenstücke hielten sich jahrzehntelang im Repertoire des deutschen und österreichischen Theaters.

402 FRANZ DINGELSTEDT
Franz Dingelstedt (1814–1881), Lyriker, Erzähler, Dramatiker; »Lieder eines kosmopolitischen Nachtwächters« (1841) u. a. Seine Anpassung und Wendung vom vormärzlich-liberalen Dichter zum Staatsbeamten und Höfling wurde von zahlreichen Zeitgenossen, unter anderem von Heinrich Heine, attackiert. Von 1871 bis 1881 Direktor des Burgtheaters.

411 KARL EDUARD BAUERNSCHMID
Karl Eduard Bauernschmid (1801–1875), bis 1848 Bücherzensor, dann Schriftsteller und Sekretär des Wiener Gemeinderates. In der Frankfurter Nationalversammlung gehörte er zur Linken. 1849 Eintritt in die Redaktion der »Presse«.

418 Wilhelm Scherer
Wilhelm Scherer (1841–1886), namhafter Germanist. Seit 1868 ordentlicher Professor für deutsche Sprache und Literatur in Wien, später in Berlin. Mit Müllenhoff Herausgeber der »Denkmäler deutscher Poesie und Prosa« (1864), »Zur Geschichte der deutschen Sprache« (1868) »Geschichte der deutschen Literatur« (1880–1883). – *arena sine calce:* Sand ohne Kalk.

425 Eduard von Bauernfeld
Eduard von Bauernfeld (1802–1890), im liberalen Vormärz wurzelnder österreichischer Dramatiker, besonders Lustspielautor, auch Erzähler, Lyriker, Feuilletonist und Kritiker. Dem Burgtheater viele Jahre als Hausdichter verbunden. »Bürgerlich und romantisch« (1835).

430 Daniel Spitzer
Daniel Spitzer (1835–1893), einer der Begründer des Wiener Feuilletons, Redaktionsmitglied und Mitarbeiter der »Neuen Freien Presse«. Seine glänzende satirische Begabung bewies sich besonders in den »Wiener Spaziergängen« (1865–1892).

435 Im Zeitalter Franz Josephs
Anastasius Grün, eigentlich: Anton Graf Auersperg (1806–1876), politischer Lyriker des österreichischen Vormärz (»Spaziergänge eines Wiener Poeten«, 1831), politischer Publizist, liberaler Opponent des Metternich-Regimes, 1848 im Frankfurter Parlament. – *Friedrich Halm*, eigentlich: Eligius Franz Josef Freiherr von Münch-Bellinghausen (1806–1871), österreichischer Dramatiker, auch Erzähler und Lyriker, konservativer, gemäßigten liberalen Positionen zugeneigter Autor, der Zeitprobleme effektvoll, aber oberflächlich darstellte. – *Julius Alexander Schindler*, eigentlich: Julius von der Traun (1818–1885), österreichischer Dichter.

441 Anselm Feuerbach
Anselm Feuerbach (1829–1880), Maler, Enkel des berühmten Juristen gleichen Namens. Feuerbach verblieb in den tradierten klassizistischen Kunstnormen, war aber für neue Tendenzen, zum Beispiel die Pariser Historienmalerei, offen. Der mythologische Rahmen seiner Malerei gab durchaus Raum für zeitgenössische Problematik, z. B. das Sehnsuchtsmotiv der Iphigenie-Bildnisse. »Amazonenschlacht« (1857), »Iphigenie« (1. Fassung 1862, 2. Fassung 1871), »Titanomachie« (1874–1879).

449/ Wilhelm Leibl in Aibling
454 *Wilhelm Leibl* (1844–1900), seit den sechziger Jahren neben Menzel der wichtigste realistische Maler des 19. Jahrhunderts in Deutsch-

land; »Drei Frauen in der Kirche« (1878–1882). – Der Landschaftsmaler *Johann Sperl* (1840–1914) stand von den Malern des Leibl-Kreises dem Meister am nächsten. Seit 1878 lebte er mit Leibl in Oberbayern; es existieren auch einige Gemeinschaftsarbeiten.

465 Böcklins »Pietá«
Arnold Böcklin (1827–1901), Schweizer Maler und Bildhauer, leitete die Neoromantik ein. Seinen Bildern kam in starkem Maße metaphorische und symbolische Bedeutung für existentielle Bedingungen und Stimmungen des Menschen am Ende des Jahrhunderts zu; »Im Meere« (1885), »Toteninsel« (1880–1886, verschiedene Fassungen), »Pietà« (1873).

470 Bilder von Fritz von Uhde
Fritz von Uhde (1848–1911), naturalistischer Maler, oft mit sozialen Themen, der sich impressionistischer Mittel bediente. Seit 1880 wandte er sich religiösen Motiven zu. »Bayrische Trommler« (oder »Die Trommelübung«, 1883). »Lasset die Kindlein zu mir kommen!« (1883/84). »Komm, Herr Jesus, sei unser Gast« (1885). »Abendmahl« (1886). »Die heilige Nacht« (1888/89).

474 Ein unbekannter Maler
Hans von Marées (1837–1887). Sein Werk entstand in konfliktreicher Auseinandersetzung mit der offiziellen Kunst und der Prunksucht der Gründerzeit. Seine »Hesperiden«-Bilder faßten die Utopie vom Goldenen Zeitalter in die »Sehnsuchtslandschaft« eines stillen, würdevollen Glücks.

479 Constantin Meunier
Constantin Meunier (1831–1905), belgischer Bildhauer und Maler, der aus Landschaft und Leben der Bewohner der Borinage vielfältige Motive schöpfte. Schmiede, Hochofenarbeiter, Glasbläser, aber auch Landarbeiter sind die Modelle seiner Plastiken gewesen. Leid und Existenzkampf der Arbeiter haben im Werk Meuniers einen starken realistischen Ausdruck gefunden. – *Il y a, pour ainsi dire, deux vies dans ma vie:* Es gibt sozusagen zwei Leben in meinem Leben.

Literatur

Die Auswahl stützt sich textlich vorwiegend auf »Ludwig Speidels Schriften« in vier Bänden (Auswahl), Berlin 1910/11. Der Text »Heinrich Anschütz« entstammt dem Band »Wien 1848–1888«; »Adolf Sonnenthal als Nathan« ist dem Band »Deutsche Schauspielkunst« entnommen. Die Texte »›Der Misanthrop‹ – ›Tartuffe‹«, »Gespenster«, »Der Kampf und das ›Vierte Gebot‹«, »Hannele« wurden der Wiener Zeitung »Neue Freie Presse« entnommen.

Wittmann, Hugo (Hrsg.): Ludwig Speidels Schriften. 4 Bde., Berlin 1910/11
Radecki, Sigismund von (Hrsg.): Ludwig Speidel. Ausgewählte Schriften. Wedel 1947
Rütsch, Julius (Hrsg.): Ludwig Speidel. Kritische Schriften. Zürich und Stuttgart 1963
Ludwig Speidel und *Hugo Wittmann* (Hrsg.): Bilder aus der Schillerzeit. 1885
Kleine Schriften von Heinrich Natter. Einleitung von Ludwig Speidel. 1885
Speidel, Ludwig: Das Wiener Schauspiel. In: Die österreichisch-ungarische Monarchie in Wort und Bild. Bd. II, Wien 1886
Speidel, Ludwig: Theater. In: Wien 1848–1888. Hrsg. Gemeinderat der Stadt Wien. Wien 1888
Hevesi, Ludwig: Ludwig Speidel. Eine literarisch-biographische Würdigung. Berlin 1910
Jacobs, Monty (Hrsg.): Deutsche Schauspielkunst. Leipzig 1913
Uhde-Bernays, Hermann: Mittler und Meister. München 1948
Kraus, Karl: Speidels Tod. In: Die Fackel. Wien, 10. 2. 1906
Stoessl, Otto: Ludwig Speidel. In: Die Fackel, Wien, 28. 2. 1906

Zeittafel

1830 Ludwig Speidel wird am 11. April als Sohn des Musiklehrers und Chordirigenten Konrad Speidel und dessen Ehefrau Anna, geborene Steiner, in Ulm geboren.
Besuch des Gymnasiums in der Vaterstadt.

1852 Übersiedlung nach München auf Vorschlag des älteren Bruders Wilhelm S. (1826–1899), später Komponist und Musikdirektor in Stuttgart; erhält das Referat Musikkritik an der Augsburger »Allgemeinen Zeitung«. Erste Kritik am 28. Oktober in der Beilage des Blattes. Verkehrt im Freundeskreis des Historienmalers Wilhelm von Kaulbach (1805–1874); Gasthörer an der Universität München.

1853 Als Korrespondent der »Allgemeinen Zeitung« Übersiedlung nach Wien. Erprobungszeit des jungen Journalisten, Beiträge für zahlreiche Zeitungen der österr. Hauptstadt: »Der Wanderer« (1854, 1869/70), »Lloyd« (1854), »Die Donau« (1855–1863), »Österreichische Zeitung« (1855–1858), »Die Glocke« (1863/64), »Das Vaterland« (1860–1864) u. a.
Bekanntschaft mit dem Maler Karl Rahl.

1858 Heirat mit Leontine Ziegelmayer.

1862 Reise nach London zur Kunstgewerbeausstellung. Erkrankung und Rückkehr nach Wien.

1864 Als »Erste Feuilletonkraft« an die »Neue Freie Presse« verpflichtet, zugleich für das »Fremden-Blatt« tätig, dem er über vierzig Jahre als Musikkritiker verbunden bleibt.

1875 Es beginnen die zwanzig fruchtbarsten Jahre des Kritikers und Kunstschriftstellers.

1880 Reise nach München zum »Gesamt-Gastspiel« unter der Leitung von Ernst von Possart; Besuch des Oberammergauer Passionsspiels.

1883 Mit dem Maler Wilhelm Trübner bei Wilhelm Leibl in Aibling.

1883 (und 1886) Reisen nach Berlin, Kritik einiger Aufführungen im Deutschen Theater.

1885 Mit Hugo Wittmann »Bilder aus der Schillerzeit«.

1886 Speidels Beitrag »Das Wiener Schauspiel« erscheint in »Die österreich-ungarische Monarchie in Wort und Bild«, Bd. II.; er leitet die »Kleinen Schriften von Heinrich Natter« mit einem Essay ein. Festrede für Ludwig Börne im Auftrage des Wiener Schriftstellervereins »Concordia«.

1887 Lehnt die Übernahme der Direktion des Burgtheaters ab.

1888 Beteiligt sich mit dem großen Beitrag »Theater« an der Festschrift »Wien 1848–1888«.
Italienreise mit dem Bildhauer Heinrich Natter, unter anderem nach Florenz, Venedig und Rom.

1898 Am 10. April letztes Kunstfeuilleton (über Constantin Meunier).

1903 Am 6. Januar stirbt Leontine Speidel.

1906 Ludwig Speidel stirbt am 3. Februar und wird am 5. Februar in Sievering bestattet.
Über »Speidels Tod« schreibt Karl Kraus am 10. Februar in der »Fackel«; im gleichen Blatt erscheint am 28. Februar der Nekrolog »Ludwig Speidel« des Wiener Schriftstellers Otto Stoessl.

Inhalt

III